EL GRAN LIBRO DE LOS GEMELOS

DESDE EL EMBARAZO MÚLTIPLE HASTA LA EDAD ADULTA

Edición para Latino América y Los Estados Unidos
Mayo 2017

© Coks Feenstra, 2017

© Ilustraciones: Marián de la Chica
Diseño de la cubierta: Dámaso González Rubio

www.coksfeenstra.info

I.S.B.N.: 978-84-697-3029-4
Maquetación y diseño por

unoeditorial.com
info@unoeditorial.com

EL GRAN LIBRO DE LOS GEMELOS

COKS FEENSTRA

Dedico este libro
a Fred, Ramón, Thomas y Helena.

ÍNDICE

Prólogo   23

Introducción   25

Agradecimientos   29

EL EMBARAZO

1. CADA VEZ MÁS EMBARAZOS MÚLTIPLES   33

    El embarazo gemelar   35

    ¿Cómo se origina un embarazo monozigótico?   36

    ¿Cómo se origina un embarazo dizigótico?   37

    ¿Cómo saber si son monozigóticos o dizigóticos? 38

    El embarazo de trillizos   41

    Mono-, di- o ¿trizigótico?   42

    El embarazo de cuatrillizos   44

    El embarazo de quintillizos y sextillizos   45

    La influencia de la genética   46

2. EL EMBARAZO MÚLTIPLE   49

    Una experiencia única   50

    Asimilar la noticia   51

    ¿Se trata de un embarazo especial?   54

    Las clases de preparación para el parto   60

    Los controles prenatales   61

3. LOS TRATAMIENTOS DE FERTILIDAD
Y LOS EMBARAZOS MÚLTIPLES   69

    Los tratamientos hormonales   69

    Los tratamientos de reproducción asistida   70

    ¿Cómo se pueden evitar los embarazos múltiples?   72

    La reducción embrionaria   73

    ¿Cómo tomar una decisión?   76

4. EL PRIMER TRIMESTRE DEL EMBARAZO MÚLTIPLE
(2-14 SEMANAS)   79

    Náuseas   80

    Cansancio   81

    El crecimiento del útero   82

    Dolor de pelvis e inestabilidad pélvica   83

    Pérdidas de sangre   86

    Dolor en los senos   87

    Necesidad de orinar   87

    Vértigo y desmayos   88

    Estreñimiento   89

    Cuidar la alimentación   89

    La ropa premamá   91

5. EL SEGUNDO TRIMESTRE DEL EMBARAZO MÚLTIPLE
(14-26 SEMANAS)   93

    Anemia   94

    Dolores de espalda   95

    Dolor de ligamentos   96

    Pérdidas de sangre   97

    Hipertensión   98

La preeclampsia y el síndrome de HELLP 99

Edemas 100

Albúmina en la orina 102

La diabetes de la gestación 102

El síndrome del túnel carpiano 103

Acidez gástrica 104

Las estrías 105

El síndrome de transfusión fetofetal (TFF) 106

Restricción selectiva del crecimiento intrauterino 110

6. EL TERCER TRIMESTRE DEL EMBARAZO MÚLTIPLE
(26-37 SEMANAS) 113

Hemorroides 114

Varices 115

Insomnio 115

Falta de aliento 117

Taquicardias 117

Calambres en las piernas 118

Picores 118

Reposo 119

Contracciones 121

Los síntomas de una contracción previa 122

¿Conviene viajar en avión? 125

La sexualidad durante el embarazo 125

7. EL ESTADO DE BUENA ESPERANZA DEL PAPÁ 129

El contacto con los bebés 131

Los cambios en su pareja 133

8. EL CONTACTO CON LOS FETOS   137

    Los movimientos de los bebés   139

    Influencias hormonales entre él y ella en el útero   140

    El contacto entre los bebés antes de nacer   142

EL PARTO

9. EL PARTO GEMELAR   147

    La duración óptima del embarazo   147

    ¿Dónde debe transcurrir el parto múltiple?   148

    Las posiciones de los bebés   148

    Situaciones especiales que requieren cesárea   152

    ¿Quiénes están presentes en el parto?   152

    Los síntomas del parto   153

    El ingreso en el hospital   153

    Las fases del parto   154

    La cesárea   161

    La recuperación después de la cesárea   164

10. EL PARTO DE TRILLIZOS   167

    El parto vaginal   168

    La cesárea   171

    ¿Quién es quién?   173

    Puerperio de un parto de trillizos   174

11. LA RECUPERACIÓN DEL PARTO MÚLTIPLE   177

    Los cambios más grandes en su cuerpo   178

12. LOS PREMATUROS 183

Las semanas del embarazo 184

Síntomas de un posible parto prematuro 185

El hospital 186

La incubadora y su función 187

Una incubadora para los dos 189

Los problemas físicos del bebé prematuro 191

Problemas respiratorios 192

Apneas 194

Problemas alimenticios 195

La relación con los bebés 197

¿Cómo transcurre el vínculo con gemelos y trillizos? 198

Las emociones de los padres 202

¿Cuándo saldrán los bebés del hospital? 204

Ya llegan a casa 205

El desarrollo posterior del bebé prematuro 208

La estimulación en casa 209

13. LA ALIMENTACIÓN DE LOS BEBÉS 213

Lactancia natural 215

Ventajas e inconvenientes 216

Una decisión personal 218

Cómo estimular la lactancia materna 221

¿Tomarán suficiente? 225

Las tomas nocturnas 226

Posturas para darles el pecho a la vez 226

Lactancia en el caso de trillizos 228

Estimular la subida de la leche con el sacaleches 229

Cuidar la alimentación   233

Problemas en el amamantamiento   234

La lactancia después de una cesárea   239

La lactancia en caso de cuatrillizos   239

El destete   240

Lactancia artificial   242

Esquema de tomas   245

14. LA VUELTA A CASA   247

Pautas para reducir el estrés   248

Establecer una relación con cada bebé   250

«No les doy lo que necesitan»   252

La ayuda en casa y la falta de intimidad   254

La depresión posparto   256

LOS PRIMEROS 6 AÑOS

15. 0-6 MESES   263

Su sueño   264

¿Dónde duermen los bebés?   267

Dormir juntos, ¿sí o no?   269

Moisés o ¿cuna?   271

La muerte súbita del lactante   272

El ritmo de los bebés   274

Los llantos   274

¿A quién se consuela primero?   279

La bronquiolitis   280

Salir con los bebés 281

Los múltiples en el coche 286

¿Cómo viven las familias este periodo? 287

La recuperación física de la madre 290

16. 6-12 MESES 293

La alimentación 293

El gateo y la seguridad en casa 295

El habla 298

Gemelos y bilingüismo 302

Las parejas niño y niña 304

Visitas al pediatra 306

El miedo a los extraños 307

La guardería 309

¿Juntos o separados? 310

El sueño 311

Cómo combatir el agotamiento de los padres 313

La relación de los gemelos 315

La relación de pareja 317

17. 1-2 AÑOS 321

El desarrollo motriz 321

El desarrollo del habla 324

El descubrimiento del propio «yo» 326

Aprender a compartir 329

Besos y mordiscos 331

Las rabietas 334

El síndrome de intensificación gemelar (SIG) 336

Seguridad en casa   338

Empezar con las normas   341

¿Conviene comprarles los mismos juguetes?   342

La importancia de la rutina   344

Comer   345

Enfermedades   347

Un trato diferente para cada uno   349

Los abuelos   351

18. 2-4 AÑOS   353

La fase del «no»   353

El desarrollo motriz   355

La identidad de cada uno   356

La empatía y telepatía   359

¿Cómo inculcarles las normas?   361

Su convivencia: amor y desamor   364

¡Esto es mío!   371

Somos gemelos   373

El chupete y otros objetos de consuelo   374

El desarrollo del lenguaje   377

La guardería   379

El colegio: ¿juntos o separados?   380

Separaciones dolorosas   387

El amigo invisible   390

Imitarse   392

Los celos   393

Aprender a utilizar el orinal   396

El descubrimiento de la sexualidad   398

Trastornos del sueño   400

Distintos patrones de sueño   402

Repartir la atención   404

19. 4-6 AÑOS   407

Su relación: única y especial   407

Cuando son tres   409

Las amistades de los gemelos   414

El ser gemelo ¿les beneficia en sus amistades?   415

Un bloque contra los padres   417

¡No nos necesitan!   418

¿Qué tipo de relación tienen los gemelos?   420

El efecto Prima Dona   422

Dominancia en la relación gemelar   423

Juntos o no en clase   429

Su lenguaje   438

La competitividad   439

Conductas agresivas   441

El síndrome de déficit de atención con o sin hiperactividad   443

Soluciones y tratamiento del síndrome TDAH   444

Mayor falta de concentración en los gemelos   444

La difícil tarea de educar a dos o más hijos de la misma edad   446

Situaciones típicas de la convivencia con gemelos   449

El orden de nacimiento y su influencia   452

Compartir la habitación   454

Su cumpleaños   454

Sus contactos fuera del núcleo familiar   455

DE LOS 6 HASTA LOS 18 AÑOS

20. 6-12 AÑOS   459

    Los tipos de gemelos   460

    Los tipos de trillizos   465

    La independencia   467

    El cuidador versus el mimado   469

    El mito de la educación igualitaria   471

    El colegio ¿juntos o no?   472

    Los trillizos y el colegio   483

    La timidez   485

    La competitividad   487

    «¡Le quieres más a él que a mí»   490

    Las peleas   492

    Las peleas en caso de trillizos   495

    Bromas e insultos   497

    ¿*Nurture* o *nature*?   498

    La relación con cada hijo individual   501

    Uno se siente inferior al otro   503

    Las fiestas de cumpleaños   504

    El desarrollo intelectual   506

    El desarrollo físico   508

    Sus aficiones   509

21. 12-18 AÑOS   511

    Cambios físicos   512

    Una relación diferente con los padres   514

    La relación entre ellos   517

    Los gemelos adolescentes y sus contactos sociales   523

Problemas en el día a día   524

«¿Quién soy yo?»   526

Relaciones sentimentales   528

El instituto   529

Colegios diferentes   534

El estrés de los exámenes   535

LOS 18 AÑOS Y MAYORÍA DE EDAD

22. 18 AÑOS Y...   541

Encontrar el propio camino   541

El efecto de pareja   542

El proceso de la individualización   543

Periodos de separación   545

Elegir una profesión   547

Las relaciones sentimentales   548

Su relación como adultos   554

Dependencia y lucha   558

La competitividad   559

Los aspectos positivos y negativos   562

Gemelos que no se llevan bien   565

Algunos se reconcilian   567

¿Somos idénticos o no?   571

Cambios en el ADN   573

¿Existe la telepatía?   575

Experiencias inexplicables   578

¿Hemos actuado como debe ser?   579

Envejecer juntos   581

23. EL LUGAR DE LOS GEMELOS DENTRO DE LA FAMILIA 587

    El hijo mayor y los gemelos 587

    La llegada de los bebés 589

    El hijo mayor y los trillizos 593

    Los múltiples y el hijo menor 595

    ¿Cómo se siente un hijo no gemelo
    dentro de una familia con múltiples? 596

24. HORARIOS DE VARIAS FAMILIAS 601

    Esther y Vicente con Iván y Elena 601

    Marisol y Pol con Marina y Julia 603

    Magí y Joana con Martí y Joan 605

    Nuria y Jaume con Sergi, Judith y Álex 607

25. SITUACIONES DIFÍCILES 609

    Cuando uno de los múltiples es discapacitado 609

    Los controles médicos 613

    Las familias monoparentales 613

    El divorcio y los gemelos 615

26. LA MUERTE DE UNO DE LOS GEMELOS 619

    Durante el embarazo o en torno al nacimiento 619

    El impacto de la muerte de un gemelo en el otro 621

    La muerte del gemelo en la primera infancia 627

    La pérdida del gemelo en la adolescencia 630

    La pérdida de un gemelo en la vida adulta 632

27. LOS ESTUDIOS SOBRE GEMELOS   637

     Los estudios de sir Francis Galton   637

     Entornos diferentes, pero personalidades parecidas   640

     El tercer factor   641

     Los estudios continúan   643

ANEXOS

     Direcciones útiles   647

     La canastilla: ¿Qué es lo que necesita para sus bebés?   651

     Glosario   657

     Bibliografía   661

     Índice alfabético   665

PRÓLOGO

EL GRAN LIBRO DE LOS GEMELOS es, sin duda, la guía más completa para padres de hijos múltiples, desde el embarazo hasta la edad adulta, que no puede faltar en su biblioteca.

La psicóloga Coks Feenstra ofrece excelentes consejos, proporcionando las claves para comprender y atender las necesidades científicas, psicológicas y educativas de los hijos múltiples en un tono auténtico, directo y honesto.

En esta obra, la autora aborda los retos y las alegrías que plantea la educación de múltiples con una fresca ecuanimidad, aportando información asequible, actual y fácil de leer. Los lectores encontrarán pautas y soluciones eficaces para los dilemas que inexorablemente surgen cuando se educa a dos (o más) hijos de la misma edad.

Coks Feenstra ha acudido a los estudios científicos más recientes realizados en el campo de diversas disciplinas para informar a sus lectores acerca de lo que pueden esperar cuando sus hijos crecen y maduran.

EL GRAN LIBRO DE LOS GEMELOS es una joya que ayudará a los padres a sentirse capacitados y competentes para manejar los temas importantes en la vida de sus hijos múltiples.

Dr. JOAN A. FRIEDMAN
EE.UU (California)
Autora de *Emotionally Healthy Twins* y *The same but different*

INTRODUCCIÓN

SER GEMELO ES ALGO ÚNICO. Ya antes de nacer hay un acompañante. La primera sensación es una de «nosotros» en vez del «yo». Esto sin duda tiene una influencia en la sensación básica de las personas que son gemelos o trillizos.

Es la relación entre gemelos la que desde pequeña me intrigó. En mi infancia tenía muñecas gemelas y no porque me las hubieran regalado. Yo misma había tenido un papel importante en ello. Cuando por casualidad en la casa de una niña vecina vislumbré la misma muñeca que yo tenía, pensaba que las dos tenían que estar juntas. ¿No eran gemelas? Así que en un momento oportuno se lo quité. Afortunadamente ella no era una cuidadora concienzuda de sus muñecas y ni siquiera se dio cuenta del «rapto». Cuando unos meses más tarde su familia se mudó, pude disfrutar libremente de mis gemelas. Este interés me acompaña desde siempre, aunque no soy gemela ni tampoco tuve hijos gemelos (mis hijos son de partos distintos).

Cuando, ya adulta, me di cuenta que no existía aquí en España un libro para padres de gemelos, no dudé en escribir uno yo misma. Como redactora de la revista *Crecer feliz* me llegaban cartas de padres con dudas. Su situación es distinta a la que viven los padres con hijos de distintas edades. Se enfrentan a preguntas especiales, como «¿puedo dar el pecho a mis gemelos?», «¿cómo les consuelo si lloran a la vez?», «¿tienen que ir a clases diferentes?, y un largo etcétera. Para entender la situación que viven las familias con hijos nacidos de un parto múltiple, empecé una investigación entre los lectores de mi revista. Un total de setenta madres, tanto de gemelos como de trillizos, contestaron a un cuestionario sobre el embarazo, el parto y los primeros meses con sus bebés. También participaron en mi investigación veinte familias de cuatrillizos, tres de quintillizos y una de sextillizos. Sus respuestas me ayudaron a comprender su situación y a señalar los problemas más frecuentes. Me entrevisté ocasionalmente con ellas; viví durante varios días en hogares de gemelos pequeños, y presencié, gustosamente, el «ajetreo» diario que conlleva esta situación. También gemelos adolescentes y jóvenes colaboraron en mi investigación contestando a otro cuestionario. Por último, hablé con gemelos adultos. Su aportación es muy valiosa: ellos pueden mirar atrás y señalar los puntos a tener en cuenta a la hora de educar a dos hijos a la vez.

En el libro me dedico mayoritariamente a las madres; no porque no valore a los padres, sino por motivos prácticos y para conseguir una lectura más fluida; sé que los papás de gemelos, trillizos o más están muy involucrados en la educación de sus hijos, dada su situación. Espero que lo compense de alguna forma con el capítulo que dedico exclusivamente al padre que está esperando más de un bebé (capítulo 7). Muchas veces utilizo el término «él» donde también puede leerse «ella».

Con el término 'embarazo múltiple' me refiero a una gestación gemelar o de un mayor número de fetos.

Esta nueva versión es una ampliación del libro anterior. No sólo aporta información a los padres, sino también a los profesionales que en su trabajo estén en contacto con gemelos, como profesores, tutores, jueces, etc. En ella he añadido esta vez unas nuevas siglas para distinguir mejor entre los diferentes grupos de gemelos, MZ (los idénticos) y los DZ (mellizos) y sus diferentes subgrupos. Sus siglas las explico en el Glosario. También utilizo el término *co-twin* que refiere al hermano gemelo (o hermana gemela).

Los capítulos dedicados a la educación (capítulos 14-22) se puede leer por etapas, según la fase que estén pasando sus hijos. A veces hablo del mismo tema, como el colegio, la competitividad, ya que cada fase requiere su propio enfoque. El capítulo 22 sobre la edad adulta va dirigido tanto a los padres como a los mismos gemelos. Es importante que ellos mismos dispongan de información sobre aspectos de su vida que pueden resultarles difíciles.

En la educación de gemelos o trillizos no todo es de color rosa; es una tarea agotadora y complicada. Aun así el 70% de los padres de partos múltiples lo describe como una experiencia única. O, como lo expresa el lema de la primera asociación española: *una locura maravillosa.*

Espero que este libro sirva de orientación a padres en las etapas difíciles, inherentes a la educación de sus hijos; y que a los mismos gemelos este libro les ayude a disfrutar plenamente de su gemelaridad para que puedan sentir lo mismo que un gemelo que me dijo: «*Ser gemelo para mí es tener la doble de alegría y la mitad de pena*».

COKS FEENSTRA
Valencia, marzo 2017

AGRADECIMIENTOS

HE PODIDO ESCRIBIR ESTE LIBRO gracias a todas las personas que me ayudaron colaborando conmigo.

Joana Cardona, madre de gemelos, apoyó entusiasta mi proyecto desde el primer momento y fue un gran estímulo para mí. Ella y su marido me invitaron a su casa en varias ocasiones. Así pude vivir personalmente el ajetreo que supone la vida cotidiana con gemelos. También varias madres de la Asociación Madrileña de Padres de Parto Múltiple me abrieron sus puertas para hacerme partícipe de sus vicisitudes diarias con sus dos o tres «diablillos». A Montse Rosell le doy las gracias por informarme fielmente sobre el transcurso de su embarazo de trillizas. También agradezco la iniciativa de Canal Cuatro, que emitió en 2005 un programa dedicado a los gemelos, bajo el nombre *Idénticos*. Tuve el honor de ser parte del jurado que tenía como tarea —nada fácil— elegir la pareja más idéntica de España. Allí aprendí que entre los idénticos unos lo son más que otros, cosa interesante y muchas veces inexplicable.

En el año 1999 apareció en la red la primera página dedicada exclusivamente a padres de gemelos (o más), «*Partos Múltiples*», creada por Elena Fernández de Mendiola, madre de gemelos. Ella me involucró en su proyecto lo que me permitió ampliar mis contactos con padres de partos múltiples. Desde 2012 colaboro con Adriana Rodríguez-Miranda, también madre de gemelos, para su web «*Somos Múltiples*», otro lugar online para todas las familias con múltiples. Junto a Meritxell Palou, fundadora del grupo *Facebook* online «*Múltiples juntos en la escuela, decisión de los padres*» empecé mi andadura para informar a los colegios sobre las necesidades específicas de los gemelos en el aula. Desde 2009 soy asesora de la Asociación holandesa de Padres de Múltiples (NVOM). Todos estos contactos han enriquecido mi trabajo y siguen haciéndolo.

Doy las gracias a Pedro Alfonso Ochoa, presidente de la Asociación de Nacimientos Múltiples de México, que me invitó tres veces como ponente a su festival de gemelos que se celebra anualmente en ese país.

Conté con la colaboración de la ginecóloga Marisa López-Teijón, del Institut Marquès, de Barcelona y su equipo para dudas sobre temas médicos. Enrique Lebrero, ginecólogo, gran defensor del parto natural y autor, fue de nuevo mi asesor más colaborador y fiel en temas de embarazo, salud y dieta.

Finalmente quiero nombrar a mi marido, que cada noche, antes de dormir, lee todos mis escritos con anterioridad a que se hagan públicos.

EL EMBARAZO

Capítulo 1
Cada vez más embarazos múltiples   33

Capítulo 2
El embarazo múltiple   49

Capítulo 3
Los tratamientos de fertilidad y los embarazos múltiples   69

Capítulo 4
El primer trimestre del embarazo múltiple (2-14 semanas)   79

Capítulo 5
El segundo trimestre del embarazo múltiple (14-26 semanas)   93

Capítulo 6
El tercer trimestre del embarazo múltiple (26-37 semanas)   113

Capítulo 7
El estado de buena esperanza del papá   129

Capítulo 8
El contacto con los fetos   137

CAPÍTULO I

Cada vez más embarazos múltiples

Cada vez es más frecuente ver a unos padres con un cochecito gemelar o incluso de trillizos. Los partos múltiples han aumentado espectacularmente en los últimos veinte años. Espontáneamente uno de cada 80 embarazos es gemelar; uno de cada 6000 es de trillizos, y uno de cada 500 000 es de cuatrillizos.

Estas cifras son aproximadas y varían dependiendo de la zona del globo; en algunas regiones de África, como Nigeria, casi uno de cada 40 embarazos es de gemelos, mientras que los embarazos gemelares en Asia son excepciones.

El aumento en el número de embarazos múltiples se explica porque:

▶ Hoy día, las mujeres aplazan el momento de convertirse en madres. Antes, la maternidad les llegaba alrededor de los veinte años; ahora, esa experiencia les llega en torno a los treinta años. A mayor edad, la posibilidad de una doble ovulación aumenta. A esa edad ya son frecuentes los desarreglos hormonales, pero también se puede considerar como una refloración tardía. ¡La naturaleza quiere darse prisa! Si lo reflejamos en cifras, una mujer de 30-35 años tiene una probabilidad ¡3 veces! mayor de quedarse embarazada de gemelos que otra menor de veinte años. También influye el número de partos anteriores: a mayor número de hijos, más probabilidades de esperar gemelos.

► Por otro lado, la fertilidad de la mujer disminuye con la edad. Por ello, un mayor número de mujeres recurre a las técnicas para estimular la fertilidad, como los tratamientos hormonales o la fecundación in vitro. Además, el número de parejas con problemas de fertilidad está aumentando considerablemente en las últimas décadas. Se calcula que hoy en día una de cada ocho parejas tiene problemas para concebir. En ello influyen, aparte de la edad de la mujer, otros factores, como el consumo de tabaco y alcohol, la contaminación ambiental, el estrés laboral, etc. Por lo tanto, un gran número de parejas recurre a las técnicas de fertilidad, que a su vez aumentan la posibilidad de engendrar gemelos, trillizos o más. No obstante, con las mejoras de las técnicas de fertilidad cada vez es más frecuente llevar los embriones a blastocito, de modo que es posible transferir un único embrión con buenas posibilidades de conseguir un embarazo. De este modo se reduce el riesgo de un embarazo múltiple. Un mayor número de fetos, como los quintillizos y sextillizos, suele ser consecuencia de una estimulación ovárica.

Resumiendo, se puede decir que en la aparición de un parto múltiple intervienen muchos factores: la edad de la mujer, las técnicas de fertilidad, la raza y un factor genético, que explicaré a continuación. Hoy en día, mediante las técnicas de ayuda a la reproducción se da un embarazo gemelar cada ¡50 gestaciones! Y un embarazo de trillizos ¡cada 800 gestaciones!

El embarazo gemelar

Se dan dos tipos de gemelos: los idénticos y los no idénticos. Popularmente, se llama «gemelos» a los primeros y «mellizos» a los otros. En términos médicos se habla de «monozigóticos» y «dizigóticos», respectivamente. «Mono» significa uno; «di», dos, y zigoto se refiere al óvulo fecundado. También se emplean los nombres «univitelinos» y «bivitelinos», aunque es un término incorrecto porque hace referencia al número de bolsas y este, como veremos a continuación, no explica el origen de los gemelos.

Muchas veces se aplica el término de «gemelos» en general aunque no sean idénticos. También yo hablaré de gemelos cuando me refiera a ambos tipos. Pero en los casos en los que sea necesario distinguir entre ellos, utilizaré los términos «monozigóticos» (MZ, idénticos) y «dizigóticos» (DZ, mellizos).

Los monozigóticos son fruto de un solo óvulo que, tras su fecundación, se divide en dos partes iguales. Cada una de estas partes lleva el mismo material genético. No se sabe con exactitud por qué el óvulo fecundado (el zigoto) se divide antes de implantarse en la pared del útero, ni si la herencia tiene algún papel en ello. Los niños comparten el mismo material genético, por lo que son siempre del mismo sexo, comparten rasgos físicos (color de ojos, cabello, piel, grupo sanguíneo) y tienen un carácter parecido.

El 25% de los embarazos gemelares son monozigóticos (idénticos) y el 75% son dizigóticos (mellizos). Curiosamente, la incidencia de nacimientos de los monozigóticos es constante en todo el mundo (aproximadamente 3,5 por 1000 niños nacidos vivos); sin embargo, las grandes fluctuaciones en los nacimientos de los dizigóticos hacen que en algunos países se den más partos múltiples que en otros.

¿Cómo se origina un embarazo gemelar monozigótico?

Un óvulo y un espermatozoide se unen y forman un zigoto. Este se divide en dos partes iguales, dando lugar a dos bebés idénticos.

Alrededor de un 25% de los gemelos monozigóticos son lo que conocemos como «gemelos reflejo»: tienen características físicas similares, pero ubicadas de manera opuesta. Por ejemplo, los dos tienen una peca; uno la tiene encima de la ceja derecha y el otro encima de la ceja izquierda. O uno es diestro y el otro zurdo. Incluso los órganos internos, como el apéndice, pueden estar en lados opuestos. Estas diferencias están asociadas a una división tardía del zigoto.

Por otro lado, también se pueden observar en los monozigóticos ciertas diferencias, como el hecho de que solo uno tenga una peca o una enfermedad, como asma o hiperactividad y el otro no. Estas diferencias en dos personas genéticamente idénticas se deben explicar a raíz de factores como las mutaciones después de la división (en inglés *copy number variations*), la recombinación de los cromosomas, la distinta ubicación en el útero (uno está en una posición más favorable), las diversas experiencias prenatales, la libertad de movimientos en el útero y las vivencias del parto. No obstante, no dejan de ser sorprendentes (para más información sobre este tema véase el capítulo 22).

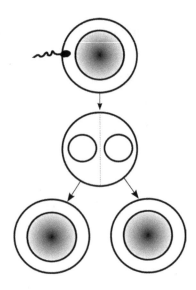

¿Cómo se origina un embarazo gemelar dizigótico?

Los dizigóticos, también llamados gemelos fraternos o mellizos, provienen de dos óvulos; cada uno de ellos es fecundado por un espermatozoide diferente, lo que hace que los niños no sean más parecidos que dos hermanos nacidos en partos diferentes, ya que comparten solo la mitad del material genético. La posibilidad de que se liberen dos óvulos en vez de uno durante el ciclo menstrual se da en algunas mujeres más que en otras. En esto influye la genética: la predisposición a una doble ovulación se halla establecida por un gen determinado, que se transmite de madres a hijas (*véase* el apartado «La influencia de la genética») .

También influye la edad de la madre: a mayor edad, en especial a partir de los 35 años, la posibilidad de una doble ovulación aumenta. Asimismo haber tenido varios hijos favorece la aparición de una doble ovulación. Por otro lado, los tratamientos con hormonas y la fecundación in vitro aumentan la posibilidad de una doble (o más) fecundación. Se estima que el 30-40% de los mellizos es debido a los tratamientos de fertilidad.

Veamos lo que ocurre en un embarazo de dizigóticos (mellizos):

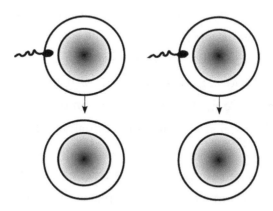

Dos óvulos cada uno fecundado por un espermatozoide.

¿Cómo saber si son monozigótcos o dizigóticos?

No siempre resulta fácil saber si los bebés son idénticos o no. Un error frecuente es pensar que los bebés son no idénticos cuando hay dos placentas o dos bolsas. ¡Pueden ser gemelos monozigóticos! Veamos las diferentes posibilidades:

En los dizigóticos (DZ) cada bebé tiene sus propias bolsas amnióticas: la bolsa exterior (el «corion») y la bolsa interior (el «amnios» o saco amniótico) y su propia placenta. Sin embargo, las dos placentas, en caso de que se encuentren muy juntas, pueden unirse, por lo que al nacer se observa una sola placenta (A y B). Este embarazo se denomina biamniótico bicorial, tanto en la situación A como en la B (*véase* figura).

En los monozigóticos (DZ), el número de bolsas depende del momento de la división del zigoto (el óvulo fecundado).

Cuando la división se da poco después de la fecundación y antes del tercer día, cada bebé tiene su propia placenta y bolsas amnióticas (el corion y el amnios). Además cada uno tiene su propia placenta, aunque es posible —como en los dizigóticos— que estas se unan (A y B). Este tipo de embarazo se llama de nuevo biamniótico bicorial.

Cuando la división se da algo más tarde, entre los 3 y 9 días de vida fetal, la placenta y el corion ya están formados y son compartidos por los bebés. La bolsa exterior (el corion) envuelve a los dos. Pero cada uno tiene su propia bolsa interior (amnios). Esta es la situación C, la más frecuente de las posibilidades. Se llama embarazo biamniótico monocorial. En este caso existe el riesgo del síndrome de transfusión feto-fetal que explicaré en el Capítulo 5.

Cuando la división ocurre aún más tarde, entre los días 9 y 12 de la vida fetal, los bebés comparten tanto la placenta como las dos bolsas. En esta situación los bebés están en el mismo saco amniótico, lo cual entraña cierto riesgo de entrelazamiento de los cordones umbilicales, además del síndrome de transfusión fetofetal. Esta es la situación D, que solo ocurre en un 3% de los monozigóticos. Se llama embarazo monoamniótico monocorial. Este embarazo siempre requiere una cesárea.

	A	B	C	D
	2 placentas	2 placentas	1 placenta	1 placenta
	2 coriones	unidas en una	1 corion	1 corion
	2 amnios	2 coriones	2 amnios	1 amnios

útero — placenta — corion — amnios

	A	B	C	D
Gemelos MZ	16%	16%	65%	3%
Gemelos DZ	58%	42%	—	—

Ilustración de Twinfo, boletín informativo del Registro Holandés de Gemelos

Una división más tardía da lugar a gemelos «siameses», que comparten algunas partes o miembros del cuerpo. Se conocen por este nombre por los gemelos Chang y Eng Bunker, originarios de Siam (ahora llamado Tailandia). Nacieron en 1811, unidos por el pecho. En la actualidad sería fácil separarles, pero ellos vivieron toda su vida unidos. No obstante, esto no les impidió tener vidas activas, casarse y tener hijos (pasaban unos días en casa de uno para luego irse a la del otro). El fenómeno de los gemelos siameses es algo excepcional: se calcula que se da un caso cada 50.000 a 100.000 embarazos.

Como se ve reflejado en los dibujos A y B, tanto los monozigóticos como los dizigóticos pueden tener dos bolsas exteriores y dos interiores; dos placentas o una sola (que proviene de dos). Por lo tanto, ni el número de bolsas amnióticas ni de placentas da una respuesta rotunda a la candente pregunta sobre el origen de los gemelos.

La ecografía en la 6.ª semana puede revelar si los bebés comparten el corion. En este caso siempre sabemos con certeza que se trata de un embarazo de bebés monozigóticos. En todos los demás casos, no podemos asegurar con certeza el origen de los bebés. Ocurre más de una vez que el diagnóstico va cambiando a medida que los bebés crecen; en las primeras ecografías el ginecólogo puede pensar, por ejemplo, que se trata de un embarazo monocorial, pero en las siguientes descubre que es bicorial. Otras veces habrá que esperar el nacimiento o bien al momento en el que se distingue el sexo en la ecografía (en torno a la vigésima semana). Si son de diferente sexo, no hay duda: son dizigóticos. Si son del mismo sexo, aún no se puede diagnosticar su origen biológico; pueden ser idénticos o no. Un estudio microscópico de la placenta y de las bolsas amnióticas, poco después del parto, determinará el origen de los bebés, pero no es una rutina en los hospitales españoles (sí en otros países). Debido a ello hay bastantes padres con dudas sobre el origen de sus hijos. A veces la información que se les ha dado en el momento del parto no fue correcta. Desgraciadamente, está muy divulgada la falsa creencia de que dos placentas o dos bolsas significan la presencia de gemelos dizigóticos. Pero como ya hemos visto, puede tratarse muy bien de un embarazo de gemelos monozigóticos. Un estudio del ADN de los bebés es el método más fiable para determinar el origen de éstos y cada vez más padres recurren a ello (*véase* Direcciones útiles). Los idénticos tienen el mapa genético idéntico, los no idénticos no. A medida que los bebés vayan creciendo, también es posible averiguar su origen biológico (*véase* las sugerencias del Capítulo 17). Es importante conocer la zigosidad de los bebés. Este dato resulta determinante en su educación, como quedará patente en los capítulos dedicados a ella. Y también es importante referente a su salud y estado físico. Por ejemplo, si uno de los dos se desarrolla mucho más rápido (ya habla y anda, mientras el otro no lo hace), para los dizigóticos esto no suele indicar un problema, pero en el caso de los monozigóticos sí. Y lo mismo, si uno sufre una enfermedad, en el caso de los monozigóticos, hay mayor riesgo de que el otro también la padezca. Quiere decir que la información sobre su origen biológico ayuda a estar alerta. Además, los idénticos son ¡los donantes perfectos de órganos o sangre para sus hermanos gemelos!

El embarazo de trillizos

Los trillizos suelen ser fruto de tres óvulos liberados en un mismo ciclo menstrual. En este caso se habla de trizigóticos, porque se trata de tres zigotos.

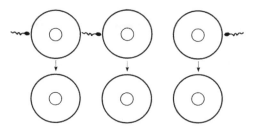

Esto puede ocurrir espontáneamente y sucede con mayor frecuencia en familias con antecedentes de gemelos dizigóticos. El gen que predispone a que la mujer libere dos óvulos en vez de uno puede también ocasionar una ¡triple ovulación! Se calcula que el 40% de los embarazos de trillizos se da espontáneamente. El restante porcentaje es el resultado de tratamientos de fertilidad, como la estimulación ovárica o la fecundación in vitro.

Pueden darse dos tipos más de embarazos de trillizos. No siempre se trata de tres óvulos distintos: es posible que en principio existan dos óvulos fecundados, de los cuales uno se divide. En este caso se habla de un embarazo de trillizos dizigótico.

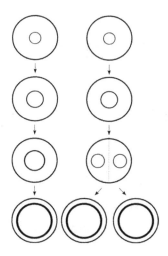

Esto ocurre en algunas ocasiones de modo espontáneo o por la influencia de los tratamientos hormonales o la manipulación de los embriones en caso de la fecundación in vitro. En esta situación los padres tendrán una pareja de gemelos monozigóticos y un mellizo.

Y, por último, también es posible que un óvulo fecundado se divida dos veces, dando lugar a trillizos idénticos, es el denominado embarazo de trillizos monozigótico. Ocurre tanto por influencia de técnicas de fertilidad como espontáneamente, aunque no es muy frecuente (en torno al 5% de los embarazos de trillizos).

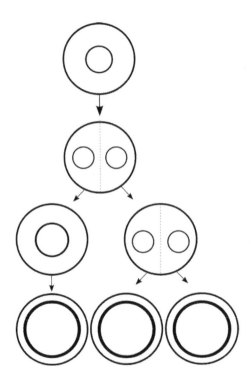

¿Mono-, di- o trizigótico?

En caso de trillizos no siempre es fácil averiguar cuál es su zigosidad.

Aquí, al igual que en el caso de los gemelos, se puede pensar que la presencia de tres placentas significa que los bebés son trizigóticos. Pero pueden ser ¡monozigóticos! Se dan estas posibilidades:

Trizigótico

Cada bebé tiene su propia bolsa interior (el amnios), exterior (el corion) y la placenta, aunque las últimas pueden fusionarse. Solo un estudio microscopio puede determinar si se trata de distintas placentas. Se llama un embarazo triamniótico tricorial. Este es dibujo A.

Dizigótico

Se trata de dos gemelos y un mellizo. En caso de que la división del zigoto transcurrió poco después de la fecundación, cada bebé tiene sus propias bolsas y placenta. Este embarazo también se llama un embarazo triamniótico tricorial (dibujo A). En este caso el ginecólogo no puede ver en la ecografía que se trata de un embarazo de trillizos dizigótico.

También puede ocurrir que los bebés, procedentes de un solo zigoto, compartan el corion. En este caso hablamos de un embarazo triamniótico bicorial (dibujo B).

Monozigótico

Cuando la división del zigoto transcurrió poco después de la fecundación, cada bebé tiene sus propias bolsas y placenta. De nuevo se llama un embarazo triamniótico tricorial (dibujo A). También aquí este tipo de embarazo no se distingue de un embarazo trizigótico y se debe esperar el momento del nacimiento para conocer la zigosidad de los bebés. Cuando los tres son del mismo sexo, todavía no se puede determinar su origen (idénticos o no). Un test de ADN dará la respuesta.

Puede ocurrir que los tres bebés compartan el corion, aunque cada uno está en su propia bolsa amniótica (dibujo C). Se llama un embarazo triamniótico monocorial. No se da apenas este tipo de embarazo, pero en el año 1999 el equipo del Institut Marquès de Barcelona tuvo un caso de estas características tras realizar una fecundación in vitro. En esta situación existe el riesgo del síndrome de transfusión fetofetal (TFF), pero estos trillizos (tres varones) nacieron en ¡buen estado de salud!

También puede ocurrir que dos de los tres bebés compartan el amnios y que el corion envuelva a los tres. Se llama un embarazo diamniótico monocorial. Tampoco es nada frecuente.

Por último es posible que los bebés compartan tanto el corion como el amnios. Se llama embarazo monoamniótico monocorial (dibujo D). Aparte del riesgo de la transfusión fetofetal (TFF), también existe el del entrelazamiento de los cordones umbilicales. Afortunadamente este tipo de embarazo es casi inexistente.

En todos los embarazos monocoriales existe una probabilidad de que se desarrolle el síndrome de transfusión fetofetal. Por tanto el ginecólogo vigila con mayor cuidado este tipo de embarazo (léase el capítulo 5 para información sobre el TFF).

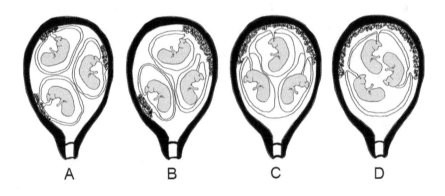

El embarazo de cuatrillizos

Un embarazo de cuatro bebés es un fenómeno excepcional. Se calcula que se da en uno de cada 500.000 embarazos. Se cree que el 90% de los embarazos de cuatrillizos se debe a tratamientos de fertilidad. Mi grupo objeto de estudio consiste en veinte familias con cuatrillizos de los que uno fue un embarazo natural y lógicamente inesperado. Los ginecólogos intentan evitar un embarazo de tales características por el riesgo que implica para los bebés. Por este motivo suelen aconsejar la reducción embrionaria (*véase* Capítulo 3). El porcentaje de fetos de sexo masculino disminuye conforme aumenta la cantidad de fetos por embarazo (el embrión masculino es más vulnerable que el embrión femenino). Esto significa que en los partos múltiples de gran número nacen más niñas que niños.

Se pueden dar varias situaciones:

▸ Se liberan cuatro óvulos que son fecundados por sendos espermatozoides en un mismo ciclo menstrual. En este caso se trata de cuatro bebés no idénticos entre sí, que se parecen como hermanos (cuatrizigóticos).

▸ Se liberan tres óvulos y se fecundan con sendos espermatozoides. Uno de los zigotos se divide en dos. En este caso se trata de un par de mellizos y otro de gemelos (2 monozigóticos y 2 dizigóticos).

▸ Se liberan dos óvulos y éstos son fecundados por dos espermatozoides. Cada zigoto se divide, y por lo tanto hay dos pares de gemelos idénticos que entre sí son mellizos (2 parejas de monozigóticos).

▸ Se liberan dos óvulos que son fecundados por dos espermatozoides. Uno de los zigotos se divide ¡dos veces! Dando lugar a trillizos (idénticos). El otro bebé es mellizo (dizigóticos con trillizos monozigóticos).

▸ Un óvulo se une con un espermatozoide y se divide tres veces, dando lugar a cuatrillizos idénticos. Esta es la posibilidad menos frecuente (monozigóticos).

El embarazo de quintillizos y sextillizos

Un embarazo de estas características es aún menos frecuente. Se calcula que un embarazo de quintillizos se da en uno de cada 50 millones. Al contrario que la opinión popular, puede darse espontáneamente. Ocurrió en 1934 a una familia humilde, llamada Dionne, en Ottawa (Canadá). La madre dio a luz en casa y ante el gran asombro del médico que la acompañó, no dio a luz a un solo bebé, como se había previsto, sino a cinco niñas idénticas. Se las envolvió en algodones, porque no había aún incubadoras y, aunque juntas no pesaban más de 5 kilos, sobrevivieron. También en mi grupo objeto de estudio hay un caso de quintillizos, que se dio sin ningún tipo de tratamiento. Nacieron cinco varones, en buen estado de salud, de los que dos son gemelos. En mi grupo también figura un solo caso de sextillizos (4 niños y 2 niñas), de una salud sorprendente. Un embarazo con un número tan elevado de bebés acarrea muchos riesgos. No se conoce un caso de sextillizos por vía natural. La mayoría de estas gestaciones es debida a tratamientos de fertilidad. Los bebés suelen ser distintos entre sí, fruto de varios óvulos, aunque pueden darse combinaciones de mellizos y gemelos idénticos.

La influencia de la genética

Es sabido que en algunas familias se dan más casos de gemelos que en otras y que la genética desempeña un papel en ello. Para entenderlo debemos distinguir de nuevo entre las dos categorías: los monozigóticos (popularmente llamados «los idénticos») y los dizigóticos (popularmente llamados «los mellizos») .

En los primeros aún no se sabe con exactitud cuál es la influencia de la genética o si la hay. No conocemos aún el motivo por el que el zigoto se divide. Anteriormente se pensaba que la genética no influía en este fenómeno; no obstante, estudios recientes demuestran que en algunas familias se dan más casos de gemelos idénticos que en otras. Mi propia investigación también corrobora este dato, ya que hay varias familias en las que se dio dos veces un embarazo de gemelos idénticos. Por lo tanto puede haber un componente hereditario, aunque todavía se desconoce su origen. También es curioso que en algunas familias se dan tanto casos de gemelos monozigóticos como de gemelos dizigóticos. Entre estos dos procesos debe haber alguna relación, aunque de momento no sabemos cuál es.

La situación de los dizigóticos es distinta: como ya expliqué, son fruto de una doble ovulación. La posibilidad de que se liberen dos óvulos en vez de uno en el ciclo menstrual se da en algunas mujeres más que en otras. En ello influye la genética: la predisposición a una doble ovulación se halla establecida por un determinado gen, que se transmite de madres a hijas. Por lo tanto, las hijas de madres que fueron mellizas o con hijos mellizos, tienen una mayor probabilidad de tener mellizos. Las madres también pueden transmitir este gen a sus hijos varones y aunque esto no influye en su descendencia, sí puede hacerlo en la siguiente generación (estos hijos transmiten el gen a sus hijas). Del mismo modo los hombres (por ejemplo, hijos de una madre melliza) también pueden pasar este gen a sus hijos e hijas. En todos estos casos la aparición de un embarazo gemelar salta una o más generaciones. El factor genético explica por qué la aparición de mellizos se da más en unas familias que en otras, así como el hecho de que a veces una mujer tenga un segundo par de mellizos (una posibilidad menos frecuente en una madre de idénticos, aunque no inexistente).

Información de interés

Los hijos de partos múltiples no siempre nacen el mismo día. Se dan casos en los que uno nace poco antes de medianoche y el otro (u otros) después. En estos casos, los médicos suelen cambiar la hora del nacimiento para que sus fechas coincidan. Pero también se dio el siguiente caso, nada habitual: una mujer, embarazada de gemelos dizigóticos, dio a luz a su hija en la semana 25. El otro bebé, un niño, no dio señales de querer salir y las contracciones cesaron. Permaneció en el útero hasta la semana 33. La niña superó los problemas de ser prematura y a los dos años y medio no se notaba la diferencia de edad. Se les considera como gemelos cualesquiera. Lo que define el ser gemelo es el hecho de haber compartido el útero.

CAPÍTULO 2

El embarazo múltiple

Hoy día, gracias a las ecografías, se detecta un embarazo gemelar (o triple) en el segundo o tercer mes de gestación. De hecho, a partir de la sexta semana de embarazo, la ecografía distingue si hay dos o más embriones. Cuando aún no se conocía este método, al noveno mes algunos padres se llevaban la sorpresa de su vida; en vez de convertirse en padres de un niño, veían aumentada su familia en dos a la vez. Nada más nacer el primero, el médico se daba cuenta de que había otro que también quería asomarse al mundo.

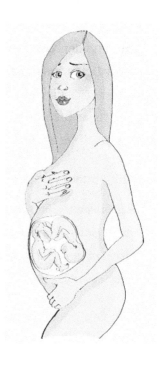

Esto ya no ocurre en la actualidad. De mi grupo objeto de estudio, en una mujer embarazada de trillizos el ginecólogo solo había detectado dos bebés; el tercero, que se hallaba detrás de su hermana, no fue visto en ninguna de las ecografías. Los padres se llevaron una grata sorpresa. Pero este caso es una excepción que confirma la regla. Es una ventaja que, gracias a los avances médicos, podamos saber desde los primeros meses del embarazo que van a ser dos (o más) bebés. Al mismo tiempo es aconsejable esperar al tercer mes para aceptar del todo la noticia, pues es frecuente que haya un aborto espontáneo de uno de los embriones sin que esto influya negativamente en el otro (el llamado «fenómeno del gemelo desaparecido» o en inglés *the vanishing twin*). En este caso el ginecólogo en la segunda ecografía solo ve un embrión. Se piensa que la incidencia del fenómeno del gemelo desaparecido es de una 21% a 30%, muchas veces sin que la mujer lo perciba. Pero también puede haber síntomas tales como pérdidas de sangre, dolor del vientre y de la pelvis. No obstante todavía sabemos poco sobre las causas de este fenómeno.

Una experiencia única

Tal como demuestran las estadísticas cada vez son más las parejas que se embarcan en la apasionante aventura de sacar adelante y educar a más de un bebé. La noticia del embarazo múltiple siempre causa un gran revuelo en las mentes de los futuros padres. Les asaltan dudas (*«¿Podremos educarles? ¿Tendremos suficiente dinero?»*) al mismo tiempo que se alegran y se emocionan.

Maite (madre de gemelas monozigóticas de 2 años):

«Me quedé muda ante la noticia. Nunca había pensado que me pudiera ocurrir. Pasado el primer susto, empecé a imaginarme el futuro: dos bebés que pasarían juntos todas las etapas. Ya me veía paseando con ellos y me puse a llorar de emoción».

También puede haber otros sentimientos. Esther (madre de gemelas dizigóticas de un año):

«El ginecólogo escudriñó detenidamente la imagen en la pantalla y cuando finalmente me confirmó su sospecha, le dije entre lágrimas: 'Solo quiero un bebé'. A pesar de haberme sometido a un tratamiento, siempre me había imaginado un embarazo de un bebé. Me costó un tiempo adaptarme a la realidad».

Carmen (madre de trillizos):

«Al principio me dijeron que eran gemelos. Sentí muchísima alegría y gratitud. Pero en la siguiente ecografía me confirmaron que eran trillizos. Me asaltaron muchísimas dudas sobre cómo iba a ser un embarazo así. Pero también sentí mucha ilusión».

Asimilar la noticia

Como se desprende de estos testimonios, la noticia del embarazo múltiple siempre causa un gran impacto. De por sí, el embarazo es una situación que suele provocar cierto estrés, como todo lo desconocido, y si es un embarazo múltiple, aún más. La mayoría de los futuros padres siente una amplia escala de sentimientos, en la que la alegría se mezcla con el miedo, el desconcierto, las dudas, etc. Las parejas que se sometieron a técnicas de fertilidad suelen sentir tanto incredulidad como agradecimiento. Tras años de no poder tener descendencia, de repente se convierten en futuros padres de familia numerosa. A muchos padres les inquieta el aspecto económico, su vivienda o el coche (*¿cabremos todos?*). Podemos decir que los futuros padres pasan por una tormenta emocional, llena de altibajos. A ello se añaden los síntomas físicos, típicos del embarazo, que en el embarazo múltiple no se hacen esperar (cansancio, náuseas, aumento de peso, etc.).

Sugerencias

- *Tómese tiempo para asimilar esta noticia*, seguramente la más impactante de su vida. La naturaleza es sabia y lo tiene todo bien «pensado»: queda mucho tiempo por delante para familiarizarse con el hecho de su embarazo especial. A medida que los primeros cambios en el cuerpo materno se vayan notando, se empezará a aceptar el nuevo rol y ambos progenitores se irán adaptando a la nueva situación.

- *Comparta con su pareja o cualquier persona de confianza sus sentimientos*, tanto los positivos como los negativos que provoca la nueva situación. Poder compartirlos con alguien que le escuche es una gran ayuda y reduce las tensiones. Muchas parejas se sienten culpables por no sentir una alegría desbordante, pero no hay que disculparse por ello. Es completamente normal, ya que usted está ante una gran aventura, totalmente desconocida. Si se siente muy angustiada, no dude en acudir a un profesional. Un estado de estrés continuado puede afectar al crecimiento de los bebés, porque disminuye el torrente sanguíneo hacia el útero. Pero la depresión o la ansiedad se puede tratar también durante el embarazo.

- *Busque información* y aprenda todo lo que pueda sobre el embarazo y parto múltiples. Puede parecerle difícil leer sobre bebés prematuros o el síndrome de transfusión fetofetal, pero estar informada sobre ello y conocer los síntomas disminuye el miedo. Hacer lo contrario (no querer saber nada de posibles complicaciones) ¡lo aumenta!

- *Elija un ginecólogo con quien se sienta a gusto* y que se tome con absoluta seriedad sus múltiples preguntas. Es aconsejable elegir uno que tenga experiencia en partos múltiples. También debe abordar con él temas como la presencia del marido durante el parto, la necesidad (o no) de anestesia y el tipo de parto. Si las ideas del especialista no coinciden con las suyas, conviene cambiar de médico para evitarse posteriores desilusiones.

- *Tome parte activa en el control de su embarazo.* Pregunte a su ginecólogo el porqué de los análisis, pida explicaciones y coméntele todo lo que sienta. Su ginecólogo necesita esta información, ya que llevar un buen control es cosa de ambos. No tema ser pesada; se trata de la salud de sus bebés.

- *Busque contacto con padres que hayan pasado por la misma situación.* Visite las páginas web dedicadas a familias de partos múltiples. Estas páginas no solo le aportan información, sino también un servicio para la compra y venta de productos de segunda mano, como los cochecitos gemelares, etc. *Véase* al final del libro el apartado Direcciones útiles.

- *Reflexione sobre el tipo de ayuda que desea.* Todos los padres de múltiples necesitan ayuda para los primeros años de sus hijos. Y aunque de momento seguramente no la necesite, más adelante será de gran utilidad. Una persona que durante el embarazo le ayude con las tareas domésticas, puede ser muy importante para usted y los bebés después del nacimiento, pues ya la conoce a usted, sus preferencias y la ubicación de las cosas. Una canguro *au pair* también puede ser una buena opción si no le molesta perder cierta intimidad familiar y dispone de una habitación extra. Es un tema del que hablar pronto durante su embarazo.

- *Hable también con su pareja sobre el tema económico.* Los gastos indudablemente se incrementan y muchas veces la capacidad para generar ingresos disminuye, porque la madre decide pedir una excedencia laboral o dejar su trabajo, por lo menos durante unos años. Este tema no pocas veces causa cierto estrés y conviene buscar maneras de solucionarlo. Las asociaciones pueden informarle sobre las ayudas a familias de partos múltiples (se dan principalmente a partir de un parto de trillizos).

- *Anote en un diario experiencias, dudas y alegrías*; eso la ayudará a afrontar la situación; y más adelante será un buen recuerdo de estos meses tan especiales.

- *Considere su embarazo como algo único y no como anormal.* Tiene todos los motivos del mundo para sentirse orgullosa de su cuerpo y de sí misma. Está gestando dos (o más) bebés y su cuerpo se encarga de darles el mejor desarrollo posible, la nutrición más completa y el máximo bienestar. Es realmente algo asombroso.

¿Se trata de un embarazo especial?

El embarazo de gemelos

Sí, el embarazo gemelar es especial, pero no necesariamente tiene que ser problemático.

Un 60% de las mujeres, según los datos del grupo que he estudiado, llevó un embarazo muy satisfactorio. Y este porcentaje aumentó durante el segundo trimestre a un 74%.

Sin embargo, conviene saber que un embarazo gemelar exige más de la mujer que el embarazo de un solo hijo. Así, se pueden tomar ciertas precauciones. El aumento de peso será de 12 a 17 kilos, en lugar de 11 a 15 kilos, que es lo normal en un embarazo de un solo bebé. Ya desde el principio del embarazo, la gestante lleva más peso que la embarazada de un solo hijo. Hasta la semana 30, el desarrollo de los bebés gemelos es el mismo que en la gestación de un solo hijo. A partir de esa semana, su crecimiento se hace más lento. Las típicas molestias que sufre la embarazada, si lleva gemelos, se notan antes y suelen ser más fuertes (como las náuseas, por ejemplo). El embarazo gemelar requiere mayor vigilancia y los controles suelen ser más frecuentes; algunos ginecólogos aconsejan acudir a la consulta cada tres semanas y en los dos o tres últimos meses cada dos semanas. La posibilidad de una cesárea es mayor en el embarazo gemelar.

Los problemas más frecuentes en un embarazo gemelar son:

- ▶ Retención de líquidos (edemas).

- ▶ Tensión alta.

- ▶ Albúmina en la orina (puede indicar una infección).

- ▶ Uno de los bebés no crece bien, por ejemplo a causa de una insuficiencia placentaria.

- ▶ El síndrome de transfusión fetofetal en los embarazos monocoriales (los bebés comparten el corion).

▶ Parto prematuro (como los bebés presionan sobre la parte inferior de la matriz, puede ocurrir que esta se abra antes de tiempo).

Tal vez estos datos parezcan alarmantes, pero hay que tener en cuenta que la propia actitud, como cuidarse bien, descansar lo suficiente, seguir las recomendaciones del ginecólogo, etc., ayudan mucho a llevar bien el embarazo. Y así la futura madre de gemelos estará segura de que los médicos harán todo lo posible para que el embarazo evolucione favorablemente y que será atendida de un modo especial. El 88% de las mujeres del grupo objeto de estudio estaban muy contentas con la asistencia de su ginecólogo.

La duración del embarazo gemelar es de 37 semanas. De los bebés del grupo que he estudiado, el 34% nació antes o durante la semana 35; el 13% en la semana 36; el 42% vino al mundo entre las semanas 37 y 38, y el 11% entre las semanas 39 y 40. En otras palabras: más de la mitad de los bebés de mi investigación, el 53%, nació después de un embarazo de 37 semanas o más, algo por encima de la duración media del embarazo gemelar. No obstante, estudios muy recientes demuestran que un embarazo gemelar tiene una duración máxima. Es deseable que los bebés no nazcan más tarde que la semana 37 porque las placentas (o placenta) generalmente no pueden nutrir a los gemelos de modo óptimo durante más tiempo.

El peso de los gemelos al nacer es, aproximadamente, de 2,4 kilos cada uno y su talla oscila alrededor de los 46,8 centímetros. Pesan 600 gramos menos que un bebé que viene solo.

El 56% de los bebés de mi grupo de investigación no precisó de la incubadora; en un 6% solo uno de los bebés la necesitó. Y en un 38% de los bebés hubo que recurrir a la incubadora. La permanencia en ella fue de un periodo comprendido entre unos pocos días y un máximo de 2 semanas en el 53% de los casos, mientras que el resto de los bebés la necesitó más tiempo. Los niños prematuros suelen recuperarse del retraso en el transcurso de los primeros años.

El embarazo de trillizos

Aunque la mayoría de las embarazadas se sienten felices con el hecho de que tres bebés crezcan dentro de su útero, el ginecólogo recibe la noticia con más temor. Su preocupación se agudiza ante un embarazo de más de dos bebés. No obstante, un 53% de las mujeres, según los datos recopilados en mi investigación, llevó bien el embarazo en el primer trimestre, lo cual se elevó a un 61% en el segundo trimestre (en el último trimestre un 34% lo llevó bien).

Un embarazo de trillizos no se parece en nada a una gestación de un solo bebé, tal como varias madres con experiencia en ambos casos me comentaron. Las molestias propias del embarazo aparecen muy pronto y con mucha vehemencia. El aumento de peso suele ser de entre 17 y 21 kilos, pero hay grandes variaciones entre las mujeres (en mi grupo objeto de estudio una mujer solo aumentó 10 kilos y otra ¡30!).

Problemas más frecuentes en un embarazo de trillizos son en parte los mismos que en el embarazo gemelar, más algunos otros:

▶ Retención de líquidos (edemas).

▶ Tensión alta y un mayor riesgo a sufrir preeclampsia.

▶ Albúmina en la orina.

▶ Uno de los bebés no crece bien.

▶ Parto prematuro.

▶ Parto por cesárea.

▶ Riesgo del síndrome de transfusión fetofetal en el embarazo monocorial (los tres bebés o dos de ellos comparten el corion).

▶ Mayor riesgo cardiovascular.

La duración media de un embarazo de trillizos es de 33 a 34 semanas. El peso de los bebés es en torno a los 1,8 kilos. Las niñas trillizas suelen pesar algo menos que los niños trillizos.

De mi grupo objeto de estudio un 15,5% de los bebés no necesitó la incubadora, gracias a su buen peso y estado de salud; se trataba de 33 bebés de los 210 en total, que pesaban dos kilos o más al nacer. Un 84,5% sí necesitó permanecer en la incubadora; de estos bebés el 18,5% solo pasaron de unos días hasta dos semanas en ella; el 35,5% entre dos y cuatro semanas y el 30,5% tenía que permanecer en la incubadora durante un periodo de un mes o más tiempo. El máximo tiempo fue de 3 meses, que se dio en un bebé que nació con un peso de 680 gramos en la semana 30.

El calendario de las revisiones médicas

Los ginecólogos siguen un calendario de controles médicos especial para gestaciones múltiples.

Calendario para embarazos gemelares bicoriales:

- Visita mensual hasta la semana 28
- Visita cada 15 a 21 días hasta la semana 36
- Visita semanal a partir de la semana 36
- Ecografías en las semanas 8, 12, 20, 28, 32 y 36
- Medición mensual de la longitud cervical a partir de la semana 16
- Registro cardiotocográfico semanal a partir de la semana 36

Calendario para embarazos gemelares monocoriales:

- Visitas cada 15 días, con control líquido amniótico, desde la semana 14.
- Medición mensual de la longitud cervical a partir de la semana 16.
- Visita semanal a partir de la semana 35.
- Ecografías en las semanas 8,12, 20, 28, 32 y 35.
- Registro cardiotocográfico semanal a partir de la semana 35.

Calendario para embarazos triples:

- Visita mensual hasta la semana 25.
- Visita quincenal de la semana 25 hasta la 32.
- Visita semanal a partir de la semana 32.
- Ecografías en las semanas 8, 12, 20, 24, 28 y 32.
- Medición de longitud cervical, en cada visita desde la semana 16.

Según la situación de la embarazada el ginecólogo puede decidir hacer un número mayor o menor de controles. Un embarazo monocorial siempre requiere un mayor número de controles.

El aumento de peso

Los estudios demuestran una correlación directa entre un aumento de peso temprano en el embarazo y un buen crecimiento fetal. También ponen de relieve que la mejor salud y los pesos más idóneos de los bebés se consiguen con un aumento moderado de peso, adquirido de forma gradual. Se mantienen las siguientes orientaciones en cuanto al aumento de peso:

	Aumento de peso
Un solo bebé	11-15 kg
Gemelos	12-18 kg
Trillizos	16-21 kg
Cuatrillizos o más	el de trillizos más 5 kg para cada bebé adicional

Las mujeres delgadas tendrían que aumentar proporcionalmente más que las que presentan sobrepeso. Para una embarazada de gemelos con un peso normal se considera conveniente un aumento de 15-18 kg; para una de bajo peso es conveniente un aumento de 20-22 kg; y para la mujer con sobrepeso un aumento de 12-15 kg es lo idóneo.

El ritmo en el que se gana peso durante el embarazo también es importante.

Véase el siguiente esquema:

	Aum.semanal de peso hasta semana 24	Aumento semanal de peso después semana 24	Aumento total
Embarazo gemelar	300-350 g	500-550 g	12-18 kg
Embarazo triple	350-400 g	700-800 g	16-21 kg

Dicho de otro modo, en el embarazo gemelar lo idóneo es un aumento de 7 a 8 kilos al alcanzar la semana 24 de gestación; a partir de ese momento un aumento de medio kilo por semana es conveniente. En un embarazo de trillizos lo idóneo es un aumento de 4 kilos en el primer trimestre; en el segundo unos 7 kilos y, desde ese momento, en torno a la semana 24, aproximadamente 1 kilo por semana. Como los bebés nacerán de forma prematura, es importante un aumento en una fase temprana del embarazo. Especialmente en las mujeres delgadas o muy delgadas, un buen aumento de peso en la primera mitad del embarazo eleva el peso de los bebés al nacer. No obstante, puede resultarle difícil conseguir tal meta, debido al poco apetito y las náuseas. Si este es su caso, no se preocupe. En cuanto cesen las náuseas, empezará a ganar peso rápidamente.

Téngase en cuenta que todos estos pesos solo son indicativos. Hay mucha diferencia entre las embarazadas en cuanto a su peso. También es cierto que el peso de la madre no tiene una relación directa con el de sus bebés. El aumento de peso no solo es producido por los bebés, como se muestra en la siguiente tabla de un embarazo gemelar:

Peso de los senos	400 gramos
Aumento de peso de la matriz	1000 gramos
Placenta(s)	1000 gramos
Aumento del volumen de sangre	1200 gramos
Líquido amniótico	1400 gramos
Dos bebés, cada uno de 2 500 gramos	5000 gramos
Grasas y retención de líquidos	5000 gramos
Total	15. 000 gramos

En caso de que se dé un aumento de peso mayor del considerado como normal, el ginecólogo prescribirá una dieta. Aunque resulte molesto, hay que tener en cuenta que su salud está en juego; un sobrepeso puede traerle problemas de hipertensión, varices y dolores de espalda.

Muchas mujeres se preguntan si algún día perderán todo ese peso. Según los estudios el aumento de peso se pierde dentro de un periodo de dos años después del parto y en muchos casos, antes. La vida ajetreada con sus bebés ¡se encarga de ello!

Las clases de preparación para el parto

Las clases de preparación para el parto también ¡son importantes en caso de un embarazo múltiple! Y quizás aún más, si cabe. La gestante aprende en estos cursillos qué significan las sensaciones que está sintiendo en su cuerpo a lo largo de su embarazo. Asimismo, aprende a distinguir entre aquellas que son molestias dolorosas pero inocuas, y otras que son indoloras pero que se deben notificar al ginecólogo. Y esto es aún más importante en un embarazo múltiple. Sabemos que en estas gestaciones se presentan más contracciones y antes. Si usted reconoce una contracción y sabe hasta cuántas se considera normal, vivirá su embarazo de forma más tranquila; además podrá acoplar su estilo de vida a las necesidades del útero y sabrá en todo momento cuándo tiene que avisar a su ginecólogo. Pero en su caso debe empezar las clases de preparación al parto en un momento más temprano de su embarazo que en el de una gestación simple. En el caso de un embarazo gemelar conviene empezar en el segundo trimestre; en caso de un embarazo triple es aconsejable empezar en el primer trimestre. En parte es recomendable porque más tarde puede ser más difícil salir de casa, debido al reposo y por otra razón, porque las molestias se perciben mucho antes y con mayor vehemencia en su caso. En algunos centros se imparten clases de preparación al parto especiales para embarazadas de múltiples fetos.

Los controles prenatales

Actualmente, gracias a los avances tecnológicos existen muchas maneras de controlar el embarazo múltiple. El diagnóstico y los tests prenatales aportan una valiosa información sobre la salud de los bebés.

Según datos recogidos en Estados Unidos, los defectos del nacimiento se dan en un 18% más en un embarazo múltiple que en un embarazo sencillo. Este aumento depende de varios factores como la zigosidad de los bebés, la edad de la madre y otros. En los dizigóticos cada bebé tiene un riesgo independiente de sufrir algún problema y solo uno de ellos suele estar afectado; los monozigóticos tienen mayor riesgo de defectos congénitos que los dizigóticos, y pueden estar los dos afectados, dependiendo de la causa. Sobre todo en los embarazos monocoriales existe un cierto riesgo de complicaciones.

Mencionaremos ahora algunos de los controles más frecuentes en el embarazo múltiple:

La ecografía

La ecografía utiliza ondas sonoras (también se llaman ultrasonidos). Los órganos internos refractan dicho sonido de forma diferente según su densidad. Este «eco» se recoge de forma electrónica y produce una imagen fotográfica en una pantalla. La mayoría de las imágenes son de dos dimensiones, pero ya hay ecógrafos que captan imágenes en tres y cuatro dimensiones, siendo la cuarta dimensión el movimiento en tiempo real. Hay dos maneras de realizar una ecografía: de forma externa, es decir, por encima del abdomen, o de forma interna, es decir, por la vagina. Si la ecografía es externa, usted se tumbará en una camilla y le untarán el abdomen con un gel. Las ondas sonoras se mandan a través del útero, haciendo pasar un transductor por encima de su abdomen. La ecografía transvaginal se puede comparar con un examen vaginal: se introduce en la vagina el transductor y se mueve de un lado a otro. Con este método, que no resulta doloroso para la embarazada, se consiguen en las primeras semanas de gestación imágenes mucho mejores que con la ecografía abdominal. Por lo tanto, es de elección en la primera etapa del embarazo. Mediante la ecografía el ginecólogo puede determinar el crecimiento de los fetos, la cantidad de líquido amniótico, la posición de la placenta (s), así como observar las posiciones de los bebés, sus latidos cardíacos y sus movimientos. Se recomienda en el embarazo múltiple una extensa exploración ecográfica en torno a las semanas 19-21, cuando los bebés ya están formados. Suele hacerla un especialista en la materia. En esta ecografía se visualizan casi todos los órganos y la estructura corporal de cada bebé: el cerebro, la columna vertebral, las estructuras del corazón y de los pulmones, el diafragma, el estómago, los riñones, los intestinos y el sistema urinario. Se mide la circunferencia de las cabecitas, la circunferencia abdominal y la longitud del fémur. También se examinan las placentas y se observa en qué lugar los cordones umbilicales están insertados con su correspondiente placenta. Se hace una estimación del líquido amniótico.

Las ecografías que se realizan al principio del embarazo múltiple ayudan a determinar el número de placentas, coriones y amnios. Gracias a ello a veces es posible determinar si son monozigóticos o dizigóticos (*véase también* Capítulo 1). En un momento más tardío puede ser más difícil visualizar las membranas, porque los bebés son más grandes.

A lo largo de su embarazo le harán varias ecografías (habitualmente un mínimo de 5 ecos en gemelares, que pueden aumentar si hay alguna patología o a criterio del ginecólogo). Hasta la semana 18 las ecografías pueden determinar con bastante precisión la edad gestacional de los bebés (más tarde la medición de este dato es menos precisa). Muchas anomalías físicas pueden ser detectadas mediante ecografía entre las semanas 18 y 20 de gestación y algunas incluso antes. La exploración ecográfica es capaz de detectar la mayoría de las anomalías graves, como las del sistema nervioso central, el sistema músculo-esquelético o el sistema urinario. Hay malformaciones cardíacas graves no detectables, ya que puede haber alteraciones en la circulación de la sangre siendo el aspecto del corazón normal. Si hay alguna duda ecográfica o antecedentes de malformaciones cardíacas, le realizarán una ecocardiografia fetal, precoz a las 17 semanas y tardía a las 26-28 semanas. También pueden observarse malformaciones menores o alteraciones transitorias como la dilatación de la pelvis renal.

En la ecografía de la semana 12 se buscan los «marcadores de alteraciones cromosómicas»: medición del pliegue nucal (translucencia nucal), estructuras del corazón, el hueso de la nariz, etc. La anomalía cromosómica más frecuente es el síndrome Down. La presencia de alguno de estos marcadores indicará la conveniencia de realizar un estudio cromosómico, mediante un test prenatal de sangre materna, una amniocentesis o una biopsia de corion.

La ecografía puede detectar un retraso del crecimiento de los bebés (o de uno de ellos) y también el síndrome de transfusión fetofetal (una anomalía que solo afecta a los monozigóticos que comparten el corion). Por último se recurre a la ecografía para determinar si hay señales de aviso de un parto inminente mediante la medición de la longitud cervical (cuello uterino).

El test combinado del primer trimestre

Una de las pruebas diagnósticas es el test combinado del primer trimestre, que se ofrece a la embarazada independientemente de su edad. Se puede detectar el síndrome Down (trisomía 21), el síndrome Edwards (trisomía 18) o el síndrome Patua (trisomía 13). Este riesgo se calcula ajustando el riesgo de estas patologías por edad materna, mediante marcadores ecográficos y niveles bioquímicos en la sangre materna en el primer trimestre. Este test consiste en una extracción de sangre materna y una ecografía. Estos dos procesos generalmente se hacen en momentos diferentes durante el primer trimestre, pero se pueden llevar a cabo el mismo día. La extracción se realiza entre las 10-13 semanas del embarazo, generalmente en la semana 10. Se estudian dos valores bioquímicos en la sangre materna: el de la fracción beta de la hormona del embarazo (hCG) y los valores de la proteína asociada al embarazo, también conocida como PAPP-A. En la ecografía, que se suele hacer entre las 11 y 13 semanas de gestación, se realiza un estudio anatómico del feto y se valora los marcadores para determinar el riesgo de cromosomopatías como la traslucencia nucal (TN). Este es un espacio situado en la parte posterior de la cabeza del feto, en proximidad al cuello. Se realiza esta medición porque los fetos con síndrome de Down tienen a tener una mayor cantidad de fluido en este espacio. En caso de una gestación gemelar bicorial (cada feto tiene una placenta independiente) se hará una estimación de riesgo para cada feto. En caso de ser monocoriales (comparten la placenta), habrá un único riesgo calculado a partir de la media de las dos TN. Si el resultado es de alto riesgo, se debe verificar el posible diagnóstico con una amniocentesis.

El test prenatal de sangre materna

Desde el año 2013 existe el test prenatal no invasivo, que valora en el ADN fetal que existe en la sangre materna, la existencia de trisomías, 21, 18 y 13 (síndrome de Patau) y alteraciones de los cromosomas sexuales (síndrome de Turner, por ejemplo). Este es un gran avance, ya que una simple extracción de sangre materna puede detectar en el caso de pacientes de riesgo (como edad materna elevada, aumento de translucencia nucal o alteración de los marcadores bioquímicos maternos) la existencia de ciertas anomalías genéticas. Este test reduce el número de otras pruebas invasivas que conllevan el riesgo de pérdidas de embarazo. Otra gran ventaja es la elevada tasa de detección de este test, superior al 99,5%, dado que se mira directamente el ADN del feto. En la actualidad no está incluido en la cartera de servicios de la sanidad pública ni en los seguros médicos privados. En cualquier caso, sigue siendo necesaria la ecografía como método de detección de las malformaciones fetales, por lo que se recomienda asociar el test con una ecografía de alto nivel para combinar las capacidades de detección de ambas pruebas. En caso de que se descubran alteraciones en el test prenatal, el resultado debería verificarse con un análisis invasivo como la amniocentesis o la biopsia de corion. En los embarazos gemelares, se realiza el test prenatal en la semana 12. Se considera que en estos embarazos, este test se debería realizar solo si el test combinado del primer trimestre sale de alto riesgo, antes que la amniocentesis.

La amniocentesis y la biopsia de corión

En algunos casos, los padres deben considerar la necesidad de hacerse o no otras pruebas, más invasivas, para estar seguros de la salud de los bebés. Este puede ser el caso cuando:

▶ Se dan enfermedades hereditarias en los padres o en sus familias.

▶ Los padres tienen un hijo con anomalías cromosómicas.

▶ El ginecólogo encuentra algo llamativo en una ecografía, como un pliegue anormalmente grueso en la nuca del feto (puede indicar presencia de síndrome de Down) o existe alto riesgo en el test combinado del primer trimestre o hay resultado positivo del test prenatal de sangre materna.

Estas dos pruebas prenatales que explicaré a continuación (la amnio-centesis y la biopsia de corion) estudian los cromosomas del feto.

La amniocentesis. Consiste en la extracción de una pequeña muestra del líquido amniótico con una aguja que se introduce a través del abdomen de la madre para analizar posibles alteraciones cromosómicas. El uso si-multáneo de la ecografía facilita esta tarea. Se lleva a cabo habitualmente desde la semana 16 y antes de la 18, pues en ese momento hay suficiente líquido y suficientes células de descamación fetal. En los monozigóticos que comparten el corion, un solo pinchazo sería suficiente, pero cuando el embarazo es dicorial, no se puede saber si los gemelos son idénticos o no. Por tanto en este caso siempre se sacan muestras de las dos bolsas interiores de los bebés, lo que significa para la mujer dos pinchazos. En caso de un solo corion se pincha una única vez. En casos excepcionales los gemelos monozigóticos tienen un mapa cromosómico distinto. Es preciso esperar unas dos o tres semanas para obtener los resultados del cultivo celular que nos informará de todo el mapa cromosómico. No obstante, se puede destinar una parte del líquido amniótico a hacer un estudio rápido y determinar los cromosomas 13, 18, 21 y sexuales en 24 horas. Estos cro-mosomas son los que están más frecuentemente alterados.

Después de la amniocentesis usted puede sentir calambres debido a que el útero y los tejidos se están recuperando. Se debe reposar en las horas posteriores y el calor abdominal es aconsejable. Algunas mujeres pierden un poco de líquido amniótico; si esto ocurre, debe comunicarse urgentemente al ginecólogo. También existe un pequeño riesgo de infec-ción. Hay un mínimo riesgo de aborto, menos del 1% en un embarazo simple y el doble en caso de un embarazo gemelar (en un embarazo de trillizos es algo más elevado).

La biopsia de corion. En dicha biopsia se recoge una muestra de tejido de la placenta por vía vaginal con una pinza o a veces con un pinchazo en el abdomen. Simultáneamente se hace una ecografía para que el ginecólo-go vea su intervención. Se hace alrededor de la semana 11, obteniéndose los resultados a la semana siguiente. Tiene como desventaja que resulta difícil asegurarse de que se extraen muestras de los dos (o más) bebés. Esta prueba tiene un riesgo algo más elevado de aborto (3% en caso de un embarazo múltiple en comparación con el 1% en caso de un embarazo sencillo). Existe, además, la posibilidad de que si el resultado de la biopsia de corion no está claro, se deba realizar de todos modos una amniocentesis.

En el caso de que se detecte una anomalía fetal grave y los padres no quieran continuar con el embarazo, pueden interrumpirlo en el plazo permitido por la ley (antes de la semana 22). Si solo se da una anomalía en uno de los fetos, los padres se hallarán ante una decisión difícil. Técnicamente es posible interrumpir el embarazo del bebé enfermo (inyectando una determinada sustancia en la sangre del feto, este fallece); sin embargo, esta intervención conlleva el riesgo de provocar un parto prematuro del bebé sano (o bebés sanos). Es muy importante que en esta difícil situación los padres estén en estrecho contacto con el equipo de médicos para que les orienten.

Información de interés

El porcentaje de parejas de niños o de niñas es igual en caso de un embarazo de gemelos monozigóticos. En otras palabras: los futuros padres tienen un 50% de posibilidades de tener dos niños o dos niñas. En caso de un embarazo de gemelos dizigóticos, hay un 50% de posibilidades de tener una parejita (niño y niña), y un 25% de tener una pareja de niños o de niñas. En los trillizos las probabilidades son las siguientes: existe un 12,5% de probabilidad de tener tres niños y otro 12,5% de tener tres niñas; 37,5% de tener dos niños y una niña y otro 37,5% de dar a luz dos niñas y un niño.

CAPÍTULO 3

Los tratamientos de fertilidad y los embarazos múltiples

De cada 8 parejas 1 tiene dificultades para concebir. Este porcentaje ha ido aumentando en la última década, lo que significa que un número cada vez mayor de parejas requiere un tratamiento de fertilidad para convertirse en padres. Los motivos de la infertilidad pueden ser debidos a la mujer o al hombre. En un 33% su origen está en la mujer, en un 33% en el hombre y en el restante porcentaje está en los dos.

Las causas de esta creciente infertilidad son varias, entre las cuales la más relevante es el retraso de la paternidad (también hay otras como el consumo del alcohol, el tabaco, la obesidad, el estilo estresante de vida y la contaminación ambiental). La edad en la que la mujer se convierte en madre, está ahora en 31 años, mientras que hace una década estaba en 24 años. Y también la edad del hombre influye. El, igual como la mujer, tiene un reloj biológico: si tiene entre 30 y 34 años, el riesgo de un aborto es de 16,7 %; entre los 35 y 39 años, es de 19,5%. Y si tiene más de 40 años, el riesgo se eleva a un 33%.

Se conocen varios tratamientos de fertilidad, cada uno con una probabilidad determinada de un embarazo múltiple.

Los tratamientos hormonales

Para concebir un bebé es importante tener una ovulación que sea regular y óvulos maduros. Las hormonas juegan un papel importante en este proceso. Cuando el nivel hormonal de la mujer no está en óptimas condiciones, se le puede tratar para regular su ciclo y producir una ovulación. En este caso se le administran hormonas. Siempre existe la posibilidad de que se produzca un embarazo múltiple, porque se libera más de un óvulo. Mediante un control riguroso de la maduración de los óvulos el ginecólogo intenta reducir este riesgo. Un efecto secundario, aparte de la posibilidad de tener múltiples, es el síndrome de hiperestimulación ovárica (SHO): por influencia de los medicamentos se desarrollan quistes en los ovarios, lo cual puede producirle muchos dolores a la mujer y otras molestias como náuseas, dificultad para respirar y un vientre hinchado.

Los tratamientos de reproducción asistida

▶ *La inseminación artificial*: se introduce en la vagina de la mujer los espermatozoides de su pareja (o donante), justo cuando un óvulo es liberado.

▶ *La fecundación in vitro (FIV):* se realiza la fecundación en el laboratorio. Implica un tratamiento hormonal para estimular los ovarios en la mujer. Mediante aspiración, guiada por ecografía vaginal, se extraen los óvulos el día de la fecundación. Después ponen en contacto directo al óvulo con los espermatozoides en una pipeta. Al cabo de unos dos o tres días se transfieren uno o dos embriones al útero. Cada vez más se opta por esperar cinco días en lugar de dos a tres. Así se transfiere el embrión en estado de blastocito lo cual incrementa la posibilidad de embarazo. Al mismo tiempo cada vez más se opta por transferir un embrión único que gracias a las mejorías en la técnica no significa perder posibilidades de embarazo, sino ganando las de hijo nacido vivo. Asimismo la capacidad de seleccionar el mejor embrión ha ido mejorando.

▶ *La inyección intracitoplasmática de esperma (ICSI):* el procedimiento es el mismo que en una FIV, salvo que en este caso se toma un solo espermatozoide y se inyecta con una aguja en el citoplasma del óvulo, en lugar de poner a ambos en contacto en una pipeta.

▶ **La inseminación artificial intrauterina (IIU):** se seleccionan los mejores espermatozoides en el laboratorio y se introduce únicamente estos en el útero mediante un catéter, justo cuando se produce la ovulación. Se suele someter a la mujer a un tratamiento hormonal 5 u 8 días antes para asegurar la ovulación.

▶ **La fecundación in vitro en el cuerpo:** la transferencia intratubárica de gametos (llamada GIFT en inglés). Consiste en que se introducen a la vez los óvulos y los espermatozoides en las trompas, el lugar del cuerpo en el que tiene lugar la fecundación. Para ello la mujer se somete a una laparoscopia, una intervención en la que se introduce en el cuerpo un sistema de visualización. Se suele realizar en quirófano bajo anestesia general. Como en la FIV, este tratamiento requiere una estimulación hormonal para la maduración de los óvulos. A continuación, en el quirófano se extraen los óvulos y se colocan en la trompa de Falopio junto con los espermatozoides, dejando que la naturaleza siga su curso. Esta técnica es poco común, dado que se recurre a ella en menos del 1% de todos los procedimientos de tratamiento de fertilidad.

El control para evitar nacimientos múltiples es un poco mayor en estos tratamientos comparado con el de la estimulación ovárica, puesto que se controla el número de embriones que se transfiere al útero. Y gracias a las mejoras en las técnicas de fertilidad el porcentaje de embarazos gemelares se ha ido reduciendo en la última década, sobre todo en cuanto a los embarazos de trillizos o más. No obstante, la posibilidad de un embarazo múltiple —sobre todo gemelar— es un hecho que siempre hay que tener en cuenta.

La mayoría de los múltiples no son idénticos, sino dizigóticos, trizigóticos, etc. Son fruto de distintos óvulos. No obstante, los medicamentos para estimular la ovulación y la manipulación de los óvulos en los tratamientos como la FIV y otros parecen influir en que el embrión, después de ser transferido, se divida en dos (o más) embriones idénticos. Esta posibilidad es pequeña, en torno al 3%, pero es real, y de este modo dos embriones pueden convertirse en tres, tres embriones en cuatro, etc. En mi grupo objeto de estudio de madres de trillizos (un total de 70) hay ocho que vivieron esta experiencia. Tienen una pareja de gemelos y un mellizo. Es una posibilidad no tan remota, que las parejas deben tener en cuenta (no todos los ginecólogos les informan sobre esta posibilidad).

¿Cómo se pueden evitar los embarazos múltiples?

Los ginecólogos, conscientes de los riesgos de un embarazo múltiple, intentan reducir las posibilidades al máximo. En la estimulación ovárica se controla mediante ecografía el número de óvulos disponibles. Si se observa un excesivo número de óvulos, se aconseja a la pareja abstenerse de tener relaciones sexuales y esperar a otro ciclo con un menor número de óvulos.

Algunas clínicas utilizan una dosis muy baja de medicación para evitar la «hiperestimulación».

En cuanto al método FIV se limita el número de embriones que se transfiere. Este número depende de la edad de la mujer y sus dificultades para quedarse embarazada. Dado que las técnicas para poder seleccionar el embrión con mejor pronóstico han ido mejorando, en muchos centros se opta por transferir solo uno. Pero incluso transfiriendo un solo embrión se da la posibilidad de que se convierta en un embarazo de gemelos o trillizos, en caso de que uno (o dos) de los embriones se divida en dos (o tres).

En los casos en que se consigue un embarazo de trillizos, algunos ginecólogos aconsejan otro método para reducir el número de fetos que trataremos a continuación.

La reducción embrionaria

Se trata de hacer desaparecer uno de los embriones mediante una intervención. Tiene lugar entre las semanas 10 y 13 de la gestación. Guiado por la ecografía, el ginecólogo introduce una aguja en el abdomen de la mujer hasta llegar al cuerpo de uno de los fetos. Le inyecta una dosis de un líquido (cloruro potásico) que causa, casi inmediatamente, su muerte. Se puede optar por una reducción selectiva: se elige al feto (o fetos) menos desarrollado o al feto con un (supuesto) defecto congénito. Otro tipo de reducción es la no selectiva, donde la posición del feto y su accesibilidad para realizar la intervención es el factor decisivo. En los siguientes días o semanas, el feto que ha sido eliminado será absorbido por los tejidos del útero. En el nacimiento de los bebés no se aprecia resto alguno; solo un estudio microscópico los detectaría.

Esta intervención sirve para que los bebés puedan desarrollarse mejor y nacer con menos problemas de prematuridad, pero no está exenta de riesgos:

▶ La mujer y los fetos pueden coger una infección (se intenta evitar administrándole antibióticos antes de la intervención).

▶ El riesgo de un aborto espontáneo en el que se pierdan todos los bebés después de la reducción, es de un 6 a 7%. En general, cuantos más fetos hay, mayor riesgo de aborto.

▶ Existe un riesgo de que se elimine el feto sano y se deje vivir al feto con una anomalía. No se suele hacer un test que excluya los defectos congénitos, antes de la reducción.

▶ Si hay conexiones entre los torrentes sanguíneos de los bebés, en caso de los monozigóticos que comparten placenta (el llamado síndrome de transfusión fetofetal), la reducción de uno puede ser fatal para el otro. En caso de reducción de gemelos monocoriales se debe utilizar otra técnica más arriesgada. Lo mejor es hablarlo con un ginecólogo especializado en este tipo de intervenciones.

La reducción embrionaria es un tema polémico y emocionalmente muy estresante para las parejas. Les sobreviene en un momento temprano de su embarazo, cuando apenas han asimilado la noticia del tan esperado embarazo.

Elsa, madre de trillizos (dos gemelas y un niño):

«Cuando se me confirmó el embarazo triple, el ginecólogo me aconsejó la reducción embrionaria. No me explicó el motivo, así que pensé que algo iba mal. Me propuso hacer desaparecer al tercer bebé (el niño), porque las niñas, gemelas que compartían la placenta, tenían que permanecer juntas. Salí de la consulta totalmente confusa y mientras conducía el coche, tuve que parar, porque me sobrevino una enorme llorera. No suelo llorar fácilmente, pero me sentía completamente hundida. A partir de ese momento empecé a buscar contacto con otras madres de trillizos a través de la página de partos múltiples. Sus testimonios me ayudaron. También consulté con otro ginecólogo, una mujer. Ella me dijo claramente lo siguiente: 'Cómo médica no veo motivo para hacer una reducción embrionaria y como madre aún menos'. Estas palabras me ayudaron a seguir con mi embarazo».

También existe la posibilidad de que uno de los fetos desaparezca de modo natural (el llamado fenómeno del *vanishing twin*). Uno de los gemelos, trillizos o más, desaparece durante el primer trimestre sin que esto influya negativamente en el desarrollo de los otros bebés. En trillizos esta posibilidad es de un 45%.

Paula nos cuenta:

«Me quedé embarazada de trillizos. El ginecólogo me aconsejó en la semana 8 la reducción embrionaria. Me costó mucho tomar una decisión y la iba aplazando, pero en la semana 11 uno de los tres fetos desapareció. Lo sentí, pero al mismo tiempo fue un alivio no tener que tomar esta decisión».

En el caso de un embarazo con gran número de fetos (cuatro o más) este método parece más indicado que en el caso de un embarazo triple. En una gestación de trillizos se deben sopesar los riesgos de la intervención y las secuelas psicológicas para los padres. El siguiente testimonio Andrea expone muy bien las posibles reacciones de las madres (y padres).

«Después del nacimiento de mis gemelos caí en una depresión. Solo podía pensar en el bebé que por nuestra decisión ya no estaba. No entendí cómo pude haber tomada esa decisión. Quiero tanto a mis bebés. No sé si los tres habrían estado tan sanos sin la reducción como ahora están los gemelos, así que en el fondo me siento ambivalente. Tampoco sé si debo contarles que había un hermanito más. Mi familia lo sabe, pero no hablamos del tema».

También los ginecólogos difieren en sus opiniones; algunos siempre lo aconsejan a partir de un embarazo de trillizos, otros lo hacen en caso de un embarazo de cuatrillizos.

Carmen:

«Después del tratamiento el ginecólogo me dijo que esperaba cuatrillizos. Nos avisó de las pocas posibilidades de que todos se salvaran. Nos aconsejó la reducción embrionaria. Nos fuimos a otro ginecólogo para tener una segunda opinión y éste pensó lo mismo. Decidimos hacer la reducción hasta dos. Me la hicieron en la semana 12. Primero me hicieron una ecografía muy detallada, incluyendo la medición del pliegue nucal. En caso de que se viera alguna anomalía en uno de los embriones, la selección se haría a base de ello. Y si no, se seleccionaría los embriones ubicados más arriba. Al estar estos más alejados del cuello útero, se reducía el riesgo a un aborto. Me dieron anestesia total. Al despertarme, el ginecólogo me dijo que la intervención transcurrió sin problemas. Aun así tuve mucho miedo a perder a los otros dos. Afortunadamente todo fue bien y en la semana 34 nacieron nuestros hijos. No nos arrepentimos de la decisión. Lo miramos de modo positivo: salvamos dos. Cuando los niños sean algo mayores, les contaremos lo que pasó».

¿Cómo tomar una decisión?

Los padres se encuentran en una situación extremamente difícil; muchos ya quieren a sus bebés y no saben qué hacer. *¿Es egocéntrico quererlos a todos? ¿Se pone en peligro la vida de los bebés al no optar por la reducción? ¿Cómo decidimos a cuál de los embriones hay que eliminar?* Estas son solo algunas de las preguntas que los padres se plantean.

Puede resultarles difícil consultar este tema con familiares o amigos por miedo a las críticas o la incomprensión. La pareja también puede sentirse presionada por el ginecólogo para tomar una determinada decisión.

Una buena idea es hablar con un neonatólogo, pues es la persona con más experiencia en las posibilidades de supervivencia de los bebés prematuros. También puede ser conveniente pedir la opinión de otro ginecólogo (una segunda opinión).

Las clínicas de cierto prestigio llevan un control riguroso de sus partos múltiples. Las parejas pueden pedir que les informen sobre el porcentaje de partos prematuros, la duración media de la estancia en la incubadora, los problemas más frecuentes de los bebés, la mortalidad, etc. Esto les ayudará a tener una idea más clara de lo que significa un embarazo múltiple. Y las experiencias de otros padres de múltiples son sumamente importantes, ya que ellos hablan de sus propias vivencias. Ponerse en contacto cuanto antes con una de las asociaciones de partos múltiples y buscar su información por internet, será de gran ayuda.

Por último: la pareja debe tomar una decisión acorde con sus sentimientos, creencias religiosas y también personales sin presiones externas.

Testimonio de Luis, padre de un niño de 5 años y trillizos de 2 años:

«Cuando empezábamos los tratamientos de ICSI para tener 'el segundo hijo', nos planteábamos seriamente la posibilidad de reducción en caso de que fueran más de dos. Rezábamos por no tener que tomar esa decisión. Pero nos tocó y resultó que fuimos incapaces de decidirnos por la reducción. Hoy día estamos encantados de la decisión que tomamos, pero también es cierto que

hay que ser fuertes psicológicamente y estar unidos como pareja para poder afrontar la crianza de unos trillizos y más aún con un hijo mayor. La vida de pareja prácticamente desaparece por un tiempo no tan corto».

Información de interés

Hay parejas que quisieran tener gemelos. Pero no se trata de un fenómeno en el que se puede influir ya que se desconocen los límites entre el azar y la ciencia.

CAPÍTULO 4

El primer trimestre del embarazo múltiple
(semanas 2-14)

El embarazo se divide en tres periodos: los tres primeros meses abarcan el primero; los meses 4.°, 5.° y 6.°
el segundo, y los meses 7.°, 8.° y 9.° el
último periodo (en caso de un embarazo de trillizos es probable que no
llegue al noveno mes). Cada periodo
tiene sus «peculiaridades» y las molestias varían en cada uno de ellos.

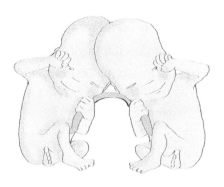

Los cambios hormonales son mayores en el primer trimestre. El cuerpo aún tiene que adaptarse a su nuevo estado. Hay una serie de molestias muy típicas del primer trimestre como náuseas, vómitos, dolor en
los senos, cansancio, hemorroides, estreñimiento y flujo. Algunas mujeres
apenas sienten molestias, mientras que otras no tienen la misma suerte.
Por lo general, las embarazadas de gemelos (o más) suelen notar los síntomas del embarazo más intensos que otras que esperan un solo hijo. Sin
embargo, siempre es un consuelo saber que muchas de esas molestias son
muy comunes y, además, pasajeras. Algunas veces, unos simples remedios
caseros ayudan a aliviarlas. De mi grupo de madres de gemelos, el 54%
llevaban bien este primer trimestre; un 33%, regular, y un 13% mal. En
el grupo de las madres de trillizos los porcentajes son, respectivamente,
53%, 33% y el 14%.

Las molestias más frecuentes durante el primer trimestre del embarazo múltiple son:

Náuseas

La futura madre de gemelos o trillizos tiene una mayor probabilidad de sufrir esta molestia debido a que la hormona del embarazo (llamada GCH, gonadotropina corionica humana) se presenta en el embarazo múltiple con una concentración más elevada. Dicho de forma más sencilla: en un embarazo múltiple, la mujer tiene más cantidad de esta hormona que la gestante que lleva un solo hijo en su seno. La mayoría de las mujeres sienten náuseas solo por la mañana y algunas durante todo el día. Por fortuna, suelen desaparecer entre las semanas 14 y 16 de embarazo, cuando el cuerpo se ha adaptado a su nuevo estado. En el caso de que continúen durante más tiempo, es aconsejable consultarlo con su ginecólogo quien quizás le prescriba un complejo vitamínico como B_6 y B_1.

Consejos

- ✓ Evite levantarse con el estómago vacío. Es recomendable comer algo sólido en pequeña cantidad (p. ej., un poco de pan), masticarlo bien y permanecer unos momentos en la cama. El primer alimento matutino no debe incluir líquidos ni fruta, ya que los primeros producen más náuseas y vómitos y las frutas tienen mucho líquido. Tras comer algo sólido y levantarse, tome algún líquido acompañado de una tostada.

- ✓ Coma el resto del día un poco cada una a dos horas (fruta, un yogur, queso, frutos secos). Las comidas principales deberán ser más ligeras, ya que, durante el embarazo, las digestiones son más lentas.

- ✓ Pida a otras personas que le preparen la comida, si los olores le producen malestar.

- ✓ El jengibre (0,35 g diarios) es efectivo contra las náuseas y los vómitos. Puede tomar una infusión a base de raíz de jengibre.

- ✓ Hay que tener mucho cuidado con los medicamentos contra las náuseas, porque el primer trimestre es muy sensible a los medicamentos y otros tóxicos (pueden afectar al desarrollo de los bebés).

✓ En algunas mujeres —una de mi grupo de madres de trillizos— los vómitos se vuelven excesivos. Es lo que se conoce como hiperemesis gravídica. En estos casos, la mujer pierde tanto líquido y sales minerales que corre el peligro de deshidratarse. Si nota que vomita de forma exagerada y ya no orina tanto como antes, acuda a su ginecólogo. Es probable que sea necesario su ingreso en el hospital. También en este caso las molestias suelen remitir en el cuarto mes.

El cansancio

El cansancio es otra molestia muy frecuente en el primer trimestre del embarazo. Si usted trabaja, es probable que se vaya a dormir en cuanto vuelva a casa. ¡Es completamente normal! Los cambios hormonales, muy presentes en este periodo, hacen que se sienta cansada y con gran necesidad de dormir. En su cuerpo, diariamente, están teniendo lugar millones de divisiones de células que requieren energía extra. Es posible que el cansancio le sobrevenga a unas horas fijas, o que tenga ganas irresistibles de dormir durante casi todo el día. Esta fatiga suele presentarse sobre todo en el transcurso del primer trimestre, seguida por una renovada energía en el segundo trimestre. En torno a la semana 25 probablemente vuelve a aparecer en el caso de un embarazo gemelar y (mucho) antes en caso de llevar trillizos.

Consejos

✓ Conviene que haga caso a los avisos de su cuerpo y duerma todo el tiempo que sea posible. Para cualquier embarazada es aconsejable que se eche la siesta y se acueste antes de lo normal, y esto es aún mucho más conveniente en el embarazo múltiple. Si se toma la vida con tranquilidad y sosiego, llevará mejor su embarazo y notará menos las molestias. Una corta siesta en el sofá hace más llevadera y dinámica la tarde. Si trabaja fuera de casa, quizás pueda pedir una reducción de la jornada durante algún tiempo, buscar otro trabajo que sea físicamente menos pesado o pedir la baja laboral. A veces el cansancio le resultará muy molesto, pero no debe perder el ánimo: piense en los bebés que se están desarrollando en su vientre. Es casi seguro que ese cansancio desaparecerá por completo en el segundo trimestre.

✓ Búsquele el lado positivo: descansando en el sofá, tendrá tiempo para leer novelas o libros que traten del maravilloso desarrollo del feto, escuchar música o empezar un diario. Este descanso, aunque sea de carácter obligatorio, le permitirá disfrutar más del embarazo. Y, algo muy importante, beneficiará a los bebés: durante el descanso, les llega un mayor riego sanguíneo, y esto les ayuda a crecer. Consuélese pensando que ahora laten tres corazones en su cuerpo (o cuatro, si espera trillizos).

El crecimiento del útero

El útero en caso de un embarazo gemelar (o más) crece muy deprisa para hacer sitio a los bebés. A las 8 semanas de un embarazo gemelar el útero ya tiene el doble del tamaño que una mujer embarazada de un solo bebé. Antes, cuando aún no se hacían ecografías, el tamaño del útero era para el ginecólogo el primer indicio de una posible gestación de gemelos. Después de la semana 20 en un embarazo de un solo bebé la distancia del punto superior del útero hasta el hueso del pubis, medida en centímetros, es igual al número de semanas de gestación. Por ejemplo, en una gestación de 27 semanas en un embarazo simple esa distancia es de 27 centímetros. En un embarazo múltiple el crecimiento del útero lleva un adelanto de 4 o más centímetros. Por ejemplo, una mujer con 27 semanas de embarazo gemelar tiene ya una medida de 31 centímetros y, en caso de trillizos, aún más. Esta «expansión» es una buena señal, porque significa que los bebés también crecen. El útero puede crecer a un ritmo sostenido o bien en brotes. Sea cual sea su patrón de crecimiento, es sorprendente cómo su cuerpo va realizando estos cambios.

Dolor de pelvis e inestabilidad pélvica

El útero no cuelga en la cavidad abdominal sino que está sujeto por varios ligamentos al interior de la pelvis. Y ésta es como un anillo formado por tres huesos que están conectados entre sí por articulaciones, cartílago y ligamentos internos. La pelvis debe poseer dos cualidades importantes: por una parte tiene que ser fuerte y resistente para aguantar al esqueleto y por otra tiene que ser flexible para dejar pasar a los bebés durante el parto. A causa de las hormonas del embarazo los ligamentos que sujetan la pelvis se ablandan. La hormona relajante del embarazo, la relaxina, está presente en la sangre en abundancia a partir de la duodécima semana. La aparición de la hormona progesterona en la decimosexta semana contribuye un poco más a este efecto relajante. Y ambas hacen que los ligamentos articulares de la pelvis y el cartílago del pubis, se aflojen para crear más espacio durante el parto. Por tanto, este aflojamiento tiene una función, pero en algunas ocasiones causa al mismo tiempo molestias, como el dolor pélvico, provocando la inestabilidad de la pelvis.

El dolor pélvico se presenta en diferentes grados. Hay molestias pélvicas normales y anormales. El dolor de espalda y las molestias pélvicas normales son característicos del embarazo que se dan con cierta frecuencia. Estas molestias desaparecen con un descanso y unos buenos hábitos. Pero, en ocasiones, el fuerte dolor en la zona pélvica, por otra parte, impide en mayor o menor grado la realización de las tareas diarias más elementales y los dolores no desaparecen.

Las primeras señales de dolor pélvico se describen como un tipo de entumecimiento o dolor generalizado que empieza en la rabadilla, en las caderas, en la parte baja de la espalda o en las ingles. Cuando las molestias empeoran se convierten en un dolor agudo continuo con pinchazos intermitentes que se producen al realizar movimientos. A menudo, cuando se efectúa un movimiento o una acción, se notan los primeros síntomas de dolor, que después van en aumento. Los movimientos repentinos pueden resultar muy dolorosos, como cuando alguien choca contra la embarazada de forma inesperada.

Generalmente, las mujeres que padecen dolor de pelvis tienen dificultades al ponerse en pie, especialmente sobre un solo pie. Por tanto, les resulta difícil andar, subir escaleras, agacharse, juntar y levantar las piernas, darse la vuelta en la cama y salir y meterse en ella. También se produce dolor al iniciar un movimiento como levantarse de una silla o sentarse en ella. Conducir, nadar, vestirse, utilizar el transporte público o levantar algo puede igualmente resultar doloroso. Debido al dolor y al cambio del punto del equilibrio es normal que la embarazada camine tambaleándose.

En un embarazo múltiple, el dolor pélvico puede darse con mayor frecuencia. Una madre de mi grupo objeto de estudio de trillizos lo sufrió desde el principio. A veces las molestias remitían, pero siempre volvían.

El dolor de la pelvis puede manifestarse alternamente en diferentes puntos: alrededor del hueso del pubis, irradiándose hacia la zona en torno al clítoris, la entrepierna y los muslos; en las ingles y el vientre, irradiándose hacia las pantorrillas; en la parte baja de la espalda, a menudo de forma asimétrica a la derecha o izquierda de la rabadilla, en la zona de los hoyuelos de la rabadilla o en el coxis; en las caderas, precisamente cuando se está tumbada; al sentarse, en los huesos de las nalgas, irradiándose el dolor hacia la parte de detrás de la rodilla.

Consejos

✓ Busque un buen equilibrio entre descanso y actividad. Moverse es necesario para fortalecer los músculos y evitar la debilidad muscular. Descansar es necesario para cuidar los ligamentos y evitar un empeoramiento de las molestias.

✓ Practique ejercicios de suelo pélvico, ya que pueden ayudar a mitigar algunas molestias.

✓ Prepárese antes de levantarse. Por ejemplo, antes de salir de la cama, gírese a un lado y póngase sentada, apoyándose en los brazos. A continuación coloque sus piernas en el suelo. Antes de subir al coche, tense el corsé muscular (los músculos glúteos, el suelo pelviano, los músculos abdominales y los dorsales). Con este simple ejercicio se evita la irritación de los ligamentos y de las articulaciones.

✓ Levante peso lo menos posible. Cuando es imprescindible, hágalo con las rodillas dobladas y las piernas algo separadas. Y reparta el peso de forma equitativa a ambos lado, por ejemplo sobre dos bolsas. Agáchese lo menos posible.

✓ Evite al máximo subir escaleras. Suba los dos pies en cada escalón. Si es necesario, bájelas al revés o hágalo sentada.

✓ Evite ponerse de un solo pie e intente sentarse lo más recto posible. Evite los movimientos giratorios de espalda. Es mejor no estar mucho rato de pie; altérnelo con sentarse o andar.

✓ Evite, en lo posible, hacer la compra andando. Si sufre dolor pélvico, no debe caminar durante mucho rato. Lo más conveniente es dar paseos cortos.

✓ Siéntese para quitarse y ponerse la ropa.

✓ Evita separar mucho las piernas, como al subir y bajar del coche. Hágalo lento y con cuidado.

✓ Para dormir, la posición más favorable es estar tumbada de lado con las piernas dobladas una encima de la otra. Quizás esté más cómoda con un cojín entre las piernas. Hacer el amor puede resultar doloroso por la presión sobre el pubis. Busque otras posturas, como de lado u otras formas para practicar el sexo.

✓ En caso de mucho dolor pélvico e incapacidad para moverse, acuda a un fisioterapeuta. Este puede darle consejos sobre cómo disminuir las molestias y cómo moverse para prevenir el dolor. Quizá le prescriba una faja para dar apoyo a la zona pélvica.

El dolor pélvico y la inestabilidad de la pelvis son molestias incómodas del embarazo. Hacen que usted deba pedir ayuda para las tareas diarias como hacer la compra, cocinar, limpiar, recoger al mayor del colegio, etc. Intente aceptarlo y no se sobreesfuerce. Busque actividades que le resulten agradables, como nadar o ir en bicicleta y tenga presente que es un problema temporal. Tras el parto se inicia el proceso de la recuperación. Su rapidez varía de mujer a mujer.

Pérdidas de sangre

Se estima que las pérdidas de sangre son más frecuentes en el embarazo múltiple, aunque se desconoce el porqué. Las embarazadas se asustan cuando sufren esta molestia, pero no siempre es motivo de alarma. Pueden ser causadas por el repentino estiramiento del útero en el primer periodo de la gestación. Si las pérdidas no van acompañadas por dolor, parecido al dolor de la menstruación, no suele producirse un aborto. No siempre se averigua la causa, pero sin duda conviene comentarlo con su ginecólogo. En principio, una mancha marrón no tiene importancia. Si el sangrado es rojo y escaso, lo más eficaz es estar en reposo y observar su evolución. Si más tarde es marrón, se vuelve a la vida normal progresivamente. Si sangra igual o más que su menstruación, con dolor de vientre, acuda al ginecólogo.

Dolor en los senos

Una mayor sensibilidad en los senos puede ser el primer aviso de embarazo. Este dolor lo causa un aumento del riego sanguíneo. A veces duelen los senos y se sienten escozores, picores o pinchazos. La aréola y los pezones se oscurecen a causa de las hormonas y del mayor riego sanguíneo. Puede que los pechos segreguen un líquido, el calostro, a partir de la semana 16.

Consejos

✓ Lleve un buen sujetador que sea cómodo y le sujete bien el pecho. Sin él es posible que, debido al aumento de peso, el pecho le duela al hacer determinados movimientos.

Necesidad de orinar

Como se da un mayor riego sanguíneo en los órganos de la pelvis y el útero crece, presionando la vejiga, esta se halla más estimulada desde la primera semana del embarazo. Eso le produce la sensación de tener la vejiga llena en todo momento. Es una pequeña molestia que nada tiene de alarmante. Solo en caso de que orinar vaya acompañado de dolor, hay que consultar al médico, ya que puede tratarse de una infección urinaria, un riesgo algo más elevado en el embarazo múltiple. Esta molestia desaparece al cuarto mes, ya que la matriz se ha hecho más grande y los bebés se colocan en ella más arriba. Pero, en los últimos meses, los gemelos, que ya son más grandes, empujan contra la vejiga, lo que volverá a causar molestias. No obstante, en el embarazo de trillizos esta molestia puede estar presente durante casi todo el embarazo, debido a un mayor crecimiento del útero.

Consejos

✓ Beba menos a partir de la última hora de la tarde y durante la noche, así la necesidad de orinar será menor durante el descanso nocturno. No obstante, es importante beber mucho durante el día para así disminuir el riesgo de una infección urinaria.

✓ Relájese durante las micciones. Así es más probable que la vejiga se vacíe del todo.

Vértigo y desmayos

El riego sanguíneo cambia en el momento que se produce el embarazo, volviéndose más lento. Esto ocurre a causa de un aflojamiento de los músculos de los vasos sanguíneos. Cuando una embarazada se levanta bruscamente, la sangre de la parte baja de su cuerpo tarda más tiempo en llegar a la cabeza, lo que puede causarle vértigos. Estar de pie durante mucho tiempo causa los mismos efectos, es decir, no llega bastante oxígeno a la cabeza. Son los típicos mareos por bajada de la tensión arterial, con sudoración, palpitaciones y pérdida del conocimiento en mayor o menor grado.

Consejos

✓ Evite los cambios bruscos y estar mucho tiempo de pie. Es mejor moverse poco a poco o ponerse de puntillas. Si la sensación de desmayo le sobreviene por ejemplo en una tienda, salga al aire libre y siéntese con la cabeza entre las rodillas. Si esto ocurre en casa, túmbese con los pies en alto y la cabeza más baja que el cuerpo. Rápidamente la sangre llegará bien otra vez al cerebro y hará que se sienta mejor.

✓ Antes de levantarse, siéntese en la cama y vigorice los brazos y piernas para que suba el tono sanguíneo. Esto también es recomendable al levantarse de un sillón, para de este modo evitar mareos.

Estreñimiento

El estreñimiento es otro fenómeno frecuente en el embarazo. Se debe a que las funciones del aparato digestivo se han hecho más lentas a causa de los cambios hormonales, en particular por la hormona progesterona. Y también los suplementos de hierro que el ginecólogo suele prescribir pueden causar esa molestia.

Consejos

- ✓ Beba mucha agua a diario, 1-2 litros.
- ✓ Coma fruta, verduras crudas, productos integrales y salvado; conviene evitar el pan de harina blanca y los plátanos.

Cuidar la alimentación

Desde el primer mes del embarazo, e incluso antes de quedarse emba- razada, es importante que preste atención a lo que come; los alimentos deben ser ricos en hierro, calcio y vitaminas, entre ellas el ácido fólico. Este último (se encuentra en las verduras) es de suma importancia, ya que los estudios más recientes demuestran que tomarlo en pequeñas dosis du- rante las primeras semanas del embarazo —e incluso antes del mismo— previene defectos congénitos del tubo neural, como la espina bífida. Su ginecólogo, sin duda, le prescribirá esta vitamina en las primeras semanas de embarazo.

En los primeros meses, la gestante de gemelos necesitará unas 2800 calorías diarias (500 más que en una gestación de un solo hijo) y unas 3300 en los últimos meses. En caso de un embarazo de trillizos las can- tidades son, respectivamente, de 3000 diarias en los primeros meses y de 3500 calorías diarias en los últimos. A muchas mujeres, su cuerpo les pide lo que más necesita y rechaza lo que no es bueno, como el tabaco o el alcohol. Si este es su caso, confíe en sus propios gustos. Si no es así, hay que echar mano de la voluntad, dejar el alcohol y el tabaco y tomar café en poca cantidad. Fumar perjudica seriamente la salud de los bebés. Cada vez que se inhala nicotina, les llega menos oxígeno y hace que pesen menos al nacer. Esto es realmente peligroso, dado que los hijos, nacidos de un parto múltiple, ya pesan menos de por sí en comparación con el bebé que viene solo; la diferencia ronda los 600 gramos (en caso de trillizos aún más). Es recomendable buscar ayuda especializada si no se logra dejar de fumar o de beber alcohol.

El desarrollo de los bebés necesita:

▶ Vitaminas y minerales, los cuales se encuentran en frutas y verduras frescas.

▶ Calcio, para la formación de los huesos. Se encuentra principalmente en los productos lácteos. En los primeros 6 meses tome por lo menos medio litro diario (o yogur) y en el último trimestre, 0,75 litros. También el queso fresco y la leche de almendras contienen mucho calcio.

▶ Proteínas para la formación de la estructura corporal. Se encuentran en el pescado (el azul es bueno para el desarrollo del cerebro fetal), la carne, los huevos, las legumbres, el tofu, el tempeh y los frutos secos. Estos son un alimento óptimo para tomar entre horas, pues contienen proteínas y grasas vegetales en gran cantidad. Los mejores son las almendras, las avellanas y las nueces.

▶ Hidratos de carbono —pan, pastas, patatas y arroz— que son recomendables para el consumo materno de energía. Por tanto, si quiere evitar el sobrepeso, es el alimento del que se debe controlar la cantidad, de acuerdo con la actividad física que se practique. Trate de tomarlos integrales, ya que su calidad es mejor.

► Grasas vegetales (aceite de oliva, frutos secos, aguacates, etc.), que son las grasas óptimas para la mujer embarazada y también la grasa animal del pescado azul. Evite los fritos, las carnes muy grasas y los embutidos.

La ropa premamá

Como embarazada de gemelos (o más) necesita ropa premamá en un momento más temprano de su gestación. La oferta hoy día es muy amplia, pero para su caso conviene tener en cuenta estos consejos:

✓ Tenga presente que algunas prendas que ahora le sientan bien, seguramente no serán lo suficientemente grandes para las últimas semanas.

✓ Evite la ropa ajustada, sobre todo alrededor de los tobillos, las piernas y la parte inferior del cuerpo, porque aumentará la retención de líquidos y la hinchazón.

✓ Si necesita ropa de vestir para su trabajo, visite las tiendas especializadas en tallas grandes.

✓ Tenga presente que no solo su vientre crece, sino también los senos y su talla.

✓ Compre prendas de algodón para su ropa interior, camisas y pijamas.

✓ Un buen sujetador es importante, porque ayuda a llevar el peso y disminuye los dolores de espalda. Pero no compre más de uno o dos a la vez, porque su cuerpo cambiará muy deprisa.

✓ Es posible que pronto necesite zapatos de una talla (o media) más, debido a las hinchazones. Olvídese de los zapatos con tacones, porque cargan la espalda. Lo más cómodo son los zapatos que pueda ponerse fácilmente y no tengan cordones. Al final del embarazo será problemático anudarlos.

Información de interés

Durante este trimestre, el ginecólogo confirma el embarazo múltiple. No siempre se puede decir con total certeza el origen de los bebés (monozigóticos o dizigóticos). En caso de un embarazo gemelar, el 25% es monozigótico y el 75% dizigótico. En un embarazo de trillizos se calcula que un 5% es monozigótico, un 20% dizigótico y un 75% trizigótico..

CAPÍTULO 5

El segundo trimestre del embarazo múltiple
(semanas 14-26)

Para la mayoría de las embarazadas este es el mejor periodo, tanto en caso de un embarazo gemelar, como de trillizos (con la única diferencia que para las últimas este periodo de una renovada energía dura menos tiempo). Ahora su cuerpo se ha adaptado a su nuevo estado, el peso de los bebés aún se puede llevar bien (por lo menos al principio) y psíquicamente hay una cierta paz: la noticia de que van a ser dos (o más) ha sido aceptada y las dudas, aunque aún  perduran, no son tan preponderantes. Muchas futuras madres rebosan salud, bienestar y orgullo durante estos meses. El miedo a un aborto espontáneo que es posible en los primeros meses ha desaparecido.

Este es el mejor trimestre para ir preparando la canastilla y el «nido» y empezar las clases de preparación para el parto. Las embarazadas de un solo hijo suelen emprender estas actividades en el último trimestre, pero las que esperan múltiples, deben empezarlas antes porque su peso en el sexto mes puede ser como el de una embarazada de un solo hijo en su último mes de gestación. Por ello conviene planear estas actividades con tiempo, antes de que el tamaño del vientre resulte molesto.

En la semana 20 se hará una ecografía detallada y extensa, porque ahora los bebés están totalmente formados. Gracias a esta técnica se pueden ver sus órganos. Durante este trimestre, alrededor de la vigésima semana, se notarán por primera vez los movimientos de los bebés, si es un primer embarazo; este es, sin duda, un momento especial y enternecedor. Si se trata de un segundo embarazo, se notarán antes sus movimientos. Algunas madres ya saben incluso identificar a sus bebés; les reconocen por sus movimientos.

Las molestias más frecuentes del segundo trimestre del embarazo múltiple son:

Anemia

Debido al aumento en la demanda del hierro, tanto por parte del cuerpo de la gestante como por parte de los bebés, es lógico que se produzca anemia. Durante su embarazo el cuerpo produce 1-1,5 litros más de sangre, para que sea más diluida y filtre mejor a través de la placenta. El ginecólogo detecta la anemia mediante un análisis de sangre midiendo la concentración de hemoglobina (Hb). Esta se encuentra en los glóbulos rojos y consiste, mayoritariamente, en moléculas de hierro. La hemoglobina atrae el oxígeno y lo transporta a órganos tan importantes como el corazón o el cerebro. La hemoglobina se forma a partir del hierro que nos llega en los alimentos. Si hay un déficit en el abastecimiento de hierro, se forma menos hemoglobina y aparece la anemia; además, el corazón tiene que trabajar más para hacer circular más cantidad de sangre por el cuerpo. Este esfuerzo produce cansancio, vértigos, taquicardias, respiración entrecortada y languidez.

Consejos

- ✓ Cuide la alimentación y coma productos ricos en hierro, como verduras (especialmente las verduras de hoja verde y las habas), cereales, frutos secos, pasas, nueces y productos integrales.
- ✓ Muy importante es la vitamina B_9 (ácido fólico), que se encuentra sobre todo en las verduras. Como el ácido fólico tiene una función

importante en la producción de los glóbulos rojos, algunos ginecólogos lo prescriben de forma rutinaria a las embarazadas de múltiples fetos para, de este modo, evitar la anemia.

Dolores de espalda

Es una molestia frecuente en el embarazo múltiple, que se debe al incremento de peso. El centro de gravedad se desplaza aumentando la curvatura en la espalda. También cambia el sentido del equilibrio, lo que hace que el riesgo de caídas sea mayor. El cuidado de la columna vertebral es muy importante. El dolor de espalda puede ser un síntoma más del embarazo, pero también puede indicar el inicio (prematuro) del parto. Por lo tanto debe estar atenta sobre todo cuando el dolor es distinto a la sensación habitual, cuando el dolor va y viene o cuando va acompañado de un aumento de flujo vaginal. En estos casos debe avisar a su ginecólogo.

Consejos

✓ No curve excesivamente la espalda, ni al andar ni estando de pie. Apóyese bien sobre los pies, con el peso repartido entre ambos y las piernas algo separadas.

✓ Cuando haya que coger algo que pese, como la bolsa de la compra, no hay que bascularse hacia delante, sino agacharse doblando las rodillas y levantarse con la espalda recta; así, los músculos de las piernas serán los que trabajan y no los de la espalda ni los del vientre. Si ya tiene un hijo y quiere cogerlo en brazos, actúe de la misma manera o haga que se suba a un taburete para cogerlo desde esa altura.

✓ Evite los estiramientos. Éstos pueden darse cuando intente coger algún objeto de un lugar alto, como el tarro de arroz de un estante en la cocina. Los estiramientos presionan sobre el diafragma. Tampoco conviene subirse a una silla. Ahora, debido al mayor peso, se pierde fácilmente el equilibrio, ya que el cuerpo carga más peso por delante que por detrás. Lo más conveniente es colocar todo lo que se vaya a necesitar en estantes a los que se llegue sin problemas.

✓ Es aconsejable dormir sobre un colchón duro. Cuando se acueste de lado, hay que colocar un cojín debajo del vientre o dormir con las rodillas dobladas: así, disminuyen los dolores de espalda y de vientre. En las tiendas de puericultura venden cojines diseñados para embarazadas (*véase* Direcciones útiles).

✓ Los ejercicios de la pelvis pueden aliviar el dolor: colóquese sobre rodillas y manos en el suelo (posición del gato) y contraiga lenta y suavemente los músculos del vientre de modo que la  espalda se aplane. Descanse, pero sin permitir que la espalda se encorve. Repita este ejercicio varias veces. También puede hacer el movimiento pélvico estando de pie.

✓ Duchas calientes (en los últimos meses sentada sobre un taburete para su seguridad) y masajes también alivian el dolor de espalda.

Dolor de ligamentos

El dolor de ligamentos es el dolor situado en la parte baja del vientre a ambos lado del útero se produce por el crecimiento del útero. El útero, de modo similar a un trampolín, está colgado dentro de la pelvis mediante ligamentos. Estos ligamentos se encargan, junto con los músculos de la pelvis, de que el útero se quede en su sitio y no se dé un prolapso. El gran peso que conlleva el embarazo múltiple hace que los ligamentos tengan mucho que soportar. A medida de que embarazo avanza, los músculos abdominales se van estirando y no proporcionan mucho soporte al útero. Por tanto, no es extraño que los ligamentos provoquen dolor. Es un dolor agudo, que también se da cuando se tiene que andar mucho o cuando se cambia de postura en la cama. Algunas mujeres se despiertan por la noche debido a esta molestia. Las embarazadas de trillizos pueden tener esta molestia ya en el primer trimestre. No es un dolor constante.

Consejos

- ✓ Una faja que sujete bien el vientre (ayudando a los músculos a llevar bien el peso), pero sin que llegue a oprimir, proporciona bastante alivio. También puede servir un pañuelo grande con el que se envuelva el vientre. Esta es una costumbre de las madres indonesias, que les permite trabajar en el campo hasta la llegada del parto. Esta faja maternal solo se debe utilizar cuando se está de pie o andando. En momentos de reposo hay que quitarla para favorecer el riego sanguíneo.
- ✓ Descansar es el mejor remedio. Haga menos tareas domésticas y limite actividades como irse de compras.
- ✓ Evite en lo posible agacharse y llevar peso.
- ✓ Un baño caliente o una bolsa con agua caliente sobre la zona dolorida ayuda a aliviar el dolor.

Pérdidas de sangre

Si sufre esta molestia, siempre debe informar sin demora a su ginecólogo. Este hará una ecografía para determinar el estado de salud de los bebés y si el sangrado es del embarazo. A partir de la semana 16 puede indicar una herida en el cuello del útero o un pólipo. También puede ser debido a relaciones sexuales, por el roce del pene contra el cuello uterino. Estas causas son sin importancia y el sangrado no tardará en desaparecer.

No obstante, si se acompaña de contracciones, puede ser señal de un parto prematuro. En este caso se le administrarán medicamentos para detener las contracciones.

Cuando las pérdidas de sangre no van acompañadas de dolor, la causa puede ser una placenta marginal o previa: la placenta se ha colocado parcialmente sobre el cuello uterino. El ginecólogo lo detecta mediante una ecografía. Las pérdidas de sangre provienen de la placenta, no de los bebés. En estos casos casi siempre se recurre a la cesárea cuando llega la hora del nacimiento de los bebés. Únicamente es posible dar a luz en parto normal si la placenta es marginal, es decir, está cerca del cuello uterino, cubriendo solo una parte pequeña del mismo. En esta situación la placenta suele alejarse del cuello por sí sola antes del nacimiento, al crecer el útero durante el embarazo.

Hipertensión

En cada revisión su ginecólogo medirá su presión sanguínea. Como embarazada de gemelos (trillizos o más) corre un mayor riesgo de tenerla alta por causas fisiológicas o bien debido al estrés o la ansiedad. Se mide siempre en dos componentes: el mayor (la presión sistólica) y el menor (la presión diastólica). Unos valores de 120/70 son del todo normales. La presión sistólica es muy variable y depende de esfuerzos físicos o nerviosismo. La presión diastólica varía de una persona a otra y aporta más información que la anterior. Una presión diastólica de 95 es demasiado alta.

A lo largo del embarazo es normal que la tensión arterial se vaya elevando para vencer la mayor resistencia que ofrece la placenta como filtro, y así mantener una buena nutrición y oxigenación de los bebés. En los últimos meses, una presión diastólica de 80-85 es normal, incluso favorable, si no se acompaña de otros síntomas como albuminuria, cefaleas, etc. (esto puede señalar a una alteración en la función renal).

Tener la tensión arterial demasiado alta significa que los vasos sanguíneos se han estrechado y que, por ello, la placenta (o placentas) recibe menos riego sanguíneo. Los fetos reciben menos alimentos y oxígeno de los que debieran y, por lo tanto, sufren un retraso en el crecimiento. No se conocen las causas de que la tensión arterial se dispare durante el embarazo, pero sí está claro que el embarazo mismo con todos los cambios hormonales tiene un papel importante en ello.

Consejos

- ✓ La relación entre la hipertensión y el consumo excesivo de sal no está del todo comprobada. No obstante, conviene tomar sal con moderación o sustituirla por hierbas.
- ✓ Descanse lo que pueda. El agotamiento y el estrés también causan hipertensión.
- ✓ Si tiene la tensión alta y los bebés no crecen lo debido, túmbese en la cama sobre el lado izquierdo cada día un par de horas. Esta postura favorece el riego sanguíneo de la placenta(s) y como consecuencia de ello sus bebés reciben más nutrientes y oxígeno.

La preeclampsia y el síndrome de HELLP

Cuando la hipertensión va acompañada con hinchazones (edemas) y un alto nivel de albúmina (proteína) en la orina, puede tratarse de una enfermedad, llamada preeclampsia. No se sabe exactamente la causa de esta enfermedad. Es una situación peligrosa, tanto para la embarazada como para sus bebés. El alto nivel de albúmina en la orina indica que los riñones no funcionan óptimamente y también existe el riesgo de que la placenta (o placentas) no realicen bien su función. La preeclampsia también puede producir dolores de cabeza, una sensación de hormigueo en los dedos, dolor de estómago, náuseas o trastornos visuales. En algunos casos la preeclampsia puede conducir a una eclampsia, una especie de ataques epilépticos.

Hay una forma de preeclampsia muy grave: el síndrome de HELLP. Es poco común, pero conviene conocer los síntomas. En este caso no solo los riñones están afectados, sino también otros órganos, como el hígado, el cerebro o los pulmones. El nombre se deriva de las siglas inglesas de *hemolysis*, *elevated liver enzymes* y *low platelets*; quiere decir: hemólisis (destrucción de los glóbulos rojos), aumento de las enzimas hepáticas y recuento bajo de plaquetas. Puede ser mortal si no se diagnostica ni se trata a tiempo.

Los síntomas son:

- Dolor de cabeza y visión borrosa (le molesta la luz).
- Dolor de estómago o en la parte alta del abdomen.
- Una sensación de presión en el diafragma.
- Náuseas, vómitos y una sensación general de malestar.
- Retención de líquidos, en manos, pies, tobillos, párpados y rostro.
- Hormigueo en los dedos.
- Micciones cada vez menos frecuentes.

Si usted nota alguno de estos síntomas, además de sufrir hinchazones y tensión alta, póngase en contacto de inmediato con su ginecólogo. En casos de una hipertensión grave, preeclampsia o el síndrome de HELLP se deja ingresada a la embarazada en el hospital. En estos casos, el parto será inducido o por cesárea, porque los bebés fuera del útero tendrán más probabilidades de sobrevivir que dentro.

Edemas

El edema (retención de líquidos) durante el embarazo es lo más normal del mundo e incluso tiene una función: el cuerpo necesita este líquido para la relajación y dilatación de los tejidos. Es la hormona progesterona la que hace que la cantidad de líquido, retenido en el cuerpo durante el embarazo, aumente. La retención de líquidos suele ser mayor en los primeros embarazos, en las mujeres mayores de 30 años y en las embarazadas de múltiples fetos. Si no va acompañada de una tensión arterial alta ni de albúmina en la orina, puede estar totalmente tranquila, ya que no conlleva ningún riesgo.

Consejos

- ✓ Antes se creía que la retención de líquidos en el embarazo estaba relacionada con el consumo excesivo de sal, pero no es así. Puede tomar sal con moderación.

- ✓ Tomar pocos líquidos no ayuda a reducir los edemas. Es más bien lo contrario: beber agua contribuye a que los riñones trabajen correctamente y ayuda a eliminar el líquido extra del organismo.

- ✓ Evite permanecer de pie durante un espacio de tiempo prolongado; asimismo, prescinda de baños calientes y procure descansar lo suficiente siempre con los pies en alto. Incluso es conveniente dormir con los pies algo más elevados que la cabeza. Un remedio sencillo y eficaz es elevar la cama poniendo dos bloques de 5 o 6 centímetros debajo de las dos patas de la cama en la parte de los pies.

- ✓ Quítese los anillos en cuanto aparezcan los primeros síntomas de hinchazón; es posible que más adelante le opriman demasiado y no se los pueda quitar.

- ✓ El agua fría en pies y piernas disminuye los edemas, tonifica las venas y alivia la hinchazón. Practíquelo cuantas veces quiera.

- ✓ Los panties de compresión creciente especiales para el embarazo son de gran utilidad para las mujeres que deben estar mucho tiempo de pie; incluso las hinchazones y la tendencia a la aparición de varices disminuirán.

Albúmina en la orina

Con los análisis de orina se determina el nivel de albúmina. Si este es muy alto, puede indicar una infección urinaria o renal, o una preeclampsia si se acompaña de hipertensión y edemas. Los riñones trabajan mucho durante el embarazo debido al aumento de líquidos y este esfuerzo extra hace que el aparato urinario sea más propenso a las infecciones, como una infección de la vejiga (síntomas: necesidad continua de orinar y dolores al hacerlo). Los conductos urinarios se aflojan a causa de las hormonas, el paso de la orina es más lento y la vejiga se vacía con menor eficacia.

Consejos

✓ Beba mucha agua o zumos, ya que la ingesta de líquidos ayuda a prevenir las infecciones.

La diabetes de la gestación

El riesgo de presentar diabetes del embarazo (diabetes gravidarum) es, según algunos estudios, más elevado en una gestión múltiple. Se da en un 2-7% en las mujeres que esperan gemelos, en un 9% en los que esperan trillizos y en un 11% en caso de cuatrillizos.

La diabetes de la gestación es provocada por las hormonas del embarazo en combinación con otros factores, como, por ejemplo, el hecho de tener predisposición a padecer esta enfermedad. Si en la familia hay antecedentes, usted tiene más probabilidad de sufrirla. También una dieta desequilibrada con exceso de azúcares e hidratos de carbono y una vida sedentaria contribuyen a su aparición.

Tener diabetes significa que el páncreas no produce suficiente insulina. Esta hormona se encarga de que el azúcar sea rápidamente absorbido en la sangre a través de las células y el hígado. Si la producción de insulina es insuficiente, la sangre tiene unos niveles de azúcar o glucosa demasiado altos. Esto llega a través de las placentas (o placenta) a los bebés que reciben un exceso de glucosa que se transforma en grasa. A causa de ello los bebés crecen demasiado rápido. La cantidad del líquido amniótico también aumenta, por lo que hay un mayor riesgo a un parto prematuro.

La diabetes se diagnostica mediante un análisis de orina y de sangre. Normalmente el ginecólogo controla el nivel de glucosa en la sangre entre la semana 24 y 28, con un test de sobrecarga de glucosa de 50 g (Test de Sullivan). Si los resultados son positivos, el ginecólogo le prescribirá una dieta exenta de azúcar, rica en féculas y pobre en calorías. Con esta dieta se puede mantener un nivel constante de glucosa en la sangre. De vez en cuando se controla la cantidad de azúcar en la sangre y, si a pesar de la dieta, continúa siendo alta, se tiene que administrar inyecciones de insulina a la embarazada.

Al nacer, los bebés de una diabetes gestacional no controlada tienen algo más de riesgo de tener hipoglucemia (un nivel de azúcar en la sangre muy bajo) y problemas respiratorios. La diabetes de la gestación desaparece tras del parto.

El síndrome del túnel carpiano

El líquido extra, que retiene el cuerpo durante el embarazo por influencia de la hormona progesterona, puede ejercer presión sobre los nervios del brazo que pasan del antebrazo a la muñeca por una especie de túnel. La presión hace que los nervios estén atrapados y, en consecuencia, la embarazada tiene una sensación de hormigueo, pinchazos o dolor en los dedos. Estas molestias pueden sobrevenirle durante las horas del sueño, porque se ejerce una presión sobre los nervios y los vasos sanguíneos. Puede que se despierte con las manos dormidas y a veces con los brazos y manos totalmente insensibilizados. Ello puede causarle una sensación de angustia, porque parece que está semiparalizada. Este fenómeno, que se da en algunas mujeres, se llama «el síndrome del túnel carpiano».

Consejos

✓ Siéntese en la cama y levante los brazos, como si estuviera saludando a alguien. De esta forma, le bajará la sangre y el líquido de los brazos. Haga después ejercicios con los brazos y las manos para estimular la circulación.

✓ Acabe siempre la ducha mojándose piernas y manos con agua fría; estimula la circulación sanguínea de una forma natural.

✓ A algunas mujeres les va bien hacer punto de cruz; esta actividad moviliza a sus dedos; para una mujer de mi grupo objeto de estudio fue un pasatiempo nocturno agradable, cuando los pinchazos en sus dedos no le dejaban dormir.

Acidez gástrica

Es una molestia muy frecuente en el embarazo. Un 39% de las embarazadas de gemelos, de mi grupo objeto de estudio, lo nombró, y un 33% de las futuras madres de trillizos. La explicación es sencilla: las hormonas segregadas durante el embarazo reblandecen la válvula que se encuentra entre el estómago y el esófago. Por lo tanto, los alimentos y los ácidos gástricos pueden ascender con facilidad, lo que causa una sensación de ardor. El peso de los bebés y la presión que el útero ejerce sobre el estómago agravan la situación, sobre todo en los últimos meses del embarazo. Además, las digestiones durante la gestación son más lentas.

Consejos

✓ Evite la ingestión de los causantes de acidez (café, zumo de naranja, comidas grasas, azucaradas o picantes). Prescinda de las especias. Conviene comer en menores cantidades, pero 5 a 6 veces al día. Procure cenar dos horas antes de acostarse. No hay que beber durante las comidas porque esto estimula la acidez. Es bueno tomar leche y productos lácteos, ya que habitualmente el estómago los tolera bien.

✓ Dormir con la cabeza apoyada en una almohada, más alta que el resto del cuerpo. Esto evitará que la comida suba.

✓ A veces, un vaso grande de agua calma la sensación de acidez o de ardor. También masticar avellanas puede aliviarlo. De no ser así, tome un antiácido de aluminio y magnesio. No hay que tomar bicarbonato, ya que resulta perjudicial.

Las estrías

El crecimiento rápido, el estiramiento de la piel y el alto nivel de estrógenos influyen en su aparición, generalmente algo más temprano en un embarazo múltiple que en una gestación simple. Son unas marcas de forma alargada que aparecen en la piel cuando esta ya no puede soportar la tensión elevada. No todas las embarazadas de gemelos (o más) las desarrollan a pesar del gran tamaño de su vientre. En ello también influye un factor genético. Y también el ritmo de crecimiento del abdomen de la mujer: si el crecimiento es progresivo, las estrías no tienen por qué aparecer. No obstante, si la mujer aumenta de peso de golpe, es muy probable que aparezcan, porque la piel no puede seguir el mismo ritmo de crecimiento.

Consejos

✓ Proteja su piel de una tensión elevada en los periodos de un rápido crecimiento, utilizando una faja o un pañuelo grande para su abdomen, un sostén resistente y unas medias elásticas.

✓ Las cremas antiestrías no son capaces de prevenir las estrías, pero sí mantienen su piel suave y elástica. Lo único que se puede hacer para prevenirlas es dar un masaje a la piel; se trata de un masaje de estiramiento del tejido epidérmico, que consiste en estirar la piel y el tejido subcutáneo para así hacerla más flexible para un posible estiramiento brusco. Pida a su pareja que se lo dé. Y aplique después cualquier crema.

El síndrome de transfusión feto-fetal (TFF)

El síndrome de transfusión sanguínea feto-fetal es un riesgo en los embarazos gemelares monozigóticos cuando los bebés comparten la placenta (dibujos C y D del Capítulo 1), que conviene conocer. Entre un 10 y un 15% de los embarazos monocoriales corren este riesgo. Esto significa que se puede dar tanto en un embarazo gemelar como en uno de trillizos (o cuatrillizos).

¿En qué consiste el problema? Para que los bebés puedan desarrollarse y alimentarse bien, necesitan disponer de un torrente sanguíneo independiente, que les abastece de oxígeno y alimento. Dado que en la situación C y D los cordones umbilicales de los bebés llegan a la misma placenta, pueden darse conexiones entre los vasos sanguíneos (arterias y venas) de un feto con los del otro. En este caso, un feto bombea sangre a la placenta de su hermano. Si esa sangre es devuelta, se da un equilibrio y no hay peligro. Pero cuando el feto receptor (a) no la devuelve al otro, o solo una parte, el otro, el donante (b) no recibe suficiente sangre.

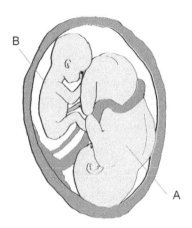

Este, llamado el feto receptor (a), recibe demasiada sangre y el feto donante (b) no recibe suficiente. Este último no crece lo suficiente, apenas orina y tiene muy poco líquido amniótico. Puede morir por falta de sangre (significa la falta de oxígeno), también llamada hipoxia. El feto receptor recibe demasiada sangre y crece mucho. Intenta regular la situación orinando mucho, por lo que dispone de mucho líquido amniótico. Puede morir a causa de un problema cardíaco (cardiopatía) por la sobrecarga de sangre. La cantidad excesiva del líquido amniótico del receptor puede causar dolores, contracciones y la rotura de membranas lo que conlleva un parto prematuro. A veces el bebé donante es más pequeño que el bebé receptor, pero TFF también puede darse sin diferencias en el crecimiento.

La situación es extremadamente peligrosa para los dos bebés. Pueden darse diferentes conexiones: una entre la arteria del feto donante y la vena del feto receptor, y también conexiones entre arterias. Lo más peligroso es una conexión entre una arteria de un bebé y una vena del otro. Las conexiones entre arterias son menos peligrosas, sobre todo cuando van en ambas direcciones (tanto del donante hacia el receptor como viceversa), pues en este caso se compensan. En general suele haber alguna que otra conexión entre los vasos sanguíneos de ambos bebés, sin causarse demasiados problemas, pero cuando las conexiones son de tal envergadura que la vida de los bebés corre peligro, hablamos del síndrome de transfusión feto-fetal. Y en este caso siempre hay que intervenir.

Tipos de tratamiento

Existen dos tipos de tratamiento:

1. *Se elimina la abundancia de líquido amniótico* para evitar un parto prematuro y disminuir la presión sobre el vientre materno. En realidad es un tratamiento sintomático, ya que no soluciona el problema subyacente y el bebé donante sigue bombeando sangre a su hermano gemelo. Por ello se suele tener que repetir a lo largo del embarazo, muchas veces semanalmente. Antes ese tratamiento, llamado amniodrenaje, era la única solución. Los bebés, afectados por el TFF, nacieron en torno a la semana 29. Una parte considerable de estos bebés supervivientes sufrían secuelas, tanto por el parto prematuro como por los efectos del TFF, sobre todo en el cerebro.

2. *Mediante una operación prenatal se cauterizan las conexiones entre los vasos sanguíneos de los bebés.* Con anestesia local se introduce a través de un pequeño corte en el vientre un tubo finísimo de un diámetro de 2-3 mm, por el que se mete un foco de luz, una microcámara y un aparato de rayos láser. Es un procedimiento parecido a la laparoscopia. Esta intervención requiere mucha habilidad por parte del ginecólogo y solo se realiza en una clínica especializada. Se cauterizan las conexiones.

De este modo cada bebé tiene su circuito de circulación sanguínea independiente y deja de existir el problema de la transfusión sanguínea. Inmediatamente después del tratamiento con láser se elimina el exceso de líquido amniótico. La intervención no está exenta de riesgos. En un 10% se dan complicaciones, como la rotura de las membranas con un alto riesgo de un parto prematuro. A causa del brusco cambio de la tensión arterial uno o ambos bebés pueden morir poco después de la intervención. También se dan complicaciones posteriores como un parto prematuro sin causa aparente o la muerte repentina de uno de los bebés. Para la madre la intervención no es peligrosa, pero la introducción del instrumento puede causarle hemorragias. Hoy en día se hace el tratamiento con láser como primera opción en caso de un TFF, siempre en un hospital especializado. La posibilidad de que ambos bebé sobrevivan es de un 70-75%. La posibilidad de que por lo menos uno sobreviva, es de 90%. La mayoría de los bebés, tratados por el TFF, nacen con 34-35 semanas. Como en cualquier bebé prematuro extremo, para los bebés afectados por la transfusión feto-fetal que nacen entre 24-28 semanas existe el riesgo real de daños persistentes en los pulmones, ojos y cerebro. En todo caso, la proporción de prematuros extremos que nacen tras un tratamiento de láser es muy inferior a la observada en casos tratados con técnicas ya abandonadas, como el amniodrenaje. En el año 1999 se hizo la primera intervención en el Hospital Vall d'Hebron de Barcelona, por parte del equipo del ginecólogo Eduard Gratacós. Hoy en día este equipo continúa su trabajo en el Hospital Clínic, también de Barcelona. Estos dos hospitales son, hoy por hoy, los únicos centros en España con experiencia en el tratamiento del síndrome de transfusión feto-fetal en España.

¿Cuáles son los síntomas?

El ginecólogo siempre vigilará con especial atención un embarazo múltiple monocorial debido al riesgo del TFF. Por tanto los controles son más frecuentes.

Si su embarazo es monocorial, debe prestar atención a los siguientes síntomas:

▶ Un crecimiento repentino del vientre y aumento de peso sorprendente; puede indicar un volumen sospechoso del líquido amniótico. La madre vive la sensación de tener una barriga tirante y experimenta gran incomodidad. El tamaño de su vientre no coincide con el de un embarazo gemelar normal; es excesivamente grande y está hinchado. Además, se trata de un aumento repentino, que puede producirse a partir de la semana 16 o antes.

▶ Dolor, calambres o contracciones

▶ El útero se encuentra muy arriba

▶ Pérdidas de líquido o sangre

▶ No percibir (más) los movimientos de los bebés o uno de ellos: el pequeño, al no disponer de apenas líquido amniótico, está 'atrapado' y el otro dispone de tanto líquido, que su madre no nota sus movimientos. También es posible que la madre lo note como muy movido e inquieto.

Entre las semanas 8 y 14 del embarazo mediante la ecografía se puede descubrir una placenta compartida (dibujos C y D,, capítulo 1). El síndrome transfusión feto-fetal no se da cuando las dos placentas se han fusionado, como en el dibujo B, porque en este caso se trata de dos sistemas que en su origen eran independientes (referente al embarazo gemelar), pero sí en los dibujos C y D. En caso de un embarazo de trillizos el TFF puede producirse en el dibujo B, igual como en los dibujos C y D, de los dibujos, referentes al embarazo triple.

En caso de que se detecte una placenta compartida, cada semana o cada dos semanas se mide el desarrollo de los bebés así como la cantidad del líquido amniótico. El periodo entre las semanas 14 y 25 es importante, ya que es entonces cuando se puede constatar si se va desarrollando el síndrome feto-fetal. Cuando se aprecia una notable diferencia en el líquido amniótico entre ambos bebés, es necesario que se realice un control exhaustivo por un ginecólogo especializado. TTF también puede darse en bebés que crecen ambos bien.

Nos cuenta su experiencia Marián, madre de gemelos monozigóticos:

"En la semana 17 mi barriga empezó a crecer enormemente y se presentaron las primeras contracciones. Me sentí muy preocupada y me fui directa al hospital. El ginecólogo no sabía muy bien qué pasaba y me dijo que volviera a la semana siguiente. En la semana 21 detectó que uno de los bebés crecía mucho menos que el otro. Diagnosticó el TFF. Tres días más tarde me operaron. La intervención duró hora y media bajo anestesia local. Estaba muy angustiada, pero en realidad no fue muy duro. Se cauterizaron las conexiones entre los bebés. Después me sacaron 2,5 litros de líquido amniótico. Me medicaron para evitar contracciones que podían derivar en un parto prematuro. El día posterior a la intervención me hicieron una ecografía en la que se podía ver que ambos bebés estaban bien. A los 5 días pude irme a casa. Los controles seguían siendo cada dos semanas. En la semana 35 nacieron los bebés. Marc, el bebé «donante» pesaba 3.140 gramos y Alex, el «receptor", 3.070 g. Ahora son dos niños sanos que no tienen ninguna secuela de la intervención prenatal. Mejor dicho: gracias a ella están sanos».

Restricción selectiva del crecimiento intrauterino

Así como en el caso de bebés únicos, una placenta que no funciona bien puede retrasar el crecimiento del bebé, así ocurre también en el caso de dos bebés (crecimiento intrauterino retardado, CIR): cuando uno crece bien y el otro queda retrasado en su desarrollo, hablamos de la restricción selectiva del crecimiento intrauterino. No suele ser posible tratarlo. Es importante vigilar detenidamente la condición del bebé pequeño. Cuando su condición no es buena, se puede decidir provocar el nacimiento. Que se pueda hacer o no depende de la duración de la gestación y de cuáles van a ser las consecuencias para la salud de ambos bebés.

Cuando se da una restricción selectiva del crecimiento intrauterino en gemelos que comparten el corion, se produce una situación preocupante.

Si la condición del bebé pequeño empeora, la presión arterial del otro bebé puede verse afectada porque entre ellos siempre se dan conexiones vasculares. Cambios repentinos en la presión arterial pueden causar daños cerebrales. En este caso, si el crecimiento del feto no es bueno desde el principio y antes de que el embarazo esté lo suficientemente avanzado para que los bebés nazcan, el más pequeño puede morir. Dadas las conexiones vasculares entre los fetos, la muerte de uno puede producir que la tensión arterial del otro baje de modo grave y que ello le cause un daño cerebral o incluso la muerte.

Si en un embarazo monocorial en un momento temprano de la gestación se detecta una discrepancia de crecimiento y/o del líquido amniótico entre ambos fetos, el embarazo debe ser controlado por un ginecólogo especializado en este tema. El problema se diagnostica mediante una ecografía, pero puede confundirse con una TFF, porque el feto que crece mal suele tener también menos líquido amniótico. Pero al contrario con el TFF, el bebé más desarrollado en caso de una restricción selectiva no tiene demasiado líquido amniótico. Y mientras en una TFF no necesariamente se da una diferencia en el tamaño de los bebés, en la restricción selectiva del crecimiento intrauterino sí la hay. Uno de los bebés crece por debajo del percentil 10. A diferencia del TFF la restricción selectiva del crecimiento intrauterino no produce síntomas en la madre, por lo que su diagnóstico se realiza más tardíamente que el síndrome de transfusión feto-fetal. En caso de una restricción selectiva del crecimiento intrauterino el ginecólogo puede hacer (mediante una ecografía Doppler) una estimación sobre la gravedad y las posibilidades de un resultado positivo. Desgraciadamente todavía no existe un buen tratamiento que mejore el crecimiento del feto pequeño, pero sí existen tratamientos de cirugía fetal que han demostrado ser muy eficaces para evitar las lesiones en el feto normal. Por este motivo es crucial que estos casos sean controlados en una unidad con experiencia.

CAPÍTULO 6

El tercer trimestre del embarazo múltiple (semanas 26-37)

Ahora el embarazo empieza a parecer ¡una eternidad! El 46% de las futuras madres de gemelos del grupo objeto de estudio llevó bien el embarazo en el último trimestre; del grupo de trillizos un 34%. Por lo general, a las embarazadas de múltiples les urge más dar a luz que a las que llevan un solo hijo. Esto es lógico debido a que el tamaño de su vientre ahora es ya espectacular, lo que dificulta cualquier movimiento o actividad como andar, moverse, dormir, tumbarse, llevar la compra y un largo etcétera.

El embarazo gemelar suele durar 37 semanas en vez de 40; el de trillizos de 34 a 35 semanas y el de cuatrillizos entre 31 y 32 semanas. Al igual que en el embarazo de un solo hijo, es imposible saber con exactitud cuándo se iniciará el parto (a menos que se trate de una cesárea planeada).

A partir de las 24 semanas de gestación, los bebés pueden sobrevivir fuera del seno materno. Pero cuanto más tiempo permanezcan dentro de él, más se desarrollarán y mejor preparados estarán para la vida extrauterina. Las mujeres que trabajan pueden pedir la baja por maternidad, ya que al tratarse de un embarazo múltiple, abarca más tiempo del normal. Se incrementa en dos semanas en caso de gemelos, siendo un total de 18, y en caso de trillizos se añaden dos más, con un total de 20 semanas. Pero muchas madres prefieren pedir una reducción laboral o bien una baja por incapacidad laboral para así poder disfrutar al máximo de su permiso de maternidad después del parto.

Las molestias más frecuentes durante este periodo son las que detallamos a continuación.

Hemorroides

Es una molestia bastante frecuente en este trimestre o el anterior. La hormona progesterona tiene un efecto relajante sobre las paredes vasculares de las venas, incluidas las del ano. Por otra parte, la presión del útero en crecimiento sobre las venas de la zona pélvica aumenta considerablemente (el útero ejerce una presión extra sobre las venas y arterias que van de las piernas y la pelvis al corazón). Durante las últimas semanas del embarazo, las cabezas de los bebés (o uno de ellos) se encajan en la pelvis y esto produce una presión aún mayor sobre las venas. El estreñimiento también contribuye a la aparición de las hemorroides. No solo producen dolor, sino también picor.

Consejos

- ✓ Tómese el tiempo necesario para evacuar y espere a que el ano se dilate completamente; apretar de forma vigorosa solo hace que las hemorroides empeoren.
- ✓ Límpiese el ano con agua bien fría, sin utilizar papel. Así las hemorroides se encogen. Aplique después una pomada antihemorroidal.
- ✓ El hielo (cubitos envueltos en un pañuelo) ayuda a calmar el dolor.

Varices

Hacia la mitad o el final del embarazo pueden aparecer las varices. La variz es la dilatación permanente de la porción de una vena en las piernas o en las corvas, detrás de las rodillas. Se debe a que ahora circula más sangre de la normal por las venas a un ritmo más lento: la presión en las venas aumenta y los vasos sanguíneos se dilatan y ceden.

Consejos

- ✓ Use medias elásticas si nota una sensación pesada en las pantorrillas y tiene calambres y dolores. Se llevan un poco ajustadas y de esta forma la sangre de las venas se bombea con más facilidad. Colóquese las medias por la mañana cuando todavía esté en la cama, antes de que la sangre tenga tiempo de bajar a las piernas.
- ✓ No permanezca mucho tiempo sentada o de pie. Y procure no sentarse con las piernas cruzadas, porque obstaculiza el flujo de sangre en las piernas. Siéntese con los pies algo elevados (por ejemplo sobre un taburete o cojín).
- ✓ La natación es muy recomendable y también andar, mientras su peso se lo permita.

Insomnio

A casi todas las embarazadas de gemelos (o más) les cuesta conciliar el sueño durante los últimos meses. Hay varias razones, ya que no es fácil encontrar una postura cómoda, los bebés empiezan su «juerga particular» durante el descanso nocturno, la necesidad de orinar es más frecuente ahora y es necesario levantarse a cada hora, se tiene acidez y los calambres en las piernas son molestos. Lógicamente, en este periodo se acusa el cansancio.

Consejos

✓ Tome un vaso de leche caliente con miel antes de acostarse. La leche es un inductor al sueño y la miel relaja los músculos.

✓ Póngase un cojín debajo de las rodillas o del vientre para encontrar una postura cómoda (hoy en día se venden en tiendas especializadas almohadas específicas para este fin). Es aconsejable tumbarse del lado izquierdo (tiene menos vasos sanguíneos que el derecho), porque así se favorece el riego fetal y el crecimiento de los bebés. Puede alternar esta posición con el lado derecho (también está bien), pero evite tumbarse directamente en posición boca arriba. El peso de su útero puede oprimir los vasos sanguíneos del vientre, por lo que la tensión bajará repentinamente cuando usted se levante y además el torrente sanguíneo hacia las placentas disminuirá. Si esta postura es la única en la que usted está cómoda, coloque muchos cojines contra su espalda de modo que esté reclinada.

✓ En caso de acidez, use una almohada bastante gruesa. Es importante tener la cabeza más alta que los pies. Algunas mujeres prefieren incluso dormir reclinándose contra grandes cojines; en esta postura, la matriz se oprime menos contra el diafragma y se alivia esta molestia. Si no da resultado, hay que solicitar al médico antiácidos de magnesio y aluminio.

✓ A pesar de estos consejos, algunas embarazadas no consiguen conciliar el sueño. Si este es su caso, intente mantener la calma; no olvide que, de todos modos, este «descanso nocturno» favorece a los bebés, ya que en la posición tumbada la circulación de la sangre es mayor. Intente pasar el tiempo de un modo agradable; por ejemplo, con un libro o una revista a mano. Recupere el sueño echándose una siesta durante el día. El insomnio resulta molesto, pero siempre es un problema pasajero.

Falta de aliento

A medida que el útero crece, hay cada vez menos espacio para que los pulmones se expandan y usted pueda respirar cómodamente. En un embarazo de un solo hijo el diafragma asciende unos 4 centímetros; en el embarazo múltiple asciende más. El embarazo requiere oxígeno extra y para compensarlo el ritmo de su respiración es más rápido. Es posible que usted tenga falta de aliento para las tareas más normales; en el embarazo gemelar esta molestia aparece en las últimas semanas, pero en el de trillizos ya puede aparecer en torno a la semana 29.

Consejos

- ✓ Divida las actividades en pequeñas partes; de este modo requerirán menos esfuerzo.
- ✓ Busque posturas en las que respire mejor, por ejemplo sentada en una silla rígida y recta. Intente dormir recostada sobre almohadas en una posición que le permita respirar fácilmente, pero no se tumbe de espaldas.
- ✓ En caso de dificultad para respirar o dolor, llame a su ginecólogo. Puede indicar una complicación.

Taquicardias

Durante el embarazo, el volumen de sangre que se bombea por todo el cuerpo aumenta más o menos en un litro y medio. Así pues, el corazón ha de aumentar su ritmo dando diez latidos más por minuto y en cada latido hace circular un 40% más de sangre por el cuerpo. Por lo tanto, en este periodo son normales los latidos rápidos o irregulares. No hay por qué alarmarse.

Calambres en las piernas

Existen varias teorías sobre su causa. Seguramente se deben tanto a la presión del útero sobre los nervios de las piernas como a los cambios circulatorios y a la pérdida de potasio por mayor sudoración. Cualquiera que sea su causa, es una sensación desagradable.

Consejos

✓ Estire bien las piernas y ponga los dedos de los pies hacia arriba. Hay que hacer el movimiento contrario al calambre. Los calambres aumentan con el calor de verano. Los plátanos y las bebidas isotónicas —para deportistas— ayudan a evitarlos. El médico le puede prescribir un suplemento de potasio.

Picores

Algunas embarazadas tienen picores por todo el cuerpo. No se sabe exactamente a qué son debidos; pueden estar relacionados con la función de la bilis o con el sudor. Es una molestia desagradable, pero siempre pasajera. En algunas embarazadas de trillizos esta molestia apareció ya en el segundo trimestre, en torno a la semana 21.

Consejos

✓ Dese con frecuencia una ducha fría y espolvoréese con polvos de talco no perfumados. Lleve ropa amplia de algodón para que respire su piel.

✓ Mantener su piel suave y bien hidratada mediante una crema o loción también puede ayudar a disminuir esta molestia.

✓ Prescinda de las grasas saturadas en las comidas (para no abusar de la bilis).

✓ A veces el ginecólogo prescribe algún antihistamínico, cuya inocuidad esté probada y también su eficacia para disminuir el prurito.

Los picores pueden también indicar un problema más serio por ser más molesto, el sarpullido del embarazo. Se empieza con pequeñas ampollas que pican y que al cabo de un tiempo se agrandan y acaban por reventar. Suele afectar a manos y pies y puede extenderse a brazos, piernas y abdomen. El picor puede ser insoportable y hacer imposible el descanso nocturno; en este caso el ginecólogo prescribirá una pomada con corticoides, pero debido a sus efectos secundarios, no por mucho tiempo.

Y cuando los picores son el resultado de cambios en la función de la bilis, puede tratarse de una enfermedad llamada colestasis hepática. Esta causa un aumento de las sales de la bilis en la sangre y la piel, lo cual produce los picores. Aunque rara, es más frecuente en un embarazo múltiple y no está exento de riesgos. En este caso se prescriben medicamentos a la gestante.

Reposo

Un 27% de las mujeres de mi grupo objeto de estudio de gemelos necesitó guardar reposo durante su embarazo. En caso de los trillizos el porcentaje se elevó al 86%, aunque en muchos casos exclusivamente en el último trimestre. El reposo se recomienda porque las actividades físicas como andar o coger peso (incluso coger al hijo mayor) ejerce una presión descendente sobre la cérvix que dificulta que el embarazo múltiple llegue a término. Para algunas mujeres con riesgo de parto prematuro, el reposo puede significar que el embarazo se prolongue unas semanas más. Pero el reposo no tiene que aplicarse necesariamente en todos los embarazos múltiples. En mi grupo objeto de estudio hay madres, tanto de gemelos como de trillizos, que han llevado una vida bastante activa durante su gestación, y sus bebés nacieron con pesos estupendos (todos de dos kilos y medio en el caso de gemelos y de más de dos kilos en caso de trillizos). No obstante, otras mujeres tenían el reposo prescrito por su ginecólogo a partir del primer trimestre por amenaza de aborto, y en algún caso (la minoría) hasta el final.

Los estudios no arrojan datos claros sobre los beneficios del reposo, ya que no siempre da el resultado deseado: un buen peso de los bebés y una duración máxima del embarazo. Además, el reposo puede también tener efectos negativos: la mujer que guarda cama, pierde masa muscular y ósea; muchas veces el reposo implica que la mujer debe dejar su trabajo, lo que la aísla a nivel social y ello conlleva consecuencias económicas negativas. Todo ello puede elevar su estrés y preocupación. El estrés en sí ya es un factor que muchas veces va relacionado con bebés de bajo peso y/o un parto prematuro.

No obstante, parece ser que en un gran número de bebés las ventajas sí son obvias. Lo más aconsejable es que usted escuche las señales que le transmite su cuerpo y que haga lo que le parezca lo más adecuado, de mutuo acuerdo con su ginecólogo. Este puede prescribirle reposo relativo (permanecer en casa y descansar varias veces al día) o absoluto. El reposo absoluto quiere decir estar tumbada horizontal en la cama y levantarse lo mínimo posible, para ir al baño o a los controles médicos.

Sugerencias

- Evite estar sentada recta en la cama, ya que esta posición ejerce una presión sobre su cérvix que es tan perjudicial como estar de pie. O, si es posible, opte por una cama reclinable.

- Procure pasar el tiempo de la manera más positiva. Pensar en los bebés o tener alguna prenda de su ajuar a la vista lo hace todo más real y eleva la moral. También es positivo crear unos hábitos diarios que marquen la mañana, la tarde y la noche (como hacer ejercicios por la mañana, leer por la tarde, etc.). Con un ritmo así sus días serán más agradables.

- Lea todo lo que pueda sobre partos múltiples. Informarse sobre la vida de otros padres con experiencias similares a las de usted es muy alentador. También puede empezar a escribir un blog sobre su embarazo y participar en foros online.

- Rodéese de amigos y familiares. Recibir visitar a diario es importantísimo, ya que de este modo mantiene el contacto con el mundo exterior y se amplía el horizonte. También previene la depresión.

- Exteriorice sus sentimientos de frustración, impaciencia, rabia, preocupación, etc. Es lógico que de vez en cuando le sobrevenga la desesperación o una gran incertidumbre, algo inherente a su situación. Dar rienda suelta a estos sentimientos llorando, gritando o pataleando (no literalmente) relaja.

Contracciones

Ahora es muy probable que usted sienta de vez en cuando alguna contracción e incluso hay embarazadas que las notan a mitad del segundo trimestre, en torno a la semana 18. Más aún en si es su segundo embarazo.

¿Qué es una contracción? Se habla de ella cuando el vientre se pone duro durante unos segundos. Se producen porque en el útero, al crecer de tamaño, hay un aumento de las fibras musculares, además de una distensión cada vez mayor de las mismas. Para que estas fibras estén listas para trabajar eficazmente durante el parto, tienen que entrenarse; y este entrenamiento se realiza mediante contracciones a lo largo del embarazo por el influjo hormonal de los estrógenos. Dicho de otro modo: estas contracciones son normales y necesarias. Se llaman contracciones previas y también contracciones de Braxton-Hicks, en honor al médico que las describió por primera vez. Se pueden presentar tras mucho esfuerzo físico, a causa de una vejiga llena, cuando uno de los bebés se mueve o simplemente al levantarse o agacharse. Las embarazadas de múltiples fetos suelen tener más contracciones previas y en momentos más tempranos que las que llevan un solo hijo. Si las tiene muy a menudo, puede significar que su vida es demasiada ajetreada. Su cuerpo ¡protesta! Tanto el estrés físico, como estar de pie y esfuerzos físicos o el estrés psíquico, como tensiones y preocupaciones, pueden irritar el útero e incluso provocar contracciones previas o reales, igual como las infecciones urinarias, vaginales u otras. Por ello es aconsejable informar a su ginecólogo.

No hay que confundir un vientre duro con contracciones previas. Las contracciones previas son un fenómeno normal y pueden darse las últimas cuatro semanas antes del parto. Estas preparan el útero y el cuello uterino ante el parto y pueden derivar en contracciones de parto. Por tanto pueden ser señal de un parto prematuro.

Por lo tanto, conviene que usted sepa qué es una contracción y cuántas son normales o, por el contrario, un signo de alarma.

Los síntomas de una contracción previa

▶ El vientre se pone duro; al presionar el abdomen, lo siente duro y es imposible hundir los dedos en él. Es importante saber encontrar la parte del abdomen donde se encuentra el útero: el fondo uterino llega a la altura del ombligo, aproximadamente hacia el cuarto mes en el embarazo gemelar y a los tres meses y medio en el embarazo de trillizos. Si a partir de ese momento usted presiona entre el ombligo y el vello del pubis, estará tocando, a través de la piel y la pared abdominal, solo el útero (en un momento más temprano del embarazo usted puede equivocarse y tocar el intestino, que siempre estará blando).

- Todo el abdomen se pone duro y no solo una parte; en ese caso puede ser uno de los bebés. Presione ligeramente y verá cómo el niño se mueve y el bulto desaparece.

- Las contracciones son irregulares; puede sentir algunas seguidas y a continuación ninguna durante horas.

- Pueden darse después de mucha actividad física, al tener la vejiga llena, al moverse uno de los bebés o simplemente al levantarse o agacharse.

- Pueden aliviarse cambiando de postura, relajándose o reposando tumbado del lado izquierdo.

- No suelen ser dolorosas, aunque pueden provocar molestias en la parte baja del abdomen, normalmente sin dolor de espalda ni presión pélvica.

Consejos

Si las contracciones previas son frecuentes y repetidas, tenga en cuenta las siguientes sugerencias:

- ✓ Intente descansar en cuanto note los primeros indicios. Un baño de agua caliente siempre relaja y, por otra parte, las disminuye. Tomar un vaso de leche caliente con miel también es relajante. Túmbese del lado izquierdo; el útero se relajará y las contracciones desaparecerán.

- ✓ Escuche bien las señales de su cuerpo; de este modo aprenderá lo que puede hacer y lo que ya no. Esto es muy diferente en cada mujer: algunas pueden andar dos horas sin sentir ninguna molestia, mientras que otras, al realizar una sola compra, ya notan su vientre duro y tenso.

- ✓ Establezca una hora dos veces al día (una por la mañana y otra por la noche) para conocer la actividad de su útero. Túmbese del lado izquierdo y dedíquese a alguna actividad relajante, como leer o escuchar música. Coloque sus manos sobre el útero. Para aprender a saber qué es una contracción, busque una parte del útero donde no haya partes de los bebés, como pies, manos o codos, y presione ligeramente. Un útero no contraído es como la parte blanda de su mejilla; un útero contraído se siente con la dureza de su frente. Mantenga durante esa hora sus manos sobre su vientre y observe si aprecia algún cambio. Probablemente notará cómo los bebés se mueven y a veces cómo, al mismo tiempo, el útero se endurece. Anote la frecuencia de estas contracciones y otras sensaciones. Al cabo de unos días descubrirá un patrón. Por ejemplo puede que por la tarde/noche sienta más contracciones que por la mañana.

✓ Avise a su ginecólogo

◊ Cuando las contracciones sucedan a intervalos regulares y aumenten de frecuencia y de duración con el paso de tiempo. Esta es ya una señal de contracciones de parto y no desaparecen con el descanso ni con un cambio de postura. Provocan molestias en la espalda y en la parte baja del abdomen con presión pélvica; son dolorosas.

◊ Cuando tenga contracciones repetidas con el mínimo de esfuerzo (peinarse, ducharse, etc.).

En caso de que se detecten contracciones uterinas, el ginecólogo le mandará el ingreso hospitalario y le prescribirá una medicación para inhibir las contracciones, como los betamiméticos. Pueden causar efectos secundarios como dolor de cabeza, taquicardias, acompañado de nerviosismo. Si hay riesgo de un parto antes de la semana 34, el ginecólogo le administrará dos inyecciones, con un intervalo de 24 horas entre ellas para la maduración pulmonar de los bebés.

¿Conviene viajar en avión?

La idea de planear unas vacaciones antes de la avalancha del múltiple trabajo tras el parto es, sin duda, tentadora y también recomendable. Las líneas aéreas permiten a la mujer viajar en avión hasta la semana 30, incluyendo la embarazada de múltiples fetos. No obstante, viajar en avión en el último trimestre de su embarazo no es lo más recomendable. El agotamiento físico 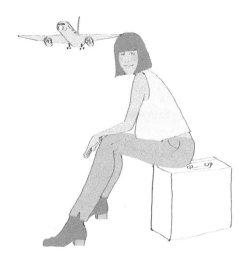 del viaje y la incomodidad para encontrar una buena postura pueden desencadenar prematuramente el parto. Lo más aconsejable es elegir un destino cercano a casa al que pueda desplazarse en coche o tren.

La sexualidad durante el embarazo

Durante el embarazo, la ternura, las caricias y la intimidad sexual en la pareja son especialmente importantes. El embarazo es un periodo de grandes cambios físicos y psíquicos que causan cierto desequilibrio emocional; por lo tanto, sentir amor, comprensión y cariño mutuo es más importante que nunca. La relación sexual genera sentimientos positivos y una agradable sensación de bienestar y relax, algo que sin duda se transmite a los bebés.

Muchas parejas creen que las relaciones sexuales afectan a los fetos, pero no es así; ellos están bien protegidos por el líquido amniótico y las membranas. La penetración del pene no los daña, ya que el útero se halla situado más arriba de la vagina. Si el embarazo evoluciona favorablemente, no hay motivo para prescindir del sexo ni para sentir miedo. Las relaciones sexuales por sí mismas nunca provocan un parto prematuro, a menos que el parto sea inminente. No obstante, conviene tener en cuenta lo siguiente en caso de un parto de alto riesgo:

▶ El orgasmo de la mujer produce contracciones de los músculos de la pelvis y del útero.

▶ Con la estimulación de los pezones se libera la hormona oxitocina. El cuerpo también segrega esta hormona al final del embarazo, pues es la hormona que ayuda a estimular las contracciones.

▶ En el semen se encuentra una hormona llamada prostaglandina que ayuda a reblandecer el cuello uterino y que causa contracciones.

Conviene hablar con su ginecólogo, que es la persona más indicada para decir cuándo conviene tener cuidado (en el caso de un embarazo problemático o con riesgo de parto prematuro) o, al contrario, que se puede disfrutar plenamente de la sexualidad (la mayoría de los casos).

No existen normas fijas, cada pareja ha de buscar la forma en que cada uno disfrute del contacto sexual sin forzarse. Se trata de ser creativos, buscar formas alternativas y cambiar las posiciones a medida que el vientre aumenta de tamaño.

También hay que tener en cuenta que los deseos sexuales de la mujer cambian durante el embarazo:

• En el primer trimestre, muchas mujeres pierden el interés por el sexo debido al cansancio y las náuseas.

• En el segundo, esa disminución del deseo suele desaparecer para dar paso a una relación sexual satisfactoria y positiva; incluso muchas embarazadas viven durante estos meses una sexualidad más satisfactoria de lo normal debido a la despreocupación por los anticonceptivos y a un mayor riego sanguíneo que facilita el orgasmo.

- En el tercer trimestre puede darse de nuevo el desinterés por el sexo, debido a que la preocupación por los bebés y por el parto se hace más patente. Además, a muchas mujeres el vientre se les pone duro durante las relaciones sexuales; aunque esto no entraña ningún peligro para los bebés, ellas lo asocian con el parto y evitan el sexo por este motivo. Los hombres, por su parte, pueden sentir miedo de dañar a los bebés, sobre todo en el último trimestre, lo que les causa cierto desinterés por el sexo.

Información de interés

El peso promedio de los gemelos monozigóticos al nacer es de unos 2,4 kilos cada uno. Los dizigóticos suelen pesar un poco más y suelen ser más altos. Los gemelos de distinto sexo pesan algo más que los del mismo sexo. La diferencia entre los hermanos se sitúa entre los 200 y 600 g. En los dizigóticos esa diferencia es menor que la que hay entre los monozigóticos. El peso de los trillizos es de aproximadamente 1,8 kilos. Y el de cuatrillizos en torno a los 1,5 kilos.

CAPÍTULO 7

El estado de buena esperanza del papá

También el futuro padre de dos (o más) bebés ¡se encuentra en estado de buena esperanza! Las reacciones de los hombres ante la noticia de que van a ser dos (o más) hijos son parecidas a las que tienen las mujeres: sentimientos ambivalentes, tanto de alegría y felicidad como de susto y preocupación. Para muchos padres, a estos sentimientos se añade uno más: el de «¿cómo voy a mantener a mi familia?». En muchos casos la mujer decide trabajar menos o dejar el trabajo, lo que lleva a muchos hombres a trabajar más, a reorganizar su trabajo o incluso a estudiar alguna carrera durante el embarazo de su pareja.

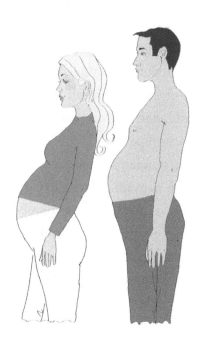

Muchos futuros padres quieren estar involucrados en la experiencia del embarazo y acompañan a su pareja fielmente a los controles médicos. El hecho de que sean dos (o más) bebés hace que el futuro padre esté involucrado desde el mismo principio y que su participación sea mayor que la de un futuro padre de un solo hijo. Su ayuda es necesaria desde muy pronto, pues el embarazo múltiple es más pesado que un embarazo simple. Y esto en realidad es toda una ventaja, que puede fortalecer la relación de pareja. Afrontar un embarazo múltiple es, sin duda, una tarea que incumbe a los dos.

Algunos hombres sienten incluso los síntomas del embarazo en su propia piel, como náuseas, cansancio o aumento de peso. Seguramente en ello influye la incertidumbre y el miedo que acompañan al embarazo. Esperar a dos (o más) bebés no deja de ser una experiencia arrolladora para él (y ella). Las molestias en el hombre suelen durar sólo el primer trimestre. Pero las emociones y las dudas de los hombres pueden persistir durante todo el embarazo. Aparte del aspecto económico, muchos se preocupan por la salud de su pareja, por la de los bebés y las posibles complicaciones. Algunos sienten un fuerte deseo de proteger a su pareja e intentan esconder información negativa o alarmante. Al consultorio de nuestra página web llegan a veces preguntas de hombres que no se atreven a plantear en la consulta del ginecólogo para no asustar a su mujer. Muchas veces ellos se encargan de múltiples tareas: se convierten en cocinero, amo de casa, cuidador del hijo mayor y un largo etcétera, cuando la mujer tiene que hacer reposo.

También se preocupan por su vida después del nacimiento. ¿Habrá aún sitio para mí? ¿Cómo lo vamos a llevar? ¿Aún tendremos tiempo para nosotros mismos? Pocos hombres están dados a expresar tales sentimientos; se lo guardan para sí mismos y es posible que intenten hacerse el fuerte para su pareja. Pero necesitan airear estas dudas y hablar de su situación. Por lo tanto, el contacto con otros padres de partos múltiples es muy recomendable (*véase* Direcciones útiles).

Fernando, padre de trillizas de 4 años:

«Cuando me enteré de que finalmente estábamos esperando un bebé, sentí una alegría desbordante. Pero cuando me dijeron que eran tres, me asusté. Me informé a fondo, lo leía todo sobre todas las posibles complicaciones, tanto de los bebés como de la madre, y esto me impidió disfrutar del embarazo plenamente. Sentía muchas preocupaciones, aunque a la vez ilusión. Hice todo lo que estaba en mis manos para que ella descansara al máximo. Bajé su cama y sus cosas al salón, instalé aire acondicionado, etc. Vino bien cuando tuvo que hacer reposo absoluto. No hablé con ella ni con nadie sobre

mis temores. Aconsejaría a los futuros padres que no lean tanto, sino que confíen en su ginecólogo. A las 34 semanas nacieron nuestras hijas en buen estado de salud y con buenos pesos (2050, 2100 y 2150 gramos). Soy un padre afortunado y disfruto muchísimo de mis hijas».

Antonio, padre de gemelas monozigóticas de 2 años:

"Estaba demasiado absorto en mi trabajo como para pensar mucho en el embarazo, hasta que mi mujer empezó a sentirse mal en la semana 20. A mi parecer había engordado mucho en poco tiempo. Una tarde, ella dando vueltas en el salón, se me ocurrió coger el libro que ella siempre estaba leyendo. Busqué el apartado dedicado a las molestias del trimestre correspondiente. Leí sobre el síndrome de transfusión feto-fetal. De inmediato me alarmé. Ella quería esperar porque en dos días tendría una cita con el ginecólogo. Pero le convencí para que fuéramos al hospital sin demora. Allí detectaron una gran diferencia de tamaño entre los bebés y un aumento del líquido amniótico en uno de los sacos. Las niñas tenían conexiones vasculares y estaban en peligro. Nos mandaron directos a otro hospital más importante donde la operaron al día siguiente con la técnica láser. Todo fue bien. Se quedó tres días más en el hospital. El resto del embarazo hizo mucho reposo. En la semana 35 nacieron las niñas, ambas en buen estado de salud. Cada día estoy feliz por haber empezado a leer sobre el embarazo gemelar justo a tiempo."

El contacto con los bebés

Sin duda, los ocho o nueve meses de espera son una época especial en la vida del futuro padre de parto múltiple. Su mujer tiene cierta ventaja porque gracias al contacto físico que mantiene con los bebés, se siente cada vez más unida a ellos; esto le ayuda a sentir la presencia de sus bebés como algo real (aunque todavía inimaginable) y prepararse para su llegada. Al hombre le falta esta experiencia física. No obstante, no es necesario que espere al momento del nacimiento de los niños para practicar de papá:

durante el embarazo es posible empezar a tener contacto con ellos y conocerlos. Como cada bebé suele ocupar un sitio propio dentro del vientre, y a partir del segundo trimestre no cambian de lugar, no es difícil saber quién es cada uno. Durante el segundo trimestre se pueden percibir los movimientos de los bebés.

Sugerencias

- Hábleles con palabras tiernas, preferiblemente a una hora fija, por ejemplo antes de irse a dormir. Los fetos oyen la voz paterna a partir del sexto mes; y nada más nacer son capaces de distinguirla y reconocerla entre las demás, lo que les ayuda a tranquilizarse.

- Acaricie el vientre de su pareja y, si a ella le agrada, póngale crema antiestrías, lo cual mantendrá su piel bien hidratada y suave. Notará cómo, al cabo de unos días, los bebés (o uno de ellos) se mueven y se acurrucan debajo de las palmas de sus manos buscando su calor. Hay que hacerlo todas las noches: como el feto es capaz de aprender, ¡esperará esa «cita nocturna» con su papá! Juegue con ellos a la siguiente actividad: aguarde hasta que uno de los bebés se haya situado debajo de la palma de su mano y desplácela abajo o arriba, poquito a poco; notará cómo el bebé se desplaza al compás de sus movimientos, buscando siempre el calor de sus manos. Haga esto con cada bebé individualmente.

- Escuche los latidos del corazón de los bebés poniendo vertical un rollo de cartón, como el del papel higiénico, sobre el vientre de su pareja y acerque el oído al mismo. El ginecólogo le explicará cómo reconocer las posturas de los bebés, así será más fácil para usted saber dónde colocar el «estetoscopio doméstico» y captar los latidos del corazón de sus hijos. Aunque exija algo de paciencia, resultará emocionante oírlos. Explíquele a su pareja qué es lo que oye, puesto que ella no podrá practicar esta experiencia.

Los cambios en su pareja

Para la mujer, la gestación se divide en tres fases, cada una con sus características propias. Conocerlas aumenta la comprensión en la pareja.

◊ *En el 1er trimestre* son frecuentes las molestias físicas como cansancio, náuseas, dolor de espalda, de riñones... Esto es debido al enorme cambio hormonal que sufre su organismo. Al tratarse de un embarazo múltiple, es muy probable que tenga náuseas a menudo, pues la hormona GCH (la causante de las náuseas) está presente en concentraciones más altas que en un embarazo de un solo hijo. Por lo general, estas alteraciones desaparecen cuando el cuerpo se adapta a su nuevo estado, alrededor del tercer mes. Las alteraciones hormonales también producen cambios en la conducta, por ello es normal que su mujer esté más sensible, con las lágrimas a punto de saltársele y repentinos cambios de humor. Conviene aceptar sus aparentemente inexplicables reacciones como parte de su nuevo estado, y no reprochárselo. Es bueno encontrar tiempo libre para mimarla, estar juntos y hablar sobre el futuro. Compartir dudas, preocupaciones (y ¡alegrías!) fortalece los lazos de la pareja. Otra actividad amena es pensar nombres para sus hijos y hacer planes para el futuro.

◊ *En el 2.º trimestre* es muy probable que ella se encuentre física y psíquicamente mejor, ya que las molestias tienden a desaparecer. El embarazo le parece más real, nota el aumento de peso y percibe los primeros movimientos de los bebés (alrededor de las 20 semanas). Debido a que el aumento de peso se adelanta en el embarazo múltiple, conviene que empiecen a «preparar el nido». Hay que hacerlo con más tiempo de antelación que en un embarazo de un solo hijo, puesto que más adelante a ella las tareas pesadas se le harán cuesta arriba y le faltará movilidad. Además, hay una mayor probabilidad de que los bebés nazcan antes de tiempo. También puede aprovechar este periodo para acompañarla a un cursillo de preparación para el parto; allí se enseña cómo transcurre, qué métodos de respiración se emplean y otros consejos prácticos. Aunque se trate principalmente de la preparación del parto de un solo hijo, la información es importante, ya que el proceso de dar a luz es el mismo. Si planean salir de vacaciones, conviene que lo hagan durante esta época.

◊ *En el 3er trimestre*, las molestias reaparecen de nuevo. Es posible que ella no concilie el sueño por la noche (le costará encontrar una postura cómoda) y seguramente tendrá que levantarse a menudo por la presión de los bebés sobre la vejiga. Ahora es imprescindible que le eche una mano o busque ayuda externa, ya que habrá muchas tareas que ella no podrá realizar, como llevar las bolsas de la compra, limpiar el cuarto de baño o anudarse los zapatos.

Sugerencias especiales para cuando llegue el momento clave:

• Vigile que ella descanse lo suficiente. Así hay más posibilidades de que el parto no se adelante. Cuanto más tiempo permanezcan los bebés con la madre, más fuertes serán al nacer. ¡Cada día cuenta!

• Tenga el coche a punto y memorizado el camino de casa al hospital.

• Grabe los números de teléfonos que pueda necesitar en su móvil.

• Tenga la cámara de fotos y/o de vídeo a mano y compre un regalo para su pareja que le entregará después del nacimiento de los bebés. Este va a ser un momento cumbre para ambos, que merece celebrarse.

• Procure estar siempre localizable si pasa mucho tiempo fuera de casa.

Información de interés

También el cuerpo masculino se prepara ante la paternidad. La naturaleza lo tiene bien planeado: en los hombres casados el nivel de prolactina aumenta en un 20% en las tres últimas semanas antes del nacimiento. Y el nivel de testosterona baja cuando acaban de ser padres. Estos cambios hormonales se encargan de que los hombres, recién convertidos en padres, muestren más su lado sensible y traten al bebé con más delicadeza y ternura..

CAPÍTULO 8

El contacto con los fetos

Gracias a la técnica de la ecografía las embarazadas de múltiples fetos están al tanto de su futura situación en un momento temprano del embarazo. Solo una embarazada de mi grupo de madres de trillizos no sabía de la existencia de un tercer bebé, porque su ginecólogo lo había tomado por un embarazo gemelar. Pero este es un caso excepcional.

Muchas mujeres sabían distinguir a sus bebés dentro del útero por sus diferentes movimientos y su comportamiento. También las explicaciones del ginecólogo les ayudaron a saber la ubicación de cada uno. Las madres disfrutan de esta información, ya que les da la posibilidad de tener un contacto íntimo con los bebés antes de que nazcan. La mayoría de las madres sabía el sexo de sus bebés (o por lo menos de uno de ellos).

Relacionarse con los bebés, en una fase tan temprana de su vida, les beneficia. Por los estudios de psicología perinatal (la rama de la psicología que estudia la vida intrauterina) sabemos que los fetos son sensibles a la atención que reciben de sus padres. Les encanta que les transmitan sus emociones, les hablen y les acaricien. A veces las madres temen que sus preocupaciones, lógicas en cualquier embarazada, afecten a sus bebés. Este no es el caso, ya que las preocupaciones o los temores son una parte de la vida misma, igual que los sentimientos positivos (alegría, satisfacción e ilusión). Lo que sí les afecta es un estado continuado de estrés de la madre o ignorar su existencia (no hablarles, ni pensar en ellos, ni tocar el vientre). Sin este contacto, los bebés se encuentran en un vacío emocional y se vuelven intranquilos; con sus movimientos ¡intentan llamar la atención de sus padres! Incluso aprenden a anticiparse: si usted se acostumbra a acariciarse el vientre cada noche antes de dormir, ¡sus bebés esperarán ese momento!

Hay una gran variedad de formas de entablar el contacto con ellos y, en ese campo, los gustos de cada madre son decisivos. He aquí solo algunas:

- ▶ *Reserve cada día un tiempo para relajarse*; siéntese cómodamente en una silla o mecedora y olvide durante un rato los quehaceres. Relaje los hombros, concéntrese en su vientre y acaríciselo. Cuéntese a sí misma cómo se siente: cansada, nerviosa, alegre... Céntrese en las partes de su cuerpo que le duelan (la espalda, los pies). Al sentir el dolor o el cansancio, se relajará y quizás se entregue a una siesta beneficiosa. Es muy probable que los bebés, al sentirla relajada, empiecen a moverse; el estado de tranquilidad que notan en usted les favorece.

- ▶ *A partir de la semana 20 notará los movimientos de sus bebés*. De ahora en adelante el contacto con ellos se hará más íntimo. Háblales, cuénteles sus alegrías y sus penas. Y responda a sus movimientos, poniéndose la mano sobre el vientre. Cuando la desplace poco a poco, notará cómo ellos se mueven hacia su mano. Intente llevar a cabo este juego con cada uno individualmente.

- ▶ *Comprobará que los bebés se mueven de forma distinta*. Así irá conociéndolos: uno es el bebé tranquilo; el otro, el «rabo de lagartija». Algunas madres escriben estas observaciones en su diario para no olvidarse de ellas y disfrutan al descubrir cómo estas diferencias se mantienen después del nacimiento. Gracias a este contacto íntimo durante el embarazo, usted reconocerá a sus bebés cuando nazcan.

► *La natación puede ser una actividad muy provechosa para la embarazada* de gemelos; es relajante y se puede practicar hasta el último mes. En algunas piscinas hay horas especiales para embarazadas, con menos afluencia de público. No solo usted se lo pasará bien en el agua, ya que se le aliviarán los dolores y notará menos el peso de los bebés, también ellos disfrutarán de la experiencia.

► *Escuchar música es relajante*, porque hace bajar el nivel de la hormona cortisol (la responsable del estrés). A los fetos les relajan las melodías suaves y dulces. Ellos tienen ciertas preferencias: les gusta la música barroca, como la de Bach o Vivaldi, ya que su ritmo se asemeja a los latidos del corazón. A partir del quinto mes la oyen y, además, son capaces de memorizarla: la música que usted escucha durante la gestación, es la que más les gusta después de nacer. Incluso les ayudará a tranquilizarse cuando se pongan llorones o nerviosos.

Los movimientos de los bebés

Un ejercicio ameno es anotar los movimientos de sus bebés dentro de su vientre a diario y preferiblemente a una hora fija. Un buen momento es por ejemplo después de cenar, porque los bebés suelen estar activos después de que usted se haya alimentado. A la vez es un buen método para controlar el bienestar de los bebés, porque sus movimientos y actividades indican que están bien. Túmbese en el sofá o la cama sobre su lado izquierdo y tenga a mano un bolígrafo y papel. Anote cada movimiento o patada que sienta. Para la mayoría de los bebés un total de cinco movimientos por hora y por bebé está considerado como un buen resultado. A veces será difícil saber quién de los bebés se mueve; anote en este caso solo el total, que será en caso de gemelos unos 10 movimientos y más en caso de trillizos. Es frecuente que, a partir de la semana 32, los movimientos empiecen a disminuir; el espacio del que disponen, les resulta cada vez más limitado. No es un motivo de alarma. Solo en caso de que usted note un gran cambio en sus movimientos o no perciba los movimientos como normalmente, avise a su ginecólogo. Una ecografía ayudará a detectar si hay problemas.

Influencias hormonales entre él y ella en el útero

Un estudio de la Universidad de Utrecht (Holanda) ha demostrado que en una pareja de gemelos dizigóticos, formada por un niño y una niña, esta se halla bajo la influencia de la hormona testosterona de su hermano, lo cual influye en cierto modo sus futuras conductas. Para entenderlo, debemos detenernos un momento en la formación de la sexualidad del embrión.

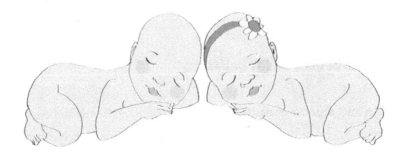

Hasta finales del segundo mes de gestación, el embrión se presenta como neutro. A partir de aquel momento el cromosoma «Y» provoca la formación de los testículos, que empiezan a producir la hormona masculina testosterona, que hace que el feto se desarrolle como un varón. No solo produce los órganos sexuales masculinos, sino también una estructura masculina del cerebro, distinta a la de la niña. El estrógeno, hormona que predomina en la sangre de las niñas, hace que su cerebro crezca más deprisa. Y también es el responsable de que las dos partes del cerebro —hemisferio derecho e izquierdo— estén mejor conectadas entre sí en ella que en él. Esto le da cierta ventaja para las habilidades como leer, hablar sobre los sentimientos y resolver problemas mediante la introspección. El niño desarrolla estas habilidades más despacio. No obstante, su hemisferio derecho se desarrolla más, lo cual le da ventajas en el área de matemáticas y comprensión espacial; ello hace por ejemplo que esté más interesado en descubrir cómo está construido un juguete (por eso los niños desmontan y rompen más sus juguetes). Ella desarrolla antes la motricidad fina y le gusta pintar, cortar, etc. El niño desarrolla antes la motricidad gruesa (correr, escalar) y le gusta moverse. Expresar sus sentimientos le cuesta más. Conocer estos datos es interesante, porque explican muchas de las diferencias entre niños y niñas, que obviamente van más allá de las originadas por los órganos sexuales o la educación. Las diferencias en sus estructuras cerebrales causan un desarrollo distinto y capacidades variadas, ligadas al sexo.

Pero lo que aún es más interesante para los padres de gemelos niño-niña, es la influencia de la convivencia en el útero. Este fue el tema de estudio de la investigadora Celina Cohen de la Universidad de Utrecht en 2005, cuando comparó las niñas de parejas formadas por niño y niña, con otras gemelas, formadas por dos niñas. Y descubrió que en las primeras la estructura cerebral era más masculina que en las parejas formadas por dos niñas. En cuanto a conductas de agresividad y dominancia, las primeras sacaron puntuaciones más altas que las otras. La investigadora concluyó que la niña, que comparte el útero con su hermano, recibe cierta influencia de la hormona testosterona, lo cual no se da en una gestación de dos niñas. Debido a esta influencia ella puede mostrar un mayor nivel de agresividad y también dominancia en las relaciones sociales, junto a otras conductas típicas del cerebro masculino, como la preferencia por las matemáticas y otras ciencias exactas. Y hay indicios de que la menstruación y la pubertad se dan más tarde en estas niñas.

También el varón recibe a su vez influencia de la hormona femenina, el estrógeno, pero los estudios sobre esta influencia aún son limitados.

El contacto entre los bebés antes de nacer

¡También los bebés se van conociendo en el seno materno! Las ecografías permiten obtener imágenes emotivas de sus conductas en el útero: se tocan, se abrazan, se besan, se empujan o dan patadas y luchan por el mejor sitio. Su vida social empieza en un momento muy temprano de su vida: al final de la semana 7 el feto responde a una caricia y ya en la semana 10 se da la primera interacción entre ellos. Entre las semanas 12 y 16 hay un aumento de contacto y de juegos entre los bebés. En torno a la semana 16 las madres parecen distinguir en la ecografía cómo sus bebés se ayudan entre sí, ofreciendo uno su pulgar al hermano, o tocando su mejilla en un momento de estrés. En torno a la semana 32 hay menos actividad fetal y más calma, pero cuando los bebés se despiertan y se mueven, sus actividades son más notorias y más incómodas.

Los bebés que comparten la placenta parecen tener más interacciones que los que tienen placentas individuales. Los bebés acoplan su ritmo de sueño y vigilia al compás del otro; y así también sus ritmos cardíacos y sus movimientos; cuando uno se vuelve, el otro lo nota y se adapta al espacio. No obstante, las madres también comentan que uno de sus bebés es más activo que el otro (u otros). Pueden tener patrones de actividad, irritabilidad o sueño diferentes. Estas semejanzas o diferencias están en parte influenciadas por la zigosidad de los bebés: los monozigóticos parecen tener patrones de conducta más parecidos que los dizigóticos. También los factores físicos pueden influir en ello: un retraso en el crecimiento de uno de los bebés puede causar grandes diferencias en sus conductas, incluso en los monozigóticos.

Por lo general, desde un momento temprano en la gestación, uno de los bebés consigue un sitio más favorable que el otro (u otros), lo que le da ventaja en su crecimiento: se hace más fuerte y tiene mayor peso cuando nace. Suele ser el primero en nacer (y por lo tanto «el mayor») , lo que favorece al segundo: el primogénito abre el camino y su hermanito sale al mundo sin mayores problemas.

Compartir el útero es una experiencia única, que crea necesidades emocionales específicas en los bebés (*véase* Capítulo 26). Hace que muchos «múltiples» al nacer duerman y crezcan mejor cuando permanecen juntos, como en la misma incubadora o cuna, lo cual se llama en inglés *co-bedding*. Su relación empieza antes de nacer, lo que hace que sea algo especial y más íntima que la que existe entre hermanos de partos diferentes.

Información de interés

No es frecuente, pero en ocasiones ocurre que los dizigóticos son fruto de contactos sexuales mantenidos en diferentes momentos durante el mismo ciclo menstrual. Esto se llama superfecundación, y quizás explica por qué al nacer uno de los bebés está cubierto de una capa grasienta (vérnix) y el otro no..

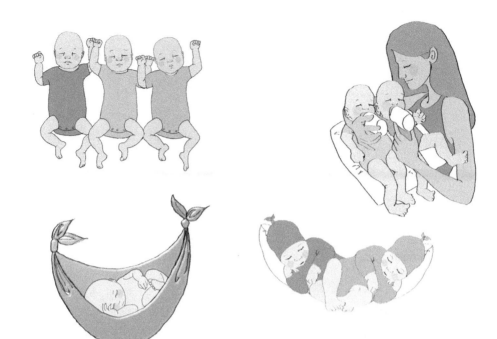

EL PARTO

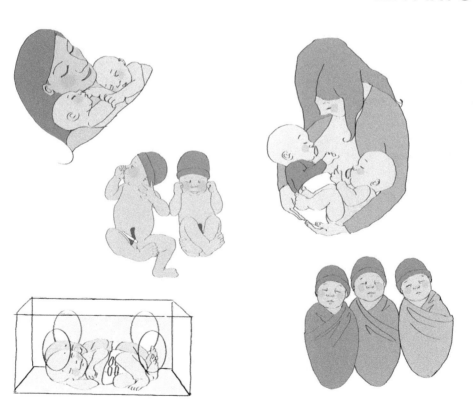

Capítulo 9
El parto gemelar   147

Capítulo 10
El parto de trillizos   167

Capítulo 11
La recuperación del parto múltiple   177

Capítulo 12
Los prematuros   183

Capítulo 13
La alimentación de los bebés   213

Capítulo 14
La vuelta a casa   247

CAPÍTULO 9

El parto gemelar

Para todas las embarazadas la pregunta candente es: «¿cuándo nacerán mis bebés?». Los bebés de un parto múltiple nacen antes que los de un parto simple. En torno a las 37 semanas están preparados para nacer.

La duración óptima del embarazo múltiple

Un reciente estudio llevado a cabo por la doctora Jodie Dodd, del The Robinson Institute de North Adelaide (Australia), observó durante siete años a 235 embarazadas de gemelos de las que una parte dio a luz a las 37 semanas y otra parte más tarde. Descubrió que cuando nacen con 37 semanas la posibilidad de serios problemas de salud de los bebés se reduce en un 50%. No se apreciaron en ellos problemas de inmadurez, por tanto esta doctora opina que los gemelos a las 37 semanas de gestación están a término, como el bebé único que lo está en torno a las 40 semanas. Por tanto hoy en día muchos ginecólogos consideran 37 semanas como la duración idónea para un embarazo gemelar. Si los bebés aún no dan señales de querer salir, se puede decidir por inducir el parto.

También el tipo del embarazo influye en el tiempo del embarazo: para un embarazo biamniótico monocorial se considera idónea una duración de 36 semanas, como máximo 37 semanas. El riesgo de complicaciones se incrementa cuando los bebés comparten el corion. Y en caso de un embarazo monoamniótico monocorial se aconseja que los bebés nazcan entre la semana 32 y 34, siempre con cesárea. En este caso el riesgo de entrelazamiento de los cordones umbilicales es elevado.

La duración para un embarazo de trillizos es de 33 a 34 semanas y de 31 a 33 para los cuatrillizos. Una monitorización frecuente de la embarazada en el último mes es necesaria para vigilar el estado de salud de los bebés. En caso de que se detecten complicaciones que ponen en peligro a los bebés, se decide inducir el parto.

¿Dónde debe transcurrir el parto múltiple?

El lugar más seguro para el parto múltiple es un hospital que disponga de servicio de neonatología y una unidad de cuidados intensivos (UCIN). En caso de que se prevea un parto con bebés de poco peso (menos de 1500 gramos) lo idóneo es que la mujer ingrese directamente en un hospital, preparado tecnológicamente para cuidar de grandes prematuros. Para los bebés no es bueno ser trasladados después del nacimiento prematuro; el porcentaje de supervivencia y secuelas de la prematuridad es más favorable en los bebés trasladados antes de nacer que en los bebés que fueron trasladados después. Esto puede tener la desventaja que la mujer se encuentre lejos de casa, de su pareja y de su familia. No obstante, esta medida ofrece las mejores posibilidades para los bebés. Si este es su caso, piense que solo será una situación temporal.

Las posiciones de los bebés

En los últimos meses, los bebés se colocan ocupando el menor sitio posible. Entre las semanas 32 y 34 es probable que ya no cambien de lugar. Puede que los dos estén en la posición cefálica (con la cabeza hacia abajo), que es la más idónea para nacer (dibujo A). Pero también quizás uno se presente con la cabeza hacia abajo y el otro de nalgas (dibujos B y C); en este caso, seguramente el bebé que está en la posición cefálica nacerá primero, abriendo así el camino al otro (dibujo B). En tal caso pueden darse varias opciones para el siguiente bebé:

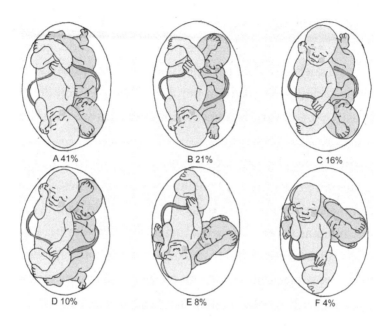

A 41%   B 21%   C 16%

D 10%   E 8%   F 4%

▶ Este se gira y se coloca en la posición correcta. O bien el ginecólogo lo gira externamente con sus manos.

▶ El bebé nace de nalgas; como dispone de mucho espacio no supone ningún riesgo.

▶ Se aplica la cesárea para el segundo bebé.

▶ Se opta por la cesárea para ambos bebés desde el primer momento.

El bebé de nalgas del dibujo C, está más encajado que su hermano gemelo y seguramente nacerá primero. Pero esta situación no está exenta de cierto riesgo: puede que las barbillas de los bebés se enganchen entrando los dos al mismo tiempo en el canal del parto, por lo que ninguno podrá bajar. Esta situación requiere una cesárea.

La combinación de un parto vaginal con la cesárea, que se aplica cuando el segundo bebé está en peligro, no es nada agradable para la parturienta. Afortunadamente no es frecuente, ocurre solo en un 3 a 4% de los partos gemelares.

También es posible que los dos estén de nalgas (D); en este caso el nacimiento será por cesárea. También puede ocurrir que uno de los bebés esté atravesado (E y F). Cuando el primero está atravesado, se decidirá por una cesárea. Cuando es el segundo bebé el que está atravesado, generalmente después del nacimiento del primero por vía vaginal se puede girar al otro. La mayoría de los ginecólogos opta por girarlo en posición de nalgas. De este modo este bebé nacerá por vía vaginal (versión y extracción). La situación F requerirá una cesárea.

Es importante que el ginecólogo explique a la embarazada las posiciones que se puedan presentar en el nacimiento de sus bebés. Se puede decidir juntos la mejor solución. Esto reduce la posibilidad de una cesárea imprevista que muchas veces para la parturienta resulta ser insatisfactoria.

No hay que descartar el parto natural cuando se trata de gemelos. Erróneamente se suele suponer que en el caso de gemelos el único parto posible es mediante cesárea. No obstante se ha demostrado que las mujeres que esperan dos bebés, pueden dar a luz de forma segura sin cirugía, siempre y cuando se den ciertas condiciones: la posición del bebé es uno de los factores más determinantes (el bebé que va a nacer primero, debe estar bien colocado, en posición cefálica), los bebés no deben ser grandes prematuros (nacidos antes de la semana 32) ni pesar menos de 1.500 gramos. También en caso de que el segundo bebé sea más grande que el primero, o cuando los bebés están en una misma bolsa amniótica (embarazo monoamniótico), se debe aplicar la cesárea.

Pero en otros casos el parto vaginal es una opción válida y segura. Esto lo concluyó en 2011 un estudio internacional en el que participaron cuatro hospitales españoles (Hospital Clínic, Vall Hebron, La Paz y Complejo Hospitalario de Toledo). Se estudiaron 2.804 mujeres embarazadas de gemelos de 25 países entre las semanas 32 y 38 de gestación. De forma aleatoria, se asignó a las participantes una cesárea o un parto vaginal planificado, con la opción de que este último se transformara en cesárea si era necesario durante el parto. Esto sucedió en el 39,6% de los casos. Pero en el 56,2% de los casos los bebés nacieron tal y como estaba previsto: por parto vaginal. No hubo más muertes ni más complicaciones neonatales. La conclusión fue inequívoca: el parto vaginal tiene los mismos resultados y no acarrea más peligros que un parto por cesárea. Por tanto no existen motivos que indiquen que sea mejor realizar una cesárea en las gestaciones gemelares.

El parto vaginal evita problemas maternos, posibilidad de complicaciones e infecciones y tiene la ventaja de mantener íntegro el abdomen de la madre. También la recuperación de la madre es más rápida y menos dolorosa.

Asimismo, la cesárea conlleva inconvenientes a nivel psicológico: se pierde la enriquecedora experiencia de vivir plenamente el nacimiento de los bebés y la enorme satisfacción de haberles traído al mundo gracias al propio esfuerzo; esta experiencia da una mayor confianza en sí mismas a muchas madres. Tampoco se vive el vínculo tan directo con los bebés. No es de extrañar que en el grupo de madres a quienes les fue practicada la cesárea haya más casos de síndrome de depresión posnatal que en el grupo que tuvo sus hijos en un parto normal. También es mucho más frecuente la pérdida de la lactancia, aunque no existen razones de peso para que esto ocurra (*véase* Capítulo 13). Siempre y cuando no haya una contraindicación, optar por un parto vaginal es una opción segura tanto para los gemelos como para la madre.

Otro tema que suele preocupar a las futuras madres de gemelos es el dolor y la necesidad eventual de la anestesia: en el parto gemelar, si tiene lugar por vía vaginal, no siempre es necesaria la anestesia. El parto gemelar no es más doloroso que otro de un único bebé. La fase de dilatación (la apertura del cuello uterino) se pasa tan solo una vez, como en el nacimiento de un solo hijo. Los ejercicios de respiración y relajación, que se aprenden en los cursillos de preparación al parto, ayudarán a sobrellevar las contracciones, además del apoyo emocional del padre y del personal médico. Pero si la misma parturienta desea dar a luz con anestesia local (la epidural) puede pedírselo a su ginecólogo.

Situaciones especiales que requieren una cesárea

A veces es necesario recurrir a la cesárea a pesar de que los gemelos ocupan la posición adecuada para el parto vaginal. Debido a los elevados riesgos para los gemelos monozigóticos, que comparten las dos bolsas —un embarazo monocorial y monoamniótico—, es imprescindible aplicar una cesárea (*véase* Capítulo 1). Y los bebés con defectos congénitos o los que comparten alguna parte del cuerpo (los siameses) también nacen siempre por cesárea. Asimismo, los bebés con un peso menor de 1500 gramos suelen nacer por cesárea, porque no serían capaces de sobrellevar el estrés de un parto gemelar. Y cuando el segundo bebé es el más grande de los dos y pesa unos 500 gramos más que su hermanito, también se suele optar por una cesárea, porque en este caso el segundo sale con mayor dificultad que el primero, lo cual le puede poner en peligro.

¿Quiénes están presentes en el parto?

Un parto gemelar requiere más vigilancia que el nacimiento de un único bebé. Además de su pareja u otro acompañante, suelen estar presentes:

- Uno o dos ginecólogos.
- Dos enfermeras neonatales (uno para cada bebé) y un auxiliar de enfermería.
- Una comadrona del hospital.
- Dos pediatras (uno para cada bebé).
- Un anestesista en caso de una epidural.
- En caso de un parto muy prematuro, un neonatólogo (pediatra especializado en recién nacidos).
- En caso de un hospital universitario, varios estudiantes de medicina en prácticas.

Los síntomas del parto

Los síntomas que indican que el parto es inminente (no son distintos a los de un parto simple) pueden ser los siguientes:

▶ *Contracciones*, distintas a las que sentía durante el embarazo. Ahora se producen con un intervalo regular y aumentan en intensidad; también son más dolorosas.

▶ *Rotura de membranas* (romper aguas); puede ser de un bebé solo o de los dos. De repente pierde líquido o gotea lentamente sin poder controlarlo. El líquido es transparente e inodoro. Suele ocurrir por la noche (aunque a algunas mujeres les sucede de día), por lo que conviene proteger su colchón con una funda impermeable.

▶ *Pérdida del tapón mucoso*; es el tapón que obturaba la entrada del útero que se expulsa repentinamente. Se trata de una pequeña masa mucosa normalmente manchada con un poco de sangre.

▶ *Necesidad imperiosa de «preparar el nido»*. Algunas embarazadas viven una explosión de energía y se ponen a limpiar la casa de arriba abajo. Tiene que ver con el cambio hormonal.

Si percibe uno o varios síntomas del parto, póngase en contacto con su ginecólogo. ¡El nacimiento de sus bebés se acerca!

El ingreso en el hospital

Hay una serie de procedimientos habituales para cualquier centro médico. Se le preguntará por los síntomas del parto hasta el momento; se le pedirá que se desvista y se ponga una bata del hospital; la conectarán a un monitor electrónico, la cardiotocografía (CTG) para controlar los latidos cardíacos de los bebés. En caso de que haya rotura de membranas y el cuello uterino esté dilatado (por lo menos 2 centímetros), probablemente a uno de los bebés se le conectará al monitor mediante un electrodo interno colocado sobre su cabecita e introducido por vía vaginal. Al otro bebé se le controla mediante un electrodo externo. Probablemente también hagan una ecografía para conocer las posiciones de los bebés, de las placentas y los cordones umbilicales y la cantidad de líquido amniótico. Es posible que le rasuren el vello púbico (en caso de cesárea no es necesario, solo se afeita la parte superior del vientre), y le pongan un enema para vaciar los intestinos.

Si usted piensa dar el pecho a sus bebés, debe comentarlo en ese momento para evitar que les preparen un biberón a los recién nacidos. En su caso es perfectamente posible (y recomendable) la lactancia materna, pero el personal médico no siempre está bien informado sobre esta posibilidad.

Cuando a las 37 o 38 semanas no hay señales de que el parto está empezando, el ginecólogo decidirá inducirlo, pues una duración mayor no es aconsejable. En caso de gemelos monozigóticos (embarazo monoamniótico monocorial) se aplica siempre la cesárea, generalmente entre la semana 32 y 34.

Las fases del parto

El parto gemelar (al igual que el parto simple) consta de 4 fases:

▶ Fase 1: inicio de las contracciones y dilatación de 0-8 cm.

▶ Fase 2: dilatación de 8-10 cm. Es la fase de transición.

▶ Fase 3: expulsión y nacimiento de los bebés.

▶ Fase 4: expulsión de las placentas (o placenta). Es la fase de alumbramiento.

El parto gemelar no tarda necesariamente más que el de un solo hijo. Incluso a veces va más rápido, ya que los bebés suelen tener un peso menor y sus cabezas son más pequeñas. Solo la fase de expulsión tarda algo más por el doble nacimiento.

Fase 1: dilatación

Muchas veces esta fase es algo más corta, como dos horas menos, que la de un parto simple. Puede ser debido a las contracciones previas que ya originan una dilatación sin que la mujer lo note. La mitad de las parturientas de múltiples fetos ya tienen una dilatación de unos 3 centímetros cuando llegan al hospital. Las contracciones son soportables al principio. Cada contracción tiene un inicio, un punto álgido y un final. Cuando se inicia, el dolor aún es soportable; en el punto álgido la presión sobre el cuello uterino está a su punto máximo y el dolor también; a continuación la contracción remite y el dolor va menguando. Dura un total de un minuto y medio, seguido por una pausa en la que usted puede recuperarse hasta que se aproxima la siguiente contracción. A medida que el parto avanza, las contracciones se hacen más fuertes y más dolorosas; en este momento, usted ya se encuentra en el hospital. La tendencia natural del ser humano ante el dolor es retener la respiración y contraer los músculos para huir del mismo. Sin embargo, en estos momentos conviene resistir esta tendencia y entregarse con cuerpo y alma al dolor del parto. El cuerpo produce unas hormonas llamadas endorfinas, que suavizan el dolor y que funcionan como analgésicos naturales. Cuanto más se acepta el dolor, más endorfinas produce el cuerpo. Como su útero está muy estirado, las paredes del mismo pierden parte de su capacidad de contracción. Por ello es posible que las contracciones no sean tan fuertes ni tan eficaces como las de un parto simple. En este caso es probable que le administren la hormona oxitocina por vía intravenosa que hará más fuertes las contracciones. Mediante un catéter de presión uterina se mide la fuerza de las contracciones y se puede calcular la cantidad de oxitocina requerida. También las posiciones de los bebés influyen en la dilatación. Si el bebé que se presenta primero no está encajado totalmente, no ejerce suficiente presión sobre el cuello uterino para que este se abra. A veces un cambio en la postura de la parturienta ayuda a que el bebé adopte una posición más adecuada. Si no, puede ser necesario un parto por cesárea.

Una tercera parte de las parturientas sufren contracciones de espalda y por lo tanto dolores de espalda. Cambiando su posición, sentándose medio incorporadas o tumbándose de lado, alivian estos dolores. También lo hacen movimientos como un suave balanceo. Tumbarse de espaldas es la peor posición en esta situación.

Consejos

✓ Cuando note que la siguiente contracción se aproxime, dele la bienvenida y acéptela; cada contracción sirve para abrir el cuello uterino, y con cada una de ellas se acerca más el nacimiento de los bebés.

✓ Descanse entre una contracción y otra. Intente olvidar el dolor. A veces, cambiar de postura supone un alivio. Algunas mujeres se duermen entre una contracción y otra.

✓ Piense en experiencias positivas o visualice imágenes especiales, como las del hijo mayor o de otra persona querida, el lugar favorito de veraneo, etc. Esto le ayudará a sobrellevar mejor esos momentos, sin duda difíciles. Dar a luz requiere un esfuerzo físico muy grande, comparado con escalar la montaña más alta del mundo. El camino hacia la cima es largo y penoso, pero la recompensa está en proporción con el esfuerzo realizado: ¡el nacimiento de sus bebés!

Su ginecólogo la explorará varias veces para ver cómo evoluciona la dilatación. También vigilará el estado de salud de los bebés a través de la monitorización fetal o del estetoscopio. El uso de la monitorización continua tiene un gran inconveniente: no permite a la parturienta moverse libremente ni adoptar la postura que quiera. Por esta razón, algunos ginecólogos la usan en «periodos ventana», es decir, 15 minutos cada hora. Si el parto avanza favorablemente, no hay necesidad de una monitorización continua, ni siquiera en el parto gemelar.

Fase 2: transición

Cuando el cuello uterino se ha dilatado ya 8 centímetros, empieza la fase de transición, que para muchas mujeres es la más difícil del parto: las contracciones son fuertes y dolorosas y los intervalos entre ellas, cortos, de unos 2 minutos. Pueden darse diversas molestias durante esta fase: náuseas, vómitos, calambres, dolor en la parte inferior de la espalda, cambios bruscos de temperatura; se pasa, en un momento, de estar tiritando a sudar (también es algo frecuente después del nacimiento). Para muchas mujeres, esta es la fase más crítica del parto: a veces se olvidan de que están dando a luz a sus gemelos; solo desean que los dolores desaparezcan, y se sienten «solas» (nadie puede quitarles ese dolor). Ahora, la presencia del marido u otra persona íntima que les dé apoyo resulta más que nunca imprescindible.

Fase 3: expulsión y nacimiento de los bebés

Cuando el cuello uterino está totalmente dilatado (un momento victorioso sin duda) empieza la fase de expulsión. Esta puede durar solo unas contracciones, una hora o algo más. Ahora el ambiente en la sala de partos cambia; hay una mayor actividad y un estado de nerviosismo y excitación: ¡pronto nacerá el primer bebé! Se prepara la ropita para abrigarlo. Muchas mujeres se sienten diferentes, incluso aliviadas, y con nuevas energías, ya que por fin pueden mostrarse activas en algo: empujar con todas sus fuerzas. A otras, sin embargo, les cuesta adaptarse a la nueva situación y les sobreviene el miedo a lo desconocido. Las contracciones de esta fase son, por lo general, menos dolorosas y más espaciadas que las anteriores. Hay una gran diferencia en la fuerza con que las mujeres las sienten: algunas apenas las notan y tienen que empujar según las indicaciones del ginecólogo; otras las sienten como un impulso muy fuerte, imposible de resistir. El descenso del bebé a través del canal del parto causa una presión enorme sobre el periné y puede causar un dolor muy fuerte. Es una sensación que no se puede comparar con ninguna otra. Pida en este momento un espejo, ya que ver la cabecita del primer bebé es para muchas mujeres un gran estímulo para seguir empujando. En algunos casos, el ginecólogo da un corte preciso en este momento para facilitar la salida del bebé (la episiotomía). Pronto asoma la cabecita. Con solo una o dos contracciones sigue el cuerpecito del bebé. El ginecólogo lo cogerá suavemente y lo pondrá sobre el pecho de la mamá con el cordón umbilical aún intacto. ¡Ya ha nacido uno de los bebés! Este es el hijo primogénito y el mayor de los dos. Si todo va bien, ahora tendrá usted por fin el momento tan anhelado durante largos meses: podrá mirar, acariciar y besar a su bebé. El ginecólogo (o el padre) corta el cordón umbilical en cuanto este deja de latir. La tensión en la sala de partos no desaparece por completo: todos son conscientes de que queda ¡otro bebé que quiere asomarse al mundo! Normalmente, el nacimiento del segundo hijo no se hace esperar: el tiempo que transcurre entre los dos nacimientos varía de 3 a 45 minutos. El ginecólogo controla la posición del bebé en el útero mediante un tacto vaginal o una ecografía.

Cuando usted note otra vez las contracciones —pueden tardar en reaparecer— empuje al compás de estas para dar a luz a su segundo bebé. No todas las mujeres tienen otra vez estas contracciones. En tal caso, usted debe empujar por su propia voluntad. Como el canal del parto ya está dilatado, el segundo bebé suele nacer con facilidad. Al cabo de un momento, tendrá a su segundo bebé en brazos. ¡Ya es madre de dos bebés! Para muchas madres y padres esta es la experiencia más trascendental de su vida. Por primera vez se dan cuenta, en toda su plenitud, de que son padres de dos hijos.

Fase 4: alumbramiento y expulsión de la placenta o placentas

Aunque los bebés hayan nacido ya, la labor del parto no ha terminado todavía: aún tienen que salir las placentas (o placenta). Es posible que la primera se desprenda detrás del primer bebé y la segunda después del otro. O bien que las dos placentas se desprendan cuando el segundo bebé haya salido. También puede ocurrir que haya una sola placenta y se desprenda después de nacer los hermanitos. Por ello aparecen de nuevo contracciones, esta vez para expulsar las placentas (o placenta). A veces este es un momento difícil para la madre: tras largas y dolorosas horas de contracciones, y de realizar el doble trabajo de la expulsión, tiene que aguantar estas últimas contracciones. Por fortuna no son muy dolorosas para la madre primeriza, ya que el dolor aumenta con un número mayor de hijos. Además, tienen su función: gracias a ellas las placentas se sueltan y la matriz se contrae. Y esto es de suma importancia, ya que la complicación más frecuente en un parto gemelar son las hemorragias posparto. Con dos placentas, las paredes del útero sufren varias heridas que sangran al desprenderlas. Puede que le administren medicamentos para controlar las hemorragias. Hay ocasiones en las que también se decide hacer una transfusión de sangre, cuando las pérdidas de sangre son abundantes. Ahora es el momento idóneo para iniciar la lactancia materna: la estimulación de los pechos hace que el útero se contraiga, por lo que —de manera natural— se reduce el riesgo de una hemorragia. Por lo tanto resulta muy positivo que, nada más nacer, los bebés permanezcan con usted, recostados sobre su pecho; para ellos, esta es la mejor manera de recuperarse del parto; y en la madre su presencia hace que aumente la secreción de la hormona oxitocina, la que ayuda a contraerse la matriz, además de estimular la lactancia. Entre la madre y los bebés existe un perfecto equilibrio fisiopsicológico. Si los bebés son separados de la madre (en el caso de que necesiten atención médica), este equilibrio se altera y, entonces, quizás sea necesario administrar a la madre oxitocina por vía intravenosa.

Ahora el ginecólogo estudia detenidamente las placentas (o placenta) por varios motivos: al igual que en un nacimiento de un solo hijo, la placenta aporta valiosa información sobre la salud del bebé, ya que, si la placenta se encuentra en buenas condiciones indica que el bebé ha sido bien alimentado durante el embarazo. El ginecólogo también controla si la placenta ha salido íntegra, para evitar que queden restos de ella dentro de la matriz. Y, tratándose de un parto gemelar, hay algo más para estudiar: la placenta ayuda a aclarar el origen de los bebés y dar respuesta a la candente pregunta de si son monozigóticos o dizigóticos. La presencia de dos placentas no significa que se trate de dizigóticos (una equivocación muy común entre padres y especialistas). También los monozigóticos pueden tener sendas placentas, dependientes del momento de la división del zigoto. Si la membrana divisoria que separa las bolsas amnióticas tiene dos capas, es señal de que solo había una bolsa exterior, el corion. Por lo tanto, se puede decir con seguridad que los bebés son monozigóticos (idénticos). Si la membrana divisoria consta de cuatro capas, es señal de que había dos bolsas exteriores y dos interiores.

Esto aún no revela el origen de los bebés y serán necesarias otras pruebas (*véase* Capítulo 1).

Testimonio de un parto gemelar, contado por Miranda:

«Desde la semana 30 los bebés están en posición de nalgas. Y en la semana 37 continúan en la misma postura. El ginecólogo me advierte que el parto será por cesárea y me da fecha dentro de una semana. Estoy desilusionada, porque habría preferido un parto vaginal. Una noche, tres días antes de la cesárea programada, me despiertan unos fuertes dolores abdominales. Deben de ser contracciones porque el dolor va y viene. Despierto a mi marido y nos apresuramos en ir al hospital. En el coche ya grito de dolor, que cada vez es más fuerte. Estoy nerviosa y me pregunto cómo me van a preparar para la cesárea, porque esto parece ir deprisa. Nada más llegar al hospital me hacen un cardiotocograma. El ginecólogo me dice que todo está bien. Intenta examinarme para saber cuántos centímetros de dilatación tengo, pero es imposible porque no puedo estar tumbada sin moverme. Tengo ganas de empujar. El ginecólogo hace un segundo intento y de repente me dice que empuje suavemente. Y ¿la cesárea? me pregunto. Pero no tengo tiempo para pensar más,

al momento ya está allí el primer bebé. Sus pies asoman primero y el resto del cuerpo sale enseguida. Lo ponen sobre mi pecho y me quedo mirándole maravillada. Oigo decir al ginecólogo que mi marido coja al bebé, porque ya viene el segundo. Está ahora en posición correcta para nacer, con su cabecita hacia abajo. Dos contracciones más tarde nace mi otro bebé. ¡Es una niña! Estoy muy emocionada, dos bebés ¡qué felicidad más grande! Y también me siento muy contenta y orgullosa por haberlos podido traer al mundo yo misma».

La cesárea

Como embarazada de gemelos usted tiene un riesgo más elevado de dar a luz por cesárea. Más que en una gestación de un solo bebé, hay un mayor riesgo de complicaciones que requieren una intervención quirúrgica. Algunas de ellas se prevén de antemano, lo que da lugar a la cesárea programada; otras se presentan en el transcurso del parto, por lo que se recurre a la cesárea imprevista.

La cesárea programada

Se habla de cesárea programada cuando ya en el embarazo surgen complicaciones: el ginecólogo sabe que los niños deben venir al mundo mediante un corte en el abdomen. Gracias a los avances médicos, como las ecografías, se vigila minuciosamente el estado de salud de los bebés y es posible detectar cualquier anomalía a tiempo, como un retraso en el crecimiento de los bebés, por ejemplo.

Circunstancias en las que **se requieren una cesárea**:

- Una pelvis estrecha que dificulta la salida de los bebés.
- Operaciones anteriores de matriz o de vejiga que impiden a la madre empujar.

- Los bebés (o uno de ellos) se han atravesado y no están en la posición adecuada, cabeza abajo, para nacer.

- Placenta previa: la placenta está colocada de tal forma que obtura el cuello uterino impidiendo la salida de los bebés.

- La cabeza de los bebés (o de uno de ellos) es tan grande que no puede atravesar la pelvis.

- Uno de los bebés no ha crecido bien y el nacimiento por vía vaginal supone una experiencia demasiado fuerte para él (crecimiento intrauterino retardado, CIR).

- Una toxoplasmosis.

- Un embarazo monocorial monoamniótico.

- El segundo bebé es más grande que el bebé que se encuentra más cerca del canal del parto.

Puede ser una decepción para la madre cuando, durante el embarazo, el ginecólogo le informa que los bebés tienen que nacer por cesárea. En este caso es importante saber el motivo, ya que si la salud de los bebés está en juego, le resultará más fácil aceptar la noticia.

Judith:

«Desde la semana 28 los bebés se encontraban en la postura transversa. El ginecólogo me dijo que era posible que aún cambiaran. Lo deseaba con todo mi corazón, porque prefería un parto vaginal. Pero no fue posible, porque se mantuvieron en esta posición. Por tanto nacieron mediante cesárea».

Joana:

«El parto fue mejor de lo que esperaba, tuve a ocho personas pendientes de mí, que se mostraban amables en todo momento; la comadrona me tuvo cogida de la mano y sabía que mi marido estaba en la habitación de al lado. No me sentía sola. Además, como el parto fue con anestesia local, pude tener a mis bebés conmigo nada más nacer».

Una ventaja de la cesárea programada frente a una intervención imprevista es que hay tiempo para prepararse y se puede consultar al ginecólogo cualquier duda. Entre otras, conviene informarse sobre la posibilidad de una anestesia local (la epidural) en vez de la anestesia general. En el caso de la cesárea imprevista, no hay opción, ya que la anestesia epidural requiere un tiempo de preparación. La anestesia epidural consiste en una inyección entre dos vértebras, a la altura de la zona lumbar, que insensibiliza desde el tórax hasta los pies. Por lo tanto, la madre estará consciente y vivirá el momento del nacimiento de sus hijos. Podrá tenerlos sobre su pecho nada más nacer y gozará de estos primeros momentos; esto favorece la lactancia materna. La recuperación posparto es más rápida, tanto física como psíquicamente, que en el caso de la anestesia general. En algunos hospitales, permiten que el marido esté presente cuando se hace la cesárea con la epidural. Así, ambos padres ven nacer a sus bebés y comparten esa maravillosa experiencia. Generalmente, es de gran ayuda para la parturienta que el marido esté con ella. El método de anestesia depende de la filosofía y de las costumbres de cada hospital.

La cesárea imprevista

Casi todas las cesáreas con gemelos son programadas; sin embargo, a veces es necesario recurrir a la **cesárea imprevista debido a los siguientes motivos:**

- Los latidos cardíacos de los bebés (o de uno de ellos) indican que tienen que nacer cuanto antes por sufrimiento fetal.
- Hay rotura de membranas desde hace más de 24 horas sin que el parto avance.
- Se desprende la placenta (hay pérdidas de sangre).
- Se da un prolapso del cordón umbilical.
- El parto no avanza, a pesar de las contracciones, y la madre se encuentra exhausta.

Cuando la cesárea se presenta de forma imprevista, siempre se aplica la anestesia general a la parturienta debido a la necesidad de una intervención rápida. Para la madre puede suponer una gran decepción que el parto termine en una intervención quirúrgica: tras largas horas de dolorosas contracciones no vivirá el nacimiento de sus bebés. Pero para otras es un alivio. Están exhaustas y desesperadas; la intervención lo agiliza todo. El momento más penoso para ella, según los datos de mi investigación, es cuando tiene que despedirse de su pareja y entrar en el quirófano sin su compañía. Además, le preocupa el estado de salud de sus bebés. También para el marido son momentos difíciles; en algunos centros le dejan entrar y estar con su mujer, pero no en todos. Se queda a la espera de noticias. Por fortuna estas no suelen hacerse esperar; la intervención es rápida y los bebés nacen, uno tras otro, en un corto espacio de tiempo. En cuanto están arropados, dejan al padre estar con ellos. Por lo tanto, en la mayoría de los casos él es el primero que tiene en brazos a sus hijos porque la madre aún está bajo los efectos de la anestesia, tienen que suturarle la herida y necesita un tiempo para despertarse. Este proceso es lento: las mujeres suelen sentirse adormiladas y tener náuseas debido a la anestesia.

La recuperación después de la cesárea

La recuperación posparto de la cesárea imprevista suele ser más lenta que cuando se trata de una cesárea programada, puesto que la madre no tuvo tiempo de prepararse. El hecho de no haber podido dar a luz a los bebés por sus propios medios causa una gran decepción a muchas madres, además del sentimiento de haber fallado; pero, por otro lado, están contentas de que el parto haya tenido un final feliz. Son sentimientos ambivalentes, a los que hay que añadir el malestar físico (cansancio, dolores, náuseas); a veces echan en falta a los bebés, cuando éstos permanecen aún en la incubadora o en observación. Todos estos factores influyen en el estado psíquico de la mujer y hacen comprensible que la depresión posparto se dé más en las madres que pasaron por una cesárea imprevista (*véase* Capítulo 14).

Sugerencias

- Hable y exprese sus sentimientos acerca del parto. Probablemente necesita vivirlo una y otra vez, recapitulando los acontecimientos para sí misma o contándoselos a su marido. Esta es una forma de asimilar lo ocurrido. Hágalo tantas veces como lo necesite. Si se siente decepcionada y triste por no haberlos tenido por parto vaginal, dígalo. Quizás sus emociones sean confusas: por un lado, se siente agradecida de que los bebés hayan nacido sanos y salvos; por otro, está decepcionada, ya que sus expectativas eran diferentes.

- Si tiene algunas preguntas sobre el porqué de la operación o bien acerca del transcurso de la misma, hable con el ginecólogo o la enfermera que estuvo presente en el parto. Es importante aclarar todas sus dudas antes de volver a casa.

- Pida que la lleven adonde están sus bebés, si aún permanecen en la incubadora. Cuanto antes establezca contacto con ellos, más pronto se recuperará. Le ayudará a reforzar los ánimos.

- Puede darles el pecho, a pesar de la cesárea o de la estancia de los pequeños en la incubadora. La lactancia materna tiene muchas ventajas, tanto para la madre como para los bebés (*véase* Capítulo 13).

- Como la recuperación física es más lenta que la de un parto vaginal, es importante que cuente con ayuda en casa. Lo ideal es que «solo» deba ocuparse de darles el pecho o biberón a los bebés; así tendrá tiempo para centrarse en su propia recuperación. Tenga en cuenta que usted se halla algo más propensa a la depresión que en cualquier otro momento de su vida; pero, cuidándose bien a sí misma y pidiendo ayuda a la gente de su alrededor, puede evitarla.

Consejos para proteger el vientre

✓ En los primeros días, el uso de una mecedora facilita la recuperación intestinal tras la cesárea.

✓ La faja posparto es imprescindible tras una cesárea para ganar autonomía de movimientos y disminuir las molestias que producen la tos, caminar o reírse. En las tiendas especializadas encontrará una que dé tanto calor como frío, según sus necesidades.

✓ A la hora de amamantar a los bebés es conveniente que se ponga unos cojines sobre el vientre para así protegerse la herida. Hoy en día también hay cojines específicos para este fin.

Información de interés

El término «cesárea» procede de una ley romana llamada lex cesarea según la cual cuando la madre moría durante el embarazo, había que sacar al bebé mediante un corte en el abdomen.

CAPÍTULO 10

El parto de trillizos

También para el embarazo de trillizos existe una duración máxima de gestación. Los estudios han puesto de relieve que el riesgo a complicaciones aumenta después de la semana 37. La duración media de un embarazo de trillizos es de 34 semanas.

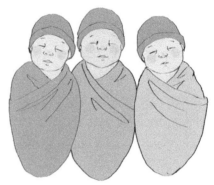

Los trillizos ocupan un lugar ya determinado en torno a la semana 26. Pueden encontrarse en muchas posturas diferentes, pero las más frecuentes son: cefálica, nalgas y nalgas, o cefálica, cefálica y nalgas. También es frecuente que el segundo y el tercer bebés estén en postura transversa.

Un parto de trillizos tiene que transcurrir en un hospital que disponga de una planta de neonatología y una unidad de cuidados intensivos neonatales (UCIN). A pesar de que un parto de trillizos conlleva más riesgos que un parto sencillo o gemelar, tanto para la madre como para los bebés, no obstante la mayoría de estos partos transcurren favorablemente. Los avances en los cuidados médicos sin duda contribuyen a ello.

El parto de trillizos suele realizarse mediante cesárea. De mi grupo de madres de trillizos, todas (70) tuvieron a sus bebés por cesárea. En un caso el ginecólogo estaba a favor del parto vaginal, pero la mujer no se atrevió. Cuando el primer bebé está colocado en posición cefálica (con la cabeza hacia abajo) y la gestación es de por lo menos unas 32 semanas, el parto vaginal es posible.

El parto vaginal

El parto vaginal de trillizos se desarrolla de igual forma que el de un solo bebé. La dilatación no es más complicada, aunque hay una diferencia: dado que el útero está más distendido, las contracciones son menos fuertes. Después del nacimiento del primer bebé, el siguiente tiene que encajarse. A veces, las contracciones del parto tardan algo en reaparecer y el ginecólogo debe administrar la hormona oxitocina a la madre para provocar el segundo nacimiento. Los siguientes bebés nacen con un intervalo de 5-30 minutos. Los pequeños están continuamente controlados mediante el monitor fetal. Después del nacimiento de los tres bebés, las placentas se desprenden; puede haber tres individuales, dos o una sola. Lógicamente causan una herida mayor en el útero, por lo que las hemorragias son más frecuentes. Por este motivo a veces es necesaria la transfusión de sangre, tanto tras el parto vaginal como tras la cesárea.

En el caso de trillizos el parto vaginal es posible si se dan estas condiciones:

▶ El embarazo dura como mínimo 32 semanas.

▶ El primer bebé se encuentra en posición cefálica (la cabeza hacia abajo).

▶ El peso de los bebés no es menor de 1.500 gramos. El peso del bebé más pequeño es decisivo.

▶ No es el primer parto para la mujer.

De todos modos, en cada caso individual se evalúa si un parto vaginal es posible. En ello lógicamente el deseo de la mujer es importante.

Noemí, madre de trillizos, un hijo de seis años y una hija de dos años:

«Rompí aguas en la semana 34. Me fui al hospital. Por la noche me administraron medicación para la maduración pulmonar de los bebés. Como ya empecé a tener contracciones, también me dieron medicamentos para detenerlas hasta que se produjera la maduración pulmonar. Se preparó todo para

el parto, pero las contracciones cesaban. De la sala de partos me llevaron a una habitación en planta. Los días pasaban. Cada día me hicieron un CTG (cardiotocograma). De vez en cuando podía andar un poco y permanecer en silla de rueda en la sala de estar. Me prometieron que si el parto no se producía durante el fin de semana, el lunes podría ir a casa. Pero no ocurrió así. El viernes por la mañana sentía continuamente ganas de orinar. Pensé que tendría una infección de orina. Se lo escribí en un mensaje a mi marido y también a mi hermana, que es comadrona. Finalmente informé a la enfermera que enseguida contactó con el ginecólogo. Como había roto aguas, no quería hacerme un tacto interno, así que otra vez al aparato de CTG que no registraba contracciones. Habíamos acordado que cuando estuviera de parto, se me aplicaría la epidural por si el parto terminaba en una cesárea. Para ello era importante que informara al ginecólogo cuándo sentía contracciones. Pero no era fácil; también mi parto anterior transcurrió con mucha rapidez. A las 9 horas de la mañana el ginecólogo controlaba otra vez la posición de los bebés. El bebé 1 estaba en la posición correcta (cabeza hacia abajo), así que si tenía contracciones, podría intentar tener a mis bebés mediante un parto vaginal. A las 9.15 parecía que ya tenía contracciones. Dudaba. ¿Eran contracciones de parto o quizá contracciones previas? Llamé a mi hermana que resultó estar de camino hacia el hospital, después de haber leído mi mensaje. El equipo de ginecólogos, pediatras y demás se fue preparando. ¿Iba a ocurrir realmente hoy? A las 9.30 entró mi hermana en la habitación. En este mismo instante las contracciones empezaban a parecer de verdad. Eran dolorosas y empecé a sentir náuseas. El ginecólogo hizo un tacto y constató una dilatación completa. No había tiempo para una epidural. Otra vez se controló de nuevo la postura del bebé 1. Estaba bien y me dieron permiso para empujar. Tras una sola contracción nació mi bebé a las 9.51 horas. Un varón con voz clara que pesaba 2.075 gramos. Me lo dieron y lo acurruqué contra mi pecho. ¡Qué felicidad! Pero demasiado pronto tuve que entregarle al pediatra para que le hiciera una exploración. Darle a otras manos fue una sensación agridulce, pero me consoló el hecho de que mi marido se fuera con él.

Controlaron luego la posición del bebé 2. Estaba de nalgas. Me dieron permiso para intentarlo. No tenía contracciones, así que me administraron mediante gotero la hormona oxitocina. Cuando empezaban a tener efecto, tras una sola contracción nació la niña. Pesaba 2.100 gramos y lloraba de un modo muy tierno y enternecedor. Había ingerido líquido amniótico y tenía que irse con papá a otra habitación donde le conectaron a la ventilación asistida, CPAP (presión positiva continua a la vía aérea). Solo un momento la pude tener en mis brazos.

El tercer bebé estaba en posición transversa. Fue un contratiempo. Estaba mentalmente preparada para lo que seguramente se iba a hacer ahora: anestesia completa y girar o cesárea. Vi como los dos ginecólogos estaban deliberando. Les pregunté qué pasaba y me dieron una breve explicación. ¡Girar! Les dije. No había tiempo para la anestesia. Un ginecólogo giraba al bebé por dentro y el otro hacia la posición cefálica. Era doloroso, pero no tanto como temía. Después de una contracción nació el segundo varón a las 10.15 horas con las membranas aún intactas. El ginecólogo las rompió sobre mi vientre. Resultó que su cordón umbilical estaba entrelazado dentro de las membranas (inserción velamentosa del cordón). Si las membranas se hubieran roto antes de nacer, se habría producido una situación muy peligrosa. Me lo dejaban un rato conmigo, pero como era muy pequeño (1.640 gramos), se lo llevaron rápidamente.

Antes de que los bebés fueran llevados a la sala de neonatología, me los presentaron uno por uno, en sus incubadoras. Fue impresionante. Aún tenía que expulsar las placentas. Después de ello me administraron un gotero con medicamento para que el útero se contrajera. Pero no dio resultado. Seguía perdiendo sangre, así que otro gotero, dos supositorios, una inyección... todo sin éxito. El último remedio sería pasar por quirófano. Mi hermana preguntó si podía darme un masaje, porque a veces esto funciona. Tras una larga hora de masajearme el vientre, el sangrado fue menguando. Y cinco horas después de que mis bebés fueran llevados a la sala de neonatología, pude ir a visitarlos desde la sala de partos. Pude cogerlos a cada uno un rato en mis brazos, piel a piel, según el método 'canguro'. Después fui a mi habitación, pero a las dos horas los visité de nuevo en silla de ruedas. Dos horas más tarde pude ir andando hacia ellos. La idea fue que los bebés y yo al día siguiente fuéramos a un hospital comarcal, más cercano a nuestro domicilio. Pero como quería estar en casa con mis dos hijos mayores, pregunté si me podían dar de alta. Así se hizo.

Estoy muy feliz con mi parto. Perdí un litro y medio de sangre, que fue difícil, pero no me arrepiento para nada de cómo transcurrió todo. Gracias a que mi parto fuera vaginal, mi recuperación fue muy rápida, lo cual hizo más fácil el periodo del hospital que duró un total de tres semanas».

La cesárea

En la mayoría de los casos se opta por la cesárea. Con la cesárea, los bebés nacen con muy poco tiempo de diferencia, en cuestiones de minutos. Un amplio equipo médico vigila todo el proceso. Suelen estar presentes dos ginecólogos (un titular y un ayudante), un anestesista, tres pediatras (uno para cada bebé) y tres enfermeras de neonatología. En el quirófano están además los instrumentistas, los auxiliares de quirófano y la comadrona. Puede haber en total unas 12 a 15 personas, algo que a las parturientas les puede asustar.

Marta:

«El parto fue peor de lo que me imaginaba, porque se convirtió en todo un acontecimiento. Había seis pediatras, cuatro matronas, dos ginecólogos y todos los estudiantes que estaban en el hospital en ese momento. Había pedido la epidural, porque quería vivir el parto y estaba muy tranquila, pero al empezar a ver a tanta gente que no conocía, me puse nerviosa y me tuvieron que sedar totalmente».

Es importante hablar sobre este tema con su ginecólogo antes de la intervención. Usted tiene derecho a pedir la máxima intimidad. La presencia de su marido u otra persona de confianza es muy importante, porque disminuye los temores. Jane Spillman, jefa de la planta de neonatología y durante años la asesora de TAMBA (Twins and Multiple Births Association) tras realizar una investigación concluyó que cuando el marido no está en el parto, las madres apenas se acuerdan del nacimiento del segundo y tercer bebé porque están demasiado preocupadas por el primer bebé. Esto puede hacer peligrar el vínculo. Cuando el padre está presente, este miedo se da mucho menos.

Otro tema importante es el tipo de anestesia. En mi grupo objeto de estudio, a 20 mujeres se les aplicó la anestesia general y a las otras (50) la epidural. Según los resultados de mi estudio, la satisfacción de las mujeres sobre el parto es mayor en el caso de la epidural; gracias a él viven de forma consciente el nacimiento de sus bebés. Como en su caso el parto seguramente será programado, lo más probable es que no haya inconvenientes para recurrir a la epidural (*Véase* también la información sobre la cesárea del Capítulo 9).

Inés, madre de trillizos monozigóticos:

«Me ingresaron en la semana 29 y 6 días, porque uno de los bebés tenía que ser vigilado por un problema con su cordón umbilical. Dos veces por día me hicieron un CTG y cada semana una ecografía para evaluar su crecimiento. Estuve cuatro semanas ingresada. Los CTG siempre dieron resultados positivos, los bebés se encontraban bien. La cesárea fue planeada para la semana 34.

A las 10.09 horas nació el primer niño que pesaba 1.670 gramos. No me lo presentaron, porque tuvo algo de problemas al principio (latido cardiaco y nivel de saturación bajos). Pero se recuperó rápidamente tras administrarle oxígeno. El segundo niño nació a las 10.10 horas y pesaba 1.545 gramos. Me lo enseñaron un momento. «Oh, qué pequeño", pensé. Y el último niño que pesaba 1.720 gramos, nació un minuto después, envuelto aún completamente en la bolsa amniótica. Fue muy bonito. Todos nos quedamos en silencio. Se rompieron las membranas con mucho cuidado tras lo cual empezó a llorar de inmediato. Pude verlo también un momento.

Al cabo de media hora, cuando aún estaban cosiendo la herida en mi vientre, las enfermeras pasaban de largo con sendas incubadoras. Dentro estaban mis hijos. No me lo podía creer, fue impresionante. Los tres fueron de camino a la UCI. Mientras yo permanecía en la sala de recuperación, mi tensión era muy alta. Se pensaba que era a causa del estrés. Cuando me trasladaron a la planta de maternidad, primero me llevaron a la UCI para ver a mis bebés.

De nuevo me impresionó ver las tres incubadoras y saber que eran nuestros hijos. Los tres estaban bien. Por la tarde ya me permitieron tenerlos piel a piel. Pero mi tensión subió y me trasladaron con urgencia a la Unidad de Cuidados Intensivos. Afortunadamente por la noche ya estaba todo controlado y podía de nuevo tener a dos de mis bebés contra mi piel. A los dos días ya fuimos todos trasladados a un hospital comarcal, más cerca de casa. Los bebés estuvieron diez días en la incubadora y después de otros diez días más, les dieron el alta. Nos costó siete años tener descendencia, pero una vez que conseguimos el embarazo, fue estupendo. Tres hombrecitos llegaron a nuestra vida. Es grande ser madre. En su álbum de fotos escribí: «Las cosas más bellas de la vida se merecen la espera"».

¿Quién es quién?

Valeria:

«Los bebés ocupaban un determinado sitio a partir de la semana 28. Como se movían de manera diferente, sabía quién era quién. El ginecólogo me preguntó, poco antes de la cesárea, cómo se llamaría el primer bebé y los otros dos. Se lo enseñaba. «La criatura allí abajo es Núria. La niña al lado derecho es Angélica y al lado izquierdo es Lucía". Le insistí que por favor lo comunicara al equipo médico. Confío en que haya cumplido mi deseo».

Durante el embarazo los bebés son identificados por sus posiciones en el útero, tal como revelan las ecografías. Por ejemplo el bebé de la derecha o el bebé del medio, etc. Al nacer los bebés son identificados por el orden en el que nacen: el primero, el segundo y el tercero. Pídale a su ginecólogo que explique quién es quién, porque es un dato que sin duda querrá saber.

Si todo va bien, puede tener a cada uno de los bebés un momento consigo. Pero lo más frecuente es que sean llevados con urgencia en dirección a las incubadoras. De todos modos pida que se le enseñe un momento cada bebé antes de llevárselo. Este primer contacto es muy importante para usted.

Raquel, madre de dos niñas y un niño cuenta lo siguiente:

«Para mí el momento más hermoso del nacimiento de mis hijos y el que me produce mayor emoción al recordarlo fue el instante en que los conocí. Habían pasado 21 horas desde su nacimiento. En cuanto los vi me dio la impresión de que había perdido todos mis sentidos salvo la vista. Me quedé muda, sorda... estaba impresionada. Sentí como si todo el universo entrase dentro de mí presionándome fuertemente el pecho. Tenía un enorme nudo en la garganta, que desapareció cuando salí del nido dejando allí a mis tres 'pequerrechiños' y las lágrimas me empezaron a brotar a borbotones».

Puerperio de un parto de trillizos

El puerperio de un parto múltiple es distinto al de un único bebé o al de un gemelar, ya que la recuperación uterina es algo más lenta, debido a la distensión del mismo. Las hemorragias suelen por lo tanto ser más abundantes y más frecuentes, también porque las placentas de un embarazo triple dejan una herida considerable en el útero.

Las contracciones uterinas en el posparto sirven para evitar las hemorragias abundantes. En un parto natural se dan espontáneamente; en el caso de una cesárea se suelen administrar fármacos para provocarlas. Estas contracciones posparto producen un dolor uterino, que se suelen aliviar con analgésicos. Debido a las hemorragias o a una anemia severa como consecuencia del embarazo múltiple, a veces es necesario hacer una transfusión de sangre.

Si la mujer se siente con fuerzas y no demasiado cansada, es aconsejable empezar con la lactancia y poner por ejemplo al bebé más fuerte al pecho. Si no fuera posible, se puede empezar a sacarse la leche, que se dará a los pequeñines. La estimulación temprana de los pechos hace contraer el útero y ayuda a reducir el sangrado. Y así los bebés se benefician del calostro, la primera leche muy rica en anticuerpos defensivos.

Es muy probable que no tenga a sus bebés consigo. Quizás estén en la incubadora o permanezcan en la UCI. Es una sensación triste. Usted es madre, pero no puede disfrutar de sus bebés o solo uno. Casi todas las madres de trillizas se sienten confusas y desgarradas.

Isabel:

«Forjar un vínculo con mis trillizos fue tan distinto a mi experiencia con mi hija mayor. Es muy raro tener que dividir tu atención. Dos de mis bebés estaban conmigo en mi habitación. A veces me 'olvidaba' del bebé que se encontraba en la UCI. Deseaba estar con él, pero sentía que me faltaba tiempo, incluso para los dos que estaban conmigo. Todo es muy abrumador al principio. Guardo un recuerdo especialmente hermoso de los momentos en que estaba en la UCI con el más pequeño recostado sobre mi pecho y los otros dos en una cestita a mis pies sobre la cama».

Cuando uno o dos bebés pueden ir a casa y otro (u otros) se quedan en el hospital puede que para muchas madres se inicie un periodo difícil.

Simona:

«Me sentía todo el día estresada. Si estaba en casa, pensaba en mis bebés que estaban en el hospital. Cuando estaba en el hospital, pensaba en el bebé que estaba en casa. Empecé a disfrutar cuando los tres estaban en casa, aunque en estos momentos ya empezó en realidad la vida ajetreada».

Si usted guardó cama durante un largo periodo de tiempo, es muy probable que ahora note su cuerpo débil, porque necesita tiempo para recuperar su fuerza muscular. Es normal sentirse cansada tras una sencilla tarea, como levantarse de la cama e ir al aseo. Puede ser frustrante sentirse así, sobre todo porque sus tres bebés piden su atención completa (*véase* el Capítulo 11).

Carina, madre de 2 niños y una niña:

«Los pesos de mis bebés eran buenos, 2.350 g, 2.522 g y 2.870 g. Así pues, al cabo de ocho días fueron dados de alta. A partir de la semana 20 del embarazo había guardado reposo, así que después del parto necesitaba tiempo para recuperarme. Pero no lo tuve. Empezaron las tomas, día y noche y los cuidados intensivos. Anteriormente no me había imaginado que fuera a ser así».

Información de interés

El bebé más grande del grupo objeto de estudio de los trillizos pesaba 3.100 gramos; el más pequeño 680 gramos. Y el peso medio de los 210 bebés era de 1.840 gramos. Las niñas trillizas pesan algo menos que los niños trillizos.

CAPÍTULO 11

La recuperación del parto múltiple

Recuperarse de un parto múltiple requiere tiempo. El periodo de recuperación a veces se denomina «el cuarto trimestre», los últimos tres meses del embarazo. A pesar de que su cuerpo al cabo de 6 semanas vuelve a su estado normal, aún pueden pasar meses antes de que usted se sienta del todo recuperada. En ello influye también su estado de salud durante el embarazo, el tipo de parto y las posibles complicaciones en el puerperio. Por ejemplo, si durante su embarazo tuvo que guardar cama, es posible que sus músculos estén debilitados y su nivel de energía bajo.

Un parto vaginal es agotador y normalmente una mujer recupera sus fuerzas después de un parto natural sin complicaciones al cabo de unas 3 semanas. En el caso de una cesárea se requiere que los tejidos se recuperen y esto tarda como mínimo unas 6 semanas. En ambos casos, tanto en el parto vaginal como por cesárea, las pérdidas de sangre tras el parto pueden causar una anemia. Esto hace que se sienta cansada y débil.

En las primeras horas tras el parto su cuerpo vive una gran transformación. Empieza a «desembarazarse». Hay cambios hormonales y pérdidas de sangre y líquidos. En las horas posteriores al parto le vigilarán detenidamente por el riesgo de hemorragias que se dan con mayor frecuencia en los partos múltiples.

Hoy en día se recomienda que tras el parto la mujer no tarde en ponerse de pie, ya que esto ayuda en su recuperación. Incluso después de una cesárea muchas mujeres ya se levantan en las primeras doce horas. No es fácil y usted necesitará alguien a su lado que le sujete y vigile. Primero ponerse en pie al lado de su cama; a continuación andar de la cama al baño y por último salir al pasillo. Cada vez irá algo mejor.

Valeria, madre de trillizos:

«De pie al lado de las incubadoras de mi trío me sentía agotada y dolorida. Por riesgo a trombosis me hacían levantar de la cama, pero me resultó muy difícil, tanto física como psíquicamente. ¿Con quién de mis bebés me sentaba? ¿Podría cogerlos? Me sentía desbordada e insegura. Quería hacerles saber que los quería, pero no sabía cómo hacerlo».

Usted tendrá ciertas molestias físicas. El perineo —la zona entre la vagina y el ano— está hinchado y sensible. Si le practicaron la episiotomía, los puntos le estirarán. También las hemorroides son una molestia frecuente. Contra estos males los paños fríos son un buen remedio (como unas manoplas llenadas con cubitos de hielo). De este modo disminuirán la hinchazón y el dolor.

Tras una cesárea es normal sentirse dolorida, ya que usted pasó por una intervención quirúrgica. Le administrarán analgésicos. Sin ellos no podrá disfrutar de los bebés. También en caso de lactancia materna podrá tomar los analgésicos, ya que el ginecólogo le prescribirá unos que tengan el menor impacto posible en la leche materna (esto varía según la marca). Otra molestia común es el edema (la retención de líquidos). Muchas mujeres tienen los pies, los tobillos e incluso las piernas hinchados. Es doloroso y dificulta el andar. Con unas pocas semanas el cuerpo habrá segregado todo el líquido acumulado.

Los cambios más grandes en su cuerpo

El útero

Después del parto aparecen las contracciones del posparto, también llamados los entuertos uterinos. Pueden ser dolorosos por lo que tendrá que practicar la respiración profunda como si se tratara de una contracción normal. Usted también las sentirá cuando se saca la leche o amamanta a los bebés. Estas contracciones tienen una función: se encargan de limitar la hemorragia después del parto y de expulsar del útero la sangre, el líquido o posibles restos de las membranas. Gracias a ello, el útero se encoge rápidamente y elimina todos los residuos. Los entuertos ayudan a prevenir una infección. Cada día su útero se encoge entre uno o dos centímetros.

Por fin podrá contemplar de nuevo sus pies. Al cabo de seis semanas el útero retoma su forma anterior, la de antes del embarazo. También las pérdidas de sangre habrán remitido.

Pérdidas de sangre y flujo vaginal

Las placentas, una vez «nacidas», dejan una herida en el útero. Poco después del parto esta herida sangra y es normal que la mujer pierda coágulos. En la segunda semana tras el parto es frecuente tener todavía pérdidas de sangre porque el útero se encoge poco a poco. A medida que la herida se cierra, el sangrado disminuye. Estas pérdidas de sangre, también llamados «loquios», cambian de color, de rojo oscuro a marrón y más adelante a blanco-amarillo. Usted tendrá que llevar compresas durante un período de entre 3 y 6 semanas. Las pérdidas vaginales con un olor algo desagradable es algo normal. Es importante estar atenta a cambios como un dolor creciente o fiebre. En este caso hay que consultar directamente a su ginecólogo. Seguramente será necesario tomar antibióticos. Puede darse una infección cuando restos de la placenta o las placentas quedan adheridos al útero, es la denominada infección uterina y es la causa principal de la fiebre después del parto.

Los senos

Durante el embarazo los senos se preparan para su tarea. Los pechos y las aréolas se han hecho más grandes y han adquirido un color más oscuro. Al final del embarazo las glándulas mamarias ya contienen el calostro, el primer líquido nutritivo que producen los senos.

Si poco después del parto usted coloca a sus bebés (o a uno de ellos) junto a su pecho, se estimula la producción de la leche materna. Sus senos crecerán al cabo de dos a tres días. Coloque sus bebés unas siete a ocho veces al día. Si usted se saca la leche, debe seguir la misma frecuencia. Se apreciará un cambio en color y cantidad cuando el calostro se transforme en leche materna. Los primeros días sus senos pueden estar tan llenos y oprimidos que a los bebés les cuesta succionar. Sáquese primero con la mano un poco de leche. Existe cierto riesgo a una infección mamaria cuando los senos no se vacían bien. En este caso usted tendrá fiebre y se sentirá enferma (para más información sobre la lactancia materna véase el Capítulo 13).

La circulación de sangre y la función de los riñones

Su cuerpo empieza a eliminar todo el líquido acumulado durante el embarazo. En los siguientes días al parto, puede notar sus piernas más hinchadas que al final del embarazo, es el paso previo a deshincharse definitivamente. Necesitará orinar mucho. Si no siente ningún impulso, es importante sentarse en el inodoro con cierta regularidad. También perderá líquido mediante la sudoración, a veces tanto que las sábanas de su cama están mojadas. El cambio hormonal juega un papel en ello. Es importante beber mucho para un buen funcionamiento de los riñones y la secreción de los residuos. Tómese agua, zumos naturales, infusiones y caldos. La lactancia también los necesita.

Las infecciones urinarias son más frecuentes tras una fase expulsiva larga o un parto vaginal agotador. Sus síntomas son fiebre, dificultad al orinar, micciones pequeñas de un color oscuro, dolor y escozor, y a veces fiebre. Si le han aplicado un catéter, por ejemplo después de una cesárea, el riesgo de una infección urinaria es mayor.

Pérdida de peso y de la tensión muscular

Después del parto usted perderá automáticamente el peso de cada bebé, las placentas, el líquido amniótico, la sangre y el líquido corporal. El resto del peso acumulado lo perderá a lo largo de los meses. La lactancia materna origina al principio algo más de peso, pero luego se perderá. En la lactancia, conviene mantener cinco comidas al día para controlar las calorías y la necesidad de glucosa.

Aunque usted pierde peso, su cuerpo no adquiere de inmediato su silueta ni el peso anterior al embarazo. A fin de cuentas durante largos meses sus músculos abdominales y su piel han estado estirados. Algunas mujeres recuperan fácilmente la tensión de sus músculos y de su piel. Otras tienen mucha piel «colgante» en torno a su vientre a pesar de la pérdida de peso y de ejercicios.

La diástasis de los rectos (la separación de los músculos abdominales) es un problema común tras un parto múltiple debido a la gran presión sobre los músculos del vientre. Puede recuperarse espontáneamente, pero no siempre ocurre. Para la recuperación le serán útiles ciertos ejercicios, pero hágalos siempre bajo vigilancia de un fisioterapeuta.

Después del parto es bueno sujetar su vientre con una faja. Los músculos abdominales y la piel del vientre se encuentran tan estirados que se necesita un apoyo al andar. Una faja ayuda los músculos abdominales a retomar su posición anterior por lo que están mejor capacitados para contraerse. Esto contribuye a que las paredes uterinas se recuperen antes. Con una faja es más fácil hacer los ejercicios. Puede utilizar un gran pañuelo o una faja posparto.

Ejercicios para los días posteriores al parto:

▶ *Ejercicios del suelo pélvico.* Contraiga los músculos de la pelvis durante 20 segundos y suéltelos. Hágalo varias veces al día. Ayuda a combatir la incontinencia.

▶ *Ejercicios del vientre*: contraiga sus músculos abdominales unos 10 segundos mientras respira normal. Repítalo varías veces al día.

▶ *Ejercicios de pies y piernas*: de vueltas con sus pies. Doble y estire sus tobillos moviendo los dedos hacia abajo y arriba.

Información de interés

España es el tercer país europeo (después de Francia y Alemania) en el que se realiza un mayor número de tratamientos de fertilidad. Según datos de la Sociedad Española de Fertilidad (SEF) cada año se practican unos 80.000 tratamientos y en cuanto a la fecundación in vitro, la transferencia doble de embriones supuso en 2014 el 80% de los casos. Esto lleva a una de las tasas más altas de gemelos en Europa.

CAPÍTULO 12

Los prematuros

Uno de los mayores riesgos de un parto múltiple es el nacimiento prematuro de los bebés. Se considera prematuro al bebé que nace antes de la semana 37 de gestación.

El parto prematuro sorprende a un cuerpo frágil que no siempre está preparado para afrontar la adaptación de los órganos a la vida extrauterina. Por este motivo, la incubadora es imprescindible para su supervivencia.

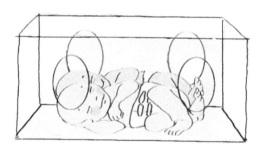

En mi grupo de estudio, un 44% de los bebés precisó de la incubadora; pero en el 5% de este porcentaje, solo uno de los bebés tuvo que permanecer en ella. Del grupo de trillizos el porcentaje fue mayor (79%); todos los cuatrillizos y quintillizos necesitaron estar en la incubadora.

La causa principal es que el espacio dentro del útero resulta demasiado pequeño, y el cuerpo materno recibe antes la señal de que el parto debe comenzar debido al gran tamaño del útero. La distensión del útero provoca contracciones. En las mujeres que ya han tenido un hijo ese riesgo es menor, ya que su matriz da más de sí y deja bastante espacio a los fetos. Además, la placenta (o placentas) envejece antes, lo que también puede desencadenar en un parto prematuro.

El estado de salud del bebé prematuro no solo depende de la duración del embarazo, sino también de su crecimiento durante su estancia en el útero; algunos bebés pesan poco al nacer y deben pasar a la incubadora, a pesar de haber permanecido el tiempo deseado en el útero. En estos casos su crecimiento es menor de lo que cabría esperar según la duración del embarazo (hablamos de un crecimiento intrauterino retardado (CIR). La causa es obvia: los gemelos comparten la sangre y el oxígeno de la matriz; si el «abastecimiento» no es óptimo, los bebés no crecen lo suficiente.

Los límites de viabilidad (capacidad para vivir) no están definidos con precisión. En la actualidad, la supervivencia de niños que pesan entre 500 y 1000 gramos o nacidos entre las 25 y 28 semanas ya no es algo excepcional. En torno a un 8% de los gemelos necesitará tratamiento en la unidad de cuidados intensivos neonatales (UCIN) debido a un peso menor de 1.500 gramos. Este porcentaje en caso de trillizos es de 30%.

Las semanas del embarazo

La edad de la gestación es lo más importante, porque determina si los órganos se han desarrollado lo bastante.

También hay que tener en cuenta que, aunque cada vez más bebés prematuros sobreviven, entre un 20% y un 30% de ellos sufre alguna deficiencia cognitiva, de atención o psicomotora. Necesitan un seguimiento hasta los 2 ó 3 años y se requiere la aplicación de terapias específicas como la estimulación o fisioterapia para reducir las secuelas. Lógicamente, cuanto más prematuro es el bebé, más aumenta el riesgo de una discapacidad grave (pérdida del oído, ceguera, alguna parálisis u otro problema físico o psíquico). También hay secuelas que, por regla general, no se perciben hasta la edad escolar, como problemas de concentración, lectoescritura, hiperactividad o retrasos generales en el aprendizaje. Un estudio sobre niños que nacieron con un peso menor de un kilo (llevado a cabo por el Hospital La Fe de Valencia en el año 2000), demostró que repiten curso tres a cuatro veces más que otros niños, pese a tener una inteligencia normal.

Síntomas de un posible parto prematuro

Es importante reconocer las señales que pueden ser **indicios de un parto prematuro**:

- ▶ Entumecimiento y dolor en las zonas de los riñones.

- ▶ Dolores parecidos a los de la menstruación.

- ▶ Presión pélvica.

- ▶ Cólicos intestinales con o sin diarrea.

- ▶ Contracciones, aunque sean indoloras.

- ▶ Pérdidas leves o cuantiosas de agua o sangre por la vagina.

- ▶ Malestar general o una sensación de que «algo no va bien».

En estos casos debe consultar con su ginecólogo. Le reconocerá el cuello uterino y hará un CTG para apreciar la frecuencia e intensidad de las contracciones uterinas y evaluar el bienestar de los bebés. Le prescribirá el tratamiento conveniente. En algunos casos le aconsejará hacer reposo.

También es probable que el ginecólogo le prescriba medicamentos, por vía oral o intravenosa, para contener las contracciones. Existen dos tipos: los betamiméticos y antiespasmódicos. Los primeros pueden provocar taquicardias (palpitaciones). En este caso, acuéstese sobre su lado izquierdo y descanse. También pueden generar un estado de ansiedad. Los antiespasmódicos son unos neurorrelajantes que producen somnolencia y empeoran su concentración, incluso para leer. En caso de un riesgo elevado de parto prematuro será necesario el ingreso en el hospital, ya que así se podrá controlar el estado de salud de los bebés en todo momento. Si se teme un parto muy prematuro, se suele optar por un hospital que disponga de una sala de neonatología, especializada en los cuidados de estos bebés. Puede significar que usted estará lejos de su casa, pero así se evita que usted y sus bebés tengan que ser trasladados, una vez se inicie el parto antes de tiempo. Una vez que los bebés empiecen a estar bien y ganar peso, serán trasladados a un hospital más cercano.

El hospital

Sus bebés se encontrarán en la planta de neonatología. Así serán vigilados gracias a una técnica muy avanzada, la mayoría de las veces en una incubadora. Se dispone de un sistema de vigilancia electrónico para los casos delicados: monitor de respiración y del ritmo cardíaco, del oxígeno, de la tasa de glucosa en la sangre, del calcio y de la bilirrubina (si es alta, el bebé adquiere un color amarillento y requiere fototerapia). También es importante poder detectar una posible infección.

Es impactante, sin duda, ver a sus bebés rodeados de tantos aparatos parpadeantes, que emiten ruidos. Muchos padres viven una sensación de extrañeza: no pueden imaginarse que estos cuerpecitos frágiles y equipados como pequeños astronautas sean sus hijos. También pueden sentirse desorientados por la cantidad de personal, que además no siempre es la misma, debido a los horarios laborales.

Las personas que cuidan de sus bebés son:

- *Neonatólogo*: es un pediatra especializado en el tratamiento de los bebés prematuros.

- *Enfermera neonatal*, también especializada en los cuidados a los bebés más pequeños.

- *Auxiliar de enfermería*: ayuda a la enfermera en los cuidados al bebé.

- *Enfermera especializada* en técnicas de respiración.

- *Cardiólogo*: médico especializado en el tratamiento de problemas cardíacos.

- *Neurólogo*: médico especializado en el diagnóstico y tratamiento de las enfermedades del cerebro y el sistema nervioso.

- *Asesora* en lactancia materna.

- *Fisioterapeuta*, especializado en masaje infantil.

- *Trabajador social*: presta ayuda a los padres en temas prácticos y emocionales.

La Unidad de Cuidados Intensivos Neonatales del hospital se llama UCIN. Se trata de una sala normalmente insonorizada, provista de incubadoras y aparatos de diagnóstico y una iluminación graduable. Unos cristales separan la UCIN de la zona desde donde los familiares pueden ver a los bebés. En la UCIN se encuentran los «grandes prematuros» (bebés que pesan menos de 1500 gramos y nacidos entre las semanas 28 y 33) y otros neonatos que presentan algún problema de salud. En las Unidades de Cuidados Intermedios (UCI) se encuentran los prematuros que ya no precisan una atención continuada. Necesitan principalmente ganar peso y madurar dentro de la incubadora. El bebé que ha estado en la UCIN pasa a la unidad de cuidados intermedios en cuanto se lo permite su salud. Y la última fase de su ingreso en el hospital la pasará en la sala de neonatos, donde abandonará definitivamente la incubadora.

La incubadora y su función

La incubadora es un sustituto del seno materno que imita la situación intrauterina lo mejor posible. La incubadora mantiene al bebé a una temperatura adecuada, algo importante, porque un prematuro no es capaz de regular su temperatura corporal; está conectada con un monitor, que vigila continuamente los latidos cardíacos y la función de los pulmones del bebé. Gracias a la incubadora el pequeño está bien vigilado y recibe el tratamiento que precisa. Es alimentado a través de una sonda, con goteo intravenoso o —si ya tiene reflejo de succión— con biberón o al pecho materno. Si su piel se torna amarillenta, le dan un tratamiento de luz poniéndolo debajo de unas lámparas (se llama fototerapia). Es un remedio eficaz contra un fenómeno que es normal en los recién nacidos y que indica que el hígado todavía no funciona bien debido a la inmadurez.

No todo depende de la atención médica. En 1979 un hospital de Bogotá (Colombia) descubrió algo muy importante sobre los bebés prematuros: en aquel año muchos bebés nacieron antes de tiempo. Los médicos, preocupados porque no tenían suficientes incubadoras, decidieron mandar a casa a algunas madres con sus bebés prematuros y les aconsejaron que los mantuvieran recostados contra su pecho, en contacto directo con su piel. Aquellas mamás mantenían calientes a sus bebés con su calor corporal, llevándolos día y noche consigo. Los médicos siguieron su estado con sumo cuidado. Ante su gran asombro, observaron que aquellos bebés se desarrollaban estupendamente y crecían deprisa, incluso más que algunos otros que permanecieron en la incubadora; presentaron menos mortalidad; su respiración se reguló antes y los ataques de apnea (paradas respiratorias) fueron menos frecuentes. Las conclusiones son claras: el bebé prematuro que sea suficientemente autónomo con su respiración y que tenga el reflejo de succión lo bastante aceptable para mamar del pecho, al margen de su peso, no necesita incubadora si a su madre le dan la posibilidad de «incubarle». El cuerpo de la madre proporciona al bebé el ritmo de su corazón, el sonido de su voz, la temperatura óptima constante y, a demanda del propio bebé, la mejor alimentación que es posible conseguir. Además, le ofrece el mayor número posible de abrazos y caricias que le recuerdan el útero materno, perdido tan pronto.

Esta experiencia con los bebés de Colombia ha cambiado ciertos hábitos médicos entre pediatras, neonatólogos y padres. Lo que aquel año fue una medida de emergencia, se convirtió en un nuevo método que se ha dado en llamarse el método «canguro». Consiste en que los médicos animan a los padres a que tan pronto como sea posible saquen a su bebé de la incubadora y lo mantengan recostado sobre su pecho, en un contacto de «piel con piel».

Se cubre al niño y a su madre (o padre) con una mantita para que no tenga frío. Una sesión de media hora, dos veces (o más) al día, es un método ideal que le ayuda a crecer. Incluso es posible llevarlo a cabo aunque el bebé esté conectado con cables y sondas y durante su estancia en la UCIN. Este método también facilita el amamantamiento, porque crea un ambiente propicio para que el bebé pueda mamar con facilidad. Los estudios demuestran que los niños a los que se les aplicó el método canguro recibieron antes el alta y lloraron menos a los seis meses de edad que otros que estuvieron en la incubadora sin tener este contacto piel con piel.

Paula:

«En el hospital, donde estaban ingresados mis gemelos prematuros, nacidos a las 34 semanas, me animaron a sacarlos de la incubadora. Al principio apenas me atrevía, pero pronto me familiaricé con sus cuerpecitos. Y su respiración y estado de relajación me enseñaron lo mucho que lo disfrutaban. Eran para mí los momentos más felices del día. Mi pareja también lo disfrutaba; hemos pasado muchos ratos sentados juntos, cada uno con un bebé. Doy gracias al hospital por habernos enseñado cómo cogerlos y tenerlos piel con piel. Me dio mucha seguridad en mí misma».

Ana:

«Con mis trillizos pude aplicar el método canguro: pasé muchas horas con mis bebés, a veces con dos a la vez, pegados a mi cuerpo. Estoy convencida de que les favoreció su crecimiento y también nuestro vínculo».

Una incubadora para los dos

En 1995 un hospital americano descubrió que los gemelos prematuros crecen más deprisa y recuperan antes su retraso cuando se les pone juntos. En dicho hospital nacieron unas niñas gemelas a las 28 semanas de gestación. Kyrie era la más grande con 1300 gramos y su hermana, Brielle, pesaba 1000 gramos. Kyrie evolucionó favorablemente, pero su hermanita no. Tuvo problemas con la respiración y anomalías en el ritmo cardíaco. Los médicos la notaban cada vez más estresada. Temían por su vida y como último recurso, decidieron ponerla con su hermana. Brielle se acurrucó enseguida contra su espalda. Inmediatamente se observó una mejoría increíble: se relajó y sus funciones vitales se volvieron estables como nunca habían sido anteriormente. El estrés se terminó y ella salió adelante, con tan buena salud como su hermana.

Desde que se dieron a conocer estos datos, se han hecho varios estudios sobre los beneficios de poner juntos a los gemelos. Todos los estudios arrojan los mismos resultados: la actividad cardíaca mejora, la respiración se vuelve más tranquila y el nivel de oxígeno en la sangre aumenta. Los bebés están menos tensos; su desarrollo motor mejora y su crecimiento es más rápido. En muchos hospitales americanos poner juntos a los bebés gemelos ya se está convirtiendo en una práctica habitual, tanto por motivos emocionales, prácticos como económicos: los bebés ocupan menos espacio y se evita que uno tenga que ingresar en otro hospital por falta de incubadoras. Hay otra ventaja más: la proporción de ingresos posteriores es menor. Estos bebés no suelen necesitar ingresar de nuevo, después de haber sido dados de alta, al contrario con otros bebés, en los que un segundo ingreso no es nada anormal. Varios hospitales europeos siguen esta pauta, entre ellos el Hospital La Fe (Valencia). Para poder poner a los bebés juntos, deben darse estas condiciones:

- La situación de los bebés debe estar estable y ninguno debe tener una infección (en este caso se podrían contagiar mutuamente). No deben necesitar respiración artificial.

- Los cables deben estar bien separados para evitar confusión y los bebés deben seguir llevando sus pulseras de identificación; solo de este modo no se les confundirá.

- La temperatura corporal de los bebés debe estar entre 36,6 y 37,2 grados para que no se dé una diferencia entre un bebé y otro. Se adapta la temperatura de la incubadora al bebé más pequeño.

- La higiene del personal sanitario y de los mismos padres es muy importante; hay que lavarse las manos después de tocar a uno de los bebés. Se suele poner a los bebés cara a cara o de espaldas. Se les cubre con una mantita, de tal modo que puedan tocarse a sí mismos y al hermano gemelo.

Es enternecedor ver a los gemelos dormir juntos en la incubadora, muchas veces abrazados o acurrucados mejilla contra mejilla. No es extraño que los gemelos prematuros se beneficien de estar con el hermanito. Han permanecido desde el comienzo de su vida intrauterina juntos; han oído los latidos del corazón del otro y se han tocado. Esta circunstancia tiene una mayor influencia de la que hasta ahora hemos sabido (*véase también el Capítulo 8*).

Infórmese si en su hospital se ofrece la posibilidad de poner a los gemelos juntos. En el Hospital La Fe (Valencia) se utilizan incubadoras especiales, preparadas para dos y también cunas específicas, importadas de Suecia. Dormir juntos no solo es beneficioso durante su prematuridad, sino también en el periodo posterior. Lola Bernabeu, jefe de la planta de neonatología del Hospital La Fe, comenta al respecto:

«Hemos descubierto que las madres siguen acostando a sus gemelos en una sola cuna, después de la experiencia de la incubadora compartida. Suelen dormir juntos hasta los tres meses. No cabe la menor duda de que su compañía les beneficia».

Como la incubadora para gemelos es amplia, a veces también se utiliza para los trillizos prematuros. Se trata, también en este caso, de imitar al máximo la situación intrauterina. Cuando los bebés crecen, se separa uno de los hermanos, pero según un sistema rotativo; en la siguiente toma le toca el turno a otro, de modo que los tres se van beneficiando del contacto corporal e íntimo. En caso de cuatrillizos se opta por dos incubadoras (o cunas) de gemelos.

Los problemas físicos del bebé prematuro

Cuanto más prematuro sea el bebé, mayor riesgo existe de posibles complicaciones. La duración del embarazo es un factor decisivo en el estado de salud del bebé, más que el peso al nacer. Pero al margen de su grado de prematuridad, las probabilidades de supervivencia dependen de su estado al nacer, su peso y su reacción ante los tratamientos. Por este motivo muchos neonatólogos no se atreven a hacer predicciones sobre la futura salud de los bebés y les dicen a los padres, en la mayoría de los casos, que deben tener paciencia. Lógicamente, para los padres no es una situación fácil. Las posibilidades del bebé prematuro también dependen de la calidad de los cuidados neonatales que se le presten. Por este motivo es tan importante que el bebé prematuro nazca en un hospital con UCIN.

Pueden darse grandes diferencias entre los hermanos gemelos. Uno de los dos puede tener un peso inferior al otro. El de poco peso muchas veces es un bebé pequeño para su edad gestacional (PEG). Y en una pareja de prematuros niño/niña, la niña tiene mayores posibilidades de supervivencia que su hermano, aun siendo los factores iguales para ambos (duración del embarazo, peso). O en caso de trillizos (una niña y dos niños), la niña, aun siendo la más pequeña, puede estar más fuerte y mejor preparada para la vida fuera del útero que sus hermanos. Los estudios demuestran que al nacer las niñas están más fuertes que los niños.

Problemas respiratorios

Dentro del útero sus bebés reciben oxígeno mediante la sangre que les llega a través de las placentas (o placenta). Cuando nacen prematuramente, sus órganos aún son inmaduros, así también sus pulmones. Afortunadamente, muchos prematuros con pulmones inmaduros son capaces de respirar bien, capacidad que mejora si los bebés experimentan trabajo de parto antes de nacer. Otros necesitan ayuda para recibir suficiente oxígeno. Esto se puede hacer de distintas maneras y dependiendo del grado de la dificultad respiratoria se utiliza un modo u otro. El modo más sencillo es administrarle oxígeno suplementario en el aire ambiente de la incubadora.

Si el bebé necesita más ayuda, se le administra oxígeno suplementario mediante un tubito que se le sujeta sobre sus mejillas (los extremos se encuentran en sus fosas nasales). Este método se utiliza sobre todo cuando el bebé necesita oxígeno en pequeñas cantidades durante un periodo largo de tiempo. Si estas medidas no son suficientes, se puede optar por conectar al bebé a un aparato de presión positiva continua (CPAP). Es un tratamiento en el que se utiliza una leve presión positiva durante la inhalación para aumentar el volumen del aire inspirado y disminuir el esfuerzo al respirar. El bebé respira por sí solo.

La forma más intensiva de asistencia respiratoria es la ventilación asistida. En este caso la respiración está sustituida por un aparato respiratorio. Se le administra al bebé el oxígeno directamente en la tráquea mediante un tubito. Hay distintos niveles en cuánto al oxígeno que se le administra; puede ser de modo intenso en el que el bebé no tiene que hacer nada, hasta uno muy ligero en el que la ayuda sirve de apoyo para su propia respiración.

La ventilación asistida es un gran avance para el tratamiento de los bebés prematuros, pero también acarrea inconvenientes: los pulmones pueden dañarse. Por ejemplo, puede producirse la displasia broncopulmonar (también llamada enfermedad pulmonar crónica). Por este motivo se aplica la ventilación asistida siempre con mucho cuidado y durante el tiempo estrictamente necesario. Esta enfermedad se origina cuando el oxígeno produce un efecto tóxico sobre el pulmón: en este caso se dañan los alvéolos, dejando pequeñas cicatrices en el pulmón, lo que a su vez dificulta la respiración. Esta enfermedad puede retardar el alta hospitalario o puede que el bebé aún requiera oxígeno cuando ya esté en casa (en este caso se les facilita a los padres la maquinaria necesaria).

Otra complicación pulmonar seria que puede darse en bebés prematuros es la enfermedad de las membranas hialinas, el Síndrome de Distress Respiratorio (SDR). Su causa es la inmadurez de los pulmones. Falta una sustancia —surfactante— que es imprescindible para mantener abiertos los alvéolos. Por la falta del surfactante, que es un agente tensioactivo, los alvéolos se cierran tras cada respiración. Cada nueva respiración cuesta mucha energía. El bebé respira muy rápido y en cada respiración su tórax sube y baja aceleradamente, acompañado por un quejido o grito del pequeño. Cuanto más prematuro sea el bebé, mayor el riesgo de esta enfermedad. Por este motivo en caso de un posible parto prematuro, el ginecólogo le prescribe a la embarazada corticoides para acelerar la maduración pulmonar. De esta manera se estimula la producción de surfactante. Es importante que el parto no transcurra dentro de las primeras 24 horas, ya que este medicamento (una sustancia derivada de la hormona cortisona) necesita tiempo para hacer su función.

Los bebés con SDR requieren un tratamiento intensivo. Se les administra oxígeno suplementario (vía CPAP) o la ventilación asistida. Se les suele alimentar con una sonda para que utilicen toda su energía para respirar. También se les administra surfactante lo que les facilita la respiración. Este tratamiento ha aumentado considerablemente las posibilidades de supervivencia de los prematuros, pero el SDR sigue siendo la principal causa de la muerte de estos bebés.

Apneas

La apnea es otro problema común en los bebés prematuros, sobre todo para los que nacieron antes de la semana 30. Es una pequeña pausa respiratoria, debida a la inmadurez pulmonar y neurológica. La parte del sistema nervioso central que controla la respiración desde el cerebro no es lo suficientemente maduro como para procurar una respiración continua. Hablamos de «bradicardia» cuando el ritmo cardíaco disminuye hasta menos de 60 pulsaciones por minuto.

En la UCIN todos los bebés están monitorizados, de modo que se detectan rápidamente cambios respiratorios o la disminución del latido cardíaco. El tratamiento habitual de un episodio de apnea consiste en acariciarle suavemente o darle golpecitos en el brazo para «recordarle» que respire. También es posible que se le dé un medicamento que ayuda a mantener una respiración regular. La mayoría de los bebés superan este problema a medida que adquieren una mayor madurez cerebral.

Problemas alimenticios

Muchos bebés prematuros tienen en su primer periodo de vida problemas con la alimentación. Puede haber trastornos en el aparato digestivo; o bien el estómago apenas tolera la alimentación, o el bebé no sabe succionar ni deglutir debido a la inmadurez neurológica. Si el bebé no tiene el reflejo de succión-deglución, se le alimenta mediante una sonda nasogástrica (también llamada vía enteral); la comida le llega directamente al estómago. Si no lo tolera, se le alimenta de forma intravenosa (llamada vía parenteral, los líquidos le llegan directamente a la sangre). También se le puede alimentar combinando la vía parenteral con la enteral.

El bebé prematuro pierde en los primeros días más peso que otro nacido a término, porque elimina líquidos que tenía almacenados. La mejor alimentación para el prematuro es la leche materna. Por ello es muy importante que la madre, nada más nacer sus bebés, empiece a estimular la subida de leche (*véase el* Capítulo 13).

Laura, madre de gemelos dizigóticos, nacidos en la semana 31 cuenta:

«Me extraía la leche en casa con un sacaleches eléctrico y luego la llevaba al hospital; la congelaban y se la iban dando a mis bebés según sus necesidades. Cuando finalmente los llevé a casa, les daba de mamar y seguía extrayéndome la leche, que les daba en biberón, porque aún no mamaban bien. Así que fue un proceso costoso: dar el pecho, extraer la leche, dar el biberón. Pero a las dos semanas uno de ellos ya mamaba bien y al mes el otro también. Estoy contenta; ha valido la pena».

La leche materna es muy beneficiosa, porque tanto su cantidad como su composición se modifican según las necesidades del crecimiento de los lactantes. Cuando los bebés son prematuros, la madre produce una leche que es de un tipo especial, adaptado a las necesidades de éstos. La leche materna es incluso más importante para el prematuro que para un bebé nacido a término, porque le aporta defensas contra las infecciones (dada su prematuridad es muy propenso a ellas) y aumentan las posibilidades de que sobreviva. También es cierto que los bebés alimentados a pecho son dados de alta antes.

Si usted no puede dársela (a veces está contraindicada por motivos médicos) o no quiere, le darán al bebé leche de fórmula, adaptada a las necesidades del prematuro. Generalmente, hasta la semana 34 el prematuro es alimentado mediante la sonda nasogástrica. Más o menos alrededor de esta semana el bebé empieza a hacer con su boca movimientos de succión. Hay que aprovecharlo y estimularle el aprendizaje de succionar, acercándole el pezón a su boca. Succionar no es fácil para el pequeño bebé, ya que requiere un esfuerzo físico considerable. Es probable que se duerma al poco de mamar, por lo que no toma lo suficiente. Por este motivo, en algunos centros se pasa primero de la alimentación por sonda al biberón antes de poner al bebé al pecho materno. También en este caso el bebé puede tomar la leche materna, sacada previamente por su madre con ayuda de un sacaleches (*véase el* Capítulo 13). El inconveniente de esta táctica es que el bebé se acostumbra al biberón: como la succión del pecho es más costosa, cabe la posibilidad de que el bebé ya no se acostumbre al pecho. Por este motivo no se debe aplazar por mucho tiempo el inicio de la lactancia materna.

Puede que uno de sus bebés mame mucho antes y mejor que el otro. No hay que desesperarse. Con mucha paciencia y cierta maña conseguirá que ambos bebés (o todos) aprendan a mamar del pecho. En caso de que la leche materna no alcance para todos sus bebés (en caso de trillizos o más), conviene alimentar al bebé más débil o más enfermizo exclusivamente con la leche materna y complementar la leche de sus otros bebés con leche artificial. En este caso es importante darles primero el pecho y a continuación el biberón con la leche de fórmula y no al revés. No obstante, en la realidad y al contrario de lo que se piensa, muchas madres son capaces de alimentar a sus trillizos con su propia leche, porque los pechos producen la cantidad según la demanda.

Nos lo demuestra el testimonio de Amparo, madre de trillizos:

«Mis bebés nacieron en la semana 29 y pesaban 1370, 1260 y 1120 gramos. Empecé a sacarme la leche poco después del parto. La tomaron mediante la

sonda y crecían bien. Me hacía sentirme útil. Empecé a poner al pecho al bebé más grande en la semana 34. Lo aprendió fácilmente. Al cabo de una semana también lo hice con uno de sus hermanos, y finalmente le tocó al más peque-ño. No ha sido siempre fácil, pero les he podido dar el pecho hasta los 5 meses y medio, sin ayuda de la leche artificial. Hoy en día son unos niños sanos de tres años y creo que la leche materna ha sido fundamental para ello».

La relación con los bebés

No es fácil para los padres tener a sus bebés (o a uno de ellos) en la in-cubadora. Pasan por un periodo difícil; están preocupados, tienen miedo por el futuro y se preguntan si nacer antes de tiempo no dejará secuelas en sus hijos. 98% de los bebés que nacen con un peso entre 1.100 y 2.500 gramos, sobrevive. Pero aunque su supervivencia es posible, una parte de ellos sufre un hándicap o problema físico. También hay secuelas que no se observarán hasta más adelante, en los años de escolaridad. Problemas como falta de concentración, conductas hiperactivas y ciertas dificultades para el aprendizaje pueden estar relacionados con la prematuridad. Mu-chos padres de bebés prematuros viven con cierta inseguridad en cuanto al futuro de sus hijos. Es algo que difícilmente se puede evitar.

A veces ocurre que los padres apenas se atreven a vincularse con sus bebés. Les ven tan frágiles que temen lo peor y por ello rehúyen el con-tacto. No obstante, para los bebés y su estado de salud, es muy importan-te que sus papás se involucren cuanto antes en sus cuidados. Hasta hace algunos años no se permitía la entrada de los padres en las unidades de cuidados intensivos neonatales, hasta que los psicólogos Klaus y Kennell de Estados Unidos, en la década de 1970, demostraron la importancia de que los padres iniciaran el contacto con su bebé. El prematuro percibe la presencia de su papá al lado de la incubadora, aunque esté sentado y leyen-do un libro, reconoce la voz de sus papás (e incluso de sus hermanos), y se tranquiliza al sentir las manos de su mamá sobre su piel.

Tifanny Field, directora de The Touch Research Institute de la facultad de medicina en Miami, observó en 1998 un grupo de 40 bebés prematuros que ya había salido de la UCIN y se encontraba en incubadoras en la planta de neonatología. A la mitad del grupo se les dio tres veces al día durante quince minutos masajes y gimnasia infantil, diez días seguidos. Se les masajeaba suavemente su cuerpecito. Los ejercicios consistían en flexiones de brazos y piernas. Estos bebés aumentaban un 47% más en peso que el otro grupo que no recibía tratamiento. Seguramente el contacto físico mejora la función de los intestinos y del metabolismo. A este grupo de bebés se les podía dar el alta hospitalaria seis días antes que al grupo control. Field había detectado, como madre de una bebé prematura lo importante que eran sus caricias para su pequeña. Después de esta experiencia personal se convirtió en una experta en el tema.

En el bebé prematuro muchas veces es difícil percibir las señales con las que expresan la necesidad de tener contacto con sus padres. Un bebé nacido a los nueve meses aprieta el dedo de sus papás o abre los ojos y les mira fijamente. Estas señales indican que busca contacto. Los padres de bebés prematuros no tienen estas respuestas de sus pequeños; éstos necesitan toda su energía para crecer. Pero no quiere decir que no necesiten la atención de sus papás. ¡La necesitan mucho! Por muy bien que estén cuidados y vigilados por el personal médico, hay una serie de sentimientos que solo los padres pueden transmitir a sus bebés. Y al contrario de lo que se pensaba anteriormente (el feto y el recién nacido no sienten ni tienen dolor), hoy en día sabemos que el bebé, desde antes de su nacimiento, es extremamente ¡sensible e intuitivo!

¿Cómo transcurre el vínculo con hijos nacidos de un parto múltiple?

Siempre se pensó que los primeros momentos de la vida son cruciales para el vínculo con el bebé, tal como lo es para muchos mamíferos (si se pierden estos momentos, algunas madres animales no reconocen a sus crías como suyas y las rechazan). Los bebés nacidos de un parto múltiple muchas veces no viven estos primeros momentos en contacto con sus madres. Por tanto en muchos padres descubrí una cierta preocupación sobre este tema. Es importante aportarle información basada en datos fidedignos.

Para empezar, debemos afirmar que no existe un tiempo límite al periodo en el que se forja el vínculo (en inglés *bonding*). Este ya empieza a crearse durante el embarazo, mediante las ecografías, los movimientos de los fetos, los pensamientos que los padres les dirigen y las palabras que les susurran. El vínculo se refuerza cuando los bebés nacen y los padres les profesan sus mejores atenciones.

No existe una única forma para forjar el vínculo. Se produce de muchas maneras distintas. Hay madres que se enamoran de inmediato de sus bebés. Otras necesitan tiempo. Quizás una madre no sienta una emoción fuerte cuando coge al bebé en brazos. Puede durar días, semanas e incluso meses hasta que sienta una conexión, pero tarde o temprano ocurre (salvo excepciones, poco frecuentes). Los padres difieren en su manera de forjar un vínculo, dado las diferencias en su carácter. También existen diferencias entre el hombre y la mujer.

El no tener al bebé consigo nada más nacer no impide el vínculo. Los bebés se acuerdan de la voz, del tacto y del olor de su madre. En las madres los recuerdos a sus bebés —sus movimientos, sus reacciones ante sus caricias— están profundamente arraigados en su memoria. Los hijos ya son parte de ella.

La base en la que se sustenta el vínculo padre-hijo es lo mismo para bebés únicos y bebés nacidos de un parto múltiple. Lo que ocurre, es que el ser humano solo es capaz de forjar un vínculo con una persona a la vez. Por tanto, el proceso del *bonding* requiere más tiempo en caso de gemelos o trillizos. Y lo que a veces complica la situación, es que los padres estén más absortos en el estado de salud de sus hijos como dúo o trío que en cada hijo por separado. Una vez que su salud se establece, ya empieza el *bonding* con cada uno. Se necesita tiempo y oportunidades para ello.

Los estudios demuestran que en caso de que los gemelos o trillizos son de distintos zigotos, el vínculo se forja con más facilidad que cuando se trata de hijos de un solo zigoto (los idénticos). Los primeros se parecen menos y suelen tener temperamentos, reacciones y ritmos distintos (comer, dormir, llorar). En los monozigóticos el reto en descubrir diferencias es mayor y habrá que buscar más para percibir las características únicas de cada hijo.

Deborah, madre de trillizos trizigóticos:

«No me resultó difícil conectar con cada uno de mis hijos, quizá porque desde el primer día eran tres personitas muy distintas».

Leonor, madre de trillizos monozigóticos:

«Siempre he sentido una preocupación de que el vínculo con ellos no fuera bueno. Pienso que pude desarrollar un buen vínculo con ellos, porque les di el pecho, les tuve mucho contra mi piel —el método canguro— y en cuanto me sentí con fuerzas, me ocupé de sus cuidados en el hospital».

Sugerencias para el vínculo durante la estancia en el hospital

- Acuda lo máximo posible al hospital. Aunque de momento no podrá hacer más que sentarse al lado de la incubadora, su presencia les hará bien a sus bebés.

- Intente estar relajada. Hable sobre sus preocupaciones con el neonatólogo, su pareja u otras personas para que no interfieran en su contacto con su(s) bebé(s).

- Intente darles leche materna. Como los bebés seguramente no podrán tomar pecho, tendrá que recurrir al sacaleches. La leche materna contiene hormonas que son importantes para el vínculo.

- Si aún no puede desplazarse para ver a sus bebés, pídale a su marido que tome una foto. Esta hará más real su existencia.

- Una grabación de video en el que usted aplica el método canguro, será un recuerdo muy preciado e importante para cuando usted vuelva a casa y los bebés aún deban permanecer en el hospital. Ver la grabación le lleva de inmediato a ellos. Para sus bebés puede hacer una cedee en la que les habla. También puede grabar un mensaje del papá, del hermano mayor, sonidos de la casa, canciones de cuna o música barroca. Pídeles a las enfermeras que se la ponga a sus bebés varias veces al día. Estudios demuestran que el bebé prematuro que escucha sonidos familiares, crece más deprisa y está más tranquilo. También beneficia la transición del hospital a casa.

- A veces el bebé prematuro parece asustarse cuando se le toca. Es una reacción lógica, porque sus experiencias con el contacto humano son muchas veces dolorosas: sondas, agujas, tubos, manejo brusco, etc. Háblele a su hijo antes de tocarle y transmítale confianza. Aprenderá a relajarse al escuchar su voz.

- Puede ser muy difícil distinguir a gemelos o trillizos monozigóticos. Si es así, conviene pintarles las uñas con un color distinto. Conviene hacerlo antes de que salgan del hospital. Los casos en que los propios padres tenían dudas de quién era quién, no son excepciones. Otra idea es elegir para cada bebé un propio color, por ejemplo azul para uno y el rojo para otro. Este sistema, llamado «color coding», les facilita a las personas que ayudan en los cuidados, establecer un vínculo íntimo con cada uno.

- No se preocupe si siente un apego más fuerte hacia un bebé que hacia su hermano. La relación con cada uno de sus hijos será siempre única y especial y también cambiará con el tiempo. Sus hijos son individuos distintos desde el comienzo de su vida y es lógico que cada uno evoque reacciones distintas en usted. Evite comparar el amor que siente hacia cada uno de sus hijos. Pero si nota que hay algo que le impide amar a uno de ellos, háblelo con su pareja u otra persona de confianza.

Las emociones de los padres

Muchos padres se sienten tristes e impotentes al tener a sus bebés en la incubadora. A algunas madres les embarga un sentimiento de fracaso, de no haber llevado bien el embarazo, y se atormentan con preguntas sobre qué habrán hecho mal. Se sienten culpables.

Otras madres se sienten ausentes, como si no fuera con ellas. Isabel, madre de trillizos:

«Me sentía como ida. Tenía ganas de meterme debajo de mi edredón y desaparecer. No sentía a los bebés como míos y solo les visitaba por obligación. Hasta que una enfermera me puso uno de ellos en mis brazos y literalmente me ordenó sentarme al lado de la incubadora. Al sentir su frágil cuerpecito, me derrumbé: por fin podía llorar y desde aquel momento me enamoré de mis pequeñines».

También es frecuente que las mamás (y los papás) se sientan divididas y presionadas: si están con uno de sus bebés, piensan en el otro. Si uno está en el hospital y el otro en casa, la situación se agrava. O incluso sienten pena por el hijo mayor al que no pueden prestar apenas atención. Viven una constante sensación de fallar y nunca estar a la altura. Cuando a la madre le dan el alta, mientras los bebés deben permanecer en el hospital (situación bastante frecuente en los partos múltiples), les sobreviene una sensación de vacío y tristeza. El 60% de las madres de mi grupo lo vivió como una situación muy traumática.

También pueden darse sentimientos ambivalentes hacia el personal médico y sanitario. Por un lado la madre sabe que no puede cuidar sola de sus bebés y que necesita de esas personas desconocidas, pero por otro se siente frustrada y con cierta ira.

Claudia, madre de gemelos:

«Quería cuidarlos yo misma y tenerlos conmigo. Estaba enfadada con las enfermeras, aunque al mismo tiempo les agradecía sus buenos cuidados y profesionalidad. Estaba hecha un lío».

Valeria, madre de trillizos:

«Tendía a pedir permiso para cuidar de mis bebés, como si fueran hijos de las enfermeras y no míos».

Sugerencias

- Exteriorice sus sentimientos de culpabilidad u otros. Son muy molestos y no conducen a nada. Muchas veces no se puede descubrir la causa que desencadenó el parto prematuro; de todos modos consúltelo con su ginecólogo.

- Una de las cosas que puede hacer por sus bebés es proporcionarles su leche. La leche materna es la mejor alimentación para ellos. Muchas madres se sienten contentas sacándose la leche; les hace sentirse útiles e involucradas en los cuidados a sus pequeñines.

- Anote todo lo que les ocurre a sus bebés en un diario (uno para cada bebé), como sus progresos y sus dificultades. Le ayudará a asimilar las experiencias y superar este periodo difícil. Hágales fotografías dentro de la incubadora.

- Intente cuidarlos cuanto antes. Si no es posible tenerlos recostados contra su pecho, acaríacieles con sus manos metidas por los agujeros de la incubadora. Los bebés reconocen el tacto de su madre y sus caricias son un «alimento» importante para ellos. Las enfermeras pueden enseñarle cómo darle un masaje a su bebé.

- Póngase en contacto con una asociación de padres de hijos prematuros (*véase* Direcciones útiles). Compartir experiencias con otros padres, que pasan o han pasado por lo mismo, es de gran ayuda.

- Infórmese bien sobre el bebé prematuro, sus dificultades y progresos. Cuanto mejor informado/a esté, menos se asustará de los tratamientos y las terapias que se le apliquen. Y así podrá transmitir mejor a sus bebés la tan necesaria tranquilidad y confianza. Hoy en día existen buenos libros, no solo sobre la prematuridad, sino también sobre el masaje infantil y la estimulación temprana, temas muy importantes en su caso.

¿Cuándo saldrán los bebés del hospital?

La duración de la estancia en el centro hospitalario varía mucho de un caso a otro. Se divide en dos periodos; durante el primero se trata de establecer las funciones vitales, como la respiración, la digestión y la temperatura. El segundo periodo tiene como finalidad asegurar el crecimiento de los bebés mediante cuidados relativamente simples. Las capacidades del bebé para respirar, beber y engordar con normalidad son más importantes que el peso en sí. Los hospitales también difieren en su política sobre el momento oportuno para darle el alta al pequeño. Generalmente se permite la salida del bebé prematuro cuando alcanza los 2 kilos, aunque este dato es variable. Nos lo cuenta Lola Bernabeu (enfermera especializada en neonatología): «Hoy en día ya mandamos bebés de 1600 gramos a casa. Es donde mejor van a estar. La mayoría de nuestros prematuros son alimentados con leche materna, en torno al 80% (en general solo se prescinde de la lactancia materna en caso de problemas físicos de la madre). Esto ya es una gran ventaja. Si además observamos que los padres tienen cierta soltura y confianza en los cuidados a su bebé, no dudamos en dejarle ir. El vínculo padres-hijo es fundamental para la supervivencia del bebé prematuro».

Para los padres significa un momento glorioso: ¡por fin pueden tener a su(s) bebé(s) en casa! No siempre se da este momento para ambos bebés a la vez. Si este es el caso, empieza para usted un agobiante ir y venir entre su casa y el hospital. Si la distancia al hospital no es muy grande, la llegada «escalonada» a casa tiene sus ventajas.

Testimonio de Patricia, madre de trillizas:

«Las niñas nacieron en la semana 35 con pesos de 2040, 2000 y 1850 gramos. Pasaron 5 días en la incubadora y 6 más en el nido. En el hospital les dieron el alta una por una, no tanto porque su estado de salud fuera distinto, sino para que me acostumbrara paulatinamente a cada una. Y esto me fue bien; me dio tiempo de habituarme a mi nueva vida».

La duración de su estancia en el hospital puede ser muy variada: en mi grupo objeto de estudio de gemelos, la duración mayor fue de dos meses; en el grupo de trillizos de tres meses y medio; en el de los cuatrillizos (un total de 20 familias) uno de los bebés tuvo que permanecer casi cuatro meses en la incubadora.

Ya llegan a casa

Ahora puede empezar la vida normal con sus bebés tal como se había imaginado durante el embarazo. Los padres suelen estar muy contentos, pero también les invade una tremenda inseguridad; los bebés aún son muy pequeños y la ausencia de las enfermeras y el neonatólogo se hace notar. Pero con el transcurrir de los días, irá adquiriendo confianza. ¡Se aprende a andar caminando!

Los bebés prematuros muestran unas características específicas que los distinguen de otros bebés. Hay que tener en cuenta los siguientes puntos:

- A veces, el cambio del hospital a casa les desconcierta; se muestran llorones e irritables durante los primeros días. Es posible que la falta de un entorno ruidoso haga que se sientan intranquilos, ya que en la incubadora oían ruidos continuamente, como el del monitor, etc. Quizás se sientan mejor si se les deja la radio puesta y la luz encendida. También el sonido rítmico de un reloj les tranquilizará. Al bebé que llora mucho, seguramente le irá bien llevarlo por casa en la mochila portabebés. El estrecho contacto corporal con la madre le tranquilizará.

- Les gusta sentir un borde en la cuna en que apoyar la cabecita. Hace que recuerden la situación intrauterina, cuando sentían las paredes del útero. Por ello, durante los primeros meses, el moisés es más adecuado que la cuna. Si no dispone de él, puede conseguir un espacio reducido poniendo toallas enrolladas a ambos lados de la cuna. Y generalmente los bebés se tranquilizan al tener al lado al hermano gemelo, tal como en el útero (*véase el* Capítulo 15).

- En cuanto a la posición en la cuna, lo mejor es ponerles de lado con las piernas y los brazos recogidos junto al cuerpo y las manos libres, para que puedan tocarse la cara y chuparse los dedos como hacían en su vida intrauterina. Hay que cambiarles de lado después de cada toma para evitar que pasen mucho tiempo en la misma posición; esto podría afectar a su desarrollo motor. Para acordarse del lado en el que hay que acostarle, existe un truco sencillo: coloque un peluche en el cabezal de su cuna y cámbielo de lado después de cada toma. La posición de este peluche le indicará en qué posición durmió su bebé la última vez.

- La norma general es no despertar a los bebés para que coman, pero en su caso seguramente será más conveniente hacerlo, para evitar que pierdan tomas y sufran bajadas de glucosa. El bebé prematuro necesita comer más a menudo, menos cantidad y hacer más pausas que un bebé nacido a término, porque tiene menos energía y comer le supone un gran esfuerzo. Siga minuciosamente las prescripciones de vitamina D y hierro, que le dará su pediatra, porque el prematuro tiene una gran necesidad de estos aportes.

- Les cuesta, en general, establecer un ritmo fijo de día y noche. En la sala de neonatología, donde ha permanecido en sus primeras semanas de vida, siempre había movimiento del personal sanitario, cuidando a los prematuros, y siempre había alguna luz encendida, de modo que ahora le cuesta distinguir entre el día y la noche (también es cierto que de acuerdo con el protocolo de la manipulación del prematuro se recomienda que la sala permanezca más silenciosa y la iluminación se reduzca hasta el mínimo indispensable). Para ayudarle a distinguir entre el día y la noche, ofrézcale un ambiente distinto: durante el día es bueno que oiga voces o música suave y se duerma con la luz natural, mientras que por la noche debe dormir en una habitación silenciosa y a oscuras.

- Algunos bebés están físicamente tensos; cuando se les coge en brazos, se estiran y echan la cabeza hacia atrás. Para evitar que su pequeño lo haga, hay que cogerle de la siguiente manera: sujétele bien la cabeza, los hombros y el culito en el círculo formado con sus manos y brazos. De este modo se relajará. No le levante nunca cogido por las axilas, así se estiraría aún más. Seguramente le gustará estar acostado en una hamaca, colgada en el parque, porque le beneficia la postura encorvada. También le benefician los masajes, el baño o la fisioterapia.

- Según se acerca la fecha inicialmente prevista para el parto, el llanto de los bebés aumenta. Eso quiere decir que los bebés lloran cada vez más. No debe verlo como una señal alarmante (salvo que vaya acompañado de otros síntomas, como fiebre, diarreas, erupciones cutáneas, etc.). Es el mejor indicio de que los bebés van cogiendo fuerzas y se están desarrollando como bebés nacidos a término.

- Los bebés prematuros muestran una mayor demanda de mimos, caricias y abrazos. Ofrézcales esa atención corporal desde el principio y continúe «incubándoles» durante unos meses más, siempre que le sea posible. Otras personas pueden ayudarle, como el padre, los abuelos u otros. Los bebés agradecen todo calor humano y lo demuestran con su crecimiento.

Testimonio de Esther, madre de gemelas, que nacieron con 28 semanas y pesaban, respectivamente, 1160 y 965 gramos:

«Cuando las niñas llegaron a casa, pensé que entonces ya estarían bien y sanas. Pero no fue así. En el primer medio año lloraban mucho; pensábamos que no lo hacíamos bien. Nos sentíamos muy inseguros. También enfermaban a menudo: se resfriaban, tenían fiebre o problemas pulmonares. Visitaba casi continuamente al pediatra. Una niña sufría de una hernia inguinal y a su hermana la llevábamos a un fisioterapeuta, porque estaba muy tensa físicamente (hipotonía). Llegué a pensar que los problemas no terminarían nunca. Pero al medio año todo cambió: dejaron de enfermar y lloraban menos. Empecé a relajarme».

El desarrollo posterior del bebé prematuro

Se vigila detenidamente el desarrollo del bebé prematuro para detectar cuanto antes la más mínima anomalía. Para los niños nacidos con un peso de 1000 gramos o más existen menos riesgos que para los más pequeños. Si los cuidados han implicado respiración asistida mediante un suplemento de oxígeno, se realizan exámenes oculares durante la estancia en el hospital y posteriormente.

Para valorar el desarrollo del niño, los pediatras se atienen al concepto de la edad corregida: la que tendría el niño si hubiera nacido a los nueve meses de gestación. Se calcula restando a la edad actual del bebé el número de meses que nació prematuramente. Por ejemplo, si nació hace cinco meses y fue dos meses prematuro, su edad corregida es de tres meses. Este concepto se aplica hasta los dos años de edad, momento en el que el sistema nervioso del bebé ha completado su desarrollo. A los bebés nacidos antes de la semana 32 de gestación y a los que tienen un peso inferior a los 1500 gramos se les hace un seguimiento durante sus primeros dos años de vida. Se trata de revisiones médicas no rutinarias (específicas para el prematuro), porque se ha comprobado que una detección precoz de ciertas secuelas es importante para el correcto desarrollo del bebé, tanto a nivel cognitivo como a nivel motor. Para los bebés con un grado de prematuridad más leve las revisiones médicas realizadas por el pediatra son suficientes.

Cuando se descubren problemas y retrasos en el desarrollo del bebé, se le remite a un centro de estimulación precoz. Allí se encontrará con un equipo de especialistas, como un neuropediatra, un psicólogo, un fisioterapeuta y un logopeda. Evalúan la madurez del niño y elaboran un plan de trabajo, en el que combinan ejercicios físicos con juegos, con el fin de estimular su desarrollo y disminuir los retrasos. Las sesiones de estimulación precoz son semanales o quincenales y suelen durar alrededor de 20 minutos en el caso de bebés y 45 en el de niños ya mayores. Los padres suelen estar presentes para que aprendan los ejercicios y puedan hacerlos en casa. Es importante llevar a un bebé prematuro, que tenga ciertos retrasos considerables, a un centro de estimulación cuanto antes, porque así los resultados serán mejores; el sistema nervioso cerebral es extremamente receptivo a los estímulos externos durante los primeros dos años.

La estimulación en casa

Muchos padres se preguntan si es necesario y conveniente estimular a sus bebés prematuros para paliar el efecto de posibles secuelas. En el primer periodo, cuando los niños por fin están en casa, lo más importante es recuperar el tiempo perdido y cubrirles de las caricias y el afecto que no pudieron tener durante el ingreso hospitalario. El contacto físico con los papás (y otros cuidadores) es un buen estímulo para el crecimiento de sus bebés. Cuando después de un periodo de dos a tres meses empiezan a estar más tiempo despiertos, sí conviene pensar en juegos adecuados para ellos. Los bebés prematuros han tenido menos estimulación sensorial que un bebé a término; este disfruta justamente en las últimas semanas del embarazo de los siguientes estímulos: el sentido del equilibrio se desarrolla gracias a los movimientos de la madre; el sentido del oído es estimulado por los latidos cardíacos maternos; además el feto siente la pared del útero, el cordón umbilical y la placenta, lo que estimula el sentido del tacto (aunque por otro lado los gemelos sienten el cuerpo del hermanito). Pero en general los prematuros viven menos estas experiencias y, por lo tanto, los juegos con ellos deben estar orientados a ofrecerles esa estimulación sensorial.

Sugerencias

- ✓ Para estimular el sentido del tacto: rócele las mejillas, las plantas de los pies y sus brazos con algo suave, como por ejemplo un cepillo infantil o un trapo de franela para que sienta distintas texturas.

- ✓ Para el sentido de vista y oído: cuélguele un móvil sonoro en su cuna y proporciónele otros juguetes que suenen, se iluminen o realicen algún movimiento. Una lámpara que proyecte imágenes en el techo también será de su agrado y le ayudará a fijar la mirada.

- ✓ Para su motricidad: túmbele a menudo sobre una manta o área de juego con tela acolchada; esto le estimulará para girarse sobre sí mismo, coger un juguete que esté cerca de él o gatear. Los estudios demuestran que los niños que pasan mucho tiempo sentados en las sillitas o hamaca desarrollan menos su motricidad. Reserve en su casa un área de juegos que a sus bebés les sirva de parque; tumbados sobre ella tienen plena libertad para moverse y desarrollar sus capacidades motoras.

- ✓ En caso de hipotonía, una gimnasia suave ayuda a desentumecer el cuerpo del bebé y facilita la adquisición de tono muscular. La hipotonía es una falta de tono muscular, por lo que el bebé está excesivamente flácido, justo lo contrario de la hipertonía. La gimnasia consiste en hacer pequeñas flexiones y estiramientos con las extremidades del bebé, como: flexionar sus piernas hasta la altura de la barriga y volverlas a estirar; levantar sus brazos por encima de la cabeza y hacer que una mano se dirija hacia el pie del lado opuesto.

✓ Lo idóneo es dedicar cada día un tiempo individual a cada bebé (o al bebé que lo precise). Para ello necesitará la ayuda de su pareja u otra persona. Al principio un periodo de 10 a 15 minutos es suficiente; a medida que el niño vaya madurando, se pueden alargar los juegos. Es importante prestar atención a las señales de cansancio en el niño: si gira la cabeza, bosteza o deja de participar, es señal de que «la clase» ha sido suficiente. El tiempo de concentración es limitado en un bebé, e irá aumentando a medida que vaya creciendo.

Información de interés

Los gemelos monozigóticos tienen más tendencia al nacimiento prematuro. Quizás esto explique que su peso al nacer sea algo más bajo en comparación con los dizigóticos. Además, curiosamente, entre los hermanos idénticos se dan mayores diferencias de peso al nacer que entre los hermanos mellizos. Seguramente ello sea debido a que en el caso de los monozigóticos, algunas veces, uno se alimenta «a costa del otro» (síndrome de transfusión fetofetal).

CAPÍTULO 13

La alimentación de los bebés

Una de las primeras preocupaciones de la madre de gemelos (trillizos o más) será el tema de la alimentación. Las preguntas que se formulan con más frecuencia son: ¿cómo voy a dar la toma a dos (o tres) a la vez? Y ¿puedo darles el pecho? A continuación proporcionaré primero la información general.

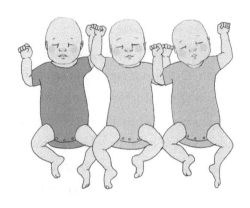

Un recién nacido necesita una toma cada dos o tres horas, día y noche; el peso del bebé influye en el número de tomas; cuanto más pequeño sea, más tomas precisará (un bebé de 2250 gramos por ejemplo, necesita una toma cada dos horas). Esto implica unas ocho (a diez) tomas al día para cada bebé; en caso de lactancia artificial, como mínimo unos dieciséis biberones para los gemelos y veinticuatro en caso de trillizos. Diariamente, la madre de gemelos dedicará unas seis a siete horas a la alimentación de los pequeños. Y la madre de trillizos estará gran parte del día ocupada con las tomas de sus bebés, por lo menos durante los primeros meses. Al principio, los bebés duermen entre tomas. A medida que los pequeños crecen, estos intervalos pueden hacerse más largos. Cuando tienen seis meses, lo normal es que pidan las tomas con un intervalo de cuatro horas.

Un bebé siempre pierde peso durante los primeros días; es normal y no es motivo para preocuparse. Los primeros días no suelen tener mucho apetito: aún están cansados de la aventura de nacer, y a veces tienen náuseas por el líquido amniótico que han tragado durante el parto. El cambio de la vida intrauterina a la exterior es muy grande y el bebé necesita un tiempo para adaptarse. A partir del tercer o cuarto día del nacimiento empiezan a aumentar de peso. Los bebés que toman el pecho recuperan su peso inicial a las dos semanas de nacer y empiezan a «engordar» desde ese momento (no obstante, si todas las circunstancias son favorables, como demanda sin restricciones, el bebé puede recuperar antes su peso inicial); los bebés alimentados con biberón suelen recuperar su peso después de la primera semana de nacer.

Muchas madres se preguntan si es conveniente alimentarlos a la vez, ya sea al pecho o con biberón. Esto, sin duda, reduce el tiempo necesario para la alimentación. Sin embargo, al principio conviene alimentarlos uno por uno: el contacto con el bebé a solas es necesario para ir conociéndolo. Además, los bebés suelen ser muy dormilones durante los primeros días o semanas; precisarán toda su atención para darles la toma, despertándoles, animándoles, etc. Cuando los pequeños ya comen bien y usted va adquiriendo experiencia, es posible alimentar a los dos a la vez (indicaré las posturas idóneas en el siguiente apartado). Esto es una ventaja, sobre todo para las madres de trillizos o cuando hay otro hijo en la familia. Algunas madres optan por dar a los bebés una toma juntos y otra separados; darle el pecho o el biberón es un momento de gozo e intimidad, y esto se logra con el contacto con un bebé solo.

Otra pregunta que las madres de múltiples se hacen es si resulta conveniente alimentarlos según un esquema o dependiendo de su demanda (alimentarles cuando lloran); lo último es lo más idóneo, pero difícil en su caso, ya que con dos o más bebés, cada uno con su propio esquema, se expone a no poder descansar, pasándose el día con las tomas. Por lo tanto, conviene seguir un esquema más o menos fijo, y al mismo tiempo algo flexible; si uno de los bebés llora entre las tomas puede darle una media toma extra. Los bebés suelen establecer por sí solos un ritmo más o menos fijo a las seis semanas. Según los datos de mi estudio, el 77% de los gemelos adoptó un ritmo fijo en cuanto a las tomas durante los primeros tres meses; un 14% en los primeros seis meses. Solo a un 9% le costó más tiempo establecer un ritmo fijo. En cuanto a los trillizos los porcentajes son, respectivamente, 76%, 20% y 4%.

Lactancia natural

¡Los múltiples pueden disfrutar de la lactancia materna tanto como el hijo único! La cantidad de leche depende de la demanda; a mayor demanda, como es el caso de los bebés nacidos de un parto múltiple, los pechos generan una mayor cantidad de leche, aumentando por ello de tamaño.

De las madres de gemelos de mi grupo objeto de estudio, un 47% dio el pecho a sus bebés y un 48% de madres de trillizos amamantó a sus hijos. Todas estaban contentas de haber tomado esta decisión; algunas recibieron apoyo por parte de médicos o enfermeras, pero muchas se encontraron con opiniones negativas e incluso avisos de que rechazaran la idea de la lactancia, puesto que el amamantamiento supone un esfuerzo físico para la madre, y se da la posibilidad de que los bebés nazcan de forma prematura. Pero éstos no son realmente motivos para desaconsejar la lactancia materna, como veremos a continuación. Hay una gran falta de información al respecto, por lo que trataré este tema ampliamente.

Aunque es cierto que darles el pecho supone un gran esfuerzo físico para la madre (tendrá que alimentarse bien y descansar lo máximo posible), la mayor demanda de leche no debe ser motivo para prescindir de la lactancia materna: muchas madres consiguen dar el pecho a sus bebés sin recurrir a otro tipo de leche, incluso las de trillizos. Otras deben complementar su leche materna con la artificial, por no poder soportar el ritmo de demanda o estar demasiado cansadas. Pero alternando la lactancia natural con la artificial los bebés podrán ¡beneficiarse de las ventajas de la leche materna igualmente!

Ventajas e inconvenientes

La lactancia materna tiene muchas ventajas y, sin embargo, solo algunos inconvenientes, que también valen para el hijo que viene solo.

Ventajas:

▶ Es el alimento más nutritivo para el pequeño y contiene la proporción idónea de proteínas, grasas, azúcares, minerales y vitaminas. Como los bebés de un parto múltiple suelen tener un peso menor que el bebé solo, esta alimentación les beneficia de un modo especial.

▶ Contiene anticuerpos que los protege contra enfermedades, infecciones y alergias. Las defensas que aporta la lactancia natural son especialmente importantes para los múltiples debido al menor peso o la prematuridad de los pequeños.

▶ Proporciona un contacto físico e íntimo entre la madre y los bebés que favorece su relación. Desde su nacimiento, los hijos nacidos de un parto múltiple deben compartir la atención materna. La lactancia natural tiene la ventaja de que cada niño goza de atención exclusiva en las tomas individuales.

▶ La leche materna favorece la prevención de enfermedades del adulto como la obesidad, la hipertensión arterial y la arteriosclerosis.

▶ Favorece el desarrollo intelectual y psicológico del bebé por la importante presencia de ácidos grasos poliinsaturados específicos contenidos en la leche materna, algo que no tienen las leches artificiales.

▶ El amamantamiento es una prolongación del contacto físico que existía entre la madre y los bebés durante el embarazo. El nacimiento rompe esa intimidad en un momento algo temprano para los bebés gemelos (o más). El amamantamiento compensa esa separación, físicamente temprana, con el «nuevo cordón umbilical» que es el pecho materno.

▶ La lactancia materna es la alimentación que mejor se digiere, incluso en los bebés nacidos prematuros; el estreñimiento y los cólicos del lactante son menos habituales en bebés alimentados con leche materna. Además, evita las infecciones gastrointestinales.

▶ Siempre está disponible y a la temperatura adecuada. No necesita preparación y es barata: comprar leches preparadas para más de un bebé supone un enorme gasto.

▶ El amamantamiento estimula los músculos masticadores y el desarrollo de los dientes, ya que el bebé tiene que hacer más fuerza que con el biberón para que fluya la leche.

Inconvenientes (*o factores que pueden ser motivo para prescindir de la lactancia natural*):

• Es algo más difícil empezar el amamantamiento en el momento adecuado (nada más dar a luz), ya que hay un mayor riesgo de cesárea, nacimiento prematuro y anestesia.

• Requiere siempre la presencia de la madre.

• Si la madre no tiene suficiente leche, el bebé se muestra descontento, llorón y es difícil asegurarse de la cantidad de leche que toma.

• En caso de enfermedades maternas (tuberculosis, sida...) puede estar contraindicada la lactancia materna. También la toma de ciertos medicamentos interfiere en la lactancia o la hace desaconsejable.

Sin embargo, estos motivos no son del todo convincentes; la mayoría tiene su solución, como indicaré a continuación.

Una decisión personal

La decisión tiene que ser personal y acorde con las propias posibilidades. Si la madre de más un bebé se siente atraída por la idea de darles el pecho (es, desde luego, una experiencia hermosa y grata), no debe dudar, pues también en su caso es posible. Incluso algunas madres de trillizos y ¡cuatrillizos! Lo consiguieron, como veremos en los testimonios. Si lo ve muy difícil y piensa no poder hacerlo, póngase en contacto con algún profesional en lactancia materna o un grupo de apoyo durante su embarazo. Es muy probable que con esta ayuda usted sea capaz de dar el pecho (casi todas las mujeres lo son). Si, por el contrario, la idea la agobia y no la convence por mucho que se informe, es lógico que recurra a la lactancia artificial. No ha de sentirse culpable de tomar esa decisión, porque solo usted puede valorar su situación y el límite de sus posibilidades.

He constatado, a raíz de las respuestas de las madres de mi grupo de estudio, que en ellas hay una gran disposición a dar el pecho: de las embarazadas de gemelos un ¡70%! Se decidió por la lactancia natural. Un 47% de ellas lo consiguió. La diferencia entre ambas cifras se debe a la falta de orientación y de apoyo a las madres. Seguro que con una mejor información, más bebés se beneficiarán de las numerosas ventajas de la lactancia natural. En el grupo de madres de trillizos un 57% deseaba darles el pecho y un 48% lo consiguió.

Algunas madres dudan (el 6% del grupo de madres de gemelos); si este es su caso, empiece con la lactancia materna, porque es sin duda la mejor; quizás no le resulte tan difícil como pensaba. Siempre estará a tiempo para cambiar. Lo contrario no es posible. Si sus dudas son debidas a que a los pocos meses tendrá que volver al trabajo, tenga en cuenta que se puede dar el pecho y trabajar. No se trata de una combinación incompatible, como leerá en los testimonios. De todos modos, si en su caso no fuera posible, aproveche esos primeros meses de la baja maternal para poner en práctica la lactancia materna, pues proporciona a los bebés los anticuerpos que les protegen contra las enfermedades. Y esto para ellos, que nacieron con un peso menor que el bebé solo, es ¡todo un beneficio!

Laura, madre de trillizos (dos niñas y un niño) cuenta su experiencia:

«Conseguí darles el pecho y me siento muy orgullosa de ello. Me había propuesto no ponerme nerviosa: mejor una madre tranquila dando biberón que una histérica intentando dar el pecho. En el hospital los bebés tomaban biberones, porque de esta manera sabíamos cuánto tomaban; eran muy pequeños. Los biberones llevaban mi leche y un suplemento de leche artificial. No tardé en tener una buena producción de leche. Ellos tomaban más o menos un 70% de leche materna. Cuando tenían tres semanas, los puse a mi pecho. El niño se agarró enseguida, a las niñas les costó mucho más, pero gracias a mi insistencia y confianza también aprendieron. Tenía un esquema colgado en la cocina; en cada toma le daba el pecho a uno de los tres. Los otros tomaban biberón con mi leche o leche artificial. Este sistema me dio la posibilidad de dedicarme totalmente a uno de los pequeños, mientras mi marido y mi madre daban los biberones a sus hermanos. Por la noche les dábamos biberones, porque así tardábamos menos (unos tres cuartos de hora). Les di el pecho hasta los seis meses».

Rosa María, madre de gemelos:

«Sabía que quería darles el pecho, aunque bastantes personas intentaron disuadirme de mi plan. Me informé en La Liga de la Leche, lo cual fue un gran apoyo. En el hospital los bebés no mamaban bien debido a la poca privacidad, pero una vez instalados entre mis brazos en casa, empezaron a succionar como verdaderos campeones. Al principio mamaban cada dos horas durante 20 minutos cada uno y dormían un total de cuatro a cinco horas al día. La época más dura fue el periodo de crecimiento a las seis semanas cuando cada uno pedía una toma cada hora. Fue agotador, pero tomé la actitud que había tomada en las últimas semanas del embarazo: 'El próximo año por estas fechas ya estarán andando por aquí y no recordaré este día'. Los pechos me dolían, pero utilizaba una crema y ponía al bebé menos hambriento al pecho más dolorido. Se me curó pronto. A los tres meses ya tenían un ritmo de una toma cada tres horas y a los seis meses cada cuatro horas. Ahora, a sus 12 meses, solamente maman antes de dormir. A veces les doy juntos la toma y

otras veces por separado. La experiencia está siendo muy positiva para mí y estoy convencida de que dar el pecho es cuestión de tener confianza en una misma, paciencia y buena información».

Testimonio de Gema, madre de dos parejas de gemelos, de 5 años y 1 año, ambos monozigóticos:

«Antes de tener hijos ya sabía que cuando nacieran los iba a amamantar, y no tuve ninguna duda cuando, en vez de uno, llegaron dos de golpe, y menos aún cuando ¡volvimos a ser padres de gemelos! Con los primeros niños no estaba tan bien informada sobre el tema como con los segundos, a pesar de haber leído todo lo que podía. Nacieron con una notable discordancia de pesos entre sí (el llamado crecimiento intrauterino retardado), motivo por el cual fueron ingresados en la sala de neonatos. A mi juicio, el inicio del contacto con el amamantamiento fue demasiado tardío, pues las primeras gotas de leche las tomó un desagüe del hospital y no la barriguita de mis hijos. Me saqué mi primer calostro con un anticuado y antihigiénico extractor manual y no me dieron la posibilidad de guardarlo, aun estando en el mismo hospital que mis hijos. A pesar de eso los pequeños cogieron relativamente bien el pecho. El primer gemelo tomó el pecho a las 36 horas de nacer y el segundo mucho más tarde, porque no me dejaron sacarle de la incubadora por una posible pérdida de calor (hubiera podido utilizar el método canguro, pero lo desconocía en aquel entonces); mientras él tomó mi leche en biberón hasta que pudo mamar directamente de mi pecho 8 días después. A pesar de la confusión tetina-pezón lo consiguió, pero no fue fácil. Se quedó tres semanas más en el hospital, mientras yo estaba en casa con su hermano. A causa de esta situación siempre tomó más biberones (con mi leche) que el otro gemelo. La succión tan diferente de los dos sistemas de mamar era confusa para él, algo que yo tampoco sabía y sobre lo que nadie me informó. A partir de los tres meses les daba por las noches un biberón complementado con leche artificial, creyendo, ingenuamente, que así dormirían algo más. Finalmente una mastitis acabó de fastidiar la lactancia, junto con esos suplementos y la confusión del pecho y la tetina. Me puse en contacto con La Liga de la Leche y de ellas aprendí

muchísimo. Empecé a interesarme aún más por la lactancia materna y asesorar a otras mamás para evitarles, en la medida de lo posible, sufrimientos inútiles y mejorar su lactancia. Sabía por propia experiencia lo importante que era. Dios me dio la gracia de repetir la experiencia y subsanarla. Mis gemelos pequeños, nacidos por cesárea programada, tomaron la primera leche a las 4 horas de nacer gracias a nuestra perseverancia (tanto mía como la de mi marido). Las enfermeras insistían en que había que darles leche artificial mientras yo me recuperaba de la cesárea. Pero no lo permití (los bebés tenían pesos excelentes, respectivamente, de 2900 y 3100 gramos). Les ponía al pecho muy frecuentemente, tanto de día como de noche, y a pesar de su aletargamiento, conseguimos que ¡al tercer día estuvieran recuperando su peso al nacer! Debido a la ictericia por incompatibilidad de sangre (primero la desarrolló un bebé y cuando ya pude llevármelo a casa, la cogió su hermano) los bebés tenían que ser tratados con fototerapia, así que también ellos recibieron algunas tomas con biberón (con leche materna). Pero solo fueron unos días y ello no interfirió en la lactancia materna. Hoy, a sus 13 meses siguen disfrutándola y gozan de una excelente salud. Sin duda, sin la ayuda y el apoyo de mi marido y mi madre, la lactancia habría sido más dura, porque se volcaron en la crianza de mis hijos mayores mientras los pequeños me demandaban con frecuencia o yo tenía que descansar. Si por algo siento pena es por lo que no pude dar a mis hijos mayores, que no han disfrutado de una lactancia tan agradable y llevadera como la que disfrutamos ahora».

Cómo estimular la lactancia materna

El momento más idóneo para empezar la lactancia es en cuanto nace el niño. Entonces, el reflejo de succión del bebé es muy fuerte, lo que facilita el amamantamiento. Además, cuando el pequeño mama, el cuerpo de la mujer segrega la hormona oxitocina. Esta hormona tiene dos funciones diferentes: por una parte, hace que la matriz se contraiga (notará unas contracciones en el útero cuando el bebé mama); para la madre de multillizos esto es de vital importancia, porque al contraerse el útero se evitan hemorragias uterinas, un riesgo algo más elevado en los partos múltiples. Por otra parte, esa hormona aumenta la producción de calostro (un líquido que antecede a la leche definitiva y de gran contenido en anticuerpos defensivos) y estimula los conductos mamarios, por donde esta primera alimentación tiene que pasar. En el momento en el que la madre acerca el bebé al pecho, la hormona prolactina, que es la causante de la producción de leche, empieza a ser activada como respuesta a la succión del pequeño. La «colaboración» entre estas dos hormonas hace que suba la leche al cabo de unos pocos días.

Así pues, es importantísimo que madre y bebé(s) estén juntos nada más nacer; aparte de ser lo más natural y algo tan anhelado por la madre durante los largos nueve meses del embarazo, ayuda a evitar hemorragias y facilita la lactancia. Si uno de los bebés necesita pasar a la incubadora, el otro puede ser colocado sobre el pecho de la mamá, aprovechando estos primeros momentos tan importantes.

No siempre es posible que los pequeños estén con su madre; a veces necesitan la incubadora o la madre se halla bajo los efectos de la anestesia tras una cesárea. De cualquier modo, la mujer debe empezar la lactancia en el momento en que esté con sus bebés, aunque sea al día siguiente de su nacimiento. Si los bebés son prematuros, y aún no tienen el reflejo de succión, debe empezar a estimular la salida de la leche con la ayuda del sacaleches tan pronto como sea posible después del parto (*véase* información en el siguiente apartado).

En los primeros días solo se produce calostro, una sustancia muy nutritiva, que consiste en agua, hidratos de carbono, albúminas, minerales y anticuerpos de la madre. El calostro, cremoso y de color amarillento, es laxante y ayuda a que el bebé expulse las primeras deposiciones, llamadas meconio. Este líquido es importante y muy sano para los pequeños. No sin razón se le otorga el nombre de «la primera vacuna del bebé». No se produce en grandes cantidades, pero el bebé aguanta con él hasta que aumenta la cantidad de leche. Entre el tercer y quinto día se produce la subida de la leche: los pechos le dolerán y quizás le causen una desagradable sensación de opresión. Se alivia este dolor poniendo al pecho a los bebés frecuentemente y a demanda. Al cabo de unos días esa sensación desaparecerá y alrededor del séptimo día los pechos no le parecerán tan llenos. Esto no quiere decir que no haya suficiente leche, sino que los pechos se han acostumbrado a su tarea.

Sugerencias

- Observe bien las señales del bebé que indican que está dispuesto a mamar: hace pequeños movimientos de succión con la boca, se chupa el puño o los dedos, se relame los labios y poco después empieza a babear. Son las señales que proceden al llanto del hambre. Un recién nacido, según los últimos estudios, es capaz de encontrar el pecho materno si se le colocan sobre el vientre de su madre. Es el olor del líquido amniótico el que le guía en dirección al pezón, ya que este contiene una sustancia aceitosa parecida a dicho líquido. Y con pequeños movimientos el bebé se desplaza hasta encontrarse con la aréola.

- Elija una postura cómoda; una muy apropiada es sentarse en un sillón o una mecedora con reposabrazos o poner cojines debajo de cada uno de los antebrazos. Si está muy cansada, deles el pecho acostada en la cama, de lado, apoyándose en cojines y con el bebé también sobre un cojín. Un rodillo debajo de sus rodillas también le servirá.

- Alivie el dolor de los pechos, debido a la subida de la leche, poniéndose paños calientes antes de la toma. Un masaje suave de los pechos entre tomas también es aconsejable, además de poner a los bebés con mayor frecuencia al pecho. Y dese duchas: alternar el agua caliente con la fría sobre los pechos le aliviará el dolor. Tanto el frío como el calor disminuyen las molestias.

- Aumente poco a poco el tiempo de succión: el primer día cinco minutos, el segundo diez, el tercer quince, etc. Una media de unos veinte minutos es lo más aconsejable. Hay bebés rápidos y otros más lentos. Una vez que la producción de leche está bien instaurada, el bebé toma en cinco minutos casi todo lo que necesita. El resto del tiempo sirve para satisfacer su necesidad de succión. Durante los días de la subida de la leche, los senos están muy llenos y el bebé tendrá dificultad para coger bien el pezón: para disminuir la presión del pecho extráigase manualmente un poco de leche antes de que el pequeño comience a mamar.

- Al principio debe dar el pecho a cada uno de sus bebés por separado. Así, usted aprenderá cuál es su manera de mamar (observará que tienen una forma propia de succionar). Además, los bebés suelen quedarse dormidos durante las primeras tomas, y usted necesitará toda su atención durante la toma. Si se queda dormido, acaríciele suavemente la mejilla: estimulará la succión. Los primeros días son para «entrenar»; tanto la madre como los bebés tienen que aprender el arte de la lactancia. Si el otro bebé está despierto, siéntese a su lado y háblele, mientras el pequeño «espera» su turno. Atienda primero al niño más protestón y que más hambre demuestre (si tiene trillizos, lea los consejos en las siguientes páginas específicos para su caso). También puede probar a darles el pecho a la vez en alguna toma, si eso es de su agrado y no le agobia. Sin duda, estimulará la producción de leche por el incremento de la segregación de prolactina.

- Para evitar pechos doloridos y grietas es muy importante que el pequeño coja bien el pezón. Acaríciele los labios con él; ya verá cómo vuelve la boca hacia el pezón. El bebé está bien colocado en el pecho cuando se agarra con la boca bien abierta, de modo que su encía inferior esté bien por debajo de la base del pezón en la aréola. Procure que su boca abarque casi toda la aréola, evitando que su nariz quede tapada por el seno. Su barbilla tiene que rozarlo. El bebé succiona al vacío. Si quiere retirarlo, hay que suprimir ese vacío metiéndole suavemente el dedo meñique en la comisura de su boca. Hágalo con suavidad para que no se suelte de golpe, evitando así las irritaciones en los senos.

- Lo más cómodo es que cada bebé tome un solo pecho. Si hay que darle algo más, se le vuelve a dar del mismo, así se garantiza que tome la leche final, rica en grasa y beneficiosa para su crecimiento. Puede alternar los bebés en los dos senos o «reservar» un pecho para cada uno. Si alterna los pechos, ponga el bebé al pecho que tomó el otro en la última toma. O bien durante un día les da de mamar del mismo pecho y los cambia al día siguiente. Así, los pechos son estimulados de diferentes maneras, puesto que cada bebé tiene su propio estilo de succionar. Sin embargo, es algo más cómodo reservar un pecho para cada uno de los bebés, puesto que así hay menos confusión (al tener un pecho vacío y otro lleno sabe cuál de los dos ha mamado y cuál no). También tiene sus ventajas: si uno de los bebés tiene hongos en la boca, el otro no se contagia. Si los bebés tienen necesidades diferentes, es muy probable que los pechos adquieran tamaños diferentes (siendo uno más grande que el otro). En este caso sí conviene alternar los senos.

- Procure que los pechos queden vacíos después de cada toma presionando el pecho manualmente, durante los últimos momentos de la toma, en dirección hacia el pezón; así evitará que quede leche congestionada en los conductos mamarios.

¿Tomarán suficiente?

Esta es una pregunta que muchas madres se hacen. Para no preocuparse por ello, déjese guiar por estos puntos:

- ▶ Los bebés están contentos y no lloran excesivamente. Cuando lloran, se calman con facilidad.
- ▶ Los pequeños maman cada 2 o 3 horas, chupando vigorosamente.
- ▶ A diario mojan entre 6 y 8 pañales.
- ▶ Los bebés ganan peso cada semana y de forma regular.

Si este es el caso, es señal de que todo va bien.

Las tomas nocturnas

Los gemelos piden sin excepción tomas nocturnas; debido a su menor peso, las necesitan durante un periodo algo prolongado. Conviene esperar hasta que el primero la reclame. Después de darle de mamar, despierte al otro (si aún no se ha despertado); si no lo hace así, es muy probable que él la despierte justo cuando usted se haya dormido de nuevo. De todos modos, después de los primeros meses, pruebe si sigue durmiendo; es muy probable que sea así; a fin de cuentas, las necesidades de los bebés nunca son exactamente iguales, aunque en los monozigóticos se asemejan mucho más que en los dizigóticos.

Sugerencia

- Las tomas nocturnas resultan agobiantes. Alterne algunas noches con su pareja, como por ejemplo los fines de semana; él puede darles un biberón de leche artificial o materna, que usted se habrá sacado anteriormente. De este modo, usted podrá dormir más horas seguidas. Algunas familias de múltiples contratan a una enfermera durante los primeros meses exclusivamente por las noches para asegurar su descanso nocturno. Las experiencias con este tipo de servicio suelen ser muy positivas, ya que evitan (o por lo menos reducen) el agotamiento físico de los padres.

Posturas para darles el pecho a la vez

Cuando los bebés maman bien y la madre ya tiene cierta práctica, es posible darles el pecho a la vez. Esto acorta el tiempo de las tomas y, además, es una buena solución cuando ¡ambos piden a gritos su alimento! Dar el pecho simultáneamente suele ser más fácil en los monozigóticos, porque sus horarios generalmente coinciden. Cuando uno se despierta por el hambre, el otro no tarda en dejarse oír. Esta situación es menos frecuente en los dizigóticos. Aun así, algunas madres optan por despertar al otro bebé para alimentarles a la vez.

Posturas más frecuentes

- Para los más pequeños: siéntese cómodamente en la cama, el sofá o la mecedora. Coloque dos cojines a ambos lados de sus brazos y otros dos sobre sus muslos. Tumbe a los bebés en los cojines y sujételes la cabecita con sus manos. Sus pies van por debajo de sus brazos en dirección a su espalda. Se llama «la posición de rugby», muy aconsejable tras una cesárea.

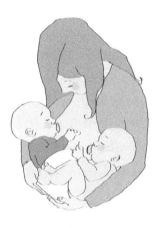

- Para los más mayorcitos, que ya maman sin dificultad: acomódese en la cama, el sofá o la mecedora y coloque dos cojines debajo de sus antebrazos y otros dos en el regazo. Cada uno de los bebés descansa en el pliegue de sus codos, con las nalgas en sus manos y las piernas extendidas a lo largo de sus muslos. Esta posición también es útil cuando ambos quieren ser mecidos. Es la llamada posición de acunamiento.

- Una tercera posición es una combinación de las anteriores: coloque dos cojines sobre su regazo y ponga a uno de los bebés a su pecho en posición normal, como en el ejemplo anterior. Al otro, póngalo como en el primer ejemplo, apoyando su cabeza en su mano, con el cuerpo tumbado debajo del antebrazo y sus piernas extendidas en dirección a la espalda. Con el antebrazo sujétele la espalda. El segundo bebé apoya su cabeza cerca del vientre del primer bebé.

Lactancia en el caso de trillizos

Lógicamente es más complicado alimentar a tres hijos solo con leche materna, pero no es imposible. Como ya dije: a más demanda, más cantidad de leche. De mi grupo objeto de estudio varias madres consiguieron dar solo leche materna, la mayoría principalmente en los primeros meses, pero también hay una madre que amamantó a sus bebés hasta los 8 meses y otra incluso ¡hasta los 14 meses! Otras madres complementaron su leche materna con la artificial, dando por ejemplo en cada toma a dos de sus bebés el pecho y al tercero un biberón. Al alternar los turnos, los tres pequeños se benefician de la leche materna.

No obstante, hay un problema: como los bebés suelen ser prematuros y/o de bajo peso, para empezar la lactancia materna la madre tiene que sacarse la leche. Algunos hospitales aprovechan esta leche, que es muy digestiva, incluso para los prematuros, y se la dan a los bebés a través de la sonda o con el biberón. En casos de bebés muy pequeños o grandes prematuros se le añaden a la leche materna otros nutrientes. En cuanto se presenta la posibilidad, la madre empieza a dar el pecho al bebé más fuerte. No obstante, en mi grupo objeto de estudio hay varias madres que se sacaban la leche durante meses y se lo daban a sus bebés en biberón, porque nunca aprendieron a succionar bien. Así también recibían la mejor leche del mundo.

Elsa, madre de trillizos:

«En las primeras semanas me sacaba la leche y se la daban por sonda. El pecho empecé a dárselo cuando tenían 3 semanas, porque en ese momento pesaban lo suficiente para no cansarse demasiado. En el hospital me ofrecieron pastillas para inhibir la subida de la leche, pero estaba decidida a darles el pecho y me había informado bien. De hecho, pude informar a las enfermeras de neonatología sobre muchas cosas de la lactancia a múltiples, que se mostraron muy interesadas y poco informadas».

Para combinar la leche materna con la artificial es posible optar por los siguientes esquemas:

- ▶ Dar seis tomas (o nueve, según la demanda de los bebés) de pecho al día a los bebés, lo que significa que cada bebé toma el pecho dos o tres veces al día.

- ▶ Dar el pecho a dos bebés juntos durante algunas tomas, como la primera de la mañana, por ejemplo. En la siguiente, dar el pecho a un bebé solo; luego, otra vez juntos, y así sucesivamente. Para evitar confusiones, es necesario tomar nota de las tomas (*véase* Esquema de tomas. Y las más valientes pueden optar por darles el pecho simultáneamente en cada toma, por lo que solo el tercer bebé tomará biberón.

- ▶ Dar el pecho a uno de los bebés durante un día y una noche. Al día siguiente le toca el turno a uno de sus hermanos. De esta forma, cada uno de los bebés toma el pecho cada tres días. También se puede optar por hacerlo de dos en dos.

Es lógico que las madres de trillizos necesiten ayuda mientras amamantan a sus pequeños.

Estimular la subida de la leche con el sacaleches

En caso de que no sea posible poner a uno de los bebés al pecho poco después del nacimiento, la madre debe recurrir al uso de un sacaleches. Como los bebés suelen ser prematuros y tener un bajo peso, es probable que no sepan succionar o que no lo hagan con suficiente eficacia para estimular una producción abundante de leche. La realidad es que muchas madres de trillizos utilizan, por un periodo de tiempo, el sacaleches, un método artificial, pero eficaz, para conseguir la subida de leche. Conviene empezar con la extracción del calostro tan pronto sea posible después del parto. El personal de enfermería del hospital debe facilitarle un sacaleches y enseñarle a extraerse y almacenar la leche. La realidad es que algunos hospitales están mejor equipados que otros, dependiendo de su actitud hacia la lactancia materna para múltiples. Pero cada vez más maternidades cuentan con sacaleches eléctricos que en su caso son más recomendables que los manuales. La leche así obtenida se puede dar a los bebés, incluso a los prematuros, a través de la sonda o con un biberón. Es la más indicada para ellos, ya que es muy bien tolerada por los riñones y el hígado y les ayuda a crear defensas, tan necesarias para los bebés de poco peso.

Consejos

✓ Hasta que se produzca la subida de la leche (entre el el 3.º y 5.º días), utilice el sacaleches unos cinco minutos en cada pecho y después insista una segunda vez en cada seno durante unos minutos más. Una vez que se ha producido la subida de leche, utilice el sacaleches en cada pecho hasta que el flujo de la leche se debilite. E insista en cada pecho una segunda vez durante unos minutos más. Todo el proceso no debe durar más de 20 a 30 minutos. Si puede conseguir un equipo de extracción doble, el proceso se reducirá a 10-15 minutos (también facilitará el acto de darles el pecho a la vez). No solo acorta el tiempo, sino también aumenta la producción de leche.

✓ Las recomendaciones para estimular la subida de leche son las mismas que las antes mencionadas (*véase* página anterior); se debe empezar lo antes posible. El dolor al emplear el sacaleches es más intenso que cuando el bebé mama, ya que los senos sufren con este tipo de práctica. Por lo tanto, es muy importante tener paciencia y no desanimarse (léase el testimonio descrito en la página siguiente).

✓ Debe ponerse el sacaleches tantas veces como el bebé tomaría el pecho; y hay que ir aumentando paulatinamente el tiempo de la extracción. Se trata de unas 8 a 10 veces diarias. Está bien tomarse un descanso por la noche, pero no conviene alargarlo más de 5 horas para así evitar la disminución de leche.

✓ Su leche es muy importante para sus hijos. Así que insista en que se la den a los pequeños. Cada hospital tiene sus normas. Cabe la posibilidad de que mezclen la leche materna con leche artificial.

✓ Es importante poner el bebé al pecho y amamantarlo en cuanto sea posible, aunque aún permanezca en la incubadora. La succión del bebé estimula mucho más que el sacaleches la producción de leche, además de ser muy satisfactorio tanto para usted como para el bebé. No obstante, en mi grupo objeto de estudio hay algunas madres que continuaron dándoles su leche mediante el sacaleches durante meses, porque sus bebés nunca aprendieron a succionar bien. La tomaban en biberón.

✓ La leche recién extraída puede guardarse en la nevera durante 24-48 horas y hasta tres a seis meses en el congelador, dependiendo del tipo. Tenga especial cuidado al almacenar su leche. Los envases esterilizados que el mismo personal del hospital le puede facilitar son muy útiles. Tenga presente que la leche calentada o descongelada nunca se puede volver a utilizar para un uso posterior. Lo que quede después de haber sido descongelado o calentado, debe desecharse.

✓ Es aconsejable conseguir un sacaleches antes de salir del hospital. Compruebe si hay empresas que lo den en prestación.

Testimonio de Elsa, madre de trillizos:

«Durante mi embarazo ya estaba decidida a darles la leche materna, a pesar de todos los comentarios negativos de mi alrededor. El día que nacieron mis hijos la enfermera me dio una pastilla junto con el analgésico a la hora de la cena. Menos mal que pregunté qué era. 'Eso es para cortarte la leche, hija', me contestó. 'Pero, sí que voy a darles mi leche' le respondí. 'Ay, perdona, es que al ser tres y estar en la incubadora, creí que...' Tres bebés y en la incubadora: como si ¡esas no fueran precisamente las principales razones para intentarlo! Por suerte, mi marido, que estaba en la sección de neonatología, dándoles mimos a nuestras pequeñas criaturas, me traía noticias

más alentadoras: 'Que dice la jefa de neonatología que en cuanto puedas moverte, subas a la sala de lactancia para sacarte leche, que los peques necesitan leche materna cuanto antes'. ¡Eso sí que me alegró! Así que en cuanto me quitaron el suero, subí a verlos. Los veía tan pequeños y tan desvalidos en sus incubadoras, aunque también tan vivos y milagrosos, que la decisión de darles mi leche solo se hizo más fuerte. Y así ocurrió mi primer encuentro con Medela (una popular marca de sacaleches). Para ser honesta: sacarte la leche duele muchísimo. Pero poco a poco aparecieron en el biberón unas gotitas de calostro (no llegaba ni a 10 cc), pero me sentía orgullosísima. Y al día siguiente un poco más y así sucesivamente. Apuntaba mi 'producción' cada tres horas: 30 cc, 50 cc... Al ver la sonda que les llevaba el alimento hasta el estómago (aún no sabían succionar) y ver pasar ese líquido blanco que hacía un momento aún estaba en mí, me hacía sentir especial, una mezcla de pena y orgullo a la vez, con ganas de sentirlos en mi pecho, pero contenta por alimentarles yo misma. A partir de la segunda semana solo tomaban mi leche. Esta situación se prolongó durante cuatro largas semanas, pero subieron de peso muy rápidamente. Antes de dejar el hospital (al mes de nacer) ya tomaban el pecho. ¡Qué diferencia! Sus boquitas calientes, húmedas, pequeñas, son tan delicadas y tienen tan poco que ver con los tirones del sacaleches. Pero al llegar a casa, la realidad se impuso: notaba que no me era posible alimentarles a los tres con mi leche en el mismo momento. La leche materna no tiene la misma composición al principio de la tetada que al final. La primera es muy acuosa y sirve para quitar la sed al bebé. La siguiente es más proteínica y la del final es la más grasa. Por tanto, en el caso de trillizos, siempre hay uno que se toma la del final en los dos pechos, por lo que el reparto no resulta uniforme. Podría haber optado por recurrir a un suplemento de leche artificial, pero preferí darles solamente leche materna. Decidí volver a Medela, pero en este caso a un pequeño sacaleches eléctrico mucho más manejable que el del hospital. Después de cada toma, Medela entraba en escena: durante veinte o treinta minutos me extraía la leche para la siguiente toma de los tres. Por lo tanto mis bebés tomaban mi leche en biberón. Para no renunciar del todo a la parte más agradable de la lactancia, reservamos para las tomas de la tarde y de la noche ponerles al pecho. Eso sí; solo un bebé cada vez, para que lo disfrutáramos todos. Pero se nos presentó un problema: como solo mamaban una vez al día, se acostumbraron a la facilidad del biberón y lloraban en cuanto les acercábamos al pecho. Así que a partir del tercer mes más o menos, Medela era la única que mamaba. Pero los tres bebés tomaban leche materna exclusivamente y la producción media de leche por día era de unos 1800 a 1900 cc. ¿Quién decía que una mujer no puede producir leche para tres? A los 7 meses seguía dándoles dos tomas con leche materna, una por la mañana y otra por la noche. Ahora podía sacarme la leche cada cuatro horas. ¡Todo un alivio! A los nueve meses volví al trabajo. Decidí no privarles de la leche materna, porque la entrada en la guardería supone ciertos riesgos en cuanto a virus, catarros, etc. Pero sí opté por la leche artificial para la cena; de este modo solo tenía que sacarme la leche dos veces al día, algo que podía hacer en casa (eso me evitaba llevarme el sacaleches a la oficina). Me sacaba la leche a las diez de la noche y otra vez por la mañana temprano antes de levantarme. Mi marido fue mi gran apoyo: por la mañana me traía el sacaleches cuando sonaba el despertador y por la noche llevaba la leche a la nevera; era su forma de compartir la responsabilidad. Con paciencia, conseguía los 750 cc necesarios para tres desayunos en esas dos veces. Se trata de sacarte cada día un poco más e insistir cuando parece que no queda nada. Y así he seguido hasta que los niños tenían 14 meses. Mis hijos hoy en día (4 años) son unos niños sanos que apenas saben lo que es tener un catarro. No dudo que la lactancia materna tiene mucho que ver en ello».

Cuidar la alimentación

La alimentación de la madre debe ser rica y abundante para que le permita nutrir a los bebés. Es aconsejable que haga cinco comidas diarias, dos más de lo normal, bien repartidas a lo largo del día. Esto es preferible a tres comidas demasiado copiosas. Necesita 3300 calorías y 3 litros de líquido al día. Conviene que beba muchos zumos, tanto de frutas, como de verduras, leche, yogur líquido, malta... No abuse del café, la cafeína altera el sueño de los bebés. Los productos integrales, frutas, verduras y nueces contienen muchas vitaminas y hierro. Es aconsejable tomar en cada colación un alimento que contenga vitamina C, como fruta, verduras o zumo de naranja, ya que esto beneficia la ingesta de hierro. Puede tomar alimentos que favorezcan la lactancia, como cacahuetes, y beber infusiones de hierbas a base de anís, hinojo y alcaravea (se venden en herboristerías). También necesita suplementos extra de vitamina D y levadura de cerveza, rica en vitamina B.

Las mujeres que amamantan a sus bebés pierden peso con mayor facilidad que las que dan leche artificial. Así que usted no debe preocuparse ahora por su línea; es probable que tenga continuamente mucha sed y hambre, debido a la demanda de sus pequeños. Aliméntese bien, pero evite tomar alimentos de alto contenido calórico sin aporte nutritivo, como bollería, bebidas gaseosas, etc.

Problemas en el amamantamiento

No tener suficiente leche

Una de las preocupaciones de las madres es no tener suficiente leche para los bebés. Según una investigación de Elisabeth Damato, de la Case Western University, Cleveland, en 2005, las madres de gemelos tienden más que las madres de un solo bebé a pensar que no tienen suficiente leche. En mi grupo objeto de estudio el no tener suficiente leche se daba en el 31% de las madres lo cual no es un porcentaje muy alto. Todas se organizaron bien combinando la leche materna con la artificial.

Antes de recurrir a la leche artificial, vale la pena que pruebe unos sencillos trucos para incrementar la cantidad de leche:

▶ Aumente las tomas de los bebés: al ponerles al pecho con más frecuencia, estimula la subida de leche. Beba líquidos en abundancia y en 48 horas volverá a tener suficiente leche.

- ▶ Póngase una bolsa de agua caliente sobre los senos; el calor estimula la producción de leche.

- ▶ Puede ser aconsejable recurrir al sacaleches después de las tomas. Por ejemplo, cuando los bebés aún no maman con mucha fuerza, sus pechos no son estimulados suficientemente, lo cual merma la producción de leche. Al sacarse leche después de las tomas sus senos producirán más leche, aunque hay que ser constante y hacerlo durante por lo menos una semana (no siempre se obtiene un resultado inmediato).

- ▶ Tome alimentos que favorezcan la lactancia, como los cacahuetes. Y acostúmbrese a beber algo durante cada toma o después. También una infusión de hierbas a base de anís, hinojo o alcaravea estimula la producción láctea. A veces se aconseja un fármaco que estimula la lactancia.

- ▶ Los gemelos, trillizos o más, tienen como todos los bebés etapas de gran crecimiento en las que piden más leche (alrededor del décimo día, las seis semanas y los tres meses). No crecen a un ritmo sostenido, sino a estirones, lo que causa cierto desarreglo en su horario esos días (y ¡unos días ocupadísimos con las tomas!). Conviene darles el pecho más a menudo. Así, los pechos responden bien a esa mayor demanda y segregan más leche. Los bebés pronto adoptarán otra vez un ritmo fijo.

Si la leche materna no es suficiente o usted se siente muy cansada, combínela con leche artificial. Es posible optar por los siguientes esquemas:

- • Alterne el pecho con el biberón: al bebé que mamá del pecho en la última toma, le toca el biberón en la siguiente y así sucesivamente. Conviene que anote los turnos para evitar confusiones. Como la alimentación del pecho se digiere antes que la del biberón, debe dar primero el biberón al bebé que tomó el pecho en la última toma.

- Durante un día entero dé el pecho a uno de los bebés y al otro biberón, cambiando los turnos al día siguiente. Tenga presente que en esta opción, tal como en la anterior, sus pechos producirán leche para un solo bebé.

- Primero da el pecho a los dos bebés y a continuación el biberón. De las tres posibilidades es la menos adecuada, ya que resulta costosa. Si opta por hacerlo así, procure no cambiar este orden; si les da primero el biberón y a continuación el pecho, los bebés sacian su hambre con el biberón y, como mamar del pecho requiere más energía, se cansan antes y toman poco. Esto hace que los pechos no sean estimulados y que la cantidad de leche disminuya progresivamente.

Algunos bebés no aceptan bien el cambio del biberón al pecho; el biberón requiere menos esfuerzo porque la leche fluye con mayor facilidad (la empresa Medela tiene un biberón que regula el flujo de modo que se asemeja a la succión del pecho). Por lo general, con paciencia, las madres logran acostumbrar a sus bebés a las dos maneras de alimentarse, aunque en algunos casos no ocurre así: tres madres de mi grupo de investigación de gemelos siguieron dando el pecho al bebé, que lo recibía de buen grado, mientras que al otro le daban el biberón debido a que rechazaba el pecho. Y algunas madres de trillizos no lograron darles el pecho y dieron su propia leche con biberón. Sus bebés no aprendieron a engancharse bien al pecho. Por esta razón se desaconseja darle un chupete a un bebé que está aprendiendo el arte de mamar, ya que ello puede dificultar el aprendizaje (una vez instaurada la práctica, ya no es problema). No obstante, en caso de prematuros, esto es diferente: se les suele facilitar uno (diseñado especialmente para ellos), porque les ayuda a desarrollar la habilidad que más adelante facilitará la succión al pecho.

Heridas en los pezones

Las heridas en los pezones son bastante frecuentes en las madres de más de un bebé, durante las primeras semanas de la lactancia. Son pequeñas grietas que hacen que las primeras succiones del bebé sean muy dolorosas.

Consejos

- ✓ Hay que procurar que alguien revise las primeras tomas para que los bebés cojan el pecho adecuadamente, pues así se reduce la posibilidad de heridas o grietas. Una buena colocación al pecho de los bebés es, por lo tanto, muy importante, cogiendo el pezón y la mayor cantidad de aréola posible.

- ✓ Séquese bien los pezones después de cada toma. No deben estar húmedos.

- ✓ Existen varias cremas que curan las grietas, entre ellas la crema de lanolina no perfumada.

- ✓ Póngase antes de cada toma una manopla llena de cubitos de hielo sobre el pezón dolorido; el frío adormece el dolor.

- ✓ Póngase el bebé más hambriento al pecho que menos le duela; al mamar el bebé, el otro pecho ya segrega leche y así le dolerá menos cuando lo tome.

- ✓ La propia leche untada en el pezón y secada con aire caliente mejora la irritación del pecho.

Estas molestias raras veces son motivo para dejar la lactancia. Cuando se corrige la postura y los bebés sacan correctamente la leche, las madres suelen notar ya un alivio considerable. En el caso de que las grietas sean muy molestas, se pueden alternar mamadas con pezoneras de látex para que descanse el pezón en algunas tomas. Se venden en farmacias.

Inflamación de los senos

Una inflamación de seno (mastitis) se produce cuando los conductos mamarios se obstruyen; se da una congestión de la leche y/o una penetración de gérmenes. Se notará un bulto duro o una zona enrojecida en los senos. Por ello es muy importante que los pechos se vacíen bien tras cada toma y que no queden restos de leche en los conductos mamarios.

Esto se puede prevenir presionándose manualmente el pecho mientras el bebé mama. La infección va acompañada de fiebre, dolor en el seno y malestar general. A veces hay que tomar medicamentos. Es importante seguir con la lactancia: sin ella, el dolor se incrementa. Puede aliviar el dolor poniendo una manopla fría (con cubitos de hielo) o una bolsa de agua caliente sobre el seno dolorido. Tanto el frío como el calor disminuyen el dolor. Los emplastos de arcilla puestos sobre la zona dolorida y cambiados con frecuencia favorecen la rápida curación por su poder antiinflamatorio y con frecuencia se evita así la ingestión de antibióticos. También un masaje proporciona alivio si se lleva a cabo alrededor de los pezones.

Resulta desagradable tener una infección de mamas; físicamente, usted se sentirá mal y la tarea de alimentar a los bebés se le hará muy trabajosa. Hay que pedir ayuda y guardar cama durante unos días. La infección suele darse en los primeros meses. Hay mujeres que nunca la tienen, mientras que otras son más propensas a sufrirla.

Alergia a la leche

Algunos bebés, que son alérgicos a la leche de vaca, tienen problemas debido a que la madre se alimenta con productos lácteos, como queso, yogur, leche, etc. Las molestias más típicas son los cólicos y las diarreas. Si se dan alergias de este tipo en la familia, si existen alérgicos a la leche, quizás el bebé también lo sea; en este caso la madre debe prescindir de todos los productos lácteos y sustituirlos por otros, como la leche de soja, de almendras, etc. No es necesario prescindir de la leche materna, ya que esta, en general, previene las alergias. Normalmente, la alergia desaparece a lo largo del primer año. Es aconsejable ir introduciendo poco a poco algunos productos lácteos para observar la reacción del bebé (o bebés, ya que en caso de los monozigóticos lo más probable es que ambos sean alérgicos).

La lactancia después de una cesárea

La subida de la leche después de una cesárea tarda más debido a que, al haber tenido menos contracciones, la concentración de la hormona oxitocina es más baja. Esta hormona, aparte de estimular las contracciones, también estimula la lactancia. Por lo tanto hay que tener más paciencia. Pero no hay motivo para prescindir de la lactancia materna después de una cesárea. El 40% de las mujeres del grupo objeto de estudio de los gemelos, que pasaron por una cesárea, lo consiguió. Y un 48% de las madres de trillizos (todas dieron a luz por cesárea) pudo dar el pecho a sus bebés.

Consejos

- ✓ Hable con el anestesista para saber cuándo puede dar la primera toma; como las sustancias de la narcosis llegan a la leche materna, esta puede producir en los bebés cierto aletargamiento, que dificulta la lactancia. No obstante, en caso de una anestesia epidural la lactancia puede empezar nada más nacer los bebés.

- ✓ Adopte una postura cómoda que no lastime la herida, como la postura de rugby con unos cojines sobre la herida o tumbarse de lado, con cojines detrás de la espalda, entre las rodillas y debajo de la cabeza (en el mercado existe un cojín específico para la mujer tras una cesárea que se puede adquirir en tiendas de puericultura). Al bebé también se le acuesta de lado, tumbado sobre un cojín, si aún es muy pequeño.

La lactancia en caso de cuatrillizos

Una madre del grupo objeto de estudio de cuatrillizos alimentó a sus bebés durante los primeros dos meses exclusivamente con la leche materna. Es, sin duda, un logro admirable. A partir del tercer mes recurrió a la leche artificial como suplemento. Daba primero a cada bebé el pecho y a continuación el biberón. Para ello contaba con personas que les dieron los biberones a los pequeños, mientras ella se ocupaba de darles primero el pecho. Hacerlo en este orden es importante, ya que así los senos continuaban siendo estimulados y la producción de leche no disminuía. Otras madres optaban por dar en cada toma a uno o dos de los bebés el pecho, mientras que a los otros los alimentaba con leche artificial. Lo más importante es que las madres en esta situación entiendan que no es necesario descartar de antemano la posibilidad de darles pecho. Hay muchas formas de dárselo. ¡No es cuestión del todo o nada!

El destete

Según los datos de mi investigación, para la mayoría de las madres el destete fue un proceso natural que no les causó problemas. Algunas de ellas, a medida que los bebés crecían y necesitaban más alimento, complementaron la leche materna con la artificial. En estos casos, la leche materna fue disminuyendo paulatinamente, ya que a menor demanda los senos segregan menos cantidad de leche. Alguna madre solo daba el pecho a uno de los bebés, ya que el otro dejó de interesarse por él. En este caso, el destete no es diferente al de cualquier otra madre. Un 27% de las madres de gemelos de mi investigación dio el pecho durante menos de 3 meses; un 49% amamantó a sus bebés los primeros cuatro meses y un 24% durante más tiempo. Para las madres que dieron exclusivamente el pecho a sus gemelos o trillizos hasta la introducción de las papillas, el destete no fue tarea fácil: reducir el número de tomas les produjo una molesta y dolorosa opresión en los pechos. Evidentemente, al alimentar a más de un bebé, la opresión es mayor que en el caso de uno solo.

Consejos especiales para esta situación:

✓ El destete ha de llevarse a cabo paulatinamente (más lento que en el caso de un solo bebé); pueden transcurrir varios meses hasta conseguirlo por completo. Para empezar, conviene eliminar la toma para la que los bebés muestran menos interés, como la de mediodía o la primera de la tarde. La opresión de los pechos puede ser muy molesta; sacarse un poco de leche manualmente o con el sacaleches alivia el dolor. También conviene no tomar muchos líquidos o tomar infusiones de salvia (esta hierba ayuda a reducir la producción de leche).

✓ Al principio, cuando se elimina la toma intermedia conviene acortar el intervalo entre la última y la siguiente. A medida que los pechos vayan acostumbrándose a la menor demanda, se debe alargar otra vez el tiempo entre una y otra toma.

✓ Después de eliminar una toma hay que esperar unas semanas antes de pasar a otra. Se continúa haciendo así hasta que solo queden dos tomas, que suelen ser una por la mañana y otra por la noche. Ahora conviene dar el pecho solo a uno de los bebés y alternarlo (un bebé toma el pecho por la mañana y el otro por la noche). A continuación se suprime la toma de la noche. Solo quedará la toma de la mañana, que no será difícil quitar, dado que los pechos segregan mucha menos leche. También se puede optar por mantener esta única toma durante algún tiempo, para disfrutar de esos momentos de intimidad con los bebés. La toma de la mañana es la más adecuada, ya que contiene una concentración de grasas superior a la de la toma de la noche y, por lo tanto, es más sustanciosa. La madre puede repartir esta toma entre sus bebés, o bien dársela un día a uno y al día siguiente al otro.

Amaia, madre de trillizos:

«Les di exclusivamente el pecho hasta los 8 meses y medio. Los primeros meses pasaba a veces ¡17 horas al día dando el pecho! Más adelante los bebés se hicieron más eficientes al mamar y tardaba mucho menos. No tuve problemas con el destete; lo hice despacio, en cuatro semanas».

Lactancia artificial

Casi la mitad de las madres, tanto de gemelos como de trillizos, según mi grupo de estudio, opta por el biberón. Durante el primer periodo conviene alimentar a cada bebé de manera individual. Usted necesita conocer la forma de succionar de cada uno, además de sus peculiaridades, y eso resulta más fácil en un contacto individual. Una de las ventajas de darles el biberón es que otras personas pueden echarle una mano. Sin embargo, conviene que —en la medida de lo posible—, sean siempre las mismas personas las que les den las tomas. Así, el contacto con cada bebé es más íntimo. No solo se trata de alimentarles, sino también de transmitirles amor y ternura. Los bebés gozan cuando están en brazos de los padres, sintiendo los latidos del corazón, percibiendo su olor y oyendo su voz.

Como resulta casi imposible alimentar a los pequeños al compás de su demanda, la mayoría de las madres opta por seguir un esquema más o menos fijo en cuanto a las tomas. Primero atienden al bebé que ya está despierto, mientras el otro espera su turno (el chupete es un buen aliado). Hay madres que se las arreglan solas pasadas las primeras semanas; otras cuentan con la ayuda de algún familiar, por lo menos durante el primer medio año. Las madres de trillizos siempre necesitan ayuda.

Debido a que los bebés nacidos de un parto múltiple tienen un peso menor al nacer, las tomas son más frecuentes, cada dos o tres horas, con dos tomas por la noche. Cuando los bebés aceptan bien el biberón, es posible darles la toma al mismo tiempo. Hay madres que dan las tomas a los bebés juntos, en los momentos de más ajetreo del día, o cuando los dos están realmente hambrientos. Algunas lo hacen acostando a los pequeños enfrente de ella con ayuda de cojines que sujeten los biberones. Así una madre de trillizos pudo alimentar a sus bebés sola cuando no contaba con ayuda (véase figura de página siguiente). Cuando los bebés son algo mayorcitos, se les puede sentar en sus hamaquitas o sillitas, cada uno con su biberón. Otra opción es darle a uno el biberón, sentado en su regazo, mientras ayuda al otro que lo toma solo, sentado enfrente de usted en su sillita. En la siguiente toma será él quien tome el biberón en su regazo. El contacto íntimo con usted es importante para el bebé; la alimentación es una parte importante del proceso del vínculo, que a su vez influye en su desarrollo social y emocional. Por lo tanto, si sus bebés toman el biberón solos, procure que haya tiempo para mimos y caricias después de las tomas.

Las posturas más frecuentes:

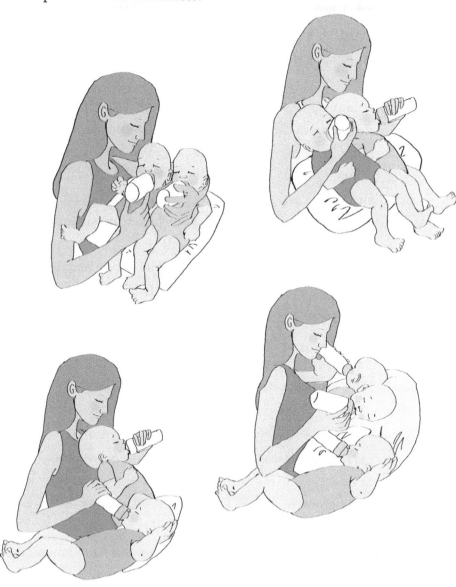

Sugerencias

- Anote en un cuaderno las tomas de cada uno para evitar confusiones. O puede utilizar el esquema de la página siguiente.

- Prepare la leche para un día entero y guárdela en un recipiente en la nevera. Así, siempre se tiene preparada para las tomas. Un inconveniente puede ser que no se gaste toda la cantidad de leche que se ha preparado; debido a ello, algunas madres optan por preparar solo el agua y guardarla en un termo a la temperatura adecuada. También conviene preparar las tomas de la noche y dejar a mano todo lo que se necesita.

- Es conveniente que cada bebé tenga su propio biberón; puede comprarlos de diferente color o ponerles una pegatina para distinguirlos. Durante los primeros meses es necesario esterilizar los biberones y chupetes cada vez después de su utilización. La esterilización en caliente en un recipiente especial donde quepan varios biberones es muy práctica. Pasados los primeros meses, una vez por semana es suficiente. También se puede optar por el microondas para su esterilización. No obstante, no hay que utilizarlo para el calentamiento de los biberones, porque distribuye el calor de forma desigual, produciendo puntos calientes que podrían lastimar la boca del bebé.

- Deles a la vez los biberones mientras están sentados en las hamaquitas. Ellos mismos pueden tomárselo solos, si se apoyan los biberones sobre una toalla o cuando ya son algo mayores. Pero ¡nunca hay que dejarlos solos! Pueden atragantarse.

- Las tomas nocturnas son agobiantes; alternar noches (por ejemplo, las de los fines de semana con el marido) es una buena forma para dormir más horas seguidas. Y aproveche las siestas de los bebés durante el día para descansar.

- No compare a los bebés entre sí, puesto que cada uno tiene su propio ritmo y sus necesidades. Lo que toma uno, no ha de ser una norma para el otro.

Esquema de las tomas

Día	Nombre	00 h	3 h	6 h	9 h	12 h	15 h	18 h	21 h	obs.
			Semana del _____ al _____							
L	David	P	90 cc LA	P N	P	P + 60	P	P	P	
	Laura	P	80 cc LA	P S	P	P + 60	P	P	P	
	Emma	P	90 cc LA	P N	P	P + 45	P	P	P	
M	David									
	Laura									
	Emma									
Mi	David									
	Laura									
	Emma									
J	David									
	Laura									
	Emma									
V	David									
	Laura									
	Emma									
S	David									
	Laura									
	Emma									
D	David									
	Laura									
	Emma									

Alimentación:	B = biberón P = pecho A = agua
	LA = leche artificial LM = leche materna
Deposiciones:	N = normal S = semilíquida L = líquida
Observaciones:	Vitaminas, medicamentos, etc.

Este es un ejemplo de una madre de trillizos que dio el pecho a sus bebés con una sola toma de leche artificial por la noche, de la que se encargó el padre, y otra a mediodía (a esta hora contaba con ayuda de su madre). Este esquema sirve tanto para madres de gemelos como para las que solamente dan pecho o biberón.

Información de interés

Hay bebés que se resisten a aceptar el cambio del pecho al biberón. Solo quieren el pecho materno. A veces esto ocurre porque los pequeños perciben que su madre en el fondo no quiere dejar de darles la lactancia materna. Por tanto, reflexione si usted realmente quiere dar este paso o si, por el contrario, se siente presionada por fuerzas exteriores. Si no hay otra opción que pasar al biberón, unte la tetina con un poco de leche materna. El olor a su leche preferida facilitará la transición.

CAPÍTULO 14

La vuelta a casa

Nadie es capaz de prever en realidad cómo va a desarrollarse la situación con dos o más bebés hasta que se vive en directo. Y siempre es ¡diferente de como se lo imaginaba!

La mayoría de las madres pasa por una fase turbulenta cuando llegan a casa. Por primera vez se dan cuenta de que su vida ha cambiado drásticamente y nunca volverá a ser como antes. Cualquier madre reciente experimenta esta sensación en los primeros meses de su maternidad, pero el impacto es mayor para las madres de parto múltiple. Adaptarse a su nueva situación y despedirse de su anterior vida sin apenas responsabilidades, requiere tiempo; para algunas todo el primer año. En las primerizas, esa sensación es aún más acusada que en aquellas que ya tienen un hijo; estas ya se han adaptado a la maternidad y conocen sus alegrías y sinsabores. En ellas se produce menos ese shock inicial. Generalmente, también tienen más confianza en sí mismas y en sus cualidades maternas. Para las primerizas, el cambio es enorme: no solo se trata del doble o triple de trabajo, sino que también tropiezan con muchas incógnitas y dudas. Es, como describía una madre de mellizos, «sumergirse en aguas profundas sin saber nadar». O como decía un padre, «una dificultad gozosa».

Pautas para reducir el estrés

He aquí unas pautas que ayudan a reducir el estrés en este periodo:

▶ *Acepte sus altibajos emocionales*; es normal sentirse abrumada por una felicidad desbordante en unos momentos y totalmente desconcertada por una gran responsabilidad en otros. Son las dos caras de la maternidad que cada madre experimenta (también los papás). Exteriorizar sus sentimientos puede ser de gran ayuda.

▶ *Los cambios hormonales y una acusada fatiga influyen en su estado anímico.* Su cuerpo aún tiene que recuperarse del gran esfuerzo que significa un parto múltiple. Es lógico que aún se sienta emocionalmente y físicamente débil. Cuide bien su alimentación, prescinda del tabaco y el alcohol. Como dormir más de tres horas seguidas por la noche será difícil, intente recuperar el sueño durante las siestas de los bebés a lo largo del día. Y pida a las personas de su alrededor que ¡la mimen!

▶ *Establezca prioridades.* De momento, lo más importante es que cuide bien a los bebés y la propia salud. Lo demás puede esperar. Lo ideal es que la madre «solo» tenga que ocuparse de los pequeños, contando con apoyo para las demás tareas. Las madres que lo organizan así son las que mejor llevan este periodo, según los resultados de mi estudio.

▶ *Acepte la ayuda de familiares y amigos y aprovéchela en las tareas domésticas.* Para los bebés es mejor que sean los propios padres quienes cuiden de ellos, porque eso favorece su mutua relación.

▶ *Organice su casa de la forma más práctica posible.* Tener a mano lo que más necesita (pañales, toallitas, chupetes) evita la sensación de agobio, subiendo y bajando escaleras. Algunas madres preparan dos lugares en casa, provistos de los productos del aseo personal de los bebés. Esto es muy aconsejable cuando durante el día los bebés están en un lugar distinto al de la noche.

- *Planee los días uno por uno.* Es más realista que planificarlo todo con antelación, ya que los días con bebés recién nacidos son imprevisibles.

- *Anote en un cuaderno,* aparte de las tomas de los bebés, las peculiaridades de cada uno (fiebre, resfriados, cólicos, llantos...). Eso sirve de ayuda, tanto para la propia madre como para la persona que la asista.

- *No es necesario que los bañe todos los días.* También puede lavarlos con una manopla un día y al otro en la bañera. Una madre de trillizos, que amamantó a sus bebés, lo organizó así: dio el pecho a cada uno durante un día entero (tomaron el pecho cada tres días). Al bebé que había mamado, lo bañaba ese mismo día.

- *Si uno de los bebés despierta al otro* (u otros) con sus lloros, hay que acostarlos en habitaciones separadas. Esto favorece el descanso de toda la familia. Sin embargo, hay bebés a quienes les va mejor dormir juntos (incluso en la misma cuna), ya que así concilian antes el sueño. En este caso evite vestirlos con demasiada ropa. El sobrecalentamiento es un factor de riesgo para la muerte súbita.

- *El contestador automático* (con los llantos de los bebés como música de fondo) es muy práctico; muchas madres lo conectan cuando están ocupadas con las tomas, etc. El teléfono es importante para toda madre —significa el contacto con el mundo exterior— pero hay que evitar que sea una molestia.

- *Procure no aislarse en casa.* Los padres de partos múltiples suelen perder el contacto con los amigos, debido a que su vida gira en torno a los bebés. Pero el contacto con otros adultos (entre ellos otros padres de gemelos o más) sigue siendo importante y necesario.

- *Dedique a diario unos quince minutos a usted misma.* Seguramente le parecerá una misión imposible, pero saque tiempo de donde sea. Leer un poco, escuchar música, meditar, chatear con otra madre de múltiples o simplemente visualizar a sus bebés, ya crecidos y jugando felizmente, le darán nuevas energías para su interminable trabajo.

▶ *A veces, las visitas de familiares y amigos llegan a ser agobiantes.* Pídales que anuncien su visita, respetando su siesta y la de los bebés. En los Estados Unidos, por ejemplo, está de moda dar una fiesta en honor del bebé al cabo del primer mes de haber nacido, llamada *Baby Shower*, a la que acuden todos los familiares y amigos. De este modo se evita el continuo trasiego de las visitas durante muchas semanas. Algunas madres piden a sus visitas que les echen una mano: doblar ropa, planchar, traerles alimentos o alguna comida preparada.

Cristina, madre de gemelos:

«Nosotros celebramos el baby shower cuando los bebés tenían dos meses. Esto me permitió disfrutar tranquilamente el primer periodo con solo los familiares y amigos más cercanos. La celebración fue un éxito. Los abuelos se encargaban del catering, de modo que nosotros podíamos hablar con los amigos. Y el libro de visitas en el que cada uno escribía algo personal es un recuerdo muy bonito».

Establecer una relación con cada bebé

Todo niño necesita vincularse estrechamente con sus padres. El bebé dispone de varios mecanismos para asegurarse de este vínculo, como por ejemplo el tamaño de sus pupilas. Son grandes, lo cual las hacen irresistibles para sus papás; el llanto y la sonrisa son otras de sus poderosas armas con las que atrae a sus padres hacia él. Cada bebé utiliza estos mecanismos a su propia manera, según su carácter. Sus padres perciben estas señales y responden ante ellas; le cogen en brazos cuando llora y le hablan y sonríen ante su sonrisa. Este tipo de atenciones le dan al bebé una base de confianza, que asegura un vínculo estrecho. Y este a su vez es la base para sus futuras relaciones fuera del núcleo familiar. Con los hijos de un parto múltiple este proceso transcurre del mismo modo, con la única diferencia de que los padres están menos disponibles; a fin de cuentas deben dividir su atención entre varios bebés. No obstante, esto no impide que los padres forjen un vínculo estrecho con cada bebé. Lo importante para ello es que desarrollen un vínculo único y especial con cada uno de ellos y no les vean como una unidad. En este caso la necesidad del bebé de una atención personalizada no quedaría satisfecha y se corre el riesgo de que los bebés se vinculen estrechamente entre sí; buscan la exclusividad entre ellos por no encontrarla en sus padres. Una gemela, de 13 años, me contó que su padre siempre la confundía con su hermana gemela. Cuando ella le recordaba que era Laura y no Susana, él decía: «Pero ¡qué más da! Sois iguales». Este comentario le dolía mucho, porque le demostró que su padre no tenía un vínculo especial con ella. Sin duda, este padre trató a sus gemelas monozigóticas como a dos personas iguales desde sus primeros años y no se involucró activamente en los cuidados de las pequeñas, lo cual hubiera evitado esta situación.

Los psicólogos investigaron cómo se establece el vínculo con gemelos o trillizos. Jane A. Spillman, jefe de una planta de neonatología y durante años la asesora de TAMBA (Asociación de Partos Múltiples de Inglaterra) descubrió que las madres sienten cierta preferencia por el bebé de mayor peso ya que este se corresponde más con la imagen que tenían de sus bebés durante el embarazo. Por el contrario, el bebé de menor peso representa la personificación de sus miedos, como el miedo de perderlo. Esta preferencia por el bebé más grande se da incluso cuando el bebé más pequeño está más sano y más activo que el bebé que pesa más.

Las madres, según descubrió Spillman, se sienten culpables por los diferentes sentimientos que siente hacia sus bebés. Spillman destaca la importancia de que los médicos y el personal sanitario entiendan esta situación y tranquilicen a las madres. Esto las libera de sus preocupaciones y allana el camino al vínculo con sus hijos. Los bebés con quienes es más difícil vincularse, pueden desarrollar problemas como trastornos de sueño, dificultades con la alimentación y una demora en el momento en que se inicia el balbuceo. También suelen tener más rabietas.

Dado que los bebés no suelen llegar a casa al mismo momento, es inevitable que con el primero que llega, se produzca antes un vínculo íntimo.

Carmen, madre de trillizos, dos niños y una niña:

«Cuando mis hijos nacieron, me los enseñaron uno por uno. De inmediato sentí un vínculo, los reconocí y los recordé de cuando estuvieron en mi vientre, cada uno en su lugar. En este mismo momento los amé profundamente, sin distinción. Esto ocurrió más tarde. El primer bebé que pude llevarme a casa, fue la niña. El vínculo con ella se estrechó, mientras el vínculo con sus hermanos no pudo desarrollarse. Cada día los vi un momento, pero sin tenerlos conmigo. Poco a poco se produjo un distanciamiento entre ellos y yo. Fue horrible. Cuando llegaron a casa, tuve que hacerlos míos. No tenían un olor conocido, lloraban mucho y dormían mal, quizá porque no fueran maduros o porque echaran de menos el vínculo conmigo. Me sentía una mala madre. Afortunadamente el vínculo fue creciendo, pero me he sentido muy preocupada por este tiempo y muy sola. No me atreví a comentarlo con nadie, ni siquiera con mi marido».

«No les doy lo que necesitan»

Joan Friedman, psicóloga y gemela monozigótica, describe en su libro *Emotionally Healthy Twins* cómo vivía su maternidad cuando nacieron sus gemelos dizigóticos. Ya tenía tres hijos, pero a pesar de su experiencia, sentía que, como madre, fallaba. La doble maternidad no se parecía en nada a sus experiencias anteriores. Continuamente tenía la sensación de no estar a la altura y no dar lo suficiente a ninguno de los dos. Uno era un bebé plácido, el otro todo lo contrario. Lloraba mucho y estaba intranquilo. Cuando Friedman empezó a sentir preferencia por el bebé tranquilo, se desesperó aún más y decidió buscar una solución. Algo tenía que cambiar. En ese momento sus bebés tenían seis semanas. Decidió crear momentos para cada bebé a solas. Primero dio una larga caminata con el bebé plácido. Le habló y le contó cómo se sentía. Disfrutó del paseo. Lejos del tumulto agobiante de casa pudo conectar con él y descubrió que esto era lo que había echado de menos: la oportunidad de conectar con cada bebé, con el temperamento y sus necesidades peculiares de cada uno. Esa conexión la había tenido con sus hijos mayores sin ningún problema, pero no con los gemelos porque hasta aquel momento se había sentido sobrecargada emocionalmente. Simplemente le había faltado la tranquilidad para ello. Al pasear con uno de sus bebés, se dio cuenta de dónde venía el problema. Al día siguiente se llevó al otro bebé, esta vez en un portabebés, lo cual era el medio idóneo para él. Mecido por los movimientos de su madre, dejó de llorar al instante y se durmió. A partir de este descubrimiento Friedman decidió proporcionarle a cada uno su parcela de tiempo individual y organizó ayuda externa para poder llevarlo a cabo.

Su experiencia fue el tema principal del antes mencionado libro. Su consejo es que cada familia de hijos nacidos de un parto múltiple disponga de un cochecito para llevar a un solo bebé. Ella empezó a disfrutar la doble maternidad y dejó de sentirse incompetente y frustrada. Ser madre de gemelos (o más) no impide que se disfrute de cada hijo individualmente; solo se tiene que esforzarse más para conseguirlo.

Friedman destaca en su libro que es importante no criticarse por sentir preferencias. Esto indica, según ella, que los padres establecen una relación con cada bebé. Es lógico que se den diferencias en lo que se siente hacia cada uno de ellos, ya que, al ser diferentes, despiertan reacciones distintas.

Quizás la madre o el padre sienta preferencia por el bebé más pequeño que despierta más su instinto maternal, o por el más fuerte, con quien es más fácil entablar una relación. O quizás uno les parezca más guapo o haya algo especial en él que armoniza fácilmente con su carácter. Hay muchos factores, hasta incluso el color del cabello, que influyen en la relación de los padres con cada bebé.

Los padres no suelen expresar esos sentimientos; se sienten en la obligación de querer a todos por igual. Entonces se apenan y se avergüenzan cuando se dan cuenta de que no es así. A veces ocultan esos sentimientos y prestan más atención al bebé que interiormente les atrae menos. Esto es correcto intuitivamente, porque al profesarle atención y cuidados extra se refuerza el vínculo.

Tanto Spillman como Friedman afirman que esos sentimientos son reales. Lo mismo ocurre con padres de hijos de varias edades. Los padres de hijos de la misma edad tienden más a hacer comparaciones y ahí radica en realidad el quid del problema. Por lo tanto, no hay que atormentarse con comparaciones inútiles. A medida que transcurren las semanas, en cada uno de ellos se descubre su propia personalidad, lo que hará más fácil quererlos a todos y establecer una relación especial con cada uno.

Nela, madre de trillizas monozigóticas:

«Tardé en sentir un vínculo con ellas. En realidad empecé a sentirlo después de seis semanas cuando llegaban a casa. Al principio me costó repartir mi atención. Cuando tenía a una acurrucada contra mi pecho, según el método canguro, sentía pena por las otras dos. Muchas veces apliqué este método con dos a la vez e incluso con las tres. Y en el hospital estaba con ellas todo el tiempo que fue posible. Creo que hice todo lo que pude».

La ayuda en casa y la falta de intimidad

Casi todas las familias de partos múltiples reciben ayuda de familiares o personas contratadas. No puede ser de otra manera, aunque algunas madres lo hacen:

Ester, madre de mellizas (7 años):

«Quería estar sola con mis bebés y lo hice a partir de la tercera semana. Las niñas raras veces pedían el biberón al mismo tiempo, así que alimentaba primero a una y luego a la otra. Pero una vez una de las niñas se atragantó. Me llevé un gran susto. Llamé a mi marido que vino enseguida (trabaja cerca de casa). Todo quedó en un susto. En general me gustó estar sola con ellas».

Carmen, madre de trillizos (6 años):

«Los primeros dos meses me apañé sola, no pedía ayuda, no sé muy bien por qué. Quizás la ingenuidad de pensar que yo sola podría. Fue demoledor. Les daba el pecho cada tres horas y tardaba casi dos horas en ello. No dormía más de tres horas por la noche y no seguidas. A los 2 meses era un auténtico zombi, incapaz de hilar una frase; a las dos palabras ya se me había olvidado lo que estaba diciendo. No se lo recomiendo a nadie. A partir de ese momento contraté a una enfermera; estaba conmigo desde las 8.00 horas hasta las 17.00 horas. Por la tarde estaba mi marido. Esto fue genial».

Sin lugar a dudas, la ayuda es importante. Según los estudios hace disminuir el estrés de los padres y mejora el vínculo con los bebés, tal como demostró la investigación de Feldman y otros. Tener ayuda significa que los padres puedan dedicar más tiempo a sus pequeñines, como vimos en el testimonio de Friedman. No obstante, tiene también un aspecto negativo: la falta de intimidad en casa. Siempre aparece la madre, la suegra o algún otro familiar que acude a echar una mano. El asunto es delicado: por un lado, esa ayuda es bienvenida, sobre todo durante el primer año y en especial para las madres de trillizos (o más); pero, por otro lado, hay algo que se resiente. Un 45% de las madres de mi investigación vivió la pérdida de intimidad como una molestia; hubieran preferido estar más tiempo a solas con su pareja. Un factor que influye en el éxito o fracaso de la ayuda es la relación que haya con los familiares; si la relación es buena, resulta más fácil hablar acerca de los roces que inevitablemente surgen, y eso hace más llevadera la situación; si la relación ya es tensa, no hay confianza para el diálogo y los disgustos llegan a ser frecuentes e insoportables. Algunas madres se las arreglaron solas o buscaron una persona ajena a la familia, como una canguro o una au pair. Sea cual sea la forma de ayuda a la que se recurre, intente que sea usted la que lleve las riendas. Las madres que lo hacen así, se sienten más contentas de la ayuda recibida, porque las tareas domésticas y los cuidados a los bebés se llevaban a cabo tal como ellas querían.

La depresión posparto

Como ya indiqué, sufrir una tormenta emocional y tener los sentimientos a flor de piel, es un fenómeno normal en cualquier madre reciente y más aún en la de un parto múltiple. Y casi todas las madres pasan al poco de dar a luz por unos «días de lágrimas»; debido al gran cambio hormonal, lloran con facilidad y se preocupan por todo. Se trata de un proceso normal que a los pocos días o semanas remite. No obstante, algunas madres se sienten afectadas por la depresión posparto. Debido a las mayores cargas físicas y psíquicas, las madres de un parto múltiple son más propensas a la depresión posparto debido a que suelen sufrir más cansancio, ansiedad y pánico. Las madres de las que uno de sus bebés murió, son, lógicamente, más propensas a esta depresión (*véase* el Capítulo 26).

Es importante reconocer los síntomas de la depresión posparto. Con un tratamiento adecuado se puede aliviar el sufrimiento. ¡No se trata de sufrir en silencio!

Síntomas

- Llorar con facilidad.
- Sentirse desesperada y angustiada.
- Cansancio extremo.
- Sentirse culpable.
- Falta de apetito o comer en exceso.
- Falta de interés por la sexualidad.
- No conciliar el sueño (ni cuando duermen los bebés).
- No sentir placer en lo que se hace, ni tampoco disfrutar de los pequeños.

Si la madre se identifica con la mayor parte de estos síntomas, hay que estar alerta (aunque tener uno de los síntomas no es grave). Algunas mujeres sienten la depresión de una forma leve, mientras que a otras les impide llevar una vida normal. No se sienten capaces de cuidar a los bebés y algunas temen sus propias reacciones, como el impulso de hacerles daño. Es importante tomar los síntomas en serio, ya que no suelen desaparecer de manera espontánea y pueden causar problemas matrimoniales o maltratos a los hijos.

Las causas son tanto físicas como psíquicas; se cree que una de las causas físicas es el cambio hormonal que se produce después del parto. La concentración de la hormona progesterona, que tiene un efecto antidepresivo, desciende considerablemente; su aportación durante el embarazo ha sido primordial y mayoritaria. Las mujeres con una mayor sensibilidad a los cambios hormonales y que sufren mensualmente el síndrome premenstrual tienden más a la depresión; también hay otros factores: un déficit en vitaminas, minerales y grasas insaturadas, además del agotamiento físico.

Por otra parte, tienen un papel muy importante causas psíquicas, como el cambio de vida, la responsabilidad, la dificultad para aceptar la maternidad...

Posiblemente, una causa importante que acentúa este estado depresivo es la falta de apoyo social que tiene la madre cuando sale del hospital y llega a su hogar. Es imprescindible el apoyo familiar porque cuando el marido reanuda el trabajo, la casa y los bebés se le caen encima a los pocos días de volver del hospital: esto es lo que supone —en muchos casos— el inicio de la depresión.

Lorena, madre de gemelos:

«Me sentí desbordada por el trabajo. No era capaz de disfrutar de mis bebés y esto me hacía sentir mal conmigo misma. Les daba el biberón a la vez para terminar antes, porque ni siquiera disfrutaba de las tomas. Finalmente llamé a mi madre y le dije llorando que yo no era una buena madre, que no sabía educarlos bien. Mi madre captó la señal y vino enseguida. Se llevó a uno de los bebés a su casa. Así descubrí que sabía disfrutar de los cuidados a uno solo y esto me salvó de la depresión. Mi madre lo cuidó durante una semana y después todo fue mejor».

Ana, madre de trillizos:

«Al mes de nacer mis trillizos, estaba exhausta e incluso algo deprimida. Empezar un día nuevo se me hacía cuesta arriba. Una tarde llamé a mi mejor amiga y le dije que necesitaba verla, si a ella no le importaba el caos. Vino enseguida y nada más ver la cesta llena de ropa por doblar y el fregadero atestado de platos, puso manos a la obra. En una hora cambió el panorama totalmente e incluso nos quedó tiempo para charlar un rato. Sin decírmelo volvió al día siguiente y así siguió durante tres meses. Entonces ya me sentí mucho más fuerte y preparada. Ella era mi ángel de la guarda y se lo agradezco mucho».

En países donde existe un eficaz apoyo domiciliario después del parto desde la red sanitaria, la depresión posparto se reduce notablemente, lo que previene futuros problemas de salud, tanto de la mujer, como del bebé; todo esto pone otra vez de manifiesto la importancia que tiene una buena ayuda durante los primeros meses que siguen al nacimiento de los bebés.

Algunas medidas ayudan para evitar o mitigar la depresión posnatal:

▶ Cuidar de la propia salud: una buena alimentación, vitaminas, descanso y ejercicios posparto son elementos que aumentan la moral. Como los bebés dependen tanto de la madre, usted tiene que cuidarse bien para llevar a cabo su tarea.

▶ Procurarse bastante ayuda durante los primeros meses o año(s). Todas las madres de partos múltiples coinciden en que la ayuda de otras personas es primordial. Algunas se apañan solas, por propio deseo, pero son una minoría e incluso no siempre es una experiencia positiva. También para estas madres sigue siendo importante organizar ayuda para los días en que el cansancio se apodere de ellas. A nadie le favorece hacerse el valiente.

▶ Aplicar ejercicios de relajación en momentos de estrés, practicar yoga, tomar un baño, escuchar música o sentarse a ver a los bebés, son una buena manera de rebajar el estrés.

- No asustarse por los propios sentimientos; ahora vive una nueva situación y los sentimientos también serán nuevos. Sentir intensas emociones, a veces contradictorias, es normal. Se necesita tiempo para conocerse: han nacido sus bebés, pero también ¡una madre!

- Puede que, a su vez, el marido se sienta deprimido, ya que la depresión también afecta a los nuevos padres, aunque no suele ser tan intensa pues no vive en «primera línea» con los bebés. Es positivo que también él acepte sus sentimientos, los exprese y que la pareja hable de ello. Así se normalizan y se esfuman como problemas. Los padres y familiares que viven todo el proceso del parto y los primeros días de los bebés muy cerca de la madre entienden mejor esta «tormenta» emocional, porque ellos, en parte, también la viven.

- Acuda al médico cuando se sienta muy deprimida y no sepa cómo afrontar los cuidados diarios de los bebés. No se trata de una señal de debilidad, sino del primer paso hacia la solución. Hoy día existen buenos remedios para combatir la depresión. Puede que el médico le prescriba vitaminas (B_6), antidepresivos o —en algunos casos— la hormona progesterona. Aparte del tratamiento médico, es muy importante el apoyo incondicional del marido, de la propia madre o de alguna amiga íntima. Hay madres que encuentran alivio hablando con un psicólogo o confiando sus pensamientos a un diario.

Información de interés

No todos los padres saben distinguir a sus hijos desde el primer día. Es conveniente dejarles durante unos días la pulserita que les han puesto en el hospital. Más tarde la manera más fácil de distinguir a los bebés es a través de su ombligo. El ombligo se forma a raíz de una cicatriz que queda cuando se seca el cordón umbilical. En este proceso no influye la genética. Por tanto cada ombligo es único.

LOS PRIMEROS 6 AÑOS

Capítulo 15. 0-6 meses   263

Capítulo 16. 6-12 meses   293

Capítulo 17. 1-2 años   321

Capítulo 18. 2-4 años   353

Capítulo 19. 4-6 años   407

CAPÍTULO 15

0-6 meses

Los bebés se pasan durmiendo gran parte de los primeros tres meses; dormir, comer y sentir la presencia de los padres y del hermano gemelo es lo más importante para ellos durante este periodo. Poco a poco empiezan a interesarse por el entorno; vuelven la cabeza para escudriñarlo todo bien y otorgan a sus padres la primera sonrisa alrededor de la sexta semana. Éste es, sin duda, un momento especialmente hermoso y tranquilizador, pues con su sonrisa demuestran que están contentos y son felices. Más o menos al mismo tiempo empiezan también a sonreírse mutuamente, lo que, sin duda alguna, es otro momento especial, un privilegio para los padres de hijos de partos múltiples.

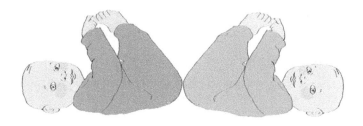

El bebé aprende a través de los sentidos: mira, siente, degusta, huele y oye. Durante este primer medio año aprende a sonreír cuando alguien le habla (le encanta mirar los rostros humanos), a seguir un rostro o un objeto con su mirada (también siguen a su hermano gemelo con mucho interés), a levantar la cabeza, a coger algo con la mano con intención de metérselo en la boca y a darse la vuelta. Su desarrollo es asombroso y transcurre en un tiempo realmente rápido.

Julia, madre de gemelas de 6 meses:

«Agitan una mano en el aire y con la otra se cogen fuertemente. Si las miro así, sentadas en sus hamaquitas, se me encoge el corazón de ternura. Y cuando estoy recogiendo el salón, yendo de un lado para otro y ellas siguiéndome intensamente con sus miradas, siento la misma emoción; veo sus cabezas moviéndose a la par y siguiéndome todo el rato. ¡Qué felicidad más grande!, pienso para mí misma».

Su sueño

Los bebés tienen un ritmo de vigilia y sueño durante el embarazo, y en él influyen los hábitos de vida de la madre: las madres madrugadoras suelen tener hijos madrugadores y las que son trasnochadoras tienen bebés trasnochadores. Varias madres de gemelos me comentaron que sus bebés adoptan el horario de siestas que ellas mismas mantenían durante el embarazo.

Sin embargo, después del nacimiento, a muchos bebés les cuesta adquirir un ritmo fijo; los hay que duermen mucho durante el día y que tienen periodos «despiertos» durante la noche. Su ritmo de sueño está invertido. Otros gemelos tienen ritmos de sueño muy dispares: uno es el típico «búho nocturno» y su hermano gemelo, un auténtico «pájaro del alba».

Consejos

✓ En caso de un ritmo de sueño invertido hay que dar las tomas nocturnas en un ambiente tranquilo y oscuro y prestar más tiempo a las tomas diarias. Al principio lo mejor es adaptarse al ritmo de los bebés e ir probando cómo se les puede acostumbrar a un ritmo más o menos fijo, alargando el tiempo entre la última toma de la noche y la primera de la mañana.

✓ En caso de ritmos muy diferentes entre los bebés (algo frecuente con los dizigóticos), es conveniente dar la primera toma al que está despierto. Después de esta toma le toca el turno al otro. Algunas madres están contentas con sus diferentes ritmos, ya que les da tiempo para prestar atención a cada uno individualmente. Otras procuran que los tiempos de vigilia y sueño de sus bebés coincidan lo máximo posible, y despiertan al más «dormilón».

✓ Acueste a sus bebés despiertos. Esto será posible pasados los primeros meses, cuando ya no se queden dormidos tras la toma. De este modo no se acostumbran a dormirse en sus brazos, por lo que serán capaces de conciliar el sueño solos cuando se despiertan en mitad de la noche. Acueste primero al bebé que se duerma con mayor facilidad.

✓ Un horario fijo, en cuanto a tomas y siestas, les sienta bien. Un estudio del Hospital Infantil Guillermina de Utrecht (Holanda), desde 2001 hasta 2003, puso de relieve que en los bebés que lloran mucho, sus llantos disminuyen cuando se les ofrece una rutina fija. Un 77% de los bebés, según los resultados de la encuesta a las madres de gemelos y un 76% en caso de trillizos, adquieren un ritmo fijo a los tres meses y un 14% (gemelos) y un 20% (trillizos) a los seis meses.

✓ Hay bebés nerviosos e irritables que no logran establecer ninguna regularidad para sus tomas y siestas. Si este es su caso, anote durante tres días sus ritmos. A partir de ahí podrá ver en qué momento del día pide siempre una toma; quizás sea el único punto invariable del día la toma a las siete de la mañana. Tómese esta hora como punto de partida. Calcule cada vez tres horas (o dos y media según las necesidades del pequeño) para la siguiente toma. Así le ayudará a establecer un ritmo.

✓ Hay bebés que duermen en cualquier sitio. Otros, sin embargo, se despiertan por los sonidos agudos o música fuerte. Éstos necesitan un ambiente tranquilo.

✓ Envolverles en un arrullo les ayuda a dormir mejor. Les da una sensación de protección y evita que se despierten por sus propios movimientos incontrolados.

Hay bebés dormilones y bebés activos. A partir de la cuarta semana, las madres empezarán a notar las necesidades de sus hijos e irán conociendo el ritmo de cada uno. Normalmente, los bebés duermen entre 16 y 24 horas, pero hay grandes diferencias entre ellos. Cuando comen bien y están contentos, es señal de que duermen lo suficiente. En el siguiente esquema se observa la gran variación de necesidad de sueño:

Edad	Horas de sueño
0-6 meses:	18-21
6-12 meses:	13-18
1-2 años:	12-17
2-3 años:	11-15
3-4 años:	11-13

La falta de sueño durante los primeros meses es lo más estresante para los padres de gemelos, trillizos o más. He aquí unos testimonios de padres que cada uno a su manera buscaba la solución más adecuada:

Daniel, padre de tres niñas:

«Yo me encargaba de las noches. A las 3 de la madrugada les daba una toma. Me las arreglaba bien; alimentaba a dos a la vez y después la última, mientras mi mujer dormía. Por la mañana se encargaba ella de las tomas y yo podía dormir un poco más».

Rosa, madre de trillizos y dos hijos mayores:

«La primera semana cuidamos entre los dos a nuestros bebés. Mi marido había cogido vacaciones. Pero vimos que era un error; estábamos agotados, así

que decidimos hacer turnos nocturnos. Nos fue bien. Cada día dormía uno y con eso nos bastaba. Cuando mi marido volvió al trabajo, me encargaba yo de las noches; cuando él venía del trabajo, yo dormía una siesta y el fin de semana él se quedaba una noche con los niños».

Amparo, madre de trillizos:

«Pedimos a los familiares que en vez de regalarnos ropa, nos ayudaran a pagar una enfermera para las noches. Los primeros dos meses tuvimos una enfermera en casa; nos fue de maravilla. Ella se ocupaba de las tomas, mientras nosotros recuperábamos fuerzas».

Laura, madre de gemelos:

«Mis bebés, un niño y una niña, tienen ritmos muy dispares. La niña no suele dormirse hasta pasadas las 12 de la noche, tras lo cual empieza su hermano, que hasta aquel momento había dormido como un tronco. Así que apenas duermo».

¿Dónde duermen los bebés?

A pesar de ocupar el doble de espacio, los gemelos suelen dormir en la habitación de sus padres durante las primeras semanas o meses, igual que los bebés que vienen solos. A los padres, que se sienten más seguros cuando los tienen cerca, les resulta más fácil darles las tomas nocturnas. Compartir la habitación con los padres es más seguro respecto a la muerte súbita. La Asociación de Pediatras Española recomienda que durante los 6 primeros meses de vida los bebés duerman con sus padres. Esta práctica es preventiva porque los padres, aún durmiendo, están alerta y perciben si hay algún problema con su bebé. Además, las madres suelen sincronizar las fases de su sueño, la fase REM y la fase del sueño profundo, con las de su bebé. En otras palabras, la cercanía de la madre es un factor preventivo en cuanto al riesgo de la muerte súbita. Dormir juntos en la misma cama en los primeros 4 meses de vida no es recomendable. El calor corporal de la madre aumenta el de los bebés y también las almohadas y el edredón son factores de riesgo.

Durante los primeros años, los gemelos suelen compartir la habitación. Aunque algún día haya que ponerles en habitaciones separadas para estimular su independencia o porque ellos mismos lo pidan, de momento está bien que duerman juntos. El cambio de la vida intrauterina a la de fuera del útero les resulta más llevadero si cuentan con la compañía del otro. Y además aumenta su seguridad, como veremos en este testimonio:

Teodora:

«Mis bebés estaban durmiendo plácidamente en su cuarto de arriba. De repente oí que uno de ellos, Teo, empezó a llorar desconsoladamente. Subí corriendo las escalaras y vi que su hermanito estaba tumbado debajo de las sábanas, aparentemente sin vida. Lo levanté y le di palmadas en el culo hasta que rompió a llorar. Todavía estoy asombrada. ¿Cómo es posible que Teo percibiera que algo horrible estaba ocurriendo con su hermano en esos momentos?

Los gemelos tienen un vínculo especial, una conexión única. Tal como una madre puede presentir que algo le pasa a su bebé, también un hermano gemelo lo percibe cuando algo le ocurre a su hermanito. Este es un ejemplo de la percepción extrasensorial de la que hablaremos en el Capítulo 22.

Por regla general, los gemelos suelen dar menos problemas a la hora de dormir, seguramente porque, al estar juntos, no viven esa sensación de abandono y desamparo que sienten los hijos que vienen solos. Sin embargo, cuando uno de los bebés llore mucho y con sus alborotos despierte al hermano gemelo, entonces sí que es aconsejable acostarlos en habitaciones separadas. Resulta muy curioso que esto no sea frecuente. Incluso la mayoría de los trillizos suelen dormir juntos durante los primeros años.

Cuando aparte de los gemelos hay un hermano mayor, a veces los padres dudan de si es bueno que compartan los tres una habitación. A veces es el propio primogénito quien lo pide. Puede ser una buena idea que incluso ayuda a combatir los celos, pero depende de la edad del hijo mayor. Un niño de dos años no tiene aún noción del peligro y puede lastimar a los gemelos, sacándoles de su cuna o dándoles algún juguete inadecuado. Un niño de cuatro años ya puede ser un buen «guardián». En el caso de trillizos, algunos padres optan por poner uno de los bebés con el hijo mayor; no sólo es conveniente por motivos de espacio, sino también para que él, que ha venido solo al mundo, no se sienta excluido.

Dormir juntos, ¿sí o no?

Algunos padres optan por poner a sus bebés en una sola cuna, porque notan que así duermen mejor. Los bebés regulan, cuando comparten la cuna, más rápido su temperatura corporal y desarrollan con mayor facilidad un ritmo de siestas y vigilia. No es extraño, ya que los bebés están acostumbrados a estar juntos y sentir los movimientos y latidos cardíacos del otro. Un 3% de los bebés permaneció junto en la misma bolsa amniótica. El colecho de los gemelos les facilita la adaptación a la vida fuera del útero. Sobre todo en los primeros meses, en que los bebés apenas cambian su postura, el dormir juntos suele ser una experiencia beneficiosa, tanto para los bebés como para los padres. También los padres de trillizos pueden poner a sus bebés en una sola cuna. Cuando uno se despierta, no necesariamente el otro (u otros) se despierta. Muchas veces no ocurre.

Leonor:

«Compré dos cunas, pero noté que las niñas dormían más cuando las ponía juntas. Así que lo hice en los primeros meses. Cuando empezaron a moverse y molestarse, empecé a utilizar la segunda cuna. Ya tenían cuatro meses.»

Paulina, madre de trillizos:

"A las niñas les gustaba dormir juntas, pero el niño lloraba cuando le ponía con sus hermanitas. Desde el principio quería dormir solo. Es curioso cómo los mismos bebés desde muy pequeños ya lo indican».

Cristina, madre de gemelos de dos meses:

«Cuando Jerónimo estaba intranquilo, con solo ponerle al lado de su hermanita, se calmaba y caía en un sueño profundo. Por mucho que yo lo meciera, no lo conseguía. Al ponerlo junto a su hermanita parecía que pensaba: «ahora el mundo está cómo debe de estar". Y siempre conseguía acurrucarse al lado de la niña, rodeándola con su brazo».

Algunos padres se preguntan si el dormir juntos es seguro. Hay pediatras que lo desaconsejan. Pero según Helen L. Ball, antropóloga y experta en el tema del sueño infantil y de la muerte súbita, de la Universidad de Durham (Inglaterra), el colecho de gemelos en los primeros tres meses no supone un riesgo. Helen L. Ball en 20015 llevó a cabo un estudio comparativo entre gemelos que dormían juntos y otros separados. No vio que el riesgo de la muerte súbita en los gemelos que comparten la cuna fuera mayor que el peligro que existe en los que duermen separados. Los bebés no se despiertan más a menudo, sino más bien sincronizan sus despertares, algo que viene bien a los padres.

Pero hay que tener en cuenta ciertos factores. Naturalmente hay que tomar las medidas necesarias para prevenir la muerte súbita. Los bebés no deben pasar demasiado calor. Por ejemplo es bueno envolver a cada uno en un arrullo y taparlos con una sola manta o sábana. No hay que acostarles juntos en un moisés cuyo espacio es demasiado pequeño. Esto aumenta el riesgo de sobrecalentamiento. Se puede poner los bebés de lado o bien mirándose a la cara. Después de las primeras semanas se les puede poner en el medio de la cuna, con sus cuerpecitos en dirección contraria (los pies de cada uno roza el lado opuesto de la cuna). También se puede optar por una cuna con un separador en el medio. Este tipo de cunas hoy en día existe.

Si usted opta por acostar a cada uno en su cunita, procure ponerles juntos en sus momentos de vigilia, como juntos sobre la manta de actividades o en el parque. Suele gustarles sentir la compañía. También hay gemelos que prefieren estar solos y que empiezan a llorar cuando se les ponen juntos. En este caso buscan el espacio. Lo que también ocurre es que a uno le encanta estar en compañía y al otro no.

¿Moisés o cuna?

Muchos futuros padres de gemelos (o más) se preguntan qué es mejor: comprar dos (o tres) mini-cunas, tipo moisés o directamente las cunas.

Es bueno tener presente que los bebés serán pequeños. Por tanto, una cuna para ellos será un espacio muy grande. Muchos padres están contentos de disponer de mini-cunas para el primer periodo (compradas o prestadas).

Aun así, hay padres que ponen a sus bebés directamente en una cuna.

Susana, madre de gemelos:

«No hemos comprado moisés porque elevaba mucho nuestros gastos. En el primer periodo utilizamos una cuna que decoré con unos volantines para que pareciera un espacio más reducido. Allí dormían juntas, a veces cara a cara y otras veces en dirección contraria. Pasados unos meses empecé a utilizar la segunda cuna».

Valeria, madre de trillizos:

«Para los tres utilizamos una sola cuna. Cuando ya no cabían, pusimos al más grande en una cuna y los otros dos en una cuna litera».

Otros padres utilizan los capazos del cochecito gemelar o triple y los colocan a veces en las cunas. En este caso es importante que se trate de capazos que permitan que los bebés estén en posiciones horizontales y no medio incorporadas.

La muerte súbita del lactante

La muerte súbita es el fallecimiento repentino e inesperado de un bebé sin razones aparentes. Su incidencia es mayor en los bebés nacidos de un parto múltiple, seguramente porque un parto prematuro y un bajo peso al nacer aumentan el riesgo. En realidad no sabemos las causas por las que el bebé muere; seguramente se debe a un conjunto de factores, entre ellos la inmadurez del reflejo respiratorio. Un 86% de los casos del Síndrome de Muerte Súbita del Lactante (SMSL) ocurre antes de los seis meses, principalmente entre las cuatro y las 16 semanas. No obstante, gracias a las numerosas investigaciones sabemos que algunas precauciones disminuyen notablemente el riesgo de muerte súbita.

Consejos

✓ Acostar al bebé boca arriba. Desde que se recomendó esta postura, el porcentaje de muertes ha disminuido. Hay menos posibilidades de que el bebé sano acostado de espaldas se asfixie. También puede acostar a su pequeño de lado, aunque a los pocos meses aprenderá a girarse y ponerse boca abajo. Una toalla enrollada o un dispositivo antivuelco lo impiden. A partir de los cinco o seis meses es normal que el bebé se dé la vuelta y esto no se debe impedir. A esta edad, el riesgo de la muerte súbita disminuye considerablemente, aunque conviene seguir acostándole boca arriba; el bebé que se gira con facilidad, seguramente también sabrá hacerlo en caso de un problema respiratorio.

✓ Dejar de fumar antes y después del nacimiento del bebé, tanto el padre como la madre. Fumar durante y después del embarazo hace que aumente el riesgo de la muerte súbita. Lo mejor es no fumar. También el humo de tabaco, por ejemplo de las visitas, se debe evitar, porque también es perjudicial para el bebé. Lo mejor es tener la casa libre de malos humos.

✓ Evitar tanto el frío como el calor. Las temperaturas bajas y abrigarle en exceso suponen factores de riesgo. Para controlar la temperatura corporal del bebé, debe colocar su mano en la nuca del pequeño. Si está sudada, es señal de que está demasiado abrigado. Si sus pies están calentitos, el bebé está bien y no pasa frío. No debe dormir expuesto a la luz solar ni cerca de un radiador. Una temperatura de 18° en su habitación es correcta. Prescinda de edredones y almohadas. Un edredón produce mucho calor, más que una manta y además conlleva el riesgo de que el bebé se asfixie en él. Una manta o un pijama, en forma de saco de dormir, especial para bebés, es lo más correcto.

✓ Dé a sus bebés el pecho a ser posible. Según los estudios más recientes, la lactancia materna tiene un factor protector. También el uso del chupete es recomendable una vez que el bebé mame bien; también reduce el riesgo. Pero en caso de lactancia materna debe evitar medicamentos que contengan sustancias somníferas.

✓ Se desaconseja el colecho paterno en los primeros cuatro meses (dormir en la cama con los papás). El calor corporal de los padres aumenta el de los bebés y también las almohadas y edredones son factores de riesgo. Después de los cuatro meses sí es seguro, siempre y cuando el colchón de la cama sea duro, los padres no utilicen somníferos ni tomen alcohol. Una manera muy segura de colecho es una cuna adosada que se añade a la cama matrimonial. Así el bebé dispone de un espacio propio al lado de su mamá.

✓ Si usted detecta pausas prolongadas o apneas en la respiración de su bebé, acuda al médico. Para los bebés de riesgo, el hospital facilita un monitor para vigilar el sueño del pequeño.

El ritmo de los bebés

Paulatinamente los bebés empiezan a tener un ritmo. Las tomas se regulan; ya se sabe, más o menos, cuándo las necesitan. Durante los primeros meses aún piden tomas por las noches. Lo más conveniente es satisfacer esas necesidades y no forzarles a un ritmo más cómodo para los padres. Es posible que sólo uno de los bebés pida una toma nocturna. En este caso no es necesario dársela al otro también. Posiblemente duerma toda la noche sin despertarse (no obstante, si este bebé pide la toma muy temprano por la mañana, sí conviene dárselo al mismo tiempo que a su hermano para que usted duerma algo más).

Pueden darse días en que los bebés pidan más tomas; estos son los días irregulares, un fenómeno normal en el primer año. Los bebés no crecen a un ritmo regular, sino a estirones. Hay ciertos periodos de crecimiento, por lo general sobre el décimo día, las seis semanas y los tres meses, en que el bebé demuestra tener más hambre. Estas tomas extra —en caso de la lactancia natural— ayudan a aumentar la producción de leche. En realidad, se trata de un perfecto equilibrio entre demanda y oferta. Lo mejor es darles las tomas extra. No tardarán en encontrar de nuevo un ritmo fijo.

Los llantos

Nada hay más desconcertante para los padres que el llanto de su bebé, o como es el caso de los padres de partos múltiples, de sus bebés. Los lloros generan un estado de nerviosismo en los padres, sobre todo si se da por partida doble o triple.

Sin embargo, es normal que un bebé llore, pues es su único medio de expresarse. Un bebé suele llorar de una hora y media hasta dos horas diarias por término medio en las primeras semanas. A las seis semanas se eleva a dos horas y media y a partir de los tres meses el llanto va disminuyendo.

Los numerosos estudios sobre este tema demuestran con clara unanimidad que es bueno coger al bebé y consolarlo cada vez que llore; así, él aprende que siempre puede contar con el apoyo de sus padres y sólo esa seguridad hace que los lloros vayan disminuyendo. De este modo vive el mundo como un lugar seguro. Las estadísticas corroboran este hecho, ya que demuestran que los bebés que son cogidos en brazos cada vez que lo reclaman, a la larga lloran menos que otros que no cuentan con la misma atención; en estos últimos, los lloros se incrementan en el transcurso del primer año y perduran durante el segundo.

Cuando son dos (o más) bebés los que lloran mucho, no resulta fácil cogerlos en brazos cada vez que lo reclaman. Hay que averiguar qué les hace llorar.

Posibles causas:

- Durante los primeros días: el cambio de la vida intrauterina a la de fuera le desconcierta. Echa en falta la sensación física de estar arropado por las paredes del útero. Envolverle en una toalla o una mantita, haciendo un arrullo, es un buen truco; le dará la misma sensación de protección que antes. Además, evita que mueva brazos y piernas de modo incontrolado, lo que causa más de una vez sus despertares repentinos y bruscos. O acuéstele al lado de su hermano gemelo, porque también es probable que eche en falta su compañía.

- Tiene hambre; no hay que ser muy estricta durante los primeros días o las primeras semanas, cuando aún no tiene un horario fijo. Quizás sólo quiera succionar, es una necesidad básica en los bebés; si es así, se conformará con un chupete.

- Tiene sed; sobre todo en verano es posible que necesite beber. Hay que darle agua esterilizada.

- Tiene cólicos; el aparato digestivo aún es inmaduro y más de un bebé padece de cólicos. Mueve los pies como si pedaleara y levanta las rodillas. Llora durante la toma o un ratito después. Darle masajes en el vientre o llevarlo en una mochila portabebés reduce su malestar. Una infusión de hinojo antes de la toma también le aliviará. Los cólicos suelen desaparecer pasados los primeros tres meses. En algunos bebés, los cólicos son producidos por una intolerancia a la leche (*véase el* Capítulo 13).

- Algo le duele; el bebé llora de una forma alarmante, fácil de reconocer. Quizás le duela algo o esté poniéndose malito. Si se toca las orejas, es señal de que le duelen los oídos. Hay que consultar con el pediatra.

- Se aburre: el bebé activo, que duerme poco, necesita estímulos, ya que se aburre en la cuna. Acuéstelo en el parquecito o en su hamaca con una gran variedad de juguetes a su alrededor. Cámbieselos con frecuencia.

- Quiere compañía; se complace cuando le cogen y llora cuando lo dejan. Llevarlo en la mochila portabebés dentro de casa es una buena idea. También es posible que eche en falta la compañía del hermano (o hermanos). Si es así, acuéstelo a su lado.

- Es muy sensible a los sonidos y las luces fuertes; algunos bebés se alteran a la mínima. Se les llama bebés irritables. Hay que hablarles antes de cogerles en brazos (para que no se asusten) y mantenerlos en un ambiente sereno y tranquilo, con pocos estímulos. Un ritmo fijo en cuanto a siestas y comidas les beneficia.

- Tiene sueño; algunos bebés se excitan con facilidad y sólo concilian el sueño después de llorar un rato. En este caso hay que dejarles llorar, sin dejarlos solos, ya que así se calman y se duermen.

- El bebé sufre el síndrome Kiss (*Kopfgelenk Induzierte Symmetrie Störungen*, en alemán); durante el embarazo o el parto la presión sobre la nuca del bebé ha ocasionado que las dos vértebras superiores estén ligeramente descolocadas; no hay simetría en las articulaciones. Esto causa malestar en el bebé, que llora mucho, se tensa al estar cogido en brazos (no le gusta) y se estira hacia atrás; le cuesta succionar y tragar, tiene reflujo y sus pies y manos suelen estar fríos. Su desarrollo motor va algo retrasado y el bebé tiene preferencia por una postura determinada. Si se sospecha esta causa, se debe consultar con el pediatra. A veces la fisioterapia puede ser la solución. También un parto difícil puede hacer que el bebé en las primeras semanas llore de forma excesiva; es una manera de desahogarse de la dolorosa experiencia.

Por lo general, los llantos suelen disminuir pasados los primeros tres meses. No obstante, tener uno o más bebés «llorones» es un auténtico calvario.

Mónica, madre de gemelos dizigóticos de 2 meses, nos cuenta:

«Uno de mis bebés no deja de llorar. Aunque lo tenemos en brazos e intentamos calmarle, parece que no se reconforta y sigue agitándose y llorando. No hay ninguna posición que le calme. Lo único que ayuda es pasearlo en el cochecito. Se duerme enseguida y durante horas. Pero luego, de nuevo en casa, los lloros vuelven a aparecer. Es desesperante'».

He aquí unas sugerencias especiales para las madres en esta situación:

- Al ser dos (o más) bebés los que lloran, es imposible consolarles en todas las ocasiones. Tenga en cuenta que su compañía también supone un consuelo para ellos. No tiene que exigir lo imposible de sí misma.

- Muchas madres se preguntan qué están haciendo mal. Pero hay bebés que lloran con más facilidad que otros, y en la mayoría de los casos nada tiene que ver con la actitud de la madre. Hay que ser imaginativa, echar mano de la fantasía haciendo lo que se pueda, sin pensar que todo es culpa suya. Lo más aconsejable es elegir una sola táctica aplicarla día tras día. Cambiar de método confunde a los bebés y aumenta su malestar, mientras que un ritmo y método estables les tranquilizan.

- Anote en un diario el ritmo de sus bebés: las tomas, las siestas y los momentos de llanto. Es probable que así descubra algún patrón en sus conductas, lo cual le ayudará a esclarecer sus causas. Anote también la duración del llanto, porque le parecerá eterno, mientras que quizás en realidad no lo sea.

- Procure tener ayuda y libérese con cierta frecuencia de los cuidados de los bebés. Es necesario salir de casa, no oír sus llantos por unas horas y «olvidar» el mal trance. A su vuelta a casa estará más relajada lo que tendrá un efecto positivo en los bebés; se cree que los pequeños captan los sentimientos de los padres, lo cual hace aumentar sus llantos. Intenten estar lo más relajados y optimistas posible.

- Confíe en su propia intuición. Seguramente, las personas de su entorno le dan muchos consejos, todos con buena intención, pero ¡todos distintos! Usted como madre sabe qué les va mejor, a usted misma y a sus bebés.

A medida que el bebé crezca, los llantos irán disminuyendo y desaparecerán (casi) por completo, a veces sin saber qué los provocaba. No es un comienzo fácil; los padres con hijos «llorones» lo pasan verdaderamente mal; pero tienen el consuelo de que sus bebés no se convertirán en niños difíciles ni problemáticos. Algún día dejarán de llorar y se convertirán en pequeños amables y cariñosos, tal como demuestran los estudios. De mayores no se diferenciarán de otros niños.

Poco a poco irán distinguiéndose los diferentes tipos de llanto (hambre, soledad, dolor, etc.). Esto hace más fácil saber cómo actuar. De todos modos, siempre es conveniente cogerlo en brazos e intentar consolarle, en la medida de lo posible. Al bebé pequeño, hasta los nueve meses, se lo puede mimar mucho, sin preocuparse por ello, ya que aún no ve la relación entre su conducta (llorar) y la respuesta de los padres (prestar atención). A partir de los nueve meses conviene empezar a ser más estricto, pues a esa edad ya empieza a darse cuenta del «truco».

Juan, padre de un par de gemelos dizigóticos, de 11 meses:

«Uno de los niños se había caído y lloraba desconsoladamente. Lo cogí en brazos y lo besé. Al momento se tranquilizó. Cuando ya lo iba a dejar en el suelo, su hermano, que había estado en todo momento a mi lado, también rompió a llorar. También quería ¡ser cogido en brazos!»

¿A quién se consuela primero?

Cuando dos o más bebés lloran o piden una toma al mismo tiempo, las madres se encuentran en una situación difícil. Quisieran consolar a todos a la vez, pero ésa es una misión casi imposible. Y siempre les deja algo insatisfechas; el tiempo dedicado a ellos no parece ser nunca suficiente. Más de una madre me confesó que hubiera preferido disponer de más tiempo para cada uno de sus bebés. La sensación de no dedicarles nunca suficiente tiempo causa estrés en ellas (y en los papás).

Consejos

✓ Consolar primero al bebé que más proteste. Como tienen caracteres distintos, siempre hay un bebé que es más paciente que el otro. Así, la tranquilidad vuelve antes. Conviene hablarle o mirar al otro; así se siente también escuchado. Si se trata de darles una toma, se puede recurrir al chupete para el bebé que tiene que esperar y acostarlo en su hamaquita cerca, ya que la presencia de la madre también supone un consuelo. Por lo general, los hijos nacidos de un parto múltiple aprenden de pequeños a esperar. A veces, las madres se preocupan por el hecho de que siempre sea el mismo quien reciba primero su atención. Esto en sí carece de importancia; se trata de dar a cada uno lo que necesita. Es posible que se alternen estos roles a lo largo de su infancia, debido a que los mismos bebés cambian.

✓ Cuando ambos tienen hambre, es conveniente darles una toma a la vez. En otro momento pueden ser tomas individuales. Lo mismo sucede cuando ambos quieren ser mecidos, algo frecuente cuando están cansados o enfermos: busque una postura que le permita mecerlos al mismo tiempo. Una postura cómoda es cuando cada uno descansa en el pliegue de sus codos, con las pequeñas nalgas en sus manos y sus piernecitas extendidas a lo largo de sus muslos. Para las madres de trillizos hay una postura en que se puede dar la toma a los tres a la vez, aunque no es nada fácil (*véase* las posturas del Capítulo 13).

La bronquiolitis

La bronquiolitis es una infección aguda de las vías respiratorias inferiores en la que se inflaman los bronquiolos, las ramificaciones más finas de los bronquios, que se llenan de moco y dificultan que el aire pase por ellos.

La enfermedad empieza con un catarro con moco claro y fluido, tos ligera y algo de fiebre. Sus síntomas característicos son la tos persistente y seca, la dificultad respiratoria (los lactantes rechazan el chupete y el alimento), los silbidos en el pecho y el hundimiento de las costillas inferiores al inspirar; el pulso y la frecuencia respiratoria se aceleran y en los casos graves se observa una ligera coloración azulada alrededor de los labios.

Esta enfermedad es común en lactantes y niños pequeños, principalmente menores de 6 meses. Los prematuros nacidos antes de la semana

34, los que sufren trastornos broncopulmonares y los bebés con cardio-patías congénitas, son propensos a contraerla. Esta infección es provoca-da por un virus, siendo el más frecuente el «virus respiratorio sincitial» (VRS), que aparece con los primeros fríos, en noviembre, y deja de ac-tuar con la llegada del buen tiempo, en marzo. Este virus se contagia por las gotitas de saliva que se emiten al toser, estornudar o hablar. Por ello es importante mantener a los bebés de riesgo alejados de posibles focos de infección (guardería, colegio, ambientes cargados de humos o adultos resfriados). En los casos más graves es necesario ingresar al niño en el hospital, donde le vigilarán mediante un monitor, pero generalmente los cuidados ambulatorios son suficientes. Es posible que en el hospital se le administre oxígeno; muy raras veces precisará respiración asistida.

No es difícil determinar si el niño tiene el virus VRS: mediante una sustracción de moco se puede constatar la presencia de dicho virus en las células. Al cabo de hora y media se puede obtener el resultado. A los niños que corren un mayor riesgo de complicaciones al contraer el virus (los prematuros de menos de 35 semanas de gestación o que padezcan una en-fermedad respiratoria grave o cardiopatías) se les vacuna contra el virus. Consúltelo con su pediatra.

Salir con los bebés

Los cochecitos gemelares

Su pediatra le informará cuándo es el momento oportuno para salir por primera vez con sus bebés. Siempre es un momento especial.

¿Cómo transportará a sus gemelos? Lo más práctico y económico es ele-gir un modelo de cochecito que le sirva desde los primeros paseos, cuando los bebés deben ir tumbados hasta más adelante cuando ya se sientan. Ello significa que lo más práctico es un cochecito con capota y cuco que se puede convertir en un cochecito de paseo con sus dos sillitas.

Por tanto, una vez que ya no se necesite los capazos, se colocan dos sillitas sobre el mismo chasis. Generalmente los capazos y las sillitas son accesorios diferentes que se compran por separado. Existen otros modelos en los que el capazo se convierte en sillita. Algunos modelos, además del capazo y la silla de paseo, incluyen una sillita para el automóvil (categoría 0+, hasta 13 kilos) o existe la opción de comprarla. Esto se llama el 'trío' (capazo, sillita de paseo y sillita para el automóvil). Incluso hay sillitas de automóvil que se pueden transformar en cochecito de paseo. Hay muchas opciones.

También puede optar por otra posibilidad: para el primer periodo utiliza un cochecito individual en combinación con un portabebés. Sobre todo para un bebé intranquilo que llora mucho, este medio de transporte es idóneo ya que le ayuda a dormirse. Cuando los gemelos tienen unos 5 meses, puede comprar directamente un cochecito gemelar con sillitas que tengan el respaldo reclinable. De este modo se evita la compra de un modelo con capazos, algo que en realidad solo se necesita por un corto periodo de tiempo, siendo los capazos de un modelo gemelar más estrechos que los de un cochecito individual.

Básicamente hay dos tipos de cochecitos para gemelos: los de tándem (los niños van en fila o uno frente al otro) o los que tienen las dos sillas (uno al lado del otro). Cuando están sentados en paralelo, el campo de visión para los bebés es mayor. Puede sentarles mirándoles a usted o en la posición contraria, hacia delante, mirando al mundo, ya que las sillas son reversibles. El modelo 'tándem' tiene la ventaja de no sobrepasar la anchura de cualquier otro modelo para un solo niño, pero suele pesar más que el segundo modelo. La anchura del modelo en el que los gemelos se sientan uno al lado del otro es diferente de uno a otro. Hay modelos anchos y otros menos anchos.

Existen en el mercado muchos modelos. En cualquier caso, es importante que busque un modelo cuyas sillas estén homologadas para su uso en el coche. Quizá quiera un modelo apto para montañas, para la playa o pata practicar jogging. Lo que también es interesante 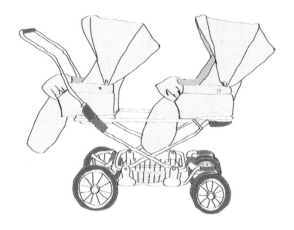 es elegir un cochecito gemelar que también se puede utilizar como cochecito para un solo bebé (una de las sillitas se convierte en cesta de compra). Le será práctico cuando quiera salir con solo uno de sus bebés, pero también para un futuro hermanito de los gemelos. Es de la marca Bugaboo.

También existen los modelos tipo buggy. Este modelo es más ligero y más compacto, pero su suspensión es menor y no da un buen apoyo a la espalda del bebé. Dado que el cartílago de los en los bebés es todavía blando,  estos modelos no son aptos para largas distancias. Pero es idóneo para paseos cortos o viajes en el transporte público.

Elegir el modelo requiere tiempo y reflexión, ya que cada familia tiene sus propias necesidades. Es bueno dejarse informar y hablar con otros padres de gemelos. Tenga presente que utilizará el cochecito durante mucho tiempo. La práctica nos enseña que los padres de gemelos lo utilizan durante más tiempo que padres de un solo hijo. Por tanto es aconsejable elegir un modelo sólido y resistente. Si es posible, utilice algún modelo antes de comprarlo, por ejemplo uno de otra familia. En Internet puede encontrar mucha información también sobre las medidas, tanto del cochecito plegado como desplegado.

Si tiene un hijo mayor, averigüe las posibilidades de añadir al cochecito gemelar una plataforma, también llamado patinete. Este le permite hacer de «copiloto» cuando se cansa de andar. Por ejemplo, esto se puede añadir fácilmente al cochecito de paseo, modelo tándem. Otra opción para un niño algo más pequeño que no puede estar de pie por mucho tiempo, es el asiento adicional con arnés de la marca MacLaren que se cuelga al cochecito gemelar.

Muchos padres deciden adquirir un cochecito gemelar de segunda mano. Si está en buen estado, es una buena opción. Hoy en día, gracias a Internet existen muchas páginas Web que ofertan productos de segunda mano.

Los cochecitos para trillizos

Para los padres de trillizos hay distintas opciones. Nombraré algunas: *Modelo New Trippy*. Consta de tres capazos y tres sillas de paseo, homologadas hasta 15 kilos y la posibilidad de adaptar también las sillitas del automóvil del grupo 0+. Este cochecito es ligero, no tan largo como un modelo con sillitas en fila ni tan ancho con uno con sillitas en paralelo. Además, el modelo es versátil; las sillitas pueden ponerse en distintas direcciones, mirando a la mamá o mirando hacia fuera. Y, además, se puede convertir en coche para dos o uno solo niño.

Otro modelo es el Peg Peregro Triplette. En este caso se trata de tres sillitas en fila que pueden ponerse en la dirección a gusto de los padres (hacia delante, hacia atrás o uno frente al otro). También puede comprarse sillitas de coche de la misma marca para el mismo chasis. Cuando los bebés crecen, se colocan los buggys en vez de las sillitas, tipo nido. Este modelo es ligero y también tiene la ventaja de no ser muy ancho.

Muchos padres de trillizos dudan entre un cochecito gemelar y otro individual o un modelo en el que quepan sus tres bebés. Algunos padres acuestan sus bebés en un cochecito gemelar donde en los primeros meses aún caben perfectamente. La ventaja del cochecito triple es que la madre puede salir sola sin dependencia alguna, lo que para muchas es de vital importancia. Pasear con los bebés es relajante, tanto para los pequeños como para ella, y evita el aislamiento y la depresión.

A tener en cuenta en la compra de un cochecito, tanto gemelar como triple:

- Piense en las medidas de la puerta principal de su casa y las del ascensor a la hora de elegir un modelo.

- Elija un modelo que no pese demasiado. Los bebés aumentarán rápidamente en peso, por lo que el peso total puede llegar a ser mucho.

- El modelo plegado debe caber en el maletero de su coche. Preste atención a las ruedas. A veces es necesario quitar alguna para poder meterlo.

- Sopese la posibilidad de elegir un modelo del que las sillitas le puedan servir para el coche. Esto evita gastos adicionales.

- Reflexione si va a necesitar el cochecito para la ciudad o en terreno rugoso, como la playa, montaña, etc. En el último caso necesita un modelo con ruedas más grandes y por tanto, otro tipo de cochecito.

- Elija siempre un modelo fuerte, con un buen armazón, ruedas giratorias, buenos frenos y, por supuesto, un tapizado lavable.

- Observe la altura del manillar. Si usted es alta, le conviene un modelo en el que se pueda regular la altura.

- Utilice Internet para conocer todos los modelos. Las tiendas suelen tener solo un o dos modelos. Tenga en cuenta que el suyo seguramente tendrá que ser pedido.

- Si no logra hacer una decisión, puede optar por alquiler uno hasta que se decida.

- Adquiera o pida como regalo un cochecito individual. Es importante poder salir de vez en cuando con uno de los bebés y pasar desapercibida. Es imposible cuando se desplace con el cochecito gemelar o triple.

Sara:

"Nosotros tenemos the Peg Peregro Triplette. No dispone de capazos, pero las sillitas se pueden poner casi en posición horizontal. Para ello utilicé los cubrepiés, en los que puse pequeños colchoncitos que había cosido. Así se creó un tipo de nido. Desde el principio pude salir con ellos».

Los múltiples en el coche

Llevar a los gemelos en el coche es factible, aunque ocupa casi todos los asientos traseros. Llevar a los trillizos en el automóvil causa mayores problemas. No en todos los coches caben los tres asientos. Es algo a tener en cuenta a la hora de elegir un nuevo vehículo. Debe controlar si el coche está provisto del sistema Isofix. Con este sistema se fija las sillitas lo cual es más seguro que el uso de los cinturones. El coche con cinco puertas es más práctico a la hora de poner a los bebés en sus sillas. Y el maletero debe ser amplio para poder meter el cochecito de trillizos.

Una madre de trillizos lo solucionó así: cuando eran bebés, iban los tres en sus portabebés. Resultaba muy práctico, porque le servían también como sillas en casa. Las colocaba en el asiento trasero en dirección contraria. Cuando los bebés eran mayorcitos, optó por tres sillas homologadas. Y ahora, a sus cinco años, ya van los tres sentados sobre un sillón elevador.

Los padres de cuatrillizos suelen optar por dos cochecitos gemelares. Para transportar sus hijos en el coche, tendrán que optar por un coche tipo furgoneta.

¿Cómo viven las familias este periodo?

No hay duda de que este periodo resulta agobiante para los padres, los abuelos y otros familiares. Las tomas son casi continuas y hay poco tiempo para descansar o emprender una actividad que no tenga que ver con los pequeños. En realidad, la vida cotidiana de los padres de múltiples gira en torno a los bebés. Según los datos de mi estudio, el 48% de las madres de gemelos llevaba bien este periodo y el 41% en caso de trillizos; el 30% de mamás de gemelos lo llevaban regular (41% en caso de tres) y, respectivamente, el 22% y el 18% lo llevaban mal.

La falta de sueño, debido a las interrupciones nocturnas, es otro elemento que influye en el estado de los padres. El cansancio está siempre al acecho. Otra dificultad para las madres es la falta de contacto con el mundo exterior; dado su interminable trabajo apenas se mueven de casa. Además, no les resulta fácil salir con dos o tres bebés pequeños; las madres que viven en un piso se encuentran con la dificultad de bajar el cochecito gemelar (o triple), entrar y salir del ascensor, etc. Dar un paseo, tan positivo para ellas mismas y sus bebés, se les hace cuesta arriba. Algunas madres viven el primer año encerradas en su casa y las hay que llegan a sentirse deprimidas. No es extraño dada su situación. Estudios sobre los padres de trillizos, hechos en Inglaterra, confirman que un gran número de madres tiene problemas de salud durante el primer año, al igual que algunos padres.

Las vivencias son muy particulares como veremos en estos testimonios:

Rosa, madre de trillizos de 9 meses y dos hijos mayores de 9 y 7 años:

«Mi marido y yo estábamos felices desde el principio. Es la misma alegría que cuando nace un hijo, pero multiplicada por tres. En el embarazo tenía miedo de no poder afrontar lo que se nos venía encima, pero luego nos dimos cuenta de que no era para tanto. Por supuesto hay mucho que hacer, pero no es una carga; disfrutamos con todo lo que hacemos. Aunque no me queda mucho tiempo libre, algo tengo, como por ejemplo cuando los bebés duermen la siesta. Tengo la suerte de tener cinco hijos maravillosos, lo que no hubiera ocurrido nunca si no llegan a ser trillizos».

Carmen, otra madre de trillizos, nos cuenta lo siguiente:

«El primer periodo llega a ser realmente agotador. Los que ya hemos salido del bache, nos damos cuenta cuando miramos atrás. Es asombrosa la energía que sacamos de no sé dónde para salir adelante, pero es realmente importante contar con ayuda para el primer año. Al tener dos o tres bebés, te metes en un túnel del que no ves el final».

Algunas madres de gemelos y trillizos me confesaron que volvieron a su trabajo sobre todo por la necesidad de relacionarse con otros adultos y salir de la situación familiar. Puede parecer extraño, pero cada madre busca la solución más adecuada a su situación.

A algunas madres les cuesta aceptar que, de repente, son madres de dos (o más) hijos a la vez. Hubieran preferido tener un solo hijo. Se sienten abrumadas ante la gran responsabilidad que conlleva tener más de un bebé. Se desea quedar embarazada, pero no se elige tener dos (o más) bebés a la vez. No sólo las mujeres tienen este tipo de sentimientos, también les sobrevienen a algunos hombres, quienes, en ocasiones, sienten celos al ver la plena dedicación de su compañera hacia los bebés. Es importante expresar estos sentimientos. Además de ser un alivio, disminuye la sensación de culpabilidad y ayuda a aceptar la situación.

Varias madres de mi grupo de investigación me contaron que les preocupa la situación de vulnerabilidad de sus bebés. *«Si me pasa algo a mí,*

¿qué será de mis bebés?» es un pensamiento que ronda más de una vez por su mente. También es importante expresar esta preocupación, porque es real. Algunas madres incluso decidieron nombrar a familiares o amigos como tutores, ya que sólo así se quedaron más tranquilas.

Consejos

✓ Dejar tiempo libre para estar a solas con la pareja. El matrimonio también requiere dedicación; cenar juntos e intercambiar sentimientos es un excelente antídoto contra el distanciamiento y la falta de comprensión que afectan siempre a las parejas después del primer hijo (no sin razón es el periodo con mayor riesgo de divorcio). Organizar un fin de semana —sin bebés— puede parecer imposible y quizás cruel, pero beneficia a los padres y, con ello, a sus pequeños.

✓ Para las madres que no trabajan fuera de casa, es importante mantener contacto con el mundo exterior; encuentros con amigos o tener cualquier afición resulta muy positivo. Las madres de múltiples deben cuidarse bien y no olvidarse de sí mismas. Sólo así podrán entregarse con energía a sus múltiples tareas y las exigencias de sus hijos. También les resultará enriquecedor hablar con otros padres de partos múltiples e intercambiar ideas, trucos y experiencias.

✓ Aprovechar las siestas de los bebés para dormir o descansar. Este primer periodo es físicamente agotador y conviene aprovechar cada oportunidad para recuperar el sueño. Pida ayuda, incluso para poder dormir.

✓ Poner prioridades. Con dos (o más) bebés a su cargo es imposible tener la casa ordenada y a punto. La mayoría de los padres de múltiples cambian su escala de valores y anteponen a sus hijos a todo. En vez de dejarse deprimir por el desorden, siéntese en el sofá y observe a los bebés: ¿acaso no son lo más hermoso del mundo?

La recuperación física de la madre

Toda madre necesita tras el parto un periodo para sentirse bien de nuevo con su cuerpo y recuperar sus fuerzas. Para usted la situación es incluso más pesada, porque la exigencia física de su cuerpo ha sido mayor. También existe un mayor riesgo de hemorragias, cansancio y dolor físico a causa de la cesárea. Así que es de esperar que usted necesite bastante tiempo para volver a sentirse como anteriormente. Hay que ser paciente y optimista. También conviene hacer ejercicios para el control de los músculos del perineo. Muchas madres de partos múltiples sufren pequeñas pérdidas de orina al toser, reírse o bostezar, debido al aflojamiento de los músculos de esta zona. No obstante, éste se puede combatir, contrayendo los músculos de la región anal y luego genital unas cuantas veces al día, por ejemplo cuando se está orinando. Así estos músculos irán recuperando el tono muscular del perineo.

Algunas madres de mi grupo objeto de estudio tanto de gemelos como de trillizos se sentían incómodas con su cuerpo; a causa del estiramiento del vientre y de sus músculos les quedó una gran tripa, incluso a aquellas mujeres que recuperaron su peso original. Además, por la misma causa los músculos abdominales habían perdido parte de su capacidad para dar apoyo, por lo que se cargaba demasiado la espalda, originándose dolores. Por estos motivos algunas optaron por una operación de cirugía estética. Quedaron contentas con esta decisión, aunque también reconocen que no se recupera la silueta de antes del embarazo. Necesitaron organizar ayuda para el periodo postoperatorio, ya que tras la intervención está prohibido levantar pesos. Por lo tanto se necesitan personas que ayuden en los cuidados a los niños.

Conviene informarse bien antes de decidirse por una intervención quirúrgica. Asimismo es importante esperar por lo menos un año tras el parto, porque a veces el cuerpo se recupera espontáneamente.

Información de interés

El desarrollo motor de los gemelos no se diferencia del desarrollo motor de los hijos únicos, como demostró un estudio realizado por la Universidad de Ámsterdam, en 2007. Los hitos en el desarrollo motor, como darse la vuelta, sentarse, gatear y ponerse de pie lo alcanzan los gemelos en momentos parecidos a los de los hijos nacidos en un parto sencillo.

CAPÍTULO 16

6-12 meses

El desarrollo del segundo semestre del primer año es muy distinto al anterior. Los bebés aprenden a sentarse, primero con ayuda y a continuación por sí solos. También empiezan a distinguir a las personas. Se alegran al ver a sus papás y se asustan cuando ven rostros extraños. Cogen objetos entre los dedos pulgar e índice.

Alrededor de los ocho meses comienzan a gatear. Llegan por sí solos a algunos sitios y buscan, además de a la mamá, también al hermano gemelo. A los nueve meses empiezan a ponerse de pie y ya cerca del primer cumpleaños dicen su primera palabra. Su desarrollo no se distingue del de niños que vienen solos, salvo en el aspecto social: desde antes de nacer conviven con el hermano gemelo. Para los padres es todo un gozo ver cómo empiezan a relacionarse el uno con el otro.

La alimentación

En este periodo se introducen cambios paulatinos en su alimentación: no solo toman leche, empezarán con las papillas.

Al principio conviene dárselas individualmente, debido a que tienen que acostumbrarse a la cuchara y a los nuevos sabores. Cuando ya tomen las papillas sin problemas es práctico dárselas a la vez; sentados en sus sillas, se da una cucharada a cada uno, alternándolas. Hay platos que tienen varios compartimientos; estos son muy prácticos para controlar la cantidad que toma cada bebé. Se puede usar la misma cuchara para los dos hermanos, ya que ello no supone ningún riesgo (por la estrecha convivencia que mantienen, comparten siempre las bacterias).

Cuando ya saben sentarse (alrededor de los nueve meses), pueden usarse las tronas. Conviene usar arneses, ya que es difícil vigilar la seguridad de los bebés en todo momento. Les gusta tocar la comida y alrededor de los ocho meses ya saben llevarse trocitos de pan a la boca. Es bueno permitirles este placer: estimula la coordinación motriz fina y —en algunos niños— el apetito. Pero conviene tomar ciertas precauciones, como un babero grande. Una madre de mi grupo objeto de estudio convertía las sábanas viejas en baberos gigantes haciéndoles un agujero para las cabezas. También es aconsejable colocar las tronas en un lugar donde resulte fácil lavar el suelo. ¡Cierto desorden no se puede evitar!

Consejos

✓ Sus hijos pueden tener gustos muy diferentes; uno come de todo, mientras que el otro se muestra más exigente. También es muy frecuente que uno sea más comilón que el otro. No hay que compararlos ni poner a uno como ejemplo para el otro (aumenta la rivalidad).

✓ A veces se influyen positivamente entre sí: lo que un hermano come de buen grado, el otro también lo prueba. Otras veces, esa influencia es negativa: cuando uno rechaza la comida, el otro sigue su ejemplo. En este caso es mejor alimentarlos por separado.

El gateo y la seguridad en casa

El gateo es una fase previa al andar. Hacia los ocho meses el bebé empieza a gatear, aunque cada niño tiene su propio ritmo. Por lo tanto, se dan grandes diferencias entre los pequeños, algo que también se ve en los gemelos. Puede que uno de ellos ya gatee a los seis meses, mientras que su hermano gemelo no lo haga hasta los diez. También hay niños que se saltan la fase del gateo y comienzan a andar sin más.

En general, la diferencia en el desarrollo de los gemelos o múltiples no debe ser motivo de preocupación; tal como indica el esquema del Capítulo 17, normalmente se dan grandes diferencias entre los gemelos dizigóticos y otras mucho menores entre los monozigóticos.

Durante la fase de gateo (e incluso antes) es muy importante tener la casa adaptada a las necesidades de los bebés. Más que en el caso de un solo hijo, las precauciones deben ser rigurosas. No solo es más difícil vigilar a dos o más bebés a la vez que a uno solo, sino también existe un mayor riesgo de accidentes: los bebés se estimulan entre sí a inventar «trastadas»; se ayudan a llevar a cabo lo que tanto les intriga, como abrir armarios, subirse a la mesa, salirse del parque y muchas más. Las ganas de explorar el mundo que les rodea están presentes por partida doble o triple.

Sugerencias

- Proteja las escaleras, las ventanas, los balcones y los enchufes. Esconda los cables de la electricidad. Tenga también cuidado con las sillas inestables; pueden volcarse cuando los niños empiecen a trepar sobre ellas.

- Mientras no gateen, una alfombra suave y gruesa es un accesorio muy práctico. Se mirarán, se tocarán y jugarán con las manos del hermano. En las tiendas se venden mantas ya preparadas, algunas con melodías y juguetes incorporados. Estar acostados en posición boca abajo fortalece los músculos de la espalda.

- Conviene utilizar el parque. Existen algunos modelos que se pueden agrandar y acoplar al espacio de la casa. Estos son idóneos para sus hijos. Los barrotes facilitan a los pequeños sentarse y ponerse de pie. Un espejo, colocado detrás del parque, aumenta su placer: los bebés se mirarán a sí mismos y a su hermano gemelo. En vez de un parque grande se puede optar por dos de tamaño normal; también en caso de trillizos tener dos parques es lo más idóneo (tres parquecitos ocuparían mucho espacio).

- El parque no garantiza del todo la seguridad de los niños; es muy probable que uno de los dos se salga de él, utilizando la espalda de su hermano como escalón.

- Hay que tener en cuenta que los bebés se dañan mutuamente con sus juguetes cuando los usan para golpear al otro. No lo hacen con mala intención, ya que a esta edad aún no tienen una noción clara de sí mismos ni de su hermano. Una buena idea es darles juguetes blandos cuando estén juntos y juguetes duros cuando estén separados (uno en el parque y el otro gateando por la casa).

- En vez del parque se puede reservar un rincón del salón, con una barrera protectora, para que los bebés dispongan de un espacio amplio y seguro. Para muchos padres de trillizos esta es la solución más idónea. Dentro de este «parque» no debe haber nada que pueda lastimarles.

- El uso del tacatá (andador) puede causar a la larga desviaciones en la columna vertebral; además, existe un mayor riesgo de caídas y tropezones dada la velocidad con que los pequeños se desplazan. Se aconseja no utilizarlo. Lo más sano para los bebés es estar acostados sobre una manta en el suelo en posición boca abajo, porque les permite una total libertad de movimientos. Tenerlos durante mucho tiempo en las sillas, tipo hamaquitas, tampoco es recomendable. Una investigación de la Universidad Libre de Ámsterdam en 2007 pone de relieve que el desarrollo motor de los niños se está retrasando en las últimas décadas, entre otros factores por los cambios en los hábitos: hoy en día los bebés duermen boca arriba y pasan más tiempo semisentados en sillas. No obstante, acostarles en posición boca abajo sobre una alfombra, fortalece los músculos de la espalda.

Varios padres cuentan sus experiencias.

Ana, madre de gemelos:

«Compré el parque más grande que encontré. Al principio no había problemas para utilizarlo para los dos. Incluso a veces jugando se dormían. Cuando ya eran más grandes, se peleaban bastante y se tiraban de los pelos. Empecé a utilizarlo solo para uno de los dos y también fue útil».

Amparo, madre de trillizos:

«Tuve un parque gigante en el salón, en realidad eran dos modulares que se podían unir para hacer una especie de hexágono alargado. Sin suelo y muy robusto, los niños se podían levantar apoyándose en las vallas. Durante un periodo me fue muy útil».

Carmen, madre de trillizos:

«Mi salón al completo estaba a prueba de niños. Las esquinas estaban protegidas y las aristas que no pude evitar, como las de la chimenea, las tapaba con cinta de espuma para que no se las clavasen si se caían. La mesa baja del centro la quité, no había nada que fuera peligroso, todos los enchufes tapados, en fin, una gran tranquilidad porque no les tenía que decir a nada que NO. El salón era como una tienda de campaña, pero ahí es donde estábamos más tiempo y donde hacía más sol. No utilicé nunca un cuarto aparte para los juegos. Todos sus juguetes estaban en el salón, como sus cajas con muñecos, maderitas, etc., hasta tenía un cambiador y un contenedor de pañales. Esto significaba para mí una gran comodidad, porque no tenía que dejar a dos de los niños solos, cuando cambiaba a uno».

Antonio, padre de trillizos de 30 meses:

«Compramos dos parques, lo cual fue un acierto. Cuando eran pequeños, aprendían a ponerse de pie, apoyándose en los barrotes. Ahora nos sirven en momentos de apuro, por ejemplo cuando tenemos que cocinar o atender una llamada. El reparto requiere alta diplomacia; si los dos niños están en plan de pelea, los separo y la niña va con uno de ellos. Y a veces cuando uno de los tres quiere hacer alguna actividad tranquila y los demás le molestan, también recurro al parque. Allí está a salvo de las intervenciones. Incluso ellos mismos a veces me lo piden».

El habla

Por lo general, el desarrollo de los gemelos no es muy diferente al de otros niños; empiezan a sentarse, gatear, ponerse de pie, etc., aproximadamente a la misma edad. El desarrollo es diferente solo en el aspecto del habla: los gemelos empiezan a hablar algo más tarde. Veamos las diferencias más significativas:

- La fase de la «lengua de trapo» perdura más tiempo.
- Su primera palabra viene más tarde.
- Los dos (o tres) cometen los mismos errores y resulta más difícil corregirlos, ya que se influyen mutuamente.
- Sus frases son más cortas.
- La construcción de sus frases es más sencilla.
- Su vocabulario es más limitado.
- La utilización de los pronombres personales se retrasa, se designan solamente por el «nosotros» y tardan más en utilizar el «yo» y el «tú».
- Recurren a un lenguaje en clave cuando están solos.

El retraso suele ser de unos seis meses, si comparamos su desarrollo con el de los pequeños que no son gemelos. Pero solo se trata de un retraso y no de un inconveniente ni un problema. Su capacidad de comprensión (entender el lenguaje hablado) no es diferente a la de otros niños, por lo que podemos decir que, en potencia, sus posibilidades para el buen desarrollo del habla están presentes. Los trillizos tienen un desarrollo parecido, aunque los estudios sobre ellos son escasos.

¿A qué se debe este retraso? El factor más importante es que la madre tiene menos tiempo para dedicarse a cada uno de sus hijos en exclusiva. La mayor parte de su conversación va dirigida a los dos (o tres) bebés al mismo tiempo. Y estos, a su vez, no tienen la misma facilidad de entablar un diálogo a solas y con toda tranquilidad con su mamá, ya que el hermano anda por medio, intentando arrebatarle la atención. Ellos siempre compiten para ver cuál es el que sabe acaparar el interés de la madre. Según un estudio llevado a cabo por el sociólogo Mittler, los gemelos están adelantados en lo que se llama «la rapidez de reacción»; ellos, como ningún otro niño, tienen práctica en entremezclarse en la conversación y, en este aspecto, ganan a los demás niños. Y hay un factor más que dificulta el proceso de aprender a hablar: la mayor parte del tiempo, la madre de gemelos lleva a cabo más de una actividad a la vez: cambia el pañal a uno mientras entretiene al otro, que tiene que esperar, hablando. Por lo tanto, sus palabras no acompañan a sus gestos y los momentos de contacto visual son cortos y difusos (dos condiciones básicas para el aprendizaje de palabras nuevas).

También influyen otros factores, como el hecho de ser prematuro, un bajo peso al nacer o una mayor predisposición para las infecciones del oído en los hijos nacidos en un parto múltiple. La infecciones de oído pueden causar la acumulación de líquido en los oídos por lo cual el niño oye mal. Y esto a su vez conduce a una mala pronunciación.

El retraso en el lenguaje es más marcado en los niños que en las niñas y más frecuente en los monozigóticos que en los dizigóticos. R. Zazzo, psicólogo francés y especialista en gemelos describe un caso interesante de niños gemelos de Rusia que hasta los tres años utilizaban un lenguaje secreto propio. Apenas se comunicaban con otras personas. Con el permiso de sus preocupados padres, los especialistas decidieron separarlos por un tiempo para que adquiriesen la lengua rusa. A uno de ellos le dieron clases de lengua de forma experimental. Ambos avanzaban rápidamente, pero no solo en el habla, sino también en otro aspecto: mientras antes apenas jugaban con los bloques de construcción, después de la separación los dos empezaron a construir «obras» que reflejaban creatividad. Zazzo concluyó que la adquisición del lenguaje estimulaba el desarrollo intelectual. Esto podría explicar la puntuación algo más baja de algunos gemelos en el cociente intelectual.

Pero el retraso en el habla no se da en todos los gemelos. En mi grupo objeto de estudio he conocido a unos gemelos dizigóticos (niño y niña) de 20 meses con un excelente dominio del lenguaje, e incluso mayor al de cualquier otro niño. La capacidad lingüística de estos pequeños se debía, sin duda, al hecho de que por las mañanas estaban con su padre (un profesor de lengua) y por las tardes con su madre, amante de los cuentos y los libros. También conozco a trillizos (dos gemelas y un mellizo de 4 años) con un alto nivel lingüístico. Su madre trabaja en una editorial de libros infantiles, lo cual sin duda influye en este hecho. La conclusión es lógica: cuanto más tiempo se dedique a los gemelos y trillizos, mejor será su desarrollo del lenguaje.

Sin embargo, no todos los padres disponen de la estupenda posibilidad de trabajar media jornada y compartir los cuidados de los niños. Por lo general, el factor tiempo es precisamente un tema difícil para los padres, sobre todo el tiempo disponible para cada bebé en exclusiva. Otra madre me comentó que logra estar con uno de sus hijos a solas, gracias a que el otro es bastante dormilón. Pero, como es lógico, echa de menos los ratos a solas con el otro. Emprender actividades con cada uno a nivel individual, desde muy pequeños, es realmente positivo: estimula el desarrollo del habla y de la individualidad (este último aspecto lo trataré con más amplitud en los siguientes capítulos). Además, los mismos padres suelen disfrutar cuando les es dado dedicar atención a cada uno de los niños, sin intervenciones del otro. Esto ayuda a entablar una relación satisfactoria con cada hijo.

Sugerencias

- Pequeñas diferencias en el desarrollo del habla resultan totalmente normales; es frecuente que uno hable antes que el otro. En los gemelos niño y niña, la niña suele ser la primera que habla y la que más rápidamente se desarrolla en el proceso lingüístico.

- Es positivo establecer la costumbre de leer un cuento a cada uno individualmente, si es posible, a diario; la hora de acostarlos es el momento ideal para el cuento (uno con el papá y el otro con mamá). También se les puede leer, a los dos o tres a la vez, sentados cada uno a un lado; esto crea ratos de tranquilidad. Asimismo, es recomendable leerles cuentos individualmente en el caso de trillizos, aunque como es lógico, resulta más difícil de organizar.

- Procurar que durante algunas actividades (baño, cambio de pañales, etc.) sus palabras se sincronicen con sus gestos: el contacto visual (mirarles a los ojos mientras les habla) ayudará a sus pequeños en el desarrollo del habla.

El siguiente esquema sobre el desarrollo del habla da una idea sobre el progreso de esta habilidad:

0-6 meses:	Balbuceos, arrullos, sonidos. Empiezan a «hablarse» el uno al otro hacia el tercer mes.
6-12 meses:	Primeras palabras (mamá, papá, pan...).
12-18 meses:	Vocabulario de 25 palabras, de las que pronuncia 8 bien.
18-24 meses:	Vocabulario de 200 a 300 palabras, frases de dos palabras, dominio del «yo» y «mío».
2-3 años:	Frases de tres o más palabras, con verbos y preposiciones.
3-4 años:	Historias completas, dominio del presente, pasado y futuro.

No dispongo de datos sobre estudios en cuanto al desarrollo lingüístico realizados con trillizos. Solo está demostrado que en comparación con los gemelos, los trillizos tardan más en soltarse a hablar, también por la dificultad de sus padres para tener un diálogo individual con cada niño. En mi propio grupo objeto de estudio de trillizos me llamó la atención que varios niños necesitaron durante un cierto periodo sesiones de logopedia. No se trataba de dificultades graves y todos superaron sus problemas, entre otros la pronunciación de ciertas letras o fonemas, gracias a los ejercicios de su logopeda.

Gemelos y bilingüismo

El número de familias en las que se hablan dos o más idiomas está creciendo, por ejemplo cuando ambos padres tienen una nacionalidad distinta, como en el caso de una madre española y un padre inglés. Esto se llama el modelo OPOL: «un padre, un lenguaje» (por sus siglas en inglés: *One Parent, One Lenguage*). O bien en la familia se habla el lenguaje de la comunidad, como el vasco o de su origen (el árabe) y fuera de casa el español. Es el modelo OSOL: una situación, un lenguaje (en inglés: *One Situation, One Lenguage*).

En el primer caso hablamos de niños que crecen con un bilingüismo simultáneo. El hijo oye desde la cuna sonidos procedentes de su mamá y que son distintos de los de su papá. En los otros dos casos hablamos de niños que crecen con un bilingüismo sucesivo. El segundo idioma lo aprende cuando el niño entra en contacto con el mundo fuera de casa, como cuando empieza la guardería o el colegio.

En los primeros dos años de su vida el niño es muy susceptible para el aprendizaje de los sonidos. El bilingüismo simultáneo es más ventajoso que el bilingüismo sucesivo. De todos modos, en los primeros 5 a 6 años el niño aprende con facilidad cualquier idioma. Asocia cada idioma con uno de sus padres o con una situación.

Este aprendizaje pasa por varias fases:

- En los primeros 2 años el niño utiliza los dos lenguajes simultáneamente, mezclándolos. No sabe que se trata de dos sistemas diferentes. En una sola frase utiliza palabras de ambos lenguajes, como: «Quiero mi doll» (muñeca) o «I want mi muñeca».
- Entre los 2 y 3 años el niño empieza a entender que se trata de dos lenguajes distintos y que cada uno tiene su referencia. Así pues, el niño, siguiendo el ejemplo de antes, empieza a decir más palabras en español a su madre y más en inglés a su padre. En esta fase es frecuente que utilice dos palabras para decir lo mismo, como: muñeca-doll o agua-water.
- Entre los 4 y 6 años el niño distingue ya entre los dos lenguajes y los utiliza según el progenitor al que se dirija o la situación en la que esté. Pronuncia ambos lenguajes sin acento. Ahora es bilingüe de verdad.

El niño bilingüe tarda algo más en hablar, pues debe asimilar dos sistemas a la vez. Pero no se ha encontrado evidencia científica de que el bilingüismo resulte confuso para un niño. De los gemelos sabemos que también tardan algo en hablar porque tienen menos oportunidad de entablar diálogos con sus padres individualmente. Por tanto, los padres de gemelos a veces se preguntan si en su caso el bilingüismo es aconsejable. No se han hecho estudios sobre los gemelos y el bilingüismo. Opino que el bilingüismo tiene tantas ventajas que un retraso temporal no es un motivo para no brindarles esta excelente oportunidad.

La educación bilingüe tiene muchas ventajas. Los escáneres cerebrales demuestran que el cerebro de los niños bilingües despliega menos actividad al realizar tareas, lo cual significa que trabaja con mayor eficacia. El niño bilingüe tiene mejor capacidad para concentrarse y dirigir su atención, porque desde pequeño está acostumbrado a pasar de un idioma a otro e ignorar lo que en ciertos momentos no tiene relevancia. Esto le da una mayor capacidad para no prestar atención a interferencias, lo cual beneficia su capacidad de concentración. El niño bilingüe tiene, además, una visión más abierta y más libre, porque dos lenguajes también significan dos maneras de pensar y ser. Cada lengua representa una cultura de modo que el niño crece con menos prejuicios e ideas preconcebidas y posee una mayor tolerancia hacia los demás. Aprende, además, un tercer idioma con más facilidad.

Por tanto, ¡hay muchos motivos para brindarles a sus hijos una educación bilingüe!

Consejos

✓ Empiece a hablarles lo más pronto posible en su propio lenguaje, incluyendo durante el tiempo del embarazo.

✓ Evite mezclar las dos lenguas. Hable a sus hijos en su propia lengua, también en presencia de visitas y amigos que no lo entienden. De este modo sus hijos asocian una determinada lengua con su madre y otra con su padre, o bien, asocian una lengua con su casa y otra con la situación fuera de ella.

Las parejas niño y niña

La mitad de los gemelos dizigóticos son de distinto sexo (una cuarta parte son dos niños y el restante 25% son dos niñas). Si este es su caso, podrá comparar los diferentes comportamientos de sus bebés, influenciados por su respectivo sexo y ¡no por una educación diferente! Cada vez sabemos con mayor certeza, gracias a las investigaciones, que realmente existen diferencias entre niños y niñas que no han sido incluidas por la sociedad, sino por la carga genética de ser niño o niña. Para empezar su cerebro es distinto; la testosterona (la hormona masculina) no solo origina los órganos sexuales masculinos, sino también una estructura masculina del cerebro, distinta a la de la niña. Esto ocurre hacia finales del segundo mes de la gestación. El estrógeno, hormona que predomina en la sangre de la niña, hace que su cerebro crezca más deprisa. Y provoca que las dos partes del cerebro —hemisferio derecho e izquierdo— estén mejor conectadas entre sí en ella que en él. Esto le da cierta ventaja en habilidades como leer, hablar sobre sentimientos y resolver problemas mediante la introspección.

Al niño le cuesta más adquirir estas competencias. No obstante, su hemisferio derecho se desarrolla con mayor intensidad, lo que le proporciona ventajas en áreas como las matemáticas y la comprensión espacial.

Durante el primer año usted ya puede ver ciertas diferencias, también en caso de trillizos de distinto sexo. Por ejemplo, la niña es más receptiva a los rostros, es decir, los distingue antes, lo cual se notará por su reacción. Y el niño, sin embargo, es más activo. Crece físicamente más fuerte (tiene más masa muscular), pero psicológicamente es más vulnerable y le cuesta más separarse de su madre. Prefiere juguetes desconocidos antes que los conocidos, mientras que a ella le ocurre justo lo contrario. Hacia los dos años a ella le gustan más los cuentos y las canciones y atiende durante más tiempo, pero su hermano se levanta y se va a jugar.

Podemos concluir que él y ella tienen estilos diferentes para aprender, como veremos en el siguiente esquema:

Ella	Él
Prefiere estar sentada con su cara hacia otra cara para buscar contacto.	Prefiere estar sentado con la espalda pegada a mamá para escudriñar el entorno.
Prefiere los juguetes conocidos a los desconocidos.	Prefiere los juguetes desconocidos antes que los que ya conoce.
Suele aprender antes a hablar.	Suele tener mejor comprensión espacial.
Domina antes el control de los esfínteres y el autocontrol emocional (tiene menos rabietas).	Le cuesta más dominar sus impulsos y reconocer y explicar las emociones que siente (tristeza, enfado, afecto).
Desarrolla antes la motricidad fina (cortar, dibujar).	Desarrolla antes la motricidad gruesa (correr, escalar, saltar).
Aprende antes a colaborar y a jugar en grupo.	Tiende más a la rivalidad y a la competitividad.
Es menos dada a explorar el entorno. Le interesan más las personas que los objetos.	Es más dado a explorar el entorno. Se muestra igual de interesado en los objetos que en las personas.
Tiende a aplicar más las soluciones que le han enseñado.	Tiende más a innovar y buscar soluciones por sí mismo.

Testimonio de Lourdes, madre de un niño y una niña de 4 años:

«Cuando los Reyes Magos les trajeron su primera muñeca a ambos, tenían unos 15 meses. La niña la cogió en brazos y comenzó a mecerla; el niño la cogió por los pies y la llevaba colgando en las manos, hasta que la utilizó para pegar a algo. No les habíamos dicho nada a ninguno de los dos y su comportamiento con respecto al mismo juguete fue totalmente diferente».

Visitas al pediatra

El pediatra es una persona muy importante en su vida. Conviene elegir uno con el que se sienta muy a gusto y, a ser posible, no muy lejos de su casa. Las visitas serán frecuentes por las revisiones médicas y las vacunas. No es aconsejable ir sola (solo) a los controles médicos. Desvestir y vestir a los bebés, calmarles en caso de una vacuna y atender a las recomendaciones de su médico, no es factible con más de un bebé.

Consejos

- ✓ Pida cita a primera hora de la mañana o de la tarde. Así evita la larga espera con sus hijos. Aun así conviene llevarse varios juguetes y libros para entretener a los niños.
- ✓ Pida que alguien le acompañe; en el caso de trillizos es absolutamente imprescindible contar con compañía. Quizás su pediatra pueda visitarla en su casa.
- ✓ Vacunar a dos (o más) bebés al mismo tiempo puede implicar que enfermen al mismo tiempo. Por este motivo, algunas madres optan por vacunarles en momentos distintos.
- ✓ Tenga para cada bebé su propia libreta para anotar sus enfermedades, vacunas, peculiaridades, etc.

Testimonio de Carmen, madre de trillizos:

«Iba con ellos de uno en uno; me parecía que necesitaban atención individual. Y así lo hice hasta los tres años para las revisiones y hasta los cuatro para las vacunas. Tenía una chica en casa que se quedaba con los otros dos niños. Convertía la visita en una actividad amena; siempre visitábamos el parque o hacíamos algún recado. Ir al médico no era para ellos, ni para mí, un suplicio».

El miedo a los extraños

Todos los bebés pasan por una fase llamada «miedo a los extraños» o «el miedo de los ocho meses», ya que suele pasarles a esa edad. El pequeño que hasta ahora se ha mostrado amigable con todo el mundo, empieza a tener preferencias: obsequia con una gran sonrisa a sus padres y llora asustado cuando se le acercan personas que no le resultan familiares. Estas pueden ser los propios abuelos, si no los ve con frecuencia.

¿Por qué se produce ese miedo? A esta edad el bebé conoce bien los rostros de las personas que están a diario con él y los distingue de otros no tan conocidos. Se asusta cuando un desconocido se le acerca. Esta reacción es una señal de madurez y, por lo tanto, positiva, ya que significa que la relación con sus padres se ha profundizado. De ser amigo de todos pasa a estar íntimamente vinculado con sus progenitores, algo que, en un primer instante, crea cierta dependencia: el bebé llora cuando sus padres se van. Pero eso, poco a poco, va dando paso a la independencia y desde una base de seguridad (él sabe que sus padres le protegen), se atreve a encariñarse con otras personas, fuera del núcleo familiar.

Y entonces aparece, más o menos simultáneamente, otro fenómeno: el miedo a la separación. Cuando la madre sale del salón y lo deja solo, el bebé empieza a llorar. Aún no sabe que está cerca, y al perderla de vista se siente abandonado. Para él, a esta edad, algo que no ve, deja de existir. Cuando uno de los pequeñines empiece a llorar, es probable que el otro también lo haga, pues los gemelos son muy empáticos entre sí y viven las penas del otro como algo propio. Muchas madres se sienten agobiadas durante este periodo. No pueden salir del salón sin que uno rompa a llorar.

Sugerencias

- Dejar las puertas abiertas y colocar barandillas delante de ellas; así los bebés siguen teniendo a su mamá a la vista, aunque no esté en la misma habitación. También es un buen truco continuar hablándoles mientras se desplaza hacia la cocina: oyendo su voz, los pequeños se quedarán más tranquilos.

- Jugar con ellos al «cu-cu-tas»: se tapa la cara con las manos y les anima a que la «busquen». Este juego les ayuda a superar el miedo a la separación, ya que comprenderán que lo que no se ve no deja de existir.

- Tener en cuenta su miedo y mostrarse comprensivos es la mejor táctica para que los pequeños superen esta dificultad. De este modo, con el paso del tiempo y desde la dependencia aprenderán a ser independientes y a vincularse con personas fuera del núcleo familiar.

Esperanza, madre de gemelos dizigóticos de 11 meses:

«Uno de nuestros mellizos es bastante independiente, pero su hermano parece que siempre tiene la sensación de que cuando abandonamos la habitación, le dejamos solo. En estos momentos se aferra a nosotros. Incluso algunas veces juega agarrado a nosotros para asegurarse de que no nos movemos de su lado».

También hay gemelos que apenas viven el miedo a la separación. Seguramente, la presencia del hermanito es de gran ayuda, porque, en realidad, los hijos nacidos de un parto múltiple nunca están solos. A parte del miedo a la separación de la madre y del padre, los gemelos, al contrario que otros hijos, conocen el miedo a la separación del hermano gemelo. Es el miedo que pueden sentir cuando no están con él o ella. También se da entre los trillizos. Hablaré sobre este tema más adelante.

La guardería

En muchas familias ambos padres trabajan por lo que se tiene que buscar una solución para las horas de ausencia paterna. Ante tal situación aparece los padres dudan si los bebés están mejor en casa, al cuidado de un familiar o *canguro,* o bien en una guardería.

Tener a alguien que cuide a los bebés en el entorno familiar tiene grandes ventajas: l os pequeños se quedan en su casa con sus olores conocidos, no se les tiene que interrumpir en el sueño, no se contagian de bacterias extrañas y no están expuesto a una sobre-estimulación auditiva y visual.

Una investigación realizada en 2010 por la pedagoga Ester Albers, de la Universidad Radboud en Nijmegen (Holanda), demostró que los bebés en una guardería están expuestos a más estrés que los que se quedan en casa. Albers siguió un grupo de bebés durante nueve meses, desde el momento en el que empezaron a ir a la guardería, generalmente a los tres meses. Cada mes analizaba el nivel de cortisol, la hormona del estrés (un nivel alto indica estrés). La investigadora comparó los datos de este grupo con el grupo de los que estaba en casa al cuidado de una *canguro.* Los resultados fueron que los niveles de cortisol en el grupo de bebés que iban a la guardería, eran permanente más altos que los del segundo grupo. Albers achacaba la presencia de este nivel alto de cortisol al hecho de que el entorno de una guardería es ruidoso e intranquilo de modo que los niños están expuestos a muchos estímulos, tanto visuales como auditivos. También hay menos predictibilidad para los niños en una guardería que para los que están en casa. Y este es un factor importante. Los estudios demuestran que un estrés crónico es negativo para el cerebro que aún está en pleno proceso de desarrollo, tanto para el hipocampo, la parte que regula la memoria, como la corteza prefrontal, la parte que regula las emociones.

Para un bebé menor de 1 año, estar en su propio entorno que le brinda rutina, tranquilidad, sosiego, caras y olores conocidos y mucho amor, es la mejor opción. Un bebé fácilmente llega a estar sobre-estimulado en un entorno ruidoso con un trasiego de personas, porque recibe demasiadas impresiones. Además, en el caso de hijos nacidos de un parto múltiple tenemos que tener presente que ellos, debido a su prematuridad, son más vulnerables a las infecciones y la sobre-estimulación.

Cada familia debe tomar su decisión en la que influirán factores como el estado de salud de los hijos, sus posibilidades económicas y sus ideas sobre el tema. Sea cual sea la elección, es importante estar convencidos de la propia decisión. Esto crea tranquilidad y ésta se transmite a los pequeños.

Daniela, madre de gemelas de 22 meses:

«Decidí tener a las gemelas en casa, al cuidado de las dos abuelas que se van alternando. Las abuelas lo disfrutan ambas mucho y como están aún muy activas y con buena salud, no les resulta agobiante. Ahora mis hijas pasan ya alguna mañana en una guardería cerca de casa, pero sigo contando con la ayuda de las abuelas».

Ana, madre de trillizos de 15 meses:

«Cuando los bebés tenían seis meses, me incorporé de nuevo al trabajo que me ocupaba 20 horas semanales. Los niños iban a la guardería, pero como cogían un virus tras otro, a los dos meses lo dejamos. Pedí reducción de jornada y ahora trabajo 12 horas. Mi suegra viene cuando trabajo. Este sistema funciona muy bien y tenemos tranquilidad y armonía en casa».

¿Juntos o separados?

Si usted se decide por la guardería, entonces surge la pregunta sobre si sus bebés deben estar en la misma aula o bien deben ir separadas.

Creo que es mejor que vayan al mismo grupo. Por tanto, abogo por no separarlos, por lo menos no en este momento de su vida. Los hijos nacidos de un parto múltiple no conocen aún la vida de otra manera que desde la perspectiva del 'nosotros' con la que vinieron al mundo. Esta sensación precede a la del 'yo individual' que empieza a a partir de los 18 meses. Los estudios de la psicología pre y perinatal nos enseñan que un bebé recuerda lo que vivió antes de su nacimiento. Un bebé no-nato tiene una memoria y sus recuerdos prenatales influyen en su posterior vida. Gracias a las grabaciones realizadas durante la gestación de gemelos y trillizos, hoy sabemos más sobre su relación y sabemos que desde la semana 10 ya hay interacción entre ellos. Seguramente hay una vaga noción del 'yo' y del 'otro'. Cuando ahora se los separa, colocando cada uno en un grupo distinto, viven una doble separación: la de los padres y la de hermano gemelo. Estar juntos les facilita la adaptación al nuevo hecho de estar sin los padres. A veces se piensa que estar separados puede ser positivo para el desarrollo del sentido del 'yo' pero lo cierto es que no hay ningún estudio científico que lo confirme. El sentido del 'yo' es sobre todo un proceso neurológico que no se puede acelerar.

No obstante, también existe alguna opinión distinta a la mía, aunque no es la habitual. Así, por ejemplo, la psicóloga Joan Friedman, que es ella misma gemela y madre de gemelos, es partidaria de separar a los bebés. Según su visión, esta medida les ayuda a entender mejor el 'yo'. En este aspecto discrepamos. Yo abogo por estimular el propio 'yo' de manera distinta, como por ejemplo hacer alguna actividad con uno de los dos (o tres) con cierta frecuencia. Los gemelos y los trillizos sienten miedo al estar separados (el llamado miedo a la separación gemelar.) Tenemos que tenerlo en cuenta y lógicamente la edad de los niños influye en ello.

El sueño

Los bebés duermen toda la noche y no necesitan una toma nocturna. Durante el día hacen una o dos siestas. Por término medio duermen entre 13 y 18 horas, según las necesidades de cada uno. Es un buen momento para cambiarles a su propia habitación (en caso de que todavía duerman con ustedes). Muchos gemelos se entretienen «hablándose» y mirándose mutuamente cuando se despiertan, sin sentir la necesidad de «llamar» a sus padres; el descanso de estos, de ahora en adelante, será (algo) más largo. La mayoría de los padres opta por una sola habitación para los bebés, también en caso de trillizos, ya que la compañía del hermano gemelo ayuda a conciliar el sueño. Según los estudios de la Universidad Libre de Ámsterdam, los trastornos de sueño son más frecuentes en las familias con hijos de varias edades que en aquellas con hijos nacidos de un parto múltiple; seguramente el hecho de estar juntos les ayuda a superar miedos o sentimientos de soledad.

Sin embargo, es posible que aparezcan algunos problemas:

▶ Los bebés tienen ritmos de sueño muy dispares y uno despierta al otro; en este caso es mejor separarlos.

▶ Los bebés (o uno) se despiertan llorando. Si el motivo es el hambre, eso indica que necesitan más alimentación sólida durante el día (una posibilidad que hay que tener en cuenta con los bebés que aún toman el pecho).

▶ Los bebés se despiertan y lloran a causa de la dentición. El primer diente suele salir alrededor del sexto mes. Es probable que a uno de sus bebés le moleste más que al otro. Un mordedor duro o masajear la encía dolorida con el dedo le aliviará.

Un buen descanso nocturno es muy importante para los progenitores de hijos nacidos de un parto múltiple, dado que su vida diaria es agotadora. A esta edad comienzan a crearse malos hábitos y por ello es muy conveniente tomar en consideración ciertas sugerencias:

▶ Si no ocurre nada fuera de lo normal (el bebé no está malito, ni tiene sed ni hambre), es aconsejable que no le saque de la cuna; intente consolarlo con palabras, susurros y caricias. No obstante, es bueno acudir a él e intentar calmarle; un bebé menor de un año no relaciona su conducta (llorar) y la respuesta de sus padres (acudir); por lo tanto no utiliza el llanto como arma para acaparar su atención, solo llora porque no se siente feliz. Los bebés que son consolados cada vez que lo reclaman, dejan de llorar antes que otros que no cuentan con esta atención, según demuestran los estudios; los últimos cuando tienen un año lloran más. A partir del primer cumpleaños es cuando un niño realmente entiende el efecto de su conducta y por lo tanto es cuando conviene ser más estrictos.

▶ Si su bebé tiene problemas para conciliar el sueño, elija una táctica y repítala día tras día; es mucho más efectivo que aplicar cada día una nueva. También conviene mantener un horario fijo, porque ello les proporciona estabilidad a los bebés.

Testimonio de Ana:

«Mis gemelos dizigóticos de 11 meses siempre dormían en cuanto les acostaba. Pero ahora tardan mucho en dormirse. Se levantan continuamente de sus cunas y si finalmente uno se duerme, el otro le despierta y así sucesivamente. Por este motivo decidimos acostarles en habitaciones distintas. Ante nuestra sorpresa no protestan mucho. Y ahora se duermen enseguida. Cuando sean mayores, seguramente volveremos a ponerles juntos».

Cómo combatir el agotamiento de los padres

Para (casi) todos los padres de partos múltiples llega el momento en el que se sienten desbordados por los interminables cuidados a sus retoños. Les invade la sensación de un abatimiento total. Para algunos este momento se reproduce en los primeros meses, debido a las tomas nocturnas y los cólicos; para otros se presenta durante el segundo año, cuando los niños empiezan a descubrir el mundo y no se les puede perder de vista ni un momento. Este estado anímico afecta tanto a las madres como a los padres, como vemos en las cartas que nos llegan al consultorio:

Juan, padre de un niño y una niña de 5 meses:

«Como padre, a estas alturas ya estoy totalmente agotado, tanto física como psicológicamente, por la lucha constante y diaria con los dos bebés y las noches de mal dormir, lo cual, unido a un trabajo profesional de 8 a 10 horas al día hace que las tensiones salgan a flotecon mucha facilidad».

Rosana, madre de gemelos de 15 meses:

«Hasta ahora lo he llevado bien, pero hace un mes más o menos no remonto el agotamiento, el cansancio físico y mental. No me siento tan viva, tan feliz como antes, a veces me desmorono y me pongo a llorar y tengo ganas de que sea la hora de dormir. Los niños me dan alegría, pero ya no sé disfrutarla».

Sugerencias

✓ Hay que tomar una decisión, muchas veces drástica, para salir del bache. Por ejemplo, pedir a los abuelos que vengan unos días para que los papás puedan dormir. Una pareja dejó a sus bebés al cuidado de unos familiares y pasó un fin de semana en un hotel, durmiendo la mayor parte del tiempo. El lunes volvieron descansados a casa y preparados para reanudar los cuidados a sus bebés.

✓ Aunque a los padres les parezca que esta situación durará eternamente, no es así. Hay que intentar mantener una perspectiva a largo plazo (no obstante, sigue siendo importante tomar algunas medidas).

✓ Evitar llegar al extremo de un abatimiento total, cuidándose bien y pidiendo ayuda a tiempo. Una vez llegados a esta situación, suele ser más fácil reconocer los síntomas y tomar medidas preventivas, como liberar tiempo para uno mismo, dedicarse a un hobby o practicar deportes. Una cierta dosis de «egoísmo» es legítima en su situación.

Son más las mujeres que sufren esta situación, al ser ellas las que pasan más tiempo con los niños. Algunas no están tanto exhaustas por el trabajo doble o triple, sino que se estresan a diario porque no son capaces de controlarlo todo como antes o como se habían imaginado. No existen las supermamás y menos en el caso de partos múltiples. Hay que poner el listón menos alto y aceptar que no se puede ser perfecta. La educación de gemelos (o más) siempre va relacionada con alguna que otra situación caótica.

La relación de los gemelos

¡Los bebés empiezan a conocerse! Alrededor de la sexta semana comenzaron a sonreírse el uno al otro, y es ahora, sobre el sexto mes, cuando reaccionan a los balbuceos del otro. A su manera se hablan, se tocan, a veces chupan el dedo del otro y se siguen con la mirada o a gatas. El juguete más interesante para un gemelo es ¡su hermano!

A veces el contacto entre ellos se hace esperar: Mónica y Susana, gemelas monozigóticas, no se descubrieron hasta los ocho meses. No prestaban ninguna atención la una a la otra, ante el asombro y desconcierto de sus padres. Pero a partir de este periodo empezaron a relacionarse y no tardaron en hacerse grandes amigas y cómplices en sus juegos. El modo de relacionarse (la formación del vínculo), tanto con los padres como con los hermanos, es en un 20% a 40% hereditario; el resto viene influenciado por las experiencias vividas en la infancia. Por lo tanto estas niñas, con una carga genética idéntica, desarrollaron pautas similares a la hora de comunicarse y estaban las dos absortas en sí mismas durante los primeros ocho meses de su vida.

La relación entre los múltiples es especial y diferente a la mantenida por otros hermanos. Haber compartido la vida intrauterina les da una intimidad física y psíquica mayor que la de hermanos nacidos en diferentes partos. Los testimonios de gemelos que pierden a su hermano gemelo en el embarazo o el parto revelan el impacto de esta vivencia en su vida posterior (*véase el* Capítulo 26). Cuando aún son bebés y comparten la misma cuna, muchas veces se vuelven el uno hacia el otro y terminan durmiéndose muy juntos. A los bebés prematuros les ayuda mucho estar en la misma incubadora, porque así crecen más deprisa y mantienen mejor su calor corporal.

Cuando empiezan a gatear se siguen el uno al otro, y lo mismo ocurre cuando empiezan a andar. Adonde va uno, el otro le sigue. Y si alguien le da un caramelo a uno, este pide ¡otro para su hermano!

Entre los seis y los nueve meses muchos bebés se encariñan con algún objeto, como un peluche o una manta. La mascota ayuda al niño en la separación de la madre, por lo que se llama «objeto transitorio»: proyecta el afecto que recibe de su madre en la mascota, que se convierte en un sustituto cuando ella está ausente; este objeto le da seguridad y le consuela en momentos difíciles, como a la hora de dormir, al empezar la guardería, tras una caída, etc. También los gemelos pueden cogerle afecto a un objeto especial. Suele ser algo que desde el inicio de su vida estuvo a su lado, como el osito de su cuna. Curiosamente, los gemelos, según los estudios, recurren menos a estos objetos transitorios que los no gemelos. La razón se puede adivinar fácilmente: ellos siempre cuentan con la compañía del hermano gemelo y este les ayuda en los momentos difíciles. Estudios realizados en Louisville (Estados Unidos) demostraron que los gemelos de menos de un año de edad son capaces de consolarse mutuamente cuando la madre se ausenta. En torno a los diez meses se podrán observar muestras de solidaridad entre ellos; cuando uno lo está pasando mal o disgustado, el hermano se acerca a él con un juguete o da algún grito para que le socorran. También pueden darse diferencias entre ellos: por ejemplo uno es mucho más consciente de la presencia y los sentimientos del hermano y acude en su ayuda, mientras que su gemelo no se inmuta cuando se da la situación inversa.

Alrededor de los once meses, sus balbuceos son realmente interactivos; uno «habla» y el otro «responde». Estos «diálogos» duran varios minutos y se repiten a lo largo del día. En los niños no gemelos este tipo de interacción no se da hasta los 18 meses.

También se observan en este periodo las primeras señales de celos: cuando la madre le hace mimos a uno, el otro reclama la misma atención. Los primeros celos se generan porque cada uno de ellos quiere monopolizar la atención de los padres. Los progenitores de múltiples rápidamente aprenden a tener a dos en brazos o consolar a los tres con una canción. Y también aprenden que, cuando no es posible atender a todos a la vez, el que tiene que esperar, se conforma con que le hablen y miren. De este modo no se siente excluido.

La relación de pareja

La llegada de dos (o más) bebés supone una gran carga para los padres, por lo que no pocas veces su relación se resiente. Existe un riesgo real de que los padres se pierdan en los cuidados a los bebés y se 'olviden' el uno del otro.

Aunque en muchas familias es la madre la que se encarga principalmente de los pequeños y la casa, parece que son cada vez más las parejas en las que ambos se ocupan de los hijos y de la casa, compaginándolo con su trabajo. Esto significa para ambos una jornada doble: después del trabajo, les espera otras tareas, como preparar la cena y el baño de los niños. Así pues, no es extraño que a veces se desmoralicen ante el panorama que encuentran al entrar en casa. Muchas veces los bebés tienen sus momentos difíciles a última hora de la tarde. La mayoría de las parejas acusa el cansancio; en algunas familias, a este problema se añaden otros de tipo económico. Las excursiones del domingo —siempre una buena manera de relajarse— no se hacen ya debido a que hay que estar pendiente de las tomas, las siestas, etc. Además, requieren una mayor preparación, para la que faltan los ánimos. Es difícil mantener el contacto con los amigos.

A causa de estos factores es posible que la familia se vea forzada al aislamiento social, que se vuelve en su contra perjudicando su relación de pareja. Los padres apenas hablan entre sí, solo comentan cosas relacionadas con los niños y caen rendidos a la cama, esperando poder dormir esa noche unas horas interrumpidas. Esta situación lógicamente influye en su relación sexual, que para muchos padres deja de ser satisfactoria. No es un hecho aislado, sino una consecuencia de la situación que la pareja vive a diario; si apenas hay tiempo para la pareja, difícilmente puede haber intimidad física. Hay que «trabajar» la relación de pareja para que el deseo sexual aflore de nuevo.

Sugerencias

- Todos los padres viven momentos en los que preferirían salir corriendo de su casa para olvidarse de sus responsabilidades. Los padres de partos múltiples viven estos momentos con mayor frecuencia. No los ignore ni niegue su existencia. Es bueno hablar sobre ello y buscar formas para evadirse de vez en cuando, como ir al cine, al fisioterapeuta para un masaje, etc.

- Ser honestos el uno con el otro y hablar sobre sentimientos, decepciones, dudas, etc. Es muy importante formar un equipo y para ello es fundamental la comunicación. Convertirse en padres de gemelos o trillizos es doblemente y triplemente impactante, por lo que es obvio que cada uno necesita hablar sobre sus vivencias.

Testimonio de un padre de trillizos:

«No sabía si quería hijos y de repente era padre de tres niñas. Me costó adaptarme a mi nueva realidad y no fue hasta casi el año que realmente empecé a disfrutarlo».

- Tener presente que la vivencia de la sexualidad es distinta para cada uno: ella necesita primero unos momentos de intimidad (hablar, ponerle al tanto de sus sentimientos), mientras que él busca el sexo como modo de acercamiento a su pareja. Estas diferencias, si no se entienden, pueden causar distanciamiento. Otro problema suele ser que los bebés interrumpan a media noche la intimidad de sus padres. Algunas parejas optan por planear un momento tranquilo durante el día. También es posible que uno de los dos sienta pocos ánimos para tener relaciones sexuales; el cansancio o el no sentirse atractiva (más acusado en la mujer) suelen influir en ello. Estos son generalmente problemas pasajeros.

- Procurar disponer de un buen método anticonceptivo. Muchas mujeres no disfrutan del sexo por miedo a un embarazo. Tienen sus motivos: las mujeres con gemelos dizigóticos suelen ser más fértiles y se dan casos de dos parejas de gemelos en una sola familia. Es importante elegir un método que inspire confianza.

- Preparar alguna vez una cena romántica para dos (por ejemplo, vestirse con un traje de fiesta, poner velas, música suave...). Si es imposible porque uno de los bebés siempre se despierta, se puede pedir que algún familiar o una *canguro* se ocupen de él sin molestar a la pareja.

- Organizar alguna salida con su pareja, por ejemplo para cenar fuera o dar un largo paseo. Conviene hacerlo por lo menos una vez al mes (preferiblemente con algo más de frecuencia). Poder hablar sin interrupciones aumenta la mutua comprensión, estrecha lazos y le da a cada uno nuevas energías para afrontar la vida cotidiana.

- Es una buena idea acostumbrar a los bebés desde pequeños a una *canguro*. Pero es importante que sea una persona con experiencia y madurez emocional. Una estudiante joven no es una buena ayuda. Algunas madres optan por dos *canguros*.

- Invitar a los amigos a su casa y pedirles que traigan la cena preparada. Así no pierden el contacto con los amigos más íntimos.

- No critique al otro por cómo cuida de los bebés. Sobre todo las madres tienden a corregir al padre o hacérselo por él. Tenga presente que cada uno lo hace a su manera y lo más importante es el amor con el que se haga y no la forma en sí.

- Cuando vuelve a casa después de un día de trabajo, tenga presente que el progenitor que cuidó de los bebés, también ha tenido un día largo, quizá incluso más duro que el suyo propio. Seguramente no habló apenas con nadie, ni ha podido salir. Estar todo el día pendiente de las necesidades de los bebés es la labor más ardua que existe. Relévela/lo si le apetece salir por unos momentos y permítale que cuente detalladamente sus pormenores del día.

- Para el progenitor que más esté con los bebés: planee unas horas por semana para sí mismo y durante esas horas haga que su pareja u otra persona se ocupen de los niños. Puede aprovechar ese tiempo para salir con una amiga/o, comprar ropa nueva, ir a la peluquería, etc.

- Ponerse en contacto con otros padres de partos múltiples de su localidad (*véase* Direcciones útiles). También es gratificante chatear con padres que viven la misma situación y buscar foros, etc.

- Si los problemas parecen ser insuperables, no duden en acudir a un terapeuta familiar. Unas pocas sesiones pueden ser suficientes para entenderse mejor y abordar su situación con renovadas energías. ¡Hay mucho que les une, más que les separa!

Información de interés

Haciendo una reflexión sobre el primer año con sus gemelos, un 38% de las madres dice no haber disfrutado bastante con sus hijos; estaban demasiado absortas en los cuidados diarios de los bebés. Si les fuese dado repetir la experiencia, se lo tomarían con más calma.

CAPÍTULO 17

1-2 años

Ahora llega un periodo agobiante: los bebés, que hace un año aún dormían gran parte del día, se han convertido en auténticos exploradores que gatean y corren por toda la casa. Un 65% de las madres comenta que este año es más agotador que el primero, porque hay que vigilarlos continuamente.

A esta edad quieren explorar el mundo, y las actividades de uno animan al otro a hacer lo mismo o, por lo menos, a ¡seguir de cerca y con mucha atención sus exploraciones!

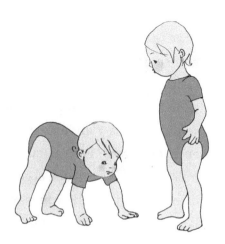

El desarrollo motriz

Lo que más destaca durante esta fase es el desarrollo motriz; en concreto, aprender a andar. Después de la fase de gateo el niño aprende a ponerse de pie, a continuación anda apoyándose y, por último, ¡camina solo! Estando de pie observa el mundo desde otra perspectiva. Lo vive maravillado. Durante esta fase nada hay que le guste tanto como ponerse de pie, andar, correr, escalar, etc. También se afina la coordinación entre manos y vista, la llamada motricidad fina. Ya es capaz de coger pequeños objetos con las manos. Por ello su juego favorito a esta edad es sacar objetos de una caja y volver a meterlos, una y otra vez. Alrededor de los veinte meses aprende a montar una torre de cuatro maderitas y se interesa por los juegos de construcción. Hacia los 18 meses los niños pueden demostrar cierta preferencia por la mano izquierda o la derecha, cuando cogen un juguete o se les da una cuchara. No es extraño que uno de sus gemelos monozigóticos sea diestro y el otro zurdo. Se da en caso de una división tardía del zigoto (el llamado efecto espejo).

La evolución del desarrollo motriz de cada niño depende de la maduración de su sistema nervioso. No es bueno estimularle de modo excesivo ni sirve realmente para conseguir un adelanto, ya que el desarrollo debe seguir su propio curso. Un estudio del psicólogo Arnold Gesell (1880-1961), de los Estados Unidos, lo demuestra: a uno de unos gemelos monozigóticos le sometió a un programa de estimulación motriz. Este niño gateó, se puso de pie y anduvo antes que su hermano gemelo que no participó en el programa. Pero al cabo de unos meses sus niveles se igualaron. La única diferencia era que el gemelo que no siguió el programa de estimulación estaba más feliz y más relajado que su hermano. Había desarrollado las habilidades para las que estaba físicamente preparado ¡en el momento oportuno!

Consejos

✓ Disfrute de los logros de uno de sus hijos sin preocuparse por las habilidades del otro (u otros). Es probable que sus hijos tengan un ritmo diferente y que, por ejemplo, uno ande antes que su hermano gemelo. Las diferencias entre los gemelos dizigóticos suelen ser grandes, mientras que los monozigóticos tienen un ritmo de desarrollo parecido (observe los datos del esquema de la página siguiente).

✓ Es curioso que los gemelos monozigóticos suelen tener los mismos accidentes y percances con poco tiempo de diferencia: si uno se cae por la escalera, el otro no tarda en ¡sufrir la misma aventura!

Una madre me contó de sus gemelos de 16 meses:

«Será difícil creer esta historia, pero te aseguro que ocurrió así: uno de mis hijos se cayó y tenía un diente partido. En la guardería se rieron, porque por primera vez sabían distinguirlos. Pero al día siguiente, cuando fui a sacar a los niños de su cuna, vi que el hermano también tenía ¡un diente partido! No sabemos cómo ocurrió ni cuándo, porque no le oímos llorar. Es un gran misterio que todavía me intriga».

El siguiente esquema refleja el desarrollo motriz, tanto de los dizigóticos como de los monozigóticos:

Dizigóticos	David	Rubén
Peso al nacer	2750 g	2490 g
Longitud al nacer	48,4 cm	46,8 cm
Duración del embarazo	39 semanas	
Sentarse	7 meses	6 meses
Gatear	8 meses	11 meses
Levantarse agarrándose	6 meses	8 meses
Ponerse de pie sin ayuda	12 meses	13 meses
Andar solo	12 meses	13 meses
Comer con los dedos	12 meses	12 meses

Monozigóticos	Adhara	Sara
Peso al nacer	2490 g	2400 g
Longitud al nacer	49 cm	47 cm
Duración del embarazo	38 semanas	
Sentarse	7 $^{1/2}$ meses	7 meses
Gatear	7 meses	6 $^{1/2}$ meses
Levantarse agarrándose	6 meses	6 meses
Ponerse de pie sin ayuda	11 meses	11 meses
Andar sola	12 meses	11 $^{1/2}$ meses
Comer con los dedos	10 meses	10 meses

El desarrollo del habla

El desarrollo del habla se intensifica: su vocabulario aumenta con creces y al final del segundo año conoce unas ¡200 palabras! También forma frases de dos palabras, del estilo de «¿mamá... no?» o «yo... agua».

Normalmente el desarrollo del habla es más lento en los gemelos que en el hijo que nace solo, tal como expliqué en el capítulo anterior. La razón es obvia: la madre no puede dedicar tanto tiempo a cada uno de sus hijos por separado. Su comunicación transcurre según una relación triangular: la madre habla a los dos (o más) a la vez. Por lo tanto no es de extrañar que su desarrollo lingüístico sea más lento, si además se tiene en cuenta que muchos bebés de parto múltiple nacen prematuros. La prematuridad por sí misma produce retrasos en el desarrollo físico e intelectual durante los tres primeros años de vida. No obstante, según los estudios, los gemelos recuperan el retraso de la adquisición del lenguaje más adelante, en torno a los 4 años. No se conocen datos sobre el desarrollo lingüístico de los trillizos, porque hasta ahora es un tema menos estudiado.

Los gemelos y trillizos, en más de un caso, se entienden a la perfección y «hablan» mucho entre ellos, mientras que sus padres no comprenden sus palabras. Imitan las palabras incorrectas del otro. Este fenómeno se ha dado en llamar el «lenguaje secreto» de los múltiples. En realidad, tal denominación es incorrecta porque ellos no tienen la intención de que sus papás no los comprendan. A veces incluso se enfadan por esa falta de comprensión. Es más correcto hablar del «lenguaje autónomo», una versión imperfecta del lenguaje adulto, con palabras incorrectas pero lógicas para ellos. Se calcula que aproximadamente el 40% de los gemelos emplea este lenguaje. No hay que preocuparse, pero conviene vigilar que no entorpezca el desarrollo normal del habla. Mientras los niños aprendan nuevas palabras y muestren cada vez una mayor comprensión de cuanto se les diga, no hay motivo para alarmarse, puesto que eso demuestra que su habla avanza.

Pueden darse grandes diferencias en el nivel lingüístico de los gemelos, trillizos o más. Por ejemplo a los 20 meses Juan ya forma frases, mientras que su hermano Pablo aún utiliza palabras sueltas. Se trata de una variabilidad normal entre los niños de esta edad. Especialmente entre las parejas formadas por niño y niña, las variaciones pueden ser considerables, pues las niñas adquieren antes el lenguaje que los niños (en ello influye su estructura cerebral, distinta a la del varón).

Sugerencias

- Conviene que les lean mucho y, preferiblemente, a cada uno por separado. Contemplar imágenes junto con el niño y enseñarle los nombres de los objetos es un buen medio para contrarrestar un posible retraso.

- Estimularles en su lenguaje y no anticiparse a sus necesidades; si, por ejemplo, su hijo señala el biberón, es obvio que quiere más leche; en vez de dárselo sin más, traduzca este gesto en palabras: «¿Quieres más leche?». Esto le estimulará a hablar.

- Procurar que cada uno hable por sí mismo: a veces el niño más locuaz «traduce» para los padres lo que su hermano gemelo dice cuando ellos no le entienden. Hay que mantener un diálogo directo con el niño menos locuaz y evitar que use a su hermano como intérprete.

- Llamen a cada uno por su nombre en vez de utilizar el «vosotros». Así saben a cuál de los dos (o más) se dirige. Lo mismo que cuando se les hace una pregunta. Y si la pregunta es para los dos o los tres, procuren que cada uno tenga la posibilidad de contestarla.

- Compare los progresos de sus hijos no tanto entre sí, sino con los de otros niños de su edad. Así le será más fácil descubrir si solo se trata de una variabilidad grande, pero normal, o si hay algún retraso importante. En este caso conviene consultar con un logopeda.

Testimonio de Antonio, padre de trillizos de 2 años:

«El tema del lenguaje secreto me tenía preocupado, pero afortunadamente no lo observo en mi trío. Los tres hablan como si fueran reporteros de la radio, que está continuamente en emisión. Todo lo que hacen, lo comentan

entre sí. 'Elisa... música', 'Javi... el coche' y 'Marcos ... el tren ¿dónde?'. No hay duda de que aprenden palabras incorrectas el uno del otro. Elisa dijo un día 'cacu' al tractor y desde aquel día, a pesar de nuestras correcciones, este es el nombre del tractor. También imitan una expresión que empezó Javi, cuando ya no quería comer más. 'No más.' Ahora lo emplean para demostrar cualquier signo de descontento. Su lenguaje es fascinante y cada día aprenden nuevas palabras. Realmente este tema ya no me preocupa».

El descubrimiento del propio «yo»

Durante esta fase, alrededor del año y medio, el niño empieza a tener noción de sí mismo. Descubre que puede hacer cosas solo sin ayuda, como comer, quitarse el babero, los zapatos, encender la luz o la televisión; todos estos logros le dan un sentido del «yo». Gracias a estas experiencias aprende que no es una parte de mamá ni de su hermano gemelo, sino una persona independiente y autónoma. Este es un paso importante en su desarrollo. Los gemelos tardan más en desarrollar este sentido porque para ellos resulta más complicado: el pequeño que viene solo tiene que dar el paso de verse separado de su madre; sin embargo, el niño gemelo tiene que aprender a verse como un individuo aparte de su madre y de su hermano gemelo. Se encuentra día tras día con una persona muy parecida a él a su lado, con quien comparte muchísimas experiencias. Para los gemelos monozigóticos, el proceso de la propia identidad resulta más difícil aún por el hecho de tener caracteres parecidos, así como el mismo aspecto físico. Los dizigóticos se diferencian físicamente y en carácter, lo que les facilita el proceso del «yo». Los niños de distinto sexo son los que lo tienen más fácil de todos los múltiples.

Los gemelos primero desarrollan un sentido de «nosotros». Cuando se les pregunta por sus nombres, algunos contestan con los nombres de los dos, como «Juan-Martín» o «Ana-Julia». Otros, sin embargo, se confunden: llaman al hermano gemelo con su propio nombre, utilizando así un solo nombre para los dos. Esto les ocurre a las niñas Agustina y Macarena. Como la primera no sabe pronunciar su nombre, se llama a sí misma también con el nombre «Maca». Se trata de equivocaciones normales; generalmente tardan más en aprender su propio nombre y también en reconocerse a sí mismos en el espejo. El niño no gemelo comprende en torno al segundo cumpleaños que el espejo refleja su propia imagen y no la de otro niño. Los gemelos lo aprenden en torno a los dos años y medio. Marcos y Tomás, gemelos monozigóticos, ven en la imagen del espejo y en las fotos al hermano y no entienden que se trata de su propia imagen.

Consejos

✓ Designe a cada niño su propia cuna, su móvil con música, su manta, etc. Si se mantiene esta costumbre, cada niño reconocerá ciertos objetos como suyos, lo cual fortalece la sensación del «yo». Una madre me contó que cantaba a cada uno de sus trillizos una nana distinta. Más adelante los niños le pidieron que les cantara su nana particular y no la de sus hermanos.

✓ Póngales nombres bien distintos, como Guillermo y Alfredo, Francisco y Sara o Rosa y Belinda. Nombres parecidos, como Marcos y Matías o Carla y Carola dificultan el proceso de la individualidad. Nombres que empiezan por la misma letra traen problemas más adelante (la lista del colegio, su correspondencia, etc.). Busque nombres que suenen bien cuando se pronuncian juntos. Puede darse un problema adicional: un padre quería ponerle su nombre a uno de sus gemelos, pero se preguntaba si el otro se sentiría relegado. Finalmente optó por darles a cada uno el nombre de los respectivos abuelos, de los cuales uno coincidió con el suyo. El padre con dos nombres puede dar a cada hijo uno de los suyos.

✓ Llámeles siempre por su nombre y eviten el término «los gemelos» o «los trillizos», etc. Será necesario que insistan en que otras personas, como familiares y amigos, sigan este ejemplo.

✓ Delante de los familiares hablen de las diferencias que existen entre los pequeños y no de las semejanzas. Estas resultan obvias.

✓ Vístales con prendas diferentes. También pueden comprar trajecitos iguales, pero de distinto color o bien conjuntos diferentes del mismo color. Así acentúan su característica de gemelos y, al mismo tiempo, su individualidad. También es una buena opción vestirles iguales solo en días especiales, como un cumpleaños o una fiesta. Por lo general, los dizigóticos aceptan la decisión de sus padres; si estos deciden vestirles diferentes, ellos lo consideran normal. Sin embargo, los monozigóticos suelen mostrarse reacios a la hora de llevar ropa diferente. Sus gustos coinciden y por este motivo les gusta ir vestidos iguales, por lo menos hasta la adolescencia. Si este es su caso, no hay que ser demasiado estricto. Más de una madre me contó que cuando cambiaba a uno de sus hijos por un pequeño percance, el otro también pedía el mismo cambio de prenda.

✓ Si van a la guardería, es importante que la cuidadora pueda distinguirlos bien. Bordarles sus nombres en la ropa o vestirles de forma diferente facilitará la distinción. Hay que evitar que los educadores no sepan a quién de los dos tienen delante a causa de su gran parecido.

✓ Haga un libro para cada niño, con sus propias fotografías y primeros dibujos. Les llenará de orgullo verse a sí mismos y les será más fácil reconocerse cuando sean algo mayores. Es aconsejable anotar sus nombres al dorso de las fotos nada más imprimirlas; muchos padres tienen más adelante problemas para distinguir a sus hijos en las fotografías de la infancia.

✓ El factor decisivo y el más importante (más que el tema de la ropa o clases distintas) para el desarrollo de la propia identidad de los hijos es la manera en la que los padres se relacionan con sus hijos. El secreto está en darle a cada hijo lo que necesita y cuando lo necesita. Esto hace que cada uno se sienta tratado como persona única y especial.

Aprender a compartir

Su juego es más social en un momento más temprano que el de los niños no gemelos. Mientras estos aún juegan al lado del otro sin apenas interacción (el juego paralelo), sus hijos ya interactúan entre sí y se imitan. En torno a los 14 meses se observa en ellos el juego imitativo: uno descubre que al golpear una cuchara contra el suelo produce un ruido interesante y el otro no tarda en hacer lo mismo. No obstante, los múltiples también tienen que aprender a compartir. A veces se da por sentado que llegan al mundo con el don natural de saber compartir. ¡No es cierto! Compartir es una habilidad que, tal como el lenguaje y comer solo, se debe aprender. Aunque también es cierto que por haber pasado por la enriquecedora experiencia de compartir el útero materno, al nacer tienen una capacidad casi mágica de dormirse plácidamente juntos, acoplando sus posturas y entendiendo el lenguaje corporal del otro (u otros).

¿Cómo aprende un niño a compartir? Antes de ser capaz de compartir algo o a alguien, todo niño, gemelo o no, necesita desarrollar un sentido del «yo». Pasa por una fase en la que todo a su alrededor es «suyo», incluso los juguetes de su hermano gemelo. Apoderándose de todo, va afianzando su «yo». Los juguetes y sus pertenencias tienen un significado especial para él; le ayudan en la adquisición del sentido del «yo». Por ello es tan reacio a dejárselos a su hermano, porque forman parte de él mismo. Durante este periodo, que es pasajero, no hay que insistir demasiado en que compartan, sino procurar que cada uno tenga sus propios juguetes y diferenciar aquellos que sean iguales con indicadores personales, como pegatinas (por ejemplo para cada niño un color o una forma). Después del aprendizaje del «mío», llega la fase de «nuestro» y «tuyo». Usted observará cómo ahora los niños están cada vez más dispuestos a compartir. Pero hasta que esto ya sea una realidad, se habrá liberado ¡más de una lucha entre sus hijos!

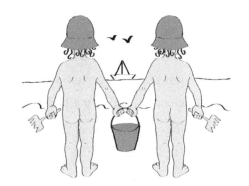

Paulina, madre de trillizos:

«Me da pena ver que uno de mis hijos aprieta sus juguetes fuertemente contra su pecho, con tal de que los otros dos no se los quiten. Anda por el salón con el mayor número posible de juguetes, protegiéndose de su hermano y hermana».

Sugerencias

- Acepte que aprender a compartir todavía es una tarea difícil a esta edad.

- Crea un rincón en el salón para el juego individual. A veces los niños sin querer se molestan y llegan a sentirse frustrados. También el parque o la trona pueden servir para que cada uno juegue sin interferencias.

- Evite estar muchas horas a solas con sus hijos. Tener ayuda es algo imprescindible, como una *canguro* o una abuela que esté con usted y los niños. Esto le permite hacer algo con un niño solo o terminar alguna tarea. Vigilar a dos o tres hijos de corta edad que están en plena fase de explorar el mundo es agotador.

- Intente realizar alguna actividad con un hijo individualmente, como ir a comprar el pan o echar una carta al buzón de correos. Cuando Marcos llega a casa, su esposa sale un rato con uno de sus trillizos. Esto la relaja y ambos disfrutan de la escapada. Los otros dos juegan con más armonía.

- Reparta el día en bloques: un rato los niños juegan solos; a continuación se les lee un cuento, miran un dvd o salen a pasear. Los niños se relajan al aire libre y juegan en un parque de modo más tranquilo que en casa porque disponen de más espacio. También la naturaleza, incluso un parque en la ciudad, tiene un efecto beneficioso en niños y adultos.

- ¡No se desespere! Con el tiempo los múltiples aprenden a compartir, incluso mucho antes y con mayor éxito que los no gemelos.

Besos y mordiscos

Los múltiples empiezan a mostrarse su mutuo afecto: se besan, se acarician y se abrazan. Un juego favorito entre muchos gemelos es tocarse, separados por una cortina. Cada uno se encuentra a un lado de la cortina y se divierten tocando con las manos la silueta del otro, que se distingue a través de la cortina. Este juego tiene una explicación lógica: en el útero, los gemelos se tocaban, separados por la fina membrana de la bolsa amniótica. El juego de la cortina es una mera réplica de aquella situación. Una madre de trillizos de 2 años contó cómo sus hijos juegan a «pillarse» dando vueltas alrededor de la mesita del salón; le hacían recordar la situación intrauterina cuando los bebés volteaban de este modo en su vientre.

Por lo general son buenos compañeros; cuando uno se cae, el otro lo consuela o va en busca de mamá. Se ayudan mutuamente quitándose los zapatos o el jersey, buscando piezas de un puzle, etc. Esta edad recibe el nombre de «la edad de las gracias», haciendo referencia a las monerías típicas de esta fase. Es una denominación muy acertada en caso de los múltiples. Observar a los niños y ver cómo se entretienen, supone un auténtico gozo para los padres.

Ahora los niños también se dan cuenta de la ausencia del hermano gemelo o trillizo. Después de una separación de sólo media hora reciben al «ausente» entre grandes muestras de alegría y felicidad. Son momentos especiales, privilegio de los padres de partos múltiples.

Pero también están presentes las peleas y las riñas entre ellos: quieren el mismo juguete en el mismo momento, se empujan el uno al otro y se estiran del pelo. Morder es algo muy habitual entre los gemelos y trillizos e incluso más frecuente que entre hermanos de distintas edades. Puede tener varias causas, como por ejemplo la dentición. El niño muerde el brazo o el pie de su hermano, porque debido al proceso de la dentición necesita morder. Dada la proximidad de los niños no es extraño que ocurra. Se soluciona dándole un mordedor y explicándole en un tono amable que debe morder este en vez de al hermanito. Otra causa, más frecuente, es la frustración o la rabia. El niño quiere poseer el juguete del hermano y como no lo consigue, le muerde. El niño aún está en la fase preverbal: no dispone de palabras para expresar su deseo. La víctima llora, pero es posible que también el agresor rompa a llorar, asustado por el efecto que causa. Hay que tener en cuenta que este comportamiento violento entre ellos empieza de una manera inocente y no indica una agresión o ira auténticas, sino que se produce principalmente por estar en contacto el uno con el otro permanentemente a una edad en la que aún no distinguen entre el «yo» y el «tú».

Paula, madre de un niño y una niña, de 20 meses:

«El niño es mucho más grande y fuerte que ella. Se lo quita todo continuamente y a veces la tira al suelo. Muchas veces cuando ella ve simplemente que su hermano se le acerca , ya se asusta. Le corrijo cada vez que la trata mal, pero parace que no surte mucho efecto».

No obstante, corregir y explicar al niño que no se quitan los juguetes del otro, es la mejor pauta. Y también conviene utilizar el parque en el que ambos, de modo rotativo, permanezcan y jueguen. El patrón que Paula describe es pasajero y puede cambiarse completamente con el paso del tiempo.

Sugerencias

- Preste primero atención a la víctima. Para el «agresor» es doloroso ver cómo este acapara toda su atención. Acto seguido, consuélele también a él.
- Muéstrele al 'mordedor' su desaprobación e indignación. Su cara enfadada y un 'no' rotundo son un lenguaje claro para él. Con el tiempo irá interiorizando esta voz paterna. Si los mordiscos son muy frecuentes, una buena estrategia es la «pausa obligada»: aparte al «agresor» durante uno o dos minutos (uno por cada año de edad) al pasillo o siéntele de cara a la pared. Estar aislado no le gusta a ningún niño.
- Enséñele a utilizar palabras como «¿me lo das?» o «no» en vez de morder.

- Separe físicamente a los niños. Por ejemplo: cuando los niños estén sentados en su regazo durante la hora del cuento, ponga un cojín entre ellos. O siénteles en sus respectivas tronas.

Pedro, padre de trillizos (2 años), nos cuenta su experiencia:

«Javier tiene la mala costumbre de morder a sus hermanas cuando se excita demasiado. Se vuelve muy intranquilo y quiere tenerlo todo. Cada vez que ocurre le sentamos en el parque. Pero no debe ser realmente un castigo para él, porque ahora a veces nos pide que le sentemos dentro. Se pone delante del parque con los brazos levantados. Lo hacemos, porque se ve que le gusta estar dentro, seguramente porque así se calma. Desde aquella rutina los mordiscos han ido disminuyendo considerablemente».

Se trata de un problema temporal. En cuanto los niños disponen de más palabras y saben expresarse mejor, desaparece. En general sus peleas suelen ser más apasionadas que las que estallan entre los hermanos de diferente edad. Seguramente influye el hecho de que ambos tienen la misma edad (y más o menos el mismo tamaño); no sienten consideración el uno hacia el otro, como en el caso de dos hermanos no gemelos (el mayor se reprime por consideración al pequeño). Además, a esta edad no se distinguen bien entre ellos: no tienen una noción clara de su propio cuerpo y se ven a sí mismos como parte del otro. Debido a estos factores, sus peleas suelen ser fuertes y hay que estar pendientes de ellos para que no se hagan daño. Más de una vez será necesario separarles.

Josefina, abuela de gemelos, cuenta lo siguiente:

«He educado a mis dos hijos, también varones, que se llevan poco tiempo. Se peleaban, claro que sí, pero no fue nada en comparación con mis nietos gemelos. Su lucha es a veces tremenda. Y más de una vez me asusto. En mi vida he presenciado tanta vehemencia entre hermanos. Por otro lado son inseparables. Siempre se buscan».

Este testimonio refleja muy bien lo característico de una relación entre gemelos (y múltiples): se pelean y se quieren, tanto lo uno como lo otro lo hacen de forma apasionada.

También influye el carácter de los niños. Una madre de gemelas dizigóticas me contó que no podía dejarlas solas ni un momento, porque las niñas se arañaban y pellizcaban al menor roce. Otra madre de gemelos, también dizigóticos de la misma edad, no tuvo esos problemas: sus hijos jugaban tranquilamente mientras ella tendía la ropa o atendía a una llamada telefónica.

Las rabietas

Durante esta fase suelen darse las primeras rabietas. Son el resultado de una frustración por no conseguir algo. Son normales en los primeros años de vida en los que el niño aún no tiene control sobre sus emociones. Suelen durar hasta los 4 o 5 años. En algunos niños —la mayoría— duran sólo unos minutos, pero en otros ¡más de una hora!

La rabieta empieza con gritos o llantos, acompañados de una señal de protesta (¡no quiero!) y una expresión de enfado (patadas, chillidos, portazos). En su punto álgido el niño se tira al suelo, quizás dándose cabezazos contra la pared. Algunos niños tienen una rabieta (o varias) al día, otros las tienen con menor frecuencia. En ello influye el carácter del niño. Puede que uno de sus hijos tenga rabietas a diario, mientras que su hermano muestra conductas más plácidas. Seguramente en este caso sus hijos serán dizigóticos. En los gemelos monozigóticos los patrones de conducta son más parecidos.

A medida que el niño crece, aprende a controlar sus emociones, a decir lo que quiere (en vez de dar patadas, gritar, etc.), a tener más paciencia y a esperar (su turno, la gratificación, el buen resultado, etc.). Por lo tanto, las rabietas irán disminuyendo con el tiempo. Según los estudios, en general en los gemelos (y sobre todo en los varones), las rabietas perduran durante más tiempo que en los niños no gemelos. Es probable que sea debido a que su convivencia diaria es más complicada y el proceso de encontrar la propia identidad más laborioso. También influye el hecho de que los varones tardan más en hablar que las niñas. Por tanto, utilizan durante más tiempo el lenguaje corporal en vez del verbal. Y por último, su elevado nivel de testosterona también es un causante de enfados.

Soluciones

✓ Tenga presente que las rabietas no reflejan problemas de inestabilidad emocional, sino una incapacidad para controlar las emociones. Todo niño pequeño «habla» con el lenguaje corporal, como dar patadas cuando no consigue algo. Las rabietas remiten por sí solas y tienen un efecto positivo, pues ayudan al niño a hacer frente al estrés.

✓ No intervenga durante la rabieta y déjele que se desahogue, procurando que no se haga daño (poniendo un cojín entre él y la pared, en caso de cabezazos). Pasado el mal trance, actúe como si no hubiera ocurrido nada. Al no darle importancia, el niño entiende que no consigue nada con su conducta.

✓ La rabieta puede tener un aspecto aterrador, sobre todo cuando el niño contiene la respiración (fenómeno llamado *breath-holding spells*). En este caso pierde por unos segundos la conciencia (quizás se ponga azulado) y está fuera de sí. No obstante, no es necesario hacer nada; al momento el niño vuelve a la realidad. En modo alguno debe ceder ante los caprichos de su hijo, porque en este caso las rabietas sólo aumentarán (el niño se da cuenta de su eficacia).

✓ Sea flexible en cuestiones de poca importancia; a esta edad les gusta decidir por sí mismos; y, por lo tanto, conviene satisfacer su necesidad cuando la situación lo permita: la elección de su ropa, el camino del paseo, etc.

✓ Eviten situaciones que provoquen las rabietas, como por ejemplo llevarles a hacer la compra cuando están hambrientos o cansados.

También hay ciertos momentos en el día más propicios a las rabietas, como la última hora de la tarde. Cambiando ciertas rutinas (adelantando el horario de la cena, del baño o del sueño) puede ser posible disminuir la frecuencia de las rabietas. También la sobre-estimulación, como llevarles de un sitio a otro, puede provocar rabietas. El niño no es capaz de asimilar la avalancha de impresiones.

✓ A algunos niños les ayuda que les abracen y cojan firmemente, sobre todo cuando son violentos o destructivos. Pero no impida que llore, porque el llanto ayuda a eliminar el estrés acumulado.

✓ Dé un buen ejemplo y no pierda los estribos; los niños imitan la conducta de sus padres y si estos les gritan o hablan en un tono elevado, también ellos terminarán adoptando la misma costumbre.

El síndrome de intensificación gemelar (SIG)

Hay otra causa que hace que las rabietas y otras conductas difíciles perduren más en los hijos de un parto múltiple y dicha causa es el denominado síndrome de intensificación gemelar o SIG (en inglés *Twin Escalation Syndrome*).

Un ejemplo: Matías se tira al suelo y patalea. Claudia, que empatiza con su hermano, empieza a llorar aún más fuerte. El llanto de su hermana hace incrementar el llanto del niño. Los dos se retroalimentan en sus reacciones. Ahora es una rabieta a dúo. Si ahora la madre reacciona con su emoción con un grito enfadado de «*Ahora a callar los dos*», la situación aún se descontrola más.

Ese síndrome no solo lo observamos en las rabietas, sino también en situaciones más inocentes como podemos ver en el siguiente ejemplo: Carlos sopla en su vaso de leche. Ante su sorpresa aparecen burbujitas. El niño grita de sorpresa. Tobías, que lo está viendo, lo imita, pero sopla más fuerte. Ahora la leche ya se sale del vaso. Carlos coge su vaso y empieza a sacudirlo. En un segundo apenas queda leche en sus vasos y la leche cae goteando de la mesa al suelo.

Y es que, en efecto, los niños se imitan continuamente. Además, son empáticos y viven las emociones del otro como suyas propias.

Pero todavía hay un factor más: los dos (o los tres) intentan acaparar la atención del padre o de la madre. Así que la competitividad por conseguir esta atención también juega un papel en este síndrome. Lógicamente entre los trillizos también se observa el mismo problema, el Síndrome de Intensificación Triple.

Sugerencias

- Si se encuentra en una rabieta a dúo, mantenga la calma. Respire hondo y dirija su atención al niño que primero empezó. Ponga palabras a sus emociones, como *«veo que estás muy enfadado....»*. A continuación dirija su atención al otro.

- Separe a los niños. El SIG ocurre en gran parte porque los niños, estando juntos, se refuerzan el uno al otro. Si los separa, cada uno se calma y vuelve a su nivel de energía propio.

- Desvíe su atención. A veces esto puede prevenir un SIG. Si percibe que los niños se están excitando o que están sobre-estimulados y acelerados, propóngales una actividad que les calme, como modelar barro, pintar, tomar un baño o ver un video.

- Intente a diario darles a cada uno su parcela de atención individual. Esto disminuye la lucha por tener su atención al mismo tiempo.

- Algunos niños pequeños, más entre los 12 y 24 meses, expresan su enfado dando cabezazos contra la pared o el suelo. Enséñeles otras formas para expresar su enfado, como dar golpes con sus puños contra un cojín. Sus emociones no son negativas, (el enfado y la frustración son emociones humanas normales), pero sí es negativa su forma de expresarlas. Corrija cada vez su conducta y ofrézcales una forma alternativa para lidiar con sus enfados. Esta finalmente la imitarán.

Un ejemplo:

«Mis gemelos, Juan y Sergio de 14 meses, son juguetones y simpáticos. Pero últimamente desarrollan los dos un comportamiento que me preocupa: cuando no se les materializan sus deseos, por ejemplo abrir una puerta, o un juguete no les funciona, se enojan y se golpean la frente contra el suelo o con lo que tengan a mano. Ahora intento enseñarles otras formas para expresar su rabia, como golpear con sus puños un cojín, dar martillazos contra un banco de herramientas u otras maneras diferentes. Y si vuelven a su hábito de dar cabezazos, pongo rápidamente un cojín entre la cabeza del niño y el suelo».

También en el siguiente caso se puede hablar del SIG. Nos lo cuenta esta madre:

«Mis gemelas monozigóticas son bastante nerviosas e intranquilas. Pero cuando están juntas, lo son todavía más. Cuando las tengo separadas, juegan de un modo más tranquilo. Me pregunto por qué ocurre».

Los gemelos monozigóticos tienen un nivel de energía muy parecido. Si éste es alto, el de los dos juntos lo es aún más. Si uno, por ejemplo, está entusiasmado por algo que descubre, le contagia su entusiasmo al otro, y juntos despliegan una alegría aún mayor.

Seguridad en casa

Ahora hay que vigilarles atentamente. Los hijos nacidos de un parto múltiple son más ingeniosos que un hijo solo; además, se ayudan mutuamente a subirse a una mesa, abrir las puertas, asomarse a la ventana y un largo etcétera. La mayoría de los padres de gemelos, trillizos o más se adaptan a la situación y quitan de su alcance los objetos valiosos, ponen barreras protectoras delante de las escaleras o de objetos delicados como el vídeo, la cadena musical, etc., hacen inaccesibles los rincones peligrosos y amplían el salón quitando muebles. Esto es muy positivo, ya que los niños necesitan espacio; tienen que moverse continuamente y descubrirlo todo. Lo ideal es tener la casa a prueba de ¡múltiples! Y esto es diferente a la situación de una familia con solo un hijo. En el caso de gemelos (o más) hay que estar preparados.

Susana, madre de gemelos dizigóticos de 18 meses, nos explica su experiencia:

«Deseaba el momento en el que los niños empezaran a andar. Pero era más complicado de lo que había pensado. Ahora no puedo perderles de vista ni un segundo. Mientras uno explora el azucarero esparciendo su contenido sobre la mesa, su hermano investiga las piedrecillas de la bandeja del gato. O mientras recojo el salón, ellos se dedican a vaciar un armario. Hacen juntos cosas que a uno solo ni se le ocurriría. También utilizan cualquier cosa como martillo: su tenedor, los cochecitos, los libros... Para no enfadarme utilizo para cada uno un parque. Por la mañana y por la tarde les siento dentro por unos tres cuartos de hora, no más. Así puedo adelantar con las tareas más importantes de la casa y ellos también pueden jugar tranquilamente sin molestarse. Este truco me da cierto respiro».

Sugerencias

- Anticípese a lo que dentro de poco aprenderán. Su desarrollo es rápido: lo que no hacen hoy, lo harán mañana. La mayor parte de los accidentes ocurre porque los padres no prevén a tiempo lo que sus hijos son capaces de hacer; por ejemplo, antes de que suban la escalera, hay que ponerles una barrera. Tenga en cuenta que sus hijos, por ser dos o más, harán no sólo más travesuras que otros niños sino también en un momento más temprano de su vida.

- Tener dos parques es una solución muy aceptable; uno solo no es suficiente ya que cada uno necesita sitio para moverse. Además, pueden hacerse daño el uno al otro. Los padres que optaron por tenerles en parques distintos comentan la gran comodidad que eso ha supuesto para ellos, pues les proporciona momentos de tranquilidad. Es conveniente ponerlos cerca uno del otro, pero, evidentemente, lejos de enchufes, cables, plantas y cortinas.

- Una habitación exclusivamente para jugar también es una buena opción. A un hijo solo esta solución no le sirve, ya que él prefiere estar cerca de la madre. Los gemelos y los trillizos, sin embargo, suelen aprovecharla gustosos, ya que siempre cuentan con la compañía del otro (no obstante, también ellos necesitan pasar tiempo cerca de sus padres, de modo que si no quieren jugar en «su salón de juegos», no hay que presionarles bajo ninguna circunstancia).

- Los medicamentos que precisen la temperatura de la nevera deben ser guardados en un recipiente de plástico, herméticamente cerrado.

- Durante el día cierre siempre la puerta principal como si fuera de noche.

- Durante el baño no hay que perderles de vista en ningún instante (ni para responder a una llamada telefónica o abrir la puerta). En estos momentos conviene tener conectado el contestador automático.

- Utilice correas, por ejemplo para la trona, el cochecito y la bicicleta. Los arneses con correas y mini-mochila son muy prácticos para cuando los niños quieren andar a su lado o uno tiene que esperar mientras usted sienta al otro en su su sillita de la bicicleta o cochecito.

Otro tema importante en cuanto a su seguridad son los viajes en coche. Desde bebés deben ir sentados en sus respectivas sillitas de coche, adecuadas a su peso y talla. El momento de sentarles o sacarles de sus sillitas también requiere la máxima atención. Cuando usted se prepara para irse con el coche, puede optar por dejar a uno en el «parque», mientras se lleva al otro hasta el coche, y posteriormente ir a buscar al segundo. Cuando son algo más mayores y andan bien, debe enseñarles a esperar en la acera hasta que usted atienda a cada uno. En el momento de sacarles, es importante que los niños esperen otra vez en la acera al otro hermano (o a usted) en vez de quedarse corriendo detrás del automóvil. Por su baja estatura es posible que otro automovilista no los vea. Si usted les habla con autoridad y seriedad, los niños captan enseguida la importancia de esta orden. Incluso el carro gemelar o de trillizos puede no ser visto por otros coches y está también más seguro estacionado en la acera.

Empezar con las normas

Conviene empezar con algunas normas. Los niños deben aprender, por su propio bien y por la convivencia familiar, que no han de acercarse a ciertos objetos ni deben tocarlos. Lo más conveniente es retirar su mano cuando tocan un objeto prohibido y decirles, en tono claro, «no». Si vuelven a tocarlo, hay que repetir el «no». A esta edad aún es bastante fácil desviar su atención con algún juguete. La clave está en ser paciente y perseverar.

Su «no» ha de ser «no» en todas las situaciones siguientes, ya que así le será más fácil recordarlo; lo interiorizará, y se lo repetirá a sí mismo cuando esté delante del objeto prohibido.

Pero no se puede esperar milagros a la primera; recordará el «no» cuando usted esté a su lado, porque representa su conciencia, pero luego se olvidará.

A veces los gemelos se ayudan entre sí a recordarse las normas; mientras uno está a punto de tocar el vídeo, el otro le recuerda el «no». Pero también es frecuente que los dos se olviden de las normas y se animen mutuamente a explorar. Uno empieza y el otro lo imita o uno se dirige al bote de las galletas y el otro le acerca una silla para que alcance la dulce tentación...

Aunque es bueno empezar con las normas, como un hábito más, no se puede hablar de niños desobedientes hasta los dos años (o dos años y medio). El placer de descubrir y las ganas de explorar son muy fuertes durante esta fase, ya que todo lo que les rodea les parece ¡apasionante! Necesitan escuchar esta voz interna que les lleva a toquetearlo todo y no parar ningún minuto.

Sugerencias

- Procure que el «no» no sea la palabra más utilizada del día. Esto crea un ambiente negativo y tenso. Quizás sea cuestión de acoplar más su casa al estadio madurativo de sus hijos. Cuantos menos peligros haya y más seguro sea el entorno, más libertad tendrán los niños para moverse y aprender. Esto hace que se entretengan mejor.

- Cuanto menos los niños oigan el «no», menos motivo habrá para sus actos de rebeldía. Puede cambiar el «no» por otras palabras más positivas como «¡para!», «alto» o «ven aquí».

- Ciertos momentos del día son más difíciles en cuanto a la convivencia con sus pequeños; suele ser la última hora de la tarde, cuando el sueño ya puede con ellos. Quizás sea un momento propicio para el baño (a muchos niños les relaja) o para ponerles un vídeo infantil.

¿Conviene comprarles los mismos juguetes?

Esta es una pregunta que se hacen muchos padres de gemelos, trillizos o más. Les gusta darles un trato igual y además han observado que muchas veces se pelean por un mismo juguete. Pero hay que tener en cuenta que no se evitan las peleas comprándolo todo igual. El niño pequeño que ve un juguete en manos de su hermano gemelo se lo quita, no por el juguete en sí, sino porque le interesa lo que el otro está haciendo con él. El niño antes de los dos años no tiene una noción clara de las pertenencias personales; no ve al hermano como una persona independiente de él, que tiene un juguete. Sólo ve ese objeto y lo quiere. Es muy probable que rechace el mismo juguete que se le ofrezca en este momento para salir del bache.

En vista de la individualidad de cada uno, es preferible no darles siempre lo mismo. Son dos o más niños diferentes, con gustos propios. Tal vez a uno le encanten los cuentos, mientras el otro prefiere los cochecitos. En los gemelos formados por una pareja de niño y niña la elección es más fácil, ya que a raíz de su diferente sexo tienen gustos distintos; también en los gemelos dizigóticos del mismo sexo las preferencias suelen ser dispares, mientras que los monozigóticos tienen gustos más parecidos. Es probable que estos se encariñen con el mismo juguete. Según los estudios de la Universidad Libre de Ámsterdam, la genética desempeña un papel muy importante en las preferencias por los juguetes, lo que explica que los monozigóticos se decanten los dos por el mismo. Por lo tanto, en este caso conviene que les compren bastantes juegos iguales, aparte de otros que sean distintos.

Una buena idea es comprarles los juguetes grandes, como el andador, el correpasillos o el cochecito para la muñeca, iguales, pero de colores distintos; por lo demás conviene comprarles juguetes diferentes para cada uno. El placer a la hora de jugar aumenta, ya que tienen más diversidad de juguetes. También es una buena forma para que aprendan a compartir.

Maite, madre de gemelas monozigóticas:

«Mis hijas, de dos años, se pelean mucho si les regalamos juguetes distintos. Parece que a cada una siempre le gusta más el juguete de la otra, pero tampoco quieren intercambiárselos. De momento optamos por comprarles lo mismo, aunque espero que más adelante podamos regalarles juguetes distintos».

Sugerencias

- Los juguetes han de ser fuertes. Los múltiples los rompen con mayor facilidad, debido a su mayor ingenio y habilidad.
- Márqueles los juguetes que tienen por duplicado o triplicado con una pegatina o la letra del nombre de cada uno. Así les resultará

más fácil distinguirlos. Muchas veces, uno de los niños es más cuidadoso con sus pertenencias que el otro; saber de quién es cada juguete evita problemas cuando algo se rompe. Una madre de trillizos optó por tres signos distintos para cada uno de sus hijos: una estrella, un sol y una luna. Incluso marcó sus zapatos y ropa con este distintivo.

- Si se duda sobre la elección de juguetes, es una buena idea visitar con ellos una ludoteca. Allí podrán jugar con una gran escala de juguetes y será más fácil elegir el adecuado a los gustos de cada pequeño.

La importancia de la rutina

Durante este año y también en los siguientes, los niños disfrutan de las rutinas diarias: el cuento antes de dormir, el baño en el momento establecido, esperar a papá (o mamá) en la puerta de la casa, son algunas de las secuencias que deben repetirse día tras día. Esta rutina les proporciona una sensación de bienestar y amparo, porque saben lo que va a pasar y lo que viene a continuación. Por ello los niños piden durante esta fase siempre el mismo cuento y el mismo tipo de mimos antes de dormir. Para los gemelos y trillizos hay un problema adicional.

Lo cuenta Javier, padre de gemelos:

«Mis hijos me esperan cada día a mi vuelta del trabajo. Últimamente luchan por quién me da el primer beso, hasta por quién oye primero la llegada de mi coche. Así que en este momento, que hasta ahora era precioso, se desatan unas fuertes peleas y no sé muy bien cómo actuar».

Es un problema típico de este periodo en el que los celos afloran con facilidad. Lo mejor es coger a los dos en brazos y atenderlos simultáneamente (en caso de trillizos, claro está, será más complicado). Alrededor de los tres años este tipo de celos suele disminuir o por lo menos ser menos vehemente, porque el niño conoce el «yo» y sabe que después del otro le tocará a él. Y también se puede ya introducir el sistema de «un día para cada uno». Consiste en que un día, por ejemplo el lunes, uno de los niños es el primero en darle un beso a papá, el martes le toca al otro, etc. Se puede incluir toda una serie de privilegios por los que suelen luchar los niños, como sentarse al lado de la ventanilla en el coche, poner la tele, ayudar a mamá, etc. Este sistema funciona muy bien para los hijos nacidos de un parto múltiple, porque les da la oportunidad de ser los protagonistas por lo menos algunas veces.

Comer

Algunos niños son buenos comedores a esta edad, mientras que otros no parecen tener mucho apetito. En el caso de los primeros, la madre suele darles la comida al mismo tiempo, mientras que en el otro caso prefiere dársela por separado, para que no se imiten entre sí.

La falta de apetito tiene su explicación: en primer lugar, el crecimiento durante el primer año es enorme, el más grande de toda su vida; el bebé triplica su peso y crece unos 20 a 25 cm. Pero este crecimiento se detiene durante el segundo año (y en los siguientes hasta la adolescencia): ahora el niño aumenta unos 2 a 2,5 kilos y crece unos 6 a 8 cm. Por ello el niño ya no necesita tanto alimento como antes. En segundo lugar, a esta edad les apasiona descubrir y explorar el mundo; esta es una necesidad básica, más poderosa que la de comer.

Además, el niño está en la fase del descubrimiento del «yo». Para ello le encanta decir «no» como una manera de afianzar su personalidad. La hora de comer es una excelente ocasión para imponer su voluntad.

Por lo tanto no hay motivo para preocuparse si de repente pierden interés por la comida. Durante esta fase es normal; su apetito aumentará una vez haya pasado este periodo.

Consejos

✓ No les obligue a comer. Su negación a la comida es una forma más de sentir el «yo». Al insistir para que coma, estalla una batalla de poder que resulta negativa tanto para el niño como para usted. Retirarle el plato y esperar a la siguiente comida es lo más conveniente.

✓ Al niño poco comedor le van mejor pequeñas raciones a lo largo del día en vez de tres comidas copiosas. Por lo tanto, aparte de las comidas normales, puede darle dos veces al día tentempiés nutritivos, como dados de queso, de huevo cocido, trocitos de manzana, rosquillas pequeñas integrales, etc.

✓ Si los niños se influyen negativamente entre sí (uno se niega a comer y el otro sigue su ejemplo), conviene darles las comidas en momentos distintos.

✓ Si le preocupa la poca cantidad que toman, anótelo en un cuaderno, incluyendo lo que toman entre comidas. Así se dará cuenta de que es más de lo que pensaba.

✓ Algunos niños comen mejor si se les deja hacerlo solos o alternando las cucharadas (usted le da una y él la siguiente). Un plato con tentempiés del que pueden coger ellos solos les suele gustar, porque necesitan tocar los alimentos para conocerlos y ¡saborearlos!

✓ No compare las cantidades que tome cada uno de sus gemelos (o más) ni ponga a uno como ejemplo para el otro. En caso de los gemelos dizigóticos es normal que difieran en el apetito; cada uno come en función de su constitución corporal. En caso de los monozigóticos es más habitual que su apetito sea similar.

✓ La cantidad recomendada de leche (o productos lácteos) es de 500 cc por día (medio litro) a partir del primer año. Si el niño tiene poco apetito, no hay que sobrepasar esta cantidad, porque si no, sacia su hambre con este alimento y no toma otros.

✓ Confíe en el niño. Él mismo intuye lo que necesita comer. Lo demostraron unos estudios de la doctora Davis (Estados Unidos) en que a niños, con edades entre 1 y 4 años, les dejaron elegir su propia comida; aunque varios de ellos sólo comieron verduras o postres algunos días, en otros lo compensaron, escogiendo carne y legumbres. Calculada sobre varias semanas, su dieta era ¡sana y equilibrada!

A veces el rechazo a la comida tiene una causa curiosa, pero no extraña en hermanos con la misma edad. Nos lo cuenta esta madre:

«Una de mis gemelas (2 años y siete meses) dejó de comer hace unas semanas. Coincidía con el momento en el que su hermana gemela de repente empezó a hablar muy bien. Creo que los celos tenían mucho que ver con el asunto. O quizás un cierto desconcierto al romperse la dinámica entre ellas. Hasta ahora era ella la que llevaba la voz cantante, pero con este adelanto lingüístico era su hermana la que acaparaba nuestra atención. La niña dejó de comer sólidos; solamente quería el biberón de la mañana y el de la noche. No insistí, sólo procuraba darle algo líquido en la comida, como sopa o yogur. Curiosamente al cabo de unos doce días también ella se soltó a hablar. Y con ello desapareció su rechazo a la comida».

Enfermedades

Muchas veces los gemelos, trillizos o más enferman casi al mismo tiempo. Primero uno coge la gripe y cuando se está recuperando, el otro se despierta con carita de fiebre. Los virus se transmiten del uno al otro. Los gemelos monozigóticos, por regla general, pasan por las mismas enfermedades; si a uno le operan de una hernia inguinal, es de esperar que al otro también tengan que operarle de lo mismo. Conozco a unas gemelas monozigóticas, de las que una cogió una hepatitis y, a los cinco meses, su hermana enfermó por la misma causa.

También es posible que uno de los dos sea más débil y enferme más que el otro.

La coincidencia de las enfermedades significa largos periodos de agobio para los padres.

▶ *Consejos*

✓ Pida ayuda cuando enfermen. Aunque solo uno esté malito, el otro suele requerir más atención y se muestra celoso de su hermano gemelo. Seguramente los dos (o más) quieren estar en el regazo de usted. Si ya van a la guardería y sólo uno está enfermo, no hay razón para dejar al otro en casa. Seguramente lo pasará mejor con los compañeros que viendo cómo mamá cuida del hermano gemelo.

✓ Mantenga prioridades: los niños son lo más importante; lo demás puede esperar. Hay que mantener la calma y pensar que esta situación no durará una eternidad; pronto jugarán otra vez y sus alegres risas y «conversaciones» llenarán la casa de nuevo.

✓ A veces los niños caen enfermos cuando van a la guardería. Si necesitan tratamientos de antibióticos continuados, es preferible buscar temporalmente otra solución, como una canguro que los cuide en casa. Al hacerse mayores resistirán cada vez mejor los virus.

✓ Los gemelos y trillizos que nacieron prematuros son más propensos a tener enfermedades como asma, bronquitis, problemas de garganta y oído. A medida que recuperan el retraso en el crecimiento, enferman cada vez menos.

✓ Si uno de los niños es más débil que el otro, la madre suele tener sentimientos de culpabilidad hacia el niño sano. Es inevitable, porque ella se inclina lógicamente hacia el niño que más la necesita. Conviene que hable sobre estos sentimientos. Muchas veces esta situación causa celos en el otro (u otros). Es una buena idea emprender alguna vez actividades con él a solas en la medida de lo posible.

La enfermedad o ausencia de uno de los gemelos causa lógicamente ciertos sentimientos en el otro niño.

Nos lo cuenta Laura, madre de gemelas dizigóticas:

«A una de ellas la tuvimos que ingresar. Afortunadamente no fue nada gra-ve. Su hermana, que había quedado en casa con su papá, estaba realmente triste; buscaba por toda la casa a su hermana e iba varias veces al día a su cuna, preguntando por ella. Nos dio pena ver cómo la echaba de menos».

Aurora, gemela monozigótica de 28 años, nos cuenta su historia:

«De pequeña tuve un accidente; un coche me arrolló y me rompió una pierna. Era una fractura complicada y el cirujano que me operó estaba preocupado por mí; yo lloraba día y noche hasta que se le ocurrió ingresar a mi hermana gemela conmigo. A partir de aquel momento empecé a mejorar. Fue sin duda una decisión acertada; la compañía de ella fue vital para mí. Teníamos sólo 3 años y apenas habíamos estado separadas».

Un trato diferente para cada uno

A medida que los bebés crezcan, los padres irán conociendo el carácter de cada uno y se darán cuenta de las diferencias existentes entre ellos. A veces sufren porque intentan darles un trato igual y equilibrado pero no lo consiguen. Sin embargo, no es necesario preocuparse tanto en «darles todo a partes iguales». La relación con cada hijo es diferente, igual que ocurre en familias con hijos de distintas edades. Hay que aceptar que a cada uno se le quiere de un modo especial y diferente; no diferente en «cantidad de amor», sino en sentimientos y experiencias.

Conozco a madres que se esfuerzan en hacer lo más adecuado. Por ejemplo, a la hora de vestir: si hoy Vicente es el primero, mañana este «privilegio» le corresponderá a su hermano gemelo. Pero no es necesario ni conveniente hacer esto, porque así los niños aprenden a «medir la aten-ción». Por lo general, los niños nacidos de un parto múltiple aprenden a una edad temprana a esperar su turno, antes que otros hijos.

Como son diferentes tanto en carácter como en necesidades (también los gemelos monozigóticos) hay que darles un trato individualizado y estipular las pautas acordes con su carácter. Lógicamente serán diferentes para cada uno. Esto puede dar pie a ciertos problemas.

Andreu, padre de gemelas monozigóticas:

«Mis hijas, de 2 años, son muy distintas. Irene es más independiente, mientras que Mireia exige mucho más de su madre. Esta situación provoca que nosotros, los padres, nos estemos especializando cada uno en una niña: la madre con Mireia y yo con Irene. No nos gusta mucho, pero si obligamos a Mireia a compartir su madre con su hermana, se generan abundantes escenas de llanto por su parte, así que de momento seguimos con nuestro reparto».

Sin duda, es la solución más adecuada por el momento. Con el tiempo la niña aprenderá a ser menos dependiente de su madre, a medida que afiance su sentido del «yo».

A veces los problemas son de otra índole. Eveline, madre de gemelos dizigóticos varones:

«Uno de mis hijos acapara con sus sonrisas la atención de todo el mundo. El otro es más serio y observador y a este la gente le presta menos atención. Me duele y temo que el día de mañana él se sienta menos valorado y tenga una autoestima más baja. ¿Qué puedo hacer para evitarlo?»

La autoestima es en parte heredada y en parte depende de la educación que recibe el niño. En este caso, las reacciones de los padres son de vital importancia, más aún que las del entorno. Por tanto no tiene por qué ocurrir lo que esta madre teme.

Los abuelos

Sin duda alguna, los abuelos desempeñan un papel muy importante en la vida de las familias con partos múltiples. En bastantes ocasiones son ellos los que echan una mano en los primeros meses y los que permanecen en la retaguardia para los casos de emergencia. Para ellos, convertirse en abuelos de múltiples también es algo único.

Nos lo cuenta Geraldo, abuelo de trillizas de 4 años:

«Es algo impresionante. Soy viudo; de vez en cuando su madre (mi hija) las deja unas horas conmigo. Tengo en mi casa juguetes de ellas de cuando eran más pequeñas que ya no cabían en la suya y les encanta sacarlos. Se ponen a jugar de inmediato y deben ponerse de acuerdo sobre qué van a hacer, porque al momento veo que están desplazando el escenario de sus juegos al cuarto de baño adonde van todas sus muñecas. Disfruto al oírlas hablar, aunque muchas veces no entiendo lo que se dicen. Pero ellas sí. Son muy activas y si una reclama mi atención por algo, al momento tengo a las tres conmigo».

Sugerencias para los abuelos

✓ Es bueno reservar un tiempo para cada uno de sus nietos. Emprender actividades con cada uno de ellos por separado significa para el niño atención exclusiva, algo de lo que en realidad no dispone a menudo. Para muchos abuelos la visita de dos (o más) nietos de corta edad resulta cansada. Este es otro motivo muy justificado para organizar que sus nietos le puedan visitar de uno en uno.

✓ A veces se da cierta preferencia por uno de los nietos, quizás porque tiene un carácter más abierto o se parece más a su propio hijo. En este caso conviene dedicar tiempo extra al otro niño (o niños), porque el vínculo se va consolidando cuanto más tiempo se pasa juntos.

✓ Acepte las normas que mantengan los padres. Esto le ayudará a evitar roces.

✓ Tenga presente que su presencia es muy importante para los nietos. Seguramente ustedes dispondrán de más tiempo que los propios padres y, además, son el nexo entre el pasado y el futuro.

Testimonio de María:

«Mis gemelas monozigóticas (5 años) tienen ambas una relación muy especial con cada una de las abuelas. Una prefiere ir a casa de la abuela materna y la otra a la de la abuela paterna. Y así lo llevamos haciendo ya varios años. A mí me gusta, porque de este modo aprenden a estar separadas. También viene bien para la relación de pareja; lo aprovechamos para estar juntos y salir».

Información de interés

Un estudio de la Universidad Libre de Ámsterdam, en 1995, demostró que los gemelos de 2 a 3 años no tenían más problemas de conducta que otros niños que vienen solos. En cuanto a su desarrollo social están adelantados, ya que aprenden con anterioridad a compartir y desarrollan mucho antes el sentido de la empatía.

CAPÍTULO 18

2-4 años

Ahora los gemelos andan, corren, hablan, saben decir su nombre y el del hermano, se inventan juegos, se pelean y hacen las paces, contestan al teléfono y son curiosos. Las preguntas «¿qué es?» y «¿por qué?» nunca se acaban. Empiezan a ser independientes; comen solos, se desnudan, intentan vestirse y aprenden a utilizar el orinal. Tienen una energía interminable y mucha gracia; todo lo que ven y oyen les interesa. Sus «pesquisas» son una fuente de placer para los padres, que disfrutan por partida doble o triple. Al mismo tiempo es el periodo en que descubren su propio «yo», lo que les hace ser algo cabezotas. Esta actitud desata más de un conflicto y requiere mucha paciencia y nueva energía por parte de los padres. Cada etapa tiene sus propios problemas y sinsabores, pero también sus gratificaciones y alegrías.

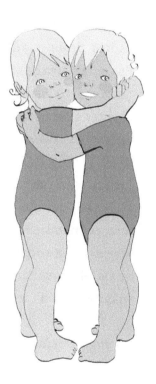

La fase del «no»

Entre los dos y los tres años, el niño pasa por la fase del «no»; es un periodo en que el pequeño se opone a sus padres y contesta con una negación a la mayor parte de sus preguntas y propuestas.

¿Qué le ocurre en realidad? En esta fase, el niño descubre su propio «yo»; se da cuenta de que no es una parte de la mamá, ni del hermano gemelo, como pensaba antes, sino una personita autónoma e independiente. Esto supone un paso importante en su desarrollo porque empieza a desarrollarse la propia identidad. El niño necesita esta fase de rebeldía para afianzar su personalidad; para descubrir cómo es realmente. La palabra «no» tiene algo mágico para él, ya que diciéndola impone su voluntad y, sin duda, esta es una sensación nueva y agradable.

Sin embargo, la misma rebeldía también le trae problemas: por un lado, le encanta usar el «no»; por otro, necesita, tal como antes, el amor de sus padres, de los que ahora se lleva más de una regañina debido a su actitud. Esa es la causa de sus repentinos cambios de humor; pasa en un momento de zalamero a rebelde. Unas conductas tan extremas son normales y frecuentes a esta edad y expresan su conflicto interior durante este periodo (afán por la autonomía y, al mismo tiempo, necesidad del afecto de sus padres). Esta lucha interna le causa también pesadillas y sueños intranquilos; las tensiones acumuladas durante el día se desatan cuando duerme.

No hay que alarmarse ante los «noes» de los gemelos. Es una fase pasajera; cuando tienen alrededor de los cuatro años, los «síes» superan a los «noes»; a esta edad, ya tienen una noción clara de quiénes son y no necesitan rebelarse tanto. Es importante saber manejar esta rebeldía; cuanta más diplomacia se emplee, mejor se sobrellevará este periodo.

Sugerencias

✓ Tengan en cuenta que en su «no» no hay un enfrentamiento personal. No quieren hacer la vida más difícil a sus padres, pero necesitan ser rebeldes para sentirse individuos, persona con voz y voto propios. Así descubren su propia personalidad.

✓ Los niños con temperamento fuerte viven esta fase con más pasión que otros con un carácter más tranquilo. Por su diferente manera de vivir esta fase se constata, una vez más, que cada hijo es una persona diferente. Uno suele ser más «colaborador» que el otro o los otros. Hay que tratarles de acuerdo con el carácter de cada uno.

✓ No den importancia a sus negativas. Cuando sea posible, dejen que sean ellos quienes decidan (en la elección de su ropa, juguetes, el vaso del que beben). En otras situaciones, usted llevará la batuta, como darles la mano para cruzar la calle, a la hora de irse a la cama, etc.

✓ Eviten preguntas que ellos puedan responder con un «no». En vez de decirles: «¿Vamos a comprar el pan?» (contestarán que no), hay que decirles que es la hora de salir a hacer una compra. Aun así, es de esperar que no acepten su idea a la primera, ya que suelen estar absortos en el juego y les cuesta cambiar de actividad. A esta edad suelen ser algo rígidos. Deles tiempo y vaya preparándose para salir; coja sus abrigos, sus zapatos, etc. Si hace oídos sordos a su negativa, ellos terminarán aceptando su plan de buen grado.

✓ Es muy probable que se influyan mutuamente. Cuando a uno le da por decir «no», el otro lo imita. Cuanta menos atención se les preste, antes se les pasará esta diversión.

El desarrollo motriz

A los dos años los niños ya caminan bien y con cierta seguridad. También se encaraman a los sitios. Y durante esta fase aprenden a subir y bajar escaleras alternando ambos pies. Asimismo aprenden a chutar balones, correr bien, ir en triciclo y girarse sin caerse. La motricidad fina también evoluciona: con dos años podrán pasar las hojas de un libro, construir torres de seis pisos, quitarse los zapatos y abrir cremalleras grandes.

Aprenden a beber de un vaso y a manejar la cuchara para comer solos. Harán sus primeros «dibujos», creaciones artísticas con rayas circulares y rectas.

Es muy probable que el desarrollo de sus hijos dizigóticos sea muy distinto; cada niño se desarrolla según su propio ritmo. Tal como la variación en el desarrollo de cualquier grupo de niños, aun teniendo la misma edad, es grande, también lo será para sus hijos. Es completamente normal. En caso de los monozigóticos el desarrollo será más parecido. Hay que evitar cualquier comentario del tipo «¿no sabes aún chutar la pelota? Tu hermano sí». Puede crear tensión en el hijo con un desarrollo más lento. Los padres suelen aceptar bien el ritmo distinto de desarrollo de sus hijos, pero los familiares tienden a hacer comparaciones de este tipo. Conviene atajarlos con una respuesta como: «Sí, aprenderá a chutar cuando le toque. No hay prisa».

En algunos gemelos monozigóticos se observa que uno tiene preferencia por la mano y el pie derechos y el otro por la mano y pie izquierdos. Uno será seguramente diestro y el otro zurdo. Esto se da sobre todo en los gemelos, que son fruto de una división tardía del zigoto. Curiosamente ser zurdo se da con mayor incidencia entre los gemelos que entre los no gemelos (14,5% contra 9,9%) sin que se conozca la causa.

En las parejas formadas por un niño y una niña (o en los trillizos con ambos sexos) se verán diferencias en el ritmo del desarrollo; ellas aprenden antes a hablar, a utilizar el orinal, a vestirse, y desarrollan más pronto la motricidad fina (dibujar, cortar, etc.), mientras ellos tienen una mayor comprensión espacial y desarrollan antes la motricidad gruesa (correr, encaramarse, etc.). Estas diferencias son normales; en ellas influye una estructura cerebral, distinta en cada sexo.

La identidad de cada uno

Una madre me consultó sobre el siguiente hecho: uno de sus gemelos monozigóticos, de 3 años y medio, había dibujado a su familia: el papá, la mamá, la hermana y una figura más. Su mamá le preguntó quién era esa persona, a lo que él contestó: «Nosotros dos». Se refirió a su hermano gemelo y a sí mismo. «*¿Indica el dibujo que no está desarrollando su propia personalidad?*», me preguntó la madre.

El dibujo reflejaba muy bien cómo viven los gemelos su relación. Empiezan la vida como una unidad y aprenden en sus primeros años de vida que cada uno de ellos es una persona autónoma (el sentido del «yo») . Como ya comenté, los gemelos tardan más que otros niños en la adquisición del «yo». Este niño se vive a sí mismo aún como parte de una unidad. A su edad no es alarmante, porque todavía está en el proceso del desarrollo de la propia identidad. Seguramente al cabo de medio año empezará a dibujarse separado de su hermano gemelo.

He aquí otro ejemplo más que refleja el mismo problema; Lidia, madre de gemelas de 3 años cuenta:

«La maestra me contó que se había producido un problema en el aula. Cuando le hizo una pregunta a una de las dos gemelas, llamándola por su nombre, las dos contestaron. Les dijo que solo podía contestar la niña a la que había dirigido su pregunta. La otra se quedó desconcertada y se puso a llorar. ¿Cómo les puedo ayudar con el descubrimiento de la propia identidad?»

En este caso, una posible idea es hacer para cada una un póster personal: se recorta en papel la silueta de cada niña y se decora con fotos de cada una, imágenes de sus juguetes preferidos, su mascota, etc., parecido a un perfil personal de Facebook. De esta manera las diferencias entre ambas se hacen visibles.

También es aconsejable realizar actividades con cada hijo por separado: pequeñas excursiones, como irse uno de los dos (o tres) con el padre a comprar el periódico, mientras el otro se queda en casa con la madre, o bien ir uno con la madre al supermercado y el otro quedarse en casa con el padre, son experiencias positivas que ayudan en el proceso del desarrollo del propio «yo». En el día a día no siempre es fácil crear estos momentos, ya que requieren una planificación.

A veces son los mismos niños los que inventan estos momentos de trato individual, como nos cuentan estas madres:

«Tengo gemelos, de dos años y medio. Marc siempre viene a mi cama antes de que me vaya a trabajar. Salgo de casa a las siete, así que él se despierta pronto. Cuando me levanto, me acompaña en el desayuno. Después le acuesto y me

voy al trabajo. Él vuelve a dormirse, porque aún tiene mucho sueño. Si algún día se despierta tarde, viene corriendo justo antes de que salga. Me pide entonces que me quede un ratito con él. Lo hago y después se conforma. Creo que necesita estos momentos a solas conmigo y se autoprograma para despertarse a tiempo. En el día a día me es difícil dedicarles un tiempo en exclusivo a los dos, porque mi marido y yo nos turnamos para cuidarlos. Pero él ha encontrado la manera de tenerme a mí exclusivamente».

«Mis hijos, gemelos monozigóticos y ahora que tienen 4 años, han acordado que mi mano derecha es de uno y la izquierda del otro. Siempre se atienen a esta regla, también cuando solo me acompaña uno de ellos. Al principio me parecía una tontería, pero me di cuenta que para ellos es una manera de tenerme a mí para sí solos, por lo menos parcialmente. Y, lo que es también muy importante para ellos, les evita las peleas por quién va a qué lado. La compra la meto ahora en una mochila que llevo a la espalda. ¿Qué le vamos a hacer?»

Es sabido que los gemelos (y más) desarrollan su identidad de manera distinta a los que nacen solos. La psicóloga Sara Smilansky, de la Universidad de Tel Aviv, dedicó en 1992 un estudio a este tema entre gemelos israelíes. Mediante tests y entrevistas desarrolló un sistema que le permitía evaluar la autoconciencia (el sentido del «yo») y el nivel de autonomía en gemelos de 7 a 9 años. Las preguntas estaban relacionadas con sentimientos sobre su relación con el gemelo, sus preferencias, sus estados de ánimo, reacciones etc. Smilansky descubrió que a esta edad los hijos nacidos de un parto sencillo ya tienen una idea clara de la propia individualidad, pero no así los gemelos DZ, excepto los DZOS (*véase* el Glosario). En las parejas formadas por niño y niña el concepto del propio «yo» está mucho más afianzado. Y lo menos avanzado lo tienen los gemelos MZ, con diferencia a los demás subgrupos, según Smilansky.

Entre los 10 y los 12 años, los DZ siguen atrás comparados con los hijos no gemelos, pero ya en menor medida. A esta edad los DZOS siguen siendo el grupo con mayor conciencia de sí mismos. No obstante, el grupo de MZ no había avanzado apenas en el desarrollo de la autoconciencia.

Otro estudio sueco corroboró estos datos de la doctora Smilansky. También concluyó que los gemelos MZ tenían más problemas para encontrar la propia individualidad y entre ellos, las MZf (las niñas) mostraban más dependencia de su hermana gemela que la que tienen hacia sus padres.

Estos datos no son sorprendentes. Los gemelos monozigóticos pueden sentir confusión cuando miran al espejo («¿A quién miro? ¿A mi hermano o a mí»). En realidad, en comparación con los no-gemelos, les cuesta unos 6 meses más para entender que la imagen del espejo les refleja la propia suya y no la del hermano gemelo. Muchas veces reaccionan al nombre del otro como vimos en el ejemplo anterior. Y no pocas veces el entorno les trata como una sola persona. El contacto con amigos y niños de la vecindad ayuda a cualquier niño a encontrar el propio «yo», pero los gemelos MZ prefieren jugar juntos y por tanto experimentan menos las ventajas de la sociabilización.

Tampoco debemos pasar por alto que los gemelos (y todos los subgrupos) tienen también una identidad a dúo: paralela a la identidad propia existe también una una identidad conjunta. Imponer medidas como la separación cuando los gemelos entran en el colegio, no tiene en cuenta esta realidad y por tanto pueden causarles un trauma.

Los gemelos irán descubriendo poco a poco su propia individualidad con el paso de tiempo y este proceso es fundamentalmente distinto al que vive un niño no-gemelo. A lo largo de este libro iré indicando maneras para respetar su identidad individual y la gemelar.

La empatía y la telepatía

Según los estudios, los hijos nacidos de un parto múltiple desarrollan antes la empatía. Si uno está triste y llora, es muy probable que el otro también rompa a llorar. En una investigación, una madre tenía que salir de una habitación, llevándose a uno de sus gemelos consigo y dejando al otro solo. Este empezó a llorar. Cuando la madre volvió, venía corriendo hacia ella. El otro gemelo, que no había sufrido ningún momento de separación, también se mostraba inquieto por la infelicidad de su hermano y los dos requirieron el consuelo de su madre.

La empatía entre ellos va desarrollándose con la edad. El filósofo Román Krznaric, autor del libro *Empathy* describe lo que observó lo que es un claro ejemplo de cómo la empatía se va perfeccionando con la edad en sus gemelos dizigóticos:

«Cuando el niño lloraba, la niña, a los 18 meses, le daba su mascota para consolarlo. A los 28 meses, en vez de darle su mascota iba buscando la de él y se lo daba. Había entendido que lo que su hermano más necesitaba en estos momentos, era su propio objeto de consuelo y sabía diferenciar entre sí misma y él."

Joana, madre de gemelos monozigóticos de 4 años:

«A Tomás le tuvieron que operar de las amígdalas. Lorenzo le hizo un dibujo para llevárselo al hospital. Cuando Tomás se despertó de la anestesia, preguntó por su hermano. Cuando volvió a casa, los dos se fundieron en un abrazo tan íntimo que nos enterneció a todos. Lorenzo había decorado la casa con globos. Por la tarde vinieron los abuelos. Se preguntaron quién había sido el paciente. Tomás jugaba alegremente, mientras Lorenzo estaba acurrado en mi regazo. En otras muchas ocasiones puedo observar reacciones similares entre ellos: sienten el dolor y la tensión del otro como si fuera un dolor propio».

El siguiente testimonio de dos gemelas monozigóticas (4 años) demuestra el elevado grado de empatía que existe entre ellas, aunque quizá sea más correcto hablar de telepatía. Nos lo cuenta la madre:

«Estábamos en la playa, mi marido, las niñas y yo. En un momento dado él se fue con una de ellas a dar un paseo, mientras yo me quedaba con la otra. Estaba jugando tranquilamente a mi lado, cuando de repente empezó a llorar. No entendía lo que le pasaba. Al momento volvió mi marido con su hermana, también llorando. Le había picado una medusa y le dolía el pie. ¡Este era el motivo por el que lloraba la que estaba conmigo!, que de alguna manera lo había sentido. Realmente, nos impresionó muchísimo».

Este tipo de «coincidencias» ocurren a menudo entre los gemelos y trillizos monozigóticos. Su íntima relación hace que entre ellos haya un vínculo muy especial. También pueden darse entre parejas que llevan muchos años de una convivencia feliz, pero son más fuertes y frecuentes entre los gemelos. Y realmente es sorprendente que ocurran a una edad tan temprana.

¿Cómo inculcarles las normas?

Se ha comprobado que es más difícil inculcar normas a los gemelos, trillizos o más, que a los hijos que vienen solos. Esto tiene una explicación: el motivo más importante por el cual el niño desea ser «bueno» es porque busca el amor y el apoyo de sus padres. Esta necesidad, que le hace ser obediente, no se da tanto entre los gemelos, porque el punto de apoyo de cada uno es, en gran parte, el hermano gemelo. Por otro lado, los gemelos se animan y se estimulan mutuamente a hacer travesuras. Además, a veces se unen y forman un bloque contra los padres, de tal manera que estos notan que sus mensajes no les «llegan». El siguiente llamamiento de «¡Socorro!» de una madre lo demuestra:

«Nuestros gemelos, de 3 años y medio, no nos hacen caso, ni en el colegio son muy obedientes; cuando les regañamos, se escudan el uno en el otro y parecen sentirse protegidos. No conseguimos nada, ni con castigos ni con recompensas. Por favor, indíquenos pautas específicas para gemelos».

Consejos

✓ Hablen a cada uno personalmente, en vez de hacerlo a todos a la vez, en el caso de una trastada. Es más efectivo. Cuando solo uno tenga la culpa, regáñele a él, no a los dos (o tres). Pida que en el colegio utilicen la misma táctica.

- ✓ Procuren ser consecuentes y perseverantes en cuanto a las normas: un «no» ha de ser «no» en cualquier circunstancia; este punto es muy importante, más que en el caso de un solo hijo. Eviten los mensajes confusos.

- ✓ En algunas ocasiones hay que imponerles algún castigo, como puede ser mandarles al pasillo o a su cuarto. Si solamente uno de los dos está castigado, hay que evitar que el otro le haga compañía. Cuando los dos se comporten mal, conviene separarlos y mandarles a un sitio diferente a cada uno; si no es así, se pondrían a jugar y el castigo, evidentemente, les afectaría menos.

- ✓ Dos hijos significa tener al lado ¡dos vocecitas que tratan de persuadir! Si insisten y no se sabe qué contestarles, hay que tomarse tiempo y decirles que necesitan pensarlo un poco antes de decidir algo.

- ✓ Como cada hijo tiene un carácter diferente, hay que tratarles de modo distinto; uno es más responsable, más ordenado, más astuto o más pillín. Deben adaptar las normas al carácter de cada uno. No es posible ni recomendable darles el mismo trato; es preferible que las pautas educativas sean acordes con el carácter de cada uno.

- ✓ Cuando se les da un aviso («Si no dejas de molestar a tu hermano, te mandaré a tu cuarto») , hay que cumplirlo. Además, debe ser cumplido de inmediato; si transcurre mucho tiempo entre la travesura y el castigo, este no surte efecto, ya que el niño olvida el motivo.

- ✓ Emprenda con regularidad actividades con cada hijo individualmente. Esto beneficia el vínculo con sus hijos, lo cual a su vez fomenta en cada uno de los niños el deseo de ser «bueno» y hacer caso a los papás. Desde un vínculo íntimo y estrecho la obediencia fluye con mayor facilidad, aunque lógicamente siempre habrá momentos puntuales de rebeldía, típicos de esta fase.

- ✓ No se sienta mal por los castigos (siempre y cuando sean del tipo «la pausa obligada», eliminación de privilegios, etc., y no físicos). Castigar es parte necesaria del hecho de ser padre. Los niños necesitan que se les pongan límites; les ayuda a calmarse y saber a qué atenerse. Muchas veces, después de un castigo, el niño se muestra durante un tiempo más tranquilo, hasta incluso más comunicativo, señal incuestionable de que el castigo le vino bien. Los castigos le ayudan en la adquisición del autocontrol. Con el paso del tiempo los mensajes paternos (la conciencia) acabarán siendo parte de la suya propia.

Para los padres con gemelos o trillizos, y que todos son varones, la situación muchas veces es aún más complicada. Es sabido que en los niños hasta los 6 años el nivel de testosterona en su sangre es elevado (después disminuye, pero sigue siendo más alto que el de las niñas). Esto implica que los niños se pelean más, son más activos a nivel físico, son más intranquilos y muestran más conductas difíciles. El terapeuta familiar Steve Biddulph comenta en su libro *Educar chicos* que los varones necesitan límites claros. Necesitan saber quién está al mando. Esto les tranquiliza. Si no, están intranquilos, porque en realidad están averiguando quién lleva la batuta, ellos o sus padres.

Una madre con trillizos de 3 años y un hijo mayor de 5 años, todos varones, me cuenta cómo consigue mantener el orden en su casa gracias a un sistema de castigos «escalonados»:

«Tengo el sistema de 'uno, dos, tres... a reflexionar'. Si no me hacen caso o se comportan mal, les mando a sentarse en una sillita, cerca de su lugar de juegos y a la vista de los otros. Tres minutos para los trillizos y cinco para el mayor, es decir un minuto por año. Luego pueden juntarse con los otros, si dicen 'me perdonas' al hermano al que hicieron daño. Si el castigo debe ser más severo, porque utilizaron la fuerza o bien vuelven a las andadas tras el primer castigo, deben sentarse en un rincón que queda fuera de la vista. Luego se repite el hábito de pedir perdón. Y como último remedio le mando al que se comporta mal directo al pasillo. Suelo hablar con el castigado en este mismo lugar sobre qué ocurrió y cómo evitarlo. Luego otra vez el hábito del perdón. Este sistema funciona muy bien y raras veces debo recurrir al último castigo».

En general, los padres de hijos nacidos en un parto múltiple, necesitan emplear una disciplina más severa que otros padres. A esto hay que añadir que dos (o más) niños de la misma edad provocan más ruido, más desorden y dan más trabajo que dos de edades distintas, por lo que la imposición de normas es imprescindible para el bienestar de los mismos padres. Generalmente los padres lo logran: es sorprendente ver en las reuniones familiares de partos múltiples el buen comportamiento de los niños; llevarles a comer a un restaurante o asistir a una reunión no causa problemas, gracias a su saber estar. Sin lugar a duda, ¡toda una alabanza para los padres!

Su convivencia: amor y desamor

Ambos aspectos, el amor y el desamor, forman parte de su relación. Efectivamente, ya desde bien pequeños se muestran un gran afecto mutuo:

Saskia:

«*Cuando le doy una galleta a Vega, siempre pregunta si Nee también la recibirá. Nee es Nerea, su hermana gemela. Y solo tienen 20 meses*».

Ana:

«*Marcos, de 3 años, se comportó muy mal. Como ya no sabía qué decirle, recurrí al truco de Los Reyes Magos. 'Oye, si sigues así, no te traerán nada', le dije. 'Ah', contestó su hermana, 'no importa, podrá jugar con los míos'. Y él, muy pillín, le preguntó si ella podía pedirles a los reyes lo que él quería ('Ya sabes, el barco de piratas'). 'No, no, así no lo hacen -me apresuré a decirles— Si tú pides algo para él, no te traerán lo tuyo', le dije a la niña. 'Bueno', concluyó ella, 'jugaremos con lo que nos den'. Contra tanta solidaridad no sabía defenderme*».

¿De dónde nace tanta solidaridad? Quizá tenga que ver con el hecho de que los hijos nacidos de un parto múltiple se sientan como una unidad. Si uno de ellos sufre una decepción o un contratiempo, el otro (u otros) también lo sufre.

Alberto, padre de gemelos:

«Álvaro no quería salir de la bañera en la que antes no quería entrar. Yo ya estaba harto de sus protestas, así que lo saqué algo bruscamente del agua. Se puso a llorar. Cuando más tarde me fui a darles un beso de buenas noches, la niña me dijo en tono indignado: 'Papá, le hacías daño a Álvaro. Cuando haces esto, no te quiero'. Solo tiene tres años y ya critica mis conductas».

Los niños nacidos en un parto múltiple tienen una relación especial. Sin duda, conocen muchos momentos de gran cooperación y amistad en los que se apoyan y se ayudan.

También el entorno percibe esa solidaridad entre los múltiples. Por ejemplo, cuidadoras de guarderías observan cómo los gemelos se buscan el uno al otro con su mirada o cómo uno de los trillizos se vuelve intranquilo cuando sus hermanos lloran. La siguiente historia de una monitora de natación lo demuestra:

«En mi grupo había mellizos, Joan y Martí de 3 años. Joan aprendió rápidamente a nadar, pero a su hermano le costó. Un día les mandé a todo el grupo a nadar de un lado de la piscina al otro. Joan era uno de los primeros en llegar. Una vez al otro lado se volvió y buscó con su mirada a su hermano. Este aún estaba al principio; lloraba y no se atrevía a empezar la travesía. Joan no se lo pensó; volvió otra vez y se puso de lado de su hermano. Lo empujó literalmente al otro lado, hablándole todo el tiempo. Aquel gesto de solidaridad me enterneció».

Dianne Thomas, una pedagoga de los EE. UU., concluyó en 1990 tras muchos años de investigación con hijos únicos y gemelos, que estos últimos, los gemelos, se desarrollan más deprisa a nivel social. Por ello reaccionan cuando sus hermanos se sienten inquietos y les ayudan. Hacen lo mismo cuando algún otro niño se siente triste o necesita ayuda. Mientras los no gemelos siguen sus juegos sin percibir el dolor ajeno, ellos se muestran solidarios y recurren al niño en apuros. Los gemelos demuestran ya desde los dos años un grado de empatía sorprendente.

Sin embargo a la vez que existe entre ellos el amor, también existe el desamor. Las peleas forman una parte inherente de esta convivencia. Suelen ser frecuentes —algunos días casi continuas— por el hecho de compartir tanto tiempo juntos y estar tan unidos. También suelen ser vehementes, más que las peleas entre hermanos de distintas edades. El niño de dos años no tiene aún una noción clara del dolor que puede causar al otro. Si este tiene algo entre manos que él desea en este momento, se lo arrebata a la fuerza sin más. Para él solo existe en este momento ese juguete. Por este motivo es capaz de tirarle de la bici, cuando a él le apetece subir. No es consciente de su acto; en ello influye la madurez cerebral. Los estudios sobre los niños con Trastorno de Déficit de Atención con Hiperactividad (TDAH) han puesto de relieve que la impulsividad del niño pequeño tiene una causa biológica; el cerebro de un niño de 2 años no está desarrollado de tal forma que pueda controlarse. A los 4 años el cerebro ya es mucho más maduro y el niño irá controlando cada vez más sus impulsos, su agresividad y otros sentimientos (en los niños con TDAH este proceso de maduración está afectado).

En este sentido, a diario me llegan correos electrónicos de padres desesperados:

«Mis gemelas de 2 años, están continuamente peleándose. Apenas juegan, cualquier actividad termina en patadas, gritos y mordiscos. Están muy pendientes la una de la otra, observan sin cesar lo que hace la otra, pero de un modo negativo. No nos oyen y digamos lo que digamos, nada funciona».

En este caso es aconsejable crear en el salón un rincón para el juego individual. También apuntarles a una guardería o *play-group* es una manera para romper reste patrón.

Otra consulta, de una madre de gemelos varones, 2 años:

«Los dos se pegan mucho y también a cualquier niño con el que se encuentren. Es realmente horrible, porque apenas me atrevo a llevarles al parque. El otro día estuvimos en una reunión de nuestra asociación de múltiples; éramos bastantes adultos con gemelos, trillizos y más. Tuve que salir antes porque los chicos se pegaban y se mordían cada dos por tres».

¿Qué se puede hacer en este caso? En primer lugar hay que tener presente que los niños no lo hacen por maldad. Apenas conocen el sentido del «yo» ni del otro. Podemos decir que su forma de relacionarse es aún algo «torpe» y no deseada, pero nada más. Quizás se sintieran también algo desbordados por la presencia de tantos niños y adultos. A medida que maduren, aprenderán a relacionarse de otra manera. En esta situación la decisión de estar poco tiempo en la reunión fue acertada. Sin duda, en la próxima reunión, que se celebrará al cabo de 6 meses, la madre podrá quedarse más tiempo. La sociabilidad también se aprende con el tiempo.

Un padre:

«A nuestros gemelos, niños de 3 años, les encanta jugar a guerras. No juegan apenas con juguetes. Su juego favorito es darse golpes, tirarse cojines y hacer guerras. Si les doy algo, por ejemplo para pintar, al minuto ya terminan. Y vueltos a empezar».

En este caso es aconsejable proporcionarles juguetes y objetos con los que puedan desfogar su energía, como un colchón en el suelo, una pelota de boxeo que se cuelgue en el salón, etc. Y a diario una escapada al parque más próximo. También apuntarles a un club deportivo será una buena idea, además de dedicarles un tiempo individual. Este consejo lo repito a menudo, porque es un buen remedio contra muchos males. La atención paterna de modo individual les calma; se sienten valorados como personas únicas y especiales. Les aporta felicidad y gracias a ello la convivencia se hace más fácil.

Las peleas son para los padres de partos múltiples un punto difícil en la convivencia diaria. Quizás sirva de consuelo tener en mente que las peleas cumplen una función: los niños necesitan aprender a valerse por sí mismos y a defender lo suyo. El seno familiar es un excelente terreno para ir practicando estas habilidades. En realidad, las peleas son una preparación para la vida fuera del núcleo familiar. La compañía del hermano u hermanos enseña al niño a competir, defender lo suyo y a compartir. Pero, por supuesto, no sin riñas ni peleas.

Sugerencias en caso de peleas

- Enséñeles desde pequeños una expresión para la palabra dolor, como por ejemplo «au». Empléela cada vez que uno se haga daño y también cuando uno le cause dolor al otro. Esto les ayudará a ponerse en la piel del otro. Enséñeles también a dar besos sobre la zona dolorida del otro.

- Si la pelea es muy vehemente y dura mucho tiempo, dígales que «la sesión de juegos» ha terminado. Prohibirles seguir jugando juntos es un castigo que impresiona. Por ello surte efecto. Además, estar separados les sirve para calmarse.

- Cuando uno de los hijos pega mucho, dele un banco de madera, un tambor u otro juguete con el que pueda dar rienda suelta a su agresividad. En caso de que el niño muerda mucho, conviene darle algo para morder, como un sonajero o un peluche de tela suave. Morder puede indicar una necesidad oral. Por lo tanto conviene no limitar aún el uso del biberón o el chupete. Y explíquele, cada vez que le haga daño al hermano, cómo se siente este y que eso no está bien. Al ver su desaprobación, él mismo terminará asimilando el concepto del bien y del mal.

- Como los niños aún no disponen de palabras para expresar sus sentimientos, lo hacen mediante el lenguaje corporal: patadas, empujones, tirones de pelo, gritos o mordiscos. Por los estudios sabemos que morder es un hábito más frecuente entre los gemelos, trillizos, etc., que en otros niños. Es lógico porque su convivencia es más estrecha que la de otros hermanos. Aparte de decirle una y otra vez que «esto duele y no se hace», también hay otro truco eficaz: consuele al niño que ha sido mordido y envíe el «agresor» al pasillo. El hecho de que su hermano acapare la atención de la mamá es un buen aliciente para dejar de morder.

- Controle su propia conducta. Una de las mejores formas de enseñarles la «no violencia» es demostrarles cómo se controla usted. Si expresa su enfado de una manera controlada (sin gritar ni pegar), sus hijos acabarán imitando su ejemplo.

- Sepáreles en el caso de que se hagan daño o uno domine al otro. Una vez tranquilos, pregúnteles qué causó el problema. Muchas veces se pelean simplemente por tener el mismo juguete. Ofrézcales ideas para solucionarlo, como hacer turnos para tenerlo. Algunas madres recurren al truco «del reloj de la cocina»: lo ponen a un intervalo de unos cinco minutos, y cuando suena, es señal de que le toca el turno al otro, al que se le conceden otros cinco minutos. Si aun así nota que el problema sigue presente, esconda el juguete hasta que sepan compartirlo.

- Muchas veces no será posible saber quién de los niños empezó la pelea. En estos casos no sabrá a cuál de los dos hay que castigar. Se culpan el uno al otro. A veces forman un bloque contra la madre y ambos callan. En estos casos, puede mandarlos a su cuarto con el mensaje de hablar acerca de lo que cada uno ha hecho. Muchas veces uno ya confiesa su culpa ¡antes de llegar a la habitación! Es el momento de averiguar qué pasó realmente. También surte efecto mandarlos juntos a su cuarto y permitirles volver a estar con la familia únicamente cuando hayan hecho las paces.

- Evite tomar partido. Lo mejor que puede hacer es mantenerse neutral en sus peleas. A fin de cuentas, cada niño tiene una parte de culpa. En ocasiones da la sensación de que siempre es el mismo niño quien empieza la pelea; sin embargo, de algún modo (invisible), el otro lo incita a comportarse así. Muchas veces el hecho de que cada uno pueda decir a la mamá lo que le hizo el otro ya es suficiente para que vuelvan a jugar en armonía. ¡Hasta la siguiente disputa!

- A veces las peleas son tan frecuentes porque los niños pasan demasiado tiempo juntos. Emprenda actividades con solo uno de ellos, mientras el otro (u otros) se queda con el papá o algún familiar. O bien disponga que uno de ellos juegue en casa de un amiguito.

- En ocasiones, las peleas tienen su origen en alguna molestia física de uno de ellos, como estar a punto de coger la gripe. No se encuentra bien y lo «paga» el hermano. Por esta razón, de repente no congenian en su juego y se pelean por todo. Lléveles al parque para que jueguen y corran. Una escapada al parque siempre es un buen método para superar estos momentos difíciles.

- Los juguetes originan gran parte de sus peleas. Conviene tenerlos repetidos en cuanto a las piezas grandes. Por ejemplo: un arrastre, un carrito, un triciclo, etc., para cada uno. Y otros pueden ser distintos, como un camión para uno, un tractor para el otro y un avión para el tercero. Esto les enseña a compartir.

A veces el juego es muy armónico. Lo cuenta Julia, madre de gemelos monozigóticos de 2 años:

«Mientras hago la plancha, las niñas se ocupan de sus muñecas. Les toca al cambio de pañal. Les quitan la ropa y les limpian el culito con las toallitas que yo también utilizo para ellas. Les oigo hablar, ya que todo lo comentan: 'ah, qué culito, tiene caca, uf...'. Y oyéndolas a ellas me oigo a mí misma. Hablan y juegan así una hora sin necesitarme. Y yo disfruto y me sorprende tanta complicidad gemelar».

¡Esto es mío!

Cualquier niño debe aprender primero el sentido del «yo» antes de poder compartir. El niño es, durante esta fase, muy posesivo. A todo lo llama «mío», porque así va afianzando la sensación de la propia personalidad. Para él los juguetes son parte de este incipiente «yo», y por ello le resulta difícil compartirlos. Dicho de otra forma: los juguetes le ayudan en la adquisición del «yo». Seguramente usted 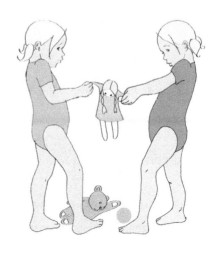 oirá frecuentemente y en todos los tonos de voz las palabras «mío, yo también, yo primero, ahora yo», señal de que sus hijos están aprendiendo el significado del «yo».

Este aprendizaje no es fácil para ellos, ya que el otro (u otros) están defendiendo continuamente lo suyo. Por este motivo las peleas son tan frecuentes. No obstante, gracias a la práctica diaria, los hijos nacidos de un parto múltiple aprenden a cooperar y esperar su turno antes que otros niños. Este dato se ha podido demostrar a través de los estudios. Estos han arrojado más datos interesantes, como por ejemplo que la cooperación entre los gemelos monozigóticos es mayor que en los dizigóticos. Dr. Nancy Segal, directora del Twins Studies Center, de la Fullerton Universidad de California investigó la cooperación en ambos grupos, mientras completaban un puzle. Los dizigóticos dividían las piezas en dos montones y cada uno trabajaba por su cuenta. Los monozogóticos juntaban todas las piezas y trabajaban en equipo. Los primeros tenían más disputas como consecuencia de tener dos montones distintos de piececitas, mientras que los últimos trabajaban en mayor armonía.

También es muy difícil para ellos compartir la atención paterna. Cada uno la quiere exclusivamente para sí mismo, muchas veces sin ninguna concesión al otro u otros, como demuestran estos testimonios:

«Miguel y Leonardo, gemelos monozigóticos de 24 meses, no soportan ver que yo dé alguna muestra de afecto al otro. Inmediatamente se encolerizan y agreden al hermano; se tiran del pelo y se muerden. También se muestran muy celosos cuando mi marido y yo nos abrazamos. Enseguida se meten en medio».

«Una de mis hijas —dizigóticas— está excesivamente celosa de la otra. Si la cojo en brazos, viene enseguida y no hace más que pegarle. Me resulta muy difícil, a veces la abrazo solo cuando sé que su hermana no está atenta. Pero aun así parece tener una antena para captar estas muestras de afecto».

«Me encanta leer un cuento a mis gemelas, con ellas sentadas en mi regazo. Pero esto es imposible: nunca se conforman con el sitio que les ha tocado y se empujan continuamente. Así que ahora me tumbo y en esta postura no hay problemas. Es curioso, porque cuando su papá les lee, no tienen problemas para sentarse juntas en su regazo».

Sugerencias

- Tenga presente que la situación para sus hijos es más complicada que para hijos que vienen solos. Pasan las mismas fases madurativas con necesidades emocionales parecidas simultáneamente. Un hijo mayor puede entender que el pequeño requiere atención extra, pero los hijos de partos múltiples no. Pasan la fase de «posesión» al unísono. Entender esta situación se lo hará más llevadero.

- Este tipo de celos es, generalmente, pasajero. A medida que maduran, los niños entienden que cada uno se merece la atención de sus papás y que hay suficiente amor para todos.

Elsa, madre de trillizos, lo cuenta:

«Ahora que mis trillizos tienen 4 años, puedo hacerle mimos a cada uno sin ningún problema. Cuando los otros me ven besando a su hermano o hermana, sonríen; me parece que se alegran por él o ella. Antes era impensable. Si daba un beso a uno, enseguida venían los otros dos a pedirme lo mismo».

Somos gemelos

Entre el 3° y 4° año los niños van entendiendo que son gemelos y diferentes a otros niños. Al principio les resulta difícil captar el concepto.

Marcus, de 3 años, intenta entenderlo, ahora que muchas personas a su alrededor le preguntan si él es uno de gemelos. En voz alta razona así:

«Enrique y yo somos gemelos. Papá y mamá también lo son y también el abuelo y la abuela. Y María (su hermana mayor), cuando juega con su amiga, también lo es».

Marcus busca parejas en los demás tal como se ve a sí mismo. Se siente parte de un dúo, lo cual es lógico. Y desde esta posición ve el mundo. El siguiente paso es alcanzar la idea de que no todos nacen como pareja de alguien.

Algunos gemelos, siendo ya adultos, guardan un recuerdo muy vivo del momento en el que se percataron de que son algo especial. Así lo explica Pablo, 30 años:

«Estábamos mirando Barrio Sésamo y de repente me di cuenta de que mi hermano siempre estaba a mi lado, en el mismo lugar, día tras día. En aquel momento me di cuenta de qué significaba la palabra 'gemelo'. Me hacía sentirme muy feliz, como un calor que me subía por todo el cuerpo».

La Dra. Nancy Segal, investigadora de la Universidad de Fullerton (California), en temas relacionados con el mundo de gemelos y siendo ella misma gemela recuerda cómo este concepto cuajó en ella:

«Teníamos un niño vecino que era compañero de clase. Mientras mi hermana gemela y yo siempre andábamos juntas al colegio, él iba solo. Y cuando nosotras celebrábamos nuestro cumpleaños, dimos una fiesta juntas. En su cumpleaños él estaba solo. Así fue cómo me di cuenta de que nosotras éramos especiales».

Alguna vez ocurre que los múltiples no se dan cuenta de su estatus especial. Britta Alin-Akerman, una psicóloga sueca, entrevistó a un grupo de trillizos de 9 años sobre sus experiencias siendo múltiples. Ante su gran sorpresa tuvo que explicar a algunos niños qué significaba la palabra 'trillizos'.

El chupete y otros objetos de consuelo

Succionar es un instinto básico, con el que todo ser humano nace: nada más nacer el bebé se agarra al pecho de su mamá y gracias a este instinto sobrevive. En el primer año esta necesidad está muy presente. La boca le proporciona placer y bienestar, porque es su fuente de alimentación y también el contacto con otro ser humano, principalmente su madre. La succión adquiere para él un significado emocional; con ella se calma y se sacia cuando tiene hambre. El chupete le proporciona esta misma sensación, también en momentos de soledad o espera. El bebé asocia la succión con el contacto con el pecho materno (o el biberón) y su consecuente fuente de alimentación. Así que el chupete tiene un valor tranquilizador, no solo cuando tiene hambre, sino también cuando está frustrado, siente dolor, cólicos, etc. No todos los bebés recurren al chupete; algunos prefieren su dedo pulgar o un trocito de manta. Pero todos estos objetos desempeñan la misma función: le dan consuelo.

¿Hasta cuándo permitírselo?

Una de las preguntas frecuentes de los padres al consultorio de partos múltiples se refiere al uso del chupete. Preguntan hasta cuándo conviene permitírselo. En general, nuestra sociedad, igual que todos los países desarrollados, se caracteriza por una tendencia a exigir al niño una independencia temprana: dormir solo desde bebé, un destete «a tiempo», quitarle el chupete, etc. Tales consejos están basados en la idea de que una madurez temprana es muy positiva. Pero se olvida una premisa muy importante: el niño necesita pasar por una fase de dependencia, solo así adquirirá la independencia. El niño tiene una serie de necesidades que deben ser satisfechas para poder aspirar a otras. Fue el psicólogo Maslow quien descubrió la escala de necesidades del ser humano, siendo las fisiológicas las más elementales y la necesidad de autorrealización la más elevada. Traducido esto a la vida cotidiana de sus hijos, significa que los niños, una vez superada su necesidad por succionar, pasarán al estadio siguiente. También significa que los niños por sí solos dejan de depender de su chupete u otros objetos de consuelo.

Que el niño necesite el chupete en los primeros años de vida es completamente normal. Su uso irá disminuyendo con el tiempo. En el primer año es habitual que el bebé lo reclame cada vez que llore o algo malo le pase, pero cuando tiene dos o tres años, ya conoce otros métodos: sentarse en su regazo, enfadarse, protestar, hasta incluso esperar (un poco). Puede que el momento de dejar el chupete se dé más tarde en sus hijos. En ello influyen los siguientes factores:

▶ Sus hijos no han tenido la misma oportunidad de satisfacer su necesidad de succión como el bebé que viene solo. Desde el primer día han tenido que compartir la atención materna. Si hay dos o más bebés, el tiempo disponible para las tomas y otros momentos de contacto es menor. Por lo tanto es lógico que sus hijos tarden más en dejar el consuelo del chupete (u otros objetos).

▶ Los bebés de un parto múltiple nacen antes que otros niños; generalmente unas tres semanas antes, pero a veces más tiempo. La prematuridad también hace que el momento de dejar ciertos hábitos se dé más tarde.

Sugerencias

- No tenga prisa en quitarles el chupete. En la mayoría de los casos los niños lo dejan por sí solos, porque maduran y encuentran otras formas de consuelo, acordes con su mayor edad. Es preferible que él mismo dé este paso a que sea impuesto por sus padres (en este caso su necesidad por el objeto consolador no desaparece, solo su manifestación, y es probable que busque otros métodos de autoconsuelo, como chuparse el dedo, enredarse el pelo, etc.). Darles tiempo y ser flexible es la mejor opción.

- A partir de los 2 años (o 2 y medio) ya conviene que sus hijos solo necesiten el chupete para momentos concretos: a la hora de dormir, cuando están enfermos, etc. Si los suyos todavía lo llevan puesto gran parte del día, hay que ir limitándoles el uso de forma gradual. Empiece por quitárselo cuando estén jugando gustosamente, porque en ese momento no lo necesitan realmente; llevarlo se ha convertido en una costumbre. Si lo piden, explíqueles que lo tendrán pasado un tiempo, porque ya conviene estar sin el chupete. Apelar a su edad («ya sois mayores») suele funcionar bien. Devuélvales el chupete pasado un tiempo y vaya alargando el intervalo a medida que aprendan a estar sin él. Finalmente solo lo tendrán en momentos concretos, como cuando se hacen daño, están cansados, etc. También es normal que aún lo reclamen a la hora de conciliar el sueño. Conviene controlar si se lo quitan nada más dormir. Suele ser así en la mayoría de los casos. Si no lo fuera, conviene quitárselo para el buen desarrollo de los dientes. Elógieles mucho por sus progresos y ponga en práctica este plan en un periodo tranquilo en el que disponga de tiempo para esta enseñanza. Sus hijos pueden reclamar un poco más de su atención durante este periodo. También es frecuente que cojan alguna que otra rabieta. Procure que no coincida con ningún otro cambio en su vida, como un traslado, un nuevo bebé, el control de los esfínteres, etc. Cada aprendizaje implica un cierto grado de tensión y es mejor esparcirlos.

- Cuando sus hijos lloran, no hay que darles siempre el chupete, ya que este reprime su llanto. Llorar en sí no es negativo, sino relajante. Además, al llorar con la boca vacía pueden desahogar mejor sus penas. Una buena crisis de lágrimas les ayuda a asimilar lo imposible y les calmará.

Resumiendo, podemos concluir que los objetos de consuelo, como el chupete, el dedo, la mantita o la mascota, son importantes, porque significan una forma de autoconsuelo. El hecho de recurrir a ellos no significa que exista alguna carencia afectiva, porque se ha observado en muchos «tipos» de niños.

El desarrollo del habla

En algunos gemelos y trillizos el retraso en el lenguaje perdura aún en esta fase de su vida. Los niños hablan poco o mal. A veces es suficiente esperar un tiempo y animarles en su lenguaje, leyéndoles mucho y proporcionándoles a cada uno su parcela de atención individual. Pero en otros casos conviene buscar ayuda, como un logopeda o un psicólogo infantil.

Eveline, madre de gemelos monozigóticos:

«Cuando los niños tenían dos años y medio y aún no hablaban, busqué ayuda. Primero les hicieron un test de oído, pero el problema no era ése. Acudí a un Centro de Estimulación Precoz donde los niños recibían sesiones con un logopeda. Eran sesiones individuales de una hora, cuatro veces por semana.

A modo de juego les enseñaban palabras que los niños iban repitiendo. Dio buen resultado. Ahora, a sus cuatro años, ya saben expresar lo que quieren y mantener una conversación. No hablan todavía como otros de su edad, pero hay progreso. Este año en el colegio van a aulas distintas, porque uno respondía por el otro. Estoy contenta con la ayuda recibida. Siguen yendo una vez por semana a la terapia».

No se ha podido averiguar la causa del retraso en el lenguaje. Los niños no eran bebés prematuros ni tampoco tenían un lenguaje secreto. Seguramente se trata de un problema innato que siendo monozigóticos, les afectó a ambos.

María, madre de trillizos monozigóticos:

«Mis hijos, por ser prematuros con bajo peso al nacer, seguían un programa especial del hospital. Un logopeda seguía el desarrollo lingüístico de los niños. Cuando tenían 2 años, les dieron una plaza en un centro infantil con grupos reducidos. Esto fue genial, porque desde aquel momento los niños progresaron mucho en su lenguaje. Por lo visto tenían el potencial para hablar, pero solo se necesitaba estimularlo más. Con tres es difícil tener conversaciones con solo uno. Ahora, a sus 4 años no veo diferencia con otros niños de su edad».

Mary Rosambeau, psicóloga y autora del libro *How twins grow up* siguió un grupo de 600 gemelos. De ellos solo 17 tuvieron algún problema con el lenguaje en los primeros años. Pero de ellos se resolvieron 14 casos a los 5 años. Rosambeau concluye que no es un número muy elevado. Y además, la demora en el lenguaje solo afecta a la parte activa, la de hablar y no a la parte pasiva, la de entender el lenguaje.

La guardería

En algún momento, entre los dos y tres años es aconsejable empezar con la guardería. Cuando son muy pequeños, tienen bastante con su mutua compañía. Pero ahora, en esta etapa, también para los hijos de un parto múltiple llega el momento en el que conviene ampliar sus horizontes. A veces ellos mismos lo piden. «Nos aburrimos, no tenemos a nadie con quien jugar» solían decir Joan y Martí, mellizos de 3 años.

También es positivo para el desarrollo de la propia identidad. Entre los gemelos (y trillizos) fácilmente se desarrolla un determinado patrón: uno decide y el otro ejecuta, etc. Jugar con otros niños les ayuda en el descubrimiento del 'yo'. Surgirán otro tipo de situaciones y roces que no se presentan en la relación entre ellos. También es positivo para usted, porque aligera su tarea.

Lo ideal es empezar de forma gradual y llevarles al principio solo unas horas para que se vayan familiarizando. Para la mayoría de los niños, el inicio de la guardería significa la primera separación de la madre.

Las reacciones de los gemelos dizigóticos pueden ser muy diferentes: por ejemplo, uno se adapta sin problemas y le gusta estar en el «cole», mientras que el otro no para de llorar preguntando dónde está su mamá. A veces el más independiente asume el papel de «madre» y consuela a su hermano. En los monozigóticos, las reacciones suelen ser más parecidas.

Durante las primeras semanas, tanto los gemelos como los mellizos suelen quedarse cerca uno del otro. La presencia del hermano gemelo les ayuda emocionalmente. Poco a poco van tranquilizándose y entablan relaciones con otros niños. Las parejas niño-niña suelen buscar amigos diferentes, y es muy probable que no se junten en toda la mañana. Solo en actividades de grupo, como manualidades o cantar, se buscan y eligen un sitio ¡al lado del hermano! Los monozigóticos suelen jugar con un amigo común y se pierden menos de vista.

Consejos

- Es aconsejable que vayan a la misma clase, ya que de este modo toleran mejor la separación de la madre. Es así tanto para gemelos como para trillizos.

- Si uno está a gusto y el otro no, lleve solo a la guardería al que tenga interés y deje al otro en casa durante un tiempo. Es muy probable que se adapte sin problemas cuando lo intente otra vez pasado un tiempo. Al fin y al cabo, cada niño madura a su propio ritmo y no hay que forzar nunca al uno en beneficio del otro.

- Si uno de los niños está enfermo, es bueno que el otro siga yendo a la guardería. Así se acostumbra a estar solo en algunas ocasiones. Además, a la madre le resultará más fácil dedicarse solo al enfermo.

Esto último no siempre es factible. Meriam, madre de trillizos mono-zigóticos:

«Cuando uno de los tres estaba enfermo, a los otros dos les parecía raro irse sin él, como si no se sintieran completos. Muchas veces opté por dejarlos a todos en casa».

Cristina, madre de gemelas de 2 años:

«Las niñas van tres mañanas juntas a la guardería. La cuarta mañana va solamente una de ellas y la otra mañana va su hermanita. Así puedo disfrutar del contacto individual con cada niña. Ellas también lo disfrutan. Como mi trabajo es a tiempo parcial, puedo organizarlo así. Es perfecto».

El colegio: ¿juntos o separados?

Hoy en día los niños entran con tres años en el colegio. Ahora se plantea la pregunta de si es conveniente que vayan a clases separadas o no.

Esta cuestión se está convirtiendo en un tema polémico. En muchos colegios se está implantando una norma que dicta que los gemelos estén en clases distintas que en más de un caso va en contra de lo que los padres consideran lo correcto para sus hijos. Los colegios se basan en la idea de que así se les ayuda en el desarrollo de la propia identidad. No obstante, no hay estudios que confirmen que una separación temprana lleve en sí a una mayor individualidad de cada uno. En ello influyen más factores, como la educación paterna.

Cabe preguntarse si una única norma que se aplica a todos los casos de partos múltiples es una estrategia correcta. No se trata en absoluto de un grupo homogéneo; lo que para unos puede ser una decisión acertada, para otros puede significar un trauma.

¿Qué nos dicen los estudios sobre el tema?

Los estudios realizados sobre los efectos de la separación arrojan datos claros: la separación a edades tempranas, en los primeros años de escolaridad, lleva a problemas interiorizados (miedo, timidez, ansiedad) y externos de comportamiento (agresividad, conductas difíciles, rebeldía) y también peores resultados en lectura. Como los gemelos evaluados tenían entre 5 y 7 años (el inicio de la etapa escolar empieza en otros países más tarde que en el nuestro), expondré los datos de estos estudios en el siguiente capítulo.

La cuestión sobre si los gemelos deben ir juntos o separados en el aula es un tema muy solicitado por los padres en mi consultorio. En este sentido observo una falta de entendimiento entre colegios y padres que convierte el tema en un asunto polémico. El número de gemelos y múltiples creció en las últimas décadas, pero el profesorado y los directivos generalmente no recibieron en sus carreras información sobre este colectivo de niños. Por tanto no están al tanto de las necesidades de los hijos nacidos de un parto múltiple. Esto crea una falta de comprensión entre colegios y familias.

Los padres pueden encontrarse por parte del colegio con 3 distintas posturas:

- *Extremadamente individualizadores.* Abogan por la separación como medida que favorece la individualidad de cada niño. No reconocen el vínculo gemelar ni tienen conocimientos sobre sus necesidades específicas. Pero no actúan congruentemente con los objetivos que los centros escolares pretenden conseguir: una educación personalizada que garantice la educación personal, social y emocional de cada alumno.

- *Flexibles.* Escuchan los argumentos y los deseos de los padres y tienen en cuenta las necesidades específicas de sus alumnos nacidos de un parto múltiple. Se decide la separación o la colocación en la misma clase según cada caso. Aceptan tanto su relación especial como su necesidad por una identidad individual. En sus centros hay gemelos que están en la misma aula y otros que están separados. Permiten que los gemelos cambien de estar juntos a separados (o viceversa) de un curso a otro, o etapa, según su evolución.

- *Estrechamente acoplados.* Mantienen los gemelos siempre juntos y ni contemplan la separación, ya que los ven como una unidad. Esta fue una táctica habitual en décadas anteriores y que hoy algunos centros siguen manteniendo. Esta postura no tiene en cuenta las peculiaridades de cada par de gemelos ni estimula el desarrollo de la individualidad de cada uno.

La mayoría de los centros educativos españoles pertenece a la primera categoría (*Extremadamente individualizadores*). ¿Por qué mantienen una visión simplista a pesar de toda la evidencia científica? Cuando hay desconocimiento sobre temas específicos, como en este caso sobre el desarrollo de los gemelos, fácilmente se crean falsas creencias que acaban siendo tomadas como verdades absolutas. A pesar de que ningún psicólogo conocedor del tema de los gemelos (Segal, Hay, Preedy, Baglivi, Alin-Akerman) defiende la separación de clase como único modelo, muchos profesores y docentes educativos ¡lo hacen!, es decir, los separan. Los resultados de todos los estudios científicos ya están presentados y valorados, pero todavía falta trasladarlos a la vida cotidiana de los colegios (*véase el* capítulo 19).

Una vez que los profesores y las direcciones de centros escolares se informen y aprendan sobre el mundo de los múltiples, dejan de tener una visión simplista. Lo sé por propia experiencia: yo misma, antes de dedicarme a este (apasionante) mundo, pensaba también que separar sería casi siempre favorable. Tras muchos años de entrevistas con padres de gemelos y sus hijos me di cuenta de que hay muchas facetas a tener en cuenta y que una separación puede ser favorable o , por el contrario, puede ser desastrosa.

Los colegios necesitan recibir formación mediante cursos, lo cual, afortunadamente, está ya ocurriendo en algunos centros. Deben abrirse ante los padres y escuchar sus opiniones. Hay mucho que aprender. Este desconocimiento del mundo gemelar, como todo lo desconocido, crea miedos. A veces percibo en los profesores un rechazo a tener gemelos en clase por el miedo a no poder con ellos o a no poder entablar una relación satisfactoria. Seguramente algunas experiencias difíciles habrán contribuido a estos miedos. Pero basándose solo en la experiencia de unos pocos casos no se debe tomar una decisión que concierne a todo el conjunto de los gemelos. Una actitud así, supone una falta de respeto hacia este grupo de alumnos.

Por último, sin duda, también influye la sociedad actual que valora y destaca la autonomía del individuo. Somos el país que más temprano escolariza a los niños, una señal inequívoca del valor que se da a la temprana autonomía y auto-suficiencia del niño. Esto contrasta con el vínculo especial entre los gemelos y trillizos que nos transmiten otros valores, como la importancia de la unión y la compañía.

Existen diferencias significativas entre los países respecto a la escolarización de los múltiples. Por ejemplo en Inglaterra impera la política flexible y también en Australia y EE. UU se respeta cada vez más las necesidades especiales de estos alumnos.

Aquí en España se está produciendo un cambio hacia más flexibilidad gracias a una iniciativa personal de una madre de gemelas barcelonesa que creó un grupo en Facebook «Múltiples juntos en la escuela» al que apoyo. Gracias a esta campaña en pro de una decisión personal de los padres el entendimiento entre colegios y padres está creciendo y un número cada vez mayor de colegios adopta hoy día una actitud más flexible (para más información *véase* el Anexo).

¿Cómo tomar una decisión acertada?

Cuatro factores principales a tener en cuenta a la hora de plantearse esta cuestión:

1. *La edad de los niños*; con tres años una separación puede ser demasiada temprana. Los niños todavía están en el proceso del descubrimiento del «yo». Recuerde que primero aprenden el sentido del «nosotros». Si todavía se equivocan en sus nombres (se llaman a sí mismos con el nombre del otro o utilizan ambos nombres para sí mismos) y si no utilizan a menudo el «yo», es señal de que no están preparados para la separación.

2. *La prematuridad.* Cuando los niños nacieron como grandes prematuros, es probable que a estas edades aún estén inmaduros a nivel emocional. Estar juntos supone un apoyo importante para ellos que facilita su adaptación y la separación de los padres.

3. *La zigosidad.* Los monozigóticos suelen tener un vínculo muy estrecho y, por tanto, una mayor necesidad por estar juntos. Estando separados, se echan en falta. Los gemelos dizigóticos suelen tener una relación menos fuerte, pero también —y más a esta edad— pueden necesitarse.

4. *La relación de los gemelos.* Cuando hay mucha rivalidad, competitividad, celos, dominancia, peleas o los gemelos se refuerzan en sus conductas difíciles, una separación puede ser una buena decisión. La dependencia entre ellos no es en sí un motivo para separarles, ya que a estas edades tan tempranas es una fase normal y un paso necesario en su evolución hacia la autonomía.

Los siguientes ejemplos demuestran que la decisión debe ser personal y acorde con la situación de cada pareja de gemelos:

Martí y Joan, mellizos, entran en clases separadas. Sus padres se deciden por ello, porque los niños tienen caracteres opuestos: Joan es tranquilo y tímido; le gusta ver cuentos, dibujar o soñar despierto. Martí es un auténtico rabo de lagartija; es hablador y necesita moverse continuamente. Su relación es buena, pero también se molestan el uno al otro. En el primer día de clase ven el aula del otro, pero no tienen ningún problema de irse cada uno a la suya. Y después de los largos días en el colegio disfrutan con mayor intensidad de sus juegos en casa.

Pablo y Marcos, gemelos monozigóticos, van a la misma clase. La profesora les sienta en mesas distintas. No tienen problemas para relacionarse con otros niños, pero en ciertos momentos se buscan. Es evidente que su compañía les beneficia mutuamente.

Un colegio optó por la siguiente táctica:

Tanto la madre como los profesores estaban a favor de separar a una pareja de mellizos, María y David, de tres años. Pero como no se habían separado nunca anteriormente (no acudieron a una guardería), no les querían obligar. La dirección les enseñó las aulas del primer curso y sus respetivas profesoras. Los dos empezaron en una misma aula. David entabló desde el primer día amistades con varios niños. María intentaba acaparar la atención de su hermano, tal como estaba acostumbrada. Pero David, encantado con sus nuevos contactos, no le hizo caso. Al cabo de una semana, María cogió su mochila, metió sus cosas y dijo a su maestra: «Me voy a la otra clase a buscar amigos». Estaba preparada para la separación. Esto fue el comienzo de una larga etapa escolar sin el hermano.

En caso de trillizos

Para los padres de trillizos conviene hacerse las mismas reflexiones. También para ellos hay que tener en cuenta su edad y sus relaciones. En el caso de trillizos monozigóticos será casi siempre aconsejable ponerles en una misma clase. Si son niños trizigóticos —la mayoría de los casos—

será difícil encontrar un colegio con tres aulas paralelas. Se puede optar por dos clases aunque es difícil decidir sobre quién de los niños irá a una clase aparte. A veces se decide que el «dominante» de los tres vaya a una clase y los otros dos a la misma. A veces los padres optan por el sexo: las chicas juntas y el chico aparte. También conozco a padres que alternan el reparto cada curso para que no siempre quede «apartado» el mismo niño. En los trillizos, con una pareja de gemelos monozigóticos y un mellizo, la decisión aún es más difícil. Los gemelos tendrán un vínculo muy estrecho y a tan corta edad no conviene separarles. El tercer niño, el hermano dizigótico, puede sentirse excluido de esta unión de modo que separarlo agravaría aún más esta sensación (más información sobre los trillizos en el colegio y los estudios *véase* el capítulo 19).

Un padre de trillizos me comentó lo siguiente:

«El director de la escuela infantil nos ha planteado la posibilidad de separar a nuestros trillizos, de 20 meses. Según ellos hay un dominante, Antonio y una dominada, Candela. Y por ello proponen separar a Antonio a una clase aparte. Candela se quedaría con su hermana Jara, porque solo hay dos aulas. A nosotros nos parece pronto, porque las actitudes de Antonio y Candela aún pueden variar mucho. Hemos decidido dejarles de momento juntos y ver cómo evolucionan sus relaciones este curso».

En caso de cuatrillizos la decisión parece algo más sencilla: muchos padres optan por poner a dos niños en cada aula.

Si los padres optan por clases distintas, conviene que los preparen bien para ese gran paso. A fin de cuentas, para los pequeños significa una doble separación: de la madre y del hermano gemelo o trillizo. Si anteriormente no han tenido ninguna experiencia de este tipo, conviene planearlo antes de la entrada en el colegio, por ejemplo con visitas a casa de los abuelos, jugar una tarde en casa de un amigo, etc. También es conveniente visitar con ellos el centro, las respectivas aulas y a los profesores, contarles acerca de la vida escolar y leerles libros sobre este tema. Darles algún juguete u objeto personal del hermano gemelo también ayuda en la separación. Y, lo más importante, informarles acerca de la próxima separación; esta no debe pillarles desprevenidos, pues dificultaría la adaptación.

Separaciones dolorosas

La decisión de los padres, aun tras un largo proceso de sopesar todos los pros y contras, puede resultar ser no acertada. Así lo explica Maribel:

«Optamos por clases separadas para nuestras gemelas dizigóticas de tres años. Para Alba resultó ser muy difícil estar sin su hermana. En clase no hablaba ni con su profesora ni con los niños. En el recreo iba corriendo hacia su hermana y pasaba el tiempo jugando con ella. De una niña alegre se volvió una personita triste».

Como es obvio la niña no estaba lo suficientemente madura para llevar bien la separación. Los padres vieron su equivocación y pidieron en el colegio ponerlas juntas. Fue lo correcto. No es necesario ni recomendable exigir una independencia a una edad tan temprana. Con el tiempo Alba adquirirá una mayor autonomía y suficiente seguridad en sí misma para estar sin su hermana. Los padres pueden estimularlo de forma paulatina emprendiendo actividades con cada una individualmente y planear situaciones en las que no estén juntas. Si se practican estas situaciones primero en el seno familiar, la separación en las aulas resulta mucho más llevadera.

También es interesante el testimonio de un colegio en Vizcaya donde me contaron su punto de vista sobre el tema de separar o no a los gemelos:

«En nuestro centro escolar, donde tenemos alumnos desde la guardería hasta la ESO, hemos tenido siempre el criterio de que los gemelos estén en aulas separadas, ya que tenemos dos clases por nivel. Realmente nos basábamos en nuestra experiencia de algunos casos en los que estar juntos ha supuesto comparaciones, dominancias, etc., pero no en unos conocimientos profundos

sobre el tema. Hasta ahora no habíamos tenido ningún problema con ello, pero ahora nos ha surgido uno: tenemos una pareja de gemelos en las clases de tres años. Parece que estos niños no soportan la separación. Están teniendo serios problemas de adaptación, que afectan al lenguaje (no hablan, cuando la madre dice que en casa sí), han vuelto a hacerse pis en la cama, vomitan a diario, tienen que dormir juntos y abrazados y se despiertan muchas veces por las noches llorando, además de llorar cada mañana al entrar en sus respectivas aulas. Por este motivo la madre nos insiste en que les pongamos juntos. Nos lo estamos planteando seriamente, porque vemos el trauma que les supone esta situación. No obstante, tenemos otras parejas de gemelos también separadas, sin ningún tipo de problema. Por lo tanto opinamos que el criterio para juntar o separar debe ser flexible y hay que escuchar y orientar a la familia antes de tomar una decisión, diferente según los casos».

A partir de esta experiencia, en este colegio se ven tanto parejas de gemelos que están juntas en clase como otras que están separadas. El planteamiento de este colegio me parece el único correcto.

El testimonio de una pareja de gemelas monozigóticas, de 37 años, demuestra cómo la presión para separarles puede ser traumática:

«Yo quería estar con mi gemela y ella conmigo, pero parecía como si todo el mundo desaprobara este deseo, como si estar en su compañía fuera algo no bien visto y anormal. Desde que teníamos tres años, nos separaron. Y esto nos perjudicó a un nivel profundo: empezamos a odiarnos y a separarnos. Antes habíamos sido amigas y compañeras de juego, ahora solo peleábamos e íbamos cada una con su amiga. Lo hermoso de nuestra relación se fue estropeando. Lo recuperamos siendo ya casi adultas y lejos de la influencia paterna y escolar. Nos descubrimos de nuevo la una a la otra e intentamos recuperar el tiempo perdido. Nos hemos casado con gemelos monozigóticos y vivimos una al lado de la otra. Con nuestras parejas y los hijos formamos una gran familia».

Consejos para cuando comparten aula

Si se opta por la misma clase, conviene que tenga en cuenta las siguientes condiciones:

- ✓ Procure que al profesor(a) le resulte fácil distinguir a los pequeños. Háblele de sus diferencias y dele pistas, como una peca o una cicatriz, que le ayuden a saber quién es quién. Otro truco es vestirles con ropa distinta o que lleven un corte de pelo diferente. Cuando los niños llevan uniforme, se pueden coser sus iniciales en la ropa o aplicarles algún distintivo. Algunas madres solucionan el problema vistiendo a cada uno con colores diferentes. Estos «detalles» son importantes, ya que así la profesora puede distinguirlos en cualquier momento (recreo, gimnasia) y en todas las situaciones (de espalda, de lado) y esto, sin duda, favorece su relación personal con cada gemelo.

- ✓ Cuando tenga una cita con su profesora para hablar sobre el progreso de los niños, pida que le reserve el doble de tiempo y evite por todos los medios que le hable de los dos a la vez; primero deben hablar acerca de uno y después del otro, sin entremezclar la información. Al fin y al cabo están refiriéndose a dos niños diferentes.

- ✓ Nunca compare sus trabajos y sus logros. Y quítele importancia cuando ellos mismos lo hagan. Intente conseguir que cada uno tenga sus respectivas cualidades y deficiencias. También es muy importante que la profesora no los compare (y menos aún delante de la clase) y que sea capaz de respetar la personalidad de cada uno.

Consejos para cuando van a aulas distintas

Si tras una profunda reflexión, sopesando todas las ventajas y los inconvenientes, se opta por clases separadas se deben tener en cuenta los siguientes consejos:

✓ Durante los primeros días o semanas normalmente les cuesta bastante sobrellevar la separación. Sobre todo para los gemelos monozigóticos es un paso difícil. Lloran a la hora de entrar en sus respectivas aulas y buscan de inmediato a su hermano nada más salir de ellas. Sea comprensiva con sus hijos y pida al profesorado que les deje verse a la hora del recreo o entre clases. También es conveniente explicar a los niños el porqué de esta situación.

✓ A veces quieren llevarse consigo algo del hermano gemelo, como un juguete. Es bueno dejárselo ya que les ayuda a superar la separación.

El siguiente ejemplo demuestra cómo las necesidades de los alumnos gemelos pueden ser muy especiales. Aina, profesora de la Escuela Infantil cuenta:

«Entre mis alumnos tengo un gemelo monozigótico Teo, cuyo hermano está en la otra clase. Para estimular a los niños en las buenas conductas, introduje un sistema de puntos: para cada buena conducta les doy 1 punto y cuando llegan a tener 5 puntos tendrán una pegatina. Me di cuenta que a Teo esto no le interesaba mucho. Le pregunté por qué. Me dijo: 'Cuando consigo un punto, lo que más me gusta es ir a contárselo a mi hermano. Ni siquiera necesito una pegatina...' Le dije que podía hacerlo. Y ahora está muy motivado. De vez en cuando entra corriendo en la otra clase para darle la buena nueva a su hermano. Afortunadamente no supone un estorbo para esta clase. Al contrario, los niños han pedido a su profesora que aplique el mismo sistema. Y a mí personalmente me resulta muy satisfactorio darle a cada alumno lo que necesita. Para los gemelos esto a veces es distinto a lo que necesitan los demás».

El amigo invisible

Muchos niños tienen en su infancia un amigo invisible y los múltiples no son una excepción. La única diferencia en su caso es que ellos a veces comparten la misma fantasía.

Antonio, padre de trillizos (dos niños y una niña):

«De repente apareció en nuestra vida 'Cucu'. Esto empezó cuando un día me encontré con un vaso de leche derramado por el suelo. 'Lo hizo Cucu' se apresuró a decirme uno de los niños. Me quedé extrañado y aun más cuando al día siguiente oía a mi hija decir: 'Ven Cucu, ven aquí', mientras jugaba con sus hermanos. Así que de repente tuvimos a un cuarto niño en casa, al que echaron todas las culpas de sus trastadas».

Tina, madre de gemelos monozigóticos de 4 años:

«Los niños comparten tres amigos invisibles. Se los llevan al colegio y hablan sobre este trío. Me parece curioso que tengan los mismos amigos».

Esta figura desempeña un papel importante en la formación de la conciencia. El niño, a esta edad, empieza a distinguir entre el bien y el mal y también a darse cuenta de su propia implicación en ello. Por ejemplo, el niño coge una galleta sabiendo que no está permitido. Conoce las reglas, pero el autocontrol a esta edad aún es difícil. Así que crea un personaje de fantasía al que puede echar la culpa. Esta personita le ayuda durante esta fase en la que sabe lo que está mal, pero aún no es capaz de controlar bien sus impulsos. Pero el amigo invisible también es un punto de apoyo para el niño al que le cuenta sus experiencias, miedos y dudas. Lo que el niño le cuenta a usted sobre este amiguito puede darle una idea de los temas que le preocupan. A veces esta fantasía va muy lejos: el niño le asigna un sitio en la mesa, le pone un plato, se niega a salir de casa sin él, etc. El niño sabe que este amiguito es una fantasía, aunque al mismo tiempo para él es un amigo real. La actitud más sabia es respetar su fantasía sin discutírselo, pero dándole a entender que sabe que este es un juego. En cuanto el niño madure, el amigo invisible desaparecerá; ya no lo necesita. El amigo invisible raras veces es un sustituto para amigos de verdad, porque cuando se presenta uno de carne y hueso, éste siempre gana al amigo invisible.

Imitarse

A esta edad el niño aprende gracias a la imitación. Coge por ejemplo un peine para peinarse. O corre a coger el teléfono y «contesta». Los niños nacidos de un parto múltiple también se imitan entre sí. Si uno se sienta en el orinal, el otro también lo hace (si su grado de madurez es parecido, es muy probable que, gracias a la imitación, todos aprendan el control de los esfínteres al mismo tiempo). A veces su grado de imitación es algo excesivo o molesto, como vemos en los siguientes ejemplos:

Cristina:

«Una de mis gemelas dizigóticas, de dos años y medio, imita continuamente a su hermana. Si esta quiere agua o hacer pis, ella también, aunque no tenga necesidad. Y así con todo».

Es un fenómeno normal y frecuente entre los gemelos. Irá disminuyendo a medida que los niños vayan conociendo el «yo». Ahora esta conducta les sirve para aprender y también —cómo no— asegurarse de la misma atención que su hermano. Suelen imitarse también en lo negativo.

María:

«Si a uno de mis trillizos le riño por tocar el vídeo, los otros dos empiezan a hacer ¡lo mismo! Y lógicamente les tengo que reñir también. Es desesperante».

Hay un consuelo: también se imitan en lo positivo. María:

«La niña suele dar un beso al hermanito que se cae (en esto me imita a mí). Ahora los otros dos, en cuanto oyen llorar a uno, vienen corriendo a dar un beso a la víctima».

Los celos

La mayoría de los padres están contentos con la relación existente entre sus hijos. Esa relación, sin que los padres intervinieran, existía ya antes de nacer y es algo especial; a pesar de las peleas, se quieren mucho, se buscan y preguntan por el otro (u otros) cuando están separados. Empiezan a jugar a una edad algo más temprana que otros hermanos. Al tener siempre un compañero a su lado, desarrollan antes su fantasía y se inventan juegos divertidos desde pequeños: uno es el chófer y el otro el viajero; una es la enfermera y la otra la paciente. Y aunque no jueguen todo el tiempo juntos, prefieren hallarse cerca el uno del otro. La mayor parte del tiempo están juntos, hasta que entran en la primera fase de la enseñanza primaria. El 74% de los padres de gemelos y el 63% de los de trillizos considera la compañía que se dan mutuamente como algo positivo.

Pero también conocen los celos y la rivalidad. A veces luchan recelosos por la atención materna (o paterna), como nos cuenta esta madre:

«Mis hijas, gemelas de 4 años, últimamente se disputan los espacios junto a mí. Si acaricio a una, la otra intenta sacarla de mi lado o empieza a burlarse de ella. Es frustrante porque no sé cómo repartir mis atenciones a cada una».

Cuando esto ocurre es bueno procurar que en el día a día haya momentos de atención individual para cada una. Por ejemplo, una niña tiene su momento de mimos con mamá por la mañana cuando su hermana todavía está dormida y la otra, en cambio, lo disfruta por la noche. A esta edad ya pueden entenderlo y darle incluso un nombre, como por ejemplo «mi rato con mamá» o «mi rato con papá». También resulta positivo leerles un libro infantil sobre este tema.

Ainhoa, madre de trillizas dizigóticas de 3 años:

«Las amo con locura. Mis sentimientos son distintos para cada una: una me inspira más ternura, es sensible y cariñosa, pero más independiente; otra me

sorprende con lo increíble que es su imaginación y su capacidad infinita de divertir a sus hermanas; y la tercera me hace ver el orgullo de una hermana mayor, la hermana que cuida de las otras dos, les «habla» y las tranquiliza cuando lloran. Y entre las tres hacen un ramillete perfecto que se complementa. De la misma forma, en general ellas solicitan atención según la necesitan y no siempre es a la vez, por lo que me permite bastante bien ofrecer a cada una lo que necesita en cada momento. A ti te acuno un rato antes de dormir, a ti te leo un cuento por la tarde y a ti te canto mientras te doy la cremita después de la ducha, aunque tardemos un poco más pero sé que te gusta muchísimo...».

Los celos pueden ser también de otra índole: Pablo y Juan, gemelos dizigóticos de 4 años, tienen capacidades muy distintas. Pablo es un buen deportista y físicamente más fuerte, algo de lo que se vanagloria con frecuencia delante de Juan. Este sufre por estos comentarios y para dar rienda suelta a su frustración rompe o esconde algún juguete de su hermano.

Consejos

- ✓ Enséñeles que cada uno tiene sus propias cualidades y que no está permitido burlarse del otro. Los niños imitarán esta actitud y acabarán respetándose mutuamente. Los celos y luchas de competitividad disminuirán.

- ✓ No ponga nunca a uno como ejemplo para el otro (u otros). Esto no hace más que aumentar su rivalidad. Elogie las cualidades de cada uno sin mencionar al hermano.

- ✓ Preste atención especial al niño que se muestra celoso y elogie sus cualidades y sus logros. Evite criticarle por sus celos, pero intente averiguar qué le pone celoso. Los celos son, sin lugar a duda, una indicación de lo que él desearía tener para sí mismo.

- ✓ Hay casos en que uno de los hijos atrae más la atención porque tiene un carácter más abierto o es más comunicativo. Esto puede despertar los celos en el otro o dar lugar a sentimientos de culpabilidad en los padres. Preste atención al hijo más tímido y anímele a que se deje oír. Enséñeles también a hablar por turno. Sin embargo, esto no tiene por qué ser un problema: algunos niños están más contentos de sí mismos que otros y no requieren tanta atención como su hermano. En este caso no es necesario preocuparse.

✓ Reflexione sobre los propios sentimientos hacia los hijos. Puede que esté más a gusto con uno de ellos o que, instintivamente, le atraiga más. Estas preferencias se transmiten a través de gestos, palabras o comportamientos y los niños también lo notan. Si este es su caso, intente averiguar la causa y háblelo sin tapujos con su pareja u otra persona de confianza. El hecho de darse cuenta de estos sentimientos es el comienzo para mantener una relación íntima y satisfactoria con cada uno de sus hijos.

A veces ocurre que uno de los progenitores es el favorito de los gemelos; por ejemplo, el niño se inclina más hacia la madre y la niña hacia su padre. O uno de los niños quiere que siempre sea el papá el que le atienda («papitis») o la mamá («mamitis») . Es un fenómeno bastante frecuente en los hijos nacidos de un parto múltiple. Quizá sea una manera de asegurarse la atención exclusiva de uno de los progenitores. Pero al mismo tiempo es una manera para no sentir celos. A los gemelos les suele doler sentirse celos del hermano al que tanto quieren. Por tanto buscan maneras para eludir esta emoción. Teniendo cada uno un progenitor por sí solo, logran evitarlo.

No representa un gran problema, ya que aparte de favorecer el desarrollo de la propia identidad, suele ser una actitud pasajera. También puede darse de repente un cambio: ya no es papá la persona preferida sino mamá. En general es bueno hacer caso a sus exigencias (el progenitor elegido acuesta al niño tal como él quiere), mientras que en otras se opta por el reparto que resulte más práctico.

Este problema de preferencia puede originarse ya en el primer año. Lo cuenta Trudi:

«Cuando eran bebés (un niño y una niña), yo siempre le daba las tomas al niño y mi marido a la niña. Lo hacíamos así porque él succionaba con cierta dificultad. Pero no lo cambiamos a tiempo, de modo que ahora, con sus 2 años, todavía quieren este reparto. Si llora ella, tiene que ir el papá y si llora él, debo acudir yo. Estamos intentando romper este patrón, pero no es fácil».

Aprender a utilizar el orinal

El niño aprende a controlar sus esfínteres entre los 20 y 36 meses. En el caso de los gemelos no conviene empezar demasiado pronto: alrededor de los dos años es lo más adecuado. Y más que su edad, es el estadio madurativo de los niños el factor decisivo. Deben ser capaces de entender de qué se trata.

A nivel orientativo, se puede decir que están preparados para el aprendizaje cuando:

- Tienen cierta noción de las partes de su cuerpo.
- Avisan cuando el pañal está mojado o reconocen cuando sienten necesidad de evacuación.
- Están en una fase en la que les gusta complacer y cooperar con sus padres.

Conviene comprarles un orinal a cada uno, de distinto color, y ponerlos cerca del lugar donde pasan más tiempo. Procure que durante este periodo no haya grandes cambios en su vida, como traslados, una nueva canguro o empezar en la guardería, ya que eso entorpecería el proceso. Y ahora, simplemente, hay que sentarles en el orinal en momentos determinados del día, como después del desayuno, a media mañana, antes de la siesta, etc. Por supuesto, debe elogiarles cuando depositen algo en el orinal, aunque sea por pura coincidencia. Poco a poco irán comprendiendo de qué se trata. Tenga confianza, en todo niño hay una tendencia innata a aprender. Además, los niños colaborarán de buen grado, ya que notan que eso agrada a su mamá. Es muy probable que se encuentre con que uno de los hijos es más maduro que el otro para empezar con el orinal; muchas veces entre las parejas niño-niña, la niña está más adelantada en este aspecto. Por lo tanto, es una buena idea empezar con ella; quizás el otro hermano (u otros) siga su ejemplo; otras veces hay que esperar hasta que el niño esté lo bastante maduro para enseñárselo. Puede que uno ya lo domine bien, mientras que el otro ni siquiera muestre interés en ello. Así pues, resulta más práctico hacerlo de uno en uno, también para las madres de trillizos o cuatrillizos. A fin de cuentas hay que seguir de cerca las necesidades de cada pequeño durante un periodo de tiempo, y esto se consigue mejor cuando solo se trata de un niño.

Los monozigóticos suelen aprender a usar el orinal más o menos simultáneamente. En los dizigóticos hay más diferencias.

Los niños aprenden primero a dejar el pañal durante el día y más tarde por la noche. A algunos niños les ayuda que sus padres les hagan levantar a medianoche para vaciar la vejiga.

Sugerencias

- No compare a los niños entre sí, ni ponga al más rápido como ejemplo. Cada uno tiene su propio ritmo. Las comparaciones le duelen al niño que más le cuesta, ya que le hacen que se sienta inferior y aumentan la competitividad entre los hermanos. Cuando ellos mismos se comparan o ridiculizan el uno al otro (otros), hay que quitarle importancia al asunto.

- A ser posible elija el verano para empezar con el orinal. Si coincide con la época invernal, hay que ponerles ropa cómoda, como un chándal, y tener siempre ropa de recambio a mano; los pequeños descuidos son inevitables.

- Algunos niños no se atreven a sentarse en el váter. Tienen miedo a ser tragados por el flujo del agua. Un reductor, que se coloca encima del asiento, disminuye su miedo.

- Puede ocurrir que uno de sus hijos, que ya no se hacía sus necesidades encima, vuelve a orinarse en la cama con regularidad. Ello puede indicar cierto grado de estrés. Conviene averiguar las causas. A veces conviene recurrir de nuevo al pañal y, pasado un tiempo, reemprender el aprendizaje. Suele tratarse de un retroceso temporal.

- Algunos niños —principalmente los varones— aprenden fácilmente el control del pipí, pero no de las heces. Se lo hacen encima o solamente cuando se les pone el pañal. Este problema indica un miedo: el niño no entiende que las heces es algo que se debe eliminar. Lo ve como parte de su cuerpo; vive la evacuación como si su cuerpo se desintegrara. Hay que ser comprensivos con él y explicarle las funciones corporales mediante algún libro infantil. A veces ayuda recurrir al pañal cuando surja esa necesidad, pero poniéndoselo cada vez más bajo, de modo que finalmente se atreverá a defecar en el orinal. Todos los niños superan este problema con el tiempo.

El descubrimiento de la sexualidad

Los hijos de un parto múltiple, de diferente sexo, tienen plena oportunidad de conocer las diferencias sexuales. A esta edad ya conocen su identidad sexual, saben si son niño o niña, pero todavía no entienden que se trata de algo definitivo. A los cuatro años suelen pensar aún que el sexo es algo que se puede cambiar. En torno a los 5 años saben que se es niño o niña de por vida. Los niños comparan sus órganos sexuales y preguntan sobre las diferencias. También es frecuente que se toquen.

Maite, madre de gemelas de 2 años y un niño de 4:

«Un día vi cómo las niñas tocaban el pene del niño mientras estaban en la bañera. Les dije que no lo hicieran, a lo que él contestó: 'Mamá, déjalas, a mí me gusta'. No sabía cómo actuar».

Lo mejor es tratar este tipo de exploraciones y juegos con naturalidad. Los niños sienten interés por cómo es el otro, tal como se interesan por todo lo que les rodea. La única precaución que se debe tomar es supervisar que no se hagan daño el uno al otro ni se molesten.

También puede ocurrir que un niño se masturbe o se toque con frecuencia. A veces es una manera de relajarse, por ejemplo antes de dormirse o viendo la televisión. También puede ser una manera para descargar tensiones, aunque a veces de forma obsesiva. En este caso es importante observar en qué momentos suele ocurrir y averiguar las posibles causas. Si el niño se masturba en situaciones comprometedoras, conviene explicarle que esas conductas son muy íntimas y que solo se hace en la intimidad de casa o su habitación.

También es la fase de los juegos sexuales, como jugar a médicos, a papás y mamás o a «hacer el amor». Los niños se tocan y se besan imitando lo que ven en su alrededor. No hay que olvidar que la sexualidad está muy presente en nuestra sociedad (anuncios, películas). Los niños reflejan lo que observan. Los juegos sexuales son parte del descubrimiento de la sexualidad; no son malos ni causan daños físicos ni emocionales. No tienen la connotación de la sexualidad tal como la vivimos los adultos. No conviene prohibírselo, pero sí se les pueden dar otras ideas para jugar, y leer con ellos libros infantiles sobre el tema. Estos satisfacen su curiosidad.

En este periodo o el siguiente les encanta decir palabrotas, relacionadas con partes y funciones del cuerpo («caca», «pipí»). Ahora son frecuentes las bromas del tipo «el abuelo tiene pene». Como pasan simultáneamente por esta fase, gran parte de su conversación gira en torno a este tipo de palabras. Ello indica que les fascina el tema de la sexualidad y las funciones corporales. Lo mejor es no darle mucha importancia. En torno a los 6 o 7 años dejará de interesarles; entonces los niños ya conocen las diferencias físicas y en su juego se decantan por el grupo de iguales del mismo sexo.

Trastornos del sueño

A esta edad los problemas del sueño (pesadillas, miedos, despertares) son frecuentes. Como el niño se muestra muy activo durante el día —corre, habla, pregunta, no para ni un minuto, aprende— por la noche no consigue asimilar esa avalancha de impresiones y se siente intranquilo. Los miedos nocturnos a los monstruos, a la oscuridad, a la luna, etc., provienen de la misma causa y son frecuentes a esta edad. Además, el niño aún no sabe distinguir entre realidad y fantasía; lo que se inventa es real para él, y eso aumenta aún más su miedo.

Los problemas de sueño se manifiestan de dos maneras: algunos niños tienen dificultad para dormirse. Cuando llega el momento, se niegan a irse a la cama e inventan mil y una excusas para aplazarlo («Tengo sed», «Otra vez pipí», etc.); el miedo a la separación influye en su comportamiento.

Sugerencias

- Muéstrese firme y cariñosa a la vez cuando llegue la hora de llevarlos a dormir. Establezca un programa de «rituales» que conviertan irse a la cama en una actividad agradable: primero bañarlos (el baño provoca sueño), a continuación un cuento y por último cerrar con ellos las cortinas y cantarles una canción. Estos rituales reducen el miedo a la separación y les dan una sensación de seguridad, gracias a su carácter repetitivo. Todos los días se repiten las mismas acciones. Evite las prisas y concédase tiempo para esta tarea. Es preferible hacerla junto con la pareja.

- Si sus pequeños (o uno de ellos) se oponen a que se vaya de la habitación, quédese con ellos hasta que se duerman. Con algunos niños esto funciona y pronto llega el día en que ya no piden su presencia. Pero en más de un caso aparecen los problemas; no dejan de hablar y no se entregan al sueño. En este caso es mejor salir de su habitación y quedarse cerca de ellos, haciendo algunas faenas de casa, como doblar la ropa, recoger el cuarto de baño, etc. Los ruidos familiares y sentir su presencia les tranquilizará. Otro remedio eficaz es prometerles que volverá al cabo de cinco minutos para darles otro beso. Cumpla siempre su promesa. Vaya alargando el ratito de ausencia. Seguramente se habrán dormido antes de que vuelva.

- A esa edad es fácil crear malos hábitos, ya que ellos rápidamente se dan cuenta de que usted cede ante sus llantos o sus rabietas. Un ejemplo: supongamos que usted no soporta que lloren, y por ese motivo ellos consiguen que se retrase el momento de irse a la cama o que se les deje quedarse dormidos en el sofá. Eso significa que los pequeños dominan la situación en vez de usted. Que esto ocurra alguna vez no es problema, pero hay que evitar que sea la dinámica diaria.

- Si hay establecidos unos malos hábitos y quiere cambiarlos, conviene probar otra estrategia durante, por lo menos, dos semanas. También es importante estipular las nuevas pautas de acuerdo con su pareja para, de este modo, apoyarse mutuamente.

Otros niños concilian el sueño sin dificultades, pero causan problemas durante la noche: se despiertan varias veces, tardan en dormirse de nuevo o se levantan para ir a la cama de los papás. A veces resulta desconcertante para los padres, dado que su vida cotidiana con sus gemelos o más agobia de por sí y un buen descanso es imprescindible. Conviene poner fin a las interrupciones nocturnas ¡cuanto antes! En primer lugar hay que averiguar qué les hace despertarse: ¿tienen el sueño ligero e intranquilo y se despiertan sobresaltados? En tal caso hay que darles seguridad y cariño. ¿Despertarse se convierte en un medio más para conseguir la atención? Por lo general en el comportamiento infantil influyen varios factores y hay que actuar tanto con cariño como con firmeza.

Consejos

- ✓ Atienda al niño que llore cuando no vuelva a dormirse por sí solo. Consuélelo y háblele en tono suave, sin encender la luz y sin sacarlo de su habitación. Así evita que despertarse se convierta en una fuente de placer, lo que aumentaría esta conducta. Si el niño se despierta otra vez, lléveselo consigo a su cama o a una cama aparte en su habitación. De este modo, es probable que todos duerman mejor. Si los dos o tres niños son intranquilos y se despiertan con frecuencia, se puede optar por dormir durante un tiempo en su habitación, alternando los turnos con su pareja. Otros padres les dejan dormir con ellos en su cama. Cada familia debe buscar la solución que más le convenga. Se trata de una fase pasajera, ya que los niños al madurar superan sus miedos. Por lo tanto, pasado un tiempo se les vuelve a llevar a su propia habitación, apelando a su autonomía. Si se trata como un paso importante y digno de celebración, los niños suelen responder bien.

- ✓ Otro truco muy eficaz es premiar las noches sin incidentes (a partir de los 3 años y medio). Cuelgue un cartel grande en su cuarto para marcar las noches en él. Cuando pasan una noche sin levantarse, se pone una estrellita. Cuando hayan conseguido varias, prémieles con un regalito. Recuerde, en todo momento, que no hay que dar importancia a las noches malas, solo premiar las buenas.

Distintos patrones de sueño

En los gemelos, trillizos o más las pautas de sueño pueden ser muy distintas entre sí. Uno necesita más sueño que el otro (u otros). Lo mejor es adaptarse a las necesidades de cada uno y acostarles a horas diferentes. Hay una ventaja en esta situación y es que permite a los padres tener un tiempo a solas con el niño que sigue despierto. Pero también una desventaja y es que lógicamente el tiempo libre para los padres se ve reducido.

Cuando los niños tienen ritmos muy distintos y se molestan, despertando al otro, conviene optar por habitaciones separadas. Sin embargo esta opción no siempre es factible, como nos cuenta esta madre:

«María y Julia, gemelas monozigóticas de 3 años, comparten habitación. María siempre quiere hablar un poco antes de entregarse al sueño, pero Julia ya está rendida a estas horas y quiere dormir. He intentado separarlas, pero no quieren. Julia aguanta media horita de conversación de su hermana y finalmente las dos quedan profundamente dormidas».

Las dificultades también pueden ser variadas; uno se duerme sin problemas a pierna suelta, mientras el otro se da muchas veces la vuelta antes de conciliar el sueño. Nos lo cuenta una madre de trillizas de 3 años:

«Dos de mis hijas se duermen sin más. Pero la otra solo consigue dormirse en mis brazos y ¡en mi cama! Luego la paso a su cama. Fue la más pequeña de las tres y la que más tiempo permaneció en la incubadora. Creo que esta es su manera de recuperar el tiempo perdido. Aunque es un poco pesado, no me preocupa. Supongo que ella también aprenderá a dormirse sola algún día».

A los monozigóticos les pueden asaltar los mismos miedos al mismo tiempo, no pocas veces ante el asombro de sus padres:

«Víctor y Jaime (2 años) se asustaron el mismo día cuando apagué la luz de su dormitorio. Siempre han dormido en la oscuridad, así que me sorprendió, y más por presentárseles este miedo a los dos a la vez. Ahora duermen con la luz encendida».

En este caso es bueno permitirles dormir con la luz encendida, pero conviene ir bajando la potencia de la bombilla para que finalmente se acostumbren a dormir en la penumbra. Dormir con mucha luz interfiere en el descanso.

La mayoría de los niños a esta edad comparte habitación, tanto los gemelos como los trillizos (en el último caso los padres suelen optar por camas «extendibles», que se pueden hacer más grandes a medida que los niños crecen). Por lo general es una ventaja, ya que al estar juntos sienten

menos miedo y a veces se consuelan el uno al otro sin intervención de los padres. O cuando uno tiene que ir al servicio y teme la oscuridad, el otro también se levanta y le acompaña. Cogidos de la mano ¡cualquiera se enfrenta mejor a las impresionantes sombras en el pasillo!

Repartir la atención

Todos los padres de hijos nacidos de un parto múltiple viven a diario el problema de tener que repartir su atención. El 42% de los padres de gemelos (y 52% en caso de trillizos) ve esto como un punto negativo en la convivencia de sus hijos. Si prestan atención a uno de los niños, el otro también la reclama o hace algo que rompe la intimidad que hay entre la madre (el padre) y el hermano. Por ello, es muy difícil tener momentos de intimidad con cada uno individualmente. Y, además, les acosan más de una vez los remordimientos de no prestarles atención de manera justa: siempre hay un niño que recibe menos, bien por su carácter o bien por los «trucos» del hermano. Esto crea sentimientos de culpabilidad en los padres.

Cuando se tienen hijos de diferentes edades, también hay que repartir la atención entre ellos, pero al no coincidir las etapas de crecimiento, sus necesidades cambian mucho y son más fáciles de satisfacer.

Un estudio de Hugh Lytton (1921-2002), de la Universidad de Calgary (Canadá), comparó la situación de padres de gemelos con la de padres de dos hijos de distintas edades. Y constató que de los primeros se exige ¡el doble! en cuanto a tiempo, dedicación y paciencia. En otras palabras, su carga es mayor a la de cualesquiera otros padres. Por ello, prestarles atención —para no hablar ni siquiera de un reparto justo de la atención— es ¡más difícil! No solo se trata de dividir lo mejor posible la atención entre ellos, sino también de prestarles la suficiente. La mayoría de padres de hijos nacidos de un parto múltiple quisieran ser capaces de dedicar más tiempo a sus pequeños.

Lo expresa claramente Elena, madre de trillizas de 2 años:

«Lo que más me duele es no llegar a ellas como se merecen; tener que repartir mis cuidados, mi cariño, mi atención... Cuando mis hijas levantan los brazos para que las coja y no soy capaz de abrazarlas a las tres, se me parte el corazón».

Repartir la atención es innato a la educación de hijos de partos múltiples. No obstante, con algo de esfuerzo se pueden crear momentos de intimidad con cada uno de ellos, que sin duda resultan muy satisfactorios tanto para los niños como para los padres, y que reducen los sentimientos de culpabilidad.

Sugerencias

- No intente medir la atención, ya que es imposible dársela a partes iguales. Deles un trato personal, según las necesidades de cada uno. Este tipo de problemas es inherente a la situación, y lo más acertado es aceptarlo.

- A veces uno es más exigente o más enfermizo que el otro y acapara la atención; se puede compensar al otro hijo dándole mimos extra en los momentos en que su hermano está durmiendo.

- Introduzca rituales en las actividades diarias, con lo que creará momentos de intimidad con cada hijo; por turnos les deja que «ayuden» en la cocina (un día le toca a uno, y el siguiente al otro) o les dedica un tiempo por separado antes de acostarles: siéntese al borde de su cama y hable a solas con cada uno; a este le gusta que le haga cosquillas, el otro prefiere una canción...

- También es efectivo el sistema de días, en el que cada uno tenga «su día» (*véase el* capítulo 19). Esto crea atención individual. Un calendario en el que se señala los días con colores, es muy práctico (cada niño tiene su propio color).

- Si uno de los hijos llora y el otro sigue su ejemplo para conseguir el mismo interés, hay que dejar de lado al último y acudir al que realmente necesite la atención. Hay que acercarse para atender al otro cuando deje de llorar y no dar más importancia a su llanto. Se trata de premiar las conductas positivas.

- Estimule el contacto de sus hijos con otros adultos que estén íntimamente relacionados con la familia, como abuelos, padrinos, amigos... Por ejemplo, una relación íntima con un tío puede compensar la falta de atención paterna y llegar a ser muy importante para el niño en tiempos difíciles. Para los padres significa un alivio saber que sus hijos cuentan con el cariño y el apoyo de otras personas.

- Emprenda actividades con cada hijo por separado (aunque quieran participar los dos, tres...). Es la única forma de tener momentos de intimidad con cada uno.

Información de interés

En comparación con los hijos que vienen solos, los gemelos tienden menos a tener mascotas, como un oso de peluche o un trapo favorito. Esto tiene su explicación: tener una mascota proviene de la necesidad de sentirse seguro y acompañado, algo no tan notorio en ellos, que siempre cuentan con la presencia de su gemelo o trillizo.

CAPÍTULO 19

4-6 años

Este periodo se caracteriza por nuevos e importantes logros: los niños se visten solos, se lavan sin ayuda, responden al teléfono, se entretienen bien juntos sin participación adulta y van al colegio.

A esta edad son más sociales, les gusta colaborar, saben ponerse en el lugar de otra persona y son menos impacientes, ya que comprenden que los padres no siempre tienen tiempo. Las rabietas disminuyen, ahora que saben expresarse mejor verbalmente. Son más autónomos y queda atrás el tiempo de los cuidados continuos. Les encanta contar sus experiencias a sus padres, así como enseñarles sus nuevos logros y emprender actividades conjuntas.

Su relación: única y especial

La relación entre los hijos de un parto múltiple es especial y única. Se ayudan mutuamente a conocer el mundo y se explican uno al otro los aspectos que todavía desconocen.

Leonor nos cuenta:

«*Los gemelos estaban preparando sus maletas para su primer campamento. Oí como ella le preguntó: '¿Tú crees que habrá osos en el bosque?'. Su hermano se quedó pensativo y le contestó: 'No creo. Pero si hay, nos subimos a los árboles, porque los osos pesan mucho y no saben trepar'. La niña se quedó tan tranquila que me enterneció*».

Su compañía significa para cada uno en muchos momentos de su vida un gran apoyo.

Los gemelos monozigóticos suelen pasar la mayor parte del tiempo juntos. Si van a clases distintas, es frecuente que a la hora del recreo o del comedor se busquen y no se pierdan de vista. Es comprensible, porque les gusta estar juntos; probablemente así compensan el tiempo que han estado separados. Suelen tener amigos en común. Puede que cada uno de ellos juegue un tiempo con otro niño, pero la mayoría de las veces acaban jugando juntos o con el mismo amiguito. Congenian tan bien entre sí que más de una vez resulta difícil para otro niño inmiscuirse en sus juegos.

Los gemelos dizigóticos suelen entablar durante esta fase más amistades con otros niños. Esto no resta importancia a su relación, ya que terminan buscándose el uno al otro. Pero como sus caracteres son diferentes, cada uno se busca un amigo con el que compartir sus actividades preferidas. Sus distintas personalidades se van perfilando.

Leonor, madre de un niño y una niña de 6 años:

«*A él le encanta jugar en la calle, así que pasa mucho tiempo fuera de casa, haciendo cabañas, jugando a fútbol, etc. Ella prefiere estar en casa y se pasa muchas tardes con su amiga íntima jugando a muñecas. Es bonito ver cómo cada uno va teniendo una vida independiente del otro, aunque siguen siendo grandes amigos*».

Los gemelos aprenden pronto a negociar y llegar a un acuerdo gracias a la estrecha convivencia entre ellos. En el juego de las parejas formadas por niño/niña, se ven reflejadas las diferencias, consideradas como típicas de cada sexo (en ellas influye más la carga genética que la educación).

Nos lo cuenta Laura, madre de un niño y una niña de 5 años:

«Mis hijos pasan mucho tiempo jugando juntos; es interesante observar cómo buscan compromisos para sus distintos deseos; a ella le encantan las muñecas y suele jugar a que tiene un orfanato para bebés abandonados. A él le gustan los piratas y las guerras. Monta sus campos de batallas al lado del 'orfanato'. Y allí empiezan las negociaciones: ella protesta contra la cantidad de bandas y él contra el número de huérfanos; así que si ella le deja añadir un campo de batalla, él la deja acoger a otro bebé. Y así buscan los acuerdos».

La vida con múltiples está llena de momentos especiales que merecen la pena ser anotados.

Nuria, madre de gemelas dizigóticas de 4 años cuenta:

«Era un viernes por la noche. Durante la cena una de las niñas se quejó de dolor al orinar. Reconocí los síntomas, su hermana tuvo la misma molestia unas semanas antes. Mi marido decidió llevarla al centro médico. Recogí la mesa con Teresa la otra gemela. Tardaban mucho en volver. Teresa quería esperar a su hermana, pero en un momento dado el sueño se apoderó de ella. 'Mami —me dijo—, Tú les esperas ¿verdad?'. Le dije que sí. 'Pues, cuando vuelvan, dile a mi hermana que, si estoy dormida, me dé un beso'. Se lo prometí».

Cuando son tres

Crecer como un trillizo es muy especial. El siguiente testimonio de una madre nos da una idea de cómo los trillizos forman su identidad.

Bibí, madre de trillizos monozigóticos:

«Estábamos mirando la tele, cuando el mayor de los tres hizo un comentario sobre un niño que salía en la pantalla: 'Mira, mamá, él es como nosotros. Es ordenado como yo, tiene un problema cardiaco como Bas y es algo miedoso como Frank'. Me sorprendió que comparara la identidad de este niño con la suya y la sus hermanos».

Un niño trillizo aprende a conocerse descubriendo las diferencias entre él mismo y sus hermanos, mientras que, al mismo tiempo, hay una conexión, una noción de «nosotros», como una identidad conjunta.

¿Cómo es la relación entre ellos?

Entre los trillizos pueden darse varias situaciones, y una de ellas es que en algunas ocasiones los tres están muy unidos y pasan la mayor parte del tiempo juntos.

Nos lo cuenta Carmen, madre de trillizos de 5 años (dos niños y una niña):

«Se llevan muy bien entre ellas. Depende de las actividades, juegan juntos o no. Por ejemplo, si los niños se inclinan por los coches, la niña suele jugar sola. No le importa, porque le encanta dibujar, más que a ellos. En otros momentos juega con uno de los hermanos y el otro va por libre. Y también pasan mucho tiempo jugando juntos, cada uno con un papel definido: uno es el mecánico, el otro es el constructor y el tercero aporta la fantasía. Aprovechan los puntos fuertes de cada uno. No hay un líder y saben muy bien cómo llegar a un acuerdo. Para poner un ejemplo: el lunes en clase es costumbre que cada alumno cuente sus vivencias del fin de semana. Como ellos van a la misma aula, ¿cómo consiguen la atención de sus compañeros si los tres viven lo mismo? Ellos han encontrado la manera: el domingo por la noche en la cama hablan y 'reparten' la información. 'Tú cuentas esto y yo lo otro...' Su profesora queda impresionada y dice que parece que hayan tenido un fin de semana completamente distinto».

En otros trillizos, dos de ellos congenian más en sus juegos y están siempre juntos, mientras que el «tercero» se muestra más independiente y hace sus propios amigos. Sin embargo, en momentos difíciles, como en peleas con otros niños, los tres se buscan y se apoyan de manera incondicional. También es frecuente que esas relaciones cambien; en ocasiones, uno está algo más apartado y otras veces el otro. Cuando siempre es el mismo niño el que está apartado, puede tratarse de un problema.

Lidia, madre de trillizos:

«Mis trillizos (dos niñas y un niño) no juegan bien últimamente. El niño tiene rasgos de ser hiperactivo y por este motivo las niñas le dejan de lado. Me da mucha pena, porque le veo solo. Mi marido y yo intentamos hacer actividades con una de las niñas y él, de modo que su relación se vaya estrechando. Y también invito a menudo a un amigo suyo a casa. Esto palia un poco la situación, aunque sigue siendo difícil».

En este caso uno de los trillizos sufre por estar apartado. Esta situación también puede darse en los trillizos dizigóticos (quiere decir: una pareja de gemelos y un mellizo).

Ana, madre de tres varones, dos de ellos gemelos monozigóticos:

«El mellizo es diferente a sus hermanos en el aspecto físico; él es más grande y más robusto. Hubo un periodo en el que no comía para parecerse más a sus hermanos, que son más bien delgados. También a la hora de jugar se notan diferencias; ellos dos congenian muy bien y él, muchas veces, queda al margen de sus actividades».

Ser del mismo sexo, pero no tener el mismo origen biológico, pero sí la misma edad, puede ocasionar sentimientos de soledad y aislamiento. No es fácil convivir con dos hermanos que comparten intereses, gustos y hasta pensamientos. Si el tercer niño es de sexo distinto, la situación parece ser más fácil.

Elsa, madre de trillizos (una pareja de gemelas monozigóticas y un mellizo):

«Las niñas se llevan muy bien, pero la relación con su hermano también es positiva. Quizás influya en ello el hecho de que una de las niñas esté con él en clase, mientras la otra va sola. A veces me da pena que las niñas no vayan juntas, pero para él me parece una ventaja, ya que refuerza su relación».

Tres es un número difícil a la hora de jugar. Habrá momentos en el día en los que jueguen armoniosamente, pero también habrá muchos en los que estallen las peleas y los gritos.

Amparo, madre de trillizas (4 años):

«Hay momentos, sobre todo por la mañana, que las tres juegan muy bien. Pero en otros sólo dos juegan bien y siempre llega el momento en que la tercera quiere meterse en la actividad de sus hermanas. Estas se enfadan y estalla la guerra. No es fácil lidiar con ellas en estos momentos. Pero he inventado un truco: en el salón he asignado un rincón para el juego solitario. Si una de las niñas quiere hacer algo sin que las otras la molesten, se sienta en ese rincón. Las otras saben que no está permitido molestar».

Cuando hay un hijo mayor o menor en la familia, la situación puede ser más fácil. Valeria, madre de trillizas dizigóticas y un hijo mayor:

«Las gemelas están muy unidas. Afortunadamente la otra hija, la melliza, se parece en carácter al hijo mayor. Ellos dos comparten aficiones y hacen, por ejemplo, el mismo deporte. Esto evita que se sienta excluida».

Los cuatrillizos suelen formar dos grupos de niños: los que congenian bien en gustos e intereses, se buscan y pasan más tiempo juntos. A lo largo de su infancia estas «parejitas» pueden cambiarse.

Sugerencias

- Cuando sus peleas y riñas son continuas y frecuentes, hay que procurar que pasen menos tiempo juntos. Una buena idea es organizar que cada uno juegue con sus propios amigos. Planee que uno juegue en casa de otro e invite otro a su casa. A esta edad también pueden empezar alguna actividad extraescolar, como por ejemplo un deporte.

- Apunte a cada uno al club de su interés; esto les ayuda a verse como una persona independiente. Los gemelos monozigóticos suelen mostrar interés por la misma afición; los gemelos dizigóticos suelen tener intereses bien distintos.

- Evite frases como «Mira lo bien que lo hace tu hermano. Ahora tú» o »¿Por qué no eres tan ordenada como tu hermana?». Este tipo de comentarios, en los que se compara a los hijos, aumenta la rivalidad entre ellos. Por el mismo motivo hay que evitar que uno de los dos (tres) tenga que ayudar al otro, sobre todo cuando el que tiene que echar una mano siempre es el mismo. En este caso es preferible que los padres le ayuden.

- Intervenga si uno de los dos (o tres) está absorto en una actividad y el otro intenta inmiscuirse. Una buena idea es hacer algo con el «intruso». Y también crear un rincón en la casa para las actividades solitarias viene bien. Así los niños aprenden a no molestar al hermano que se encuentre en esa zona.

Otra característica de su relación es la solidaridad entre ellos. Esta, en la mayoría de los casos, es muy grande. Se nota por ejemplo cuando se castiga a uno del dúo o trío. Casi siempre el otro (o los otros) viene en su defensa, incluso cuando usted lo hace porque se comportó mal con él.

Nos explica Sandra:

«Pablo y Pedro se pelean a diario. Pablo suele pegar a su hermano, pero cuando yo le riño por este motivo, Pedro le defiende e intenta persuadirme para que no le castigue».

Es algo típico en los hijos nacidos de un parto múltiple. No pocas veces esto hace difícil ponerles un castigo; si, por ejemplo, la madre opta por mandar a uno al pasillo, no sólo el niño castigado llora tras la puerta, sino también su hermano gemelo que está con ella.

Las amistades de los gemelos

Tener amigos es importante para cualquier niño. Sus relaciones con coetáneos le ayudan en su desarrollo social y emocional. Es a través del juego con otros niños que descubre quién es, qué es lo que le gusta y lo que no. Tener amigos es, pues, importante para el desarrollo de su identidad. También es así para los gemelos pero en su caos entran en una relación de amistad de modo distinto que un niño único, ya que no solo aportan su propio «yo», sino también su identidad de gemelo. Por tanto, las amistades de los gemelos difieren de las que forman otros niños.

Hay dos diferencias entre el entorno social de gemelos y el de un hijo no gemelo. En primer lugar los gemelos están juntos desde que nacen lo cual hace que los demás niños los consideren como un dúo o como rivales y esto puede dificultar el contacto con otros niños. En segundo lugar los gemelos tienen un compañero fiel y leal (el hermano gemelo) a la hora de jugar. Los gemelos tienen experiencia en negociar, hacer compromisos y buscar la colaboración, lo cual por un lado es una ventaja, pero al mismo tiempo puede dificultar las amistades con otros. Estos (aún) no disponen de estas capacidades. No pocas veces los gemelos sienten que tienen en el *co-twin* su mejor aliado y mejor compañero de juegos.

Los estudios de K. Thorpe y K. Gardner, del año 2006, demuestran que un 75% de los gemelos MZ comparten la pandilla de amigos. Los gemelos DZSS lo hacen en un 55,5%. Los gemelos DZOS los comparten en un 52,9%. Un 15% de los gemelos MZ comparten incluso su mejor amigo, algo que solo hace el 11% de los DZSS y no ocurre entre los gemelos de distinto sexo. Los estudios analizaron hasta qué punto les gustaba a los gemelos compartir amigos: al 62,9% de los gemelos MZ les gusta; al 42,9% de los gemelos DZSS les parece bien, mientras que solo a un 15,8% de los gemelos DZOS les gusta esta situación. Los gemelos en esta investigación tenían entre 6 y 11 años.

Los resultados no son sorprendentes. Es lógico que los gemelos DZOS compartan menos amigos, mientras los MZ comparten la mayoría de sus amigos. Los últimos comparten aficiones, intereses, preferencias etc. Suelen sentirse atraídos por los mismos niños. No obstante, los gemelos de distinto sexo hacen actividades por separados, al tener diferentes preferencias y aficiones. Para los gemelos dizigóticos, del mismo sexo, la situación es algo diferente: pueden ser muy distintos entre ellos y aún así compartir muchos juegos. Esto a veces acarrea problemas cuando un amigo se lleva bien con uno de los dos, pero no con el otro. Por este motivo a este grupo le molesta que haya amigos en común (14,2%), mientras que entre los gemelos MZ esta situación solo se da en un 9,5%. A un 5,3% de los DZOS no les gusta tener los mismos amigos.

El ser gemelo ¿les beneficia en sus amistades?

Ante la pregunta de si los gemelos parten con ventaja en sus relaciones con otros amigos o, si el ser gemelo les limita algunos psicólogos opinan que los gemelos cuentan con ventaja, gracias a su práctica en pasar mucho tiempo juntos. Además, los gemelos en general atraen a los niños por su condición especial. Suelen causar cierta curiosidad. Las niñas gemelas muchas veces sacan provecho de su estatus y se convierten en las chicas populares del grupo. Por tanto, por un lado ser gemelos sí conlleva ciertas ventajas y no pocas veces los gemelos son niños sociables en un grupo de compañeros de clase.

No obstante, también es cierto que la mayoría de los estudios confirma que los gemelos en la etapa de la Escuela Infantil y Primaria tienen menos diversidad en sus amistades y se muestran a nivel social más cohibidos que los niños no gemelos.

En una investigación, realizada en 2004 en The Southern Illinois University, bajo los auspicios de Lisabeth DiLalla, se observó que los gemelos de 5 años reaccionaban cuando jugaban con un niño desconocido. En una sala de laboratorio juntaban a un niño gemelo con otro niño, de la misma edad y del mismo sexo. Se analizaba hasta qué nivel los gemelos y los otros eran reticentes a tocar los juguetes e interactuar entre ellos. Se observó que los gemelos estaban más cohibidos y más tímidos en ambos aspectos que los demás niños. Dentro del grupo de gemelos, los monozigóticos se comportaban más cohibidos que los DZ. Anteriormente se les había preguntado a sus padres cómo era el nivel de inhibición de sus hijos en los contactos con niños. Todos habían afirmado que sus hijos eran muy sociables y poco cohibidos. En otras palabras: los padres tenían una visión totalmente opuesta a lo que después demostraba el niño en las pruebas.

Este hecho tiene una explicación: los padres observan a diario a sus hijos en las interacciones que hay entre ellos, entre los gemelos, pero observan mucho menos cómo interactúan con otros niños. Los gemelos, por estar y jugar tanto tiempo juntos, se van conociendo y fijan entre ellos ciertos roles y compromisos. Es completamente lógico. Pero otras amistades les darán otras experiencias y les exigirá otras cualidades. Sobre todo los monozigóticos se benefician de jugar también con otros niños con los que no hay tanta complicidad ni un nivel tan alto de compenetración. Esta situación les exige que se esfuercen más para poder entender al otro y llegar a un juego armónico.

Es bueno que los padres tengan en cuenta estos datos. Animarles a buscar otros amigos es positivo e importante, ya que su estrecho contacto y su alto nivel de compenetración pueden a la larga acarrearles problemas. En su vida diaria, ajetreada por las múltiples tareas y actividades, no siempre es fácil organizar sesiones de juego con amigos del colegio o la vecindad, pero sabiendo lo importante que resultan estos contactos, quizá le resulte más fácil planearlo alguna que otra vez.

Un bloque contra los padres

Un problema común entre los padres de partos múltiples es lo difícil que les resulta que sean sus hijos obedientes: no les hacen tanto caso como el hijo que viene solo. Los padres tienen la sensación de no llegar con sus advertencias a sus hijos, como otros padres de niños de edades diferentes. Y esto es realmente así: los gemelos hacen más caso al hermano que a los adultos. Su punto de apoyo es, en primer lugar, su hermano gemelo y después sus padres. Además, la unión hace la fuerza: juntos se sienten fuertes y se atreven a ir en contra de los padres. Las frases «No queremos..». o «Nosotros pensamos..». son bien conocidas entre padres con hijos de la misma edad. Reconociendo este problema se pueden evitar situaciones desagradables mediante sencillos trucos:

► Encárgueles tareas a cada uno por separado. Si, por ejemplo, manda a los dos a que recojan sus juguetes, es muy probable que no lo hagan o que se pongan a jugar de nuevo. Al darles el encargo a los dos (o tres) al mismo tiempo, ninguno se siente especialmente responsable. Por lo tanto, hay que cambiar de táctica: llame a uno a su lado y dígale lo que tiene que hacer. A continuación llame al otro. Separe las tareas: por ejemplo, mande al  primero recoger los juguetes y a su hermano que vaya poniéndose el pijama, porque es hora de dormir. Cuando este último esté preparado, dígale que recoja lo que quede, mientras el otro se prepara para dormir.

▶ No se conforme con comentarios como «Nosotros no queremos...». Haga hincapié en que cada uno dé su opinión.

▶ Adapte las normas educativas al carácter de cada hijo; al desordenado no puede consentirle lo mismo que al hijo que tiene más sentido de la responsabilidad. Si preguntan el porqué de las diferentes normas, explíqueselo sin tapujos; favorecerá el desarrollo de la identidad de cada uno y evitará la «conspiración» contra los padres.

▶ Emprenda actividades con cada hijo por separado. Esto es importante en todas las etapas del desarrollo de los niños, ya que favorece la relación de padres e hijos. A nivel práctico, si necesitan ropa, lléveselos por separado. Así puede que cada uno elija la ropa a su gusto. Ir vestidos de modo diferente favorece el desarrollo de la identidad y hace más fácil para el entorno distinguir a los niños. Pero sea realista: en caso de los monozigóticos es probable que aun así elijan lo mismo, ya que sus gustos son muy parecidos. Hay que respetarlo. Un buen compromiso para algunos gemelos es vestirles con prendas iguales, pero de distintos tonos (uno en azul y el otro en verde). No obstante, también es frecuente que los monozigóticos compartan la preferencia por el color.

Elena, madre de trillizas monozigóticas, de 6 años y una hija de 12:

«Las tres forman un frente cerrado. Todas tienen un carácter fuerte. Con ellas aprendí a ser clara. Es la única manera de hacerles ver que el mundo no gira en torno suyo. Con ellas soy mucho más estricta de lo que jamás fui con la mayor».

¡No nos necesitan!

La fuerte conexión entre ellos hace que algunos padres se sientan excluidos. Nos lo cuentan estos padres de gemelas monozigóticas de 5 años.

Alberto:

«Tenemos una gran inquietud. Nuestras hijas nos hacen poco caso; todo el día, desde que se levantan hasta que se acuestan, hablan entre ellas e inventan juegos; nosotros parecemos ajenos. Cuando intentamos participar en su conversación, nos contestan cualquier cosa y siguen hablando entre ellas. Nos ha ayudado separarlas de clase este curso, ahora tienen más amigas, aunque todas comunes. A ellas sí les permiten participar, pero siempre están juntas. Nuestra preocupación es cómo prepararlas para cuando en el futuro tengan que separarse por estudios, viajes, etc».

Mientras el padre se preocupaba por la futura vida de sus hijas, la madre destacó otro punto:

«Como ellas pasan el tiempo jugando juntas, muchas veces llego a sentirme excluida. Me gustaría ser más partícipe de sus vidas. Con sólo 5 años parecen tan autosuficientes».

Este testimonio demuestra lo que ya comenté en otros capítulos: los gemelos suelen tener un vínculo muy fuerte, más incluso que con sus padres. Aunque es bueno respetarlo, también conlleva un cierto riesgo. Existe la posibilidad —quizá ya esté ocurriendo en estas gemelas del testimonio— de que ambas no desarrollen un fuerte vínculo con sus padres y que se refugien en su mundo. En el caso de gemelos, lo que normalmente un niño encuentra en sus padres, lo buscan el uno en el otro. Esto no es sano e impide el desarrollo de la autonomía individual de cada una. Un ejemplo extremo de ello son las gemelas June y Jennifer Gibbons, descritas en el libro *Las gemelas que no hablaban*. Es una historia triste de dos niñas que solo se comunicaban con sus familiares mediante noticias, que pasaban por debajo de la puerta de su habitación. Por muy fuerte que pueda ser su relación, la relación con los padres es para cualquier gemelo de vital importancia.

Aun más importante que clases separadas, es el contacto individual con cada una de las niñas. Los estudios demuestran que no es tanto la separación de clase en el colegio lo que influye en el desarrollo de la propia identidad, sino la educación y el trato de los padres hacia sus hijos gemelos. Les aconsejé a estos padres que no se dejaran atemorizar por tanta unión gemelar y que realizaran actividades con ellas dos y por separado. Esto les ayudará a abrirse camino en la vida de sus hijas. No hay que olvidar que los gemelos, pese a su relación íntima y hasta a veces excluyente, necesitan, como cualquier otro hijo, el contacto con sus padres para encontrarse a sí mismos.

¿Qué tipo de relación tienen los gemelos?

La investigación llevada a cabo en 2007 por Pat Preedy, 2007, de la Universidad de Birmingham (Inglaterra), distingue 3 tipos de relación entre los gemelos:

Los inseparables

Los gemelos se comportan como un dúo y el entorno les trata del mismo modo. Quieren estar juntos y cuando no lo están, se sienten infelices; en el espejo ven al hermano y no a sí mismos; utilizan un lenguaje propio, solo entendible para ellos; quieren ir vestidos del mismo modo; responden al nombre del otro o a un nombre común para los dos; no tienen amigos propios o muy pocos. Juntos pueden ser un dúo poderoso, como un bloque infranqueable, son inseparables.

Los dependientes maduros

Los gemelos aprecian la compañía del otro, pero saben estar sin el otro; disfrutan con y sin él (o ella); funcionan perfectamente juntos y también separados; tienen amigos en común y amigos por separados; se apoyan entre ellos, sin llegar a ser dependientes; cada uno tiene su identidad individual y pueden elegir aficiones en común, como también aficiones por separado.

Los individualistas extremos

Los gemelos se sienten molestos e incómodos el uno con el otro. Se pelean mucho y niegan su condición de gemelo; se rebelan contra el otro con tal de preservar la propia identidad; polarizan sus conductas con tal de no parecerse, como «el bueno» y «el malo»; o «el responsable» y «el vago»; si uno elige algo, el otro elige lo contrario, no porque le guste, sino con el objetivo de no parecerse al hermano; juegan por separados y no tienen amigos en común; son extremadamente competitivos y se niegan a vestirse iguales. Ambos (o uno) intentan dominar.

Esta clasificación puede darle una idea sobre cómo es la relación entre sus hijos. La mayoría de padres consideran que la relación entre sus gemelos es del segundo tipo. Los otros dos tipos son extremos.

La edad de los gemelos y la etapa que atraviesan, determinan en gran parte el tipo de su relación. Así el primer tipo del «inseparables» es normal en los primeros tres años de vida. Es la fase en la que la sensación del «nosotros» es más fuerte que el del «yo». Para llegar a la relación de «dependientes maduros», los gemelos deben tener cierta edad. Además, ciertas experiencias pueden influir en cómo es su relación en cierto momento de su vida.

Por ejemplo, Martina y Julia de 5 años, siempre han sido bastantes independientes la una de la otra, hasta que se murió la abuela. A partir de esta experiencia piden dormir juntas y quieren ir a casa de una amiga también juntas. En otro caso, Juan y Pablo, de 8 años, de repente también se muestran más dependientes, sin que los padres sepan el motivo. Muchas veces hay un problema interior el que lo causa. En cuanto lo superen, se comportarán de nuevo más independientes.

Y durante la adolescencia suele producirse un cambio hacia el tipo de individualismo extremo. Es la fase en la que quieren independizarse del hermano gemelo. Debido a ello pasan por un tiempo de distanciamiento. En este sentido, por ejemplo, Simón y Tomás, de 14 años, de repente quieren ir a institutos distintos y en ello tiene que ver con su deseo de ser conocido como persona propia y no como uno de los gemelos.

El efecto «prima dona»

Algunos gemelos sacan provecho de su estatus especial. Sobre todo las gemelas monozigóticas descubren pronto que el entorno se fija en ellas y les hace comentarios agradables. ¿Quién no queda embelesado por dos niñas muy parecidas que se ríen del mismo modo? Las gemelas aprenden a aprovechar sus similitudes para acaparar la atención. Dentro de un grupo de niños muchas veces gozan de popularidad, ya que todos quieren ser su amiga o amigo. No pocas veces son las líderes, quizá también porque están acostumbradas a buscar compromisos y negociar.

Este efecto se llama el efecto Prima Dona. Pero también conlleva ciertos inconvenientes: para mantenerlo necesitan reforzar sus semejanzas en vez de descubrir y destacar sus diferencias; se necesitan la una de la otra, ya que solo así producen este efecto. Esto puede hacer peligrar el desarrollo de la propia identidad y ciertos problemas relacionados con ello, como confusión («*¿Quién soy yo realmente?*») y frustración («*No quiero parecer a mi hermana*») . También se da entre las gemelas dizigóticas, aunque éstas tienen por naturaleza más tendencia a entablar amistades propias e ir por caminos separados. Más que las monozigóticas necesitan un espacio personal.

Es bueno ser consciente de este fenómeno en sus hijas (o hijos). Si lo observa en ellas (o ellos) es aconsejable estimularles a entablar amistades propias y vivir experiencias separadas. No deben pasar todo el tiempo juntas.

Aunque se observa este fenómeno más en las niñas que en los niños, también se produce en ellos y en los trillizos:

Silvia, madre de trillizos trizigóticos, de 6 años:

«Cuando salgo con los tres, les gusta hacer el payaso. Uno empieza y los otros dos le siguen. La gente se ríe y entonces sus bromas van a más. Me siento ridículo y no sé cómo hacerles parar sus payasadas».

La dominancia en la relación gemelar

Dominancia significa que una persona tiene más poder e influencia que el otro. Muchas veces se supone que dentro de una relación gemelar siempre hay uno que domina sobre el otro y que, muchas veces, éste es el que nació antes. Pero ¿qué hay de cierto en ello?

Helen L. Koch, catedrática de psicología de la universidad de Chicago, estudió este tema en 1967 (si bien no es un estudio reciente, no obstante su trabajo es todavía hoy una referencia entre los especialistas de gemelos). Koch estudió un grupo de 180 gemelos, monozigóticos y dizigóticos de 5 a 7 años y 432 hijos no-gemelos de la misma edad que tenían un hermano o una hermana mayor. Comparó los dos grupos y analizó las diferencias entre los gemelos dominantes y los gemelos sumisos. A continuación exponemos las principales conclusiones de dicho estudio.

La dominancia en los monozigóticos (MZ)

La dominancia en este grupo no era fácil de determinar. Las madres a las que Koch entrevistó, dudaban, porque la dominancia en sus gemelos cambiaba a menudo. Durante una fase uno de los dos era dominante, en otra fase el otro. También dependía mucho de la situación y las cualidades de cada uno. Si, por ejemplo, uno era mejor en entablar contacto, tomaba las riendas en este aspecto. El que era más capacitado para planear, dominaba en esta faceta. De este modo los gemelos aprovechan de modo óptimo los talentos de cada uno. Se puede decir que la dominancia aquí tiene una función positiva, ya que cada uno desarrolla las facetas en las que destaca.

En los gemelos adultos Koch descubrió que muchas veces uno es más dominante que el otro, pero raras veces se trata de una dominancia extrema y total. También a esta edad los roles van cambiando. Por tanto, para Koch la dominancia no es un tema que los padres tienen que temer en este grupo de gemelos.

Una madre cuenta:

«El curso pasado, mis hijas, de 5 años y monozigóticas, estaban en distintas aulas. Durante ese año consideraba que su relación era equilibrada. Ahora, sin embargo, comparten el aula y noto que una de las dos tiende a ceder en todo a su hermana. Parece como si no tuviera una propia voluntad de decisión. Cada vez de nuevo busca la zona de confort. ¿Cómo la saco de esta posición?"

Cabe preguntarse si en realidad es algo preocupante y si conviene intervenir. Lo más seguro es que ambas niñas tengan la misma capacidad en cuanto a tomar decisiones y autonomía, lo cual quedó demostrado durante el año de su separación. Los gemelos siempre buscan un equilibrio en su relación, un balance por lo que evitan roces y peleas. Esto también es así para otras relaciones, como entre marido y mujer, amigos e incluso entre países. Koch no valora la dominancia como un fenómeno que, por definición, es negativo.

Es de esperar que estas posiciones en un tiempo sean completamente inversas. Solo hay un problema cuando el gemelo obediente y seguidor se siente molesto y no logra desenvolver su propia personalidad, algo que Koch no encontró en este subgrupo gemelar (más adelante ofrezco más información sobre este tema). En las entrevistas con los gemelos seguidores los niños afirmaban que sus hermanos gemelos eran mejores en algunas áreas. No parecían tener problemas con este dato. Preferían jugar con su hermano gemelo que con otros niños. Koch no descubrió que este grupo era menos capacitado para entablar amistades y no observó diferencias remarcables con otros niños. Por tanto, no parece haber motivos para preocuparse de la situación *dominada* de uno de sus hijos. Lo que también ocurre bastante a menudo, es que uno de los dos en casa lleva la batuta y el otro la lleva fuera del hogar. No pocas veces ante el asombro de los propios padres los roles están completamente inversos.

La dominancia en los gemelos dizigóticos (DZ)

En los gemelos dizigóticos era más fácil determinar quién de los dos era el dominante. El carácter de los niños era el factor decisivo en ello y se observaron mayores diferencias entre el niño dominante y el niño seguidor.

En el grupo niños dominantes, DZSSm, (dizigóticos, el mismo sexo, masculino) Koch encontró estas características: pesan más al nacer, tartamudean más a menudo, muestran más conductas agresivas, se enzarzan más en peleas, son menos cooperativos y son menos obedientes. Tienden a buscar excusas y culpan con más facilidad al otro.

En cuanto a otras características, tales como popularidad, competitividad, entusiasmo, intereses y emocionalidad no se encontraron diferencias entre los niños dominantes y los seguidores. Y Koch en general no encontró diferencias entre los gemelos (dominantes y seguidores) y otros niños en cuanto a su comportamiento en el colegio.

En el grupo DZSSf (dizigóticos, mismo sexo, femenino) las niñas dominantes eran menos afectivas, pesaban más al nacer y tenían menos tendencia a hacer el remolón.

La inteligencia no parecía influir en la dominancia.

En las entrevistas con los niños seguidores, Koch concluyó lo siguiente:

- Al niño seguidor no le gusta la dominancia de su hermano/a. Le gustaría cambiar de posición.

- Al niño seguidor le molestan más las peleas y los roces con su dominante *co-twin*. Según su vivencia hay más peleas que las que experimenta el hermano gemelo.

- A veces el gemelo seguidor prefiere jugar con niños más pequeños que su gemelo dominante que siempre gana en las peleas y discusiones.

- Le gusta estar en clase con su hermano y cuando tiene que enfrentarse a una nueva situación, como ir a un club, quiere que su hermano gemelo le acompañe.

En otras palabras, el (dominante) hermano gemelo también significa apoyo y protección. Curiosamente y contrario a lo que los padres piensan, los gemelos dominantes son los que peor llevan una separación, como por ejemplo en el colegio, en una fiesta de cumpleaños o cuando uno se queda a dormir en casa ajena. Esto significa que la función de ser el protector también le proporciona al gemelo dominante seguridad. El gemelo seguidor encuentra menos dificultades en estas situaciones y se defiende sorprendentemente bien.

La dominancia en el grupo DZSSf era más estable y duradera que la entre los DZSSm. En los últimos (sexo femenino) las posiciones se cambiaban más a menudo. Cuando por ejemplo uno aprendió a montar en bici, el equilibrio cambiaba. También la colocación de los gemelos en aulas distintas influía en su balance.

En el 61%, tanto en el grupo MZ como en el del DZ, la dominancia era estable y constante.

La dominancia en los dizigotícos, niño y niña (DZOS)

Los gemelos del subgrupo DZOS (dizigóticos, sexo opuesto) tiene la forma más clara de dominancia. En un 80% de los casos la niña es la dominante. Para el niño no es una situación agradable. El la considera como dominante y quiere ser tan fuerte como ella, a nivel psíquico (a nivel físico él muchas veces es más fuerte). Pero la dominancia se establece a base de fuerza emocional y no física. Ella le supera a nivel social, emocional y comunicativo, ya que habla antes y mejor que él. Esto le causa estrés. El afirma, según los datos de Koch, no querer tener un nuevo hermano o hermana, seguramente porque lo asocie con más competitividad. El tiene más problemas de lenguaje y prefiere jugar con niños más pequeños. No le suele gustar el colegio. Quizás tenga que ver que en la escuela se da cuenta de su posición subordinada. Quizás en este entorno es más consciente del equilibrio tradicional entre niño y niña y puede que se sienta inferior.

Este es un dato importante, porque apoya la idea de que la separación de clase en este grupo de gemelos puede ser un acierto; o bien en la entrada en el colegio, con 3 años o en la segunda fase, a los 6 años, dependiendo de la madurez de los gemelos. No obstante, los niños de este subgrupo afirman que les gusta estar en el aula con su hermana gemela. Aquí de nuevo vemos la función protectora del gemelo dominante.

El que primero nace, ¿es el dominante?

¿Hasta qué punto es cierta esta relación entre el hecho de ser el primero en nacer y ser el dominante? El peso al nacer ¿tiene influencia en la dominancia? En un 65% de los casos el que primero nace, pesa más. Según Koch, en un 58% del grupo MZ el primogénito es el dominante. En el grupo de los DZSS, éste era el caso en un 55%. En cuanto al peso, Koch descubrió que en los gemelos DZSS, tanto en los niños como en las niñas, el que más pesaba al nacer, también era el (o la) dominante.

En cuanto al que primero nace: en el grupo de los DZOS la situación era completamente distinta. Aquí solo en un 27% el que primero nace, es el dominante. En este subgrupo en un 80% de los casos, es el niño el que primero nace. Pero en el 81%, a los 5 años, el dominante es ¡ella!

En cuanto al peso a la edad de los 5 años: en los DZSSm el dominante es el niño que a los 5 años pesa más. Suele ser el niño que también al nacer pesó más. En las niñas del grupo DZSSf Koch descubrió una relación entre la longitud y la dominancia. La más alta es aquí la dominante de las dos.

Por tanto, en algunos subgrupos parece haber una relación entre peso y dominancia y entre ser el primogénito y dominancia, pero estas correlaciones no son ciertas para todos los gemelos.

Dominante versus seguidor

Koch no encontró grandes problemas en el grupo de gemelos *seguidores*. Tampoco observó que la relación de «dominante *versus* seguidor» les frenara en otras relaciones o que les hiciera ser menos competentes a nivel social. Su conclusión es que no debemos considerar la dominancia como un gran problema. A nivel individual pueden darse algunas situaciones difíciles y en estos casos hay que ayudar a los gemelos. Estos se presentan más en el grupo DZ y principalmente en el grupo DZOS.

Koch no encontró en su investigación motivos que avalaran defender la separación de gemelos cuando entran en el colegio como una norma para todos los múltiples. En ello su conclusión fue la misma que la de posteriores investigadores (Hay, Segal y Pray): la decisión de si los gemelos deben ir juntos en una misma aula o bien en aulas distintas debe decidirse por cada pareja por separado pero no existe una regla general aplicable a todos por igual.

Sugerencias en caso de dominancia

Los padres no pueden cambiar los caracteres de sus hijos y éstos son los que determinan en líneas generales la dominancia en la relación de los gemelos. Pero con ciertas pautas pueden influir en que su relación sea algo más equilibrada:

- Procure que los gemelos puedan contar sus vivencias por turno, como por ejemplo en las comidas familiares.

- Planee encuentros con distintos amigos. Para el gemelo dominante es positivo jugar con niños mayores que él. Le enseñará escuchar y seguir. El gemelo seguidor se beneficia de jugar con niños más pequeños que él, ya que le da la oportunidad de ser el líder. Además, ganará en autoestima, cuando otros le respetan y le siguen tal como él hace con su hermano gemelo.

- Evite darles las posiciones de «el mayor» o «el pequeño». No utilice estos términos.

- Reserve para cada niño «su día». Se trata de que el niño del que le toca este día, decida qué cuento se lee, quién se va antes al baño, etc. Tres días de la semana son de uno, los otros tres de otro y el domingo es para los padres. Como cada uno tiene sus días en que puede decidir lo que él quiere, se evitan muchas peleas y discusiones.

- Reparta la atención lo más justo posible. Procure que también el gemelo más seguidor (y más callado) reciba su parcela de atención.
- Tener hobbies propios y actividades por separado, les ayuda a los gemelos vivir experiencias sin el otro.

Juntos o no en clase

Los gemelos

Durante este tiempo, cuando los gemelos tienen entre los 4 y los 6 años, se plantea de nuevo la pregunta de si los gemelos deben ir a la misma clase o no. Muchos colegios mantienen la norma de separar a todos los múltiples basada en la idea de que tal medida favorece su independencia, algo que los estudios no confirman. El tema es mucho más complejo que esta simple idea hace suponer. Todos los expertos en el tema de la educación de gemelos y múltiples comparten la convicción de que la decisión de separar se debe tomar con conocimientos y sabiduría para cada pareja de múltiples. Lo que para unos gemelos o trillizos puede ser una buena decisión, no necesariamente lo es para otros.

Los estudios sobre gemelos en el colegio

Lucy A. Tully, Terrie E. Moffit y colegas de Kings College en Londres y de la Universidad de Wisconsin en los EE. UU. realizaron en 2004 una investigación a gran escala entre 878 parejas de gemelos, con edades comprendidas entre los 5 y los 7 años, tanto monozigóticos como dizigóticos, todos del mismo sexo. El inicio de la escolaridad en estos países se da a los 5 años.

Se investigaron tres grupos: un grupo de gemelos al que pusieron juntos en clase (61%), *the not separated group, (NS)*; un grupo que se separó a los 5 años, *the early separated group (ES)* y otro grupo que fue separado a los 7 años, *the lately separated group (LS)*. Estos son los resultados más importantes:

- ▶ El grupo ES mostraba más problemas conductuales y emocionales, como retraimiento en sí mismo, miedos, inseguridad y tristeza. Este efecto perduró en los monozigóticos en los años siguientes e incluso aumentó; en los dizigóticos desapareció después de un curso.

- ▶ El grupo ES tenía más problemas de aprendizaje que el grupo NS. El grupo LS tenía más problemas con la lectura. Y este último grupo también mostró problemas conductuales y emocionales.

- ▶ Había un efecto positivo: los dizigóticos a los que se separó tras un año de escolaridad, es decir en el segundo año escolar, trabajaban más que cuando permanecieron juntos.

La conclusión de los investigadores es que los gemelos tienen necesidades específicas que se deben tener en cuenta. Un grupo numeroso de los gemelos se ve beneficiado al empezar juntos. La presencia de un hermano gemelo les ayuda a sentirse a gusto. Sin la presencia del hermano una gran parte de los gemelos sufre problemas como estrés, miedos, inseguridad y peor rendimiento. Estudios en el campo de la neuro-psicología demuestran que el cerebro necesita sentirse seguro y protegido para poder funcionar óptimamente. Esto explica los peores resultados académicos del grupo ES y LS.

Además, se observó una diferencia entre los monozigóticos y los dizigóticos: ambos grupos sufrían problemas conductuales y emocionales, pero en el último grupo (dizigóticos) estas dificultades desaparecían al cabo de un curso, mientras que en el grupo de los monozigóticos los problemas perduraron o incrementaron.

Esta investigación solo estudió gemelos del mismo sexo. Los DZOS forman un grupo aparte, en el que muchas veces una separación les beneficia, aunque también en estos casos se debe valorar a cada pareja individualmente. Además, se debe decidir bien en qué momento se efectúa la separación, esto es, al inicio de la escolaridad (3 años) o bien al empezar la siguiente etapa (6 años).

Muchos otros investigadores, como Pat Preedy, David Hay y Marieke van Leeuwen, llegaron a conclusiones muy parecidas: miedos, inseguridad, retraimiento y retrocesos en el desarrollo en los gemelos que son separados al inicio de la escolaridad. También la especialista en gemelos Joan Friedman aboga por juntar a los gemelos al inicio de su etapa escolar, sobre todo cuando no tienen experiencia de estar separados.

El psicólogo Webbink, en 2007, investigó si compartir el aula mejora las habilidades cognitivas de los gemelos en los primeros años de Primaria, a los 6, 7 y 8 años. En esta investigación holandesa llevada a cabo entre 2.878 pares de gemelos, de todos los subgrupos (MZ, DZ, mismo sexo y sexo opuesto) se constató que los gemelos no separados obtuvieron mejores resultados en lenguaje y matemáticas que los que sí habían sido separados. Las diferencias eran todavía más acentuadas en los gemelos del mismo sexo. En los gemelos del sexo opuesto (DZOS) la separación en los últimos cursos de Primaria (9, 10, 11 y 12 años) incrementaba sus habilidades del lenguaje y fue, por tanto, una separación positiva. Se concluyó, por tanto, que, en general, la presencia de un *co-twin* parece ser importante al menos en los primeros cursos de Primaria y principalmente para los gemelos del mismo sexo.

La Dra. Nancy Segal, de la Universidad de Fullerton (Los Angeles-EE. UU.), estudió en 2006 el comportamiento de los gemelos que empiezan juntos el inicio escolar a los 5 años, tanto monozigóticos como dizigóticos. La Dra. Segal observó que los gemelos miran de vez en cuando dónde está el hermano gemelo (los monozigóticos lo hacen más a menudo que los dizigóticos) y, en cuanto se aseguran de que el hermano sigue estando presente, continúan con sus trabajos y juegos. La presencia del hermano gemelo es sin duda un factor tranquilizador. No significa, según Segal, que los gemelos necesiten estar sentados juntos ni que lo hagan todo conjuntamente. Son capaces de funcionar con autonomía.

Ejemplos de varias familias

Puede resultarle difícil tomar una decisión. Tenga presente que la separación de clase no garantiza el descubrimiento de la propia identidad. Los estudios demuestran que es la educación de los padres la que juega un papel determinante en ello. Si los padres educan a sus gemelos (o trillizos) como individuos, los niños tienen la oportunidad de desarrollarse como personas autónomas. Otra idea equivocada es que los gemelos serán más independientes el uno del otro gracias a una separación de clase. ¡Puede tener el efecto contrario! Esto ocurre cuando los gemelos todavía no están preparados para una separación y les sobreviene en un momento demasiado temprano en su vida.

He aquí unos ejemplos que enseñan cómo la decisión es distinta para cada pareja de gemelos.

◊ Laura y Eveline, gemelas monozigóticas, de 4 años, van a clases separadas. Se llevan muy bien y son grandes amigas, pero también muestran una necesidad por tener cada una sus propias amigas. No es un caso muy frecuente entre los gemelos monozigóticos, pero al observarlas percibo su afán por estar solas. También me llama la atención que las niñas se abrazan muy poco. Hay una conexión mental, pero físicamente necesitan ambas tener un espacio propio. La decisión para ellas es buena.

◊ Linda y Sandra. Todo lo contrario para las gemelas, también monozigóticas, Linda y Sandra. Ellas están en la misma aula y lo disfrutan. Lo mismo en el caso de Rubén y Lucas, monozigóticos, de 5 años. Lo tenían claro ellos mismos desde el inicio. *«Mamá, iremos juntos y si no, no queremos ir al cole».* Hacen amigos con facilidad y son los niños populares de clase. Su mutua compañía les permite ser autónomos e interdependientes al mismo tiempo.

◊ Para María y David de 5 años, los padres optan por clases separadas. Lo hacen porque María domina mucho a su hermano. Los primeros días son difíciles para ambos niños, pero David ya pronto empieza a disfrutar su «libertad». Empieza a hablar mejor y se muestra menos dependiente de su hermana. Su relación se hace más equilibrada.

◊ Para otra pareja, Amelia y Tomás, de 5 años, los padres optan por una sola aula. Los niños están muy encariñados el uno con el otro y su relación es positiva y equilibrada. Se adaptan sin problemas al colegio y entablan cada uno por su lado nuevas amistades. Para ellos su compañía es todo un apoyo que les facilita la adaptación.

Los trillizos

En caso de trillizos la decisión aún es más complicada. Aquí también debemos valorar cada situación por separado y no sirven pautas generales. Por ejemplo, para unos trillizos que anteriormente no fueron a una guardería, puede ser preferible que empiecen juntos la escolaridad. Más que en el caso de los gemelos, en los trillizos influye aquí el factor de la prematuridad de los niños. ¿Están preparados para estar separados de sus padres y sus hermanos trillizos?

Pero para otros trillizos con experiencia en una guardería, una separación puede ser un acierto, por ejemplo cuando uno domina sobre los otros, cuando se pelean mucho entre ellos, cuando son muy competitivos (ocurre más a menudo en trillizos varones) o los tres son muy movidos e inquietos, porque se imitan continuamente.

En el caso de trillizos una premisa muy importante para efectuar una separación de clase es que los niños sean lo suficientemente maduros como para estar separados. Esto lógicamente es distinto para cada trío.

Los trillizos de Ana (trizigóticos, 2 niños, 1 niña) fueron separados y colocados en tres aulas distintas en contra de su voluntad y la del padre. Lo que ellos ya temían, ocurrió: los niños mostraron claros signos de retroceso en su desarrollo, como problemas con el control de los esfínteres que ya dominaban perfectamente, trastornos de sueño, petición de nuevo del chupete, etc. De niños alegres y colaboradores se convirtieron en niños problemáticos y difíciles, como consecuencia de la separación. El colegio no quiso rectificar su decisión.

Esta situación es muy lamentable, más si pensamos que educar a trillizos para cualquier familia es una carga enorme que requiere muchísima dedicación por parte de los padres. La sociedad y en concreto los colegios deben facilitarles al máximo a los padres la crianza a sus hijos.

Pero en el caso de los trillizos de Ana que acabamos de exponer el colegio no quiso rectificar: después de un año complicado, los padres los matricularon en otro centro donde se les permitía estar juntos. Y ahora, a sus 8 años, están cada uno en una clase individual, porque es lo que en esta fase de su vida más les beneficia. Pero para llegar a este estadio de madurez estos trillizos, como muchos otros, incluyendo gemelos, necesitaban estar juntos en sus primeros años de escolaridad.

Los estudios sobre trillizos

Britta Alin-Akerman, una psicóloga sueca estudió en 1997 la situación de 17 familias de trillizos. También investigó la situación escolar de los niños, cuando tenían 6 años y se dio cuenta de que los padres generalmente prefieren mantener los niños unidos mientras que los colegios suelen ser partidarios de lo contrario.

De su grupo objeto de estudio, 5 familias optaron por clases distintas, principalmente por una diferencia de nivel en sus hijos. En 2 de ellas dos niños estaban juntos en el aula y uno separado. Los padres estaban contentos con su decisión. Y los profesores comentaron que los trillizos funcionaban bien en el colegio. No había confusión sobre su identidad, los niños ganaron en autoconfianza y funcionaban con mayor soltura, cada uno por su lado. No fueron comparados entre ellos.

Las familias que optaron por tener a los niños juntos, también estaban contentos, tanto para sus hijos como para sí mismos. Les ahorraba mucho tiempo, porque la situación logísticamente era más fácil para ellos (solo una reunión escolar, los mismos deberes, etc.). No obstante, los padres se sentían criticados por el mundo exterior (profesores, otros padres...), como si tuvieran que defender su decisión. Esto les causó más estrés que la misma decisión.

Los profesores comentaron en esta investigación que en los trillizos muchas veces uno es algo más maduro y más sociable. Ocurre, entonces, que éste se convierte en la portavoz de los tres. También ocurre que los trillizos se controlan mucho entre sí. La competitividad entre ellos puede ser feroz. Al margen de estos fenómenos, había profesores que mencionaron las ventajas de tenerlos en la misma clase. Entendieron la posición de los padres y lograron ver a los niños como individuos en vez de un trío. Como afirmaba un profesor:

«Cuando no hay una gran dependencia entre los tres, es un reto tenerlos juntos, ver sus diferencias y su evolución».

A veces, según Akerman, un profesor se muestra escéptico sobre el hecho de tener a múltiples en una misma clase porque teme una conspiración del trío que pudiera perjudicar el buen funcionamiento de su clase. Pero, según la investigadora, esto es más una señal del temor del mismo profesor que la realidad de los trillizos. En otras palabras, es el profesor el que tiene dificultad en verlos como tres individuos separados.

Akerman comenta que muchos profesionales de la enseñanza, como direcciones de colegios, profesores, etc., parten de la idea preconcebida de que es mejor separar a los trillizos (lo mismo sirve en caso de gemelos). Mi propia experiencia es que las personas que no tienen muchos conocimientos sobre los hijos nacidos de un parto múltiple, son partidarios de clases distintas. También Akerman lo pensó al principio de su investigación. Pero cuanto más aprendía sobre la psicología de los trillizos, más matizaba su juicio. Su conclusión final del estudio fue que la elección por una sola clase fue mucho más acertada de lo que había pensado al principio. Tanto los padres como los trillizos lo vivían como una decisión acertada. Pero, añadió, en caso de grandes diferencias académicos, una separación de clase puede ser beneficiosa.

Ejemplos de familias

Hay muchos factores que las familias deben tener en consideración tales como la relación entre sus hijos, su zigosidad, posibles diferencias en su nivel intelectual y su madurez (no es lo mismo que su edad). Durante los primeros años los múltiples se necesitan más. He aquí unos ejemplos de lo que explican algunas madres y padres:

Carmen, madre de trillizos de 5 años (dos niños y una niña):

«Mis hijos siguen acudiendo a la misma aula, aunque me costó mucho convencer al centro de mi decisión. Querían separarles, porque opinaban que la niña se ocupaba demasiado de sus hermanos. No comparto esta opinión; entre ellos existe efectivamente mucha complicidad, pero lo veo normal. ¿Cómo no va a haber un gran vínculo? Considero que separarles ahora es demasiado pronto. Seguramente lo haremos cuando empiecen la primaria. El colegio dispone de 3 aulas».

Mercedes y su marido optaron por 2 clases para sus trillizos trizigóticos, todos varones. Al hijo que dominaba a sus hermanos, se colocó sin sus hermanos. Le preparaban bien para este paso y procuraban que un amigo de su vecindad fuera a la misma clase. La decisión resultó ser positiva para todos.

En esta situación, en la que el colegio solo dispone de dos aulas por curso, algunos padres toman la decisión a base de las diferencias intelectuales. El niño que está menos adelantado en su desarrollo y al que le cuesta más el trabajo, le ponen aparte para evitarle frustraciones. De este modo el niño puede desarrollarse a su ritmo sin sentirse inferior.

Si los trillizos son dizigóticos y solo hay dos clases paralelas, ¿cómo se puede tomar una decisión acertada? En el caso de que se junten a los gemelos, el mellizo puede sentirse pospuesto. Como su situación de por sí no es fácil, dado el gran vínculo entre sus hermanos gemelos, tal decisión no hace más que acentuar su posición especial, más cuando los trillizos son del mismo sexo. Muchas veces los padres en este caso deciden mantenerlos juntos.

Valeria, madre de trillizas dizigóticas:

«No nos parecía bien separar a una de las niñas. Separar a las gemelas no era para nosotros una opción, porque les encanta estar juntas. Y poner a su hermana melliza en otra aula, nos pareció mal porque la niña ya se siente muchas veces algo apartada. Así que, a sus 6 años, van juntas. En el colegio pensaban en separar a las gemelas, porque las veían dependientes. Pero finalmente aceptaron nuestra decisión. En otros cursos miraremos de nuevo la situación. De momento las tres están felices».

Otra madre, también de trillizos dizigóticos (dos gemelas y un hermano mellizo) decidió poner al niño con una de las niñas. Está segura de que esta medida reforzó la relación entre ambos, pero al mismo tiempo lamenta que las niñas no estén juntas. Los tres, no obstante, parecen haber aceptado la situación.

Otros padres, también de trillizas dizigóticas, buscaron un colegio con tres aulas por curso. Les parecía la única solución adecuada. El colegio está muy lejos de su casa.

Una familia de trillizas monozigóticas optó por esta decisión:

«No nos parecía bien tenerlas en una misma clase. Las tres son muy temperamentales y fácilmente arrastran a toda una clase. En el colegio solo hay dos aulas. Analizamos bien sus caracteres. Dos de ellas se necesitan más y ambas son más inseguras. Ellas irán juntas. La otra es más independiente e irá sola, pero estará en el aula con su primo con quien se lleva muy bien. En la Escuela Infantil estuvieron juntas y ahora a sus 6 años irán en dos aulas».

También puede ocurrir que los gemelos o trillizos pasan toda su infancia en una sola aula, porque no hay otra opción. No hay estudios que demuestren que esto perjudica a los niños.

Su lenguaje

Los padres de hijos de partos múltiples suelen preocuparse por el lenguaje de sus hijos. En caso de gemelos, el retraso que es frecuente en los primeros dos años, ya no suele observarse. Según datos de la Universidad Libre de Ámsterdam, un 69% de los trillizos sufre un ligero retraso y un 85% recibe clases de logopedia.

En general, a los 4 años los niños, en lo que se refiere al lenguaje, son capaces de:

▶ Utilizar su propio nombre y el del hermano o hermanos. También conocen su apellido.

▶ Emplear correctamente el término «yo» y «nosotros».

▶ Decir frases de cinco o seis palabras.

▶ Escuchar atentamente los cuentos.

▶ Contar cosas que les han pasado, refiriéndose al pasado y al futuro.

Si uno de sus hijos tiene problemas de lenguaje o no avanza correctamente, conviene llevarlo al pediatra para una revisión del oído y a un logopeda. Una intervención a tiempo es importante para evitar futuros problemas.

Algunos gemelos o trillizos continúan manteniendo sus propias palabras que sólo ellos entienden. Mientras eso no entorpezca la comunicación con ustedes ni con sus amigos, no hay problema. A medida que los niños van madurando, dejarán estos términos o sólo mantendrán algunos, algo que ocurre también entre los hermanos no gemelos.

Pueden darse grandes diferencias entre el nivel de un niño y otro (otros). Es sabido que las niñas adquieren el lenguaje con mayor facilidad que los niños. En ello influye la estructura cerebral, que es diferente para los dos sexos. En vez de comparar el lenguaje de sus hijos entre sí, conviene compararlo con otros niños de su edad. Así puede averiguar si se trata de simples variaciones o de un retraso. Sigue siendo importante evitar que uno hable por el otro y conviene hablarles al máximo individualmente, llamándoles por su nombre. Insista también en recibir una respuesta del niño al que usted se dirija. Conviene hablar y leer mucho al niño menos locuaz.

La competitividad

Con el descubrimiento del «yo» y «el otro», surge al mismo tiempo el sentimiento de la competitividad (entre el segundo y tercer año). También se da entre hermanos de distintas edades, pero entre los de la misma edad suele ser una emoción más fuerte. El niño ya valora sus propias habilidades y las compara, en todo momento, con las de su hermano.

Cuando se dan grandes diferencias en su desarrollo —uno ya sabe montar en bicicleta y el otro no— la competitividad puede llegar a ser muy fuerte. Es algo frecuente entre los gemelos dizigóticos, porque su ritmo de crecimiento puede variar bastante. Pero también influye el carácter de los niños; los que son ambiciosos, pueden sentir mucha competitividad.

Carmen, madre de gemelos monozigóticos de 5 años, nos cuenta:

«Miguel y Gonzalo compiten por todo, por quién es el primero en levantarse, el primero en sentarse a la mesa, en anudarse los cordones... Con ellos el día es una constante carrera para ver quién de los dos es el primero».

Ramona, madre de gemelas dizigóticas de 5 años:

«Las niñas miran con lupa lo que la otra aprende y hasta qué punto está más avanzada. Y si hay diferencias (lógicamente las hay), se enfadan muchísimo y cada una intenta ponerse a la altura de la otra».

A veces, esta situación tiene sus ventajas: el progreso de uno es un estímulo para el otro, ya que le incita a conseguir lo mismo. Otras veces el gemelo más avanzado deja de mostrar sus capacidades para que el otro no sufra. ¡Esta es la situación totalmente opuesta!

Fernando:

«Uno de mis gemelos dizigóticos aprendió muy pronto a leer. Nos lo mostraba orgullosamente. Pero cuando se dio cuenta de que su hermano sufría al no saber leer aún, dejó de hacerlo y hasta su maestra pensaba que no sabía leer. Fue, por cierto, uno de los motivos por los que finalmente optamos por separarles de clase».

Por lo tanto pueden darse situaciones muy diferentes entre los gemelos y trillizos, en las que tanto influye su zigosidad como su carácter. Como los monozigóticos tienen un desarrollo más parecido (si uno aprende a nadar, el otro no tarda en dominar también este arte), generalmente la competitividad es algo menor. Además, si no son muy ambiciosos (en ello influye el carácter), puede que sientan el logro del otro como algo suyo de lo que se alegran; el logro de uno no supone ninguna amenaza para el otro. Así, Eric animó a su hermano gemelo, monozigótico, a no cometer los mismos errores que él en una ponencia que acababa de dar en clase. Eric no se sintió contento con la nota obtenida (un 6) y le deseaba al otro una más alta.

Pero, cuando ambos (o los tres) son ambiciosos, puede desatarse una fuerte pelea.

Antonio:

«Mis hijas gemelas, monozigóticas, son muy competitivas. Les encanta el baloncesto y muchas veces juego con ellas. Cuando una de las dos lanza una buena bola, a veces dudo si felicitarla o no porque su hermana puede enfadarse mucho. Aun así suelo elogiarlas según sus méritos, porque no hacerlo no me parece justo para la que acierta o hace algo muy bien».

Esta táctica es la más justa y acertada. Los gemelos deben aprender que a veces uno tiene éxito y otras veces el otro. Pero, hasta lo más mínimo, como por ejemplo la cantidad de pecas (*«¡tienes más que yo!»*) puede dar pie a las discusiones más vehementes, ya que cada uno quiere ser siempre el primero en todo (*véase el* Capítulo 20).

Los múltiples deben aprender desde pequeños que uno es mejor en algunas facetas de la vida que otro. Y que uno tiene que trabajar duro, mientras el otro sin apenas esfuerzo consigue el mismo resultado. Los hijos nacidos de un parto múltiple ya aprenden pronto que la vida no es justa.

Conductas agresivas

Según los datos de varios estudios, la agresividad entre los hijos de un parto múltiple es un fenómeno bastante normal, sobre todo en los varones. Si comparamos los diferentes grupos de gemelos, entre los gemelos varones dizigóticos es donde más nivel de agresividad se observa. Se pelean y se muestran agresivos entre sí, pero no con otros niños. Los gemelos dizigóticos (DZSSm) se pelean porque ambos defienden sus derechos y su territorio (*«¡éste es mi coche, mi balón!»*) .

¿A qué es debido este fenómeno? Es un hecho bien conocido que, en general, los niños muestran más agresividad que las niñas, debido a que la hormona testosterona está más presente en ellos que en ellas (es la responsable de la agresividad). A los 4 años esta hormona se duplica y es a partir de los 6 años cuando su nivel va bajando, aunque sigue manteniéndose en un porcentaje más alto que en las niñas. Y otro factor parece ser que los monozigóticos suelen tener una relación menos estrecha con su madre, dada la gran complicidad existente entre los dos. Quizás dicha complicidad sea la que los lleve a pelearse: por un lado se necesitan mutuamente y, por otro, se resisten a esa necesidad, ya que cada uno siente el impulso innato de ser una persona autónoma.

Consejos

✓ Fortalezca la relación exclusiva de usted con cada uno de sus hijos.

✓ Desapruebe y castigue las conductas negativas, prohibiéndoles ver televisión, acostándoles antes de hora o mandando al agresor a su cuarto (el truco de la pausa obligada). Premie las conductas buenas.

✓ Enséñeles a decir «no» con firmeza y determinación, a ceder y a hacer tratos en lugar de pelearse. Enséñeles que argumentar con palabras es más eficaz que utilizar la fuerza. Elógieles y dígales lo «mayores» que son, cuando utilicen estas tácticas en vez de pegar, dar patadas o morder.

✓ Cuando sus hijos estén enzarzados en una pelea, no intervenga a la primera; déjeles un tiempo, porque es posible que lo solucionen entre ellos. Esto siempre es preferible (aumenta su autoestima) y ocurrirá cada vez más a medida que crezcan. Sin embargo, sépareles en caso de que se hagan daño.

✓ Procure que estén ocupados con cualquier actividad y salga a menudo con ellos al parque o al campo. Jugar al aire libre siempre es positivo: libera tensiones y energía y, dado que el espacio es amplio, se pelean menos.

✓ Procure que cada uno tenga sus propios amigos y que no estén todo el tiempo juntos. Ahora ya tienen una buena edad para pasar unas horas en casa de un amigo. Pida ayuda a otras madres para el tema de recoger y llevarlo(los).

✓ Deles rincones separados para sus pertenencias y juguetes. Si no tienen un espacio propio (como un armario o unos estantes individuales, ropa y juguetes propios), sus peleas serán más frecuentes, ya que están continuamente marcando su terreno.

✓ Si siempre cede el mismo niño, enséñeles a echar una moneda para ver quién tiene que dar el paso.

El síndrome de déficit de atención con o sin hiperactividad

Si la agresividad va acompañada de conductas impulsivas e incontroladas, nerviosismo y falta de concentración, puede tratarse del síndrome de déficit de atención con hiperactividad (TDAH). Según el profesor David Hay (Australia), que hizo un amplio estudio sobre gemelos y sus conductas, este síndrome se da más en gemelos que en otros niños. En caso de gemelos monozigóticos, si uno lo padece, la posibilidad de que le afecte al otro alcanza un 80%. En los gemelos dizigóticos esta cifra se sitúa entre el 30% y el 40%.

El síndrome TDAH es un trastorno serio que debe ser diagnosticado cuanto antes. Se trata de un trastorno biológico, cuya causa es una producción irregular de dopamina y noradrenalina, dos neurotransmisores necesarios para que exista una buena comunicación entre las neuronas y todo funcione bien. ¡En absoluto tiene que ver con la educación paterna!, una creencia popular hasta ahora bien arraigada. El niño, afectado por este trastorno, tiene problemas para mantener la atención y controlar sus impulsos (actúa antes de pensar). En el lenguaje popular se les llama «hiperactivos» a estos niños, pero el trastorno no siempre se presenta en forma de hiperactividad, también puede haber solamente una falta notoria de atención (por ello algunos expertos hablan del trastorno de déficit de atención con o sin hiperactividad). El trastorno afecta al ámbito familiar, escolar y social del niño. El niño, muy a su pesar, molesta a los demás, se enzarza en peleas, se muestra agresivo y tiene pocos amigos. Sus padres tienen la sensación de no poder llegar a él; sus avisos y castigos no surten efecto. La mayor incidencia de este problema en los gemelos puede estar relacionada con un parto prematuro y el bajo peso al nacer. También influye la genética: un padre hiperactivo tiene más posibilidades de tener un hijo con este síndrome. También algunos hábitos nocivos durante el embarazo, como fumar, beber o tomar drogas, influye en la aparición de este trastorno.

Soluciones y tratamiento del síndrome TDAH

Hoy día se diagnostica este síndrome en los primeros años de vida (alrededor de los 3 ó 4 años). De bebés son inquietos y llorones; les cuesta establecer un ritmo de tomas y sueño; no aprenden a caminar paso a paso, sino que se lanzan literalmente a la aventura; sufren muchas caídas y accidentes; su desarrollo motor parece precoz, aunque se caracteriza por una torpeza significativa; tienen más rabietas que otros niños. En la edad escolar, a los tres años, se les nota su dificultad para estarse quietos y prestar atención.

Ante la mínima sospecha de este síndrome conviene consultar con su pediatra. Hoy día existen en muchas ciudades unidades especializadas en el tratamiento del TDAH. Siempre es multidisciplinario; intervienen varios especialistas, como un neuropediatra, un psiquiatra infantil, un psicólogo, un profesor de apoyo y otros. Se suele optar por una combinación de tratamientos, como tratamiento psicológico y psicoterapia conductual. Se les enseña a los padres a crear un entorno estructurado en casa. A su hijo le beneficia que sus padres mantengan normas claras y estrictas. El niño necesita una rutina diaria: horario de comidas, siestas y actividades según un orden prefijado. Para cada familia se elabora una serie de directrices educativas y prácticas que facilitan la convivencia con el niño con TDAH. Y se suele prescribir un tratamiento farmacológico que regulen la impulsividad, la hiperactividad y la desatención. Los padres suelen temerlo, pero puede ser un alivio para el niño y ellos mismos, produciendo un gran cambio en su vida.

Mayor falta de concentración en los gemelos

David Hay descubrió en sus estudios que los gemelos, especialmente los varones, tienen más problemas de concentración que otros niños. No es de extrañar; ellos raras veces tienen la oportunidad de dedicarse plenamente a una actividad. Siempre está el hermano que interrumpe sus actividades o pensamientos. Al ser su situación diferente a la de otros niños, no entrenan la concentración de igual forma que estos. Conviene que los padres estén al tanto de la situación. Aunque no resultará fácil llevarlos a cabo, he aquí unos consejos:

- ▶ Intervenga si uno de los dos (tres) está absorto en una actividad y el otro intenta entrometerse. Una buena idea es desviar la atención del «intruso» y sugerirle alguna actividad atractiva.

- ▶ Anime al niño que se aburre a que busque un amiguito o que salga a jugar a la calle (si se vive en un barrio tranquilo).

- ▶ Mantenga rutinas y reglas claras para la vida cotidiana. Enséñeles a sus hijos estrategias para la auto-organización, como planear, llevar a cabo y controlar.

- ▶ También un rincón en la casa, reservado para hacer actividades que requieran concentración, les viene bien. Así se les enseña a no interrumpir el juego del otro y a respetar su intimidad.

La difícil tarea de educar a dos o más hijos de la misma edad

La llegada de dos (o más) bebés supone una gran carga para ambos padres, tanto a nivel individual como de pareja. Con la llegada de un solo hijo, hay más tiempo y mayor oportunidad para acostumbrarse al nuevo rol del padre e ir asimilando todos los cambios que esto supone. Los nuevos padres de dos (o más) bebés no sólo tienen que enfrentarse a una mayor adaptación a su nueva vida (el impacto emocional es más grande), sino también empezar a educar de un día para otro a dos bebés: conocer sus necesidades, sus caracteres y más adelante su relación entre sí; quiere decir: lidiar con sus peleas, los celos, vigilar la independencia de cada uno, y un largo etcétera. Todo esto exige mucho de los padres y no es extraño que encuentren dificultades en la educación de sus hijos. Sobre todo los primeros años son los más críticos.

En mi grupo objeto de estudio me he encontrado con varias familias al borde de la desesperación. El mayor problema era la sensación de no controlar la situación con sus hijos, especialmente su desobediencia, agresividad, rebeldía y las continuas peleas. Si este es su caso y a diario vive momentos en que no sabe cómo salir adelante, es conveniente buscar ayuda profesional. Un psicólogo o terapeuta familiar puede proporcionarle las herramientas necesarias para aprender a manejar estas dificultades. Las conductas difíciles de los niños, como la desobediencia o la agresividad, están en parte relacionadas con la edad, pero esto no quiere decir que desaparezcan espontáneamente. Es más, si un niño a los 4 años sigue desobedeciendo y retando a sus padres la mayor parte del tiempo, difícilmente cambiará en los siguientes años, según indican recientes estudios. En otras palabras: esta conducta es un motivo justificado para buscar ayuda. Muchas veces, en estos casos, falta una constancia en la educación, por lo que los niños no aprenden a atenerse a las normas. En ello también influye el que ellos interactúen entre sí constantemente, lo cual merma la influencia paterna. Y en más de un caso he visto padres que no ejercen su paternidad de forma unánime; la falta de consenso sobre las normas más importantes perjudica a los gemelos, que más que otros niños necesitan normas claras y permanentes.

También desempeña, indudablemente, un papel importante el cansancio de los padres, su situación económica, la difícil tarea de compaginar el trabajo con la paternidad, la preocupación por los hijos, etc. No existe ninguna duda de que su carga, psíquica y emocional, sea mucho más grande que la de los padres con hijos de varias edades. O como me escribió un padre:

«Para educar bien a hijos de un parto múltiple hay que tener una gran madurez emocional». No lo dudemos.

Aparte de la ayuda de un psicólogo, el contacto con otros padres de partos múltiples también puede serle muy útil, sobre todo si ya pasaron por la fase en la que usted aún se encuentra.

La Universidad Libre de Amsterdam realizó en 1993 un estudio entre 29 familias de trillizos, con edades comprendidas entre 4 y 7 años. La mayoría de las familias reconocían tener una vida ajetreada y agotadora, más que otros padres. Pero sólo para las familias con alguna dificultad añadida, como tener pocos recursos económicos o un hijo con problemas de salud, la situación se les desbordó; algunas buscaban ayuda psicológica. Las demás opinaban llevar bien el día a día con sus hijos. Y comentaron estar felices por vivir la experiencia: ver crecer a tres hijos de la misma edad y observar su relación significa para la mayoría de estas familias una experiencia única y enriquecedora.

Una relación bajo estrés

Según un estudio inglés, el porcentaje de divorcios entre padres de múltiples es mayor al de otras familias. Debido a una carga doble (o triple), el divorcio puede precipitarse en parejas que ya estaban atravesando dificultades. Otras veces son los llantos ininterrumpidos, el incesante ciclo de cuidados, la falta de sueño y la falta de tiempo para dedicarle a la pareja los motivos que se convierten en obstáculos insalvables. Pero también hay parejas cuya relación se fortalece al afrontar el reto a educar a dos (o más) hijos de la misma edad.

Las siguientes sugerencias le pueden ayudar a superar los inevitables baches matrimoniales:

- ▶ Hable abiertamente con su pareja sobre sus sentimientos, como la frustración, el agotamiento, la desesperación, etc. Y si necesita más apoyo de él, pídaselo claramente, indicando en qué momento, para qué tarea, de qué manera, etc. No debe suponer que el otro lo entenderá sin más (no suele ser así).

- ▶ Despoje la relación de sentimientos negativos, como irritaciones o decepciones acumuladas. Un buen truco es este: cada uno puede hablar cinco minutos sin que el otro intervenga. Hay que seguir así hasta que los dos se sientan aliviados. Si le cuesta hablar abiertamente, escríbalo en un diario y deje que lo lea.

- ▶ Hable sobre las discrepancias que hay entre ustedes en cuanto a la educación. Tenga presente que cada uno educa según el modelo paterno en su infancia. Por lo tanto es inevitable que haya diferencias. No es necesario coincidir en todo, pero sí conviene estipular directrices para los temas importantes (los castigos, los premios, la hora de dormir, las costumbres, el margen de libertad, etc.).

- ▶ Evite discutir sobre lo trivial y exprese lo que realmente le deprima y le duela. Emplee los mensajes en forma personal (*yo quisiera…, me duele que*), que son más efectivos que los que empiecen por tú (*siempre te olvidas, lo que haces…*). El efecto de estos últimos es que el otro se pone a la defensiva, lo cual no aumenta el entendimiento.

- ▶ Busque tiempo para estar juntos. Ahora los niños ya tienen una buena edad para pasar unos días en casa de familiares o amigos, por lo que un viaje en pareja ya no es una utopía. O concédase frecuentemente una noche para ir a cenar juntos.

Situaciones típicas de la convivencia con gemelos

Podemos decir que para la educación de hijos de un parto múltiple se necesita una mayor dosis de creatividad, comprensión y paciencia. Las siguientes situaciones lo demuestran:

Tres hijos en vez de dos

Ruth:

«Estoy muy feliz con mis gemelos monozigóticos de 5 años, pero reconozco que educarles no me resulta fácil. Tengo la sensación de tener 3 hijos en vez de 2. Primero están ellos como individuos: Carlos, el responsable y el sensato; Ricardo, el 'rabo de lagartija' y el sensible. Los dos juntos son un individuo distinto: ruidosos, imparables, fantasiosos... Si juegan en su habitación, ubicada justo encima del salón, es como si una manada de elefantes pasara por mi cabeza. Totalmente distintos a como son cuando los trato de uno en uno. Y esto es confuso».

Los gemelos, además de su propia identidad, tienen, también una identidad en común, la llamada identidad gemelar. Todos los padres observan que sus hijos, cuando están separados, se comportan de modo diferente. Aquí también juega un papel el síndrome de la intensificación gemelar (*véase* el Capítulo 17), lo cual quiere decir que los gemelos se refuerzan en sus conductas. El niño excitado influye con su nerviosismo al hermano. A medida que maduren y crezcan, esta influencia será menor porque sabrán fijar mejor los límites entre sí mismo y el otro.

Mentir para atraer la atención

Belén:

«Mis hijos Juan y Silvia van a clases separadas. Cuando vuelven a casa, cada uno quiere contar sus vivencias. Juan es el más locuaz y sabe contarme con mucho detalle todo lo que hizo durante el día. Silvia también lo desea, pero

no le salen las palabras con la misma facilidad y además le cuesta recordar lo que hizo. Así que se inventa todo tipo de historias ('mentiras' según su hermano) para que Juan no acapare toda la atención. Al principio no sabía cómo reaccionar. ¿Tenía que reñirla? Hablé con su profesora, a la que se le ocurrió anotar con dibujos en su cuaderno las actividades del día. Ahora Silvia consulta su libreta y recuerda lo que quiere contar. Además, les obligo a hablar por turnos. Así, diariamente hay problemillas por solucionar».

Los gemelos son muy creativos a la hora de inventarse maneras para obtener atención individual. Recurren a cualquier método, incluso mentir. Conviene enseñarles a hablar por turnos y también el sistema de «un día para cada uno» ayuda reducir estas peleas.

Intercambio de conductas

Lisa:

«De mis hijos, Alex es el más sensato y el más tranquillo; también es el que más se esfuerza en el colegio y el que más atiende a razones. Esteve es más movido, más despistado, más travieso y el que menos caso hace de las reglas. Pero, de repente, sin causa aparente, los niños cambian y el que antes era el más sensato empieza a comportarse con su hermano, no ateniéndose a las reglas, mientras que este se vuelve más obediente. Estos intercambios nos confunden. «¿Quién es quién realmente?», nos preguntamos».

Una posible explicación es que en el fondo los niños tienen un carácter muy parecido y que, según las circunstancias o las fases que atraviesan, se reflejan unas características u otras. Tanto Álex como Esteve tienen una parte responsable y otra irresponsable; una parte traviesa y otra seria, etc. Además, sus conductas siempre son una reacción a las del otro. ¡Se influyen continuamente! Si uno se impone como líder, el otro asume el papel de seguidor, porque difícilmente los dos pueden mandar a la vez. Se acoplan continuamente, aunque al mismo tiempo intentan diferenciarse el uno del otro en su búsqueda de la propia individualidad. Esto no es fácil, porque se trata de pequeños matices y no de caracteres totalmente opuestos. Se deben entender estos intercambios de roles considerando la conducta humana como un continuo donde caben muchas características; o, dicho de otro modo, como un péndulo, buscando siempre el equilibrio.

Chivarse

Cristina:

«Mi hija tiene la costumbre enumerar todas las malas conductas de su hermano. Mamá, le ha tirado de la cola al gato' o '¿Sabes que ha cogido otra galleta?'. No me gusta en absoluto».

Algunos gemelos parecen pasarse el día chivándose de su su hermano o hermanos. ¿Cómo se debe actuar en tal situación?

En primer lugar hay que comprender sus motivos. Puede que su hijo se chive porque está aprendiendo a obedecer y seguir las normas; se asusta al ver que su hermano no las cumple. Está algo obsesionado con el tema y se angustia cuando las cosas no se hacen de manera correcta. En este caso conviene tranquilizarle y explicarle que usted se encarga de la situación y de enseñarle las buenas conductas a su hermano. Otro motivo bien distinto es cuando su hijo se chiva como modo de rebajar al otro (*«ella se comportó mal»* lo que significa *«y yo no»*). En este caso, el niño tiene una autoestima baja y busca de este modo los elogios o bien un consuelo (*«me ha pegado»* significa *«necesito un beso»*). Demuéstrele que usted siempre está interesado en él sin que haya necesidad de chivarse, como por ejemplo: *«Cuéntame siempre lo que te pasa, pero no es necesario que hables mal de tu hermana».* Conviene decir algo parecido cuando uno explica las trastadas del otro, ocurridas en el colegio. Si uno de sus hijos continuamente está criticando al otro y poniéndole al tanto de todas sus «maldades», conviene actuar con contundencia.

El orden de nacimientos y su influencia

En todas las familias con hijos siempre hay un hijo mayor, uno pequeño, etc. En caso de hijos nacidos de un parto múltiple no existen estas
clasificaciones, ya que los niños nacen con muy poca diferencia de tiempo (de unos pocos minutos hasta un máximo de 45 en caso de un parto
vaginal, y de unos segundos en caso de cesárea). No obstante, a veces los
padres también hablan del «mayor» y del «pequeño», refiriéndose al que
nació primero o al que físicamente está más grande. Seguramente esta
costumbre es debida a la tendencia humana de clasificar las conductas sociales o darles alguna explicación. El hijo que es el primero en nacer, es en
términos legales el «mayor», lo cual según la historia bíblica desencadenó
una ruptura entre Jacob y Esaú por el derecho de primogenitura (según la
historia Esaú le vendió este derecho por un plato de lentejas).

Por los estudios sabemos que el primero en nacer suele ser el bebé que
ocupó el mejor sitio en el útero. El niño que según sus padres se desarrolla
más lento, muchas veces es el segundo en nacer. Pero no hay estudios que
confirmen realmente este hecho. Puede que aquí también influya la subje-
tividad de los padres y su tendencia a comparar las conductas de sus hijos.
Sí parece ser cierto que el que pesa más, nace primero y que, curiosamente, suele ser el «dominante» de los dos; el segundo es el «dominado» (esto
es así en la mayoría de los casos, pero no en todos). Algunos padres deciden no revelar esta información a sus gemelos hasta que no pregunten.
Cuando son pequeños, están contentos de saber que nacieron el mismo
día. Sus padres retienen esa información para no poner más énfasis en «su
lucha de poderes». Entre los gemelos (como entre hermanos y entre todas las personas) siempre se da la necesidad de determinar las posiciones:
quién es el más fuerte, quién el débil, etc. Se trata, sin duda, de una táctica
inteligente aunque no evite las comparaciones, dado que es algo inherente
a la naturaleza humana. Y tal vez algún día —probablemente durante este
periodo— los pequeños pregunten quién de ellos fue el primero en nacer.
A veces la respuesta les sorprende, como sucedió con unas gemelas de cinco años. Una de ellas preguntó a su madre quién había nacido primero. La

madre le contestó que fue ella misma. La pequeña, sorprendida y extrañada, dijo a su madre: «Pero, mamá, no puede ser; ¿no sabes que yo soy la segunda y mi hermana es la primera?». Entonces la sorprendida fue la madre; no sabía que la hija que le había hecho esta pregunta se sintiera inferior a su hermana gemela (algo que le preocupó). Pero, la niña se alegró de la extraña noticia, y eso le ayudó en las peleas a imponer su voluntad a su hermana, con el «arma» de que ella ¡había nacido antes!

Como en este caso, muchas veces no son tanto los padres los que hablan o piensan en estos términos de mayor o menor, sino los mismos niños.

Elsa, madre de trillizos:

«En nuestro caso nació primero el niño y luego las niñas. Fue cesárea, así que dependió exclusivamente de dónde estaba colocado cada uno. Cuando nos preguntaron por el orden en que nacieron, se lo explicamos. Y ahora continuamente dicen 'yo soy el mayor', 'yo soy la mediana' y 'yo soy la pequeñita'. Les gustan mucho estos papeles, que utilizan en sus juegos y los han asumido muy bien. Sin embargo, mi marido y yo nunca nos hemos referido a ellos así, ni pensamos así. Nos resulta muy curioso».

A los niños les gusta tener un lugar definido en el seno familiar, que les viene dado por el orden de nacimiento. No obstante, a medida que los padres, en su educación, logran destacar lo único de cada hijo, la importancia de la posición que ocupa cada uno irá disminuyendo. Para ello es importante no poner nunca a ninguno de los niños como ejemplo para el otro y compararles lo menos posible. Cuanto más se le brinda a cada niño la posibilidad de desarrollar su propia identidad (ser quien es) y vivir sus propias experiencias, más se irá distinguiendo del otro (u otros) y habrá menos motivo por la lucha de definir el propio lugar.

Por lo tanto, mi consejo es evitar en la medida de lo posible las etiquetas como «el mayor» y «el pequeño». Frases como «cuida de tu hermano, ya que eres el mayor» suelen frustrar al otro y mermar su autoestima. *«¿Acaso no nacimos el mismo día?»*, se preguntará. Y puede que por ello toda su vida se sienta «el segundo» o «el que vino después».

Compartir la habitación

A esta edad, los niños aún suelen compartir la habitación, ya que les gusta estar juntos. Conviene organizar su cuarto de tal forma que cada uno tenga su propio rincón con su armario. Guardar sus pertenencias forma parte de la intimidad del niño, algo muy importante para los gemelos, que no disponen de tantos momentos para sí mismos como cualquier otro niño.

Para los niños nacidos de un parto múltiple su habitación tiene una función diferente a la de otros niños: los primeros suelen usarla como su rincón de juegos, mientras que los otros niños usan más el salón o la cocina, porque ellos buscan la compañía de sus padres.

Asimismo, hay buenas razones para ponerles en dormitorios separados. Esto, sin duda, estimula su independencia y ayuda a alargar el sueño de los niños, en el caso de que tengan un ritmo de sueño muy diferente.

Por lo general, los mismos niños indican sus preferencias: compartir la habitación o no. Los gemelos dizigóticos suelen compartirla cuando son pequeños, pero al hacerse mayores (alrededor de los 7 u 8 años) piden un cuarto para cada uno. Los gemelos monozigóticos suelen dormir en la misma habitación durante más años. Y algunos realmente nunca optan por cuartos distintos. O, si disponen de dos habitaciones, utilizan una para dormir y la otra para estudiar.

Su cumpleaños

Como cualquier otro niño, el día de su cumpleaños significa algo muy especial. Es un día en que los dos (tres o más) son los protagonistas. Una celebración con amiguitos del colegio aumenta su placer. Cada uno elige sus amigos, aunque a menudo son los mismos. También es positivo que cada uno tenga su propia tarta de cumpleaños.

Algunas madres del grupo de mi investigación celebran el santo de cada niño con especial atención. En ese día, el pequeño recibe regalos, incluso de su hermano gemelo, elige el menú de la comida y es, él solo, el protagonista de este día. Ser el centro de atención es algo importante para los hijos nacidos de parto múltiple, que en tantas ocasiones deben compartir la atención. Una madre decidió celebrar cada año el día de la llegada a casa de sus hijos. Sus trillizos llegaron cada uno en una fecha distinta y por ello celebra este día para cada hijo. También es una buena idea.

Sus contactos fuera del núcleo familiar

A estas edades los gemelos y trillizos se interesan cada vez más por los contactos fuera del núcleo familiar. Esto es un nuevo hito en su desarrollo hacia la independencia, no sólo de los padres, sino también el uno del otro. Cuanto antes empiecen a estar separados de vez en cuando, más fácil les será sobrellevar las separaciones que más tarde les esperan, como les ocurrirá en la adolescencia. Las visitas a casa de los abuelos o familiares pueden ser un buen medio para lograr este objetivo. Es conveniente que vayan separados (uno a casa de los abuelos paternos y el otro a la de los abuelos maternos) o que lo hagan en días diferentes. Mientras que antes les costaba quedarse a dormir sin el hermano gemelo, a esta edad tienen más autonomía y disfrutan de la atención exclusiva para ellos. A fin de cuentas es algo de lo que los hijos de parto múltiple no gozan diariamente. Sobre todo en caso de los gemelos monozigóticos, conviene ir acostumbrándoles a estar el uno sin el otro durante intervalos cada vez más largos. No suele ser fácil, pero les ayudará para que el día de mañana se valgan cada uno por sí mismo.

Ahora llega la fase en la que les gusta invitar amigos a casa. Esto puede acarrear ciertos problemas.

Cristina, madre de gemelos dizigóticos, niño y niña de 4 años:

«Cuando viene un amigo de Marcos, la niña también quiere participar en sus juegos. Pero su hermano quiere tener a su amiguito para él solo. Ahora intento organizarlo de tal modo que la tarde en que la niña tiene ballet, Marcos se

lleva un amigo a casa y hago lo mismo la tarde en la que Marcos va a fútbol y entonces ella que puede invitar a una amiga. Afortunadamente los dos tienen sus actividades extraescolares en tardes distintas. Esto requiere cierta organización, pero pienso que es importante que cada uno tenga sus propios amigos sin que el otro también se entrometa».

Marian, madre de trillizos monozigóticos:

«Los chicos quieren tener sus propios amigos. Así que empecé haciendo que de vez en cuando invitaran a un niño del colegio (los tres van a la misma aula). Pero no resulta ser fácil. Los tres intentan acaparar su atención. El pobre invitado se estaba volviendo loco, no podía con tanta reclamación. Y también ocurrió en otra ocasión que los tres empezaron a jugar y se olvidaron del invitado. Ahora, cuando viene un amigo a casa, acordamos para quién viene y quién va a jugar con él».

A veces uno de los hijos siente antes la necesidad de jugar con otros niños que el otro.

Pedro:

«Me fui con las niñas a un parque. Ana vio un banco de arena y se sentó a jugar con otros niños. Liliana, su hermana lloraba y la llamaba. Vi cómo Ana dudaba un momento, a punto de reunirse con su hermana, pero la animé a seguir jugando, mientras yo me ocupaba de Liliana. Ana ya tiene ganas de conocer otros niños y me parece que su hermana no debe frenarla en ello».

Información de interés

La soledad es una condición básica para descubrir el propio «yo» individualizado. Los hijos nacidos de un parto múltiple tardan más en descubrirlo debido a que raras veces viven momentos de soledad.

DE LOS 6 HASTA LOS 18 AÑOS

Capítulo 20. 6-12 años   459

Capítulo 21. 12-18 años   511

CAPÍTULO 20

6-12 años

A esta edad los niños muestran cada vez más interés por el mundo real y menos por el de la fantasía. Tienen curiosidad y quieren aprender y saber. Les interesa la naturaleza y es fácil entusiasmarlos.

Las amistades se hacen importantes y les gusta formar parte de una pandilla.

Alrededor de los nueve años se da una división: los niños juegan con niños y las niñas con niñas. Para los gemelos (trillizos y más) es importante no encerrarse en su relación, sino relacionarse con otros niños, ya que aprenden de nuevos contactos y de ambientes diferentes al suyo.

Durante estos años, los niños se hacen más autónomos: ayudan en casa, recogen su cuarto, hacen alguna compra y juegan en la calle, todo ello sin (apenas) necesidad de control por parte de los adultos.

Por lo general, a esta edad les sigue gustando tener un hermano gemelo, con el que congenian bien y que les sirve de apoyo en los contactos fuera del núcleo familiar.

Todas estas situaciones son equiparables a los trillizos.

Los tipos de gemelos

La pregunta típica a los padres es: son idénticos o ¿no? No obstante, se puede hacer muchas más distinciones. En realidad el total de gemelos consiste en seis subgrupos, cada uno con sus propias características y peculiaridades. Fue la doctora psicóloga Helen Koch, de la Universidad de Chicago, la que estudió los gemelos en profundidad en 1967. Comparó los diferentes tipos entre sí y con un grupo de niños de un parto único que tenían un hermano o una hermana mayor. Los niños tenían entre 5 y 7 años. Sus conclusiones, descritas en su libro *Twins y Twins Relations*, son todavía actuales y muy interesantes, aunque lógicamente cada pareja de gemelos es única.

Gemelos monozigóticos (MZm)

Este grupo de niños es, en comparación con los no-gemelos, bajo en estatura, pero no más delgado. Sacan una puntuación baja en sociabilidad y agresividad. Al mismo tiempo son poco competitivos y muestran poca iniciativa social. De todos los grupos de gemelos son los más tímidos, más introvertidos, menos habladores y más dudosos en los contactos sociales. Mientras los gemelos DZ reclaman sus derechos («*Esta es mi pelota*») , los gemelos monozigóticos lo hacen mucho menos. De todos los subgrupos, es el grupo más cooperativo. Compartir los juguetes no les resulta difícil. Se pelean y riñen menos y se apoyan mutuamente más que el grupo DZ. Además, prefieren jugar juntos que solos, mientras los gemelos DZ a veces eligen jugar sin el hermano. Son dependientes el uno del otro y tienen un vínculo muy estrecho, más que los otros gemelos varones (DZSSm). Según Helen Koch este grupo es menos competitivo entre sí que los DZSSm, porque se sienten y actúan como un dúo. Como no compiten por quién recibe más atención de papá, su vínculo con él es estrecho, más que el de otros grupos. La relación con su padre puede incluso ser más íntima que la con la madre. En cuanto al lenguaje, puntúan más bajo que el grupo de los no-gemelos.

Gemelas monozigóticas (MZf)

Aquí Koch también constató a los cinco años que este grupo de gemelas monozigóticas (femeninas) es algo más bajito en estatura que el grupo de niños no gemelos, aunque al mismo tiempo goza de buena salud. Este grupo está muy interesado en todo lo que ocurre a su alrededor, más que los hijos de un parto simple. A nivel social las gemelas están más involucradas en los adultos y en los niños y muestran un mayor grado de autoconfianza y determinación que los no gemelos. En este aspecto se distinguen del grupo anterior (MZm), que muestra más timidez y retraimiento. Las MZf son muchas veces las líderes de la clase, que gozan de popularidad y muestran una actitud activa y alegre. En comparación con las DZSSf, este grupo está más orientado a los adultos. La relación entre las gemelas de este grupo es muy íntima. Es el grupo con el vínculo más estrecho, salvo el grupo anterior que tiene un vínculo igualmente estrecho. Este grupo saca una puntuación alta en conductas consideradas como femeninas y baja en conductas consideradas como masculinas. Son, en otras palabras, muy niñas. En comparación con el grupo DZSSf comparten con facilidad sus juguetes y pertenencias. Riñen menos y no se enfadan si la hermana gemela utiliza alguna pertenencia de la otra sin pedir permiso. Prefieren jugar juntas que solas. La relación con su padre suele ser fluida y fácil, más que la de las hijas no gemelas.

Gemelos dizigóticos (DZSSm)

De los tres grupos de varones este es el de menor peso y también de menor estatura. La relación entre ellos es menos estrecha. Comparten menos juegos y muchas veces no quieren ir vestidos iguales. El hecho de que su vínculo sea menos íntima en comparación con los MZm, causa cierta presión por lo que se observa estas características: menos conductas gregarias, más defensa de sus propios derechos, una puntuación más alta en liderazgo y más involucración en el contacto con otros niños. Sacan una puntuación más alta en originalidad que los MZm. Juegan más con niñas que con niños. ¿En ello influye su estatura? Con los padres mantienen una relación más armoniosa que los hijos no gemelos, como se deduce de los resultados del test CAT (Children»s Apperception Test), en el que los niños cuentan historias a base de ilustraciones. Este grupo tiene una relación íntima con la madre. En su totalidad este grupo es, en comparación con los MZm, más agresivo y más competitivo. La competitividad hacia el hermano gemelo es mayor que el que muestra hacia amigos. Cada uno quiere ganar del otro y menos de otros niños. Al mismo tiempo este grupo se muestra a nivel social más competente que los MZm. En comparación con los no-gemelos, este grupo es menos hablador, menos competente en lenguaje y habla. Otro estudio (de Audrey C. Sandbank) concluye que este subgrupo de gemelos es más travieso y desobediente, tanto en casa como en el colegio. En general entre los gemelos varones se da un mayor índice de problemas como conductas nerviosas e hiperactividad que entre cualquier otro subgrupo gemelar y que entre los hijos de un solo parto.

Gemelas dizigóticas (DZf)

Este grupo, igual que las MZf, muestra un interés social muy grande y dispone de auto-confianza. Al contrario a las gemelas monozigóticas, este grupo saca una puntuación mucho más alta en lenguaje y habla. En comparación con los gemelos varones, cuentan historias más largas y con más fantasía. En cuanto al habla (y especialmente la articulación), este grupo saca incluso más puntuación que el grupo de los no-gemelos. Y comparado con los demás subgrupos de gemelos, este grupo es el más competente en lenguaje y habla. También en este subgrupo se observan características como extroversión y conductas vivarachas, aunque menos dirigidas hacia los adultos que en el caso de las MZf. También menos conductas consideradas como femeninas, aunque en comparación con las niñas no— gemelas no es una diferencia remarcable. Del test CAT se deduce una mayor involucración con la familia que en las MZf. Mientras las MZf comentan sentir lo mismo sobre muchas cosas, esto ocurre en menor medida en este grupo. Comentan que a veces no quieren parecerse a la hermana gemela, de tener ganas de jugar solas, de tener más peleas sobre pertenencias y no sentirse aceptadas por las amigas de la hermana gemela. Entre estas gemelas hay más distancia que la que hay entre las gemelas MZ, pero esa diferencia no es muy grande. A nivel emocional están muy compenetradas la una con la otra.

Ese grupo puede desarrollar una amistad profunda entre ellas, pero entabla más amistades que otros subgrupos, salvo el grupo DZOS. Este último subgrupo se considera a sí mismo como muy diferente, más que los demás subgrupos.

Si van a la misma clase, las DZf gozan una gran popularidad, más que las niñas no gemelas. Pueden llegar a aprovecharse de ella, el así llamado efecto Prima Dona, igual como las MZf. En general son niñas muy sociables que no tienen dificultades para hacer amigos.

Gemelos dizigóticos de sexo opuesto: el niño (DZOSm)

Este grupo, en comparación con los otros grupos de gemelos varones, habla mejor, casi al nivel de los no-gemelos. Pero al contrario con los últimos y los DZSSm, son menos emprendedores. Sacan una puntuación menor en este aspecto y también en la auto-confianza, conductas ruidosas, egoísmo y tendencia a echarles la culpa a otros. En comparación con niños de un parto único, el comportamiento de este subgrupo es moderado. Tienden más a jugar con niñas que con niños. En comparación con los DZSSm las conductas de este grupo reflejan cierta influencia de conductas consideradas como femeninas. Este grupo es considerado como más alegre, más interesado y más obediente y seguidor en comparación con los DZSSm. En comparación con los MZm estos niños son más sociables. En cuanto a su popularidad e involucración con niños y adultos, su puntuación es la misma que sacan los no-gemelos.

La relación con la hermana gemela es valorada como menos íntima que la de los DZSSm y MZm. Este grupo, en comparación con los DZOSf, saca menores resultados académicos, porque el desarrollo de las niñas en cuanto a leer y escribir es más rápido. No obstante, en comparación con

MZm sacan mejores puntuaciones en un test de inteligencia y aptitudes. Mediante el test CAT se puede ver que el niño dentro de su seno familiar vive cierta tensión, relacionada con su posición de varón conviviendo con una niña. Pero al mismo tiempo esto no es distinto a lo que otro niño no gemelo experimenta, conviviendo con una hermana mayor. Este grupo da signos de disfrutar el apoyo y cariño de la hermana gemela, pero al mismo tiempo se siente amenazado por la mayor madurez de ella, tanto a nivel intelectual como a nivel social. A nivel físico él la supera, sobre todo en los primeros años, pero a nivel social, emocional y lingüístico ella le gana. Los niños en este grupo son menos críticos sobre ella que al revés. Ellos sufren de su actitud criticona hacia él.

Gemelos dizigóticos de sexo opuesto: la niña (DZOS, f)

En comparación con los no gemelos, este grupo saca una puntuación baja en celos, echarles la culpa a otros, hacer chivatazos y agresividad. En cuanto a la sociabilidad y el nivel de lenguaje no hay muchas diferencias con las DZSSf. No obstante, el vínculo de este grupo con su hermano gemelo es menos íntimo que el que se da entre DZSSf. Muchas se quejan de que el hermano gemelo se muestra dominante y se adueña de los juguetes. Afirman no jugar mucho con él y más con propios amigos/as. Este grupo afirma mucho menos que las DZSSf, que se parecen al hermano gemelo en cuanto a carácter y sentimientos, que quieren ser como él o que desean que esté en su clase. Este grupo se queja más de un trato injusto y desigual por parte de sus padres. Opina que el papá le antepone al hermano antes que a ella. Este grupo se muestra más negativo hacia su hermano gemelo que al revés. Puntúan alto en dominancia en relación a los contactos sociales y al mismo hermano gemelo, lo cual seguramente es el motivo de la valoración negativa de los DZOSm hacia ella. A causa de esta dominancia, el niño llega a apoyarse en ella. Pero en las familias donde se valoran más a los varones, ellos pueden llegar a ser los dominantes en esta relación niño-niña. No obstante, la rivalidad de los DZOSf es menor que la del grupo no gemelos en los que la niña tiene un hermano un poco más mayor.

Este grupo suele tener una buena relación con el padre, igual como MZf. La relación con la madre también es, en general, buena.

Resumiendo podemos constatar que los MZ tienen una relación más íntima que los DZ. Y este último grupo a su vez tiene una relación más estrecha que los DZOS. No obstante, estas son descripciones basadas en lo que se detectó en la mayor parte de los diferentes grupos. Siempre se dan excepciones. Conozco muchas parejas de DZOS con una relación estrecha e íntima, tanto en su infancia como a la edad adulta. Todas las descripciones están basadas en valoraciones tomadas en la media, por lo que quizás usted no reconozca a sus gemelos. Aun así pueden ayudarle a entender mejor a sus hijos.

Los tipos de trillizos

En los trillizos distinguimos tres grupos: trigizóticos (70%), dizigóticos (25%) y monozigóticos (5%). Hasta ahora se han realizado pocos estudios sobre estos diferentes subgrupos, por lo que la siguiente información aún es limitada.

◊ **Trillizos trizigóticos**. En los trillizos trizigóticos los niños pueden ser del mismo sexo o no. Si son tres varones, sus conductas se parecen en muchos aspectos a las del grupo DZSSm. Son muy ruidosos, se pelean a menudo, defienden su territorio y buscan continuamente los límites. Esta situación no es fácil y conviene mantener normas estrictas. Esto les da seguridad. Si no, buscan continuamente los límites, ya que necesitan saber quién manda: ellos o los papás. Les beneficia el orden y la estructura. Si los trillizos son de sexos distintos, como dos varones y una niña (o dos niñas y un niño), muchas veces la niña adopta el rol de madre, imitando a la suya propia. Este patrón suele cambiarse en la adolescencia.

◊ **Trillizos dizigóticos**. En los trillizos dizigóticos siempre hay dos niños del mismo sexo. Este subgrupo consiste en una pareja de gemelos monozigóticos (MZm o MZf) y un hermano (o una hermana) dizigótico. Los padres tienen el privilegio de poder observar las características de ambos tipos de gemelos, reflejados en sus trillizos. Cuando los niños son del mismo sexo, puede ocurrir que el trillizo dizigótico se siente excluido a causa del vínculo estrecho de sus hermanos gemelos. Esto es más frecuente cuando se trata de tres niñas que en caso de tres varones. En el último caso el «tercer niño» busca contactos fuera del núcleo familiar. La situación mejora cuando las niñas entran en Primaria. No obstante, no es una situación fácil. Cuando el «tercer niño» o niña es de sexo distinto, la convivencia entre los tres es más fácil, porque este niño (o niña) tiene algo especial y propio por lo que se distingue de los gemelos. No es aconsejable colocar al «tercer niño» en una clase separada, porque esta situación agravaría su sensación de estar aislado. Lo mejor en este caso es poner a los tres juntos o buscar un colegio con tres aulas paralelas.

◊ **Trillizos monozigóticos**. En los trillizos monozigóticos siempre hay tres niños o tres niñas. Su relación es muy íntima y su situación se parece a la del tipo MZm o MZf, aunque es un hecho que un niño más siempre crea situaciones distintas. Por ejemplo, los trillizos se refuerzan aún más sus características especiales que los MZ, como timidez, dominancia, conductas ruidosas y nerviosas, etc. Esto requiere de los padres una actitud clara y convincente, como mantener normas estrictas. Se observa, además, que a veces dos de los niños se buscan más, mientras el tercero juega más a su aire. Pero estas preferencias suelen ir cambiando, dependiendo de la fase que atraviesan. En general hay mucha complicidad y compenetración entre los tres en todas las fases de sus vidas.

Los trillizos suelen ser muy populares y no les cuesta hacer amigos. Raras veces son víctima de acoso o burlas, ya que los trillizos siempre están dispuestos a lidiar en cualquier pelea que uno de los tres pueda tener.

La relación entre los trillizos puede ser muy estrecha, pero en general lo es menos que entre gemelos. En ello influye que los gemelos muchas veces operan como un dúo. En los trillizos hay más opciones y los niños suelen jugar en diferentes constelaciones. La dependencia entre los trillizos suele ser menos fuerte, salvo los trillizos monozigóticos y los gemelos monozigóticos de los trillizos dizigóticos.

La independencia

La autonomía de cada gemelo o trillizo es un tema que siempre preocupa a los padres. Y no sin motivo, porque según los estudios este es uno de los aspectos de la vida en el que los gemelos corren más riesgo. Al convivir tan estrechamente con su hermano de la misma edad,  hay más probabilidades de que se forje una dependencia demasiado fuerte entre ambos. Esto no solo ocurre entre los monozigóticos, sino también entre los dizigóticos y —sobre todo los del mismo sexo— pueden depender mucho el uno del otro. Los gemels dizigóticos de sexo opuesto son los que menos sufren este problema.

¿Cómo saber si se desarrollan como dos personas autónomas? Hay algunos indicios que indican si uno de los dos (tres) depende demasiado del otro:

▶ Busca el apoyo emocional más en su hermano gemelo que en sus padres.

- ▶ Se altera cuando está separado de su hermano gemelo, no sabe entretenerse solo y suele esperar con impaciencia el regreso del otro.

- ▶ No tiene amigos fuera de casa, ni aficiones, ni actividades.

- ▶ No se atreve a ir a sitio alguno sin que su hermano gemelo le acompañe.

- ▶ Se siente extraño y perdido cuando acude a algún lugar sin su hermano.

- ▶ Es muy competitivo con su hermano gemelo o le falta completamente la competitividad.

Si se observa una o varias de estas conductas en uno de ellos, o en ambos, es conveniente buscar mecanismos que estimulen su independencia. Si los niños nunca se han separado, hay que empezar de forma gradual, como emprender una actividad con uno mientras el otro se queda con el padre. Es muy probable que esto no les guste y se resistan a ello, pero conviene insistir. Una vez se acostumbran a esas escapadas por separado, suelen disfrutar de la atención exclusiva de un progenitor. Deben pedir colaboración al colegio para que el profesor los coloque en asientos separados y les haga trabajar en grupos distintos. Poco a poco hay que ir ampliando estas experiencias hasta conseguir que estén en aulas diferentes, que tengan sus propios amigos y que vayan a cualquier sitio sin el hermano gemelo. Y en el día a día hay que destacar más sus diferencias que sus semejanzas y estimularles a que las exploren. A veces lo más fácil y práctico para los padres es que estén juntos y vayan juntos a todas partes, pero conviene tener en cuenta que esto no siempre es lo más aconsejable desde el punto de vista de su autonomía. Así que es más pedagógico animarles cuando quieran emprender actividades por separado o uno tenga ganas de ir al campamento y el otro no. Seguramente significará para ambos ¡una experiencia impactante!

Sonia:

«Mis hijas, 8 años y dizigóticas, querían las dos ir al mismo campamento. Una quería dos semanas y la otra solo una. Así que ella volvió tras una semana. Para no aburrirse, se apuntó a actividades que se organizaban en el barrio por las mañanas. Ambas tenían experiencias diferentes. Tanto para ellas como para nosotros fue un vivencia muy positiva».

En general las gemelas DZSSf anhelan ser consideradas como individuos, más que los demás subgrupos gemelares. Y por tanto forman, más que ellos, sus propias amistades, salvo los DZOS. Suelen sentirse menos aceptadas por los amigos de la hermana gemelar. Esto no implica que su relación sea menos íntima, solo que en ellas el afán por sentirse independiente es muy fuerte.

Un estudio, realizado por la psicóloga Mary Rosambeau entre 600 gemelos, demuestra que los hijos no gemelos en torno a los 9 años viven sus primeras experiencias en lo que se refiere a dormir fuera de casa (en casa de los abuelos, ir a un campamento, etc.). Para los gemelos este momento les llega hacia los 14 años y medio. Hasta esta edad, los gemelos han dormido fuera de casa alguna que otra vez, pero normalmente juntos. Este dato refleja que los gemelos viven menos experiencias solitarias.

El cuidador *versus* el mimado

Los gemelos pueden desarrollar un patrón en el que uno cuida del otro. Esta situación puede darse a causa de distintos motivos: uno es muy tímido y el otro extrovertido; uno tiene mucha auto-confianza, es atrevido o más dominante que el otro o bien uno es físicamente más fuerte y más grande.

Y a veces un hándicap de uno facilita que se produzca este patrón, como nos cuenta Leonor, madre de un niño y niña de 6 años:

«*El niño tiene un cierto retraso en el habla, por lo que le cuesta expresarse. Esto le frustra y causa alguna que otra rabieta. Su hermana suele ayudarle, porque siempre le entiende. Si ahora los separamos, tengo miedo de que tenga frecuentes rabietas en clase, lo cual podría dar pie a burlas e insultos. Por este motivo y tras un diálogo con el colegio hemos decidido que de momento sigan juntos. El niño recibe sesiones de logopedia y empieza a hablar mucho mejor. Así que cuando ya no tenga problemas del habla, será el momento de cambiarles de clase*».

Siempre es enternecedor ver cómo un niño cuida del otro, pero esto puede frenar el pleno desarrollo de ambos. Por este motivo es bueno que en el próximo curso la niña vaya a otra clase. Esto la librará de su responsabilidad de cuidar de su hermano, mientras para él será una manera para aprender a defenderse a sí mismo.

Un ejemplo más de una relación gemelar que en un momento determinado llegó a ser demasiado asfixiante para uno de los dos. Las gemelas María y Yolanda son buenas amigas, pero entre ellas se ha instalado un patrón que le hace infeliz a María. Su hermana se enfada con facilidad y es muy celosa. María tiende a tenerlo en cuenta. En cuanto percibe que Yolanda se enfada, ella cede ante su hermana y se conforma con cualquier plan o propuesta de su parte. Últimamente María prefiere jugar sola. Para ello se encierra en el cuarto del baño. Los padres se dan cuenta de que esta necesidad tiene que ver con la actitud difícil de Yolanda y la bondad de María. Retirarse en el cuarto de baño es su única manera de evadir los arrebatos de enfado de Yolanda y tener un poco de intimidad. Para ninguna de las dos esta situación es positiva. María toma el rol de cuidadora que seguramente también desempeñará en otras relaciones. Ser la más fuerte en una relación da cierta seguridad, pero también implica que la niña no descubra lo que son sus propios deseos. Cuando no satisface los deseos de la hermana, se siente culpable. Yolanda, a su vez, no aprende a lidiar con emociones negativas. Intentará, en otras relaciones, que los demás se apiaden de ella y la tengan siempre en cuenta. Esto le causará problemas ya que nadie será tan comprensivo con ella como su hermana. Los padres intervienen y le animan a María a decirlo cuándo quiere jugar sola. Asimismo los padres vigilan que esto sea posible ocupándose más de Yolanda. Con mucha paciencia e intervenciones paternas Yolanda va aprendiendo que no siempre puede recurrir a la hermana. El patrón entre las hermanas va cambiando.

El mito de una educación igualitaria

Es imposible darles a los múltiples una educación igualitaria. Se trata de distintos niños, cada uno con sus propias peculiaridades y necesidades que requieren tratos distintos. Aun así los mismos niños pueden obsesionarse con un trato igual para los dos (o tres).

Fernanda, madre de gemelas monozigóticas de 6 años, introdujo una norma con el objetivo de que las niñas aprendieran a colaborar en casa. Cada vez que se hacían la cama, la madre dibujaba una estrella en un calendario. Con cinco estrellas conseguidas, tendrían una recompensa. Julia, la más responsable de las dos, lo consiguió en pocos días. Así que un día encontró una chocolatina bajo de su almohada. Su hermana Maike estaba indignada, porque bajo de su almohada no había nada. Su madre le explicó que no se lo merecía aún, porque solo había conseguido una estrella. Pero la niña se empeñó en decir que «*esto no era justo*».

A Tomás y Bas sus padres les permiten quedarse un rato más levantados por la noche por turnos (cada semana hay dos días con este privilegio). Justo cuando es el turno de Bas, hay un programa especial en la tele. Lo comenta con sus padres en tono alegre. Tomás se enfada y pide que a él también se lo dejen ver. Los padres dudan un por un momento, pero finalmente deciden mantener el acuerdo. Les explican a los chicos que a veces es uno el que tiene suerte y otras veces es el otro.

Los gemelos deben aprender ya pronto en sus vidas que la vida no es justa. Pero es preferible que sea así que ceder a sus deseos que todo sea igual para los dos o los tres. Si Fernanda cediera a la presión de Maike, sería una mala lección para ambas: Julia aprendería que no importa lo que hace, ya que su madre no realmente valora sus esfuerzos. Y Maike aprendería que haga lo que haga, siempre consigue lo que quiere, porque su madre quiere darles lo mismo.

Ser justo implica ser consecuente y atreverse a que uno de los dos (o tres) se sienta pospuesto.

El colegio: ¿juntos o no?

Los gemelos

También durante este periodo, a menudo se plantea de nuevo la cuestión de separar o no a los gemelos. Como los niños van creciendo y madurando, cabe la posibilidad de que lo que se decidió en la etapa anterior, puede que ya no sea lo mejor para la siguiente etapa. Por regla general conviene sopesar las ventajas y los inconvenientes de tenerlos en la misma clase. Algunos colegios mezclan en algún momento de la etapa de Primaria los niños de diferentes aulas. Este puede ser una buena ocasión para separar a los gemelos o —menos frecuente— bien ponerlos juntos.

¿Qué nos dicen los estudios?

El equipo de Tully, mencionado en capítulo 19, a petición de La Asociación Inglesa de Padres de gemelos TAMBA, volvió a evaluar en 2009 los mismos gemelos para saber si los problemas emocionales causados por la separación temprana eran temporales. Ahora los gemelos tenían entre 10 y 12 años. Los resultados sorprendieron bastante, ya que demostraron que los efectos de la separación en los primeros años de escolarización —en Inglaterra ocurre a los 5 años— seguían impactando siete años después. Y, tal como en la investigación anterior, llevada a cabo en 2004, en 2009 se pudo observar que los monozigóticos sufrían más problemas emocionales que los dizigóticos. En el caso de los alumnos separados en un momento más tardío (LS), los resultados también demostraron problemas emocionales respecto a los no separados, pero solo en caso de gemelos monozigóticos.

En una investigación de Marieke van Leeuwen (2005) de la Universidad de Ámsterdam, se analizó los efectos de la separación en los gemelos de 7 años, que habían sido separados con 5 años (quiere decir, dos años después). Los efectos a largo plazo fueron observados en gemelos separados o juntos en el periodo escolar, a los 12 años. Los datos, descritos tanto por las madres como el profesorado, concluían que los gemelos separados tenían más problemas interiorizados (miedo, ansiedad, timidez) y exteriorizados (agresividad, conductas difíciles) tanto a los 7 años como a los 12 años que los no separados. No se encontraron diferencias en el test cognitivo realizado a los 12 años (en este país se realiza un examen externo estatal a todos los alumnos que terminan la Primaria, llamado el examen CITO). A diferencia de la investigación llevada a cabo por Tully y colegas, en este caso no se pudo concluir que los gemelos MZ sufriesen más que los DZ.

Los estudios no dejan duda de que la decisión de separar o colocar juntos debe ser tomada con atención.

Factores a tener en cuenta para la colocación en el aula:

Aquí presento todas las consideraciones en relación con esta cuestión, basadas principalmente en estudios de David Hay, Curtin Universidad en Australia y Pat Preedy, Sherfield School, Hampshire, Inglaterra.

Motivos para que los gemelos vayan a clases distintas:

▶ Los niños son capaces de funcionar con autonomía e independencia. También en caso de problemas, tienen recursos para ayudarse a sí mismo.

- El profesor comparará al niño con sus coetáneos y no con su hermano gemelo. Esto evita las comparaciones.

- Los gemelos tienen la oportunidad de hacer sus propios amigos. Implica que serán invitados a fiesta de cumpleaños sin el hermano gemelo, lo cual es positivo para el desarrollo de su identidad.

- Para el profesor será más fácil conocer al niño y formar una relación satisfactoria con él.

- Los gemelos quieren estar en clases separadas.

Motivos para la colocarlos en la misma clase:

- Los niños funcionan bien en clase, entablan relaciones distintas, no se molestan, pero disfrutan de la presencia del otro.

- Los gemelos (o trillizos) son todavía algo inmaduros a nivel emocional y su mutua compañía les ayuda en la adaptación. También pueden influir factores puntuales, como un divorcio de los padres, una mudanza etc.

- Se les evita los problemas que gran parte de gemelos sufren en las edades comprendidas entre los 5 y 7 años que se encontraron en los estudios sobre la separación, como miedos, inseguridad emocional, retraimiento y peor rendimiento escolar (sobre todo en lectura y matemáticas).

- Los profesores tienen la oportunidad de entender la relación existente entre los gemelos y darles la atención que requieren, por ejemplo cuando un gemelo en un momento de estrés necesita tener a su *co-twin* consigo.

- Los mismos gemelos o trillizos no quieren ser separados. Una separación impuesta muchas veces conduce a un mayor nivel de dependencia entre ellos.

- Para los padres una sola clase significa menos organización y menos estrés (los mismos deberes, las mismas reuniones, etc.).

Los gemelos se benefician de una separación cuando:

- Uno de los niños es más maduro que el otro (u otros) y rinde mejor. Esto puede causarle al otro una sensación de inferioridad y baja autoestima.

- Los gemelos intentan rendir lo mismo, por lo que uno tiene que esforzarse mucho y el otro se inhibe para no frustrar al hermano.

- Los gemelos muestran conductas intranquilas y ruidosas y se refuerzan. Esto estorba el buen funcionamiento de la clase.

- Los gemelos mantienen una división de tareas que no les beneficia, como cuando uno es el responsable y se acuerda de las tareas; el otro se acomoda y confía en el hermano.

- Las peleas entre los gemelos son continuas. Su relación mejora cuando hay un cierto distanciamiento.

- Uno de los dos frena al otro en su autonomía y lo controla en todo momento. Su compañía les frena en el entablar contactos cada uno por su lado.

- Los gemelos son muy competitivos entre sí y controlan continuamente los progresos del otro. A causa de ello ninguno de los dos trabaja concentrado.

- Los gemelos polarizan. Buscan los extremos para distinguirse el uno del otro, como «bueno» y el «malo» o el «callado» y el «hablador».

- Uno adopta el rol de madre por lo que el otro no desarrolla su autonomía. Esto ocurre a menudo en los DZOS, en los que la niña cumple el papel materno.

- Los gemelos piden clases distintas.

Hay ventajas e inconvenientes, tanto en separarles como en ponerlos juntos. La clave para los colegios es la flexibilidad. Es bueno que los padres tomen una decisión conjuntamente con el colegio. Se puede descargar un listado con pros y contras que tanto los padres como los profesores deben rellenar para obtener una buena visión sobre la pregunta (véase Direcciones útiles).

Ejemplos de familias

Chus, madre de gemelas monozigóticas:

«Mis hijas fueron separadas en el primer curso de primaria. Les sentó muy mal y no lo entendían. Me preguntaron una y otra vez por qué tenían que estar en aulas separadas y muchas veces, antes de entrar, una u otra intentaba colarse en la fila de su hermana. Les dolió doblemente, porque su mejor amiga iba con una de ellas, por lo que la otra se sentía muy abandonada. Un día ella, muy atrevida, fue a hablar con el director y con toda su ingenuidad le preguntó: 'Mi hermana y yo ¿tenemos que estar separadas porque somos malas?'. Esto le impresionó y me llamó de inmediato para que viniera a entrevistarme con él. Hablamos detenidamente sobre el tema y le expuse mi opinión: no veía necesario separarlas, porque se relacionaban muy bien con sus compañeros y no estaban excesivamente pendientes la una de la otra. Me entendió y las volvieron a poner en la misma clase. Ahora tienen nueve años y siguen juntas. Estoy segura de que ellas mismas serán quienes indiquen el momento en el que querrán separarse».

Mientras para estas gemelas era aconsejable que estuvieran juntas, otros gemelos, también monozigóticos, se benefician de una separación de clase, como demuestra este testimonio:

Corina, madre de gemelas monozigóticas de 6 años:

«Entre mis hijas se empezó a formar un patrón que me preocupaba. Paula se estaba convirtiendo en «la buena» que cedía a los caprichos de su

hermana. Elisa tiene un carácter más insegura. Decidimos separarles en el primer curso de Primaria, a sus 6 años, con la esperanza de romper este patrón. Hasta nuestra gran sorpresa Elisa se volvió más segura y adaptable. A Paula le costó estar sin su hermana. Los primeros tres meses estaba triste o enfadado, pero ahora, medio año después, puedo decir que las dos van bien. Su relación está más equilibrada. Ellas mismas ni siquiera quieren estar en la misma aula, porque cada una está contenta de tener sus propias amigas».

En este caso una cedía siempre a la otra. Muchas veces la que adopta el rol de protector tiene problemas con el cambio, más que el protegido. Cuidar de alguien da seguridad. Es bueno que Paula haya podido salir de este rol, porque a la larga le habría producido problemas. Para estas gemelas la separación es positiva.

El siguiente testimonio es curioso. Nos lo cuenta Jessica, madre de gemelas monozigóticas, 6 años:

«El colegio estaba deliberando lo que iban a hacer con las niñas. Habían estado juntas en los primeros dos cursos, pero para el tercero iba a haber cambios. Pensaba que me daría igual si ahora las separaran, pero cuando me contaron que las niñas estarían juntas, mi corazón dio un salto de alegría. En ese momento sentí que esto era lo que en realidad deseaba. No obstante, de antemano ya me había conformado con la norma que hoy en día reina en los colegios, es decir, la de separar a los gemelos».

Patricia, madre de gemelos dizigóticos de 6 años:

«Mis gemelos, 6 años, son muy nerviosos, habladores (hablan con una velocidad abrumadora) y en clase se molestaban el uno al otro continuamente por lo que su rendimiento dejaba mucho que desear. Estaban demasiado pendientes el uno del otro; si uno entregaba un trabajo, el otro se levantaba para ver cómo lo había hecho y así todo el tiempo. Su intranquilidad interfirió en el buen funcionamiento de la clase y la maestra no podía con ellos. Así que

decidimos separarles. Al principio les costó, pero les dejaron verse siempre que querían. Ahora ya no es necesario. Cada uno va contento a su aula. Lo único que noto como punto negativo es que al volver a casa necesitan de algún tiempo para pelearse y poder discutir, cosa que antes no hacían. Quizás sea para desahogar sus frustraciones. Después de discutir juegan armoniosamente. Estoy bastante contenta con esa decisión».

Ilse, madre de gemelas dizigóticas:

«Las niñas están en clases paralelas a partir del primer curso de Primaria, cuando tenían 6 años. Tienen caracteres muy distintos y sus amigas son también muy diferentes. Pensamos que de esta manera cada una tiene mayores oportunidades de desarrollarse a su manera».

Uno quiere ir junto con su hermano, pero el otro no

A veces ocurre que uno de los gemelos quiere estar en la clase con su hermano y el otro no. O bien los padres observan que para uno sería preferible estar con su *co-twin*, pero no así para el otro. Esto crea un dilema.

Juan:

«Leo y Alex son muy diferentes. En los primeros dos cursos han estado juntos, pero ahora Leo comenta que quiere estar en una clase solo. Quiere hacer sus propios amigos y le molesta que siempre le comparen con su hermano. Alex es un niño callado y tímido. Siempre se acopla con los amigos de Leo. Opinamos que es importante respetar el afán de independencia de Leo y nos proponemos ayudar al máximo a Alex».

Esto es un buen punto de partida. El afán por la independencia de uno no puede verse limitado por el miedo a la separación del otro. Aquí no solo se trata del miedo de la separación de los padres, sino también del temor de separarse del hermano gemelo, el así llamado «miedo a la separación gemelar». También esto es un problema típico de los gemelos.

Uno pasa de curso y el otro no

Puede ocurrir que uno de los gemelos (o trillizos) repita el curso y el otro no. Muchas veces se trata de que uno esté menos avanzado en su desarrollo y algo más inmaduro. Por tanto, darle la oportunidad de, por ejemplo, no pasar al primer curso de Primaria y permanecer un año más en la Escuela Infantil es, en general una buena decisión. Pero esto plantea problemas a los padres que no pocas veces dudan si es mejor que el hermano haga lo mismo.

Es difícil dar una respuesta clara para todos los casos. Los padres temen el efecto que tal situación puede tener en sus hijos, sobre todo una merma de autoestima para el que repite. Esto depende en gran medida del carácter de los niños. Si no son competitivos y bastante autónomos, las ventajas para el niño que puede desarrollarse a su ritmo son mayores que los inconvenientes. Si, por el contrario, siempre compiten por quien es el primero en adquirir una habilidad, la autoestima del niño que repite, sufrirá un duro golpe. Pero la propia actitud de los padres también juega un papel importante: si valoran la medida como una buena decisión, ya que beneficia al niño, (a fin de cuentas hay más en la vida que las notas académicas), los gemelos aceptarán mejor la situación. Estos valores se transmiten de padres a hijos.

Gemma:

«El colegio nos aconsejó que uno de nuestros gemelos repitiera el segundo curso de la Escuela Infantil. Durante el embarazo había sufrido un crecimiento uterino retardado y nació con menos peso que el otro. Para ambos fue un curso difícil, también para el que pasó de curso. Pero entonces, él repitió y de esta manera coincidieron otra vez en clase».

Los problemas pueden a veces ser algo difíciles de solucionar, como leemos en este testimonio:

«Uno de nuestros gemelos, Mateo no pasó al 4.º curso. Está repitiendo 3.º. Según el profesor ahora a nivel académico va muy bien y está en el sitio

adecuado. Pero él echa de menos a su hermano y sus compañeros de antes. No está feliz. Y su hermano Eric, que fácilmente puede hacer las tareas de su curso, no trabaja ni se concentra, porque quiere estar con su hermano. Ambos nos lo dicen a nosotros y a sus profesores. Y son niños muy distintos y muy autónomos. Pero les gusta verse de vez en cuando. Duermen en habitaciones distintas, pero tienen sus puertas siempre abiertas con tal de poder verse. No sabemos cómo solucionar esta situación».

Esto es lo que la investigación de la Dra. Nancy Segal concluyó tras observar a gemelos, tanto monozigóticos como dizigóticos en clase: de vez en cuando miran dónde está el otro. Si se cercioran que el otro sigue presente, continúan sus trabajos. Este caso no es de fácil solución, pero hay una posibilidad para ayudarles. Aconsejé al colegio que se les permitiera a los niños hacer ciertas actividades en la clase de uno. Por ejemplo, Eric puede realizar determinadas tareas en clase de Mateo. Previamente se explica a los alumnos el porqué.

El colegio siguió la pauta y les permitió visitarse un par de veces por semana. Siempre es Eric el que va a la clase de Mateo, ya que hacerlo al revés podría aumentar al último su morriña por estar con sus antiguos compañeros. La medida es un éxito. Ambos niños vuelven a ir entusiastas al colegio. Y los dos trabajan bien.

Poco a poco esta necesidad por verse irá amainando, ya que los niños madurarán y se harán más independientes.

Cambiar de clase durante el curso o la etapa escolar

Hay colegios en los que los alumnos se quedan con el mismo grupo de niños a lo largo de todos los cursos de toda la etapa de Primaria, a veces incluso desde la Escuela Infantil. Pero cabe la posibilidad de que la decisión que se tomó al principio de la escolaridad, en cursos posteriores no parezca la más acertada. A fin de cuentas los gemelos maduran y cambian, así también su relación. No pocas veces los padres deciden entonces, separarlos (si estaban juntos) o bien ponerlos juntos (si estaban separados).

Esto tiene un inconveniente. Uno de los múltiples tendrá que irse a una nueva clase con niños desconocidos. ¿A quién de los dos o tres recaerá esta situación? Esto será más fácil para uno que para otro (u otros). Es bueno hablarlo con los mismos niños. Puede que ellos tengan una idea clara y decidan entre ellos quién va a ir a la nueva clase. Julia y Susana decidieron que sería Julia, ya que ella hacía amistades más fácilmente que su hermana. También es importante explicarle el motivo de la separación, ya que esto les facilita aceptarla. A veces se presenta la posibilidad de que se traslade un amigo del gemelo a la nueva aula.

A veces aparecen otros factores que facilitan dar este paso. Felicia, madre de gemelas monozigóticas, de 8 años, lo cuenta:

«Las niñas han estado separadas desde el inicio de la Escuela Infantil, antes de cumplir los 3 años. No nos gustó, pero nos conformamos, siendo la 'política' del colegio. Las niñas parecían estar bien, pero en el 1º curso de Primaria se produjo una situación complicada. María tuvo una maestra estupenda y estaba muy bien en su aula. Sacaba muy buenas notas y consiguió un papel importante en una función de teatro, organizada por su profesora. Su hermana Emma tuvo una maestra exigente y poca cariñosa. La niña estaba continuamente bajo estrés y se iba encerrando en sí misma. María, al notar este cambio, adoptó un rol de protectora frente a su hermana. María rendía muy bien en clase y Emma no, por lo cual la diferencia en notas fue haciéndose más grande. Vimos que Emma no pudo dar de sí de lo que es capaz por estar en un entorno menos favorable que su hermana y que esto le frustraba. En realidad los gemelos monozigóticos tienen una inteligencia muy parecida. Esta situación creó cada vez más tensión entre las niñas. Emma lloraba a la mínima, estaba de mal humor e irritada y María se sentía mal por ella. Ambas nos decían una y otra vez que querían estar juntas en la clase de María. Hablamos con el colegio que entendió el problema. Mediante un informe psicológico, de una psicóloga especializada en gemelos, conseguimos que Emma fuera a la clase de su hermana, a mitad de curso. Desde este momento, sus actitudes cambiaron radicalmente. Volvió la alegría, la complicidad y esa comunicación tan especial que les alegra la vida día a día. Cada una lleva un

buen nivel de rendimiento escolar, pero no compiten entre ellas por las notas ni por por captar la atención de su maestra. Nunca se me olvidará la pregunta que me hicieron después de saber que irían a la misma clase: 'Pero, mamá, ¿esto se puede hacer?'

En general, he observado que a los gemelos monozigóticos no les gusta estar en clases distintas, mientras que los dizigóticos suelen sufrir menos por la separación; solo unos pocos gemelos monozigóticos me contaron que la separación en su caso fue un acierto (*véase* también el Capítulo 22).

La actitud del profesor

Por regla general, los progresos de los niños y sus relaciones con los profesores y compañeros son temas que requieren una atención continua de los padres, más que en el caso de un solo hijo. Mantener un contacto estrecho con sus maestros y acudir al colegio en caso de problemas (tanto si concierne a uno solo, como si tiene que ver con los dos o tres), es un buen medio para solucionar las dificultades.

Hay que tener en cuenta que el profesorado no está especializado en el trato de gemelos y que, por lo general, su experiencia con ellos es limitada. Por ello, una colaboración activa por parte de los padres y un intercambio de experiencias y sugerencias entre estos y los maestros resulta muy útil. De esta manera el profesor llega a entender cómo están los gemelos (y los múltiples) en el mundo y cuál es su perspectiva. De esta manera se puede evitar que se tomen decisiones equivocadas.

Liliana, profesora del 2º curso:

«Toni escribe en todos sus trabajos su nombre y el de su hermano gemelo. Son gemelos monozigóticos que están juntos en clase. Se lo comenté a una colega que me propuso que separaran a los niños. No lo veo necesario. Los niños funcionan muy bien en clase y son muy sociables. Para mí este hábito de Toni refleja cómo se ve a sí mismo. Solo aconsejé a los padres que les dediquen tiempo individual a cada uno ».

Los gemelos monozigóticos rinden de un modo sorprendentemente idéntico. Esto también puede causar alguna que otra equivocación:

Rodolfo, profesor de 7.º de Primaria:

«Las gemelas tenían los mismos errores en un examen. Pensé de inmediato que se habían copiado hasta que me di cuenta que esto era imposible. Están sentadas en rincones muy alejados la una de la otra. Ahora entiendo que sus capacidades son casi idénticas. Muchas veces cuando la clase trabaja en silencio y yo voy pasando por sus mesas, me hacen la misma pregunta: primero una me llama a su lado y a continuación la otra. Mientras me dirijo a la segunda, ya sé lo que me va a preguntar. Es muy interesante conocer su mundo».

Un colegio, que tenía la costumbre de separar a los gemelos me contó que descubrió que unas gemelas de 8 años se comportaban mal en clase intencionadamente. Querían que las mandaran al pasillo ya que de este modo se podrían ver. Esto demuestra lo grande que puede ser su deseo de verse. En otro caso, otras gemelas, ya adultas, me contaron que, también separadas de clase, acordaron entre ellas a qué hora irían al baño y utilizaban ese momento para cogerse de las manos y rezar juntas un avemaría. A ambas les horrorizó estar separadas.

Los trillizos y el colegio

La decisión para los padres de trillizos tampoco es fácil en esta fase de la vida. Los pros y contra que enumeré para los gemelos (véanse las páginas anteriores) también sirven ahora para el caso de los trillizos. Pero a ello se debe añadir que pocos colegios disponen de tres aulas paralelas.

Ejemplos de familias

Elena, madre de trillizas monozigóticas:

«*En el colegio solo hay dos clases paralelas, así que no sabría a quién de las tres separar. Las tres están juntas, pero son independientes y no hay una que domine a las otras. Estoy contenta con esta decisión. En caso de optar por dos aulas, siempre una se sentiría marginada. Y también al nivel organizativo hay ventajas: solo tengo que hablar con una profesora, llegan a casa con los mismos deberes, etc.*».

Una madre de trillizos trizigóticos:

«*Nilo, David y Marian estuvieron juntos en la guardería. Cuando empezaron el primer curso de infantil, les separamos. Esto les fue bien. Pero ahora, al entrar en Primaria, solo hay dos aulas. Así que debemos decidir quién irá con quién. Ponerlos juntos no es una opción, ya que se controlan mucho y se vuelven muy inquietos. Nilo es un niño sociable que aprende con facilidad. David es un niño miedoso, que se altera a la mínima y es el más inmaduro de los tres. Marian es una niña sin grandes problemas. Para David es difícil ver cómo su hermano lo hace todo más rápido y mejor que él. Por tanto, es mejor que los varones no vayan juntos. La duda surge con quién colocaremos a la niña. Ella no muestra preferencia. ¿Puede ser ella un apoyo para David? Como es más bien competitiva y le gusta enseñarle a David lo que ella ya sabe hacer, pensamos que no. Esta realidad nos ha hecho decidir para que David vaya solo y pensamos que de este modo podrá desarrollarse a su ritmo. Hemos pedido al colegio que tengan en cuenta la posición solitaria de David y que intenten colocar algunos de sus amigos con él. El colegio lo respetará. Ahora falta saber cómo será el resultado*».

Ana:

«*Nuestros trillizos dizigóticos, tres varones, están en dos clases desde el primer año de Primaria. Uno de los gemelos está con su hermano mellizo y el otro gemelo está solo. Al último no le gusta nada. Habríamos preferido tenerlos a los tres en clases distintas, pero solo hay dos aulas en el mismo curso. Hemos optado por esta situación porque los gemelos son muy competitivos entre ellos y no hacia su hermano mellizo. De todas las opciones esta es la menos perjudicial, aunque no es la opción perfecta».*

La timidez

La timidez es un rasgo innato del carácter; no obstante, el entorno y la educación puede agravarlo o disminuirlo.

En los gemelos dizigóticos uno puede ser más tímido que el otro, tal como se ve en hermanos de distintas edades. No necesariamente supone un problema: el hermano más extrovertido se rodea de amigos con quienes su hermano también se relaciona. En los monozigóticos este rasgo suele afectar a ambos de un modo parecido. Esta sí es una situación difícil, ya que ambos niños refuerzan la timidez en el otro, por lo que les resulta más costoso entablar relaciones con otros niños. Es una situación que requiere atención por parte de los padres. Lo leemos en este testimonio de un padre:

«Mis gemelas de 7 años son exageradamente tímidas. Están en el segundo curso de primaria, pero hasta ahora no han entablado ninguna amistad con otro niño. Son buenas estudiantes, pero cada día nos dicen que no quieren ir al colegio. A una de ellas una compañera le pidió que cambiara con ella su lugar; mi hija no se atrevió a decirle 'no' y ahora tiene más dificultad aún para asistir. En casa son muy desenvueltas, mientras están solas; en cuanto aparecen otras personas, sean familiares o desconocidas, cambian radicalmente su comportamiento».

La preocupación de este padre es justificada. Es uno de los casos en que los gemelos se apoyan en su condición de gemelo para no afrontar un problema: la timidez. Normalmente un niño va superándolo a medida que madura y vive experiencias positivas, que le aporten seguridad y confianza en sí mismo. En caso de gemelos es probable que los encuentros con otras personas se den menos porque cada uno se escuda en el otro. El libro *Las gemelas que no hablaban* (*véase* Bibliografía) relata la situación de unas gemelas que se encierran en su mundo y finalmente rehúyen el contacto con el exterior. Solo se comunican entre sí; con el resto de su familia lo hacen mediante notitas, pasadas por debajo de la puerta de su habitación. Su historia termina mal, abocada a la delincuencia. Es un caso extremo y nada frecuente, pero demuestra lo importante que puede ser ayudar a los gemelos para abrirse al mundo.

Elaboré el siguiente plan, que consiste en varios pasos:

▶ Empezar a emprender actividades con cada niña individualmente. Era algo que no habían hecho apenas. Tenía que ser una rutina semanal para que las niñas fueran acostumbrándose a estar separadas. Una vez que supieran disfrutar de estos momentos, sería hora de introducir un nuevo paso.

▶ Invitar a un primo o un niño de la vecindad a casa, preferiblemente de su edad. Así las niñas aprenderían a jugar con otro niño en un contexto familiar. También le aconsejé invitar con cierta frecuencia a otros familiares y planear una comida, una excursión, etc. Asimismo sería interesante planear encuentros con otros gemelos, ya que con ellos hay un entendimiento intuitivo que facilita el contacto. Por lo tanto asistir a reuniones de una Asociación de Padres de Partos Múltiples fue otro consejo. Una vez que las niñas empezaran a abrirse a otras personas, sería interesante invitar a compañeros de clase.

▶ Sentarlas a mesas distintas en el aula (las niñas iban juntas) y estimular el contacto con otros niños mediante tareas escolares. Para ello la colaboración de su profesora era imprescindible. Finalmente sería aconsejable separarlas de clase, pero de modo razonable. Solo se podría hacer cuando las niñas ya tuvieran contactos con sus compañeros. Si no, se refugiarían aún más en sí mismas y su timidez se agravaría.

El plan iba dando sus resultados. Los padres tienen pensado separarlas de aula cuando empiezan la etapa de enseñanza secundaria, procurando que cada una entre en su nueva clase con una amiga.

La timidez es un rasgo que generalmente perdura. Los estudios sobre la personalidad demuestran que esta no cambia mucho a lo largo de una vida; sobre todo los rasgos como timidez, depresión, e intro— o extra-versión se mantienen constantes. Por lo tanto, no se trata de cambiar al niño tímido ni exigirle que sea distinto. El objetivo consiste en enseñarle a abrirse al contacto con otra persona y disfrutarlo. ¡Este ya es un paso importante! Los elogios al niño para cualquier intento de acercamiento (como una mirada o un gesto) son importantes. Hay que evitar las críticas y los comentarios como «No seas tan tímido». Al respetar esta caracte-rística («sé que te cuesta hablarle al tío») , el niño se siente respaldado. El paso del tiempo, la madurez y las experiencias positivas son los aliados en la superación de este problema.

La competitividad

Los hijos de un parto múltiple lógicamente se comparan entre ellos. Si uno ya sabe nadar y el otro no, esta situación puede originar sentimientos negativos de celos, envidia, etc. Los hermanos de distintas edades tam-bién se comparan, pero su competitividad es menor porque siempre existe el factor de la diferencia en edad, que de algún modo merma la envidia del menor («a fin de cuentas tú eres más mayor»).

Los gemelos y trillizos no pueden consolarse con esta «excusa». Curiosamente algunos lo hacen, aduciendo el mismo motivo «ganas porque naciste antes que yo». Lo hacen principalmente los gemelos MZ y DZ del mismo sexo, mientras que los gemelos formados por niña y niña recurren al sexo: «ganas porque eres chico». También influye el tipo de gemelos: los gemelos MZ son los menos competitivos de los subgrupos (salvo excepciones).

En general, podemos decir que entre los hijos nacidos de un parto múltiple existe bastante competitividad por el mero hecho de tener la misma edad. En ello también influye el carácter de cada uno: algunos niños son más competitivos que otros (es un rasgo altamente genético). También influye el sexo de los niños y la edad. Es sabido que los varones, al tener un nivel más alto de testosterona (la hormona de la agresividad), son generalmente más competitivos que las niñas. Y a ciertas edades este nivel es más alto que en otras, por lo que la competitividad también es mayor. Por ejemplo, hay una subida en este nivel entre los 4 y 6 años, luego va disminuyendo, hasta alcanzar de nuevo un nivel alto en la adolescencia. Así que no es extraño en sí que sus hijos varones de seis años todavía compitan por todo. Seguramente estas conductas irán disminuyendo en los próximos años. Pero no todo depende de factores biológicos. También la educación desempeña un papel importante y puede aumentar o disminuir la competitividad.

Por lo tanto ofrezco aquí unas **sugerencias**:

- No compare nunca las cualidades de uno con las del otro. Y si ellos lo hacen («yo ya sé la tabla del uno y tú no») , hágales ver que cada uno tiene sus cualidades y que cada uno aprende a su ritmo. En cuanto a una diferencia a nivel intelectual (uno rinde mucho mejor en el colegio que otro), usted puede explicarles que hay muchas otras áreas, aparte de la intelectual, en las que uno puede destacar, como la habilidad manual o creativa, la facilidad para entablar relaciones, etc.

- No intente darles una educación igualitaria. Es una tarea abocada al fracaso y además les enseña a medirlo todo. Es más pedagógico darles a cada uno lo que necesita, lo cual implica que a veces uno tiene «suerte» y otras veces otro. Ellos terminarán aceptándolo de buen grado.

- Designarles un día para cada uno ayuda a disminuir la competitividad, porque cada uno sabe que durante ciertos días él es el primero en: bañarse, encender la televisión, elegir el cuento, ayudar a mamá, dar un abrazo a papá y un largo etcétera.

- Los estudios demuestran que si los padres no permiten a sus hijos este tipo de sentimientos («no seas celoso de él, es tu hermano»), estos tienden a perdurar; se quedan guardados en su interior. Es bueno que expresen mutuamente estos sentimientos. Anímeles a que hablen sobre su competitividad; decirle al hermano gemelo que le duele que sus notas son más altas que las suyas —le hace sentirse inferior— despeja el ambiente. Detrás de estos sentimientos se esconde muchas veces una baja autoestima y una falta de confianza en sí mismo. Léales libros infantiles que traten sobre este tema.

- Enséñeles a ser un equipo en el que uno puede ayudar al otro en algún aspecto. Por ejemplo, uno puede enseñar al hermano gemelo a dibujar mejor, mientras el otro puede ayudarle con las sumas.

- Considere la competitividad como un rasgo positivo. El niño competitivo suele ser un ser enérgico con dotes para el liderazgo. Hay que facilitarle oportunidades para competir, como concursos, carreras, etc. También el profesor debe retarle, poniéndole metas altas. Si los dos son muy competitivos hay que enseñarles que no compitan entre sí, sino juntos, en concursos, etc. Hay bastantes deportistas, que triunfan juntos, como los tenistas Bob y Mike Bryan, de los EE. UU., o Mapi y Majo Sánchez (números 1 en el pádel de pareja de España.

- En caso de una gran competitividad entre sí, que repercuta negativamente en ellos (frecuentes discusiones y peleas), conviene ponerles en clases separadas. Suele ser un alivio para ambos, y, como consecuencia, mejora el ambiente tanto en casa como en el colegio.

Testimonio de Ivonne, madre de gemelos de 7 años:

«Los chicos competían mucho entre sí. Uno rinde bastante más que el otro y además, es mejor en los deportes. Su hermano lo pasó mal y llegó a fingir dolores de tripa para no tener que participar en las clases de deportes. Cuando nos dimos cuenta de esta situación, les separamos de clase. Ahora le vemos mucho más feliz».

¡Le quieres más a él que a mí!

Todos los hijos luchan por la atención de los padres y los nacidos de un parto múltiple no son una excepción. Los siguientes testimonios hablan por sí mismos.

Joana, madre de gemelos dizigóticos de 9 años:

«Uno de mis gemelos, Joan, necesita apoyo para las tareas escolares, pero su hermano Mati no. Así que a diario paso bastante tiempo con Joan; Mati suele jugar tranquilamente a nuestro alrededor. Últimamente empezó a comportarse mal; me gritaba y se enfadaba por nada. En un momento dado le pregunté qué era lo que le pasaba. Entre sollozos me dijo: 'Tú quieres más a Joan que a mí. ¡Siempre estás con él!'. Me sorprendió mucho, pensaba que lo entendía. A partir de aquel día leo todas las noches con él, mientras Joan se divierte solo. La balanza está otra vez equilibrada».

Carmen, madre de gemelas monozigóticas de 6 años, cuenta su experiencia:

«Mis gemelas son muy diferentes: la que nació primero, es muy adaptable, reflexiva y la que siempre cede; su hermana es exigente, insegura y muy dependiente de nosotros. Entre ellas han establecido un reparto de roles: una es la 'buena' y la otra la 'traviesa', algo que queda implícito hasta en sus juegos.

Pero es cierto que a la 'traviesa' la tengo que castigar más, porque hace más trastadas. A causa de ello me reprocha que solo la regañe a ella. Piensa que la quiero menos. La elogio tantas veces como puedo para elevar su autoestima y desde luego nunca utilizo los términos 'buena' o 'traviesa'. Al contrario, suelo enumerar las buenas cualidades de cada una».

Los siguientes comentarios son un indicio de que los gemelos rivalizan entre ellos:

▶ Los niños se quejan de que usted quiera más a uno o le trate mejor. Aportan «ejemplos» de conductas suyas que lo demuestran.

▶ Se pelean por quién recibe más atención.

▶ Se enfadan cuando uno utiliza algo del otro.

▶ Se pelean por la atención y la aprobación de los padres.

En ambos casos las madres actúan correctamente, ya que reconocen los sentimientos de cada uno de sus hijos e intentan darles lo que necesitan. Pero a veces, como demuestra el siguiente testimonio, son los mismos gemelos los que no entienden que un trato individualizado es en beneficio de ellos, puesto que se aferran a que todo sea igual para cada uno.

Carmen, madre de dos niños gemelos de 6 años, nos cuenta su experiencia:

«Decidí celebrar el día del santo de cada uno. Primero fue el día de Miguel. Estuvo muy bien. Con Gonzalo, su hermano gemelo, había comprado un regalo y también los abuelos le traían un regalo; todo transcurrió armoniosamente. Cuando llegó el día de Gonzalo, Miguel no dejó de protestar ni un solo momento, porque él también quería recibir regalos; no le parecía justo que solo su hermano fuera el protagonista. Estuvo durante todo el día muy celoso y me recriminó que quisiera más a su hermano que a él».

Esta es, sin duda, una situación difícil. La reacción de uno de sus gemelos no le animó a seguir organizando actividades con cada niño individualmente. No obstante, conviene no dejarse influir por estos problemas y seguir intentándolo. En general, el niño que se queja de que sus padres quieran más al otro tiene una autoestima baja y se siente inseguro de sí mismo. Mostrar comprensión y elogiar sus conductas buenas hará que, con el tiempo, aprenda a sentirse tan querido como su hermano gemelo. Pero es probable que siempre sea algo más susceptible a las «injusticias». Además, no se puede evitar que haya momentos en que uno se siente excluido como bien explica esta madre:

«Al regresar a casa desde la escuela, Pablo, de 10 años, parecía preocupado por algo. Estaba callado y triste, cuando normalmente es alegre y vivaz. Supe que algo andaba mal, pero él eludió mis preguntas hasta antes de acostarse. En ese momento comenzó a llorar y me dijo que un niño del colegio se había portado mal con él. Quise darle la oportunidad para que hablara abiertamente y por ello le dije que bajáramos; nos sentamos en la cocina y le preparé un vaso de leche caliente. Pero al momento, con la velocidad del rayo, bajó también su hermano gemelo, gritando: 'No puede ser. Esta es la hora de acostarnos. Si él baja, yo también'. Me sentí un poco culpable por el privilegio que le concedí a Pablo, pero sabía que era lo correcto, ya que lo necesitaba y su hermano no. Así que le dije: 'Pablo me necesita ahora. Por eso es bueno saltarse las normas'. No le pareció bien, pero seguro que lo entenderá el día en que él necesite una atención especial».

Las peleas

Los múltiples siguen teniendo sus peleas, aunque el motivo ya no es tanto la competición por la atención paterna. Ahora se pelean porque cada uno defiende su territorio y sus pertenencias.

También lo hacen porque pasan mucho tiempo juntos, lo cual hace comprensible que surjan roces. Tanta cercanía llega a molestarles, aunque por otro lado la buscan.

Norma:

«Mis gemelos se pelean mucho. Entonces les digo que cada uno vaya a jugar solo. Lo hacen, pero al momento les veo de nuevo juntos».

Las peleas entre ellos no significan que se lleven mal. Su vínculo suele ser estrecho e íntimo. Las riñas son un fenómeno normal en el día a día, que les ayuda a aprender a defenderse, negociar y buscar compromisos. Además, los varones necesitan físicamente las peleas, porque para ellos es un modo de desahogar sus tensiones y su energía. En ello ¡no siempre están implicados sentimientos de ira o rabia! Lo demuestra el siguiente testimonio:

«Mis gemelos, de 11 años, son muy impulsivos y se pelean mucho. Al principio me resultó duro verlos enzarzados en estas peleas; yo misma solo tengo hermanas y nunca había visto este tipo de agresiones; temía que se matasen, pero aprendí a no intervenir. Solo les separo cuando se están haciendo daño. En este caso le mando a cada uno a su cuarto y hablo con ellos. Es curioso, porque ellos mismos tienen su manera de reconciliarse: después de un rato uno va al cuarto del otro y pregunta cualquier cosa sin importancia, como '¿me dejas tu lápiz?'. Y el otro le pregunta qué hora es. Es señal de que se han reconciliado».

Las peleas también pueden ser un indicio de un problema subyacente. Martín y Pablo de 12 años, están a diario enzarzados en peleas, incluso físicas. Entre ellos hay una problemática a la que hay que prestar atención. En la conversación con los padres me llama la atención que éstos describen a Martín como el hijo bueno, responsable, inteligente y mayor y a Pablo como el impulsivo, agresivo y más pequeño de los dos. Las descripciones de los niños consisten solo en comparaciones entre ambos. Las comparaciones nunca reflejan a un niño en su totalidad. Todo gemelo es más que el polo opuesto de su *co-twin* y tiene sus propios defectos y cualidades.

Las continuas peleas de estos niños es un reflejo de las frustraciones de ambos por no sentirse valorados como individuos. Aquí también se había desarrollado un patrón del «bueno» y del «malo», algo que molestaba a los dos. Ser el preferido de los padres crea tensión al hijo electo y causa distanciamiento entre los hermanos. Y Pablo sentía la decepción de sus padres porque él nunca podría mostrar las cualidades de su hermano. Esto le hacía comportarse mal. Mediante varias conversaciones los padres empezaron a ver a sus gemelos como individuos. Se descubrió que Pablo tenía un lado creativo. Una vez que le fue posible mostrarlo, su enfado e impulsividad disminuyeron. La relación con los padres mejoró y también la de los hermanos.

Cuando la relación entre los gemelos es tensa, siempre hay que tener en cuenta la posibilidad de que la causa esté en que uno de los dos (o de los tres) es más exitoso que el otro (más inteligente, más rápido, etc.). En este caso es bueno reducir el tiempo en el que los dos pueden ser comparados y realizar actividades de ocio por separado o que estén en clases separadas.

En cuanto a sus peleas, conviene mantener unas **normas**:

- Está prohibido tirarse objetos y pegarse en la cara.

- No se permiten ciertas palabras hirientes e insultantes.

- No se permite dar patadas.

- Debe finalizar la pelea cuando uno lo pide mediante una señal, acordada entre ellos, como por ejemplo «stop».

- Se ponen límites: cuando no consiguen un acuerdo (por ejemplo, continúan peleándose por quién utiliza la cesta del balón o el ordenador), se prohíbe el uso del objeto durante un tiempo.

Si siempre es el mismo el que gana en las peleas, el que decide los programas de la tele, o quien primero puede jugar con la Play es fácil caer en el error de socorrer al otro. Pero esta actitud refuerza en él la tendencia de adoptar el rol de víctima. Y lo que aprende en el seno familiar, forma la base para su conducta fuera de él. Enséñele a que tiene la opción de terminar una situación: salir del lugar o simplemente dejar el juego cuando su hermano se muestra agresivo o insultante. Y ofrézcales también otra manera más justa para decidir quién es el primero, como por ejemplo echar una moneda.

Si uno de los dos (o tres) es muy dominante en los juegos, hay que enseñarle cómo negociar y buscar el compromiso en vez de mandar. En ese caso también conviene animar a que ambos niños jueguen con compañeros de clase con los que puedan desarrollar otros patrones de conducta.

Peleas en caso de trillizos

Elena, madre de tres niñas monozigóticas de 8 años cuenta su experiencia:

«Las peleas han estado presentes, se podría decir que desde su nacimiento; las tres tienen un genio muy vivo y cada una quería ser siempre la primera en ser atendida. Esto creaba un continuo desequilibrio en la familia. Mi marido y yo éramos muy serenos y bastante equilibrados hasta el momento en que nacieron ellas. Nos volvimos 'malos', ya que nuestra capacidad de aguante tocaba fondo. Además, ellas utilizan un lenguaje de palabrotas que nos deja

de piedra. Mi preocupación era si empleaban ese mismo lenguaje también fuera de casa, lo cual afortunadamente no es así. Cierto día, que me vieron muy frustrada ante sus continuas peleas, una de ellas me dijo: 'Pero mamá, ¿por qué te enfadas? ¿No ves que estamos jugando?'. Aquello que a mí me producía tanto disgusto para ellas era un 'juego'. Desde aquel día intento otorgar a sus enfrentamientos la importancia justa. Actualmente siguen peleándose, pero con menor frecuencia. Al hacerse más mayores puedo mediar entre ellas y trato de dialogar para encontrar acuerdos».

Es cierto: el primer periodo, entre los 6 y 9 años, suele caracterizarse por una fase tranquila y bastante armónica. No obstante, en la última fase de este periodo, entre los 9 y 12 años, las peleas suelen aumentar debido a los cambios hormonales, típicos de la preadolescencia.

Esther, madre de trillizas dizigóticas de 11 años, nos lo cuenta:

«Últimamente se pelean más que antes. Una de ellas es muy irritable y sus hermanas la provocan riéndose de ella, así que con mucha frecuencia se enzarzan en una pelea, a veces incluso físicamente. En estos casos, las mando a cada una a su cuarto para que se calmen. Darles a cada una su habitación ha sido la mejor decisión de mi vida».

La convivencia con múltiples no siempre resulta fácil, pero usted, gracias a su experiencia día tras día, aprenderá a ser un excelente juez de paz, a lidiar con las discusiones, a repartir besos y castigos según la situación y a ¡improvisar! Como nos cuenta Marisol, madre de trillizos:

«Suelo anotar las ocurrencias y frases graciosas de mi trío. Cuando los niños se comportan mal y no están dispuestos a colaborar, saco la libreta y les leo alguna anécdota. Esto rompe la tensión y los tres terminan partiéndose de risa».

El humor es, sin duda, un buen aliado para salir de situaciones difíciles.

Bromas e insultos

Como todos los hermanos, los gemelos (o más) también se insultan o se gastan bromas pesadas. Se trata de un tipo de intercambios normal entre personas que pasan mucho tiempo juntas; también es una manera oculta de airear ciertas frustraciones. No contribuye a que el ambiente en casa sea armonioso. Las bromas pueden ser utilizadas para ventilar comentarios dolorosos e hirientes. Pueden también ser un signo de afecto y de confianza. Pero la frontera que separa las burlas que divierten de las que ofenden es muy fina. Las bromas pueden ser una forma desagradable del abuso del más «fuerte» sobre el gemelo «más débil». Por ello los padres deben intervenir para mantenerlas en el lado positivo de la frontera.

Sugerencias

- Explíquele al agresor que encuentra inaceptable este abuso verbal. Mándele a su cuarto si su conducta perdura. También puede decirle algo como «No me gustaría que alguien te dijera a ti lo que acabas de decirle a tu hermano». Esto le ayudará a ponerse en el lugar del otro.

- No quite importancia al asunto hablando con la víctima, pensando que es muy sensible. Tampoco un comentario como «no es para tanto» o «no deberías sentirte así» es conveniente. Escúchele y acepte sus sentimientos (pueden ser muy fuertes).

- No pida a la víctima que no reaccione ante los insultos ni que actúe como si no le hirieran. Esto es como enseñarle a ocultar sus sentimientos, lo cual no es saludable. Es más conveniente hablar del tema conjuntamente con los gemelos.

- Sea la aliada de la víctima y enséñele algunos trucos como decir «ya basta» o dar la vuelta a la situación con humor. Esto requiere un pensamiento y una lengua veloces, pero a veces funciona.

Según un estudio de investigadores norteamericanos el niño que sufre acoso en casa por parte de un hermano (o hermanos) sufre igual como otro que lo vive en el colegio. Lo concluyeron a base de entrevistas con 3.600 niños con edades comprendidas entre 10 y 17 años. El tipo de agresiones que sufrían en casa eran peleas físicas, insultos, destrozos o pérdidas de sus pertenencias. Los problemas psíquicos eran mayores en aquellos niños que sufrían acoso tanto en casa como en el colegio, pero los que lo vivían solo en casa, tenían muchos más problemas emocionales, como ansiedad, depresiones y enfados que los niños que no sufrían acoso. Sus problemas eran casi iguales a los de los niños que sufren acoso en la vida escolar. Por tanto, no hay que infravalorar el efecto de los insultos, sobre todo si entre los gemelos hay una dominancia marcada.

¿Nurture o nature?

Los psicólogos ya llevan décadas estudiando la cuestión de si es la genética la que influye poderosamente en nuestras conductas o bien la educación (el entorno). Esta se llama, según el término inglés, la cuestión «*nurture* versus *nature*» (el entorno *versus* la naturaleza). Los gemelos monozigóticos forman un excelente grupo de estudio para los científicos, porque son los únicos seres humanos con el mismo ADN; todas las demás personas tienen un mapa genético distinto. Si por ejemplo observamos que en los monozigóticos la homosexualidad se da con mayor frecuencia en ambos gemelos que en los dizigóticos, se puede concluir que en la aparición de esta tendencia sexual hay un componente genético. Y efectivamente, varios estudios lo confirman. La posibilidad de que ambos sean homosexuales es bastante alta en los monozigóticos, pero también hay parejas en las que solo uno muestra esta tendencia sexual. Esto significa que también debe haber otros factores determinantes, como diferencias mínimas en su estructura cerebral a causa de cambios prenatales u otros.

Los genes y el entorno también se influyen mutuamente. Por ello hoy en día hablamos de «*nurture y nature*». El siguiente caso lo demuestra. Se trata de unas gemelas monozigóticas de 8 años, de las que una es muy miedosa. En principio ambas tienen esta característica (*nature*), pero solo sale a la luz en una de ellas. Como veremos a continuación, su madre (influencia del *nurture*) la sobreprotege y refuerza con ello esta conducta. La madre nos cuenta:

> «*Paula es 'la mayor'; le gusta jugar en la calle. Es extrovertida y tiene muchas amigas. También le gusta jugar con su hermana gemela Natalia; esta prefiere jugar en casa y solo tiene una amiga. Natalia se enfada enseguida cuando algo no le sale bien y tiene rabietas. No le gusta ir sola a algún sitio, ni siquiera al servicio, ni dormir sola y para ello siempre pide la ayuda de su gemela; es la 'pequeña' de las dos*».

Aquí vemos dos niñas con los mismos genes, los mismos padres y el mismo entorno; acuden a la misma aula. No obstante, son niñas totalmente distintas. Aunque las dos tienen la misma predisposición genética para desarrollar rasgos como cierto tipo de ansiedad, solo una lo presenta (sabemos que la ansiedad es altamente heredable). Una es mucho más atrevida y sociable que la otra. Si analizamos la educación que reciben, veremos que la actitud de la madre hacia «la pequeña» difiere mucho de la que dedica a la «mayor». La madre lo describe así:

> «*A Natalia siempre la he considerado como la pequeña, la más débil. Nació con menor peso y lloraba más. Siempre la veía más pegada a mí y sus miedos me recordaban a mí misma, cuando yo era pequeña. Tampoco yo era nada atrevida y tenía miedos parecidos. Como Paula era tan diferente y más fuerte, siempre la he animado a ayudar a su hermana, acompañarla a los sitios, etc.*».

La actitud de la madre ha reforzado la independencia de una y la dependencia de la otra; como Natalia recibía mucha atención por sus muestras de dependencia, estas no han hecho más que aumentar (cualquier niño percibe nítidamente cómo conseguir la atención). En las niñas se están asentando roles muy rígidos que les impiden desarrollarse plenamente, lo cual hace necesaria una intervención. Para ello la madre buscó mi ayuda. Para conseguir que se rompiera el patrón de dependencia se estipuló el siguiente plan:

- ▶ Se deben negar las rabietas de Natalia. Cuando ya hayan pasado, se hablará con ella y se le ofrecerán alternativas, como decir lo que quiere en vez de enfadarse, etc.

- ▶ Natalia tendrá que ir sola al servicio. Queda prohibido pedir la compañía de su hermana. Como mucho puede acompañarla su madre, pero solo en caso necesario.

- ▶ Se elogian todas las conductas de la niña que impliquen una mayor autonomía e independencia. Asimismo se la animará a dar pequeños pasos, como ir sola a una tienda cercana, ir a casa de una amiga, etc.

- ▶ Se ayudará a Paula a no sentirse culpable por dejar «sola» a su hermana.

- ▶ La madre recibe ayuda (unas entrevistas personales) para aprender a no proyectar sus propios miedos en Natalia; identificarse tanto con ella le dificultó inconscientemente la autonomía.

- ▶ Se deja de utilizar los términos «mayor» y «pequeña».

Este ejemplo pone de manifiesto cómo la educación puede potenciar o mermar una característica, presente desde el principio en ambas niñas. Paula pudo haber desarrollado una ansiedad parecida a la de su hermana, pero no ocurrió hasta el momento, seguramente porque sus padres la trataban como la hija mayor que se responsabilizaba de su hermana pequeña. En ella alentaron otras cualidades como la responsabilidad, la autonomía, saber relacionarse, etc.; cualidades de las que sin duda Natalia también dispone. Pero en ella fueron estimuladas otras, totalmente contrarias. No obstante, gracias a la intervención psicológica, los padres aprendieron a tratar a las niñas de otro modo y se pudo romper la dependencia. La que necesitó a continuación mayor atención fue Paula, como era de esperar. Como ya no se le requirió para ser la fuerte, finalmente pudo demostrar sus miedos e inseguridades. Al cabo de unos seis meses la relación entre las niñas se hizo mucho más equilibrada.

La relación con cada hijo individual

A esta edad los gemelos aún pasan mucho tiempo juntos y están muy unidos. A pesar de sus peleas y riñas, se buscan y juegan mucho. Les gusta ir juntos a casa de otros, a las fiestas de cumpleaños y hacer planes para actividades comunes. También tienen amigos, muchas veces comunes, y forman parte de una misma pandilla. Las parejas niño-niña suelen tener cada uno sus propios amigos, debido a su diferencia de sexo, mientras que entre los gemelos monozigóticos y los dizigóticos del mismo sexo los amigos son comunes.

Tienen un sentimiento de la complicidad muy desarrollado; si le ocurre algo al hermano gemelo, el otro lo defiende y sufre por él. Si los padres le riñen a uno, el hermano se lo reprocha. Este aspecto requiere unas **pautas especiales**:

▶ Cuando uno de ellos hace una trastada, solo se le debe castigar a él, no a los dos (u otros). Hay que elegir un castigo que le afecte (para uno será mandarle a su cuarto sin el hermano y, para otro, no dejarle ver la «tele») . Por lo tanto, los castigos no tienen que ser iguales, dados sus gustos diferentes.

▶ Si no es posible averiguar cuál de los dos hizo la trastada, ya que se tapan mutuamente o se culpan entre sí, hay que hablar con ellos por separado. Cuando uno confiese su culpabilidad, conviene elogiar su sinceridad más que imponerle un castigo. Si no se consigue averiguar quién fue, hay que castigarlos a los dos, no dejándoles salir a la calle, por ejemplo. Esto sirve para que aprendan que lo más importante es que confiesen su parte de culpa y que, en todo momento, sean honestos.

▶ Si está enfadada con uno de ellos, hable con él y explíquele sus sentimientos. Eso quizás le resulte difícil, ya que su hermano gemelo saldrá en su defensa y tomará a mal la actitud de usted. Es algo inherente a la situación, pero no debe ser motivo para no castigarle cuando sea necesario. O bien evite las intervenciones del hermano, hablando a solas con el «castigado».

▶ Evite criticarles demasiado, porque con ello perjudica su autoestima. Si quiere cambiar ciertos hábitos (que recojan sus cosas, sean más ordenados, echen una mano con las tareas domésticas), inténtelo elogiando aquello que hacen bien. Un método eficaz para conseguir su colaboración es el siguiente: cuelgue un cartel en la cocina y anote en él sus respectivas tareas, como recoger los platos, poner la mesa, comprar el pan, etc. Procure que cada uno tenga sus propias responsabilidades. Para animarles dibuje una estrellita en el día que lo hacen bien. Cuando consigan el número de estrellitas que se haya acordado, se ganarán un premio, como una excursión con la familia, una salida al cine o algo que sea de su agrado.

Sigue siendo importante, como ya comenté varias veces, emprender actividades con cada uno por separado. Estas escapadas ayudan a que la relación con cada hijo sea más íntima y satisfactoria. No siempre es fácil, ya que dada su fuerte compenetración querrán venir todos, pero merece la pena acostumbrarles a ello. Una buena idea para conseguir la «exclusividad» con cada uno, es procurar que tengan un día a la semana en que puedan acostarse algo más tarde que el hermano gemelo. Por ejemplo, en la familia García, padres de trillizos, Pablo se queda un rato más el lunes; María disfruta de este privilegio el miércoles, y Cristina el viernes. Esto permite a los padres a estar con cada uno a solas, lo que más de una vez da pie a conversaciones íntimas.

Elena, madre de trillizas monozigóticas de 8 años y una hija de 12 años:

«Quería introducir la rutina de emprender alguna actividad con cada una por separado. Pero no dio resultado. Cuando les propuse irme con una, no querían salir de casa. Inventé otro ritual: pueden dormirse por turnos conmigo. Esto les encanta y a mí también. Por las mañanas cuando nos despertamos siempre tenemos nuestra pequeña charla privada. Cada una tiene su día para ello (una vez por semana las tres). La hija mayor no participa en ello, ya que prefiere ir conmigo de compras».

Uno se siente inferior al otro

Puede ser que uno se sienta menos atractivo, menos inteligente, menos querido... No solo les comparamos los adultos, también ellos se miran el uno al otro y se comparan entre sí. Puede ocurrir tanto en los gemelos del mismo sexo, como en los formados por niño y niña. No es fácil vivir a la sombra de otra persona que, aparentemente, todo lo hace mejor. Depende del carácter del niño cómo reaccione ante esta situación: es posible que se encierre en sí mismo o que muestre una conducta difícil y contrariada. Hay que tomar en serio sus sentimientos; hablar con él íntimamente y buscar mecanismos que le ayuden a desarrollar sus propias cualidades, como hizo Amparo, madre de una hija de 12 años y gemelos niño-niña de 7 años:

«Me encontré con el diario de la pequeña y no pude resistir la tentación de leer lo que había escrito. Contaba que ella no sabía hacer nada bien y que nadie la quería. Su hermana era la preferida de sus papás y su hermano gemelo lo hacía todo mejor que ella. Deseaba no vivir. Me asusté muchísimo. Quiero a los tres por igual y desconocía totalmente estos sentimientos. Ahora procuro dedicarle más tiempo, hacer cosas con ella a solas, elogiarla mucho, y la ayudo a invitar amigas a casa. También procuro que su hermano no la critique (algo que solía hacer a menudo). E irán a clases separadas el curso próximo».

También puede darse el problema de que uno de los hijos se relacione con facilidad y el otro no.

Nos lo cuenta Amparo:

«Mis gemelas dizigóticas, de 11 años, son como el día y la noche. Ester tiene muchas amigas y nunca está sola. Laura es más bien tímida y solo tiene una amiga. Van a clases distintas y a Ester la invitan muchas más veces a fiestas de cumpleaños. El otro día estaba radiante porque la invitaron a pasar un día en la montaña con una de sus amigas. Cuando vio la cara de su hermana, le dio pena dejarla y decidió ¡no irse! En este momento interferí y le dije que tendría que irse y que yo me ocuparía de su hermana. La convencí y se fue. Laura quedó malhumorada en casa. En principio pensé en llamar a su amiga e invitarla yo, pero luego decidí que sería mejor que lo hiciera ella. Cuando se lo propuse, me dijo que no se atrevía. Esperé un tiempo sin hacer nada. Finalmente la llamó y juntas pasaron una tarde estupenda. Verse sola le dio el empujón que necesitaba para superar su timidez. Me alegré de no habérselo solucionado».

Ser gemelo no siempre es fácil como demuestra claramente este caso. Cada gemelo se enfrenta a situaciones dolorosas y a las propias limitaciones (Laura deseaba ser más como su hermana y tener un círculo de amigas como ella). La madre hizo bien en esperar hasta que ella misma superara su miedo a llamar por teléfono para invitar a su amiga. La frustración por la situación la hizo reaccionar y salir de su mal humor.

Este ejemplo también demuestra que es positivo animar a cada hijo a tomar sus propias decisiones.

Las fiestas de cumpleaños

También las fiestas de cumpleaños pueden ocasionar en los gemelos (trillizos o más) cierto tipo de problemas, que no se dan entre hermanos de distintas edades. Este es el caso cuando uno de los gemelos está invitado y el otro no. Suele ocurrirles a los gemelos que van a clases separadas. Aunque es lógico, ellos generalmente sufren en esta situación.

Esther nos explica:

«Las niñas (7 años) van a clases distintas. Como nosotros tenemos algunos amigos entre los padres de una de ellas, estos suelen invitarlas a las dos. Pero esto no ocurre en el caso de la otra, lo cual ella no entiende. Es difícil, pero intentamos hacer algo divertido con la que se queda en casa».

Sobre todo en los gemelos dizigóticos (o trillizos trizigóticos) suele haber un niño más popular que el otro u otros. A él le invitan más a menudo. No es fácil para el otro y es una buena idea aprovechar la ocasión para hacer alguna actividad con él. Y a veces incluso el hecho de estar en casa y tener la atención exclusiva de los papás le favorece. A fin de cuentas es algo de lo que no dispone muy a menudo. Para algunos niños no supone ningún problema, porque tienen un carácter más individualista. A otros, sin embargo, les duele. Conviene hablarlo con él y explicarle que cada niño es diferente y que ser menos popular en sí no significa que no sea una persona muy querida. También ocurre que el gemelo invitado siente pena por su hermano y prefiere no ir antes que dejarle solo.

Aurora:

«A Isabel la invitan más a menudo para las fiestas de cumpleaños que a su hermano. Al principio no quería ir sin él porque se sentía mal. La hemos convencido de que su hermano va a estar bien, que yo me ocupo de él. Ahora ya va sola, pero siempre le trae caramelos o incluso un trocito de tarta».

También puede haber otros motivos. Pablo:

«El otro día mis hijas, gemelas monozigóticas estaban hablando sobre ir solas a los cumpleaños. Una de ella me explicó por qué no le gusta ir sola. '¿Sabes qué papá? La tarta no sabe tan bien si no está mi hermana'. Me impresionó su explicación. Es cierto: ellas disfrutan más de las excursiones y fiestas cuando las comparten».

A veces los padres del niño que cumple años se sienten obligados a invitar a los dos (o tres) o no saben muy bien qué hacer. Si usted percibe esta duda, es bueno hablarlo honestamente con los padres. Efectivamente, puede ser doloroso para los gemelos no ser invitados a la vez, pero al mismo tiempo puede significar una buena experiencia para ir adquiriendo autonomía y pasar algún tiempo sin el otro.

En la práctica los gemelos monozigóticos suelen ser invitados a la vez, mientras que en caso de los dizigóticos es más frecuente que inviten solamente a uno.

Cuando los mismos gemelos (o trillizos) celebran su cumpleaños, es conveniente permitirles que cada uno elija el mismo número de amigos. Es lo más justo, aunque no evita del todo los problemas.

Esta es la experiencia de Maite:

«Les dije a mis gemelas de 7 años que podían elegir cada una siete (uno por cada año de edad). Enseguida se pusieron a hacer una lista. Surgió el problema de que tienen tres amigas en común. Por lo tanto discutían en qué lista tenían que ser apuntadas. Hasta casi el último día hubo cambios y fuertes peleas».

El desarrollo intelectual

Hoy en día sabemos que el desarrollo intelectual de los gemelos no es muy diferente al de los hijos no gemelos.

Estudios antiguos afirmaban lo contrario; por ejemplo, en investigaciones realizadas en Escocia con los gemelos nacidos entre 1921 y 1950, a la edad de 11 años sacaban un cociente intelectual (CI) de 4 a 5 puntos más bajo que el del grupo no gemelos. Otro estudio, realizado en Aberdeen, también Escocia, entre gemelos de 7 a 9 años, encontró la misma diferencia en el CI entre los gemelos y los hermanos de la misma familia.

La psicóloga Helen Koch, en los años 60, ya matizaba estos datos. Ella midió el rendimiento de ambos grupos, gemelos y no gemelos, de 6 a 7 años, en varias áreas: lenguaje, percepción, matemáticas, motricidad y orientación espacial. Descubrió que los gemelos sacaban mejores puntuaciones en el área espacial, puntuaciones más bajas en el área verbal e iguales en las demás asignaturas.

Una exhaustiva investigación realizada en 2006 por Kaare Christensen, del Institute of Health Services, de la Universidad de Odense (Dinamarca), cambió la idea de que los gemelos fueran menos inteligentes. Los resultados de los gemelos, de 16 años, a los que sometió a una amplia batería de tests, similares a los de la prueba de selectividad, no eran distintos a los de los no gemelos. Quizá tenga que ver con la edad, ya que en estos casos eran gemelos adolescentes. A esta misma conclusión llegó otro estudio, este realizado en Holanda entre gemelos adultos: tampoco se observaron diferencias en el CI de los gemelos comparado con el de los no gemelos en la misma familia. Quizá es posible que existan (ligeras) diferencias en las capacidades intelectuales en el rendimiento escolar entre ambos grupos a los 11 años, pero no a los 16 años.

Hay dos factores que explican estas ligeras diferencias: los bebés que nacen prematuros o con poco peso son más numerosos entre los gemelos que en el grupo de niños nacidos de un parto simple y estas condiciones en el nacimiento pueden acarrear problemas de aprendizaje. No obstante, Christensen afirma que el peso al nacer tiene poco efecto en el rendimiento escolar, con excepción de niños —gemelos o no— de muy bajo peso, los grandes prematuros (peso menor de los 1.500 g). Christensen destaca que un peso de 2.500 g es bajo para el niño que nace solo, pero no lo es para los gemelos. Es sabido que el convivir en el útero les produce un estrés positivo por lo que al nacer están mejor dotados para enfrentarse a la vida. Se debe comparar el peso de un gemelo con el de su grupo (los gemelos) y no con el de los no gemelos.

El segundo factor, no menos importante, es que los padres no pueden dedicar tanta atención exclusiva a dos hijos como a uno solo. Esto explica, sobre todo, las diferencias de desarrollo en el área del lenguaje. Por lo tanto, conviene tener en cuenta estas situaciones desfavorables. En cuanto al desarrollo del lenguaje, la actitud de los padres y su interés por los deberes escolares constituyen buenos apoyos suplementarios.

Britta Alin-Akerman investigó el desarrollo intelectual de los trillizos con edades comprendidas entre 4 y 8 años y específicamente el de los de poco peso al nacer. Los comparó con sus hermanos trillizos que tenían un peso normal. Utilizó el test Griffiths Mental Development Scales, que mide varios aspectos del desarrollo infantil como la motricidad, la sociabilidad, el lenguaje, el habla, la coordinación mano-ojos, las matemáticas y la inteligencia. Los niños con un peso muy bajo a nacer (bajo peso por la edad gestacional, SGA, *small for gestacional age*) puntuaban bajo en las tareas cognitivas y obtenían una puntuación total más baja. Una comparación entre gemelos y trillizos de pesos parecidos al nacer no dio diferencias entre su desarrollo intelectual. No obstante, sí que se encontró diferencias en las áreas de lenguaje, el habla y el desarrollo social. Según Akerman esto está relacionado con el entorno en el que los trillizos crecen. Más que los gemelos deben luchar por atención, estímulo y amor. El contacto individual con los padres es reducido y distinto. Por tanto también aquí y sobre todo en el grupo de niños con poco peso al nacer, es importante contrarrestar estos factores mediante atenciones especiales y vigilancia extra en los primeros años de vida.

El desarrollo físico

El desarrollo físico (debido a la entrada en la pubertad) se hace patente en las niñas a los diez años y en los niños a los once o doce años. Por lo tanto en los gemelos niño-niña pueden darse grandes diferencias. A veces, la gente confunde al hermano gemelo de la niña con el hermano menor, lógicamente ante el gran fastidio del mismo. En los gemelos dizigóticos del mismo sexo, también pueden darse grandes diferencias, ya que no es excepcional que uno dé el estirón unos meses hasta un año antes que el otro. Su curva de crecimiento no coincide necesariamente. Este ejemplo de dos gemelas de 11 años dizigóticas lo demuestra: una de ellas mide 155 centímetros y pesa 38 kilos. Calza zapatos del número 40. Su hermana mide 140 centímetros, pesa 25 kilos y el número de sus zapatos es el 36. La consideran siempre como la «pequeña», lo cual la indigna. A fin de cuentas es tan mayor como su hermana, solo se llevan ¡cinco minutos!

O, en gemelos dizigóticos del sexo masculino uno ya tiene que afeitarse, mientras al otro no le crece ningún pelo. Estas diferencias son muchas veces un tema sensible y lo acusan más que las diferencias físicas con amigos. Se comparan primero entre ellos y después con sus amigos. La actitud más sabia es mostrar comprensión y explicarles que cada uno sigue un ritmo propio de crecimiento.

Al contrario, los gemelos monozigóticos suelen tener un crecimiento más paralelo; sus desarrollos y estancamientos acontecen más o menos al mismo tiempo.

Sus aficiones

La vida fuera de casa empieza a ser cada vez más importante para ellos. Pasan mucho tiempo en el colegio y con sus amigos. En esta etapa van descubriendo sus aficiones y talentos y para ello es bueno que se les apunte a diversos clubs.

Los gemelos monozigóticos suelen tener aficiones y gustos iguales. Si les gusta el fútbol o el ballet, ambos van al mismo club. Esto no ocurre tanto en los dizigóticos, ya que sus gustos son más dispares; uno se decanta por el judo y el otro por las clases de piano, por ejemplo. Esto es una ventaja, ya que, sin que se den cuenta, les ayuda a relacionarse con otros niños. En el caso de los monozigóticos, esto no ocurre o solo en casos excepcionales. Sin embargo, aunque vayan al mismo club, quizás pueda organizarse de tal forma que estén en grupos diferentes; aunque esto no siempre será factible, pues quizás signifique que cada uno tenga un horario distinto, por lo que haya que llevarlos a horas diferentes. Otro problema añadido es que a los gemelos suele gustarles hacer las actividades juntos; disfrutan menos si no tienen al hermano gemelo a su lado. No hay que forzarles; si prefieren ir al mismo club, es mejor dejarlo así. Cuando lleguen a la pubertad, posiblemente prefieran emprender actividades por sí solos. Si, en el caso contrario, los gemelos muestran interés por diferentes clubs, hay que animarles y hacer todo lo posible para que asistan a ellos. Es un paso importante hacia su independencia.

Elsa, madre de trillizos dizigóticos, 12 años:

«Las gemelas, monozigóticas, empezaron juntas un curso de dibujo. Pero a una le parecía que la otra recibía más atención de la profesora y se resistió a seguir yendo. Para ella le encontré un curso para hacer dibujos animados y le encantó desde el primer día. Estoy feliz de que ahora cada una tenga una actividad propia sin que cause competitividad. Es más bien lo contrario: ahora se enseñan la una a la otra lo que aprenden por separadas porque les gusta compartirlo».

Información de interés

Según los resultados de mi investigación, lo que más preocupa a los padres de gemelos es estar bastante tiempo con sus hijos (52%), seguido por la preocupación por la propia identidad (36%) y el miedo a mostrar una preferencia por alguno de ellos (34%). En el caso de trillizos, estos porcentajes son, respectivamente, del 59%, 26% y 21%.

CAPÍTULO 21

12-18 años

Alrededor de los 12 años da comienzo una etapa turbulenta e intranquila, tanto para los padres como para los gemelos (trillizos o más). Los padres se preocupan por el porvenir de sus hijos y sienten temor por las malas notas, los amigos, el alcohol, las drogas, el uso del móvil... Otro tema que preocupa a los progenitores, según los datos de mi investigación, es la individualidad de sus hijos.

Los padres de partos múltiples comparten el deseo de que cada uno de sus hijos encuentre su camino en la vida, independiente del otro. No es una preocupación vana, ya que en algunos casos —y sobre todo entre los monozigóticos y los gemelos del mismo sexo— el proceso de la individualización acarrea problemas. Al mismo tiempo es la causa principal por la que algunos buscan ayuda terapéutica.

Pero los estudios demuestran que ese periodo no siempre es más difícil para los múltiples que para otros nacidos de un parto único. El hecho de que los múltiples se tengan el uno al otro (otros), les beneficia como veremos a continuación. No obstante, es indudable que deben luchar para independizarse el uno del otro (u otros). Para ellos la adolescencia significa una doble independencia: la de los padres y la del hermano gemelo o hermanos trillizos.

Los gemelos pasan por muchos y variados cambios tanto físicos como emocionales. El crecimiento físico les desconcierta en cierto modo; durante un periodo no se sienten cómodos con su propio cuerpo. Emocionalmente empiezan a distanciarse de sus padres; desarrollan sus propias ideas y convicciones, y se rebelan contra la autoridad paterna. No solamente se distancian de sus padres, sino también del hermano gemelo. Este es un paso realmente necesario pero a la vez doloroso para llegar a ser una persona autónoma. Debido a los cambios hormonales viven un periodo de frecuentes altibajos.

Las conductas más comunes entre los adolescentes:

▶ Sentir inseguridad de sí mismos, su aspecto físico, sus capacidades, sus planes y su futuro. Algunos se preocupan por la elección de carrera (no saben por cuál decidirse) y otros por la escasez de empleo.

▶ Bruscos cambios de humor. En unos instantes pasan de mostrarse felices a malhumorados. Además, son muy sensibles y reaccionan de forma exagerada a percances y comentarios que, en realidad, carecen de importancia.

▶ Reñir sobre sus pertenencias. A esta edad se vuelven posesivos («mi tableta, mi moto», etc.).

▶ Buscar aprobación. Sin embargo, resulta difícil dársela ya que, al mismo tiempo, ponen en duda los elogios de los padres. Lo que en realidad buscan es la aprobación de los amigos de su pandilla.

Cambios físicos

La palabra «adolescencia» deriva del término latín *adolesco* que significa «crezco». No solo se trata de un crecimiento físico, sino también emocional. El adolescente siente una mayor necesidad de tomar sus propias decisiones (esto forma parte del deseo de descubrir su identidad); por un lado, se muestra independiente de sus padres, aunque por otro los necesita como antes (o incluso más) y aprecia sus comentarios; esta ambigüedad crea sus repentinos cambios de humor.

Cada uno de los gemelos, trillizos o más, madura a su propio ritmo. Por ello, pueden darse grandes diferencias. Como expliqué en el capítulo anterior, entre las parejas niño-niña, ellas suelen tener un desarrollo más temprano que ellos. Su adelanto es de unos dos años. A veces ocurre que ella, a sus trece años, está ya físicamente desarrollada y da una imagen de más adulta, mientras que su hermano gemelo todavía sigue siendo un niño. Los dizigóticos del mismo sexo y los monozigóticos pueden tener un ritmo diferente, aunque en los últimos la diferencia es menor.

Crecer a un ritmo diferente tiene varias consecuencias:

▶ El gemelo que se desarrolla con más lentitud sufre por esta diferencia y suele sentirse inseguro e inferior a su hermano. Esto ocurre sobre todo si el hecho se da entre los gemelos varones.

▶ Uno de los gemelos se siente menos guapo y con peor aspecto que el otro (sobre todo si sufre acné), lo que causa celos y rivalidad. A esta edad, la apariencia física es muy importante para ellos.

▶ La necesidad de intimidad y una habitación propia aumenta debido a los desconcertantes cambios físicos. Una sensación de *extrañeza* ante su propio cuerpo es algo que ocurre con bastante frecuencia.

Belinda, madre de gemelas dizigóticas de 12 años:

«Yolanda se está convirtiendo ya en una mujercita. Lleva sujetador y su cuerpo adquiere formas de mujer. Ahora le llama la atención otro tipo de amigas que están adelantadas en su desarrollo. '¿Cómo es que somos gemelas si yo ni siquiera necesito un sujetador para hacer deportes?', me preguntaba el otro día su hermana. Veo que le resulta difícil. Se siente abandonada ahora que Yolanda ya no la invita para irse con sus amigas. Al mismo tiempo percibo que también a Yolanda le duele esa situación».

La madre le explicó que ella misma también tardó en dar el cambio físico y que en ello influyen los genes. También le aseguró que un distanciamiento entre los gemelos en esta fase es normal, pero no definitivo. Yolanda de momento necesita irse con amigas algo mayores, dado el gran cambio que se produce en ella.

Salir de una relación gemelar es duro y suele causar sentimientos de culpabilidad. Es bueno que los padres entiendan el proceso que se está produciendo entre sus gemelos desde ambos ángulos y lo hablen con sus hijos, juntos o separado.

Una relación diferente con los padres

Durante esta fase, los padres se dan cuenta de que deben cambiar su forma de educar a los chicos. Ya no pueden hacer que les obedezcan con un simple «así lo quiero yo». Los hijos solicitan explicaciones, exponen sus ideas y deseos, y no se conforman con cualquier contestación. Por lo tanto, hay más conflictos, ya que ellos piden voz y voto en todo lo concerniente a la vida familiar. Muchas discusiones giran en torno a temas como la televisión, la paga, sus salidas, los deberes, la hora de volver a casa, la discoteca, la moto, las amistades, etc.

Estudios de la Universidad de Oulu (Finlandia), en 2005, demuestran que los gemelos, tanto los monozigóticos como los dizigóticos, se distancian menos de sus padres que los hijos de un parto único. Les cuesta más desechar los valores y las normas de sus padres. Para ellos rebelarse contra estos valores significa rebelarse contra el hermano gemelo y muchos prefieren no hacerlo. Formar un bloque (tema tratado en el Capítulo 19) ahora ejerce en beneficio de los padres.

Otro estudio de la misma universidad concluye que los gemelos beben menos alcohol y fuman menos que otros niños de la misma edad. En esta investigación se siguió de cerca a 284 gemelos desde el embarazo hasta la adolescencia. La conclusión es que la relación gemelar protege en cierto modo a los niños porque les resulta más fácil no ceder ante las tentaciones. Al mismo tiempo se observó que los gemelos son más activos físicamente y practican más deportes que los hijos de un parto único y ello por sí mismo ya es es un factor protector contra el consumo de drogas y de alcohol. El hecho de que los gemelos digan con mayor facilidad «no gracias» ante las tentaciones, también tiene que ver con el hecho de que ellos dos (o tres) ya forman un grupo social. La presión para pertenecer a un grupo para ellos es menor. Al fin de cuentas siempre cuentan con el apoyo del gemelo.

Estos resultados son, sin duda, tranquilizadores para los padres. No obstante ello no significa que no se den otras conductas nada fáciles. Los adolescentes sufren otro cambio: de unos fervientes escaladores de árboles se convierten en «holgazanes» tumbados en el sofá (o que «matan» el tiempo en la calle con sus amigos). Este cambio no está influenciado por las hormonas, sino por ¡el cerebro! La genética influye en estas conductas en un 35%, según demostró una investigación de la Universidad Libre de Ámsterdam. Por tanto, es de esperar que los monozigóticos tengan conductas de «holgazanería» parecidas. Durante la adolescencia ocurren en el cerebro ciertos cambios: las conexiones del sistema nervioso que apenas se utilizaban desaparecen, mientras que otras, más dinámicas, son provistas de una capa de mielina para que los mensajes de una parte del cerebro a la otra sean transportados con mayor rapidez. En la corteza frontal se hallan las características como la autonomía, la capacidad de organizarse y el control de los impulsos, donde transcurre la mayoría de estos cambios. Debido a ello no es extraño que el adolescente se comporte de forma menos responsable o que tenga mal humor.

Sugerencias

- Escuche los argumentos de cada uno y dialogue con ellos. Esto les ayuda a aceptar responsabilidades y a encontrar sus propias normas. Hay que tener en cuenta que a esta edad necesitan rebelarse y criticarlo todo; así aprenden a formarse sus propias ideas y opiniones. Por ello, es muy importante dejarles que hablen, escucharles, dialogar y, en ocasiones, incluso «negociar». Las normas en cuanto a las tareas domésticas pueden estipularse con ellos mismos en una reunión familiar. Este es un buen medio para que aprendan a hablar abiertamente en familia, exponer sus ideas, aportar sugerencias y airear ciertos roces. También sirve para evaluar con cierta regularidad cómo lleva cada uno su parcela de responsabilidad (en cuanto a las tareas).

- Evite un trato autoritario. Cuando se les imponen ciertas normas o restricciones, estas surten más efecto si van acompañadas por una explicación: «No te compramos la moto porque nos preocupa tu seguridad». Ellos, en el fondo, están dispuestos a aceptar normas (así saben a qué atenerse), pero piden que sean claras y lógicas.

- Apele a su razonamiento y también a su sentido de la responsabilidad.

- Recuerde su propia adolescencia y póngase en su lugar. Dialogue mucho con ellos y sea flexible. Ellos agradecen esta actitud, porque notan que se puede hablar con usted sobre las desavenencias.

- A pesar de que ellos ganan en autonomía, no todo debe ser negociable. Los padres deben mantenerse firmes en temas que consideren vitales, como su seguridad cuando salen, etc. Un «no» a su debido tiempo sigue siendo importante. No es fácil encontrar el punto idóneo entre dejarles más libertad y permitir que cometan errores —algo inevitable— y tomar las riendas en otros momentos. Consultar dudas con otros padres de adolescentes o sus profesores puede ser de gran ayuda.

- Los roces y enfados son inevitables, pero procure hacer las paces antes de acostarse: acuda a su cuarto, siéntese en su cama y hable con él sobre lo ocurrido. Por muy mayor que aparente ser, le gusta tener este momento de intimidad. Si usted se siente dolida por un comentario suyo (a esta edad son criticones y saben poner el dedo en la llaga), dígaselo; pero si, por el contrario, la culpa es de usted y se pasó con él, debe reconocer su error. Le hará entender que los padres también somos seres humanos, con sus cualidades y defectos;

además, y lo que más le influenciará, es la preocupación que usted puede llegar a mostrar por él.

- No es positivo indagar sobre las conductas de uno de ellos a través del otro («*cuéntame lo que hizo tu hermano anoche*») . Le crearía un serio problema de lealtad hacia su hermano gemelo. Es mejor preguntárselo directamente a la persona involucrada. Solo hay una excepción: si sospecha que su hijo corre peligro (está tomando drogas, se rodea de personas dudosas, etc.), sí es legítimo insistir que le informe sobre ello con el fin de que usted pueda actuar.

La relación entre ellos

Los gemelos no solo deben distanciarse de sus padres para encontrarse a sí mismos (como todos los niños), sino también de su hermano gemelo (algo que otros hijos no tienen que vivir). Por eso, la relación entre ellos cambia durante la adolescencia y suele ser menos íntima. Este proceso no se da en todos los gemelos, ni tampoco precisamente durante estos años, ya que algunos viven el distanciamiento cuando llegan a ser adultos y/o cuando se casan.

Elena, madre de trillizas monozigóticas, de 15 años:

«Las niñas tienen una relación muy fuerte entre ellas. Saben a la perfección cómo se siente cada una. Cuando una está triste por algo, las otras dos lo perciben con mucha nitidez y no dejan el tema hasta que la hermana esté alegre de nuevo. Lo que sufre una, lo sufren las tres. Esto no quiere decir que entre ellas siempre haya buena armonía. ¡No! Son capaces de discutir y pelearse muchísimo, tanto física como verbalmente. Las tres tienen un carácter fuerte. Y veo que ahora intentan ser menos sensibles a los comentarios de las hermanas para no dejarse influir tanto. Pero este proceso no transcurre al mismo tiempo para las tres. A veces una está más encerrada en su mundo, otras veces otra. Creo que es una fase que deben pasar para independizarse de su mutua influencia».

En la mayoría de los casos es normal que haya más riñas y roces entre ellos durante estos años. Tienen discusiones sobre la ropa, los amigos, la música, sus pertenencias, el cuarto... Se irritan el uno con el otro y ya no comparten sus secretos, alegrías o experiencias como habían hecho hasta entonces. El hermano gemelo (o la hermana gemela) puede ser la personificación de la mirada crítica. «El piensa que soy feo», puede ser una proyección de las propias emociones. Pero cuando uno de los dos realmente tiene un mal aspecto, esto daña la autoconfianza del otro. *«Si mi hermana no tiene éxito y además tiene un mal aspecto, pienso que conmigo tampoco puede ir bien»* me comentó una gemela monozigótica. Su fuerte vínculo les confunde. Debido a esta compenetración los gemelos toman distancia. *«Esta tarde voy a ir a las tiendas, no quiero que me acompañes»* comenta una a otra. Un par de semanas después la situación cambia. *«Si vas a comprar, te acompañaré, ¿de acuerdo?,* dice la misma niña. Este salir de su relación y volver a ella no suele coincidir en los dos y pone su relación bajo estrés.

Durante esta fase les molesta aún más si las personas a su alrededor les comparan. No desean que los recuerden como «uno de los gemelos», sino que quieren ser una persona autónoma y única. Para acentuar estas diferencias no es raro que uno se vista de una forma atípica y hippie (por ejemplo, ropa ancha, muy holgada), mientras que el otro prefiera ropa de un estilo más bien clásico (prendas de marca). O uno elige un corte de pelo totalmente distinto. Por lo general, dejan de vestirse igual durante la adolescencia, tanto los dizigóticos como los monozigóticos.

Elisa:

«Las niñas llevan el pelo largo. Ahora una de ellas está pensando en cortárselo. Nos preguntó qué pensábamos. Pensamos que para ella es una manera de distinguirse de su hermana que no quiere oír hablar del tema. Estamos ansiosos por saber qué ocurre. Este es un paso que va más allá de lo estético».

M. Carmen, madre de gemelas monozigóticas de 13 años, cuenta cómo sus hijas están cambiando:

«Se pelean por todo y discuten todo el día. Es tan desagradable que ya no desayuno con ellas, porque sus discusiones de buena mañana (quién coge primero la leche o los cereales) me ponen de mal humor. Así que después de despertarlas por la mañana, vuelvo a la cama. Cuando oigo el portazo, me levanto. Ahora las llamo 'las divorciadas'. Ellas antes eran la viva imagen de 'nos queremos'».

En general la relación entre las gemelas DZSSf se vuelve menos intensa; cada una anhela tener más intimidad personal. No pocas veces se convierten en rivales. Es bueno que dispongan de más espacio propio ya que necesitan pasar tiempo sin la otra.

A veces los padres se asustan del cambio en la relación entre sus gemelos. Se preguntan: *«¿Qué estamos haciendo mal?»*. Pero esta no es la cuestión. Este es un fenómeno normal y necesario que les ayuda a encontrar su propia identidad. Las hijas de M. Carmen se sienten posiblemente por primera vez en su vida molestas por la continua presencia (y ¡control!) de la otra. Cada una está en la fase de buscar su identidad y para ello necesita momentos de soledad. Al mismo tiempo estos sentimientos les aterran, porque tienen poca experiencia en afrontar situaciones solas. Detrás de sus discusiones seguramente se halla aún una gran dependencia emocional.

El siguiente testimonio demuestra cómo esa dependencia puede causarles problemas:

«Soy gemela de 16 años y a mi hermana y a mí nos cuesta estar solas. Siempre estuvimos en la misma aula, hasta que ella repitió curso en segundo de secundaria. La separación nos pareció el principio del fin: nos sentimos como una unidad y nos complementamos. De repente tuvimos que enfrentarnos a las situaciones solas. Para mi hermana, la más pequeña, fue algo más difícil, porque soy yo la que entablo los contactos. Ella fue aislándose de sus compañeros. Yo, sin ella, me sentía incompleta y menos segura. En las horas fuera del colegio nos buscábamos aún más que antes. Ahora la situación se ha hecho

algo más llevadera, pero noto cómo siempre ando buscando a alguien que sustituya a mi hermana. En el curso siguiente repetí yo y podíamos haber estado otra vez juntas, pero el colegio no lo permitió, a pesar de que mi madre lo pidió. Dijeron que era mejor para nosotras estar separadas. Quizás tengan razón, pero no lo sentimos así. A través de la Asociación de Partos Múltiples conocemos a otras gemelas con las que hablamos mucho sobre nuestras dificultades. Ellas nos entienden».

Este testimonio demuestra que el hecho de contar siempre con el hermano gemelo dificulta sus relaciones con otras personas. Estas adolescentes juntas se sienten fuertes, seguras y capaces de «comerse» el mundo. Pero la situación cambia drásticamente cuando cada una tiene que apañárselas sola.

A veces ocurre que uno de los dos tiene más necesidad de independizarse que el otro. Suele ser el gemelo más tímido y «dominado» el que demuestra tal tendencia. Para el otro, el que suele llevar las riendas, no es una situación fácil; se siente inseguro por este cambio y echa de menos la compañía del hermano gemelo (también lo observamos en el último testimonio). En las parejas niño-niña, el primero adopta a veces una actitud protectora, de «guardián» de su hermana. Esto lleva consigo ciertas ventajas: sus padres la dejan salir con mayor facilidad, ya que saben que su hermano gemelo va con ella. He aquí un punto que hay que tener en consideración: salir (o no) juntos. Unas veces son los gemelos quienes prefieren ir juntos; otras, son los padres los que les animan a que se acompañen el uno al otro. Lógicamente, se quedan más tranquilos al saber que sus hijos están juntos. Sin embargo, tal actitud no estimula la independencia ni respeta la individualidad de cada uno. Otras veces salen juntos por motivos diferentes. Conozco a gemelas de las que una detesta ir a la discoteca; prefiere quedarse en casa en compañía de sus padres y su hermano menor. Sin embargo, sale todos los sábados para complacer a su hermana gemela, y también para huir del vacío que siente sin su compañía. Es bueno que los padres tengan en cuenta estos motivos solapados y les animen a tomar decisiones acordes con sus verdaderas preferencias.

Otras gemelas adultas me contaron que tenían que volver siempre juntas a casa a la misma hora. Visto desde la posición de los padres es lógico, pero para ellas no era nada deseable: una siempre quería volver pronto a casa, la otra lo más tarde posible. A parte de las riñas que esto provocó (¿quién cede a quién?), también les frenó en su independencia. No aprendieron a acudir solas a lugares desconocidos, algo que tuvieron que aprender aún siendo ya adultas.

Ocurre también que uno de los gemelos está más contento de su condición de ser gemelo que el otro. Lilia, una adolescente de quince años, siempre presenta orgullosamente a su hermana a los nuevos amigos con las palabras «mi hermana melliza», mientras que esta nunca la menciona, e incluso intenta esconder este dato. Huelga decir que tal actitud le duela a Lilia. Puede tratarse de algo pasajero como en el caso de Cristian (18 años):

«Cuando tenía 16 años, deseaba no ser comparado con mi hermano gemelo. Empecé a odiar estos típicos comentarios que oímos siempre como '¿Quién es el más bueno, el más guapo, el más inteligente?'. Estaba tan harto que pedí a mis padres que me matricularan en otro instituto. No quería encontrarme con él en los pasillos, en el comedor, el autobús... Hice el bachillerato en otro centro. Me gustó la experiencia; de repente ya no era 'el gemelo de'; también fue duro a veces, porque tenía que espabilarme y por ejemplo decidir sin consultar primero con él. Supongo que me ayudó a madurar. Ahora hemos empezado la misma carrera en la misma universidad, así que volvemos a vernos en los pasillos. Pero ya no me importa, al contrario: ahora nos llevamos muy bien».

Durante esta fase, los gemelos que desde pequeños están acostumbrados a permanecer separados de vez en cuando lo tienen más fácil que otros que hasta ahora han estado siempre juntos. A estos últimos se les hace difícil la separación emocional: notan que ya no comparten las mismas opiniones y que su relación está cambiando. Lo viven como un abandono. Algunos llegan a sentirse como perdidos o tienen serios problemas para encontrar su propia identidad.

Consejos

✓ El apoyo emocional por parte de los padres es muy importante, ahora que, en muchos casos, el hermano gemelo deja de serlo. Escucharles y hacerles entender que es normal lo que les está pasando significa un alivio para cada uno. Los gemelos deben separarse; es un proceso positivo, aunque doloroso. Asegúreles que, después de un tiempo, volverán a ser íntimos amigos, ya que en el fondo sus lazos son muy fuertes y resistentes.

✓ Anímeles a que hablen sobre los roces y que cada uno explique al otro lo que le fastidia. Así aprenderán a tener en cuenta las peculiaridades de cada uno.

✓ Procure que los dos realicen actividades fuera de casa, como deportes, música, aficiones, etc. Permanecer activos evitará que se depriman.

✓ Vigile que uno no haga los deberes del otro ni se cargue con la responsabilidad de los dos.

✓ No muestre preferencia por uno de ellos en caso de riñas. Intente ver la parte de culpa de cada uno.

✓ Procure que los dos ayuden en casa de un modo similar; no es bueno que solo uno de ellos se haga cargo de las tareas, como a veces ocurre en las parejas de niño-niña. O que uno haga siempre más, porque es el más responsable.

✓ Es normal que ahora cada uno pida un cuarto para él solo. En esta fase la privacidad es importante. Es de esperar que ahora cada uno desee llamar por teléfono, escuchar música o recibir a sus amigos sin la presencia del otro. Es bueno cumplir este deseo. Si no fuera posible, se puede acordar que hagan turnos para disponer de su cuarto en solitario o bien se puede acondicionar un rincón de la casa. Por ejemplo una madre dejó su despacho para que uno de sus gemelos escuchara música en las horas que ella no trabajaba.

✓ Anímeles a que emprendan actividades sin el hermano. A veces a los propios padres les cuesta admitir que no vayan juntos a los mismos sitios, como un viaje del colegio o un campamento. Hay que tener en cuenta que ir solos y valerse por sí mismos aumenta su autoestima. De ahora en adelante irán cada vez más por caminos diferentes. A algunos padres les cuesta perder el especial «estatus» de padres de gemelos, pero es inevitable.

✓ No solo ellos se distancian de los padres, también estos tienen que dejarles ir. No es fácil, ya que son dos (o más) los que se independizan casi al mismo tiempo. Busque contacto con padres que hayan pasado por la misma experiencia y retome sus aficiones. Esto facilita la aceptación de la nueva situación.

Amparo, madre de trillizos nos explica:

«Esta fase me llega sin estar preparada; de repente ninguno de los tres quiere ir conmigo a ningún sitio. Solo les gusta salir con sus respectivos amigos. Entiendo que es normal, pero como ellos lo viven simultáneamente, me siento perdida por completo. De estar siempre rodeada por ellos a estar sola es un cambio muy brusco».

Los gemelos adolescentes y sus contactos sociales

Los estudios demuestran que los gemelos tienen un círculo de amigos más amplio que los hijos nacidos de un parto único. Ello quizá se deba a que la relación especial entre ellos atrae a los demás niños. También influye que los gemelos conocen sus respectivos amigos y muchas veces todos juntos forman una gran pandilla. En una investigación finlandesa de gran envergadura, llevada a cabo por Pulkkinen, Vaalamo y otros, en 2003, se les preguntó a los gemelos (MZ, DZSS y DZOS) y sus compañeros de clase (hijos de parto único) valorarse mutuamente en cuanto a características como liderazgo, sociabilidad, popularidad, control emocional, complacencia y extraversión. Los niños tenían entre 11 y 12 años. Los gemelos, de todos los subgrupos, sacaban puntuaciones más altas en sociabilidad, complacencia y conductas constructivas que los hijos de un parto único. Los gemelos DZOS puntuaban más alto que otros gemelos y los hijos de parto único en liderazgo, popularidad e interacciones sociales.

Sin duda son conclusiones sorprendentes: mientras en los gemelos con edades comprendidas entre 2 y 4 años, se descubrió una menor disposición para jugar con niños desconocidos, este efecto a los 12 años ha desaparecido y a esta edad los gemelos se han vuelto más seguros, quizá gracias a la relación con el *co-twin*. Han tenido años de experiencia en entender la posición de un coetáneo y la aprovechan en los contactos con amigos.

A pesar de que los gemelos adolescentes son más populares y más capacitados a nivel social que niños nacidos de un parto único, los estudios también demuestran que los gemelos, con edades comprendidas entre 9 y 17 años, entablan relaciones menos íntimas con sus amigos que otros niños. Indudablemente esto tiene que ver con el hecho de que el *co-twin* sea el mejor amigo; el vínculo tan estrecho entre ambos gemelos interfiere en una relación íntima con otro niño.

Problemas en el día a día

Aunque el diálogo es más que nunca una herramienta imprescindible en la convivencia con sus gemelos (o más), también la existencia de normas claras e indiscutibles continúa siendo importante. Puede ocurrir que uno las obedezca y el otro no. Por ejemplo, Rubén se deja llevar a casa por un amigo que ha tomado alcohol (contra las reglas de sus padres), mientras que su hermana se queda a dormir en casa del anfitrión. Lógicamente se tendrá que aplicar una medida disciplinaria solo para él, como por ejemplo no salir el próximo fin de semana.

La madurez de cada uno de sus hijos es un indicador más fiable que su edad. Si uno es más maduro que el otro (u otros), es imposible ser equitativo. Es preferible marcar pautas específicas para cada uno.

Por ejemplo, refiriéndome a los mismos gemelos, Rubén tiene un móvil con tarjeta, mientras su hermana lo tiene con contrato. Al principio ambos los tenían con contrato bajo la condición de no gastarse más de una determinada cantidad de dinero. Como Rubén siempre se gastaba más, sus padres le pasaron a uno con tarjeta, lo cual no es necesario para su hermana, que controla ella misma lo que se gasta.

Los gemelos monozigóticos suelen ser más parecidos en su desarrollo e intereses que los dizigóticos; no obstante, tanto unos como otros, incluyendo los trillizos, empiezan a estar más individualizados a lo largo de esta fase. Es frecuente que tengan sentimientos ambivalentes sobre el proceso de individualización. Les hace sentirse tanto entusiasmados como ansiosos. Ir sin el gemelo, vestirse de forma diferente y buscar un círculo de amigos sin la reconfortante compañía de este, son experiencias emocionantes y no exentas de miedos.

El proceso de individualización puede ocurrir de un momento a otro, de forma totalmente inesperada. Por ejemplo, Laura descubre su talento en el teatro y de repente pasa todas las tardes con ensayos; con ello crea una nueva vida social, sin su hermana Susana. Esta se queda en casa, sola y «abandonada», lo cual a Laura le hace sentirse culpable.

Al cabo de unas semanas Susana encuentra también una actividad que le llena: empieza a ayudar en la biblioteca infantil, contando cuentos a los niños. Cuando Laura tiene una semana libre de ensayos, no encuentra a su hermana en casa y ahora es ella la que se siente «abandonada».

Sugerencias

- Acepte que vayan por caminos separados. No les fuerce a mantenerse unidos, porque esto impide el necesario proceso de individualización. Por otro lado, no les fuerce a separarse cuando sus intereses son similares y los dos se apuntan al mismo club.

- Deles apoyo y guíeles, pero no intente solucionarles los problemas. Si usted observa que sus gemelos mantienen una relación de dependencia (ninguno tiene amigos suyos propios), anímeles a emprender actividades cada uno por separado. Si, por el contrario, nota que sus vidas empiezan a distanciarse paulatinamente, propóngales una actividad que a ambos hermanos les agrade; puede ser algo tan sencillo como ver juntos una película de vídeo.

- En esta fase es frecuente que se muestren crueles el uno con el otro. Saben cómo decir aquello que le duele a su hermano. Sea contundente e interfiera en estos momentos, haciéndoles ver que no está permitido ser cruel. El motivo de estos comentarios despiadados suele ser que necesitan más libertad y más espacio para sí mismos y que la estrecha convivencia les está molestando. Ayúdeles en la medida de lo posible a crear momentos de distanciamiento.

María:

«Una vez al mes salgo con mis gemelos por separado. Ellos eligen la actividad que quieren hacer. Antes era algo como ir al parque o a la piscina, ahora son excursiones totalmente distintas: mi hijo quiere ir conmigo a un concierto de pop, mi hija elige ir de tiendas. Para terminar la tarde, solemos ir a comer una pizza. En esto sí coinciden. Son para mí los momentos del mes que más disfruto con ellos».

¿Quién soy yo?

Encontrar la propia individualidad es más difícil para los gemelos y sobre todo para los que tienen una relación muy íntima y los que no han tenido apenas experiencias individuales. En general, las parejas formadas por niño-niña son las que menos problemas tienen para encontrar su identidad, ya que por ser de diferente sexo sus caminos van difiriendo ya en la primera infancia. Las gemelas, tanto del tipo MZ como DZ, son las que más problemas suelen encontrar a la hora de independizarse la una de la otra, seguidas por los gemelos MZm. Todos enumeran dificultades como la soledad, entablar contactos nuevos, la falta de una parte suya al no estar con el otro, no saber distinguir entre el «yo» y el «tú». Como lo describía un adolescente al que le separaron de su gemelo en el instituto:

«Para empezar mi vida, tenía que llenar primero los huecos que había dejado mi hermano. Tenía que sentirme primero una persona completa antes de poder seguir».

Veamos dos casos, cada uno con sus propias dificultades a raíz de su condición de gemelos: Lisa y Tania son gemelas monozigóticas de 15 años. El ginecólogo les dijo a sus padres que eran dizigóticas, pero una sola mirada a estas dos simpáticas jóvenes es suficiente para constatar que son monozigóticas. ¡Son como dos gotas de agua! Proceden de una familia cariñosa y cálida; su madre disfruta mucho con ellas. Las niñas lo hacen todo juntas; siempre se las ve juntas. Les gusta así. A la pregunta de qué significa Tania para Lisa, esta contesta:

«Ella lo es todo para mí, sin ella no sería feliz. No quiero pensar que le pueda pasar algo. En realidad me da mucho miedo dejarla ir a algún sitio, porque me da pánico pensar que le pueda ocurrir algo sin que yo esté con ella». Y Lisa sobre su hermana contesta: «Lo es todo para mí. Siempre se lo cuento todo primero a ella. Cuando estamos juntas en nuestro cuarto, a veces le pregunto lo que está pensando y ella dice justo lo que yo pienso en ese momento».

De sus respuestas se deduce una gran compenetración, y mucha ansiedad. No sabrían qué hacer la una sin la otra. No será fácil para ellas encontrar su propia identidad y abrirse camino al mundo sin la compañía de la otra. Sus padres nunca han pensado en la necesidad de brindarles experiencias individuales, porque *¿no eran acaso dizigóticas?* No dudaron de la veracidad del diagnóstico del ginecólogo, cosa en sí extraña, pero nada infrecuente.

Las gemelas Ana María y Ester, de 18 años, son dizigóticas. No se parecen absolutamente en nada. Ana María se acuerda de su infancia sobre todo de las eternas peleas con su hermana, pero aun así le gustó ser gemela. Ella era la más inteligente y nunca tuvo la sensación de que tuviera que ser como su gemela. Para Ester la situación fue más difícil; ella no se sentía bien consigo misma, porque no era tan inteligente como Ana María y no disfrutaba de las mismas cosas que ella, como estudiar y ser disciplinada. A ella le gustaba jugar al aire libre, hacer manualidades, soñar despierta. Como decía ella: «Ana María era mi continuo ejemplo de cómo tenía que ser, sin poder llegar a ello nunca; me sentía muy sola». No cree que fuera culpa de sus padres; era algo que ella misma se lo autoimponía, comparándose continuamente con su hermana. Esto cambió cuando entraron en universidades diferentes. Ahora Ester empieza a encontrarse a sí misma y ser feliz tal como es.

Estos testimonios demuestran lo diferentes que pueden ser las relaciones entre gemelos. Para muchos gemelos la adolescencia es un periodo tanto con sinsabores como con alegrías. Hay que tener en cuenta que gracias al hermano gemelo cuentan con la compañía de una persona que pasa por los mismos altibajos, lo cual significa un apoyo. Y esto hace que la soledad, que tanto afecta a los jóvenes en este periodo, sea por lo menos un sentimiento compartido.

Relaciones sentimentales

Por lo general, los gemelos, trillizos o más entablan fácilmente relaciones con sus compañeros. Gozan de popularidad en su grupo de amigos. Sin embargo, varios estudios parecen indicar que tardan unos años más que el resto de chicos en entablar relaciones sentimentales. Quizás la explicación esté en que ellos necesitan menos una relación exclusiva, ya que cuentan con el apoyo de su hermano gemelo. Cuando llegue ese momento, es posible que se despierten celos en el otro, no tanto por la «conquista» en sí, como por tener que «compartir» a su hermano gemelo. Lógicamente este novio (o novia) resta tiempo del que tienen para estar juntos. También puede haber sentimientos de competitividad (quién es el primero en tener novio o el de más éxito). Por otro lado, en algunas parejas de gemelos su relación se ve fortalecida, porque ahora tienen aún más secretos que contarse. Sea como fuere, esta nueva faceta en su vida cambia su relación, y hace para algunos que este periodo sea muy turbulento.

El instituto

Otra vez se plantea la elección de colegio y la pregunta de separarles o no. Para los padres que ya optaron por clases diferentes, la situación no suele cambiar. Pero, otros padres, cuyos hijos pasaron los años de la enseñanza primaria juntos, se preguntan de nuevo si es conveniente o no separarles en la siguiente fase, que empieza a los 12 años. Los hijos nacidos de parto múltiple también pueden tener sus propias ideas sobre el asunto y, lógicamente, conviene tenerlas en cuenta. A continuación veremos las posibilidades y sus consecuencias:

Los estudios sobre los efectos de la separación de instituto, llevados a cabo por the Kings College Londen en 2009, demostraron que los gemelos separados al inicio de la Secundaria, a la edad de 12 años, tenían más problemas emocionales, como síntomas de timidez, retraimiento, depresividad, ansiedad que aquellos que no fueron separados. Estos efectos se produjeron en los gemelos monozigóticos y no en los dizigóticos.

La misma clase

Algunos gemelos se llevan muy bien y prefieren quedarse juntos. Si se comportan independientemente el uno del otro, el estar juntos no les impedirá desarrollar su propia identidad (recuerde que hay más factores que influyen en ello, como la educación en casa y el trato de los profesores, como ya expliqué en el Capítulo 19). En general disfrutan de la mutua compañía, se estimulan en su rendimiento escolar y mantienen buenas relaciones con sus compañeros.

Lo cuentan Francisco y Marcos, de 30 años:

«Estábamos siempre en la misma clase y esto nos ayudó a nivel académico. Si uno tenía una duda, el otro estaba allí para resolverla. Nos ayudábamos y nos animábamos. Cuando llegamos a la selectividad, uno la aprobó enseguida y el otro en septiembre. A causa de ello entramos en carreras distintas, porque no quedaba plaza en la rama que ambos deseábamos. Ninguno de los dos terminó su carrera. Estamos seguros de que la hubiéramos concluido si hubiéramos estado juntos».

Nicole y Amelia, 28 años, cuentan su experiencia:

«Nuestros padres querían separarnos de clase cuando entramos en el instituto, porque en aquellos años discutíamos bastante. Lo hablamos entre nosotras y estuvimos de acuerdo en que no queríamos ser separadas. Bajamos juntas al salón y lo comentamos a nuestros padres. Afortunadamente nos entendían y nos permitían seguir estando juntas. Cuando nos tocó ir a la universidad, elegimos ambas la misma carrera, la de medicina. Pero el primer año no había plazas y nos tocó hacer algo diferente. En aquel momento decidimos nosotras mismas elegir algo distinto para que tuviéramos diferentes círculos de amigos. Yo opté por psicología y ella por sociología. Salió muy bien, porque cada una hacía su círculo de amigos. Y esto no cambió cuando al otro año pudimos empezar medicina».

Conviene tener en cuenta los siguientes puntos:

- Procurar que los profesores los distingan; nada hay más molesto que las continuas confusiones, tanto para los gemelos como para el profesorado.

- Explicar a los profesores las condiciones tan especiales que tienen los gemelos monozigóticos. Más de una madre me contó que algún profesor pensaba que sus hijos copiaban los deberes el uno del otro. Un profesor llegó a reñir a unas hermanas (rompiéndoles el trabajo) por entregar unos deberes muy parecidos, incluso con las mismas faltas ortográficas; sin embargo, las niñas habían hecho el trabajo cada una en su cuarto, sin consultarse. Otras gemelas tuvieron incluso que ¡repetir curso! porque el profesor pensó que ellas no hacían más que copiar, haciendo caso omiso de las explicaciones de la madre. Los profesores deben saber que estas coincidencias son frecuentes en los monozigóticos.

- Procurar que no comparen continuamente sus notas y su rendimiento escolar. Ello puede crear tensión tanto para el gemelo que tiene éxito, como para el que rinde menos.

- Insistir en que si la clase tiene que hacer un trabajo en grupo, el profesor ponga a los gemelos en grupos distintos.

- Conviene controlar de cerca su rendimiento escolar y su grado de felicidad, ya que —más que en el caso de un hijo solo— a veces surgen problemas que deben ser solucionados, como un sentimiento de fracaso (en el hijo que saca peores notas), o de rivalidad o dependencia (uno es el responsable, el otro confía en él).

Clases distintas

Para muchos padres de gemelos, trillizos o más, ahora es la época ideal para empezar a separarlos. Emocionalmente ya no dependen tanto el uno del otro (salvo los monozigóticos, en algunos casos) o las peleas y riñas hacen deseable la separación. Estar en clases o en colegios diferentes les ayuda a desarrollarse como personas autónomas, y a relacionarse bien con los profesores y los compañeros de clase; también evita problemas de comparaciones y rivalidad. Lo curioso es que los gemelos monozigóticos, aunque vayan a clases diferentes, muchas veces vuelven a reunirse en la universidad al elegir los dos la misma carrera.

Marcos, 18 años:

«Nuestros padres decidieron separarnos cuando entramos en Secundaria. Nos parecía bien porque queríamos tener amigos propios. Para mí fue especialmente positivo porque a partir de ese momento empecé a tomarme más en serio los asuntos del colegio. Hasta ese momento siempre mi hermano fue el responsable. Los dos disfrutamos de tener un espacio propio».

Aspectos a tener en cuenta

▶ El gemelo que suele llevar la voz cantante puede tener problemas para adaptarse a la nueva situación, mientras que el otro se ve beneficiado y se vuelve más autónomo. El primero se siente inseguro sin la compañía de su hermano gemelo. A veces se da el problema de que uno se queda en el grupo de amigos, en tanto que el otro tiene que empezar de nuevo (no conoce a nadie de su nueva clase). Es de esperar que el profesorado colabore y divida los grupos de alumnos de forma justa.

▶ Aunque la rivalidad entre ellos disminuye al estar separados, sigue siendo preciso quitarle importancia a sus comentarios sobre su rendimiento. No hay que poner a uno como ejemplo para su hermano, pues aumenta la rivalidad. Cuanto menos comparaciones se hagan, mayor será la autoestima de cada uno. Hay que enumerar los aspectos positivos de ambos, sin valorar a uno más que al otro.

▶ La dependencia puede perdurar a pesar de que los gemelos estén separados. Por tanto, la separación en sí no garantiza su independencia.

Marta:

«Laura y Vanessa, de 12 años, monozigóticas, pasan las horas de clase pacientemente, esperando que sea la hora del reencuentro. En su clase cada una tiene una amiga especial que, a mi entender, sustituye la hermana gemela. Después de las clases, prefieren estar juntas en casa. A veces pienso

que habría sido mejor mantenerlas juntas. Posiblemente en esta caso habrían entablado una relación más íntima con las chicas de sus clases».

Para muchos gemelos y trillizos la separación en esta etapa de su vida es un paso positivo que ellos mismos anhelan. Pero, tal como ocurre en etapas anteriores, hay que valorar cada situación por separado: no todos los gemelos o trillizos están lo suficientemente maduros como para estar separados el uno del otro. Conozco un caso en el que la separación fue demasiada temprana y acarreó consecuencias nefastas.

Beatriz, 29 años:

«Nos separaban cuando empezamos Secundaria, porque pensaban que era lo mejor para nosotras. Ninguna de las dos estaba contenta con esta decisión. Las dos somos bastantes introvertidas. Lo pasábamos mal, sobre todo mi hermana. Yo siempre fui la más atrevida, así que de alguna manera me defendí. Mi hermana cada vez se sentía más sola y triste. Ninguna de las dos lográbamos intimar realmente con nuestros compañeros de clase y ella, dada su timidez, iba encerrándose cada vez más en sí misma. Empezó a enfermar y faltaba mucho a clase. Al final, cuando tenía 17 años, dejó de ir al Instituto. Su situación fue de mal en peor y finalmente mis padres la ingresaron en un psiquiátrico. Le dieron diferentes diagnósticos, pero ningún profesional sabía cómo ayudarla. Yo la visitaba a menudo y me sentía muy preocupada por ella. Cada vez que iba a verla, esperaba encontrarla mejor, pero casi nunca fue así. Empecé a tener miedo a caer en el mismo estado de aletargamiento que ella. Cuando se me presentó la oportunidad de hacer prácticas en el extranjero (ya estudiaba en la universidad), la aproveché. Estuve ocho meses fuera. Cuando volví, fui directo a ver a mi hermana. La encontré muy mal, muy depresiva. En aquella visita me pidió que me dejara ingresar con ella. Me enfadé y me asusté. Era justo lo que no quería y por lo que me había ido. Al mismo tiempo me sentí culpable porque ella seguía allí. Al mes de mi vuelta ella se suicidó. Esto ocurrió hace 4 años, pero todavía debo aprender a vivir sin ella y con esta sensación enorme de culpabilidad. Ahora estoy en terapia».

Sin duda el testimonio de Beatriz es estremecedor. Señala lo importante que es que tanto los padres, los colegios, los institutos educativos y los psicólogos /terapeutas entiendan las necesidades específicas de los gemelos, específicamente los monozigóticos (tal como puso de relieve el estudio del Kings College, mencionado antes). Seguramente había en este caso una predisposición genética a una enfermedad mental, pero si se hubiera entendido a tiempo la importancia que para estas gemelas adolescentes tenía el hecho de estar juntas, se les habría podido ayudar de manera adecuada. Un error en la terapia fue no reconocer la existencia de una relación gemelar: la hermana de Beatriz fue tratada como persona única y no como parte de una unión gemelar. En su problemática había un trasfondo de la complejidad, característica de esta relación. En caso de gemelos, no se debe tratar solo a uno de ellos, sino a ambos para entender en su totalidad al paciente. Beatriz a duras penas sobrevive a este drama en su vida, y sigue adelante gracias a la ayuda de una terapeuta especializada en gemelos.

Colegios diferentes

Algunos gemelos necesitan asistir a colegios distintos (debido a su diferente nivel intelectual, por ejemplo). Muchas veces, a los padres les cuesta tomar esta decisión; pero, para los gemelos, si se da esta necesidad, es una buena solución y les beneficia. Con este cambio disfrutan de mayor libertad, se vuelven más responsables (cada uno se hace cargo de sus obligaciones) y la falta de comparaciones supone un alivio para ellos. Cada uno es una persona autónoma en su nuevo entorno, que es conocida por su propio nombre y no como «uno de los gemelos». Como para los padres esto implica un continuo viajar entre los diferentes centros, conviene que utilicen el transporte escolar o lleguen a un acuerdo con otros padres, como llevarlos por turnos. A los gemelos les suele gustar visitar el colegio de su hermano y conocer su entorno.

José, 21 años cuenta:

«Cuando los dos tuvimos que repetir el primero de Secundaria, nuestros padres decidieron separarnos de clase. Esto significaba que uno de nosotros tenía que irse a otro instituto, porque no había clases paralelas. ¡Qué duro nos resultó con lo tímidos que éramos! Aulas nuevas con compañeros desconocidos. A la fuerza aprendimos a estar separados. Lo bueno fue que sus amigos fueron convirtiéndose en mis amigos y viceversa. Ahora, en la universidad, estamos en facultades distintas; él estudia Derecho y yo Empresariales. Nos vemos en la cantina y allí es donde todos nos juntamos, sus amigos y los míos».

El estrés de los exámenes

El estrés de los exámenes se da por partida doble y causa dolores de cabeza a más de un progenitor. Por lo general, es preferible que los padres les echen una mano en sus tareas escolares, en vez de que se ayuden entre sí, especialmente cuando el nivel sea muy distinto o se critiquen mutuamente. Sin embargo, también hay gemelos que se ayudan y que son un estímulo el uno para el otro; las buenas notas de uno animan a su hermano gemelo a alcanzar lo mismo. Es un ejemplo positivo de que ser gemelo puede ser un reto estupendo para superarse. Esto se da sobre todo en gemelos monozigóticos con un nivel intelectual similar (tal como se describió en el testimonio de los gemelos Francisco y Marcos). Según la relación existente entre los gemelos, los padres deben valorar qué es lo más apropiado para sus hijos.

Otro punto que hay que tener en cuenta son los comentarios sobre las notas. ¿Qué hacer cuando uno llega a casa con excelentes notas y el otro no? En general, lo más justo es elogiar a cada uno por su esfuerzo, trabajo y rendimiento. No hay que escatimar los elogios a uno por consideración al otro; sería un trato injusto. Lo más conveniente es ser honesto, elogiando a uno o expresando su preocupación al otro por sus respectivos resultados. Lógicamente, no solo se valora la puntuación obtenida, sino también el esfuerzo realizado. Es muy conveniente hablar de ello con cada uno individualmente.

Los resultados escolares son solo una faceta de la vida. Es importante que el hijo menos brillante sepa que sus padres valoran otros aspectos de él, como su carácter, sus dotes artísticas, su colaboración en casa... El amor de sus padres está al margen de su rendimiento escolar. El testimonio de las gemelas Ana María y Ester, mencionado en este capítulo, demuestra cómo la menos inteligente puede sufrir en esta situación.

Como la adolescencia es un periodo lleno de cambios, he aquí unas observaciones especiales:

▶ Vea el lado positivo de sus riñas. Significa que están independizándose el uno del otro. Evite comentarios como: «Yo en tu lugar estaría contenta de tener un hermano gemelo y no me quejaría». Ya descubrirán por sí mismos las ventajas más adelante, cuando los temporales de la adolescencia amainen.

▶ Deles alguna responsabilidad en forma de un trabajo: pintar la casa, cuidar de niños pequeños, trabajar en un supermercado, etc. Estas experiencias son positivas y aumentan su confianza en sí mismos.

▶ Es posible que quieran celebrar su cumpleaños individualmente. Conviene que respete ese deseo. Así, cada uno invitará a sus propios amigos y celebrará la fiesta a su manera. También es probable que empiecen a tener gustos muy diferentes. Por ello hay que dejar de pensar que siempre se inclinan por las mismas cosas.

▶ Es bastante probable que se quejen ante usted que la vida es injusta (el que más trabaja, por ejemplo, saca peores notas que el otro, que se esfuerza menos). Hay que darles la razón: a veces las cosas son así y cuesta aceptarlo. Pero también hay que hacerles entender que esforzarse y saber ganarse la vida a pulso forja la personalidad y, a la larga, siempre tiene su recompensa.

Información de interés

Los estudios demuestran que los gemelos que fueron separados al nacer se parecen más en carácter que los hermanos que vivieron en el mismo hogar. Seguramente, el hecho de no vivir la adolescencia juntos —la época en la que se rebelan el uno contra el otro— hace que cada uno se desarrolle como realmente es, mientras que viviendo juntos, muchas veces el comportamiento de uno es una reacción al modo de actuar del otro, más que un rasgo definido de su carácter.

LOS 18 AÑOS Y LA MAYORÍA DE EDAD

Capítulo 22. 18 años y...   541

CAPÍTULO 22

18 años y...

Encontrar el propio camino

Ha llegado la etapa en la que cada uno de los gemelos, trillizos (o más) tiene que elegir su camino. Algunos deciden estudiar una carrera, otros buscan un trabajo o deciden irse un tiempo al extranjero. Cada vez se independizan más de sus padres y su autonomía aumenta. A veces esta etapa implica su primera separación.

A algunos gemelos les cuesta decidirse y tomar las riendas de sus vidas. Les preocupa la consiguiente separación, que conlleva ciertas elecciones, y aplazan el momento de decidirse. Muchas veces, los gemelos monozigóticos tienen las mismas preferencias e intereses, y eligen la misma carrera. Esto a veces les facilita la toma de decisiones o, por el contrario, la dificulta si se dan muchas luchas internas.

Los gemelos que en su infancia tuvieron la oportunidad de estar sin su hermano, llevan mejor la separación que aquellos que nunca estuvieron separados. Estos últimos llegan a sentirse perdidos y extraños cuando por primera vez están sin su gemelo.

Otros gemelos —la minoría— sienten un verdadero alivio con la separación; por primera vez cada uno puede desarrollarse como realmente es, sin la continua presencia y ¡comentarios! del otro. Así lo vivió un gemelo monozigótico a sus veintiún años, cuando empezó a estudiar en el extranjero. Lo comenta con estas palabras:

«Para mí hay un 'antes' y un 'después' en mi vida. En la etapa del 'antes' vivía a la sombra de mi hermano gemelo, que me ganaba en todos los aspectos (era más alto y más inteligente que yo). Pero durante mi estancia en el extranjero empezó para mí una nueva etapa, el 'después'; sin él a mi lado descubrí facetas de mí mismo que desconocía; por ejemplo, en la pandilla de amigos siempre hablaba él y yo era el 'tímido', pero ahora era yo quien entretenía a mis amigos, en aquel entorno donde solo me conocían a mí. Resultó ser una experiencia muy importante, y el 'después' fue diferente».

El efecto de pareja

Obviamente en este caso la separación de su hermano gemelo (el dominante de los dos) le sirvió para encontrarse a sí mismo y descubrir sus propias cualidades. Muchas veces, el comportamiento de cada gemelo es una reacción a la conducta del otro; si están separados, actúan más como realmente son. Esto tiene que ver con el fenómeno, descrito por primera vez por René Zazzo, psicólogo y especialista en gemelos, como «el efecto de pareja»: entre ellos se da un perfecto reparto de tareas y roles; son capaces de realizar tareas a una velocidad sorprendente: uno inventa los planes y el otro los lleva a cabo; uno es el «cerebral», el otro el «manitas»; uno es el vendedor y el otro el contable. O uno entabla los contactos, mientras el otro trabaja en solitario. O, a un nivel más cotidiano, tal como le pasaba a este gemelo: uno es el «hablador» y el otro es el «callado». En casos extremos, según Zazzo, se puede hablar de *«une identité à deux»* (una identidad a dos): sus personalidades están entrelazadas de tal manera que los gemelos sienten tener una sola alma en dos cuerpos. El inconveniente de esta personalidad «complementaria» es que cada uno por su lado no sea capaz de desarrollar las mismas habilidades que cuando está con su hermano. Sin el otro, cada uno se siente perdido.

Esta es la historia de Borja:

«Cuando teníamos 23 años, nos separamos por primera vez; mi hermano tuvo que ir a Estados Unidos por razones de trabajo. Me quedé solo. Aquel año encontré mi identidad. Me di cuenta por primera vez que sin él era distinto y que además no era una parte de él. Realmente soy distinto a él. Pero también me enfrenté a situaciones que no sabía solucionar, porque siempre se ocupaba él de ellas. Nos complementamos y teníamos un cierto reparto, tal como las parejas que llevan años casadas. Entonces, para solucionarlo, tuve que ponerme en su lugar, pensar cómo lo haría él y así encontraba la manera de hacerlo. A él le pasó lo mismo. En realidad aquel año sin él me vino bien, aunque —debo decirlo— contaba los días que faltaban para su regreso».

El proceso de la individualización

Puede resultarles difícil y costoso encontrar la propia autonomía, en especial para los gemelos monozigóticos; como la relación entre ellos es íntima e intensa, emocionalmente dependen mucho el uno del otro. Según los estudios, los mayores problemas se dan entre las gemelas idénticas, debido a que las mujeres suelen establecer vínculos más íntimos que los hombres.

Lo cuenta Mónica, gemela monozigótica de 21 años:

«Pasé por una 'segunda adolescencia'. Desde que tenía 7 años, había estado en una clase separada de mi hermana, pero no me había servido para sentirme segura de mí misma. Al entrar en la universidad lo pasé muy mal. Me sentía muy perdida entre la multitud de estudiantes y aunque a nivel académico no tenía ningún problema, sí los tuve a nivel emocional y social. Afortunadamente contaba con el apoyo de una profesora, que me ayudó a vivir mi vida sin mi gemela. Me animaba a seguir yendo a clase y no huir de mis problemas. Su atención personal fue clave para mí».

La relación entre las gemelas dizigóticas en muchos casos también llega a ser muy íntima y no exenta de cierta dependencia.

Elena, de 21 años, lo cuenta:

«Mi hermana gemela y yo nos llevamos muy bien. Somos la una para la otra nuestras mejores amigas. Cuando entré en la universidad sin ella, noté mucho su ausencia. ¡La echaba de menos! Hasta el segundo año de bachillerato habíamos estado en la misma aula. Soy vergonzosa y muy tímida (ella es más abierta), así que tuve que lanzarme sin su apoyo. No fue fácil para ninguna de las dos; ella también se apoyaba en mí, porque yo soy la más responsable y seria. Este año ella entrará en la universidad, pero en otro lugar. Lo hemos hablado y coincidimos en que en realidad esta situación nos viene bien. Es el paso que debemos dar ahora».

Los gemelos dizigóticos varones suelen encontrar cada uno su destino con mayor facilidad gracias a sus caracteres e intereses distintos. Esto no excluye la competitividad y la rivalidad que en algunos gemelos perdura toda la vida. Preguntas como «¿Quién gana más?» o «¿quién tiene los hijos más competentes?» no son excepcionales.

Encontrar la propia individualidad es menos difícil para los gemelos chica-chico. Gracias a la diferencia de sexo, su adolescencia transcurrió por sendas distintas.

También puede ocurrir que los gemelos (o uno de ellos) se sienten muy responsables por el bienestar del otro; a veces son capaces de dejar pasar una excelente oportunidad de trabajo si esta implica un traslado, para no dejar solo al hermano gemelo.

Más que en el caso de un hijo solo los padres deben prestar atención a sus decisiones y ayudarles a dar el paso decisivo. Conviene comprobar si su decisión viene dada por su interés o si la toman para evitar una separación (por ejemplo, una gemela elige la misma carrera que su hermana en la misma ciudad para no afrontar la soledad). Por otro lado, si escogen la misma carrera realmente por vocación (algo que ocurre con frecuencia en los monozigóticos) hay que respetar su decisión.

Emma, madre de gemelos monozigóticos, nos cuenta:

«Después del examen de la selectividad los chicos no se decidieron por una carrera hasta que de repente Emilio le dijo a Daniel que se había inscrito en periodismo en una universidad lejana. Su hermano se enfadó mucho y se apresuró a hacer la preinscripción en la misma universidad. Y ¿cuál fue la sorpresa? A Daniel le dieron la plaza, pero Emilio se quedó fuera. Esto implica que los dos están separados por primera vez. Daniel está haciendo la carrera y Emilio vive todavía en casa, haciendo cursillos. Las facturas de sus móviles alcanzan ¡cuotas inimaginables! Se echan muchísimo de menos. Estoy segura de que el próximo curso harán todo lo posible para estar en la misma Universidad».

Teresa, madre de trillizos de 19 años (un chico y dos chicas) cuenta:

«Este año cada uno ingresó en una carrera distinta y en lugares diferentes. Pero una de mis hijas se sentía muy sola y decidió trasladarse a la ciudad de su hermano. Éste dijo que había sitio en su piso, así que de momento vive con él».

Es comprensible que los hijos de parto múltiple, tras compartir su infancia y adolescencia, busquen su compañía o la de otros amigos, aun siendo (casi) adultos.

Periodos de separación

A partir de los 18 años es frecuente que los gemelos (o más) pasen por periodos de separación cortos o largos, según la situación de cada pareja. Esto les enfrenta al conflicto entre el deseo de intimidad y el deseo de la separación. Lo viven con respecto a los padres, y a otros hermanos, pero de una manera más acusada hacia el hermano gemelo.

Pero es bueno que lo vivan y más en esta fase, cuando cada uno ya debe tener suficiente madurez emocional para afrontar la situación. Nos lo cuentan estas gemelas monozigóticas de 23 años, ambas estudiantes de ingeniería de caminos. Una se fue medio año al extranjero.

Creu lo cuenta así:

«Cuando se presentó la posibilidad de conseguir una beca para ir a Finlandia, no me lo pensé dos veces. Buscaba el reto de irme sola a un sitio. Hasta ahora siempre habíamos estado muy unidas; pasamos todas las etapas escolares en la misma aula, incluso en la universidad. Tenemos el mismo círculo de amigos y ambas tocamos en la misma banda. Quería dar este paso. Mi hermana propuso venir conmigo y hasta nuestros padres la animaron a ello, pero les dije que no. La experiencia fue muy positiva; tuve que hacerlo todo sola, sin nadie a mi lado que conociera. Pero lo conseguí y no me resultó tan difícil como me había imaginado (menos algunos días o momentos). Soy más independiente de lo que pensaba; todavía no me lo puedo creer, pero es así. Esta experiencia me ha servido para conocerme mejor a mí misma».

Su hermana Roser añade:

«Para mí también fue positivo. La eché de menos, sobre todo después de hablar con ella por teléfono o verla en la webcam. Sin embargo, también disfruté de hacer las cosas a mi manera, a mi ritmo, sin discusiones o sin tenerla en cuenta. Otra ventaja es que ahora aprecio más nuestra relación, porque me he dado cuenta de que es algo especial. Cuando fui a verla a Finlandia, los mejores momentos eran las noches, cuando antes de dormirnos nos contábamos las cosas que cada una había vivido. Me recordaba a nuestra infancia cuando las amigas se quedaban a dormir. Al ver que ella lo pasó tan bien y fue capaz de estar sola, me animé a planear también una estancia en el extranjero. Dentro de poco me iré a Holanda».

También hay gemelos que no aguantan estar sin el otro. Lo cuentan las actrices Fernanda y Teresa Hurtado, de 60 años:

«Cuando teníamos trabajos por separado, enfermábamos las dos con altas fiebres. En cuanto volvíamos a estar juntas, estas desaparecían. A partir de cierto momento decidimos aceptar solamente trabajos que nos permitieran estar juntas. Era lo que más nos gustaba».

Cuando se producen las separaciones, uno de los dos puede sentir cierta preocupación por el bienestar del otro (a veces este sentimiento es mutuo).

Esther lo cuenta así:

«Yo siempre le había sacado las castañas del fuego a mi hermana; yo soy más atrevida que ella, que es pura bondad. Así que me preguntaba cómo iba a estar ella ahora sin mí con esa vulnerabilidad suya. La llamaba todos los días. Pero se enfadó conmigo y me dijo que tenía que dejarla en paz y no controlarla tanto».

Elegir una profesión

Elegir una profesión puede acarrear algunos problemas para los gemelos. Veamos cuáles:

Los gemelos monozigóticos suelen inclinarse hacia las mismas carreras, debido a que sus intereses son muy parecidos. Sabemos que en ello influyen los genes, por lo que no resulta extraño que tengan las mismas vocaciones. No obstante, para ellos puede resultar problemático, cuando su deseo es independizarse del otro y no parecerse.

Nos lo cuenta Miguel Ángel:

«No sabía qué elegir. No quería hacer lo mismo que mi hermano, así que lo que él eligió (enfermería) lo descarté de antemano. Empecé una ingeniería eléctrica, pero al año siguiente cambié a turismo. Tampoco fue lo mío. Finalmente mi hermano me dijo: '¿Por qué no haces enfermería como yo?'. Y pensé que tenía razón. Lo empecé y ahora ya llevamos los dos más de veinte años ejerciéndola, en diferentes hospitales de la misma ciudad».

A veces uno de los gemelos se inclina por una misma carrera por no ser inferior a su hermano gemelo.

Es el caso de Alberto:

«Mi hermano entró en la universidad. A mí me aconsejaron seguir una carrera de formación profesional, pero me empeñé en ser universitario como él. Fue un desastre, porque no sirvo para estudiar; tengo un interés más práctico. Perdí dos años por puro orgullo».

Los problemas también pueden presentarse por otros motivos, como ocurrió en el caso siguiente: Damián y Cosme son gemelos monozigóticos. Damián es ingeniero y su hermano cirujano. Un día una paciente, poco antes de la intervención, se negó rotundamente a ser intervenida. Conoció a su hermano, el ingeniero, y confundió el cirujano con él. Lógicamente no quería ser operada por ¡un ingeniero! Tuvieron que venir varias personas para explicarle la situación.

Las relaciones sentimentales

Los gemelos empiezan a tener relaciones sentimentales a una edad algo más tardía que otros chicos, como ya comenté en el capítulo anterior. También suelen casarse más tarde. En algunas situaciones, sus relaciones con las personas del otro sexo son un tanto especiales:

▶ Se intercambian novios (o novias) y disfrutan «engañando». Sobre todo para los gemelos monozigóticos esto significa un placer especial: si uno de los dos no tiene ganas de cumplir la promesa con «su chica», el otro lo sustituye.

▶ A veces se enamoran de la misma persona. Nos lo cuenta una gemela: *«Nos peleábamos mucho a causa de esta situación. Al final fue él quien terminó la relación, harto de nuestras discusiones».*

Para otros no suele ser un gran problema; uno de los dos cede. Incluso a veces anteponen su relación de hermanos, como en el caso de Javier:

«Salíamos los dos con una chica, de la que yo me estaba enamorando profundamente. Pero antes de expresarle mis sentimientos a ella, llamé a mi hermano. Quería saber si él también estaba enamorado. Cuando me dijo que no (para él solo era una buena amiga), me sentí libre y ahora ya llevo cinco años casado con ella».

El novio de la gemela —o la novia del gemelo— debe llevarse bien con el otro gemelo. Si no hay una simpatía entre estas partes, la relación entre los novios se puede complicar.

Diego explica:

«Para mí es muy importante que mi novia se lleve bien con mi hermano gemelo. Si no es así, sé que la relación no va a funcionar. Es como un barómetro para mí».

¿Es la vida casada de los gemelos distinta de la de los no gemelos? Los estudios demuestran que los gemelos se casan más que los no gemelos y que, además, siguen estando casados por más tiempo. No están menos felices con su pareja de vida que los no gemelos. No obstante, su relación gemelar sí influye en su relación sentimental. No pocas veces buscan en la pareja una persona con un carácter parecido al hermano gemelo y anhelan una relación tan íntima como la que tienen con su *co-twin*.

La vida amorosa de los gemelos monozigóticos tiene mucho en común. Si uno se divorcia, hay un 45% de posibilidades de que el otro también se separe. En los casos de los dizigóticos las probabilidades descienden a un 30%. Esta diferencia sugiere que existe un componente genético de riesgo de divorcio. No tiene apenas que ver con el entorno en el que han vivido los dos, porque las similitudes eran grandes en los gemelos adoptados y criados en entornos distintos, como demostró el estudio de Bouchard (*véase el* Capítulo 27). En el riesgo de divorcio influyen muchos rasgos de la personalidad, altamente hereditarios, como la impulsividad y la neurosis.

Cuando se da la difícil situación de que uno se casa y el otro se queda soltero, el que está casado no puede evitar la sensación de que deja desamparado a su hermano gemelo.

Así lo cuenta Fina, gemela monozigótica:

«No dejé de pensar en ella. No solo estaba triste por dejarla sola, sino también yo misma la eché de menos. Muy pocas veces habíamos estado separadas, así que hasta dormir sin ella me parecía extraño. Me acurruqué contra mi marido tal como estaba acostumbrada con ella».

Aunque eso no siempre es cierto: algunos gemelos disfrutan de la nueva «libertad» y viven el casamiento del otro como un alivio.

Es lo que le ocurrió a Juanjo:

«Cuando mi hermano gemelo se casó, me alegré por él y no supuso ningún problema para mí».

Los gemelos llegan bien preparados al matrimonio; tienen experiencia, como ninguna otra persona, en la convivencia. Pero eso puede suponer una desventaja porque no encuentran en la pareja sentimental la misma complicidad que tienen con el hermano gemelo. O les cuesta comprenderse mutuamente.

Como me dijo Bartolomé, un gemelo monozigótico de 33 años:

«Para que mi mujer me entienda necesito muchas palabras; con mi hermano gemelo, una sola mirada me basta».

En el vínculo con una pareja sentimental el gemelo busca muchas veces una posición comparable con la de su *co-twin*, lo cual puede acarrear problemas:

◊ Raquel, 28 años, buscó la ayuda de un psicólogo porque se sentía infeliz en su matrimonio. Según ella, su marido no la apoyaba, ni la entendía y, en general, se mantenía muy distante. Raquel empezó a tener ataques de angustia poco después de contraer matrimonio. El terapeuta supo que Raquel tenía una gemela monozigótica, Susana y entendió entonces que Raquel siempre se había sentido menos competente y menos capaz que Susana y siempre había dependido de que ella la cuidara. Ahora en su matrimonio esperaba encontrar el mismo tipo de proximidad, compañía y protección que había conocido con su hermana.

◊ Maike era en su relación con su hermano gemelo la dependiente y la «protegida». En su matrimonio continuó este patrón, lo cual en un momento determinado empezaba a causar fricciones con su marido. Cuando ella y su marido buscaron la ayuda de una terapeuta familiar, Maike tuvo que afrontar primero la relación con su hermano antes de poder trabajar la relación con su pareja.

En los gemelos DZOS, muchas veces el chico busca una novia que se parezca a su hermana gemela, no pocas veces con un carácter fuerte. Asimismo se muestra muy crítico y exigente con la pareja que elige su hermana gemelar, ya que continúa vigilando su felicidad. Los gemelos de sexo opuesto están acostumbrados a vivir en una relación de intimidad con una persona de su edad del sexo opuesto por lo que el matrimonio (o la vida en pareja) para ellos es un tema conocido. No obstante, no es infrecuente que los gemelos de sexos opuestos sientan celos cuando el hermano o hermana empieza a salir en pareja o se casa.

A veces ocurre que los gemelos, principalmente los monozigóticos, no anhelan una relación de pareja. La suya propia con su gemelo (o gemela) les satisface de tal modo que realmente no desean que otras personas se mezclen en sus vidas.

Me lo contaron Fernanda y Teresa, de 60 años:

«Tuvimos cada una varias relaciones sentimentales, pero no cumplieron nuestras expectativas. Hemos decidido no dedicarnos a estas relaciones, porque en realidad estamos más felices juntas que con un hombre. No nos falta nada estando juntas. A veces la gente no lo entiende, pero estamos muy, muy felices de ser gemelas. Este es nuestro mundo».

También en otro aspecto tener un hermano gemelo puede dificultar la relación de pareja, como demuestran estos casos:

Almudena (31 años), gemela dizigótica:

«Para mí la pareja ideal es mi hermana gemela. Me doy cuenta de que siempre busco a alguien como ella, porque con ella estoy muy a gusto. Sé que no debería hacerlo, porque difícilmente voy a encontrar a un hombre parecido a ella. Pero no sé cómo liberarme de esta idea».

Aceptar que la pareja tenga un hermano gemelo es fundamental para que la relación funcione, tal como se concluye de estos ejemplos:

Juan y Amalia, gemelos de 32 años, tienen desde su infancia una relación muy íntima. Cuando Juan de pequeño se despertaba por la noche, llamaba a su hermana y ella, cuando se caía, le buscaba siempre a él. A sus veintiún años sus padres fallecieron, lo cual fortaleció más su relación. Decidieron ir a vivir juntos, pero desde que Juan tiene novia, se dan continuamente roces entre ellos. La primera novia de Juan le dejó al cabo de un año con el comentario: *«A ti te quiero, pero no puedo con tu hermana».* Ahora Juan tiene otra novia con la que convive. Intenta que la relación con su hermana sea más distante y acorde con la situación. Su novia mantiene literalmente la puerta de su casa cerrada para Amalia, pero Juan echa en falta las conversaciones con su hermana. Así que se ven en lugares secretos sin que la novia se entere. Lógicamente esta situación no es nada positiva.

Sandra, casada con un gemelo monozigótico, explica:

«La relación de mi marido con su hermano gemelo es muy íntima. Todos los sábados, sin excepción, pasan la mañana juntos. Su hermano fue padre hace poco (nosotros no tenemos hijos aún) y yo pensé que quizás se verían menos. Pero ocurre todo lo contrario. Creo que incluso ahora necesitan verse más. Aparte del sábado, también se llaman a diario desde el trabajo y por la tarde desde casa a través del ordenador. No soy celosa y tengo cuidado de respetar su relación al máximo; por ejemplo, me lo pienso dos veces antes de decirle 'no quedes con tu hermano, vamos a hacer esto...'. Sé que esto no pasaría con otro hombre que no fuera gemelo, por muchos hermanos o amigos que tuviera. Pero también es muy bonito ver que tiene una relación tan fuerte y tan desinteresada con él; de verdad no conozco una unión parecida. Gracias a él siento mucha curiosidad por el mundo de los gemelos».

Tal como podemos concluir de estos testimonios, es importante que los cónyuges de los gemelos acepten la relación que existe entre ellos. No siempre es así: algunas mujeres casadas con gemelos me contaron que les resultó difícil ver la complicidad que existía entre ellos. Llegaban a sentirse celosas de esta relación única que de algún modo las excluía. Esto también puede darse en los hombres casados con gemelas. Casarse con un gemelo implica que se acepta esa relación, algo necesario para el buen funcionamiento del matrimonio.

Muchas veces las mujeres (o los hombres) que se casan con gemelos tienen muchas cosas en común, hasta incluso ¡el nombre!, como le ocurre a José Luis, 50 años:

«Mi hermano gemelo y yo estamos los dos casados y nuestras mujeres tienen el mismo nombre, Rosa. Nos reímos mucho cuando él me presentó a la que era entonces su novia. Yo ya estaba casado con Rosa. Lo bueno es que las dos se llevan estupendamente. Son muy buenas amigas».

Es comprensible que algunos gemelos se casen con otro par de gemelos; los cuatro comprenden perfectamente su relación tan especial. Si se trata de un matrimonio de dos pares de gemelos monozigóticos, sus hijos serán —genéticamente— ¡como hermanos! En general, los hijos de gemelos suelen tener una relación más íntima con sus primos que en caso de hermanos de distintas edades. No es extraño: genéticamente, en el caso de los gemelos monozigóticos, se parecen más.

Ana, 19 años, lo cuenta:

«No tengo una relación íntima con mi hermano. Él es introvertido y muy distinto a mí. Pero tengo un primo que para mí es como un hermano. Podemos hablar horas y nos entendemos. Me encanta hacer cosas con él. Nuestros padres son gemelos monozigóticos y por tanto somos más que primos. Su padre es mi tío preferido. Lo noto muy cercano, casi como mi padre. Pero nunca los confundo, incluso siendo pequeña nunca me equivoqué».

Su relación como adultos

Tras los años de estudios, viajes y primeros trabajos profesionales, llega un periodo de madurez. Hacia los 30 años (hoy día más tarde que en las últimas décadas), las personas encuentran su lugar, tanto en el trabajo como en las relaciones afectivas (matrimonio o vivir juntos). Los estudios demuestran que los gemelos también encuentran el equilibrio durante esos años y no se enfrentan a más dificultades que los que no lo son. Si uno de los dos alcanza éxito en su trabajo o se casa y tiene hijos antes que el otro, estas diferencias pueden dar lugar a cierto distanciamiento. Pero no siempre es así: para algunas parejas de gemelos estas situaciones no hacen más que fortalecer sus lazos. En el otro encuentran consuelo.

Como es lógico, se dan muchos tipos diferentes de relaciones entre los gemelos. Los hay que viven en desarmonía y discuten a diario, aunque no pueden estar el uno sin el otro. Para otros (una minoría) su relación de gemelo no es especial ni más íntima que con los otros hermanos; esto es más frecuente en los dizigóticos. Pero según un estudio holandés, realizado en

2001, el 85% de los gemelos, tanto monozigóticos como dizigóticos, está contento con su relación, así como de ser gemelo.

Un gemelo adolescente lo resumió así:

«Es lo mejor que me pudo haber pasado en mi vida».

Los siguientes testimonios revelan algo de esta unión tan especial:

Rosa María y Elena son gemelas dizigóticas de 21 años. Las dos están felices de tener una hermana gemela.

Rosa María lo describe así:

«Es divertido tener una persona de tu misma edad, que vive en la misma casa y con la que nunca te puedes sentir sola».

Elena lo resume con estas palabras: *«Para mí tener una hermana gemela es como si ella fuera algo que forma parte de mí».* Las dos han vivido pocas sensaciones de celos, rivalidad o competitividad, en parte porque su madre también es gemela y ha sabido brindarles atención individual y, por otra, porque las dos son poco competitivas. Ambas describen su infancia como una etapa feliz en la que compartían muchos juegos con una prima de la misma edad (hija de la gemela de su madre). Con ella el contacto es muy íntimo, algo que se ve más en las familias donde hay gemelos. Las dos me cuentan que hubo (y sigue habiendo) cierta dependencia la una de la otra. Elena:

«Ella se apoya en mí, porque soy más seria y responsable. Le doy consejos. Pero por otro lado, yo me apoyo en ella en el aspecto social, porque es más abierta que yo. Quizás hubiera sido mejor estar en clases distintas a partir de la secundaria. No fue así y ahora mismo estamos aprendiendo a desenvolvernos la una sin la otra».

Susana y Mónica son gemelas monozigóticas de 32 años. En una entrevista con ellas cada una me contó de qué manera vive su relación.

Mónica: «*En los gemelos siempre hay uno que lleva la voz cantante. En nosotras esta es Susana. Yo soy la persona a la que se le ocurren las ideas y ella las lleva a cabo. Ella es más asertiva que yo y menos paciente. Yo soy más tímida. Estas son las diferencias; lo que tenemos en común es que somos las dos curiosas, aventureras, espontáneas, entusiastas y atrevidas. Juntas somos la persona idónea; los aspectos extremos o menos favorables de una se camuflan por los aspectos positivos de la otra*».

Susana: «*Estoy muy feliz por ser gemela; no me gustaría nada ir por el mundo como persona sola. Me produce mucha felicidad saber que existe otra persona como yo que me entiende y que nunca me abandonará. Cuando teníamos 12 años, nuestra madre nos mandó a institutos distintos. No quería que fuéramos gemelas inseparables. En aquellos años se iban perfilando las diferencias entre nosotras; nos relacionábamos con amigos muy distintos*».

Mónica: «*Pero ella siempre fue mi mejor amiga, también en aquellos años. Nos moríamos de ganas de vernos después de las clases y contarnos nuestras experiencias. Después del instituto me fui a trabajar como azafata en una compañía aérea. Al poco ella también pidió plaza allí. No me gustó, porque no quería que de nuevo nos trataran como 'las gemelas'. Estuve durante meses enfadada con ella; fue el único periodo en nuestra vida en que nos llevamos mal, hasta que un día nos dieron el mismo vuelo. ¡Me lo pasé muy bien! Me di cuenta de mi error y me arrepentí de mi actitud. Estar reñida con tu gemela es algo estúpido, porque implica que no estás bien con una parte tuya. Del mismo modo una no puede sentirse bien cuando a la otra le pasa algo*».

Susana: «*Pero tenemos vidas distintas. Yo estoy casada y tengo dos hijos. Ella es muy ambiciosa y ocupa un alto puesto en una empresa. Ahora por primera vez en nuestra vida tenemos que explicarnos a veces ciertas cosas, porque no vivimos lo mismo. Antes nos entendíamos sin palabras*».

Me enseñan un tatuaje en su tobillo: un planeta con dos estrellas, señal de su complicidad.

Diego, 38 años, gemelo monozigótico cuenta:

«Crecer como gemelo es un privilegio. En muchos terrenos tenemos ventajas. Muchas personas temen la intimidad, pero nosotros no; estamos acostumbrados a ello desde antes de nacer. Por ello no nos cuesta relacionarnos con otras personas. Otra ventaja es que desde pequeño entiendes lo que es la equivalencia: intentas ser no menos que tu gemelo, pero tampoco ponerte por encima de él. Intuir lo que le pasa al otro es como una segunda naturaleza para ti. Y esto te hace más sociable, una característica que te beneficia para toda la vida».

Ricardo, 23 años:

«Soy gemelo idéntico, pero no conocí a mi hermano hasta los 18 años. Fuimos dados en adopción y nadie nos informó sobre la existencia de un hermano gemelo, ni siquiera a nuestros padres. Nos conocimos gracias a una persona que nos puso en contacto (conoció tanto a mi hermano como a mí). Cuando mi hermano vino a verme por primera vez, me resultó extraño: se parecía a mí, pero no hubo una conexión de inmediato. Los primeros años no nos vimos mucho, pero esto fue cambiando poco a poco. Ahora nos vemos casi todas las semanas y nos llamamos a diario. Tenemos mucho en común. Cuando yo era pequeño, siempre decía a mis padres que tenía un hermano. Lo tomaban por una fantasía infantil. ¡Cuánta razón tenía! Fui a la agencia de adopción para preguntar por qué motivo nos habían separado. Fue un gran error y se lo dije. El tiempo perdido no podremos recuperarlo nunca. Me gusta tener un hermano gemelo, es algo indescriptible. Sé exactamente cuándo es él quien llama por teléfono».

Claudia, 35 años, gemela monozigótica:

«Hasta los 4 años hablábamos en nuestro propio lenguaje que nadie entendía. Después lo olvidamos. Pero curiosamente hace poco, cuando dormimos

una noche en casa de nuestra madre —juntas, como antes— ella nos oyó hablar en ese lenguaje durante el sueño. No siempre nos ha gustado ser gemelas. No queríamos ser la misma. Y por ello cuando una quería ir a la derecha, la otra quería ir a la izquierda. Teníamos mucha competitividad. Afortunadamente lo superamos; si no es así, fácilmente se llega a odiarse; esto ocurre en algunos casos. Nosotras tenemos nuestras propias vidas y cada una su propia identidad; ambas estamos casadas; pero nuestro vínculo íntimo siempre está allí».

Dependencia y lucha

Uno de los aspectos difíciles de ser gemelo es la dependencia mutua que puede ser tan fuerte que ninguno de los dos es capaz de vivir su propia vida. Los gemelos deben aprender a sentirse a gusto estando sin su *co-twin*, pero puede ocurrir que solamente se sientan bien y completos estando juntos. Esto es frecuente en su infancia, pero cuando sigue siendo la dinámica a estas edades, ya no es positivo. Aprender a a estar bien sin el hermano gemelo es un reto para cualquier gemelo y más para los monozigóticos.

Por esta razón es tan importante que los padres estimulen a sus gemelos emprender actividades sin el otro desde temprana edad. Esto refuerza el sentido del «yo». No siempre es fácil, ya que los gemelos —especialmente los monozigóticos— prefieren hacer juntos las cosas. La clave está en enseñarles el placer y el orgullo de emprender algo por sí solo. Esto no ocurrió en el caso de Lidia y María, gemelas monozigóticas.

Lidia cuenta:

«Nuestros padres, sin querer, han contribuido a que nuestras vidas transcurriesen totalmente paralelas. Nuestra vida diaria era idéntica: la misma ropa, la misma aula, los mismos juguetes, las mismas actividades extraescolares, todo absolutamente igual. Y si alguna vez una de nosotras quería hacer

algo sola, como irse a un campamento de verano, nuestros padres nos presionaban para que fuéramos juntas. Esto facilitaba la organización en casa, pero condujo a una dependencia extrema entre nosotras. Esta fue tan grande que cuando teníamos que tomar una decisión, solo la podíamos tomar juntas. Nos llevó a optar por la misma carrera con tal de poder apoyarnos la una en la otra. Ahora con 26 años y cada una trabajando en una empresa distinta, nos damos cuenta de esta dependencia. Vemos que intentamos llevar una vida propia, paralela a la de la otra, porque no sabemos hacerlo de otro modo. Pero esto crea problemas porque nuestros horarios laborales son distintos y nuestros ritmos diarios no coinciden. Analizando nuestra situación actual, nos damos cuenta de que hemos llegado a un punto en el que debemos esforzarnos para independizarnos la una de la otra, porque si no, no podemos disfrutar del vínculo especial que siempre hemos tenido».

Esta gemela describe la simbiosis en la que ha vivido toda su vida. Ahora las dos quieren vivir de modo independiente, pero no lo logran. Comparten un piso y se ven por las noches. En estos ratos no hacen más que discutir. *«No podemos vivir ni sin ni con la otra",* resume Lidia su situación. Cuando le propongo buscar ayuda terapéutica, me contesta que se lo pensará cuando su hermana también lo desee. Es obvio que todavía les resulte más fácil tomar las decisiones de mutuo acuerdo.

La competitividad

La competitividad puede seguir existiendo entre los gemelos (o más). Por ejemplo en cuanto a temas como el trabajo, la vivienda, o hasta los resultados académicos de los hijos. Los estudios demuestran que este tipo de sentimientos y comparaciones son más frecuentes entre los gemelos del mismo sexo que en los de sexo distinto. En ello influye también el carácter del gemelo. Algunos, como en los no gemelos, son más competitivos que otros.

Bernardo:

«Mi hermano y yo (gemelos dizigóticos) estamos muy unidos, pero también somos muy competitivos. Y este rasgo saca lo peor de cada uno. De ser los mejores amigos pasamos a ser los peores rivales. Los dos queremos ser dominantes. Como ya conocemos esta característica, decidimos tomar cada uno un camino distinto, vivimos en ciudades diferentes y trabajamos en campos distintos. Así evitamos que estemos meses sin hablarnos».

Esta competitividad puede darse tanto en los gemelos dizigóticos, como demuestra este testimonio, como en los monozigóticos. No obstante, los últimos aprenden pronto a medirse con otras personas fuera del núcleo familiar y aunar fuerzas para afrontar juntos la competición. Nos lo demuestran estos testimonios:

Alberto:

«Éramos muy competitivos, pero no entre nosotros, sino hacia los demás. Siempre queríamos ganar y ser los primeros. Entre nosotros nos ayudábamos. Por ejemplo íbamos en bici, de camino al colegio, y acordábamos adelantar a tal y tal persona. Entonces, hacíamos carrerilla hasta lograrlo y nos lo pasábamos bien. Los otros no se dieron cuenta ni comprendían por qué íbamos como rayos. Estudiamos la misma carrera y la terminamos el mismo día. Nos sentimos orgullosos el uno del otro».

Lidia:

«Se podría pensar que cada una de nosotras queremos ser la mejor, pero no es así. Nos alegramos por la otra; la quieres a ella casi más que a ti».

Muchos gemelos monozigóticos comparten esta opinión; no obstante, conozco a dos gemelas, nadadoras profesionales, que no lo vivían así. Una de ellas solía ganar y la otra quedarse como segunda. Como esta también quería ser la primera, dejó la natación profesional para dedicarse a otro deporte. No aguantaba perder con su hermana gemela.

Embarazo y paternidad

Los gemelos monozigóticos viven en su embarazo y parto muchas veces experiencias extraordinarias. Por ejemplo, Paula está embarazada y no nota ninguna molestia, pero su hermana gemela, antes de saber del embarazo de Paula, sufre náuseas. María cuenta que cada vez que su hermana tenía una contracción, ella sentía dolor en su vientre. Incluso podía sentir la intensidad de las contracciones.

Estar embarazada es para toda mujer una experiencia especial en su vida y si la puede compartir con su hermana gemela, aún más. Esto les pasó a Nicole y Amelia, gemelas monozigóticas de 32 años. Nicole:

«Mi hermana gemela hacía ya dos años que vivía en Australia cuando me quedé embarazada por primera vez. Cuando estaba pensando en llamarla para darle la buena noticia, ella hacía ya unos días que se sentía intranquila. Y de repente, desde la nada, le dijo a su marido: 'Nicole está embarazada, lo percibo'. Su intranquilidad desapareció y por la noche la llamé para anunciarle mi embarazo.

Mi segundo embarazo coincidió con el primer embarazo de ella sin saber la una de la otra que lo estábamos buscando. Ante nuestra gran sorpresa solo llevábamos dos días de diferencia en el día previsto del parto. Nos sentimos

muy felices por vivir la misma experiencia al mismo tiempo. Era como espe-
rar gemelos, pero juntas. Nuestras barrigas crecían del mismo modo, las mo-
lestias también eran iguales. Todo iba muy a la par. Como por aquel entonces
vivíamos cerca la una de la otra, nos vimos mucho y juntas hicimos natación
y un curso de preparación al parto. Todo el mundo se maravillaba de nuestras
barrigas tan idénticas.

Para estar seguras de que no fuéramos a darle el mismo nombre al bebé, —
las dos esperábamos un niño— apuntamos en un papel las primeras letras
de los nombres. No teníamos el mismo primer nombre elegido, pero sí el se-
gundo. Intuimos que no daríamos a luz el mismo día. Y así fue. Mi hermana
tuvo a su bebé dos días antes. Luego yo di a luz y juntas nos metimos en la
cama con nuestros bebés».

Los aspectos positivos y negativos

Mary Rosambeau, psicóloga y autora del libro *How twins grow up*, preguntó a 345 gemelos adultos cómo vivian el hecho de ser gemelos. De este
grupo solo 4 comentaron que su condición no les aportaba nada especial.
Y 3 de ellos comentaron que tener un hermano gemelo era como tener un
hermano normal. Todos los demás se mostraban felices con su condición.
Estos datos coinciden con los míos, recabados entre los gemelos durante
mis años de investigación.

Estos son los aspectos positivos mencionados por los mismos gemelos:

- Comprensión, amistad y complicidad. Se trata, como dice la expresión, del «gemelo de mi alma».

- Protegerse mutuamente (varios gemelos me contaron cómo se de-
  fendían en el colegio o en la «mili») .

- Gozar de popularidad. Los gemelos suelen ser populares entre sus
  amigos.

- Ser algo más que solamente hermanos. Tener a alguien que es especial para ti y para quién tú eres especial.

- Ser especial para los demás. Unos gemelos me contaron cómo al principio se llevaron una decepción cuando acudieron a un festival de gemelos. Había tantos que ya no se sentían especiales. Más tarde vieron lo gratificante de tal reunión y acuden fielmente año tras año.

- Ventajas prácticas, como por ejemplo, compartir ropa y pertenencias, ayudarse en los exámenes, a la hora de salir con un novio (novia), etcétera.

- Competición positiva: el reto de superar al otro y a sí mismo; para muchos deportistas (tenistas, futbolistas, nadadores profesionales) es una ventaja tener siempre a mano un contrincante con quien entrenarse.

También reconocen los problemas. Enumeran los siguientes inconvenientes:

- Falta de comprensión por parte de padres, familiares, profesores y la sociedad. Su manera especial de estar en el mundo (la sensación de «nosotros») no siempre es entendida. Esto puede llevar a que se tomen medidas equivocadas, como separarles en el colegio, en la adopción o valorarlos erróneamente, como tildarles de copiar cuando cometen faltas idénticas en sus trabajos escolares o redactan cuentos similares.

- Ser objeto de admiración. Los gemelos, trillizos o más, siempre provocan interés. Sin embargo, ellos, como todas las personas, anhelan ser apreciados por su personalidad y no como un fenómeno.

- Las comparaciones. Muchas veces las personas de su entorno no se dan cuenta de cuánto les duelen los comentarios como «Este es el más emprendedor» o «Ella es la más inteligente». También las típicas preguntas como «¿Quién es el más bueno?» les molesta sobremanera.

- Sentirse responsable por el bienestar del otro.

- Una fuerte dependencia mutua.

- No sentirse valorada como persona única. Como explica Ester: «*Si alguien se enfada con mi hermana Claudia, también está enojado conmigo, como si fuéramos una sola persona*».

- Sentir presión por parte del entorno de hacer y elegir lo mismo que el hermano gemelo.

- Desventajas materiales, como el hecho de verse obligados a compartir la moto, el ordenador, etc.

- La falta de atención individual de sus padres. Desde pequeños tienen que compartir la atención de sus progenitores.

No hay datos disponibles sobre cómo los trillizos adultos viven su condición. La investigadora Britta Alin-Akerman entrevistó a trillizos de 9 años para conocer sus experiencias. Los niños enumeraban estos aspectos positivos:

- Nunca nos sentimos solos.

- Cuando tenemos miedo, siempre hay alguien a nuestro lado.

- Siempre tenemos a alguien con quien jugar.

- Cuando alguien en el colegio acosa a uno de nosotros, venimos en su ayuda.

- No nos resulta difícil estar en casa sin los padres, porque estamos juntos.

- Nunca nos aburrimos porque siempre surge un plan.

Y también ciertos aspectos negativos:

- Siempre hay mucho ruido en casa.

- Siempre son los otros los que deciden qué vamos a hacer.

Gemelos que no se llevan bien

La mayoría de los gemelos vive su condición como algo muy positivo. Saber contar con el otro incondicionalmente les supone una ventaja indescriptible. No obstante, también hay gemelos que no se llevan bien.

Veamos las **posibles causas** de que los gemelos no se lleven bien:

- *Una autoestima limitada por su condición de gemelos.* Les resulta difícil asentar la propia individualidad. Les suele ocurrir a los gemelos con una relación fuerte de dependencia; el que sigue al otro, busca continuamente su apoyo y consenso, algo que frustra a los dos.

- *Una similitud extrema en sus rasgos de carácter*; por ejemplo, dos personas muy intolerantes difícilmente se llevan bien. Y lo mismo puede ocurrir con dos personas muy individualistas.

- *Se sienten «anormales»;* a fin de cuentas la mayoría de las personas nacen solas.

- *Sentimientos de inferioridad*; uno se siente permanentemente menos dotado, (menos inteligente, menos guapo, menos deportista, etc.). A veces, pero no siempre, esto ocurre porque en el seno familiar hay un patrón en el que uno de los dos es considerado como «el exitoso» y el otro como el «perdedor». Deshacerse de estas etiquetas es difícil y por tanto no es extraño que estos gemelos detesten su condición. También sentimientos de una competitividad extrema puede causar cierto distanciamiento.

- *Favoritismo paterno* por lo que uno de los gemelos es el «favorito». Esta situación perjudica a ambos, ya que aumenta su rivalidad y crea distancia entre los dos; no favorece al preferido, ni al gemelo que vive a su sombra.

Los gemelos que viven esta situación, no lo tienen nada fácil: continuamente se encuentran con personas que suponen que se llevan bien y que preguntan por el otro (o, peor, lo confunden con él). Según Joan

Friedman, terapeuta y especialista en gemelos, esto tiene que ver con el fenómeno del «Mito Gemelar» (en inglés: *The Twin Mystique*). La idea general en la sociedad es que los gemelos tienen un vínculo especial, casi mítico, como dos personas con una sola alma. Ciertamente hay algo especial en los gemelos, pero la realidad es mucho más compleja. Esta psicóloga en su libro *Emotionally Healthy Twins* anima a los padres para que conozcan el fenómeno, ya que de este modo pueden combatirlo.

Algunos gemelos se describen como «demasiado parecidos». *¿No hay un dicho de que cada persona es un ser irrepetible?* me decía un gemelo al que no le gusta su condición. Muchas veces estos sentimientos les llevan a vivir a gran distancia el uno del otro, hasta incluso en países o continentes lejanos.

También ocurre que uno valora más el ser gemelo que el otro.

Diana:

«Nacimos los últimos de una gran familia. Cuando teníamos seis años, mi hermano gemelo fue ingresado por un problema de los oídos. Esto creó un distanciamiento entre nosotros. Hasta aquel momento siempre habíamos estado juntos. No me permitían visitarle en el hospital. Solo me enseñaron una foto, en la que apareció con su cabeza envuelta con una gran venda, manchada de sangre; llevaba un pijama que no conocía. Pensaba que se moriría y pasé mucho miedo. Cuando regresó a casa, no me dejaron dormir más con él. De repente él era «mayor» y tenía que dormir con los varones y yo con las chicas. También nos separaron del colegio; él se fue al de los niños y yo al de las niñas. Nos convertimos en hermanos normales y nadie hablaba más sobre nuestra condición de gemelos. Si reflexiono sobre mi vida, veo que he tenido siempre muchos amigos varones, más que amigas. No eran novios, sino compañeros. Estas amistades eran muy importantes para mí. Hace poco, en una sesión con una terapeuta, entendí que en estas amistades buscaba a mi hermano gemelo. Intentaba restaurar la relación que había tenido con él. Pero estas amistades solían terminar mal, porque las novias no me aceptaban. Y cada vez que se rompía una amistad, estaba meses deprimida. Siempre tuvo

un impacto brutal. Repetía lo que había vivido de niña. Con él, lamentable-mente, tengo poco contacto. Él no valora nuestra relación como algo especial de modo que para él yo soy una hermana como las demás. Sin embargo él para mí sí que es especial. No es el hermano con quien más comparto, pero sí al que más echo de menos. Lo percibo como muy cercano a mí, no tanto como persona, sino como una fuerza, un lazo que siempre está ahí. El día de nuestro cumpleaños suelo ir a verle; esto nunca ocurre al revés».

Algunos se reconcilian

A veces los gemelos se reconcilian cuando llegan a la mayoría de edad. Cuando cada uno ha formado su propia vida, las tensiones en torno a la búsqueda de una propia identidad han quedado olvidadas y existe entonces el espacio para emociones positivas. O, con los años el deseo de verse aumenta y los obstáculos parecen evaporarse.

En el caso de Juan y Alberto este cambio tardó en producirse. Estos gemelos monozigóticos tienen una relación íntima mientras los dos vivieron en casa. A partir de los 18 años cada uno eligió un camino distinto y aunque ambos se decantaron por una profesión técnica, lo hicieron de manera diferente: Juan, desde pequeño más responsable, se va haciendo sitio en una empresa donde asciende a un ritmo sostenido. Trabaja y estudia concienzudamente. Alberto, siempre el menos serio y muy juerguista, cambia de una empresa a otra hasta que finalmente opta por trabajar como comercial autónomo. Cuando se casan, lo hacen con mujeres que no tienen nada en común, sus vidas van distanciándose. La esposa de Alberto rechaza a la familia de los gemelos por lo que el contacto aún se reduce más. Los respectivos hijos no desarrollan este fuerte lazo que suele darse entre los primos de hermanos gemelos. Las familias solo se ven en reuniones familiares, pero no se buscan por sí mismas. Juan lo explica con las palabras «no parecemos tener nada en común, llevamos vidas muy dispares». Afirma no sufrir por ello, lo vive como algo que simplemente se presenta así. Cuando Alberto, tras 20 años de matrimonio, se divorcia, el contacto entre ellos se hace más frecuente. Y tras caer enfermo Alberto, incluso más. Cuando Juan celebra su 60 cumpleaños, su hermano está presente. Por primera vez en mucho tiempo celebran juntos su cumpleaños.

Un distanciamiento tal como se da entre Juan y Alberto es poco frecuente entre los gemelos. Hay varios factores que lo explican: el individualismo de ambos y la elección de parejas totalmente opuestas entre sí. Estos dos factores se refuerzan y hacen comprensible que los hermanos gemelos se vayan distanciando. No obstante, al llegar a la última etapa de su vida, la necesidad de tener contacto con el hermano de nacimiento se acrecienta en ambos, algo frecuente entre todos los hermanos.

También el relato de Geraldina y Joana, 48 años, nos enseña cómo una relación gemelar puede dar un giro positivo.

Geraldina:

«Lo que mejor describe mi sensación sobre ser gemela, es este recuerdo: Joana y yo caminamos juntas, de camino al colegio. No me gusta, porque nos encontramos con muchas miradas sorprendidas y comentarios no deseados. '¡Cuánto os parecéis!' '¿Quién es la más buena, la más inteligente...?' Horrible. Para evitarlo, durante un tiempo caminaba detrás de ella, pero tampoco me gustó. Esta sensación de incomodidad define para mí cómo me sentí dentro de nuestra relación. Otro recuerdo de mi infancia es cuando volvemos a casa con las notas. Nuestro padre las ponen sobre la mesa y suman las puntuaciones de cada una para ver quién había sacado más. Esta fui yo. En este momento aprendí que ser buena en algo era importante. Y así me convertí en rival de mi hermana. Lo llevé a un extremo, lo que perjudicó nuestra relación. Busqué apoyo en mi hermana mayor que se convirtió en mi aliada. Aunque yo quería a Joana y sabía que en el fondo siempre nos apoyaríamos, la relación entre nosotras fue complicada. Y así pasaron los años. Me quejaba sobre el hecho de ser gemela y sobre Joana. Ella mantuvo distancia. Poco antes de mi 45º cumpleaños hice un curso de meditación. Hablaba sobre ser gemela. De repente me oía hablar a mí misma y me di cuenta que repetía por enésima

vez las mismas quejas. Me harté de mí misma, de los pies hasta la cabeza. Fue una sensación corporal. Decidí en este momento dejar de quejarme de mi hermana gemela y sobre el ser gemela. Solo quería continuar queriéndola y esto ya lo hacía. Así era de simple. Solo tenía que dejar de quejarme. No se lo conté a ella, porque temí que no me creyera. Pero algo cambió entre nosotras. Me convertí en la persona agradable que también se encuentra dentro de mí. Ella debe haberlo notado, porque le parecía bien celebrar nuestro 45º cumpleaños juntas. Nuestro vínculo cambió, también con la hermana mayor. Dos años después le confesé lo que había ocurrido en mí. Ella ya lo sabía, lo había percibido. Desde aquel momento todo va muchísimo mejor. Ahora somos hermanas con un vínculo especial. Ser gemela es especial y ahora hace que me sienta orgullosa de ello».

Joana:

«Mi primer recuerdo de ser gemela, es que estamos juntas en el patio del colegio. Me sentí tímida y me alegré de tener a mi hermana a mi lado. Sin ella me habría sentido perdida. Pero también había mucha rivalidad entre nosotras. Nos rebelábamos contra el ser gemela porque nos comparaban continuamente y nos veían como una unidad en vez de dos personas distintas. En los cumpleaños nos daban un regalo para las dos. Compartimos un solo estante para nuestros juguetes, mientras nuestra hermana mayor tenía uno para ella sola. Comparaban las notas del colegio, hasta los décimos. Ella era la más inteligente, aunque solo una diferencia mínima. A mí me parecía una tontería y tomé distancia. Cuando fuimos al instituto, la situación empeoró, porque Geraldina procuraba que yo no formara parte de su pandilla de amigas. En casa ocurría lo mismo. Mi madre y mis hermanas conspiraban contra mí. Mi padre no contaba, porque prácticamente no estaba ni se involucraba en los temas de la educación. El matrimonio entre nuestros padres era poco armonioso. Me sentí muy sola en estos años. La situación mejoró, a mis 16 años cuando me hice una muy buena amiga. Esto me ayudó a sentirme mejor. Intentaba estar poco en casa y aislarme del ambiente familiar. Los primeros cursos estábamos en la misma aula. Cuando tuve que repetir el segundo año, me alegré, porque así me

liberaba de las miradas críticas de mi hermana. Pero lo malo fue que ella repitió al año siguiente, así que de nuevo nos encontramos en la misma aula. Horrible. Dejé de estudiar con el objetivo que al año siguiente me echaran del colegio con tal de no estar juntas. Y así ocurrió. Me fui a otro instituto que terminé sin problemas. Las dos empezamos a estudiar y dejamos la casa familiar. Tuvimos entonces una nueva oportunidad de mejorar nuestra relación, apartadas del ambiente familiar. Yo estaba feliz con tener una hermana gemela y se lo comenté a Geraldina. Ella me contestó que esto era nuestro destino que no podíamos cambiar. Fue como echarme una jarra de agua fría en la cara. Me di cuenta que yo estaba feliz con ella, pero no ella conmigo. Así que no pude compartir mi emoción de ser gemela con ella y no podíamos mejorar nuestra relación. Para ello la necesitaba y ella no puso nada de su parte. Sentía que ella tenía muchas expectativas puestas en mí a las que yo no podía responder, porque yo no era como ella quería que fuese. Así que tomé distancia de ella de nuevo. Me volqué en mi propia vida. Cuando cumplí 41 años, di una fiesta para mis amigas. No lo conté ni a mis padres ni a mi hermana mayor ni, mucho menos, a Geraldina. Era mi fiesta sin nadie de mi familia y me hizo sentir libre y autónoma. Hace cuatro años Geraldina me dio un collar en el día de nuestro cumpleaños. Junto al collar había una tarjeta en la que había descrito su proceso de aceptarme como su hermana gemela. Fue precioso. Había dejado atrás su postura crítica y me permitió ser quien soy. Incluso me escribió que me quería. Ya había notado un cambio en ella, pero desconocía que fuera tan hondo. A partir de este momento tenemos más confianza la una en la otra y nos sentimos felices juntas. Hemos recorrido un largo camino. De nuevo me siento feliz por ser gemela. Y ahora ella también».

Después de 40 años estas gemelas aprendieron a ser felices con su condición. En ello influyeron varios factores, como no haber sido educadas ni valoradas como personas individuales. Los padres, atrapados en un matrimonio infeliz, no eran capaces darles el trato específico que las gemelas necesitaban e inconscientemente aumentaban su rivalidad comparándolas (¿Quién saca mejores notas en el colegio?). Pero posiblemente también jugaban un papel sus caracteres, que a su vez determinan una relación gemelar (individualistas extremas, *véase* el Capítulo 19). En vez de un vínculo demasiado estrecho que muchas veces observamos en los gemelos, estas gemelas desarrollaban un lazo poco estrecho. Cada una buscaba en otra persona su punto de apoyo (Geraldina en su hermana mayor, Joana en una amiga de clase), como sustituto de la hermana gemela. Esto indica que ambas se echaban en falta, algo que, por fin, a sus 45 años, podían solucionar.

¿Somos idénticos o no?

Esta es la pregunta que un gran número de gemelos me ha hecho a lo largo de los años. La situación siempre es la misma: delante de mí tengo dos gemelos que se parecen como ¡dos gotas de agua! y que con cara seria me preguntan por su origen. Siempre me produce una sensación de curiosidad y ternura. El motivo de su pregunta también siempre es el mismo: el ginecólogo dijo tras el parto que ellos eran dizigóticos porque procedían de dos bolsas. Por ello los padres les habían educado y considerado toda su vida como gemelos fraternos. «*Pero nos sentimos idénticas; nos parecemos mucho y tenemos mucho en común. La gente nos confunde constantemente. ¿Realmente seremos dizigóticas? Nos gustaría ser monozigóticas*» me comentaron Paula y María, de 34 años.

Para dar una respuesta correcta no me baso exclusivamente en su apariencia física, porque esta puede ser engañosa. Por ejemplo gemelos nacidos con pesos muy diferentes, debido al crecimiento uterino retardado o el síndrome TTF, pueden mantener toda su vida diferencias significativas en talla y peso. Por otro lado, los gemelos dizigóticos pueden parecerse mucho. El historial médico (la aparición de la primera regla y otros cambios físicos de la pubertad con un intervalo corto de tiempo, pasar las mismas enfermedades no víricas, etc.), el desarrollo de sus vidas (aprender ciertas habilidades en el mismo momento) y tener gustos, preferencias e inclinaciones idénticas aportan evidencias que apuntan todas en una misma dirección: ser monozigóticos.

En el caso de Paula y María no fue difícil: las dos habían tenido su primera menstruación casi simultáneamente; las dos fueron operadas de apendicitis; las dos sacaban siempre notas parecidas y tenían facilidad para las lenguas y dificultad para las matemáticas; las dos habían engordado y adelgazado en el mismo año; ambas habían elegido la misma carrera y se habían casado en el mismo año. Físicamente era muy difícil distinguirlas; tenían las dos una cara simpática, «decorada» con muchas pequeñas pecas. No tenía ninguna duda de que fueran monozigóticas, algo que ellas mismas interiormente siempre habían sabido.

Es importante que los gemelos, trillizos o más conozcan su origen biológico (la zigosidad). Tiene una gran importancia tanto para su salud física (pueden donarse sangre y hasta incluso órganos) como para su salud psíquica. El siguiente caso lo demuestra:

En un festival de partos múltiples me encuentro con trillizas de 17 años. Dos se parecen como gotas de agua, pero la tercera tiene una constitución distinta. No hay duda de que tengo delante de mí trillizas dizigóticas (una pareja de gemelas monozigóticas y una melliza). Las tres me cuentan cómo viven el ser trillizas. La joven con aspecto diferente, me dice que muchas veces se siente excluida. «*Ellas están muy unidas y necesitan estar siempre juntas. Conmigo no sienten la misma conexión. Nos queremos las tres, pero noto que yo soy diferente. No sé si es porque no les gusta mi carácter o porque físicamente no me parezco en nada..*».

Les explico que su origen biológico es diferente y que esto influye sin duda en su relación. Las tres me miran muy sorprendidas y me aseguran que ellas tres son distintas entre sí, porque venían cada una en una bolsa.

¡El típico error de siempre! Cuando averiguo más datos, no hay duda de que ellas son fruto de un embarazo dizigótico, triamniótico y tricorial (*véase* el Capítulo 1). Al entender las diferencias entre ellas, la situación se hará más llevadera para la melliza, ya que ahora entiende por qué se siente diferente y dejará de culparse a sí misma por esta situación. Se entiende mejor a sí misma y a sus hermanas.

En caso de dudas —no importa la edad— conviene hacerse un test de ADN (*véase* Direcciones útiles).

Cambios en el ADN

Como ya expliqué en otro capítulo, los gemelos monozigóticos tienen genes idénticos. Pero de un estudio internacional, realizado conjuntamente en Suecia, EE. UU. y Holanda en 2008, se deduce que el ADN no es del todo idéntico. Como es sabido, los gemelos monozigóticos son fruto de un óvulo fecundado que se divide. Entre la primera división celular y el nacimiento tienen lugar muchísimas divisiones más. Y durante ellas pueden darse errores al copiar el ADN, como saltarse unas partes o copiarse otras dos veces. Normalmente llevamos dos copias de cada gen, uno de la madre y otro del padre. No obstante, hay segmentos en el ADN que se desvían de esta «regla de dos copias». Se les llama «variaciones del número de copias» (CNV, por sus siglas inglesas Copy Number Variation). A causa de ello se forman segmentos del ADN que difieren entre sí. La influencia del CNV es mayor o menor según el momento del desarrollo celular en que se produzca. Si ocurre poco después de la fecundación, por ejemplo en la tercera o cuarta división celular, su efecto es mayor en que en una 50ª división celular. El CNV puede ser de menor o mayor amplitud: puede tratarse de ninguna copia hasta 14 copias de un gen.

El genetista Carl Bruder, de la Universidad de Alabama (Birmingham), examinó el ADN de 19 pares de gemelos monozigóticos. De un par de gemelos le faltaron unos genes de unos cromosomas que indican el riesgo de leucemia. Este gemelo efectivamente desarrolló la enfermedad y su hermano gemelo no. De otro par solo uno tenía asma. Seguramente el otro tenía cierta predisponibilidad para sufrirlo, pero en él este gen no estaba activado (en su hermano sí). Estas diferencias ayudan a esclarecer las secuencias genéticas específicas del genoma que coinciden con ciertas enfermedades. Así, de momento, se pueden explicar casos en los que solo uno de los dos gemelos sufre depresión, diabetes, Alzheimer, una anomalía cardiópata o tiene una orientación sexual determinada. Aparte de los CNV, hay otros factores que influyen de modo distinto en el desarrollo de los bebés gemelos, como las diferencias en el suministro de oxígeno y sangre, ciertos tipos de infecciones e influencias de medicamentos u otras sustancias.

De todo ello podemos concluir que los gemelos no nacen con un ADN idéntico. El término «idéntico», tan utilizado en gemelos de un solo óvulo es erróneo. Es más correcto hablar de gemelos monozigóticos. La ciencia afirma lo que los padres siempre han dicho: «*Son niños totalmente distintos*».

Las variaciones del número de copias no solo se dan al principio de la vida embrionaria, sino también durante toda la vida, porque el cuerpo copia continuamente su ADN, en cuyo proceso pueden darse mutaciones. Y los genes sufren cambios a lo largo de su vida por influencia del ambiente, el estilo de vida, la nutrición y otros factores. La ciencia que estudia este campo se llama la epigenética (*epi* significa alrededor de, en torno a). Los hallazgos de una investigación española, realizada en 2005 por el Centro Nacional de Investigaciones Oncológicas (CNIO) de Madrid bajo los auspicios de Manel Esteller, revela el modo por el que el ambiente hace que se produzcan cambios genéticos. Implica que los genes de gemelos mayores se parecen menos entre sí que los de gemelos de corta edad (en esta investigación participaban gemelos de solo unos meses de edad hasta gemelos mayores de 65 años). Al nacer el ADN de los monozigóticos es prácticamente idéntico, pero a medida que crecen, empiezan a surgir las llamadas diferencias epigenéticas, es decir, las afectadas por el ambiente, que hacen que unos genes se expresen y otros no. Este estudio no dejó lugar a dudas, que determinados factores, como el tabaco, la dieta o el lugar de residencia afectan a la genética. Estos resultados son muy importantes para la ciencia y la investigación de enfermedades.

Antes se pensaba que las diferencias entre los gemelos monozigóticos se debían a sus diferentes ubicaciones en el útero, pero hoy día está demostrado que el estilo de vida y otros factores ambientales tienen una influencia seguramente más poderosa en la actividad de los genes.

Veamos este ejemplo de unos gemelos de 60 años, que ilustra cómo el historial de uno puede ser muy diferente al de otro, a pesar de ser genéticamente idénticos: Juan y Alberto son gemelos monozigóticos. Hace cuatro años Alberto tuvo un cáncer de intestino, del que fue operado. Hace unos meses sufrió un pequeño ataque cerebral, del que se está recuperando favorablemente. Debido a niveles altos en el colesterol y la tensión sanguínea, debe cuidar rigurosamente su dieta y estilo de vida. Su hermano Juan está bajo control médico desde que Alberto enfermó de un cáncer. Hasta el momento está completamente sano y sus niveles de colesterol y tensión son normales.

La manera de vivir de ambos es muy distinta: Alberto es un fumador y bebedor empedernido. Está divorciado y tiene una empresa propia, con todo el estrés que esto conlleva. Juan está casado, ha trabajado en una misma empresa durante más de 20 años, no fuma ni bebe y cuida mucho su peso y alimentación. No hay duda de que estos diferentes estilos de influyen en el estado de salud de cada uno y en sus respectivos patrones genéticos.

¿Existe la telepatía?

Las coincidencias entre los gemelos son muy frecuentes: decir lo mismo o canturrear la misma canción al mismo tiempo, comprarse el mismo regalo mutuamente, sentir la enfermedad o el dolor del otro, etc. Son tan frecuentes y sorprendentes que no se pueden atribuir al azar. El fenómeno de saber lo que le pasa al otro sin poder saberlo realmente, lo llamamos «telepatía».

Es una forma de percepción extrasensorial (en inglés *extrasensory perception*). Refiere al fenómeno de saber algo sobre alguien sin realmente poder saberlo, como una intuición. También se lo denomina como «el sexto sentido».

Mary Rosambeau, investigadora y psicóloga, estudió en 1987 este tema entre 600 gemelos. De ellos 183 contestaron haber tenido alguna que otra experiencia del tipo telepático. Ella descubrió que la telepatía se dio en todos los subgrupos de gemelos y que, por tanto, no era algo especial de los monozigóticos. También vio muchos casos en los gemelos DZOS. Así que podemos concluir que la telepatía se da en todos los gemelos.

A lo largo de los años, los gemelos me han ido contando multitud de premoniciones y «coincidencias». Aquí les describo solamente dos:

José Luis, 50 años:

«El día que mi hermano gemelo sufrió un accidente, lo intuí. Sabía que algo le había pasado, de repente me sentí muy mal. Nada más llegar a casa, le pregunté a mi mujer si había habido alguna llamada y ella me dijo que no para no asustarme, pero yo sabía que algo andaba mal».

Siobhán, 30 años, cuenta en la revista *Múltiples*[1]:

«A mis 18 años decidí irme a Bruselas para estudiar. Estaba harta de ser comparada con mi hermana gemela. Aguanté 24 horas sin llamar a casa. Echaba muchísimo de menos a mi hermana. Llamé y hablé con mi padre; me dijo que sabía que eso iba a pasar y que vendría conmigo al cabo de unos días, en avión. Esperaba impacientemente y un día cogí el telefonillo de mi apartamento que sonó y dije toda emocionada: 'Sube Sinéad'. Subió con la cara blanca y me preguntó: '¿Cómo sabías que estaba abajo?' y le dije 'llamaste' y me respondió que no había llegado a tocar el telefonillo. Varios años después decidimos nuestros destinos, el mío en España y el suyo en Bruselas, y cuando una noche la atacaron allí, yo estaba tomando una copa en un bar en Madrid y empecé a llorar sin parar y sabía que algo le estaba pasando, a pesar de no tener motivo. Así fue; mi vecino llamó a mi puerta a las tres de la madrugada con una llamada urgente de Bruselas y me confirmó que justo cuando yo había empezado a llorar, estaban atacando a mi hermana.
»Ser gemela es algo maravilloso y diferente. Ella ahora tiene 4 hijos y yo pensaba tener tres... pero en mi tercer embarazo me quedé embarazada de gemelos. Gajes de la vida de los gemelos».

En el concurso *Idénticos* de Cadena Cuatro, emitido en 2005, una de las pruebas consistía en averiguar si existía telepatía entre los gemelos. Para ello uno de los dos fue llevado a un cuarto lejos de su gemelo. El otro (u otra) tenía que pasar por una dura prueba que consistía en meter la mano en un recipiente repleto de gusanos, tocar un ratón, etc. Al gemelo

---

1 Revista trimestral de la Asociación Madrileña de Partos Múltiples.

que no participó y que no sabía nada de lo que le estaba ocurriendo a su hermano, se le tomó la tensión. Si existiera la telepatía, se supondría que a este gemelo le subiría la tensión en el momento en que su hermano lo estuviera pasando mal. De las ocho parejas que participaron, a dos de ellos efectivamente les ocurrió eso. Uno de los participantes incluso describía sus sentimientos con claridad: «*De repente empecé a sentirme mal e incómodo sin motivo aparente*».

Ivan, 30 años, cuenta lo siguiente:

«*Un día me fui con mi madre a comprar. Mi hermano y yo teníamos entonces unos 10 años. Mi hermano Mauricio se quedó en casa. Cuando volvimos, tocamos el timbre, pero nadie abrió. Mi madre empezó a ponerse nerviosa. Pensaba que Mauricio se había ido a la calle a jugar y que algo le había pasado. Tocamos unas cuantas veces, pero sin resultado. Al final mi madre me pidió que le llamara mentalmente. Sin pronunciar una palabra lo hice. Al rato apareció mi hermano. Se había quedado dormido y no había oído el timbre, pero de repente escuchó mi voz que le decía: 'Mauricio, ábrenos'. Y esto le despertó*».

Existen más estudios que sugieren que existe alguna base para creer en las historias que a menudo cuentan los gemelos respecto a su comunicación telepática. Yo misma no tengo duda de que exista la telepatía, no solo entre los gemelos sino también en otras personas que tienen una fuerte conexión entre sí. Y en los gemelos es más frecuente porque entre ellos suele haber un vínculo muy estrecho. No obstante, no se da en todos los gemelos. Algunos poseen esta sensibilidad más que otros, dependiendo de la capacidad de intuición de cada uno, tal como en los no gemelos.

La siguiente historia real arroja, quizás, más luz sobre este fenómeno: Dos gemelas, de 20 años, estudian para un examen de biología para el que deben leer ¡12! libros. Como les escasea el tiempo, acuerdan leer cada una 6. Cuando hacen el examen, a ambas les toca, lógicamente, la parte que no habían leído. Sin embargo, al responder a las preguntas, notan si las respuestas les llegaran a su mente. No tienen problemas en hacer el examen. El profesor, después de corregir los exámenes, las llama: las acusa de haberse ayudado mutuamente, porque tienen los mismos errores. Pero las gemelas contestan que realmente no han podido ayudarse, porque estaban en aulas separadas. El profesor no puede por más que darles la razón, aunque esto no quita su sensación de incredibilidad. Esta solo es una parte del enigma; la otra es aún más intrigante: ¿cómo se sabían las respuestas sin haber leído parte de la información?

Es probable que se deba al hecho de tener un cerebro y un sistema nervioso idénticos. Por ello los electroencefalogramas (EEG) de los gemelos monozigóticos son idénticos. Quizás en este caso los pensamientos de un cerebro puedan llegar al otro. Posiblemente se trata de una transmisión de pensamientos de un cerebro a otro, como si los cerebros de los gemelos tuvieran una conexión inalámbrica, independientemente del cuerpo. El cardiólogo y científico Pim van Lommel, de Utrecht (Holanda) que estudia las experiencias cercanas a la muerte (*the near-death experiences, NDE)*, concluye a base de sus datos que la conciencia puede funcionar independientemente del cerebro y que el cerebro funciona como un especie de estación radiotelegráfica que lo puede recibir. Si no, ¿cómo se puede explicar que personas sin actividad cerebral, según el monitor, vivan experiencias en estos momentos? Se necesitan más estudios para poder explicar un suceso tan curioso.

Experiencias inexplicables

No solo debemos hablar de la telepatía, sino también de otras vivencias que tienen una explicación aún más difícil. Los gemelos Diego y Bartolomeo se casaron en épocas diferentes y en lugares distintos. Aun así tanto en el día de la boda de uno como en el del otro granizó y llovió a cántaros, un fenómeno inusual en ambos lugares.

Unas gemelas me contaron esta historia:

«Un día tengo un percance con mi coche; no veo una farola y choco contra ella. El coche queda abollado delante en la parte derecha. Al día siguiente voy a ver a mi hermana y mientras aparco mi coche, veo que el suyo también está abollado en el mismo lado. Resulta que ella tuvo también un percance el mismo día. Este tipo de 'coincidencias' son tan frecuentes que a veces nos da miedo».

Irene, 16 años, se pone un piercing en su mentón. Su hermana gemela monozigótica desarrolla una pequeña herida, justo en el mismo lugar. Sus compañeros de clase le preguntan qué pasó con su piercing; ven la herida, pero no el adorno. *«Pero, yo no me hice un piercing, es mi hermana»* contestó una y otra vez. Se le curó, pero cuando el de su hermana se infectó, Irene volvió a tener la misma herida. Al final le suplicó a su hermana que se quitara el piercing.

¿Hemos actuado como debe ser?

Esta es la pregunta que todos los padres se hacen cuando miran retrospectivamente la infancia de sus hijos. Los padres de gemelos, trillizos (o más) lo hacen con más ansiedad aún, dado que, en muchos momentos, la situación fue más difícil.

La mayoría de los gemelos adultos viven felices y encuentran su lugar en la sociedad. La psicóloga Mary Rosambeau investigó en 1986 si los gemelos necesitan más asistencia psicológica que los no gemelos. Rosambeau llegó a una conclusión negativa: los gemelos no necesitan por el hecho de serlo una mayor asistencia psicológica que los no gemelos. En este mismo sentido, un estudio de la Universidad Libre de Ámsterdam, en 2005, dio el mismo resultado.

Las circunstancias especiales en las que se desarrollan los gemelos, como crecer con un hermano, parecen ser favorables porque les ayuda a tener mayor estabilidad emocional. Hay otro factor que influye en este resultado positivo: la mayor participación del padre. Los hijos que tienen un vínculo fuerte tanto con el padre como con la madre —como suele ser el caso en los gemelos— son niños con mayor estabilidad emocional. Y estos factores pueden explicar el hecho de que los gemelos no necesitan más asistencia psicológica que otros hijos e incluso, según algunos estudios, en menor medida. Si los gemelos tienen problemas que requieren terapia, éstos suelen estar relacionados con la lucha por encontrar su individualidad. La ayuda de un psicólogo es una buena guía para encontrarla. Se puede decir que los gemelos que se han acostumbrado a estar el uno sin el otro desde pequeños tienen menos problemas para adaptarse a la sociedad, pero no es el único factor. También influyen el carácter, las experiencias vividas, el tipo de gemelaridad (MZ o DZ, SS u OS) y otras causas.

Las entrevistas que mantuve con gemelos adultos arrojan datos interesantes, que coinciden en su mayor parte con los consejos dados anteriormente. Reflexionando acerca de su infancia, los gemelos adultos aportan a los padres de gemelos los siguientes consejos:

- *Eviten las comparaciones* y nunca ponga a uno como ejemplo para el otro. Le puede costar media vida demostrar que está igual o mejor capacitado que su hermano gemelo.

- *Estimulen su independencia*. Pero, cuidado, si la separación significa un alivio, la decisión es acertada. Si les hace sentirse tristes, hay que estar alerta. Es bueno animarles a ser autónomos, siempre y cuando al mismo tiempo se respete su condición especial e íntima. Lo más prudente es tomar las decisiones por etapas, según su desarrollo.

- *Edúquenles como a dos hijos en vez de como a una unidad*. La actitud más sabia es considerarlos como dos individuos, pero con una relación única y especial.

- *Procuren que no haya dudas de quién es quién*. A pesar de que a ellos les gusta «intercambiarse» y engañar a la gente, la realidad es que, en el fondo, les molesta ser confundidos el uno con el otro.

Envejecer juntos

Muchos gemelos van envejeciendo juntos. A veces la vida les vuelve a unir, lo cual por ejemplo ocurre cuando ambos pierden a sus cónyuges.

Minerva, 94 años, gemela monozigótica:

«Nos casamos, una dos años más tarde que la otra. Cincuenta años más tarde, en un intervalo de solo dos meses, cada una enviudó como si tuviera que ser así. Nos buscábamos para consolarnos mutuamente y tras unos meses decidimos volver a vivir juntas. Y tras 22 años aún estamos contentas de esta decisión. Estamos hechas de la misma madera y nos entendemos a la perfección. De niñas no necesitábamos a nadie más. De camino al colegio procurábamos no encontrarnos con nadie, y así podíamos seguir nuestros juegos y fantasías. Lo compartíamos todo, hasta los novios. Sin que ellos se enteraran lógicamente, solo para que la otra pudiera saber cómo era aquella persona. Ser gemelo es algo maravilloso. Todo el mundo tendría que tener un hermano gemelo o gemela».

También Juan y Erik, 78 años, después de perder cada uno a su esposa, han vuelto a vivir juntos. Lo cuenta Juan:

«Después del fallecimiento de mi esposa, me fui a vivir con mi hijo y su familia. Cada día quedaba con Erik para pasear. Nos hizo bien estar juntos sin hablar mucho. Cuando en uno de estos paseos me preguntó por qué no venía a vivir con él, me parecía una buena idea. Sus hijos viven lejos, así que pasaba mucho tiempo solo. Ahora nos hemos inscrito en una residencia para el día que no nos podamos valer por nosotros mismos».

Con la vejez también llega el miedo a la muerte del otro.

Gerardo:

«No temo mi propia muerte, pero sí dejar solo a mi hermano. Y lo que quizás más temo, es sobrevivirle a él. Me parece muy duro. A medida que envejecemos, me preocupa cada vez más».

La pérdida del hermano gemelo es para la mayoría la experiencia más traumática que un gemelo pueda vivir (*véase el* Capítulo 26). Para esta situación no existen ni pautas ni soluciones; quizás solo un comentario de un gemelo de mi grupo objeto de estudio, que acaba de perder a su hermano: *«A pesar de la gran pérdida que supone para mí la muerte de mi hermano gemelo, estoy feliz por haber nacido como gemelo; me dio mucha felicidad y entiendo que el dolor que sufro ahora es parte de ella».*

Siempre se pensó que los gemelos monozigóticos tenían una esperanza de vida bastante similar en caso de una causa natural. Se conocen muchos casos de gemelos que mueren con poca diferencia de tiempo, aun estando a gran distancia. Esto les ocurrió a dos gemelas; una vivía en el norte de México y la otra en el sur, a una distancia de miles de kilómetros. En un intervalo de apenas dos horas las dos murieron, ambas de un paro cardía-co. También les pasó a los monjes franciscanos Julián y Adrian Riester, que en un mismo día, uno por la mañana y otro por la noche, fallecieron por una muerte natural en un monasterio en Florida a sus 92 años.

No obstante, la esperanza de vida de una persona no es un sencillo dato genético, como el color del pelo o la longitud. Los científicos llevan ya años intentado descifrar si la genética es determinante y hasta qué punto. James W. Vaupel, director del Instituto Max Planck de Investigación Demográfica en Rostock (Alemania), opina que la duración de vida de los padres predice solo en un 3% la de sus retoños. Y según este investigador, los gemelos monozigóticos fallecen en momentos distintos, con una media de diferencia de 10 años. No obstante, esta diferencia es menor en los monozigóticos que en los dizigóticos. Este dato, a su vez, es un indicio de cierta influencia genética.

Información de interés

Los estudios realizados por los psicólogos Stella Chess y Alexander Thomas de la Universidad de Nueva York demuestran lo estables que se mantienen la personalidad y el carácter de una persona a lo largo del tiempo. Además, la influencia genética se hace más patente con el tiempo. Esto implica que las similitudes entre los monozigóticos se acentúan más a medida que van madurando. Los padres no pocas veces se sorprenden de lo parecidos que se vuelven sus hijos gemelos. En los dizigóticos ocurre lo contrario; como ellos comparten solo el 50% de su carga genética, las diferencias van perfilándose.

LA VIDA CON LOS GEMELOS

Capítulo 23. El lugar de los gemelos dentro de la familia   587

Capítulo 24. Horarios de varias familias   601

Capítulo 25. Situaciones difíciles   609

Capítulo 26. La muerte de uno de los gemelos   619

Capítulo 27. Los estudios sobre gemelos   637

CAPÍTULO 23

El lugar de los gemelos dentro de la familia

Cuando hay más hijos en la familia, los gemelos o trillizos ocupan muchas veces un lugar algo especial, diferente al de un hijo de un único parto. La llegada de gemelos significa, además, para el primogénito un cambio enorme.

El hijo mayor y los gemelos

La llegada de dos (o más) bebés causa un gran cambio en la familia, y en especial para el hijo mayor. Esta situación no resulta fácil para él y los celos son inevitables. Normalmente tiene sentimientos contradictorios: por un lado, está encantado con sus nuevos hermanos, se siente orgulloso de ser el «mayor»; pero, por otro, tiene «pelusa». Necesita tiempo para reencontrar su lugar dentro de la familia.

El primogénito (o los hijos mayores, si son más de uno) asimila mejor la nueva situación cuando sabe de antemano qué va a ocurrir. Por lo tanto, conviene ir preparándole durante el embarazo.

Consejos

✓ Hágale partícipe de la gran noticia a partir del 5.° mes; así, el tiempo de espera no se le hará tan pesado. Involúcrele en los preparativos, como comprar la canastilla, decorar la habitación de los bebés con los dibujos que él haya hecho... Y déjele que la acompañe alguna vez a los controles médicos; le encantará oír los latidos del corazón de los bebés o verlos en la ecografía. También puede hablarles y acariciarles poniéndole las manos sobre el vientre. Sentir sus movimientos y pataditas será para él toda una experiencia.

✓ Lea con él libros sobre el tema. Será difícil encontrar uno que trate de la llegada de más de un bebé, pero con unos dibujos o fotografías (por ejemplo de las ecografías) se creará un cuento propio adaptado a su situación.

✓ Juegue con él a tener hermanitos gemelos y regálele dos muñecas (o peluches) iguales. Es una buena forma de prepararle ante la situación venidera. Cuando los bebés hayan nacido, le servirá para representar en sus juegos las situaciones que vive a diario, además de imitar a la mamá.

✓ Si conoce una familia con bebés gemelos, visítela con él, para que comprenda cómo es la vida diaria en esa situación. Enséñele fotos suyas de cuando era pequeñito. Explíquele que va a estar muy ocupada y que tendrá menos tiempo para él, aunque no por eso le querrá menos.

✓ En el transcurso de los dos primeros trimestres del embarazo realice los cambios que le puedan afectar. Si se plantea empezar a llevarle a la guardería, procure que su entrada no coincida con la llegada de los bebés. De ser así, se sentiría desplazado, lo que dificultaría su adaptación. O si le tiene que cambiar de cuna o habitación, hágalo también en el primer o segundo trimestre del embarazo. Cuantos menos cambios haya en su vida cuando lleguen los bebés, mejor se adaptará a la nueva situación.

✓ Háblele, poco antes del nacimiento, sobre lo que va a ocurrir: su ingreso en el hospital y de la persona que cuidará de él; si está previsto que vaya a casa de alguien, es importante que conozca bien el lugar y sería preferible que hubiera dormido allí alguna vez antes del nacimiento de los bebés. Dígale también cuándo volverá a verla, como, por ejemplo, en el hospital. Aunque sea pequeño, toda esta información le ayudará a asimilar las experiencias venideras.

Algunos niños ya muestran celos antes del nacimiento de sus hermanitos; dejan de comer bien, lloran por todo, son exigentes y tienen conductas difíciles, como rabietas. ¿Cómo es posible?, se preguntará quizás, si «los bebés aún no han nacido». Pero su primogénito percibe que parte de su atención ya no está con él, sino con los bebés y su próxima llegada. Además, seguramente ahora usted descansa un poco más, le aguanta menos, está más cansada, etc. No tome a mal sus conductas. Hágale saber que le quiere mucho y que esto no cambiará con la llegada de los bebés, ya que en su corazón hay lugar para todos.

La llegada de los bebés

Cuando los bebés hayan nacido, seguramente el mayor estará encantado; siente curiosidad por ellos, los observa con interés, mira cómo comen y duermen y se siente orgulloso como «mayor». Al mismo tiempo sentirá celos, porque nada es ya lo mismo y debe encontrar de nuevo su lugar en el seno familiar.

Algunos niños muestran los celos abiertamente; hablan de forma negativa sobre los bebés o expresan el deseo de estar de nuevo a solas con los padres. «¿*Cuándo devuelves los bebés al hospital?*» le preguntó Carlos a su madre. También hay niños que hacen daño a los bebés a escondidas; les pellizcan o les pegan.

Pueden darse estas conductas en el mayor, indicadoras de celos:

▶ Llora con facilidad y por cualquier motivo.

▶ Pierde el apetito.

▶ Es desobediente, exigente y agresivo.

▶ Retrocede en su desarrollo; muestra conductas que ya tenía superadas: dormir con el chupete, beber del biberón, hacerse pis, protestar cuando mamá se va, etc. A veces imita la conducta de los bebés y pide que le preste la misma atención, como cambiarle el pañal, darle el pecho, mecerle en brazos, etcétera.

▶ Problemas a la hora de dormir o despertares nocturnos.

▶ Rechaza a la madre y se niega a que le coja en brazos.

▶ Miedos en general por todo tipo de objetos y situaciones.

Todas estas conductas tienen una sola causa: se siente desplazado e inseguro; teme perder su amor. Esta experiencia tiene tanta influencia que los primogénitos suelen ser, de mayores, algo inseguros a nivel emocional, más que los segundos o terceros hijos. Por otro lado, son los que más responsabilidad y seriedad demuestran, por lo que suelen desempeñar altos cargos en la sociedad; un porcentaje muy elevado de ministros o presidentes son hijos primogénitos o únicos. Un estudio sueco realizado en el año 2008, concluyó que los primogénitos tienen un cociente intelectual algo más alto que el de los demás hijos, por el hecho de tener el papel de explicarles palabras y fenómenos a sus hermanos más pequeños.

Sugerencias para ayudarle a vencer los celos

• Muéstrese comprensiva con él: le ayuda cuando percibe que usted comprende sus sentimientos. La madre de Carlos le contestó lo siguiente: «*Te gustaría que los devolviera, ¿verdad? Quisieras estar a solas con nosotros. Lo entiendo, los bebés necesitan mucha atención*». Al ver que su madre está al tanto de sus sentimientos, y que no espera que él los quiera sin más, le es más fácil aceptarlos. Sólo necesita un tiempo para vincularse con ellos. Algunos niños muestran preferencias por uno de los gemelos. Es algo normal y no debe preocuparse. Poco a poco irá conociendo a los bebés y llegará a apreciarlos, aunque su relación con cada hermano siempre será diferente. No le critique por sus celos; si lo hace, le afirmará en su idea de que «ya no me quieren». Sin embargo, cuando realmente haga daño a los hermanitos tiene que ser estricta y hablarle con claridad, para que no vuelva a repetirlo. Elógiele cuando se comporte bien con ellos.

- Déjele que participe en los cuidados de los bebés. Aunque sea pequeño, vaya explicándole cómo se sostiene a un bebé, por ejemplo. Esto crea vínculos entre ellos. Aquí conviene un consejo: cuando el hijo mayor tiene seis años o más, no hay que encargarle demasiados «trabajos», como sería cuidar de los bebés. Si esa ayuda se convierte en obligación, y le quita tiempo para jugar, es posible que cree sentimientos negativos en el niño, lo que dificultaría la aceptación de los bebés.

- Reserve a diario un tiempo para el mayor, aunque eso requiera que se organice y pida ayuda a otras personas. Pero es de suma importancia; sólo unos veinte minutos son suficientes. Por ejemplo, cuando los bebés ya están acostados, usted se ocupa del mayor antes de que tenga que dormir. Este rato es para hacer alguna actividad agradable, como leer, montar un puzle, dibujar o simplemente hablar. Si durante el día le pide su atención en un momento inoportuno (está ocupada con los pequeños), hágale referencia a ese momento, como por ejemplo: «Cariño, ahora no puedo ayudarte, pero lo haremos en nuestro rato, ¿vale?». Saber que él cuenta con ese tiempo exclusivo es un excelente antídoto contra los celos.

- Mantenga en la medida de lo posible algunas de las costumbres de la «vida anterior», como leerle un cuento antes de dormir, etc. Le dará la seguridad de que la vida sigue, a pesar de los grandes cambios. Brindarle algunos privilegios, como acostarse más tarde que los bebés o salir a cenar con los papás, mientras los pequeños se quedan con los abuelos, también es una buena táctica. Los momentos en que él es protagonista, tal como antes, mitigan un poco la pena que siente al tener que compartir —casi continuamente— la atención de su madre con los bebés. Nos lo cuenta Amparo:

«Mis hijas tenían 6 y 5 años cuando nacieron los gemelos. Con ellas tengo una cita especial: cada viernes es 'su noche'. Pueden quedarse despiertas más tiempo y hacemos galletas o jugamos a juegos como el dominó, la memoria, etc. Les beneficia mucho, apenas muestran celos».

- Es positivo que el papá introduzca unos rituales con el mayor, como ir juntos al mercado los sábados, lavar el coche, etc.

- Unos momentos difíciles en la vida diaria son los de las tomas. Celoso por la intimidad de este momento, reclama su atención o se comporta mal. Búsquele juegos o actividades que pueda hacer a su lado sin molestar: jugar con plastilina o maderitas, pintar, o dar de comer a sus muñecos gemelos. Una madre lo solucionó así:

«Le preparé una caja, donde metí juguetes y objetos que le encantan, como cromos, figuritas pequeñas, etc. Sólo le doy esta caja durante las tomas (procuro cambiar a veces el contenido). Ya lo sabe; cuando ve que me preparo para las tomas, él se sienta en el sofá, deseoso de jugar con la caja».

- Las visitas suelen prestar atención a los bebés y «olvidarse» del mayor. Pídales que le traigan algún detallito y se ocupen de él también. Otra buena idea es que sea el mayor el que les presente los bebés. Así está involucrado en las visitas y no pasa desapercibido. Durante los paseos toda la vecindad se apresura a admirar a los gemelos y nadie se percata del hermano, que de pie, al lado del cochecito, espera poder continuar el camino con su mamá; no es de extrañar que algunos niños se nieguen a salir de paseo, hartos de las interrupciones (a veces lo mismo les ocurre a las mamás). Intente involucrarle en estas conversaciones con algún comentario: *«Mira mi hijo mayor, qué guapo está»* o anímele a que cuente alguna experiencia con sus hermanos. Y salga de vez en cuando con él a solas. Es algo que tendrá que organizar, pero su hijo se lo merece.

- Quítele importancia al retroceso en su desarrollo. Sin duda, resulta muy molesto que moje la cama otra vez o que pida que le den la comida, ya que no hay mucho tiempo. Sin embargo, estos problemas suelen ser pasajeros. Satisfaga sus necesidades en la medida de lo posible y no se desespere; pronto podrá jugar con los bebés y descubrirá, por sí solo, los aspectos positivos de tener hermanos. Se sentirá orgulloso de su nuevo estado: ser «el mayor». Siempre tendrá ¡dos fieles admiradores!

El hijo mayor y los trillizos

La llegada de trillizos aún es más impactante para el primogénito que la de gemelos. Los estudios demuestran que para el mayor, si es varón, es más difícil formar un vínculo con los bebés que cuando el mayor es una niña. Las niñas en general, desde bien pequeñas, asumen el papel de madre y se sienten involucradas en los cuidados (también es así cuando llegan gemelos). Es bueno que el hijo mayor vea lo más pronto posible sus hermanos trillizos. Esto refuerza su vínculo. Pero una visita al hospital no debe durar mucho tiempo y es aconsejable que alguien le acompañe que le lleve de nuevo a casa cuando sus muestras de interés disminuyen. Los consejos que estipulé para el mayor en caso de gemelos, también sirven aquí.

El día a día no es fácil y en este sentido pueden ser de gran ayuda las pautas que nos ofrecen otras madres. Amparo, madre de un niño de 2 años y medio y trillizos de 9 meses cuenta:

«Uno de los momentos difíciles del día es cuando tengo que acostar a los bebés. Ahora mi hermana llama justo en ese momento y habla por teléfono con el mayor. Como le encanta 'conversar' con ella, tengo la oportunidad de acostarles tranquilamente».

Después de un inicio turbulento el mayor puede forjar un buen vínculo con sus hermanos. El mayor puede ser para los trillizos su gran ejemplo. A veces se forman dos grupos, cada uno de dos niños que cambian de constelación. Si los trillizos son dizigóticos, muchas veces se forma un vínculo estrecho entre el mayor y el trillizo dizigótico. El mayor es para este niño un gran apoyo y evita que se sienta excluido, dado que sus hermanos gemelos tienen un vínculo muy íntimo.

Lo cuenta Valeria, madre de trillizas dizigóticas y un hijo mayor:

«Las gemelas (monozigóticas) juegan mucho juntos. Y mi hijo mayor que tiene 3 años más que las niñas, se lleva muy bien con la trilliza que es melliza de sus hermanas. Ellos dos practican el mismo deporte y físicamente se parecen más que a sus hermanas gemelas».

Y ésta es la experiencia de Elena, 13 años y hermana de trillizas monozigóticas de 8 años:

«Cuando aún eran bebés, muchas veces podía darles un biberón o cambiarles el pañal. Me gustaba. No me sentía sola, porque mis padres me dedicaban tiempo cuando las niñas dormían. Solíamos hacer un juego, pero sin hacer ruido para que no se despertaran. Mis hermanas están muy unidas entre ellas. Cuando riño con una, las otras dos vienen a decirme que la culpa es mía. Así que son tres contra una. Pero no me importa, porque tengo mis amigas y mi propia habitación. Yo no quisiera ser gemela. Me siento su hermana mayor, ya que ahora me piden muchas veces que les explique cosas. También vienen muchas veces a mí para preguntar cómo se tienen que pintar y cosas así. Les gusta mi ropa y me dicen que se la guarde para cuando sean mayores. Esto me gusta mucho».

Los gemelos y el hijo menor

Los gemelos pueden sentir celos cuando nace otro bebé. No obstante, en general estos celos son menos vehementes que en caso contrario, porque ellos tienen el apoyo del hermano gemelo y no sienten tanto la soledad como en el caso que acabamos de ver. También influye la edad de los gemelos; los celos son más vehementes a los 2 o 3 años que a una edad mayor, ya que a partir de los 4 años, los gemelos ya tienen cierta madurez e independencia emocional.

Patricia, madre de trillizas (4 años) y un hijo (1 año), cuenta:

«En general las niñas aceptaron bien la llegada de su hermano. Sólo hubo un periodo en el que dos de ellas se despertaban por las noches, quejándose de dolor de barriga. Las llevé al pediatra, que no les encontró nada. Me dijo que seguramente serían celos. Me aconsejó darles una 'pastilla' cuando se despertaban, como curación a sus dolores. Lo hice así y al cabo de unos días su dolor de barriga desapareció».

Para el hijo menor, la presencia de los gemelos o trillizos es una situación normal, ya que está acostumbrado a ello desde que nace. No obstante, si los gemelos acaparan siempre la atención y son considerados como algo especial, tanto dentro de la familia como fuera de ella, pueden causar envidia al hijo menor (y a los demás hijos, si hay más de uno). Todo niño desea ser único y especial. En este aspecto influye mucho la actitud de los padres; si ellos acentúan el carácter único de cada uno de los hijos, sin hacer hincapié en la condición especial de los múltiples, facilitarán la situación para todos los niños. Tal actitud es muy recomendable, incluso para los mismos gemelos.

Otro problema que a veces tiene el hijo menor con los gemelos es que éstos no le dejan que participe en sus juegos. Esto ocurre en especial con los gemelos monozigóticos. Ellos se entienden a la perfección y prefieren jugar solos. No se puede evitar tal situación, pero de cuando en cuando conviene echar mano del talento para organizar. Un remedio sencillo, pero eficaz, es llevarse a uno de los gemelos de compras o animar a uno de ellos a que juegue en casa de un amigo. También el padre puede colaborar en este plan. Así el hijo menor tiene más posibilidad de estrechar su relación con cada uno de los gemelos por separado.

Una familia en la que todos sus miembros se relacionan entre sí es más una unidad que otras en las que se forman grupos. Pero lograrlo en una familia donde hay gemelos, trillizos o más, resulta mucho más difícil de conseguir.

Beatriz, madre de trillizas de 7 años y una hija de 6:

«La pequeña empezó, de repente, a contar mentirillas, como por ejemplo sobre una excursión del colegio en la que había visto osos polares. También escondía objetos de sus hermanas. Recurrí a una psicóloga infantil porque no sabía qué hacer. Ella me hizo ver que la niña se sentía aislada dentro de la familia. Las trillizas acapaban mucha atención. Empecé a prestarle atención individual, un rato al que llamo 'nuestro tiempo'. Le encanta y me lo recuerda a menudo para que no se me olvide. También le expliqué cosas de su nacimiento y lo especial que fue para mí tener un bebé en vez de tres a la vez. Miramos álbumes de fotos suyas. Ahora la niña está mucho más feliz y ha dejado de contar mentiras».

¿Cómo se siente un hijo no gemelo en una familia de gemelos?

Juan lo dice sin dejar lugar a dudas:

«Ana y Sofía se tienen la una a la otra, papá y mamá también, pero yo estoy solo. Yo también quiero un hermanito».

La posición del hijo no gemelo no es fácil. Además, puede ocurrir que los gemelos prefieren jugar juntos y no le dejan participar. Esto ocurre con cierta frecuencia cuando los gemelos son monozigóticos.

Lo cuenta Amparo, hermana de gemelos monozigóticos:

«Ya éramos tres cuando nacieron nuestros hermanos gemelos. Desde bien pequeños ellos jugaban juntos y fuimos nosotros los que tuvimos que amoldarnos a ellos. Mi hermana y yo somos muy pacientes, así que logramos mezclarnos en su vida, pero no fue fácil».

Cuando hay trillizos y otro hijo más, hay un número par de niños. Esto facilita la situación para el hijo no gemelo, ya que muchas veces se forman dos grupos.

Sugerencias

- Muéstrese comprensiva con su hijo y no subestime sus sentimientos. *«Nos tienes a nosotros»* le dijo la madre a Juan. Pero esto no responde a lo que el niño intentó decir. Se sentirá apoyado cuando usted reconozca sus sentimientos mediante una frase como: *«Entiendo que te sientes solo. Te gustaría tener a alguien que te pertenecería a ti"*: No puede cambiarle su situación, pero su comprensión le ayuda. Quizás sea posible que duerma con los gemelos o que se turnen.

- Si el hijo no gemelo tiene un amigo, permítale que se quede a comer y dormir. También un primo/a puede ser un buen aliado para él.

- Evite el término «los gemelos» o «los trillizos». Para el hijo único no es grato oír frases como: *«Sí, iremos, los gemelos y Juan»*. Utilice los nombres de los tres (o cuatro).

- Si le gusta vestir a los gemelos o trillizos del mismo modo, piense también en el hijo no gemelo. Así el énfasis se centra en todos los hijos y no solo en los múltiples.

- Busque tiempo también para el hijo no gemelo, igual que lo hace para los múltiples.

Algunos hijos únicos intentan solucionar el problema buscando un sustituto, como una amistad muy íntima con un compañero de clase o un niño de la vecindad. No siempre el otro entiende la necesidad de tal relación lo cual puede causar una ruptura. O el hijo no gemelo desarrolla un lazo muy íntimo con la madre, mientras sus hermanos gemelos siempre juegan juntos (como M.ª Carmen en el Capítulo 26).

La situación es más fácil cuando los gemelos no son idénticos. También puede ayudar el hecho de que se lleven pocos años de diferencia.

Celia:

«Mis gemelos dizigóticos y la pequeña que sólo tiene un año menos, se llevan muy bien. Están siempre jugando juntos y hasta discuten quién estaba con quién en la tripa».

A veces ayuda si los gemelos y el hermano del parto único comparten una actividad.

Elena, madre de gemelos dizigóticos (de 5 años) y un hijo mayor (7 años):

«A los tres niños les encanta el fútbol, así que van juntos a un club. Todos los sábados los pasamos con partidos, etc. Gracias a este hobby el mayor no está aislado; lógicamente sus hermanos juegan algo más juntos, pero él también forma parte del grupo. Seguramente también influye el hecho de que los gemelos sean dizigóticos y muy distintos entre sí. Incluso uno de ellos congenia más con el mayor que con su hermano gemelo».

Los hijos no gemelos pueden luchar con sentimientos ambivalentes hacia sus hermanos gemelos. Les gustaría formar parte de su unión, pero al mismo tiempo sienten unos celos tremendos o incluso a veces odio. Esto les causa sentimientos de culpabilidad.

Daniela, 23 años y la mayor de una familia de 4 hijos:

«Mis hermanos gemelos, tres años menores que yo, tienen un vínculo muy fuerte. Lo percibí desde el principio. Me encanta este vínculo. En realidad me habría gustado ser gemela. Tengo una hermana menor, pero nos separan demasiados años para tener un fuerte vínculo con ella. Me he sentido muchas veces sola».

Estas emociones complicadas, como amor, celos, culpabilidad, pueden interferir en relaciones fuera de la familia, como en amigos o parejas sentimentales.

La vida cotidiana con múltiples y uno o más hijos no gemelos es un gran reto. Hay tantas situaciones en las que hay que pensar y hay muchos factores que juegan un papel. Por tanto, no es sencillo mantener una buena armonía, pero cuando se logra, es una emoción plenamente satisfactoria. Y esta familia es un gran terreno para ir practicando la futura vida en la sociedad.

Información de interés

La mayoría de los gemelos prefieren tener una hermana mayor a tener un hermano mayor. Los hermanos mayores se sienten muchas veces desconcertados por la llegada de sus hermanos gemelos, mientras que las hermanas mayores disfrutan de su rol y lo aprovechan para atraer atención extra, como «ayudante de mamá». El hermano/a mayor o menor de los múltiples se siente en cierto modo excluido lo cual a su vea muchas veces lleva a una unión más íntima con los padres.

CAPÍTULO 24

Horarios de varias familias

¿Cómo transcurre un día de una familia con múltiples? Le ofrecemos aquí una mirada a varias familias, tres con gemelos y una con trillizos.

Esther y Vicente con Iván y Elena

Esther y Vicente son los padres de Iván y Elena, gemelos dizigóticos de un mes, y viven en Valencia. Nacieron por cesárea tras un embarazo de 40 semanas y pesaban respectivamente, 2800 y 2700 gramos. Esther estuvo diez días en el hospital. Se quedó algo anémica, y tuvieron que hacerle una transfusión de sangre. Vicente trabaja en su propia empresa. Esther dejó su trabajo y se dedica por completo a los bebés. De momento, la madre de Esther vive con ellos para echarles una mano. Los bebés son alimentados con biberón.

3.30 h: uno de los bebés se despierta para la toma. Los padres despiertan al otro bebé y le dan un biberón a cada uno. Todos vuelven a dormir.

6.30 h: los bebés se despiertan para la siguiente toma. Entre los dos les dan el biberón. Los padres intentan dormir un poco más.

9.00 h: Esther y Vicente se levantan y desayunan. Vicente se va a su trabajo. Esther y su madre les dan el biberón a los bebés.

10.00 h: los bebés se duermen de nuevo. Esther y su madre hacen las tareas domésticas: ponen la lavadora, limpian, salen a comprar, etc.

11.30 h: los bebés se despiertan y toman otro biberón.

14.00 h: Vicente viene del trabajo. Aunque intentan comer los tres juntos, a veces la comida coincide con la siguiente toma de los niños o uno de ellos llora; más de una vez comen por separado. Los bebés permanecen un rato despiertos, acostados en sus hamaquitas. Después vuelven a dormirse.

15.00 h: si hace buen tiempo, Esther y su madre pasean a los bebés. Ellos se duermen plácidamente en el cochecito gemelar.

16.30 h: les toca la siguiente toma.

19.30 h: otra toma. Como siempre, Esther le da la toma a uno y su madre al otro.

20.00 h: hora del baño. Esther y su madre los bañan a los dos. A Iván le encanta el baño, pero Elena hasta ahora no le encuentra ningún placer. No suelen dormirse después del baño. Están un rato en sus hamaquitas.

21.30 h: Vicente vuelve de su trabajo y ayuda a Esther. Los bebés están algo intranquilos, quizás por los cólicos del lactante. Más de una noche cada uno la pasa en brazos de sus padres.

23.00 h: Vicente y Esther les dan la última toma. Los pequeñines se duermen sin problemas y la tranquilidad vuelve a reinar en casa. Todos se acuestan. Pronto será otro día.

Comentario de la madre:

«Cuando salí del hospital, me sentí muy débil físicamente. No veía cómo tenía que cuidar de los dos. Los primeros diez días me encerré en mi habitación, que era el lugar más caluroso de la casa, y me dediqué a darles las tomas, mecerlos y consolarlos. Lo pasé muy mal, tanto, que tuve miedo de caer en una depresión. Gracias a Dios, y con la ayuda de mi madre, empecé a sentirme poco a poco más fuerte y salí de mi cuarto. Ahora ya me siento del todo bien. Incluso esta noche se han saltado la toma de la madrugada; creo que podremos dormir algo más».

Marisol y Toni con Marina y Julia

Marisol y Toni son los padres de Pol (4 años) y de las gemelas dizigóticas Marina y Julia, de 6 meses. Las niñas nacieron la semana 40, en un parto distócico que terminó en cesárea, y pesaban, respectivamente, 3040 y 2610 gramos. Marisol es enfermera de atención primaria y acaba de reanudar su trabajo. Este es su horario diario:

2.00 h: toma del pecho.

6.30 h: se levanta Toni para ir a su trabajo.

7.30 h: las niñas piden otra vez el pecho. Marisol suele dárselo a la vez, una en cada pecho, ella bien sentada en un sofá donde puede apoyar los brazos. Mientras, llega la canguro que ayuda a levantar y arreglar a Pol.

9.00 h: Marisol acompaña a su hijo mayor al colegio y va a su trabajo. La canguro ordena un poco la casa, tiende la ropa, arregla a las niñas y les da la papilla de cereales a las 10.00 horas. A continuación las lleva a casa de su abuela que las cuida mientras Marisol trabaja. Su horario laboral es de nueve de la mañana a tres de la tarde.

12.00 h: las niñas toman otra papilla. Pol se queda en el colegio a comer.

15.00 h: Marisol sale del trabajo y se dirige a casa de su madre. Da una toma a los bebés (el intervalo de tiempo es largo, pero Marisol lo aguanta sin necesidad de sacarse la leche). Come allí algo, y va hacia su casa, paseando con el cochecito o en coche según las circunstancias climatológicas y disponibilidad de tiempo. Las niñas suelen dormirse si hay paseo y Marisol disfruta de su deporte favorito: andar.

17.00 h: Toni ya suele estar en casa, mientras Marisol recoge a Pol del colegio, a escasos metros de casa. Si no es así, va con las niñas en el cochecito, a veces una en el individual y la otra en la mochila, lo cual le resulta más práctico.

17.15 h: hora de la merienda para los tres, básicamente fruta. Si Toni ya está en casa, algunos días Marisol aprovecha su presencia para salir de casa y hacer un poco más de ejercicio físico (un paseo en bicicleta, correr o nadar) y también las compras más lejanas de casa.

18.15 h: ahora es el momento de salir al parque con los tres.

19-21 h: viene de nuevo la canguro para ayudar con el baño, la cena, los cuentos, etc. Toni tiene que salir muchas veces a estas horas y si no, también ayuda en las tareas.

21.00 h: las niñas toman otra vez el pecho. Pol ya está en su cama, aunque todavía no está dormido.

21.30 h: cena para los padres y recoger el salón, la cocina, la ropa... Después, tiempo para que ambos descansen un poco, y ¡otra vez preparar la comida y la ropa para mañana!

Comentario de la madre:

«Tener gemelas es una experiencia agotadora, pero maravillosa; a menudo nos decimos: '¿Qué haríamos si hubiéramos tenido solo una? Habría sido muy aburrido'. Otra cosa que quiero destacar es lo unidas que están; con seis meses ya noto cómo se buscan con la mirada y cómo se alegran al verse. Darles el pecho es lo más maravilloso que me ha pasado en la vida (ya lo fue con mi hijo mayor). No limita en absoluto mi libertad: soy muy aficionada al deporte (correr, esquí,

natación) y ¡sigo practicándolos! Doy largos paseos y no me importa darles el pecho en restaurantes u otros lugares públicos. Trabajamos los dos, pero con la ayuda de mi madre y de la canguro, todo marcha bien».

Magí y Joana con Martí y Joan

Magí y Joana son los padres de Martí y Joan, gemelos dizigóticos de 16 meses, y viven en Barcelona. Nacieron mediante cesárea tras un embarazo de 36 semanas. Joana les dio el pecho: a uno de ellos hasta los 6 meses, hasta que prefirió el biberón, y al otro hasta los 14 meses. Joana dejó su trabajo para dedicarse a sus hijos. Magí trabaja en su propia empresa. Joana contó con la ayuda de su suegra durante las primeras semanas; pronto aprendió a apañárselas sola, con ayuda de su marido. Desde pequeños, los niños siguieron un ritmo fijo y raras veces daban problemas por las noches.

8.00 h: Joana y Magí se levantan y desayunan; Magí se va a su trabajo.

9.00 h: Joana despierta a los niños, ya que no suelen despertarse por sí solos, les da un biberón con cereales, uno en su regazo y el otro a su lado en la hamaquita. Después los niños juegan y se entretienen con sus juguetes.

11.00 h: los niños vuelven a dormirse. Joana aprovecha ese tiempo para las tareas domésticas.

12.30 h: los niños se despiertan. Joana les lleva de paseo y hace alguna compra.

13.30 h: llega el papá del trabajo. Entre los dos les dan la comida a los pequeños; para Joana, este es el peor momento del día, ya que son poco comedores. Después comen los padres.

15.00 h: los niños duermen una siesta de dos horas. Joana aprovecha para hacer las tareas domésticas y para leer.

17.30: los niños se despiertan y se ponen a jugar. Les encanta poner el casete y escuchar canciones infantiles.

18.30 h: hora de la merienda.

19.00 h: el papá vuelve del trabajo. A veces Joana aprovecha este momento para hacer las compras. Otras veces salen todos juntos a pasear o visitar a los abuelos.

21.30 h: hora del baño. Joana baña a los dos a la vez. Los gemelos se lo pasan bien, enjabonándose y salpicándose mutuamente.

22.00 h: cena para los niños y a dormir. Magí los acuesta y se duermen ellos solos, después de «charlar» y reírse un poco.

22.30 h: ahora cenan los padres. Recogen y hablan de cómo ha ido el día, el trabajo, etc. Se acuestan pronto. Los niños raras veces se despiertan.

Comentario de la madre:

«Disfruto mucho con ellos; el día se me pasa volando; no es tanto trabajo como la gente piensa; gracias a ellos he aprendido muchas cosas: antes mi marido y yo trabajábamos mucho y apenas teníamos tiempo el uno para el otro. Ahora no llevo ese mismo estrés, estoy más tranquila y disfruto más de las cosas; a Magí le ocurre lo mismo. También es bonito descubrir cómo son nuestros hijos: uno impaciente y nervioso y el otro pacífico y tranquilo. Estas diferencias las notábamos ya en el útero. Si me quedase embarazada me gustaría que fueran otra vez dos; ¡uno me parece que se encuentra un poco solo!».

Nuria y Jaume con Sergi, Judith y Alex

Nuria y Jaume viven en La Garriga (Barcelona), y son los padres de Sergi, Judith y Àlex, trillizos trizigóticos de 2 años y cuatro meses. Nacieron en la semana 33 del embarazo por cesárea y con buen estado de salud; pesaron, respectivamente, 2000, 1700 y 1500 gramos. Estuvieron, por separado, 30, 25 y 20 días en la incubadora y fueron llegando a casa escalonadamente. En los primeros meses Nuria les dio el biberón a cada uno (tenían horarios diferentes); cuando empezó con las papillas, dio a los dos niños a la vez y a la niña sola porque al principio le costó más que comiera. Después ya pudo alimentarlos a los tres a un tiempo. Ahora comen solos y van a la guardería.

7.00 h: suena el despertador. La madre lanza un suspiro, pensando en todo lo que le espera, y se levanta.

8.00 h: los niños se hacen oír gritando «mamá», tras una noche de 11 horas. Suelen despertarse de buen humor y con ganas de tomar su biberón de leche con cereales.

9.00 h: Nuria los lleva a la guardería. Aprovecha las horas libres para hacer las tareas del hogar, que en su caso se presentan por partida triple.

12.00 h: Nuria recoge a los niños de la guardería; los trillizos salen contentos. Judith es la que narra las experiencias de los tres durante la mañana y la que reparte los chupetes cuando llegan a casa.

12.30 h: hora de la comida. Los tres comen ya solos, cada uno con su plato. Comen bien y a gusto. Después juegan. Hacen uso del orinal.

13.00 h: hora de la siesta. Ahora comen los padres.

15.00 h: Nuria despierta a los pequeños, que se levantan refunfuñando porque les encanta dormir.

15.30 h: otra vez entran en la guardería, donde juegan y meriendan. Nuria aprovecha ese tiempo para recoger la casa y luego dedicarse a sus aficiones favoritas: hacer punto de cruz, leer y escribir.

18.00 h: los padres recogen juntos a los trillizos. Les suelen levar al parque donde los niños juegan a sus anchas.

19.00 h: hora del baño.

20.00 h: cena en familia. Es el momento del día en que todos están reunidos. Después les leen cuentos; en particular el padre aprovecha este rato para disfrutar de ellos.

21.00 h: ha llegado la hora de acostarse. Los tres comparten la habitación, y se duermen sin problemas. Los padres recogen y descansan.

Comentario de la madre:

«Al principio fue duro, teniendo en cuenta que las tomas eran continuas. Pero lo que me costó más fue el trato con la gente, mucho más que el trabajo en sí. Sus comentarios siempre eran los mismos: 'Menudo trabajo'. Hubo muy pocos que me dieran la enhorabuena sin más. La clave está en organizarte bien. Ahora que tienen dos años, cuidarlos resulta algo más fácil. Me da una tremenda alegría ver qué contentos comen, y sin ayuda. Disfruto mucho con ellos. Ya desde el principio, y cada día, hay anécdotas para recordar y cosas nuevas que aprender, tanto para ellos como para nosotros».

CAPÍTULO 25

Situaciones difíciles

Cuando uno de los múltiples está discapacitado

Afortunadamente, la mayoría de los gemelos y trillizos nace con un buen estado de salud. Pero debido al nacimiento prematuro y, a veces, al menor crecimiento en el útero, el porcentaje de problemas físicos y psíquicos es mayor entre los hijos nacidos de un parto múltiple.

Algo así supone una situación difícil para los padres. Al doble (triple) trabajo que representan los hijos nacidos de un parto múltiple se añaden los cuidados intensivos que necesita el niño con la disfunción. Cada situación es diferente y depende mucho del grado de discapacidad. A veces, los problemas se solucionan mediante una intervención quirúrgica, como fue el caso de una gemela dizigótica que nació con una malformación congénita (una válvula del corazón no se cerraba bien), mientras que su hermano nació en perfecto estado de salud. Por fortuna, los médicos pudieron operarla antes de su primer cumpleaños. En otra pareja de gemelos niño-niña de mi grupo objeto de estudio, el niño es prácticamente sordo, pero gracias a un aparato corrector de la sordera va a un colegio normal. En otro caso, de trillizos, uno de los tres también sufre sordera, pero fue operado hace poco y ahora sus hermanos le enseñan a hablar (los niños tienen 4 años). También hay casos más leves: de una pareja niño-niña el niño tiene problemas del habla y recibe tratamiento de un logopeda, lo cual provoca celos en su hermana que ¡también quiere atención especial!

Si uno de los gemelos necesita atención extra, es probable que el otro se comporte mal con tal de llamar la atención. Los siguientes testimonios lo demuestran.

Raquel:

«Una de mis hijas dizigóticas nació con una anomalía congénita y tuvo que ser operada del corazón. Ahora, a sus dos años y medio, está muy bien y ya no hay diferencias entre ella y su hermana. Pero esta situación hizo que toda la atención se dirigiera a ella. A raíz de ello su hermanita, desde bien pequeña, no hace más que pegarle. Y todavía sigue haciéndolo».

Elena, madre de gemelos dizigóticos:

«Uno de mis hijos tenía la enfermedad de Perthes (una enfermedad de origen vascular de la cabeza del fémur). Por ello ha llevado durante años un aparato ortopédico en la pierna izquierda. Hace poco se lo quitaron y todos (su papá, su hermano mayor, la familia) nos alegramos por él, menos su hermano gemelo. No hace más que recordarle que si corre o salta le pondrán de nuevo el aparato, o le dice que él mismo va a participar en una carrera, pero que su hermano no. En otras palabras: tiene muchos celos y se comporta realmente mal con él. Le está criticando continuamente. Por mucho que le expliquemos que debe cambiar su actitud, no modifica su conducta y no sabemos muy bien cómo manejar la situación».

El reparto de la atención es aún más difícil en esta situación. Dado que el gemelo más sano es más autónomo, es fácil caer en el error de exigirle más, solo por el hecho de no poder atender a los dos (o tres) a la vez.

Belinda:

«Marcos, el gemelo sano, muchas veces me pide que le coja también a él en brazos. Todavía es pequeño para entender que su hermano no puede andar y que por esta causa no le puedo coger tanto a él como quisiera. Veo que se siente tratado de modo injusto y se me encoge el corazón cuando no puedo darle este trato que él también necesita».

Es bueno explicarles a sus hijos en un momento temprano el porqué de esta *injusticia:* el gemelo sano no ve el motivo como podemos deducir de este testimonio. Enrique, un gemelo adulto, tiene un hermano gemelo sordo desde el nacimiento.

«Nos comunicábamos con gestos y esto era algo normal para mí. No me había dado cuenta que él tenía algo especial. Solo notaba que le prestaban más atención y esto me dolía a veces. Cuando teníamos siete años, le cambiaron de colegio y fue entonces cuando me di cuenta de que mi hermano tenía un hándicap».

Sugerencias

- *Es importante reservarse tiempo para estar con el gemelo sano.* Es lógico que rodeen de cuidados especiales al niño que tiene el problema, pero el otro gemelo puede resentirse por esta atención y reclamarla con conductas negativas o con un retroceso en su desarrollo. Es sumamente importante reservar tiempo para él solo. Pida a los familiares que tengan en cuenta al gemelo sano y que en caso de traer regalos uno sea para él. Hay que evitar en la medida de lo posible que toda la atención se vuelque en el niño discapacitado.

- *Para el gemelo sano no es fácil tener un hermano con algún problema físico o psíquico*; es una carga emocional que puede desbordarle. Puede ser un motivo justificado para que los niños vayan a clases distintas, ya que le da al gemelo sano la oportunidad de ser «niño» y olvidarse por unas horas de los problemas de su hermano.

- *El gemelo sano puede sentirse culpable* por la desgracia de su hermano. Preguntas como «¿Por qué yo estoy bien y él no?» son normales, y conviene contestar con total honestidad. Aunque es importante explicarle las causas de su disfunción, e involucrarle en los cuidados a su hermano gemelo, no hay que darle demasiadas responsabilidades; necesita ser niño.

- *El gemelo sano puede sentir celos de las actividades que realiza su hermano impedido*, como fisioterapia, clases de equitación, un campamento, etc. Es bueno darle *privilegios* parecidos, como clases de música, ballet, yudo, etc.

- *Acepten y pidan ayuda.* Cuidar de dos (tres) hijos, de los cuales uno necesita cuidados especiales, es una gran carga. Solo las visitas al hospital o al médico ya requieren mucho tiempo. Por ello, es importante que cuenten con ayuda y, a ser posible, de una persona cualificada que sepa cuidar del niño discapacitado. Esto supone una ayuda importante para los padres.

- *Consideren a los hijos como individuos diferentes* y estimulen el desarrollo de cada uno según su nivel y de acuerdo con sus capacidades.

Lo que, además, complica la situación para los padres, es que tendrán un recuerdo constante de lo que podría haber sido. Esto dificulta la aceptación de su situación.

Belinda, madre de gemelos dizigóticos lo expresa:

«Pensaba haber aceptado el hándicap de Pablo, pero cuando llegó el primer día del colegio de su hermano Marcos, me sentí muy triste. Nuevamente viví lo que significa tener un hijo discapacitado. Al ver a Marcos dando este paso en su vida, pensé en que Pablo nunca iba a vivir este momento».

Los controles médicos

El niño discapacitado necesita, generalmente, ser llevado a menudo a diversos tipos de médicos. Los padres, a veces, no tienen otro remedio que llevar consigo también al gemelo sano. Es una ayuda cuando los médicos tengan en cuenta que el niño impedido es un gemelo.

Lo cuenta María, madre de gemelas dizigóticas, de 5 años:

«El cardiólogo que controla la salud de una de ellas, siempre le hace un tipo de control a su hermana. Lo hace solamente para que se sienta atendida. Se lo agradezco mucho, porque no hay celos y le gusta venirse conmigo. Ella realmente piensa que vamos a este médico para las dos».

Un logopeda puede incluir a los dos en un ejercicio y lo mismo con un fisioterapeuta como modo de juego. Incluso el niño sano puede ser un estímulo para su hermano impedido.

Clara:

«Ignacio nació con una profunda sordera. Ahora, desde que le han puesto un implante coclear, son sus hermanos lo que le enseñan palabras. Es enternecedor ver cómo le ayudan y cómo se alegran cuando logra decir una palabra. Gracias a ellos está progresando muchísimo».

Las familias monoparentales

Algunas madres se encuentran en la difícil situación de educar solas a sus gemelos (o más). A veces es la espera doble (o triple) la que termina una relación que ya estaba atravesando dificultades.

Como cuenta María José:

«Mi embarazo no fue planeado. Cuando nos enteramos que venían gemelos, mi marido me dejó. No quería responsabilizarse de la situación. Fue muy duro para mí, pero de algún modo con ayuda de mi familia me preparé para una maternidad sin pareja».

En este caso, la noticia de un embarazo múltiple tuvo tal impacto que acabó con el matrimonio. Esto puede ocurrir si uno de los dos no quería tener hijos o no deseaba tener más. Otras veces es la carga doble (triple) la que lleva a la pareja al borde del divorcio. Para afrontar las múltiples tareas diarias que supone sacar adelante a dos o más bebés, nacidos muchas veces prematuramente, se requiere una gran dosis de entrega, aguante y sacrificio. Algunas relaciones se fortalecen gracias a que se comparte esta responsabilidad, pero es cierto que en muchas otras esto no ocurre.

Lo cuenta Edelmira:

«Nos separamos cuando los trillizos tenían cuatro años. Para afrontar un embarazo múltiple y la educación de los niños hay que tener una gran fuerza interior, como persona y como pareja. Nosotros no lo logramos. Me volqué en los niños y mi pareja no lo aguantó. Es muy triste por lo que hemos perdido y porque educar a mis hijos sola es durísimo. Aconsejo a todos los padres de múltiples que se dediquen tiempo y busquen ayuda profesional en caso de tener problemas serios. No le deseo mi situación a nadie».

Tal como aconseja esta madre, es importante buscar ayuda profesional (o de algún amigo) a tiempo para evitar una ruptura. El riesgo a un divorcio en su caso es más elevado debido al mayor estrés al que la pareja está sometida.

El divorcio y los gemelos

Si la ruptura ya es un hecho definitivo, usted debe hablar con sus hijos sobre la situación. Es muy importante que entiendan que ellos no son culpables de la separación. Los niños —hasta más o menos los 10 años— piensan de forma mágica:

«Si no hubiera tenido estas malas fantasías sobre papá, no se habría ido».

O más práctico:

«Tendría que haberme peleado menos con mi hermano; entonces esto nunca hubiera pasado».

Además, los gemelos mayores se dan cuenta de que su llegada supuso un impacto grande para la familia, por la que tienen más posibilidades de sentirse culpables.

A los gemelos pequeños —menos de 10 años—, les ayuda saber cuáles van a ser los cambios en su vida diaria y en qué modo afectará la separación a su existencia. Cuanto antes se establezca una nueva rutina diaria, mejor lo sobrellevarán. No obstante, no evitará que pasen por una fase turbulenta a nivel emocional.

Sugerencias

- La relación de los gemelos se parece en cierto modo a una relación de pareja. Incluso a veces, tanto en los gemelos del mismo sexo como de sexo diferente, uno asume el papel de papá, mientras el otro hace de mamá. Al ver que los papás se separan, aparece el miedo de que su relación también se desmorone. Hay que explicarles que la relación de gemelos es distinta y menos vulnerable a una ruptura.

- Respete su condición de gemelos en cuanto al régimen de visitas y la custodia. En la mayoría de los casos lo mejor es que los gemelos permanezcan juntos. Esto les da la oportunidad de consolarse mutuamente y ayudarse a asimilar la situación. Solo en el caso de los adolescentes, a veces ellos mismos optan por quedarse cada uno con un progenitor, pero también puede dar lugar a problemas.

Jennifer:

«Nuestros padres se separaron cuando teníamos 17 años. Mi hermana gemela y yo decidimos también separarnos para que ninguno de nuestros padres estuviera solo. Pero nos echábamos mucho de menos. Nada más terminar el Instituto decidimos ir a vivir juntas en un piso, mucho antes de lo que habría sido nuestro plan».

Lidia:

«Mi pareja y yo nos separamos cuando los gemelos tenían 5 años. Optamos por la custodia compartida, pero de un modo muy especial, el así llamado «birdnesting". En vez de que los niños se vayan de una casa a otra, lo hacemos nosotros. Así que durante una semana vivo en la casa que una vez fue la de mi ex y mía y en la otra vivo en mi propia casa. Así evitamos que sean los niños los que tienen que mudarse. De momento —ninguno tiene una nueva pareja— nos va muy bien».

Las dificultades de educar a los gemelos sin pareja se presentan tanto a nivel práctico (le faltan manos) como a nivel emocional: no hay nadie con quien consultar dudas o tomar decisiones. Toda la carga recae en usted. Cuando los niños enferman o hay que tomar una decisión importante (sobre la guardería, el colegio, una canguro) no es fácil estar solo al frente de la tarea. El único remedio es rodearse de un círculo de familiares y amigos que estén dispuestos a echarle una mano incondicionalmente. Y esto es lo que la mayoría de las familias monoparentales hace. No solo le vendrá bien a usted, sino también a sus hijos que pueden encontrar en algún familiar, como el abuelo o un tío, un apoyo emocional importante.

Mercè, madre de trillizos:

«Mi pareja se fue nada más nacer los niños. Volvió a su país de origen porque las cosas no iban bien entre nosotros y él no podía con aquella realidad de tres bebés diminutos. Afortunadamente yo vivía en un apartamento encima de la casa de mis padres. Junto con mi madre pasé los primeros meses del agobio que supone sacar adelante a tres bebés prematuros. Sacas fuerzas de no se sabe dónde. Pero he pasado por bastantes momentos de apuro; no es nada fácil estar siempre sola y no tener a nadie con quien consultar. Cuando crecieron me faltaba un hombre que pusiera orden y les hiciera ir derechos. Son, además, tres varones, y bastante revoltosos. De vez en cuando hablo con una psicóloga y sus consejos son un apoyo para mí. Ahora los niños están entrando en la adolescencia; soy consciente de que tampoco va a ser una etapa fácil, pero como ya he llegado hasta aquí, creo que ahora también saldré de este periodo».

Información de interés

Según una investigación realizada en el Hospital General de Massachusetts (EE. UU.), entre 800.000 familias, un 14% de los padres primerizos se separa tras el parto gemelar. El porcentaje de divorcios en las familias con un parto único, según la misma investigación, es de 13%. La diferencia en la tasa de divorcios, el 1%, se debe a factores, como el estrés, la fatiga, la falta de sueño, la falta de tiempo para uno mismo y para la pareja y el aumento de gastos.

CAPÍTULO 26

La muerte de uno de los gemelos

Durante el embarazo o en torno al nacimiento

A veces uno de los bebés fallece durante el embarazo o poco después del parto.

Es una situación extremadamente difícil para los padres. Esperaban dos (o más) bebés y no ven cumplida su ilusión. Cuesta tiempo y lágrimas asimilar lo ocurrido. Según un estudio realizado en Inglaterra, la situación de los padres de gemelos (trillizos, etc.) que pierden un hijo es sumamente difícil: apenas tienen tiempo para estar de luto (hay otro bebé

que necesita su atención) y no reciben la misma atención que otros padres en esta situación. El entorno (familiares y personal médico) supone erróneamente que la felicidad de tener por lo menos un bebé sano compensa la pérdida del otro. Pero eso no supone consuelo alguno; los padres amaban a los hijos que estaban esperando y querían acogerlos a todos en el seno familiar. Por lo tanto, los padres de gemelos, trillizos, etc., tienen más problemas para asimilar la pérdida y sufren más molestias físicas que otros padres en semejante situación que esperaban un solo hijo (su periodo de luto está socialmente más definido). Un estudio demostró que las madres que habían perdido a uno de sus bebés, al año de su muerte tenían más problemas emocionales y psíquicos que otras que habían tenido (y perdido) un solo bebé.

Para algunos padres resulta difícil vincularse con el bebé superviviente; este les recuerda al que perdieron y no pueden dejar de pensar: «*¿Sería como él?*». También tienen que aceptar que no van a ser padres de gemelos, tal como habían soñado, y que no verán el maravilloso crecimiento de dos hijos de la misma edad. Esto también supone una gran pérdida. A veces en los padres, a nivel inconsciente, hay una especie de sentimiento de reproche hacia el bebé sano como si este, de alguna manera, fuera culpable de la muerte del otro.

Es muy importante que los padres reciban apoyo y comprensión por parte de familiares y personal médico. No deben ocultar su dolor, sino hablar del bebé fallecido, darle un nombre y, a ser posible, enterrarlo. Testimonio:

«Soy madre de gemelas; una de mis bebés murió de repente en el útero por falta de líquido amniótico; su corazón dejó de latir. Quedé ingresada en el hospital para que su hermana pudiera crecer más. A las tres semanas empezaron las contracciones. Primero nació la niña muerta. No me atreví a verla, pero las enfermeras tomaron fotos. La otra niña nació bien y tiene ahora tres meses. No dejo de sufrir un solo día por la muerte de la otra gemela; cada vez que veo a mi hija, pienso en ella y creo que nunca podré ser feliz sin ella».

Consejos de padres de partos múltiples que perdieron a uno de sus bebés:

✓ *Dele un nombre al bebé fallecido.* Cuando el personal del hospital no pregunte por él, coménteselo. El bebé forma parte de la familia y será mencionado en muchas ocasiones.

✓ *Despídase de su bebé.* A pesar de lo que se suele pensar, es aconsejable. Los padres que no lo hicieron, comentan que más tarde se arrepintieron, porque no guardaban ningún recuerdo de su bebé. Tenerlo consigo, ver su cuerpo desnudo, hablarle y llamarle por su nombre, ayuda en el proceso del duelo. Pida tiempo al personal médico para estar a solas con su bebé.

✓ *Tenga recuerdos del bebé* y eso le ayudará a asimilar su muerte. Guarde por ejemplo la pulserita con su nombre o alguna prenda. Tome también fotos de él y alguna con su hermano gemelo. Para usted será un recuerdo tangible y para su hermano es algo importante para cuando empiece a preguntar por su nacimiento.

✓ *Explique a sus visitas* que vienen a celebrar el nacimiento del bebé sano que están felices por un lado y sumamente afligidos por otro. Al ser honestos sobre sus sentimientos, los familiares y amigos entenderán mejor su ambivalencia.

✓ *Tenga en cuenta las distintas reacciones entre padre y madre.* Es probable que cada miembro de la pareja reaccione de modo distinto ante la muerte del bebé. En general, las mujeres suelen exteriorizar más sus sentimientos, mientras que los hombres los guardan para su interior y se vuelcan en su trabajo. Si se da un distanciamiento entre la pareja, conviene buscar ayuda profesional.

✓ *Contacte con algún grupo de apoyo* (*véase* Direcciones útiles). El contacto con otros padres que han pasado por una situación similar es de gran ayuda.

También hay padres que pierden a sus dos (o más) bebés. No ven cumplida su esperanza de educar a sus gemelos o trillizos y deben afrontar la vida sin su presencia. Lógicamente pasan por un periodo muy difícil en el que el apoyo de la familia, los amigos o la religión es fundamental.

El impacto de la muerte de un gemelo en el otro

No solo los padres sufren la pérdida de un gemelo, sino también su hermano. Aunque el tiempo que hayan estado juntos haya sido relativamente corto, la muerte del gemelo siempre causa un impacto profundo en el otro, como demuestra el siguiente testimonio de un hombre (51 años):

«Soy el más joven de cuatro hermanos. Cuando era niño, solía jugar a que tenía una hermana gemela. Le hablaba, le daba órdenes, me enfadaba y me reconciliaba con ella. Era mi fiel acompañante. Insistía a mis padres en que yo tenía una hermana gemela. Mis padres no entendían mi fantasía y me contestaban que había nacido solo. Hace unos años mi madre tuvo que ser operada por un problema ginecológico y le extirparon el útero. Después de la intervención el ginecólogo le dijo que había encontrado restos de un bebé momificado en su matriz. Había llevado gemelos en su último embarazo, de los que uno (mi hermana) se murió. Mi juego infantil no fue una fantasía, sino la realidad durante los primeros meses de mi vida prenatal».

El bebé no nacido es consciente de su entorno, mucho más de lo que hasta ahora se suponía. Los estudios de psicología pre y perinatal (investiga la vida intrauterina y en torno al nacimiento) lo ponen en evidencia y demuestran que el bebé almacena experiencias en el útero, memoriza, aprende y es consciente de lo que ocurre a su alrededor. Lo que vive en la fase prenatal influye en su vida posterior. Y por los vídeos, hechos a los gemelos y trillizos, conocemos hoy en día más profundamente su relación: se tocan, se chupan el dedo el uno al otro, se empujan o se acurrucan el uno contra el otro. Mientras comparten el mismo espacio, escuchan los mismos ruidos, y perciben las mismas emociones maternas, se va tejiendo entre ellos una relación muy íntima. Es probable que ya tengan una remota idea de sí mismo (el sentido del «yo») y del otro, aunque será, sin duda, una sensación confusa. Y cuando de repente uno deja de respirar y dar señales de vida, el otro queda desconcertado, sin entender lo que está sucediendo. No hay duda de que vive una sensación de pérdida y vacío. Según el psicólogo Bowlby, que estudió la importancia del vínculo entre madre e hijo (la llamada teoría del apego), los gemelos son el uno para el otro personas de apego. Por lo tanto, su vínculo es emocionalmente tan importante (o quizás más) que el que desarrollan con sus papás. Desarrollarse y crecer juntos en el útero crea un lazo íntimo, una responsabilidad y un espíritu de compartir. También crea sentimientos negativos, como los conflictos de intereses (*¿quién ocupa el mejor sitio?*), envidia y empujones. Pero todo aquello forma parte de la íntima relación que cada uno vive con el otro. El hijo que viene solo se relaciona con su madre durante su vida prenatal y también con su padre (en menor medida), pero la relación intrauterina entre los gemelos es mucho más intensa. Por ello el otro es parte de su «sentido del yo»; cuando desaparece, durante el embarazo o más tarde en su vida, el gemelo superviviente siente desconcierto, tristeza y una sensación de no estar completo. Y esa sensación se adueña de su «sentido del yo» y causa, a un nivel inconsciente, la búsqueda del otro. Todos los gemelos, que han perdido a su hermano gemelar, conocen muy bien estos sentimientos, como soledad, la sensación de ser distinto e incompleto, aislamiento y tener emociones que nadie entiende. Gran parte de la información de la que hoy en día disponemos, sobre el impacto de la pérdida de un gemelo, proviene de testimonios de gemelos supervivientes, ya adultos. Muchos de ellos se enteraron de la existencia de su hermano gemelo a mayor edad. Y con ello entendieron por fin por qué siempre se habían sentido tan profundamente solos. Saber de la existencia del hermano gemelo significaba para todos encontrar una pieza importante del puzle de su vida: ahora se entendían mejor a sí mismos; por fin tenían una explicación para sus sensaciones incomprensibles hasta el momento.

Testimonio de Toni, 19 años:

«Soy trillizo; mis hermanas y yo nacimos juntos, pero ellas fallecieron poco después. Según me contaron, nos pusieron a los tres juntos y ninguno de nosotros lloró. Cuando ellas a las cuatro horas de nacer murieron, nadie estaba allí con nosotros, pero yo empecé a llorar desconsoladamente y los médicos vinieron corriendo y vieron que yo lloré al mismo tiempo que murieron ellas. Se quedaron perplejos. Mis padres me contaron que yo era trillizo cuando tenía siete años. Aún me acuerdo exactamente con todo detalle de esa situación, de la ropa que llevaba puesta, de las palabras de mi padre y del lugar de la casa donde estábamos. Me quedé sin poder reaccionar, unos sudores fríos recorrieron mi cuerpo, me sentí muy mal. Concluí que ser trillizo era muy malo, ellas murieron y yo vivía. Mi madre, al ver mi cara, le dijo a mi padre que se

callara. Nunca más hablamos del tema; fue un tema tabú y aquella experiencia fue un trauma. No se lo reprocho, creo que la situación les desbordó y tampoco tuvieron ninguna información de que esto pudiera afectarme. Pero antes de que me lo contaran, yo ya sabía que algo me pasaba, por lo menos lo intuía. Sentía una tristeza que siempre me acompañaba; no era una tristeza de estar deprimido y no tener ilusión por nada; estaba triste en el sentido de que había algo dentro de mí que me apenaba y me hacía sentir mal. Y este sentimiento me sobrevenía en muchas situaciones, como por ejemplo en un día en la playa en el que estaba disfrutando muchísimo. Éramos muchos, mis hermanos, primos, padres, tíos y todos disfrutábamos. Pero de repente me retiré y me tumbé en la arena, alejado de mis familiares, porque me sobrevinieron unas tremendas ganas de llorar; era una sensación de profunda tristeza, que no entendí. Pensaba que era un 'blandengue' o un cobarde. Incluso mis padres a veces me llamaban el 'cobardica', porque no me atrevía a ir solo a los sitios. Fui un niño miedoso e inseguro; siempre necesitaba que alguien me acompañara, si no, no iba a ningún lado. Con alguien junto a mí me sentía fuerte. En realidad durante años no me entendí a mí mismo y me sentí diferente a los demás, como un bicho raro. Hace dos meses de repente pensé que así no podía seguir; no sé muy bien por qué, quizás toqué fondo. Me pregunté a mí mismo por qué no podía hacer ciertas cosas yo solo. Esto me hizo sentir muy mal conmigo mismo. No quise seguir así y me dije que tenía que afrontar mis sentimientos. Fue difícil, porque tenía todo lo relacionado con ser trillizo bien guardado en mi interior, como una caja cerrada con llave. Destaparla fue duro. Tenía miedo por mis propios sentimientos, pero la abrí: empecé a leer todo lo que pude en internet sobre gemelos y trillizos y hablé con aquellos que tienen a sus hermanos de nacimiento a su lado. Les conté mis sentimientos y ¡me entendían! Lo pasé fatal las primeras dos semanas, sentí mucha vergüenza por lo que les escribía, por si les parecía raro, pero no fue así. ¡Al contrario!

Gracias al contacto con ellos me di cuenta de que muchos de mis sentimientos tenían que ver con lo que me pasó al nacer. Mis hermanas Ana y Beatriz, Bea para mí, no viven, pero forman parte de mí, están siempre presentes en mí y esto ha sido así toda mi vida. No lo puedo negar. Desde que lo veo así y *no me escondo ante este hecho vital, me siento más feliz, más enérgico; soy incluso más decidido y valiente. Hago cosas que antes era incapaz de realizar. Es increíble, pero me siento otro. Ya no pienso que ser trillizo es algo malo; al contrario: me siento orgulloso de ello y quiero que la gente que es importante para mí lo sepa. Todavía no he podido hablar con mis padres; no quiero hacerles daño. Pero espero poder hacerlo alguna vez. Sigo pensando en ellas siempre, pero ahora es de otra manera. Desde que me levanto hasta que me acuesto Ana y Bea hacen que tenga muchas sensaciones nuevas. Ser trillizo es algo muy bonito, ellas son mi apoyo y se merecen ser recordadas y queridas, aunque sea solo por mí. A partir de ahora siempre haré algo especial en los días de su santo».*

Este testimonio demuestra lo importante que es contarle siempre al hijo su origen: debe saber desde pequeño que con él crecía otro bebé (o bebés) y que empezó su vida como uno de dos (o tres). El niño lleva este recuerdo consigo, pero no sabe explicarlo. Poder hablar sobre su gemelo, y la vida en común que ha perdido, le ayuda a superar lo ocurrido y entenderse a sí mismo. También le ayuda a formar un nuevo sentido del «yo» y establecer su identidad. Esto es de vital importancia. Lo es para todos los gemelos que crecen juntos, pero también lo es para aquellos que pierden a su hermano gemelo. Su origen biológico es distinto a la situación que vive a partir de cierto momento de su vida.

El siguiente testimonio de una mujer de 30 años, cuyo hermano murió tras el nacimiento, lo explica muy bien:

«He sido toda mi vida gemela, aunque mi hermano murió a las pocas horas de nacer. Ser una parte de dos es parte de mi conciencia y su significado siempre ha sido impactante. No me acuerdo cuándo me hablaron sobre mi hermano gemelo, pero cuando era una niña, me importaba que otros lo supieran. Sentía intuitivamente que era distinta a los otros niños y necesitaba que los demás reconocieran esta diferencia. Él es mi compañero de por vida. Como niña me sentía a menudo muy triste. Me gustaba leer libros con un argumento triste y así lloraba horas y horas, hasta que mis padres

me prohibieron la lectura. Desde que conozco *The Lone Twin Network* he entrado en contacto con más gemelos que se han quedado solos. Ellos me entienden y gracias a estos contactos ya no tengo que negar que perder a un gemelo causa un impacto profundo».

Sugerencias para los padres que sufren la pérdida de uno de sus hijos en un parto múltiple

- Comente a su hijo la existencia de su hermano gemelo en sus primeros años. Una madre, que perdió a uno de sus gemelos en el momento del parto, solía hablarle a su bebé durante el baño: «Eres un gemelo. Tenías un hermano que nació contigo. Pasaste muchas horas con él en mi vientre. Os tocasteis y jugasteis. Pero sin que yo ni tú pudiéramos hacer nada, él murió. Por esto estoy triste. Pero estoy muy feliz contigo y te quiero mucho». De este modo ella pudo explicarle sus dobles sentimientos: su amor y felicidad con él y su aflicción por el otro. Un bebé siempre percibe las emociones maternas y su honestidad le ayuda a entender la situación (no comprenderá las palabras de su madre, pero sí su tono).

- Cuando el niño empiece a preguntar sobre su nacimiento, es un buen momento para enseñarle unas fotos, algún recuerdo de su hermano y visitar con él su tumba. Saber su origen biológico le ayudará a entenderse a sí mismo y formar su identidad.

- Es importante averiguar la causa de la muerte. Así podrá explicarle a su hijo lo ocurrido y evitará que en su seno familiar circulen rumores como «Juan no dejó sitio a su hermano» o «Ana se lo comió todo». Estos comentarios pueden causar profundos sentimientos de culpabilidad en el hermano superviviente.

- Intente averiguar la zigosidad de sus bebés. Si lo pide pronto, el ginecólogo lo puede determinar mediante la placenta. Esta información también es importante para su hijo.

- El gemelo superviviente echa en falta el contacto físico con su hermano. Puede ser la causa de sus llantos en el primer tiempo posterior a la muerte del gemelo. Tenerlo cerca de usted en la cama y llevarle a menudo en la mochila portabebés, le ayudarán a sentirse mejor.

- Es muy probable que el gemelo superviviente viva momentos de tristeza, ansiedad y conductas difíciles. Rodearle de mimos y atención extra es muy importante para él.

Alessandra Piontelli, una médico italiana, describió en 1992 el caso de un bebé remitido a ella porque apenas dormía y estaba intranquilo día y noche. En la clínica mostró la misma conducta. Parecía que buscaba algo que no encontraba. De vez en cuando cogía un objeto y lo sacudía fuertemente como si con ello quisiera conseguir alguna reacción. La información de los padres era esclarecedora: el bebé había nacido como un gemelo, pero su hermano falleció poco antes del nacimiento. Piontelli veía en la intranquilidad del bebé una búsqueda del hermano y su obsesión por sacudir objetos un intento desesperador de resucitarle a la vida.

La muerte del gemelo en la primera infancia

La familia entera pasa por un periodo de luto. Los padres lloran la muerte de un ser muy querido y lamentan profundamente no poder seguir disfrutando de la maravillosa experiencia de tener gemelos. Para el gemelo superviviente la situación es extremamente difícil. Ha vivido un tiempo junto a su gemelo. Hay fotos en las que aparecen los dos y los recuerdos son más precisos que en caso de una muerte más temprana. Los primeros recuerdos suelen remontarse a partir de los 3 años, como una fiesta de cumpleaños, dormir juntos en una cama, etc. La pérdida del gemelo afecta profundamente al otro: tristeza, depresión, rebeldía, miedos a la separación, pesadillas, falta de apetito y un retroceso en la conducta son reacciones habituales. Una reacción no visible, pero sí presente, es la confusión a nivel mental y emocional: el concepto del «yo» del gemelo está basado en la vivencia del nosotros (una unidad). Ahora el gemelo superviviente no se siente completo y le cuesta establecer su identidad. Esto lleva a sensaciones de sentirse distinto a los demás y una profunda vivencia de soledad. También la confianza en sus padres se ve, posiblemente, afectada: el niño pequeño, hasta los 9 o 10 años, considera a sus padres como omnipotentes, capaces de protegerle y resguardarle de los peligros. El hecho de que no hayan podido evitar la muerte de su hermano gemelo le desconcierta y le hace sentirse desprotegido. También es posible que se sienta culpable por su muerte y se pregunte una y otra vez por qué no fue él en vez de su hermano. Estos sentimientos son tan fuertes y deprimentes que quizás la vida pierda su significado para él y anhele haberse ido con su hermano en vez de estar solo.

Será necesario envolverle con atenciones especiales y procurar que el hermano gemelo siga ocupando aún un lugar en la familia: hablar de él, comentar sus gracias, costumbres o experiencias positivas y tener expuestas fotografías suyas, ayuda a despedirse de él paulatinamente y dar lugar al inmenso dolor. Visitar su tumba también es importante. Los gemelos ya adultos que no logran superar la pérdida de su hermano muchas veces empiezan por buscar la tumba como el primer paso en la superación de su muerte. También es una buena idea leer con su hijo libros infantiles que traten del duelo, los sentimientos y la tristeza (*véase* Bibliografía).

Los estudios de la psicóloga Joan Woodward (1987) demuestran que cuanto más se expresa en la familia el dolor y cuanto más se habla sobre el tema, más llevadera resulta la superación de la pérdida. La muerte del gemelo no debe ser un tema tabú en el seno familiar. Esta psicóloga, también gemela, perdió a su hermana idéntica a los 3 años, e hizo un estudio entre 200 gemelos supervivientes. Quería investigar las secuelas de la muerte del hermano gemelo. Un 81% de los entrevistados describe la pérdida como grave y muy acusada. También demostró que el momento en el que muere el gemelo no influye en el trauma: la pérdida durante el embarazo o en torno al nacimiento es tan impactante como si fuera posterior. Y no influye si la pareja eran gemelos monozigóticos o dizigóticos; el dolor es inmenso en cualquier caso. Hay incluso evidencia de que el dolor supera al de la pérdida de uno de los progenitores, otros hermanos o familiares.

Sugerencias

- Es muy importante que los padres, a pesar de estar inmersos en su propio dolor, entiendan el estado emocional del gemelo superviviente. Para él se ha ido su fiel amigo, una persona importante de apego, que hasta ahora siempre ha estado a su lado. No conoce la vida sin él. Puede ser conveniente buscar ayuda profesional.

- Hay que evitar una actitud demasiada protectora con el gemelo superviviente. El riesgo de mortalidad en los gemelos no es superior que en los demás niños. La única excepción es el síndrome de muerte súbita del lactante (SMSL), *véase el* Capítulo 15. Un gemelo que quedó solo en su infancia cuenta cómo sus padres le prohibieron ir a las excursiones del colegio, los campamentos, las fiestas, etc. Esto no hizo más que agravar su soledad.

- A algunos padres les cuesta vincularse con el gemelo superviviente. Por un lado evitan un vínculo íntimo por miedo a perderlo también. Por otro, el gemelo les recuerda al hijo fallecido y el contacto les resulta doloroso. En todos estos casos conviene buscar ayuda profesional, porque el gemelo necesita, más que nunca, el apoyo y el amor de sus padres.

- Busque contacto con algún grupo de apoyo (*véase* Direcciones útiles). Tanto para usted como para su hijo es muy importante poder hablar con otras personas que les entiendan.

La pérdida del gemelo en la adolescencia

Aun en esta fase de sus vidas, los gemelos son, el uno para el otro, personas de apego muy importantes. Es la fase en la que empiezan a distanciarse un poco el uno del otro, en búsqueda de la propia identidad (tal como lo hacen los adolescentes en relación con sus padres), pero este distanciamiento no hace más que demostrar su íntima relación. Cuando uno de los dos desaparece, al otro le falta su mayor punto de apoyo. Toda su vida se ha sentido uno de dos; no conoce la vida como persona única, a diferencia de una persona viuda, que tiene recuerdos de su vida antes del matrimonio. Le resulta extremamente difícil construir una identidad como solitario. Tiene que empezar una vida completamente distinta, en una fase de su vida que de por sí ya se caracteriza por una tormenta hormonal y emocional. A la confusión sobre su identidad (¿quién soy yo?), típica de la adolescencia, se añade otra duda, existencial y dolorosa: «¿sigo siendo gemelo?». Todas las reacciones, ya descritas anteriormente, también se dan en el adolescente gemelo después de la muerte de su fiel compañero: tristeza, profunda soledad, sensación de vacío, culpabilidad, confusión sobre el «yo» y depresión.

Pueden darse cambios en su carácter; a veces los gemelos llegaban a tener una cierta división de roles: uno es «el payaso», el otro «el serio»; o uno es «el relaciones públicas» y el otro «el introvertido». Es probable que ahora el gemelo se convierta en lo que era su hermano, algo que desconcierta a sus padres. Por una parte es él y no su hermano, porque ahora puede desarrollar con mayor facilidad rasgos que tenía adormilados. Pero también es posible que lo haga en un intento de recuperar a su hermano. Es probable que le cueste entablar relaciones íntimas con otros jóvenes, quizás porque lo vive como una traición a su hermano gemelo o porque le resulta demasiado doloroso (se da cuenta de que no puede estar tan a gusto con nadie como con su hermano gemelo). También puede tener problemas para relacionarse con el sexo opuesto, debido a un miedo profundo de perder de nuevo a una persona querida.

La pérdida de un hermano gemelo se hace sentir a lo largo de toda la vida del otro. El libro de Joan Woodward, *The Lone Twin* (El gemelo solo), también relata cómo los gemelos luchan por seguir con su propia vida.

Sugerencias

- El tema de la muerte del gemelo no debe ser nunca un tabú. Reconocer la pérdida y poder hablar sobre ella es de gran ayuda.

- Cuando uno empieza su vida como gemelo, lo es para siempre. Determina su condición básica. Esto incluye a los que solo compartieron unos meses la vida intrauterina, porque su origen biológico es gemelar. Es un hecho que hay que entender y respetar. Considerarlo como algo poco importante es un grave error.

- Celebrar su cumpleaños suele ser doloroso para el gemelo superviviente (y también para los padres). Es un día con un sabor agridulce. Seguramente para toda la familia es beneficioso celebrar una ceremonia en recuerdo del hermano gemelo (ir juntos a misa o a su tumba), porque ayuda a estrechar los lazos familiares.

- La religión puede significar un punto de apoyo importante para el gemelo.

- El contacto con otros padres que pasaron por lo mismo suele ser reconfortante. También a los gemelos supervivientes les ayuda tener amistades con otros gemelos que perdieron a su hermano. Entre ellos suele haber un entendimiento intuitivo. En varios países existen asociaciones que ofrecen apoyo e información tanto a los gemelos que perdieron a sus hermanos, como a sus padres (*véase* Direcciones útiles).

- Algún gemelo tiene la sensación de que su hermano aún está con él. Siente su presencia y su apoyo, sobre todo en momentos difíciles en su vida. Es, sin duda, una ayuda muy importante para él.

M.ª Carmen, 59 años:

«Nací con mi hermana gemela M.ª Ángeles. A los 6 meses las dos enferma-mos con fiebres muy altas. No se sabía cuál era la causa, quizás fuera menin-gitis. Mi hermana murió y el médico le dijo a mi madre que seguramente yo también moriría la misma noche (éramos idénticas). Mi madre pasó la noche rezando conmigo en brazos. Cuando a la mañana siguiente el médico nos visitó, vio que el peligro había pasado. Me salvé, pero debido a la confusión mis padres no sabían muy bien quién de las dos había fallecido. ¡Éramos tan parecidas! Así que mi padre decidió que yo era María Carmen. Cuatro años después nacieron mis hermanos gemelos, también idénticos. Era difícil para mí; ellos estaban muy unidos y yo no formaba parte de sus juegos. Muchas veces me sentía sola y me preguntaba por qué mi hermana no estaba conmi-go. Su ausencia todavía me causa dolor. Desarrollé un apego muy fuerte con mi madre. Siempre hemos estado muy unidas. Hace un año tuve que ser ope-rada de un meningioma en la cabeza; durante la intervención, que fue dura y arriesgada, tuve un sueño y sentí la presencia de alguien a mi lado. Fue una sensación muy física y clara y al mismo tiempo agradable. Al despertar pensé en ella; quizás fuera ella porque quería que me salvara otra vez».

La pérdida de un gemelo en la vida adulta

El vínculo entre gemelos es muy fuerte y seguramente uno de los más íntimos que existe entre los seres humanos. «No puedo imaginarme mi vida sin él» es un comentario frecuente. O «con él se ha ido una parte mía». O «nuestras vidas empezaron juntas y pienso que deberían termi-nar también juntas». A veces ocurre esto: uno de los gemelos, ya mayor, fallece y a los pocos días (o incluso horas) el otro también.

La pérdida de un gemelo siempre es impactante para el otro. No im-porta el momento. Hemos visto cómo incluso la muerte prenatal de uno de los bebés influye en la vida del otro. La muerte de uno, sea cual sea el momento, no anula la condición de gemelos. Muchos de los gemelos supervivientes se sienten incompletos el resto de sus vidas. También es cierto que algunos se sienten tentados, positivamente, a desarrollar facetas en sí mismos que «pertenecían» al hermano gemelo y no estaban a su disposición. Puede significar una nueva oportunidad, hasta incluso cierto alivio, aunque no anula el inmenso dolor. A veces la muerte de uno conduce a la salvación o prolongación de la vida del otro: en los gemelos monozigóticos puede darse una enfermedad genética, como problemas cardíacos, ciertos tipos de cáncer, etc. Si uno de los dos fallece de repente, el otro está «avisado» y a tiempo para tomar medidas. Esto les pasó a David y Miguel (48 años). Miguel murió de forma inesperada y repentina de un infarto. David, por presiones de su familia, se sometió a una revisión médica y se le diagnosticó angina de pecho. Gracias a una intervención, corrió mejor suerte que su hermano.

Algunos de los gemelos supervivientes comentan sentirse felices por haber compartido (gran parte de) su vida con su gemelo. Este comentario refleja sus sentimientos: *«Es mejor haber amado y perdido a un gemelo que nunca haber tenido uno, sea cual sea el precio de la pérdida».*

Una mujer que perdió su hermana gemela a la edad adulta cuenta cómo esta vivencia le cambió su vida. Diny, 44 años:

«Nos parecíamos mucho, mi hermana gemela y yo; en la voz, la manera de contar, los gestos, el humor, hacer planes. La gente solía mirarnos mucho. Me pareció raro y no lo entendí. Yo era «yo» y ella «ella», pensaba. Hacíamos muchas cosas juntas. Siempre hablábamos de nuestra madre, nuestro padre, nuestro perro y nuestros vecinos. Era tan normal. En la adolescencia reñimos más. Buscamos las dos la propia identidad. Vivimos un tiempo alejadas la una de la otra. Nos dio espacio y con ello creció de nuevo el interés por la otra. Ambas nos hicimos madres y juntas vivimos esta etapa de la vida. Estaba con ella cuando nació su hija. Me acuerdo muy bien que me dijo, recién nacida su bebé: 'Mi hija ocupa ya casi el mismo lugar en mi corazón como tú'. Yo aún no tenía hijos, pero en ese momento entendí cómo podía ser esa sensación de madre.

Ella enfermó. En mi interior sabía que ella estaba muy enferma. Durante un paseo en los montes sentí que iba a ser nuestro último paseo juntas. Poco después, justo el día de nuestro cumpleaños, llegó el resultado de un examen médico; ella tenía un tumor incurable en la cabeza. Estaba con ella cuando murió. Su muerte en primer instante me produjo una sensación de paz. Ya no tenía que sufrir. La intranquilidad que yo percibía en ella tanto tiempo, había desaparecido.

Durante el entierro y las muestras de condolencia me di cuenta de que yo era la superviviente y que estaba totalmente sola. Tenía que saludar a tanta gente de nuestro pasado... Luego me sobrevino la emoción de confusión y del vacío. La base en la que siempre me había apoyado, ya no estaba. Todo lo que me había dado seguridad, ya no era seguro. Lentamente empecé a ver que esto tenía que ver con la muerte de mi hermana. La sensación de «juntas en todo y para todo» ya no estaba. También me faltaba este entendimiento tan fácil, tener suficiente con una sola mirada. Mi referencia había desaparecido. Tenía que descubrir de nuevo quién era. Tenía la sensación de haber aterrizado en un mundo nuevo que tenía que descubrir. Así era. Conocí el mundo como gemela, pero no como persona sola. De nuevo tenía que aprender muchas habilidades, ahora como una persona única. Fue un proceso duro y doloroso.

Por mi propia experiencia empecé a interesarme por el duelo de los gemelos que pierden a su hermano gemelo. Hice varios cursos y empecé un grupo en Facebook para los gemelos supervivientes (Eenling na Tweeling, en Holanda). Intento ser un punto de encuentro para aquellas personas que han perdido a su gemelo. Noto que existe esta necesidad. Ahora, cinco años después de la muerte de mi hermana gemela, me siento más fuerte, pero he descubierto que en mi fuero interno siempre seré una gemela».

Para muchos gemelos supervivientes el contacto con una asociación, como The Lone Twin Network de Inglaterra o Twinless Twins Support Group de Estados Unidos es de un valor inestimable.

Lo demuestra el siguiente testimonio de Linda, de 50 años:[2]

«Mi historia empieza hace medio siglo. Mi infancia fue normal, aunque mi 'sentido del yo' era muchas veces un misterio total para mí. No tenía nada de confianza en mí misma, ni autoestima. Cuando tenía unos 10 años, mis padres me contaron que yo era gemela; mi hermana gemela (idéntica) había muerto poco antes de nacer. No me contaron nada más, pero esta escueta información me parecía lógica. Me dio la pieza del puzle que para mí había sido y seguía siendo mi identidad. Al hacerme mayor, me seguía costando entenderme a mí misma. Si no hubiera decidido ponerme en contacto con The Lone Twin Network, hoy en día seguiría igual. No lo dudo. En la primera reunión (¡qué extraña sensación! Tantos gemelos sin sus hermanos gemelos) oía hablar a otras personas sobre sus sentimientos, con los que me podía identificar. Fue la primera vez que me ocurrió. Significaba que yo, a fin de cuentas, no era rara ni especial, solo había seguido, muy a mi pesar, las reacciones que provocaba mi situación. Aquel memorable día salieron a la luz muchos sentimientos que tenía escondidos en mi interior y empecé a entenderme. Mirando atrás, hay tres momentos cardinales en mi vida: el primero es aquella reunión, que me abrió los ojos. El segundo fue durante otra reunión, años más tarde, cuando nos dieron un artículo que hablaba sobre la relación entre gemelos. El primero que nace suele ser el más fuerte, el que más pesa y el líder. El segundo es el seguidor. Mi hermana había nacido antes. Yo, como bebé, solía estar sentada, pero nunca me lanzaba a gatear, hasta que mis padres, impacientes y desesperados, pusieran delante de mí una muñeca que gateaba automáticamente. Me dispuse a seguirla sin dudarlo un instante. No tener a mi hermana a mi lado explicaba mi falta de confianza en mí misma. Ahora, al entenderlo, podía trabajar en ello. Y el tercer momento importante vino cuando en The Lone Twin Network me explicaron cómo podía encontrar la tumba de mi hermana. La encontré y delante de la pequeña piedra, con su nombre inscrito, pude hablar por primera vez con ella. Después de ese día me encuentro mucho más en paz conmigo misma».

---

2 Fuente: 'the Lone Twin', Joan Woodward, Free Asociation Books

CAPÍTULO 27

Los estudios sobre gemelos

Les presento a Carla y Alba. Tienen 30 años y son gemelas monozigóticas. Llevan juntas una agencia de publicidad. Ambas están casadas; Carla tiene un bebé de 7 meses y Alba será madre dentro de poco. Sus maridos son abogados. Las dos se sienten atraídas por Andalucía y las dos practican surf en su tiempo libre; a la hora del almuerzo las dos se inclinan por un buen bocadillo de pan integral con queso. Prefieren el vino a la cerveza. Votan al mismo partido. Las dos duermen con la almohada de su infancia y cuando están fuera de casa, por ejemplo en un hotel, cubren la almohada con una prenda que huela a casa. Cuando entra un nuevo cliente en su despacho, forman sin mediar palabra la misma opinión sobre él.

Surge ahora la pregunta: estas coincidencias en sus vidas, opiniones, preferencias y gustos ¿son el resultado de una larga convivencia o se deben a su común herencia genética?

Los estudios de sir Francis Galton

Desde siempre ha existido la controversia sobre hasta qué punto el ser humano es producto de sus genes o del entorno en el que se educa, el tema de *nature* versus *nurture* (naturaleza frente a entorno). Los gemelos brindan a la ciencia la excelente oportunidad de arrojar más luz sobre este tema, y principalmente los monozigóticos, por tener la misma carga genética.

Fue el científico sir Francis Galton, el primo de Charles Darwin, el que empezó a estudiar a los gemelos. En 1876 realizó una investigación longitudinal siguiendo la vida de un grupo de gemelos para estudiar su desarrollo y determinar si era la genética o el entorno[3] el que ejercía mayor influencia sobre su personalidad. Descubrió cómo muchos de ellos tenían los mismos intereses, aficiones y preferencias, poseían los mismos talentos, sufrían las mismas enfermedades y coincidían en su forma de pensar, de tal modo que uno podía terminar una frase que el otro había empezado. A raíz de sus datos, Galton concluyó que no se podía negar que la naturaleza —los genes— dominaban en muchos aspectos el entorno. Fue el fundador de la genética conductista, la ciencia que da mayor importancia a la influencia de los genes en comparación con la del entorno. Estos científicos se llaman «genetistas». Al otro lado están los «ambientistas», que creen que el entorno nos hace quienes somos y que el ser humano es producto de su ambiente. Según esta teoría los gemelos se parecen tanto por haber vivido en el mismo entorno familiar y escolar. Los «ambientistas» ganaron terreno en la década de 1960 en la controversia «nature-nurture».

No obstante, en 1976 se realizó un estudio que arrojó datos totalmente inesperados y que hicieron tambalear los pilares de la teoría «ambientista». La ciencia tuvo la oportunidad de estudiar los efectos del entorno sobre la personalidad, con la investigación de gemelos separados nada más nacer y dados en adopción. Fue el profesor de psicología Thomas Bouchard de la Universidad de Minnesota (Estados Unidos) el que hizo un estudio exhaustivo con la participación de 66 parejas de gemelos monozigóticos y 51 parejas de gemelos dizigóticos (asimismo estudió otros tantos gemelos criados juntos, tanto dizigóticos como monozigóticos, para confrontar sus datos). Los más jóvenes tenían 11 años y los mayores 79. Los hizo viajar a su universidad desde todos los rincones del mundo y les sometió durante una semana a multitud de tests.

---

3 El concepto "entorno" abarca tanto la crianza con la influencia del ambiente familiar y escolar

Solía ir personalmente a su encuentro en el aeropuerto (muchos venían del extranjero), llevándose una sorpresa tras otra. A fin de cuentas los gemelos no se habían visto nunca y muchos ni siquiera sabían de la existencia de su hermano gemelo. Aun así, Dorothy y Bridget llevaban en sus dedos siete anillos y dos brazaletes. Otros venían luciendo la misma chaqueta marrón. Bárbara y Daphne tomaban ambas el café sin leche y frío. Las dos tenían la excéntrica costumbre de empujarse la nariz hacia arriba; quiere decir: compartían el mismo tic, al que ambas desde pequeñas habían puesto el nombre *squidging*, inventado por ellas. Las dos se habían caído de las escaleras cuando tenían 16 años y decían tener los tobillos débiles desde entonces. Las dos habían conocido al hombre de su vida en una discoteca; las dos habían tenido un aborto en su primer embarazo; luego cada una tuvo dos hijos varones, seguidos por una niña. Las similitudes eran asombrosas. Dorothy y Bridget habían escrito un diario en 1960, pero en ningún otro año más. Además, los diarios eran iguales y del mismo color, y los días en que no habían anotado nada eran los mismos. Ambas tenían un hijo al que, respectivamente, habían puesto el nombre Richard Andrew y Andrew Richard, y cada una tenía un gato llamado *Tigre*. Los gemelos Jim Lewis y Jim Springer (los respectivos padres adoptivos les habían puesto el mismo nombre) se habían casado, los dos, primero con una chica que se llamaba Linda y después con otra llamada Betty. Los dos llevaban el mismo modelo de coche y fumaban idéntica marca de cigarrillos. La lista de coincidencias ¡es interminable!

En 1986 Bouchard presentó un informe que en muchos aspectos confirma las conclusiones a las que sir Francis Galton había llegado en el siglo anterior: el 73% de los gemelos tenían el mismo cociente intelectual; el 60% coincidía en su filosofía de la vida y el 61% en su comportamiento social. La fantasía, la predisposición al estrés, el amor al riesgo y el liderazgo pueden considerarse hereditarios en un 50 a 60%. También la tendencia religiosa tiene un factor genético.

Bouchard comparó las puntuaciones de la personalidad en los gemelos monozigóticos separados y en los dizigóticos separados, con los gemelos de los dos tipos que se habían criado juntos. Llegó a la conclusión de que los monozigóticos educados por separado eran casi tan parecidos —y en algunos casos incluso más— como los monozigóticos que habían vivido juntos. Además, no existía ni uno solo de estos rasgos de la personalidad en que los gemelos dizigóticos criados juntos fueran más parecidos que los monozigóticos criados por separado. ¿Cómo se puede explicar? La única explicación plausible es que el efecto del entorno es insignificante o por lo menos no muy influyente para muchos rasgos psicológicos. Esto lo demuestra el siguiente caso de las gemelas Amy y Beth.

Entornos diferentes, pero personalidades parecidas

Amy y Beth, gemelas monozigóticas, fueron separadas y dadas en adopción nada más nacer. Como en aquel entonces se pensaba que educar a gemelos era una carga demasiado pesada, se solía buscar hogares distintos, sin informar a las familias adoptivas sobre la existencia de un hermano gemelo. Solo pedían a los padres poder seguir su desarrollo durante la primera infancia, porque «las niñas formaban parte de un estudio psicopedagógico». Los padres no tenían inconveniente. Amy fue adoptada por una familia de clase media baja. Su madre adoptiva era una mujer difícil, con baja autoestima y mucha inseguridad en sí misma que se sentía amenazada por la belleza de su hija adoptiva. La familia que adoptó a Beth era rica; la madre era una mujer segura de sí misma, alegre y jovial. Beth estaba en un entorno mucho más equilibrado y armonioso. El padre de Amy era poco afectuoso y se mostraba distante con la niña; por el contrario, el de Beth era más accesible y cariñoso con su hija adoptiva.

¿Cómo se desarrollaron estas niñas, educadas en entornos tan distintos entre sí? En Amy los problemas no tardaron en aparecer: era una niña tensa y exigente, que solía chuparse el dedo; se mordía las uñas, se hizo pipí en la cama hasta bien mayor y tenía miedos y pesadillas. También tuvo problemas con el aprendizaje y era muy tímida e inmadura para su edad. Beth, a pesar de haber sido educada en un ambiente mucho más cálido y equilibrado, mostraba la misma problemática. También ella se chupaba el dedo, se mordía las uñas, tuvo problemas para controlar el pipí por la noche, temía la oscuridad y tenía problemas similares en el colegio. La relación con su madre adoptiva era mucho más íntima que la de Amy con la suya; no obstante, en uno de los tests psicológicos Beth demostraba tener un gran anhelo de afecto materno, tal como su hermana gemela. A pesar de las diferencias en sus entornos ¡su problemática era básicamente la misma!

Tras años de estudio, recopilando gran cantidad de datos, Bouchard admitió, tal como Galton en su tiempo, que la influencia genética sobre gran parte de la personalidad es evidente.

Otras investigaciones, como las de la psicóloga Canter (Glasgow, Inglaterra) no resultan menos espectaculares: también comparó las respuestas de gemelos separados desde pequeños con otras de aquellos que vivían juntos, en cuanto al rasgo de la extroversión. Y descubrió mediante un test, que mide la extroversión, que los gemelos separados se asemejaban en un 85%. Se esperaba que los que vivían juntos se revelaran prácticamente idénticos en un cien por cien. Pero resultó ser exactamente lo contrario: no se parecían más que en un 29%. La vida común de los gemelos parece tener el efecto de ocultar los poderes de la herencia. Esto es lo que seguramente causa el fenómeno del «intercambio de conductas», del que muchos padres de gemelos me hablan (*véase el* Capítulo 19). Los gemelos criados juntos se diferencian más seguramente debido a su afán de distinguirse el uno del otro. Psicológicamente necesitan marcar sus diferencias.

El tercer factor

El mérito de Thomas Bouchard es, sin duda, que nos demostró la importancia de los estudios con gemelos. Gracias a ello cambiaron muchas ideas. El alcoholismo y las cardiopatías hasta entonces se consideraban como males relacionados con un determinado tipo de vida. La esquizo-frenia y el autismo eran considerados como resultado de una educación deficitaria en afecto y amor maternos. Ahora sabemos mucho más sobre la influencia de la genética en enfermedades y trastornos mentales.

Las dos líneas de investigación (buscando diferencias entre los geme-los monozigóticos para excluir la influencia del entorno y la comparación entre mono— y dizigóticos para medir la influencia de los genes) han sido cruciales para entender la interacción entre «nature-nurture» (naturaliza-ambiente) en relación con la personalidad de una persona y su vulnerabi-lidad para contraer enfermedades.

Pero nuevos estudios ponen de relieve que «nature y nurture» no son los únicos factores. Existe un tercer factor que juega también un importante papel, un factor que funciona como un puente entre el entorno y los genes y que a veces trabaja independientemente a la hora de determinar quiénes somos: la epigenética. Actúa en periodos críticos (sensibles) de interacción entre genes y entorno, como lo es el periodo alrededor del nacimiento; también en la vida fetal, el primer año de vida o en otros periodo de cam-bio durante la vida.

Danielle Reed, experto en el campo de la genética, del Centre Monell, Universidad de Philadelphia, lo explica así:

«La Madre Naturaleza escribe algunas cosas con lápiz y otras con pluma. Lo que está escrito con pluma, no se puede cambiar. Es el ADN. Pero lo escrito con lápiz, sí se puede corregir. Es la epigenética. Ahora que somos capaces de estudiar el ADN y ver lo que está escrito con lápiz, es como entrar en un mundo nuevo». Estos marcadores epigenéticos pueden ser transmitidos a las siguientes generaciones.

En otras palabras: el ADN no cambia sin más. Pero lo que sí puede cambiarse, es la forma en la que las propias moléculas —los así llamados grupos metilos— forman una capa sobre los genes en el ADN. Esta capa determina si los genes se activan o no. Cuánto más espesa es la capa de moléculas de metilo, cuánto menos activo se muestra el gen. Se puede decir que el gen se hace ilegible. La activación de un gen determina si ciertas características se expresan o no. Una pareja de gemelos monozigóticos tiene el mismo genoma (25.000 genes que forman el ADN), pero un diferente epigenoma (las marcas químicas del ADN que activan o desactivan los genes). El entorno en el que vive una persona y su estilo de vida son factores capaces de cambiar nuestro material genético, mejor dicho, cambiar su expresión.

Los estudios continúan

Hoy día muchos países tienen un registro de todos los nacimientos múltiples. Esto les permite llevar a cabo investigaciones longitudinales en las que se sigue el desarrollo de los gemelos en sus diferentes etapas de vida. Estos estudios ayudan a esclarecer muchos aspectos del ser humano, como por ejemplo la felicidad.

Se solía suponer que la felicidad del ser humano dependía en gran parte de factores como el estado civil, el nivel económico, la salud, etc. Los estudios en gemelos, tanto monozigóticos como dizigóticos, han demostrado que los sentimientos de felicidad están estrechamente vinculados con nuestra carga genética: el grado de felicidad en los gemelos idénticos es muy similar, aunque sus condiciones de vida sean totalmente diferentes. Por ejemplo, en el caso de que uno esté casado, con un buen trabajo y una casa envidiable, mientras el otro no tiene ninguna de estas condiciones, su grado de felicidad es ¡similar! Y lo mismo ocurre con los gemelos, criados en entornos distintos. Esta misma correlación no se da en los gemelos dizigóticos.

Gracias a estos estudios se empiezan a entender muchas características del ser humano.

Información de interés

Según una investigación de la Universidad Libre de Ámsterdam del año 2002, el factor genético para el optimismo es del 49%, para la felicidad del 53%, para llevar una vida sana del 31%, para el consumo de alcohol del 44% y para fumar del 33%..

ANEXOS

Direcciones útiles   647

La canastilla: ¿Qué es lo que necesita
para sus bebés?   651

Glosario   657

Bibliografía   661

Índice Alfabético   665

DIRECCIONES ÚTILES

Análisis de ADN

www.ampligen.es
www.easy-dna.com.ar/prueba-adn-de-gemelos/ Argentina
www.easy-dna.com.mx/prueba-adn-de-gemelos México
www.easy-dna.com/twins-dna-test USA

Asociaciones internacionales

Argentina

Fundación Multifamilias
www.multifamilias.org.ar

Holanda

NVOM (Nederlandse Vereniging van Ouders van Meerlingen)
www.nvom.nl

Inglaterra

TAMBA (Twins &Multiple Birth Association)
www.tamba.org.uk

España

AMAPAMU (Asociación Madrileña de Partos Múltiples)
www.amapamu.org

México

Asociación de Nacimientos Múltiples de México
www.facebook.com/nacimientos.multiples

Colegio y gemelos

https://www.facebook.com/Multiples-Juntos-En-La-Escuela-Decision-De-Los-Padres-

Documental: https://www.youtube.com/watch?v=FJZOk_nAoEU

https://www.tamba.org.uk/document.doc?id=571

Lactancia materna

La Leche League International
www.lalecheleague.org

Liga de La Leche Argentina (Apoyo a la Lactancia Materna)
www.ligadelaleche.org.ar

Lactancia a gemelos
Proyecto Multilacta-Lactancia materna de Gema Cárcamo, consultora certificada internacional de la lactancia materna para múltiples.
www.multilacta.org
www.gemelosalcuadrado.com

Pérdida de un gemelo

Grupo de apoyo en la pérdida de un hermano gemelo
https://www.facebook.com/pg/apoyoenlaperdidadeungemelo/about/ (Susana Salvany)

Twinless Twin Support Group International
www.twinlesstwins.org

TAMBA: https://www.tamba.org.uk/bereavement/support

Documental sobre la pérdida de un hermano gemelo (Lone Twin):
https://www.facebook.com/lonetwinfilm/

Síndrome de la muerte súbita del lactante (SMSL)

www.guiainfantil.com/salud/cuidadosespeciales/muertesubita.htm

Síndrome de transfusión fetofetal

www.medicinafetalbarcelona.org/clinica
www.inatal.org

Sitios de internet para padres de gemelos y trillizos

https://www.facebook.com/parentingtwins/ (Christina Baglivi)
www.coksfeenstra.info
www.cyberpadres.com
www.gemelosalcuadrado.com
http://www.joanafriedmanphd.com/
www.partosmultiples.net y https: //www.facebook.com/groups/
    partosmultiples/
www.somosmultiples.es

LA CANASTILLA
¿QUÉ ES LO QUE NECESITA PARA SUS BEBÉS?

ROPA	GEMELOS	TRILLIZOS
Bodies recién nacido y 3 m	6 a 8	9 a 12
Bodies 6 meses	6 a 8	9 a 12
Pelele (pijama con pies)	6	9
Gorrito	4	6
Calcetines	6	9
Suéter o rebecca	4	6
Pantalones con pies	4	6
Camisetas 100% algodón	6	9
Patucos o zapatitos de punto	4	6
Abrigo o buzo	2	3
Arrullo	2	3
Baberos	8	12
Pañales recién nacido	8 docenas	12 docenas

HABITACIÓN DEL BEBÉ	GEMELOS	TRILLIZOS
Cambiador	1	2
Toalla para el cambiador	2	3
Canasta para productos de aseo	1 grande	2 ó 1 grande
Cuna o moíses	2	3
Colchón	2	3
Aerosleep (colchón extra superior). Opcional	2	3
Protector de colchón	2	3
Sábana impermeable o trozo de muletón	2	3
Sábanas ajustables bajeras	4	6
Sábanas	4	6
Mantita (algodón o lana)	2 a 4	3 a 6
Bolsa de agua caliente	2	3
Saco de dormir verano	4	6
Saco de dormir noche	4	6
Cubo de pañales	1	1
Cesto de ropa sucia	1	1
Mecedora	1	1
Lucecita de noche	1	1
Intercomunicador	1	1

LACTANCIA MATERNA		
Sacaleche manual o eléctrico	1	1
Discos absorbentes echables	2 cajas	2 a 3 cajas
Discos absorbentes lavables	4 a 6	6 a 8
Tarritos conserveros de leche	4	6
Cojin de lactancia	1 (2)	1 (3)
Sujetador de lactancia (final del embarazo, 1 talla más grande)	2 a 3	2 a 3

LACTANCIA ARTIFICIAL	GEMELOS	TRILLIZOS
Biberón 125 ml	4	6
Biberón 260 ml	4	6
Tetinas extra	2 a 4	3 a 6
Escobilla limpia-biberón	1	1
Esterilizador de biberón	1	1
Calienta-biberón	1	1
Dosificador de leche en polvo	1	1 a 2
Chupetes	2 a 4	3 a 6

BAÑO E HIGIENA	GEMELOS	TRILLIZOS
Bañera	1	1
Toallitas húmedas	2 paquetes	3 paquetes
Paños (eructo del bebé)	10	15
Pañales de tela (opcional)	30	40
Esponjas naturales	9	12
Manopla	8	12
Toallas	12	15
Toalla con capucha	3	4
Crema de pañal	1	1
Polvo de talco	1	1
Gel de baño infantil	1	1
Champú y aceite infantiles	1	1
Aspirador nasal	1	1
Tijerita con punto redondo	1	1
Termómetro digital	1	1
Cepillo y peine infantiles	1	1
Botiquin básico, con medicamentos aconsejados por el pediatra	1	1

LOS BEBÉS EN CASA	GEMELOS	TRILLIZOS
Manta para el suelo con barra de actividades	1 grande	1 a 2
Hamaquita	2	3
Trona	2	3
Parque	2 ó 1 grande	3 ó 1 grande

LOS BEBÉS FUERA DE CASA	GEMELOS	TRILLIZOS
Cochecito	Cochecito gemelar	Cochecito de trillizos
Cubrepiés para cochecito	2	3
Protector de la lluvia	2	3
Parasol	1	1
Portabebés (espalda o vientre)	1 a 2	1 a 2
Bolsa maternal	1	1 ó 2
Silla de coche, grupo 0 +	2	3
Cuna de viaje	1 a 2	2 a 3
Cochecito, tipo buggy, de un bebé	1	1

GLOSARIO

ADN: ácido desoxirribonucleico. Asociado a distintas proteínas, forma los cromosomas, constituyendo así la base de la transmisión genética y de la herencia biológica. Una prueba de ADN determina el origen de los gemelos (si son idénticos o no).

Amniocentesis: análisis del líquido amniótico con el fin de diagnosticar posibles anomalías genéticas en el feto. Se realiza en la semana 16 a 18 del embarazo. En un embarazo monoamniótico una sola extracción es suficiente.

Amnios o saco amniótico: la bolsa interior con el líquido amniótico, que contiene el feto hasta su nacimiento.

Biopsia de corion: toma de una muestra de tejido coriónico y estudio de este para descartar anomalías congénitas del bebé; se suele hacer en torno a la semana 11 de la gestación. En un embarazo monocorial se recoge una sola muestra.

Cardiotocografía (CTG): registro gráfico de los latidos cardíacos de los bebés y de la actividad de las contracciones.

Corion: revestimiento exterior del amnios que contiene al feto (también llamada la bolsa exterior).

Co-twin: el hermano gemelo (o la hermana gemela)

Crecimiento intrauterino retardado (CIR): cuadro clínico en el que el bebé crece más lentamente de lo habitual dentro del útero y en el momento del nacimiento es más pequeño de lo que correspondería a su edad gestacional.

Embarazo biamniótico bicorial: cada bebé tiene su propia bolsa interior (amnios) y bolsa exterior (corion). Esto no revela de ningún modo su identidad: pueden ser tanto idénticos como no idénticos.

Embarazo biamniótico monocorial: cada bebé tiene su propia bolsa interior (amnios), pero comparten la bolsa exterior (corion). En este caso se trata de gemelos idénticos.

Embarazo de trillizos monoamniótico monocorial: los tres bebés comparten las dos bolsas interiores y son, por lo tanto, idénticos.

Embarazo monoamniótico monocorial: sólo hay un amnios y un corion, lo cual indica que los bebés comparten las dos bolsas. Son, por lo tanto, idénticos.

Embarazo múltiple: embarazo de más de un bebé.

Embarazo triamniótico bicorial: una gestación de trillizos en la que cada bebé tiene su propia bolsa interior (amnios), pero dos de ellos comparten el corion. Se trata de una pareja de gemelos y un mellizo.

Embarazo triamniótico monocorial: una gestación de trillizos en la que cada bebé tiene su propio amnios, pero les envuelve un solo corion. Son, por lo tanto, trillizos monozigóticos (idénticos).

Embarazo triamniótico tricorial: una gestación de trillizos en la que los bebés tienen cada uno su propia bolsa interior (amnios) y exterior (corion). Pueden ser tanto no idénticos como idénticos, aunque lo último es poco frecuente.

Entrelazamiento de cordones: cuando los bebés comparten el corion, puede existir el riesgo de que sus cordones umbilicales se enreden.

Estimulación ovárica: Se le administran a la mujer medicamentos para que ovule prósperamente.

Fecundación in vitro: la fertilización del óvulo con el espermatozoide transcurre en una pipeta del laboratorio.

Gemelos DZ: dizigóticos (2 zigotos, no-idénticos)

Gemelos DZSS: dizigóticos, *same sex* (mismo sexo); 2 niños o 2 niñas

Gemelos DZSSf: dizigóticas, *same sex*, (mismo sexo), femeninas, 2 niñas

Gemelos DZSSm: dizigóticos, *same sex*, (mismo sexo), masculinos, 2 niños

Gemelos DZOS: dizigóticos, *opposite* sex (sexo opuesto), niño y niña

Gemelos DZOSf: dizigótica, *opposite sex* (sexo opuesto), femenina, niña

Gemelos DZOSm: dizigótico, *opposite sex* (sexo opuesto), masculino, niño

Gemelos MZ: monozigóticos, 1 zigoto, idénticos

Gemelos MZm: monozigóticos, sexo masculino, dos niños

Gemelos MZf: monozigóticas, sexo femenino, dos niñas

Gran prematuro: bebé que nace con un peso inferior a los 1500 gramos.

Mastitis: inflamación de la glándula mamaria, algo frecuente en madres lactantes, producida por la congestión de la leche y/o penetración de gérmenes; los síntomas son enrojecimiento del pecho, endurecimiento, dolor y fiebre.

Oxitocina: hormona que produce las contracciones del útero. Se le puede administrar a la embarazada en forma sintética (medicamento) para provocar el parto.

Preeclampsia: combinación de síntomas significativos durante el embarazo, incluyendo la hipertensión, el edema, la retención de líquidos y la alteración de los reflejos.

Reducción embrionaria: procedimiento que reduce el número de fetos en embarazos de más de dos bebés.

Siameses: gemelos unidos que comparten algún órgano o parte del cuerpo. Se debe a una división tardía del zigoto.

Síndrome de muerte súbita del lactante (SMSL): muerte súbita e inexplicable durante el sueño de un bebé menor de un año.

Síndrome de transfusión feto-fetal (TFF): se establecen conexiones entre los vasos sanguíneos que causan una desproporción en la cantidad de oxígeno y nutrientes que recibe cada feto. Sólo se da en caso de los gemelos monozigóticos que compartan el amnios o ambas bolsas.

Toxoplasmosis: enfermedad infecciosa, con síntomas similares a los de la gripe, con inflamación de los ganglios linfáticos; los gérmenes —presentes por ejemplo en la carne cruda y en los quesos frescos o transmitidos por los excrementos de gatos— pueden afectar al feto.

Trillizos dizigóticos: trillizos procedentes de dos zigotos, de los cuales uno se dividió. Da lugar a una pareja de gemelos idénticos y un mellizo.

Trillizos monozigóticos: trillizos procedentes de un solo óvulo fecundado que se dividió tres veces. Los bebés son idénticos.

Trillizos trizigóticos: trillizos procedentes de tres óvulos fecundados.

Triple test: mediante una muestra de sangre se calcula la probabilidad de que los bebés tengan alguna anomalía. Su eficacia en embarazos múltiples no está demostrada.

Unidad de cuidados intensivos neonatales (UCIN): sala hospitalaria especial para neonatos con equipamiento y personal adecuados para el cuidado de bebés muy prematuros y enfermos, que requieren una atención continua.

Zigosidad: el origen biológico de los múltiples para determinar si son fruto de un solo zigoto o más.

Zigoto: óvulo fecundado.

BIBLIOGRAFÍA

Libros consultados

BAGLIVI TINGLOF, C. *Parenting Schoolage Twins and Multiples*. Mc Graw Hill, 2007

BOWERS, NANCY. *The multiple Pregnancy Sourcebook*, Contemporary Books, Illinois 2001.

BRYAN, E. *Mellizos, trillizos o más*. Editorial Urano, Barcelona 1995.

COOPER, C. *Twins and Multiple Births*. Vermilion, Londres 1997.

DILALLA. L. FISHER. y R.A. Caraway, *Behavorial inhibition as a function of relationship in preschool twins and siblings*, Twin Research, 7, 449-455, 2004.

DILALLA, L. FISHER y P.Y. MULLINEAUX, *The effect of classroom environment on problem behaviors: a twin study*, Journal of School Psychology 2007

GARDNER, K. y K. THORPE, *Twins and their friendships, differences between monozygotic, dizygotic same-sex and dizygotic mixed-sex pairs*. Twin Research and Human Genetics, feb. 2006.

FRASER, E. *Multiple Choice, the educational needs and experiences of multiple birth children*. TAMBA Twins and Multiple Births Association, 2009.

FRIEDMAN, J. A. *Emotionally healthy twins*. St. Martins' Press, 2008

FRIEDMAN, J. A. *The same, but different*. Rocky Pines Press, 2014

FRIEDRICH E. y CH. Rowland. *The parent's Guide to Raising Twins*. St. Martins' Press.

HAY, D.A. y P. PREEDY, *Meeting the educational needs of multiple birth children,* Early Human Development 2006: 82,397-403.

HAYTON, A. *Untwinned,* Wren Publications, Herts, Inglaterra, 2007

JONGH, R. de, *Het testosteron effect,* Psychologie Magazine, Amsterdam 2005.

KOCH, HELEN L. *Twins and twins relations.* University of Chicago, 1966

KRZNARIC, ROMAN. *Empathy.* Rider Books, 2014

LEEUWEN, M. van y otros, *Effects of twin separation in Primary School,* Twin Research and Human Genetics 8 (2005): 384-391

LYON PLAYFAIR, G. *Twin Telepathy,* Vega 2002

MAXWELL, P. y J. POLAND. *Ser padres de gemelos, trillizos y más.* Océano, Barcelona 2000.

MILLER, P. *Gemelos tan iguales, tan distintos,* National Geographic, vol. 30, n° 1, 2012.

MOLLEMA, E. *Tweelingen.* BZZTÔH, La Haya 1986.

PEARLMAN, E. y J. A. Ganon. *Raising twins.* Harper Collins Publi—

shers, Nueva York 1997.

PIONTELLI, A. *From fetus to child.* Brunner-Routledge, 2004

POHL, P. y K. GIETH. *Ik mis je, ik mis je.* Querido, Ámsterdam 1994.

PULKKINEN, L, VAALAMO I, y otros, *Peer reports of Adaptive Behavior in Twins and Singletons: is twinship a risk or an advantage?.* Twin Research Volumen 6, n° 2 (2003) : 106-118

ROSAMBEAU, M. *How twins grow up.* St. Edmundsbury Press Ltd, 1987

SANDBANK, AUDREY C. (edited by). *Twin and Triplet Psychology.* Routledge, 2002

SEGAL, N. *Entwined Lives*. Plume, 2000

SEGAL, N. *Indivisible by two*. Harvard University Press 2005

SEGAL, N. *Someone else's twin*. Promotheus Books, 2011

TULLY, L. y otros, *What effect does classroom separation have on twins'behavior, progress at school and reading abilites?* Twin Research, nº 7 (2004): 115-224.

WAARD, F. DE, *Over tweelingen gesproken*. Aspekt, Baarn 2000.

WALLACE, M. *Las gemelas que no hablaban*. Siruela, Madrid 1990.

WEBBINK, D., HAY, D. Y P.M. VISSCHER, *Does sharing the same class in school improve cognitive abilities of twins?* Twin Research and Human Genetics, nº 10, 573-580, 2007.

WOODWARD, J. *The lone twin*. Free Association Books Limited, Nueva York 1998.

WRIGHT, L. *Gemelos*. Paidós, Barcelona 2001.

ÍNDICE ALFABÉTICO

A

Abdomen, crecimiento repentino 109

Aborto espontáneo 49, 66, 67, 86, 120

    terapéutico 67

    tras reducción embrionaria 73-75

Abuelos 314, 351-352, 406, 455

Acidez gástrica 104, 115, 116

Acido fólico 89, 94

    grasos omega 216

ADN 40, 43, 64, 65, 498, 572-574, 642-643

Adolescencia 511–537, 543–544

    cambios físicos 512–514

    holgazanería 515

    relación entre sí 517

Adultos 562-564, 579–581

    muerte de un gemelo 632-634

Aficiones 638

Agotamiento de los padres 226, 257, 313, 448

Agresividad 141,366-368, 381, 441-446, 460, 464, 473

Agua 89,101

Aislamiento 285, 318, 411

Albúmina en la orina 54, 56, 99-102

Alcohol 248, 273, 511, 514-515

    y genética 641, 644

Alergia 216

    a la leche 238

Falta de aliento 117

Alimentación de bebés 213-246

    de bebés de 6 a 12 meses 293–294

    de prematuros 195–197

    en el primer trimestre 89

    materna y lactancia 233

Alin-Akerman, Britta 374, 382, 434-435, 508, 564

Alumbramiento, fase de 159

Amigo invisible 390–391

Amniocentesis 63–66

Amniodrenaje 108

Amnios 38-39, 43-44, 63

Anemia 174, 177

Anestesia 52, 151, 217, 222

    epidural 110, 162-163,172, 239

    general 71, 163, 170, 172

Anomalía fetal y aborto 67

Anticonceptivos 126

Anticuerpos y lactancia materna 174, 216–218

Antidepresivos 259

Antiespasmódicos 185

Apego *véase* Vínculo

Apneas 188, 194, 273

Atención individualizada 393-394

    y repartir 404-405

Autoestima 428, 442, 453, 475, 479,489, 491-492

Autonomía 354, 358, 383–384, 402, 424, 431, 455, 468, 473-475, 506

    de uno de los gemelos 387, 419, 467, 500

    en la adolescencia 515, 541, 543

B

Baglivi Tinglof, Christina 382

Baja laboral 82

Baños 101, 249, 340

Bebé

    atravesado 150,162

    cabeza grande 150

    de nalgas 150, 167

    dormir juntos 191, 249, 268

    en la misma incubadora 190

    nacimiento 158, 162-164, 168, 171

    pérdida de peso inicial 213

    preferencia por uno 251, 351, 522

    relacionarse con cada uno 250-251

    ritmo 264

    segundo nacimiento 158, 168

Betamiméticos 124, 185

Bicarbonato 105

Biddulph, Steve 363

Biopsia de corion 63–66

Bolsas amnióticas 38–40, 160

Bouchard, Thomas 638, 641

Bowlby, John 622

Bradicardia 194

Bronquiolitis 280–281

C

Cabeza, dolor 100, 124

Café 90, 104, 233

Calambres en las piernas 118

Calcio 186

Calostro 87, 174, 179–180, 220, 222, 229, 232

Cansancio 81-82, 94, 115, 126, 130, 211, 256, 287, 290, 317, 319, 447

Carbohidratos 90

Cardiopatía fetal 106

Cardiotocografía (CTG) 153

Castigos 361 – 363, 443, 448, 496, 501

Celos 269, 288, 317, 344–348, 372, 384, 393–395, 446, 464, 487, 513

Cérvix dilatada 153

Cesárea 154–155, 161–162, 166–167, 171–174, 177, 222

    imprevista 163–165

    programada 161, 163, 221

    recuperación 164, 178, 180, 290

    y lactancia materna 165, 217, 227, 239

    y parto vaginal 168

    y sentimientos 165

Chess, Stella 583

Chivarse 451

Chupete 236, 242, 244, 248, 273, 276, 279-280, 368, 374-377

Coche, viajes 340

    y trillizos 284-285

Cochecito 281-284

Cojín para embarazadas 96

Colaboración, aprender 407

Colegio 380-390, 429-437, 472-485, 529-535

Colestasis hepática 119

Cólicos 185, 217, 238, 249, 276

    y llantos 276

Comparaciones 254, 356, 397, 452, 474, 494, 531-534, 559, 563, 580

Compartir, aprender a 329-330

Competitividad 337,384, 394, 397, 425-426, 435, 439-440, 468

    en la vida adulta 487-489

Concentración, falta de 197, 443-445

Conciencia, formación *véase también*

    yo, descubrimiento del propio

Conducta, intercambios de 450, 641

Contracciones 61 ,98, 121, 124-126, 151-153

    de Braxton Hicks 122

    de espalda 156

    del alumbramiento 159

irregulares 123

medicación para detener 98

posparto 174 ,178-179

previas 122-123

Controles médicos 54-67, 129

calendario de 57-58

Convivencia, dificultades 335, 341-342, 364-369, 404

Cordón umbilical, cortar 158

umbilical, prolapso 163

umbilicales entrelazados 38, 148

Corion 38-44, 54-56

biopsia de 63-67

compartido 38-44

Corteza frontal y adolescencia 515

Cortisona 194

Copy number variations 36

CPAP 194

Crecimiento, comparación entre los fetos 110-111

intrauterino retardado (CIR) 110

Cuatrillizos 113, 127, 148, 183

Culpabilidad, expresar 203, 288, 348, 395,404-405, 501, 514

Cumpleaños 454, 501, 504-506, 536, 568

Cuna, posición de los prematuros 205-207

D

Davis, doctora 346

Deberes 434, 474, 508, 514, 522

Dedos, hormigueo 103

Defectos de nacimiento 61

Dentición y sueño 312

Dependencia entre sí 467-468

Depresión posparto 256-259

Desarrollo motriz 321-323

Descanso 82, 85, 226, 249, 258, 312, 401

Desmayos 88

Despertarse de noche 400-402

Destete 240-241, 375

Diafragma 62, 95, 100, 116-117

Diarrea 185, 207, 238

Diestro, gemelo 36, 322

Dieta y aumento de peso 58-59

Digestión lenta 104

DiLalla, Lisabeth, 416

Dilatación completa 157-158

fase de dilatación 155-156

y posiciones de los bebés 149

Discapacitado, gemelo 609-613

Displasia broncopulmonar 193

Divorcio 289, 447, 474, 549, 614-617

E

Dolor causado al otro 368-370

   del parto, aceptar 155-157
   y llanto 275-276

Dominancia 423-428, 464-466, 498

Dormir juntos 269-270, 627

Dormirse, aprender a 400-404

Down, síndrome de 64-65

Duchas calientes 96

Eclampsia 56, 99-100, 102

Ecografía 57-58, 62-70, 72-75, 97-98,109

   detallada 93

Edad corregida de prematuros 208

   de la madre y ovulación doble 37

   y separación en el colegio 310-311

Edema 54, 56, 99-102,178

Embarazada, cambios, consejos para la pareja 133-134

Embarazo biamniótico bicorial 38, 658

   biamniótico monocorial 38, 147

   duración 55, 184, 191-192

   monoamniótico monocorial 38, 44, 148, 154

   triamniótico bicorial 43

   triamniótico monocorial 44

   triamniótico tricorial 43

Embriones, reducción del número 44,73-77

   transferidos al útero, número 72

Emociones, control 334-335

   de los padres 49-53

   y volver a casa 247-250

Empatía 352, 359-360, 366

Endorfinas 155

Enema 154

Enfermedades 347-349

    registro individual 306

Enfermera neonatal 186

Entorno y conducta 498-501

Epigenética 574-575, 642

Episiotomía 158

Equilibrio 159, 209, 274, 424

Esfínteres, control 305, 392, 396-398, 433

Espalda, dolores 60, 83-85, 91, 95-96

Estimulación ovárica 34, 41, 70-72

    precoz de prematuros 209-210

Estiramientos 95

Estómago, dolor 99

Estreñimiento 89

    y hemorroides 114

Estrés 98-99, 120, 122, 138-139, 248-250

Estrías 105

Estudios sobre gemelos 637-644

    y colegio 429-431, 472-475

Extraños, miedo a los 307

F

Faja 86, 97, 105, 181

Fecundación in vitro (FIV) 37, 41-43, 70-71

Fertilidad 69

    tratamientos 70-72

Feto (s), desarrollo 54-56

    distinguirlos 137-139

    donante 106

    patrones de actividad 142

    posiciones 148-149

    receptor 106

    relación con ellos 137-138

Field, Tiffany 198

Friedman, Joan 252-255, 311, 431, 566

G

Galton, sir Francis 637-641

Gateo 321

  y seguridad en casa 637-641

Gemelos adultos, opiniones 580

  aumento 33

  casados con gemelos 554

  causas 33-34

  desaparecido, fenómeno 49

  diferencias en el apetito 294

  diferencias en el habla 301, 324-325

  diferencias en logros motrices 321-322

  distanciamiento 565-567

  dizigóticos 38 y sigs.

  fraternos 37, 571

  idénticos 38 y sigs.

  mala relación 565-567

  monozigóticos 36

  muerto 619-636

  niño y niña, habla 299-300

  niño y niña, influencias hormonales 140-141

  pérdida de uno 316

  pesos promedio 127

  porcentaje 35

  reflejo 36

  superviviente 107, 620-623, 626-636

  tipos 36-47

  tratar de forma diferente 349-350

  ventajas 562-563

Gen de la ovulación múltiple 34 y sigs.

Genética y conducta 498-501

  cambios a lo largo de la vida 573-575

Gesell, Arnold 322

GIFT 71

Ginecólogo 72-81

Gonadotropina coriónica humana (GCH) 80

Grandes prematuros 148, 150, 187, 228, 384, 507

Grasas saturadas 118

  grasas vegetales 90

Grietas en los pezones 236-237

Guardería 281, 309-310

  juntos 310-311

H

Habitación (es), compartir 311-313

   para jugar 340

Habla 298-301

   desarrollo en esquema 301

Hay, David 431, 443-444, 473

Heces, control 398

HELLP, síndrome 99-100

Hemoglobina 94

Hemólisis 100

Hemorragia posparto 159

Hemorroides 114

Herida de la cesárea 159, 164-165

Hermano mayor, celos 587-593

   mayor, retroceso 590

Hierro 89, 94, 206, 234

Hiperemesis gravídica 81

Hipertensión 98-100, 102

Hipotonía del prematuro 208, 210

Hipoxia fetal 106

Homosexualidad 498

Hormonas 37, 69, 83, 87, 102-104, 155, 200, 222

   y depresión posparto 256-259

Hospital 148 y sigs.

   ingreso 153-154
   salida 204-205

Humor, cambios en la adolescencia 512-513

I

Identidad a dos 542

   entre los 2 y 4 años 356-359

Imitación 392

Incubadora 55, 57, 76, 164-165, 173, 183-188

   compartida 143, 189-191

Independencia véase Autonomía

Infertilidad, causas 69

Inseminación artificial 70

Insomnio 115-116

Insultos 497-498

Intelectual, desarrollo 506-507

Interrumpir al hermano 444-445

Intestino, recuperación tras cesárea 164-165

Intimidad 171, 214, 216, 241, 254-255

   necesidad en la adolescencia 513

Inyección intracitoplasmática de esperma (ICSI) 70-71

J

Jengibre 80

Juegos sexuales 399

Juguetes 343, 367, 370-371, 460

    de cada uno 343, 442

    peleas 371

K

Klaus y Kennell 197

Koch, Helen 423-424, 460-461, 507

L

Lactancia 213-246

    a demanda 214

    artificial 218, 242-245

    de dos bebés a la vez 213-214, 226-227

    de trillizos 228-229

Lactancia natural 215-239

Lácteos, productos 90, 104, 238, 346

Lanolina en los pezones 237

Leche 104

    alergia 238

    cantidad al año de edad 346

    materna 237

    subida 239

Lengua de trapo 298

Lenguaje 438-439

    estimular 325, 377

    retraso 299

    secreto, propio 324, 420

Ligamentos, dolor 96-97

Líquido amniótico 103, 125, 154, 180

    ingesta 214

    olor 223

    poco o mucho 106-111

Llanto 274-280

    causas 275-277

    de prematuros 205-206

Ludoteca y elección de juguetes 344

Lytton, Hugh 405

M

Madre, contacto con el bebé en la incubadora 187-188

lactante, calorías necesarias 233

lactante, peso 233

recuperación física 290-291

Madurez cerebral y peleas 366-367

social 367

Magnesio 105

Marcadores de alteraciones cromosómicas 63

Masaje 96, 105, 170, 223, 238

infantil 186, 198, 203, 207, 276

Mascotas 406

Mastitis 237

Masturbación 399

Matrimonio 548-554

Meconio 222

Medias elásticas 105, 115

Medicamentos y seguridad 340

Membranas, rotura 106, 153, 163

Menstruación, dolores parecidos 185

Mentiras 450

Micciones escasas 100

relajada 88

Miedo (s) a la separación 307, 308, 400, 478

a los extraños 307,308

nocturnos 400

Minerales 81, 90, 216, 222, 257

Mittler 299

Monitor electrónico 153

Monitorización continua en el parto 156

de la embarazada 148

de prematuros 194

Mordiscos 331-334, 366

Motricidad, estimular 209-210

fina de 1 a 2 años 321

fina de 2 a 4 años 355-356

Movimientos de los bebés 93, 132-133, 139-140

no percibir 109

Muerte súbita del bebé (SMSL) 249, 267-268, 270-272, 629

Música 82, 123, 139, 201

N

Nacimientos, orden de 452-453

   y muerte de un gemelo 619-627

Natación 115,139

Nature y nurture 462, 498-499, 637-638, 642

Náuseas 51, 54, 59, 70, 79, 80-81, 99-100, 126, 130, 133, 157, 561

Negación, periodo de 353-355

Negociar 409, 414, 422, 493, 495, 516

Neonatólogo 76, 152, 186, 188, 191, 200, 205

Nicotina 90, 272

Nieto, preferencia por uno 351

Niños, relacionarse con otros 416, 459

"No", decir (normas) 341-342, 361-364

Nombres distintos 327-328

Normas a los 2-4 años 361-364

   en la adolescencia 524-526

   iniciación 341-342

   para las peleas 494-495

Notas escolares 536

Novio (s) 548-554

O

Objetos propios 327

   transitorios, de consuelo 316, 377

Oído, estimular 210

Olores y náuseas 80

Operación prenatal 107

Optimismo y genética 644

Orgasmo y contracciones 126

Orina, pérdidas 290

Orinal, usar 353, 356, 396-398

Ovulación doble 35-37

Óvulo fecundado *véase* Zigoto

Oxígeno y prematuros 192-194

Oxitocina 126

   durante el parto 155, 168, 170

   tras el parto 159

   y lactancia 221

P

Padre (s) 129-135

    agotamiento 313-315

    bloque contra los padres 361, 417-418

    cansancio y educación 446-447

    contacto con los fetos 131-132

    de gemelos, contacto con otros 52

    dormir con los 273

    estrés en la relación 447-448

    falta de sueño 289

    luchar por la atención 490-492

    sentirse excluidos 418-419

Palabras, primeras 298-302

Palabrotas 399, 495

Papillas 293-294, 677

PAPP-A proteína 64

Pareja efecto 542

Parque (s) 207, 210, 271, 276, 295

    distintos 296

Parto 147-166

    de trillizos 167-176

    en días distintos 47

    fases 154-161

    inducido 154

    prematuro 183-185,193

    prematuro, síntomas 185

    que no avanza 163

Pechos, alternancia 225

    dolor 224, 225, 236-237

    grietas 225,237

    inflamados *véase* Mastitis

Pediatra, visitas al 306-307

Peleas 331-333, 358, 366-372, 384, 393

    de 4 a 6 años 411-416, 425, 428, 442-443

    de 6 a 12 años 463, 475, 489, 492-496

    de 12 a 18 años 515-517

    intervenir 442

    y juguetes 342-344

Pelvis , ejercicios de 96

    estrecha 161

    renal, dilatación 63

Pérdidas vaginales 179

Perineo 178

    recuperación 290

Pescado azul 91

Peso(s) al nacer 55

    aumento 58-60

    aumento repentino 109

    levantar 84-85, 290

Pezones, buscar 223

    estimulación 126, 236, 237

Picantes, evitar 104

Picores 118-119

Pie, permanecer de pie 88, 101, 115

Placenta (s) 38 y sigs., 116, 168

    compartida 40, 109, 142

    desprendida y cesárea 163

    división desigual 110

    envejecimiento 183

    examen de médico 154,159

    expulsión 154,159-160

    marginal 98

    previa 162

    y zigosidad 160

Plaquetas, recuento bajo 100

Pliegue nucal 63

Popularidad 422, 425, 461, 463, 524, 528, 562

Posesión, fase de 371-372

Posición cefálica 148-149

    para la lactancia a dúo 227

Potasio 118

Preeclampsia 56, 99-100, 102

Preferencia de los padres, abuelos 251-253, 351, 395, 510, 522

    de los hijos hacia los padres 307, 395-396

Prematuros 183-211

    deficiencias 183

    desarrollo posterior 208-209

    diferencias entre sí 192

    tensión muscular 207

    visitas de los padres 197

    y enfermedades 348

Presión diastólica 98

    pélvica 123-124, 185

    sistólica 98

Profesión, elección 547-548

Profesores 26, 383-386, 434-435, 474-476, 480

Progesterona 83, 89, 100, 114, 257

    y depresión posparto 259

    y túnel carpiano 103

Prolactina 135, 222, 224

Pronombres, personales uso 298

Prostaglandinas 126

Protección de bebés que gatean 295-297

Proteínas 90, 216

Psicología perinatal 137

Pubertad *véase* Adolescencia

Puerperio de trillizos 174-176

Pulmones de prematuros 192-194, 280-281

Q

Queso fresco 90

Quintillizos 183

R

Rabietas 251-252

Reacción, rapidez de 299

Recombinación genética 36

Reconocimiento entre sí 315

Reducción embrionaria 44, 73-75

Relaciones entre sí 315-317

sentimentales 528

Reposo absoluto 120-121

relativo 120

Reproducción asistida 70-72

Respiración, contener y rabietas 335

dificultades 117

y parto 155

Responsabilidad en la adolescencia 515-516

Riesgo cardiovascular 56

Riñones, dolor 185

Ritmo de día y noche de prematuros 206

de lactancia 213-215

Rituales diurnos para dormir 400-401

Rivalidad 413, 464, 513, 531-532, 544, 555

Romper aguas 153

Ropa, diferente para cada uno 328

premamá 91

Rosambeau, Mary 378, 469, 562, 575, 579

Rutina, importancia 309, 336, 344-345

S

Sacaleches 195-196, 200, 222, 229-233

Saco amniótico *véase* Amnios

Sal 99, 101

Sangre, pérdidas 50

    como síntoma de parto prematuro 185

    en el primer trimestre 86

    en el segundo trimestre 97-98

    en la cesárea 163

    transfusión 159

    tras el parto 177-179

Sanguíneo, favorecer el riego 99

Sarpullido del embarazo 119

Segal, Nancy 371, 373, 382, 428, 431, 480

Seguridad en casa 295-298, 338-340

Sentidos, estimulación en el útero 209-210

Separación entre sí 387

    en el colegio 388-390

    en la edad adulta 541, 545-547

Sexo de los fetos, porcentajes 67

    detectar 112

Sextillizos 25,34

Sexual, diferenciación 140, 141

Sexualidad 125-127, 256, 318-319

    descubrimiento 398-399

Siameses 39,152

Sida 217

Siesta 244, 248, 250,265

Síndrome de Distress Respiratorio (SDR) 193

    Kiss 277

Smilansky, Sara 358

Sociabilidad 367, 460, 464, 508, 524

Solidaridad 316, 364-365,413

Sonda nasogástrica 195

Spillman, Jane 171, 251, 254

Sueño de los 6 hasta los 12 meses 311-313

    del bebé de 0 a 6 meses 264-266

    horas de 266

    malos hábitos 401

    ritmo 142, 264

    ritmos diferentes 264-265, 454

    trastornos 251

    y llanto 277

Sufrimiento fetal 163

Sujetador 87,91

Superfecundación 143

Surfactante pulmonar 193

T

Tabaco 34, 69, 90,248

    y genética 574

    y muerte súbita 272

Tacto estimular 210

Talco no perfumado 118

TAMBA 251, 472

Tapón mucoso 153

Taquicardias 94, 117, 185

TDAH 366, 443-444

Telepatía 575-578

Temperatura y la muerte súbita 273

Terapeuta familiar 446, 551

Test ADN 43,572

    combinado del primer trimestre 64-65

    de Sullivan 103

    prenatal de sangre materna 63

Triple 660

Testosterona intrauterina 140-141

    niveles en los padres recientes 135

Thomas, Alexander 583

Timidez 381, 461, 466, 473, 485-487, 504, 529

Toxoplasmosis 162

Transferencia intratubárica de gemelos 70-71

Transfusión feto-fetal, síndrome 38, 43, 44, 54, 56, 63, 73, 106-110, 211

Translucencia nucal 63,65

Trastorno de Déficit de Atención con Hiperactividad *véase* TDAH

Trillizos 72-77

    cochecito 284-286

    dizigóticos 41-42

    identificación 173-174

    monozigóticos 41-43

    peso 90,127

    relación entre sí 410-414

    trizigóticos 41-43

    separación en el colegio 310-311, 385-386

Trona 294, 330

Tuberculosis 217

Tubo neural, defectos congénitos 89

Túnel carpiano, síndrome 103-104

Turnos 405

    para los juguetes 329-331

Twins Studies Center 371

U

Unidad de Cuidados Intensivos (UCIN) 148, 167, 184, 187-188, 192, 194, 198

Útero, conocer la actividad 122-124

convivencia en el 331, 507, 606

crecimiento 52, 609

demasiado alto 109

distensión y parto prematuro 183

ubicación en el 36, 574

V

Vacunas 306

Varices 60, 101, 115

Váter, miedo al 398

Vejez 581

Vértigos 88,94

Viabilidad del prematuro 184

Viajes en coche 340-341

Vientre, recuperación tras cesárea 164-166

Vinculo con el gemelo superviviente 620-621

Desigual de los padres 202-203

Entre gemelos y muerte de uno 621-636

Virus respiratorio sincitial (VRS) 281

Visitas, de los padres al prematuro 200

en casa 250

y hermano mayor 592

Vista estimular 210

Visuales, trastornos 99

Vitamina (s) 89-90, 216, 234, 257-258

B6 259

Vivencias inexplicables 578-579

Y

Yo, descubrimiento del propio 326-328, 356-359, 371, 391-392, 422, 526-528

Z

Zazzo, René 299, 542

Zigosidad 40-43, 142, 384, 440

averiguar 40, 42, 43
averiguar en edad adulta 571-572
y separación en el colegio 436

Zigoto 35, 36, 38, 41, 43, 45-46, 160, 200

división 36, 38
división tardía 36, 322, 356
división temprana 38

Zumo de naranja 104, 234

Zurdo, gemelo 36, 322, 356

CPSIA information can be obtained
at www.ICGtesting.com
Printed in the USA
BVHW07s0831150818
524592BV00010B/188/P

9 788469 730294